智能网联和新能源汽车新兴领域
"十四五"高等教育教材

智能电动汽车学

主编　陈潇凯　孙逢春
参编　何洪文　王震坡　张　军
　　　张　雷　孙立清

Intelligent
Electric Vehicle
Science

中国教育出版传媒集团
高等教育出版社·北京

内容简介

本书是智能网联和新能源汽车新兴领域"十四五"高等教育教材。本书定位是从系统层面介绍智能电动汽车性能之需和性能开发要点，进而对智能电动汽车的各项主要性能进行阐释，并分析各项性能如何得以保证。本书从汽车动力学的视角理解汽车性能，从控制学科的角度理解汽车性能如何进一步提高。本书以纵、侧、垂三个方向的汽车动力学理论为"基"，以典型控制系统为"翼"，以工程案例分析和实践项目训练为"用"。

本书是新形态教材，二维码资源包括图片和视频等，以方便教师授课和学生学习，读者可扫描二维码或前往新形态教材网绑定课程进行学习。

本书可作为高等院校车辆工程专业、智能车辆工程专业、新能源汽车工程专业、机械工程专业等相关专业的本科生和研究生教材，也可供从事汽车总体设计、零部件开发、试验及应用的工程技术人员作为技术参考资料。

图书在版编目（CIP）数据

智能电动汽车学 / 陈潇凯，孙逢春主编. -- 北京：高等教育出版社，2025.8. -- ISBN 978-7-04-063761-8

I. U469.72

中国国家版本馆 CIP 数据核字第 2025W71D95 号

Zhineng Diandong Qiche Xue

策划编辑	高云峰	责任编辑	高云峰	封面设计	李树龙	版式设计	马 云
责任绘图	马天驰	责任校对	刘娟娟	责任印制	刁 毅		

出版发行	高等教育出版社		网　址	http://www.hep.edu.cn
社　址	北京市西城区德外大街4号			http://www.hep.com.cn
邮政编码	100120		网上订购	http://www.hepmall.com.cn
印　刷	涿州市京南印刷厂			http://www.hepmall.com
开　本	787 mm × 1092 mm 1/16			http://www.hepmall.cn
印　张	29.25			
字　数	700 千字		版　次	2025 年 8 月第 1 版
购书热线	010-58581118		印　次	2025 年 8 月第 1 次印刷
咨询电话	400-810-0598		定　价	61.00 元

本书如有缺页、倒页、脱页等质量问题，请到所购图书销售部门联系调换
版权所有　侵权必究
物　料　号　63761-00

序

全球汽车产业正快速进入以电动化、智能化为主的转型升级阶段,汽车产业生态和竞争格局正加剧重构,中国汽车强国之路面临着前所未有的机遇与挑战。智能网联新能源汽车产业的快速变革,推动汽车产业对人才能力需求的根本性改变。作为人才培养过程中的基础性核心要素,专业教材建设工作应为高质量人才培养体系提供坚实支撑,为人才培养提供知识载体,促使学生在知识学习中通过实践获得智慧,进而实现人才驱动产业高质量发展的倍增效应。

为全面贯彻党的二十大精神,深入贯彻落实习近平总书记关于教育的重要论述,深化新工科建设,加强高等学校战略性新兴领域卓越工程师培养,在教育部高等教育司和中国汽车工程学会的指导下,我们联合车辆工程相关专业的二十余所院校、十余家汽车及科技公司,共同开展了智能网联和新能源汽车新兴领域"十四五"高等教育教材的建设工作。

本系列教材内容贯穿智能网联新能源汽车的全产业链,紧紧围绕立德树人的根本任务,用心打造培根铸魂、启智增慧的精品教材。同时结合信息时代、数字时代的学习特点,在教材建设过程中积极推进数字化转型,以更丰富的教材形态和内容供给助推育人方式变革。本系列教材建设旨在充分发挥教材作为人才培养关键要素的重要作用,着力破解战略性新兴领域高等教育教材整体规划性不强、部分内容陈旧、更新迭代速度慢等问题,加快建设体现时代精神、融汇产学共识、凸显数字赋能、具有战略性新兴领域特色的高等教育专业教材体系,牵引带动相关领域核心课程、重点实践项目、高水平教学团队建设,着力提升人才自主培养质量。特别值得指出的是,在本系列教材建设过程中,智能网联新能源汽车头部企业以极大的热情积极投入教材建设工作中,以丰富的工程实践反哺人才培养,高校和企业优势互补、加强协同,共同大力推进新时代、新形势下的汽车人才培养工作。

在智能网联新能源汽车高速发展的阶段,技术积累、梳理、传播和创新非常重要。本系列教材不仅可以为高等院校、汽车研究机构和企业工程技术人才培养提供非常有价值的内容,而且可以直接服务于电动汽车产业的自主创新,对深入推进供给侧结构性改革、提高我国电动汽车产业自主研发创新能力、提升自主品牌零部件和整车企业的竞争力、培育智能网联新能源汽车行业新动能,都具有非常重要的价值。

中国工程院院士

孙逢春

2024 年 6 月

前言

随着全球汽车产业的深刻变革，智能电动汽车的发展已成为实现汽车强国战略和碳达峰、碳中和目标的关键路径。高品质汽车产品开发的关键在于对不同性能指标的均衡，对汽车各主要性能及其背后的作用机理深入理解，才能够开发出真正满足市场需求的产品，在激烈的市场竞争中具有竞争优势。

本教材的定位是从系统层面介绍汽车性能之需和性能开发要点，进而对智能电动汽车的各项主要性能进行阐释，并分析各项性能如何得以保证。从汽车动力学的视角理解汽车性能如何产生，从控制学科的角度理解汽车性能如何进一步提高。动力学和控制两者相辅相成，共同为汽车性能实现和提升服务。本书中，纵侧垂三个方向的汽车动力学理论为"基"，典型控制系统为"翼"，工程案例分析和实践项目训练为"用"。全书共分为9章，第1章概述汽车产品开发流程与整车性能需求，探讨动力学与控制基础；第2章聚焦充气轮胎动力学，分析轮胎特性的发展和应用；第3章讨论汽车行驶阻力与功率平衡，包括空气阻力、坡度阻力、加速阻力、行驶总阻力及功率平衡等；第4章剖析汽车纵向动力学，涵盖驱动力、动力装置特性、制动性及电动汽车再生制动系统等内容；第5章介绍汽车能耗经济性，探讨能耗经济性指标、计算方法、行驶循环工况、能耗经济性提升；第6章侧重汽车侧向动力学，分析操稳性模型、悬架特性及转向特性对操稳性的影响等；第7章探讨汽车垂向动力学，涵盖平顺性评价、垂向振动模型及智能悬架技术等；第8章介绍智能网联汽车运动控制，涵盖线控技术、运动跟踪控制与车路协同的应用；第9章阐述车辆新安全性能，包括功能安全、预期功能安全及信息安全等。

本教材由北京理工大学机械与车辆学院协同相关汽车企业联合编写。孙逢春、陈潇凯负责教材的总体设计和组稿。第1、2、7章主要由陈潇凯编写，第3、5章主要由王震坡、丁晓林编写，第4章主要由何洪文、孙立清编写，第6章主要由张军、陈潇凯编写，第8章主要由张雷、陈潇凯编写，第9章主要由张雷编写。吉林大学汽车工程学院的吴海东参与了第2章第9节轮胎模型的编写工作。在编写过程中，得到了广汽研究院和吉利汽车研究院的热情协助，梁伟强、陈勇、徐仰汇、张晗、李志魁、王祥、钟国旗、李贵宾、赵翠发、宋怀文、施继龙、夏金龙、徐德超等有关同仁在内容组织及工程案例编写方面给予了大力支持。在教材配套数字资源建设和技术资料提供方面，得到了京西集团、赛轮集团、南阳浙减汽车减振器有限公司、上海拿森汽车电子有限公司、广州凯菩斯汽车科技有限公司的支持。也得到了北京理工大学电动车辆国家工程研究中心林程、王志福、李千卉、梁永源、王笑宇、陈丰、王鸿霖、陈为昊、吴智明、刘宏宇、王茁伊、王皓天等师生的帮助。在此，对他们表示衷心的感谢。本书由林逸教授担任主审，主审提出许多针对性的修改意见，编者在此表示诚挚谢意。

对本书所参考文献的作者致以敬意和诚挚感谢。书中引用不周之处，恳请同行学者海涵，帮助作者提出改正意见。书中一定有疏漏与不准确之处，欢迎使用本书的高校师生和广大读者批评指正。编者邮箱：chenxiaokai@bit.edu.cn。

编 者
2024 年 6 月

目录

第 1 章
绪论 / 1

1.1 汽车产品开发流程与性能开发 / 1
- 1.1.1 汽车开发过程 / 1
- 1.1.2 汽车产品开发流程 / 7
- 1.1.3 汽车性能目标设定与分解 / 14

1.2 汽车的整车性能需求 / 18
- 1.2.1 汽车的动力性 / 18
- 1.2.2 汽车的能耗经济性 / 19
- 1.2.3 汽车的制动性 / 20
- 1.2.4 汽车的操纵稳定性 / 21
- 1.2.5 汽车的行驶平顺性 / 24
- 1.2.6 汽车安全性 / 26
- 1.2.7 其他性能 / 29

1.3 汽车动力学与控制 / 31
- 1.3.1 发展简史 / 31
- 1.3.2 研究内容 / 35
- 1.3.3 研究方法 / 37

思考与练习 / 39

参考文献 / 39

第 2 章
充气轮胎力学 / 40

2.1 轮胎和轮辋 / 40
- 2.1.1 轮胎规格与基本参数 / 40
- 2.1.2 轮胎组成 / 42
- 2.1.3 子午线轮胎和非子午线轮胎 / 45
- 2.1.4 轮胎接地印迹 / 46
- 2.1.5 车轮和轮辋 / 46

2.2 轮胎坐标系和力系 / 47
- 2.2.1 轮胎运动坐标系 / 47
- 2.2.2 轮胎力系 / 48
- 2.2.3 SAE 轮胎坐标系及六分力 / 48

2.3 车轮半径 / 49
- 2.3.1 车轮自由半径 / 50
- 2.3.2 车轮静力半径 / 50
- 2.3.3 车轮滚动半径 / 50

2.4 滚动阻力 / 51
- 2.4.1 迟滞效应 / 51
- 2.4.2 接地印迹应力分布 / 52
- 2.4.3 滚动阻力系数的影响因素 / 53
- 2.4.4 滚动阻力与动力学性能之间的权衡 / 56

2.5 轮胎垂向力特性 / 56
2.5.1 轮胎的垂向特性 / 56
2.5.2 轮胎噪声 / 57

2.6 轮胎纵向力特性 / 58
2.6.1 车轮的滑移率与滑转率 / 58
2.6.2 路面附着系数 / 59

2.7 轮胎侧向力特性 / 61
2.7.1 轮胎的侧向力与回正力矩 / 61
2.7.2 轮胎的侧偏刚度 / 62
2.7.3 侧偏特性的影响因素 / 63
2.7.4 轮胎回正力矩 / 66
2.7.5 有外倾角时轮胎的滚动 / 67

2.8 轮胎复合工况力学特性 / 69
2.8.1 轮胎复合工况 / 69
2.8.2 轮胎摩擦圆 / 70

2.9 轮胎模型 / 72
2.9.1 轮胎模型的作用 / 72
2.9.2 魔术公式轮胎模型 / 73
2.9.3 UniTire 轮胎模型 / 81
2.9.4 平顺性轮胎模型 / 86

2.10 智能轮胎 / 87
2.10.1 智能轮胎的功能 / 87
2.10.2 智能轮胎结构 / 88
2.10.3 智能轮胎关键技术 / 88
2.10.4 智能轮胎与智能汽车的关系 / 89

思考与练习 / 90

参考文献 / 91

第 3 章
汽车功率和能量需求 / 92

3.1 空气阻力 / 92

3.2 坡度阻力 / 97

3.3 加速阻力 / 98

3.4 总阻力 / 101

3.5 功率平衡 / 104

3.6 驱动极限 / 109
3.6.1 双轴车辆运动方程 / 110
3.6.2 前轴与后轴的附着率 / 113
3.6.3 前轴驱动和后轴驱动时的附着率 / 113
3.6.4 四轮驱动汽车的扭矩分配 / 114

思考与练习 / 119

参考文献 / 121

第 4 章
汽车纵向动力学 / 122

4.1 汽车动力性的评价指标 / 122

4.2 汽车的驱动力 / 123

4.3 汽车行驶特性场理论 / 124

4.4 动力装置的特性 / 126
4.4.1 发动机特性 / 126
4.4.2 驱动电机特性 / 130

4.5 动力装置输出特性转换装置特性 / 132

- 4.5.1 汽车行驶对传动比的要求 / 132
- 4.5.2 减速(变速)器 / 133

4.6 汽车的驱动力-行驶阻力平衡图与动力特性图 / 135

- 4.6.1 驱动力-行驶阻力平衡图 / 135
- 4.6.2 动力特性图 / 137
- 4.6.3 汽车的功率平衡 / 138

4.7 汽车行驶的附着条件与汽车的附着率 / 139

- 4.7.1 汽车行驶的附着条件 / 139
- 4.7.2 汽车的附着力与地面法向反作用力 / 140
- 4.7.3 作用在驱动轮上的地面切向反作用力 / 142
- 4.7.4 驱动轮的附着率分析 / 144

4.8 制动性的评价指标 / 147

4.9 制动时车轮的受力 / 148

- 4.9.1 地面制动力 / 148
- 4.9.2 制动器制动力 / 149
- 4.9.3 地面制动力、制动器制动力与附着力之间的关系 / 149

4.10 汽车的制动效能及其恒定性 / 150

- 4.10.1 制动距离与制动减速度 / 150
- 4.10.2 制动距离的分析 / 151
- 4.10.3 制动效能的恒定性 / 153

4.11 制动时汽车的方向稳定性 / 153

- 4.11.1 汽车的制动跑偏 / 154
- 4.11.2 制动时后轴侧滑与前轴转向能力的丧失 / 155

4.12 前、后制动器制动力的比例关系 / 158

- 4.12.1 地面对前、后车轮的法向反作用力 / 158
- 4.12.2 理想的前、后制动器制动力分配曲线 / 159
- 4.12.3 具有固定比值的前后制动器制动力与同步附着系数 / 160
- 4.12.4 前、后制动器制动力具有固定比值的汽车在各种路面上制动过程的分析 / 161
- 4.12.5 利用附着系数与制动效率 / 164
- 4.12.6 对前、后制动器制动力分配的要求 / 166

4.13 电动汽车再生制动系统 / 169

- 4.13.1 电机的再生制动力 / 169
- 4.13.2 电动汽车再生制动系统 / 169

4.14 ABS制动防抱死控制系统案例 / 174

- 4.14.1 典型结构 / 174
- 4.14.2 工作过程 / 176
- 4.14.3 模型建立 / 177
- 4.14.4 案例分析 / 180

4.15 TCS驱动防滑控制系统案例 / 181

- 4.15.1 工作原理 / 181
- 4.15.2 典型结构 / 182
- 4.15.3 工作过程和控制算法 / 183
- 4.15.4 模型建立 / 187

4.16 ACC 汽车自适应巡航控制案例 / 188

4.16.1 系统组成 / 189
4.16.2 控制原理 / 189
4.16.3 工程实现 / 190

思考与练习 / 192

参考文献 / 193

第 5 章
汽车能耗经济性 / 194

5.1 汽车能耗经济性的评价指标 / 194

5.2 汽车能量消耗量计算方法 / 195

5.2.1 纯电动汽车能量消耗量计算方法 / 195
5.2.2 混合动力电动汽车能量消耗量计算方法 / 196
5.2.3 燃料电池电动汽车能量消耗量计算方法 / 197
5.2.4 电动汽车能量消耗量折算方法 / 197

5.3 汽车行驶循环工况 / 198

5.3.1 循环工况概述 / 198
5.3.2 典型循环工况 / 199

5.4 汽车能耗经济性提升 / 204

5.4.1 新能源汽车与燃油车在能耗计算上的差异 / 204
5.4.2 汽车能耗经济性计算 / 207
5.4.3 提升汽车能耗经济性的方法 / 215

思考与练习 / 216

参考文献 / 217

第 6 章
汽车侧向动力学 / 218

6.1 汽车操纵稳定性的评价方法 / 218

6.1.1 车辆坐标系与运动 / 218
6.1.2 人-汽车闭环系统 / 219
6.1.3 汽车操稳性的主要评价指标 / 220

6.2 线性二自由度汽车操稳性模型 / 221

6.2.1 线性二自由度汽车操稳性模型的运动微分方程 / 221
6.2.2 前轮角阶跃输入下的汽车稳态响应 / 224
6.2.3 前轮角阶跃输入下的汽车瞬态响应 / 229
6.2.4 横摆角速度频率响应特性 / 236
6.2.5 侧风引起的车辆运动 / 241
6.2.6 电动汽车的操纵稳定性 / 249

6.3 悬架 K&C 特性及其对操稳性的影响 / 250

6.3.1 悬架 K&C 特性及其参数 / 250
6.3.2 车轮跳动时悬架运动特性 / 251
6.3.3 车身侧倾时的悬架运动特性 / 259
6.3.4 悬架变形特性 / 272

6.4 转向特性对操稳性的影响 / 275

6.4.1 转向系统运动和受力 / 275

6.4.2 转向盘力特性 / 279

6.4.3 转向运动与汽车操稳性的关系 / 281

6.5 纵向特性对操稳性的影响 / 281

6.5.1 悬架抗纵倾性的影响 / 281

6.5.2 地面切向反作用力与操稳性的关系 / 287

6.5.3 路面切向作用力控制转向特性的基本概念 / 288

6.6 电子稳定性控制系统案例 / 291

6.6.1 电子稳定控制系统的工作原理 / 291

6.6.2 电子稳定控制系统的典型结构 / 292

6.6.3 电子稳定控制系统的工作过程 / 294

6.6.4 电子稳定控制系统的模型搭建 / 300

6.6.5 案例分析 / 304

6.7 线控转向系统案例 / 307

6.7.1 线控转向系统工作原理及典型结构 / 308

6.7.2 线控转向系统可变角传动比工作过程 / 309

6.7.3 线控转向系统可变角传动比模型建立 / 310

思考与练习 / 318

参考文献 / 319

第 7 章
汽车垂向动力学 / 320

7.1 振动与响应 / 320

7.1.1 机械振动元件 / 320

7.1.2 振动系统运动方程 / 321

7.1.3 振动系统的频率响应 / 322

7.1.4 模态分析与振型 / 324

7.2 汽车垂向振动模型 / 325

7.2.1 汽车振动系统的简化 / 326

7.2.2 单自由度汽车振动模型 / 328

7.2.3 双质量汽车振动模型 / 331

7.2.4 双轴俯仰振动模型 / 338

7.2.5 整车七自由度振动模型 / 342

7.3 行驶平顺性 / 345

7.3.1 平顺性的评价方法 / 345

7.3.2 随机信号简化与信号功率谱 / 351

7.3.3 路面不平度的统计特性 / 353

7.3.4 单自由度模型平顺性分析 / 357

7.3.5 双质量二自由度模型平顺性分析 / 362

7.3.6 双轴俯仰模型平顺性分析 / 364

7.3.7 整车七自由度模型平顺性分析 / 367

7.4 半主动悬架系统开发案例 / 372

7.4.1 工作原理 / 373

7.4.2 典型结构 / 375

7.4.3 典型控制算法 / 377

7.4.4 模型建立 / 379

7.4.5 案例分析 / 386

7.5 空气悬架系统开发案例 / 388

7.5.1 工作原理 / 388

7.5.2　典型结构 / 389
7.5.3　工作过程 / 392
7.5.4　模型建立与案例分析 / 393

思考与练习 / 395

参考文献 / 397

第 8 章
智能网联汽车运动控制 / 398

8.1　智能网联汽车概述 / 398

8.1.1　智能网联汽车基本概念 / 398
8.1.2　智能网联汽车技术路径 / 401
8.1.3　智能网联汽车系统架构 / 402

8.2　汽车线控技术 / 403

8.2.1　汽车线控底盘 / 404
8.2.2　线控转向 / 404
8.2.3　线控驱动 / 406
8.2.4　线控制动 / 406

8.3　智能网联汽车运动跟踪控制 / 408

8.3.1　驾驶员模型 / 408
8.3.2　车辆关键状态/参数估计 / 410
8.3.3　智能网联汽车纵向控制 / 411
8.3.4　智能网联汽车横向控制 / 412

8.4　智能网联汽车车路协同 / 415

8.4.1　车路协同系统 / 416
8.4.2　车路协同应用场景 / 417

8.5　车辆轨迹跟踪控制系统案例 / 420

8.5.1　车辆运动控制系统工作原理 / 421

8.5.2　车辆运动控制系统模型建立 / 421
8.5.3　案例分析 / 425

8.6　自动车道保持系统案例 / 426

8.6.1　自动车道保持系统定义 / 426
8.6.2　自动车道保持系统组成 / 426
8.6.3　自动车道保持系统具体工作原理 / 427
8.6.4　自动车道保持系统转向控制仿真 / 428

思考与练习 / 429

参考文献 / 431

第 9 章
汽车新安全性 / 432

9.1　功能安全 / 432

9.1.1　功能安全基本概念 / 433
9.1.2　功能安全设计开发 / 436
9.1.3　功能安全管理 / 437

9.2　预期功能安全 / 439

9.2.1　预期功能安全的基本概念 / 439
9.2.2　预期功能安全设计开发 / 442
9.2.3　预期功能安全面临的挑战 / 444

9.3　信息安全 / 446

9.3.1　信息安全概念 / 446
9.3.2　信息安全体系设计 / 446
9.3.3　信息安全保障技术应用 / 449

思考与练习 / 451

参考文献 / 454

第1章 绪论

汽车作为人类日常使用的交通工具和重要生产资料,市场需求驱动了汽车产品日趋多样化,其功能及性能要求多样且繁杂。近年来,随着电动汽车、智能网联汽车技术产业化发展,为汽车性能开发工作带来了新的挑战和发展机遇。汽车动力学与整车性能研发工作有着密切的联系,是从具体研发实践中诞生的一门学科,同时也是将用户体验(性能需求和感受)与研发工作联系起来的桥梁,汽车动力学与控制的研发能力是汽车整车及零部件企业的核心竞争力之一。汽车的电动化和智能化为汽车动力学与控制提供了更丰沃的土壤和更多的发展机会。本章将从汽车产品开发流程与性能开发需求出发,介绍在产品开发流程中进行汽车性能目标设定与分解的基础知识,进而概述汽车性能的基本概念,并简要介绍为实现这些汽车性能,需要学习的汽车动力学与控制知识。

> 本章结束时,学生应该具备如下能力:
> 1. 理解汽车产品开发流程的必要性及基本概念。
> 2. 掌握汽车主要性能的基本定义和内涵。
> 3. 理解汽车动力学与控制对实现智能电动汽车性能的必要性。
> 4. 了解汽车动力学与控制的主要研究内容和研究方法。
> 5. 了解汽车动力学发展历程,及其时代背景和内在推动力。

1.1 汽车产品开发流程与性能开发

1.1.1 汽车开发过程

汽车研发和制造者所面临的核心挑战是如何更好地洞察用户对汽车性能和品质的需求,以及如何在产品设计和生产过程中实现用户所需,提升用户的满意度。同时,要在高度竞争的市场中取得优势,就必须提高设计开发过程的效率,从而缩短从概念设计到批量生产的周期。只有更好地了解汽车的开发过程,才能更高效地实现产品开发目标,具有更强的市场竞争力。按照开发工作量,整车开发项目可大致分为6种类型,如图1-1所示。图中数字从1~6表明车型开发周期依次递增,开发难度和费用也呈指数增加。

1. 整车开发任务及过程

对于图1-1中的新架构项目(完整的整车开发任务),开发工作可划分为一系列开发阶段,主要包括产品规划、概念设计、工程设计、样车试制和试验、生产准备,以及批量生产,其他类型的开发项目可在此基础上进行相应缩减和调整。

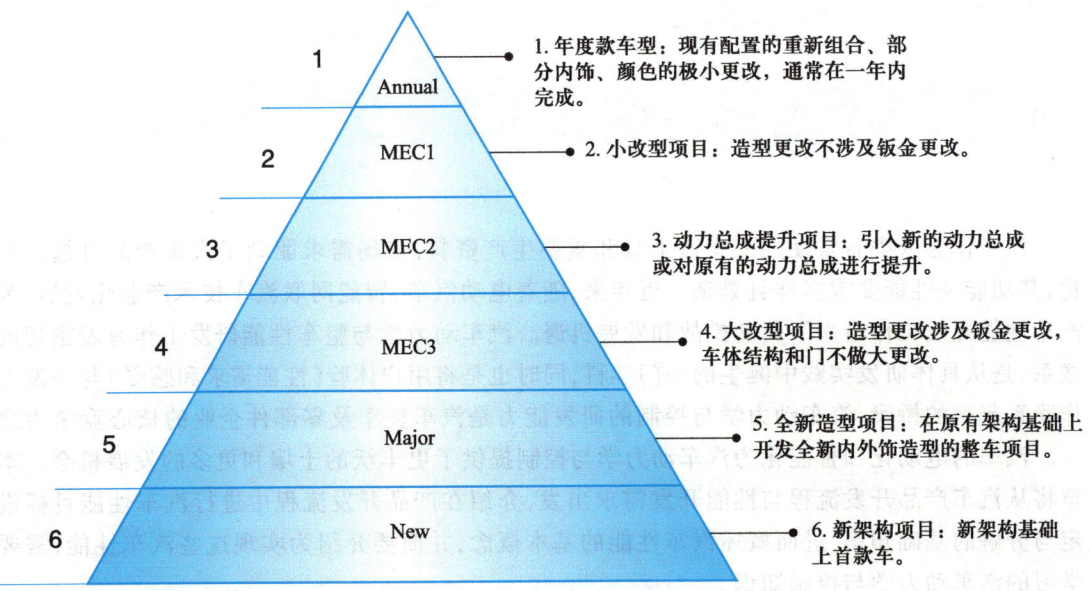

图1-1 整车开发项目分类

1. 年度款车型:现有配置的重新组合、部分内饰、颜色的极小更改,通常在一年内完成。
2. 小改型项目:造型更改不涉及钣金更改。
3. 动力总成提升项目:引入新的动力总成或对原有的动力总成进行提升。
4. 大改型项目:造型更改涉及钣金更改,车体结构和门不做大更改。
5. 全新造型项目:在原有架构基础上开发全新内外饰造型的整车项目。
6. 新架构项目:新架构基础上首款车。

(1)产品规划阶段

产品规划是车型开发的第一步,主要目的是规划车型开发的基本原则,确定车辆特征、定义开发内容、关键技术、风险分析、竞争力分析等。这部分内容作为后续开发工作的输入,用于指导标杆车选定、开发目标设定以及概念设计。产品规划阶段决定要开发哪种车型,完成总体方案和可行性研究,并确定关键参数。

在该阶段,根据法规、市场需求和企业发展规划确定车辆特征,包括车辆尺寸、类型和用途、车重、载客数、载重量、车价、能耗、造型、性能、配置等。根据车型定位,选取标杆车进行对标分析,以便设定开发目标。对标分析的内容广泛,包括车辆特征、整车内外部尺寸、座位布置和使用空间、动力系统、性能、底盘结构(前后悬架类型、制动系统、转向系统、轮胎)、动力性、舒适性、安全性、驾驶辅助功能、智能座舱功能等。其中,对汽车动力学开发有直接指导意义的对标内容包括操纵性、稳定性、行驶平顺性、制动性能,以及整车质量、重心位置、转动惯量和轮胎类型。对标分析使车型开发目标更为明确,也为后续评审和开发验收提供明确的参照物。

汽车市场调研包括目标市场选择、产品定位等。通过市场调研对相关的市场信息进行系统的收集、整理、记录和分析,总结出市场调研报告,基于市场调研报告开展项目可行性分析,明确汽车型式和市场目标。可行性分析包括外部政策法规分析、内部资源和研发能力分析(包括设计、工艺、生产及成本等)。完成可行性分析后,初步设定新车型的设计目标。将初步设定的设计目标发放给设计部门,各部门确认各总成部件要求的可行性,确认项目设计目标,编制最初版本的产品技术描述说明书,确定新车型的重要参数和性能指标。产品规划阶段的最终成果是车型设计目标大纲,该大纲明确了车辆型式、功能及技术特点,描述产品车型的定位,是后续研发各过程的依据和要求。

(2) 概念设计阶段

概念设计阶段主要任务是制定详细的研发计划,确定各设计阶段的时间节点,评估研发工作量,合理分配工作任务,进行成本预算,进而控制开发成本并制作零部件清单。概念设计阶段的重点是确定总体方案、几何集成和关键参数。根据车型定位,确定关键系统结构形式。其中,车身开发任务包括总体布置草图设计和造型设计等工作。底盘开发内容主要包括前后悬架、转向系、制动系、轮胎规格、传动系和半轴、副车架等系统的形式选择。

对于汽车动力学性能开发,本阶段需要完成汽车动力学性能目标的逐级分解。每个整车指标通常和多个系统有关,而每个系统也会影响多个整车指标,只有将整车性能目标分解为相关系统目标,并按系统目标设计各系统,才可能达成整车目标。性能目标的分解可以使用专业软件工具进行整车指标的分解。汽车动力学模拟技术的普及,使得模拟仿真复杂车辆系统的难度大为降低。在该阶段,借助有效的动力学仿真软件和建模分析规范,可以完成汽车动力学性能开发策略工作。对于产品开发工程师,难点在于需要根据前期不完善的数据快速做出决定,关注最重要的性能指标,并从大量仿真数据中找出最关键的影响因素,从而明确问题的本质。通过应用动力学模拟技术,大量研发工作得以前置,有利于在较短的开发周期内基于数据快速做出决策。

(3) 工程设计阶段

工程设计阶段的主要任务就是完成整车各个总成以及零部件的设计,协调总成与整车,以及总成与总成之间出现的各种矛盾,确保整车性能满足目标大纲要求。工程设计是对整车进行细化设计的过程,将各个总成分配到相关部门分别进行设计开发,各部门按照开发计划规定的时间节点分批提交零部件的设计方案。

工程设计阶段需要完成系统级设计工作评审、零部件设计和数据发布。零部件的设计要考虑空间布置、动静工况下的应力寿命要求等。系统工程师负责系统开发任务的落地实施,主要工作内容包括设计输入参数的搜集与综合、系统目标分解和初步设计方案、重量与成本目标分解、系统台架强度及耐久和系统级性能达成,最后批准系统设计认可。零部件工程师主要工作内容包括以下内容:根据零部件性能目标,设计和分析零部件;组织零部件数据评审及 2D/3D 数据发布;编写零部件报价书;与系统工程师对接,确保零部件设计方案达到系统性能需求;制定产品验证计划和产品尺寸测量计划;与供应商对接,完成零部件样件性能检测报告,最后批准零部件设计认可等。

分别完成各个总成系统的设计,最终确定整车设计方案。此时可以开始编制详细的产品技术说明书、详细的零部件清单,以及验证规范。对于汽车动力学性能开发,本阶段还需要完成整车动力学性能的虚拟调校和验证。

(4) 样车试制和试验阶段

根据工程设计数据及试验需求,制作各种试验样车。尽管前期大量仿真工作已解决许多设计问题,但零部件制造工艺和材料、整车装配工艺等问题会在实车制造和试验过程中显现出来。样车制造分为设计试制、试验试制和量产前试制三步,分别用于功能验证、性能验证和技术认可验证(如可靠性和耐久性)。样车根据国家、行业及企业制定的标准逐项进行试验,包括性能试验与调校、可靠性试验。性能试验与调校的目的是验证设计阶段各个总成及零部件经过装配后能否达到设计要求,及时发现问题并修改设计方案;可靠性试验的目的是验证汽车的强度和耐久性。根据样车试制、试验结果进行分析总结,对方案进行改进设计,再进行第二轮样车试制和试验,直至产品定型。

在整车开发后期,基于样车的研发工作成为主流,包括性能调校、电控标定和主客观试验等。性能调校是整车动力学性能工程师通过评估并选择所需的组件特性,来实现汽车动力学性能目标的过程。性能调校的目的是达到选定系统结构在性能上的最大潜力。因为大部分调校件都属于底盘,通常又称为"底盘调校"。底盘调校的任务是根据开发目标,确定弹性件和柔性件调校方向与关键参数、减振器阀系和控制参数、EPS与ESC等各类动力学控制系统的初始标定文件,使得整车动力学性能达到硬件结构所允许的最佳平衡。调校过程以实车评价为主,但CAE分析仍然能发挥重要的作用,通过更新模型参数,进行相关分析,为实车调校提供有效的理论指导,并最终有效提升整车的行驶安全性和用户驾乘体验。调校流程基本遵从先机械后电控、先低频后中高频、先下游后上游的顺序。例如,轮胎是一切动力学性能的基础,必须首先定型。弹簧及稳定杆与悬架偏频及车身侧倾控制密切相关,需要随之确定。减振器特性与所有的动力学性能相关,阀系调校也是底盘调校的核心,耗时最长,通常需要进行多套方案的多轮调校。扎实的底盘调校是优良转向性能的基础和必要前提,电动助力转向EPS性能标定需要等到悬架调校基本完成之后再进行。电控稳定性系统的标定既要保证极限驾驶情况下的稳定性,同时也要确保极限工况下车辆仍然有足够的操纵性。

工程开发结束的标志是量产前的产品在功能、性能、强度、疲劳耐久、商品性等方面经过全方位评价且都达到了要求。整车试验验证的目的是通过客观试验和主观评估对上述内容做出判断。在样车试制阶段,设计人员要经常跟踪产品的试制工作,清楚了解现场的进展情况并及时处理可能出现的问题,以对产品的设计进行有针对性的修改。产品的试验报告反映产品的现实状况,是该新车型上产品目录的重要依据,要符合国家法规并通过各项强制性检查来达到试验标准。试验阶段完成以后,新车型的性能得到确认,产品才可以定型。

(5) 生产准备阶段

这一阶段包括产品的工装设计与制造、产品检查与设备调试准备、工装夹具验证、生产线调试等,此阶段不容许有重大修改。生产准备一直持续到试生产乃至批量生产阶段。在进行样车试制的同时,要进行相关的生产准备工作。新车的生产始于试生产,试生产阶段将通过降低生产率来检查每一个生产环节,以此来检测和评估加工及装配步骤。产品以及生产过程的检测会依据质量指导原则进行。产品确认节点标志着产品验收合格,即产品开发、生产和加工质量等各个方面被认可。

(6) 批量生产阶段

这一阶段主要是联合供应商进行质量控制,为新车型的上市做好准备。由于不同的市场要求,车辆认证是一个长期过程。因此,车辆认证始于试生产的车辆或接近批量生产的原型车。产品开发伴随着生产启动节点(start of production,SOP)的到来而结束。在批量生产的过程中,持续进行的质量检查保证了产品预先定义的特征得以实现。在对产品和生产过程持续检查的同时,也需要不断落实对生产步骤的改进。在一款新车的生命周期内,进一步的开发和车型升级,包括新技术的实施(比如新型动力总成、新的辅助安全系统)或轻微的造型更改等,将与批量生产同步进行,并在后续的生产制造过程中继续落实。

2. 研发团队

对于汽车产品开发项目,项目团队的构成几乎涵盖了汽车企业的所有部门。典型的全新汽车产品研发团队一般包括 24 个方面:项目管理、设计及验证、设计、计算、电子电气、造型、制造、制造规划、制造工程、试制、试验、认证、采购、设备采购、零部件采购、物流、销售、质量管理、工程质量、制造质量、供应商质量、成本工程、财务控制、售后。这里,以汽车动力学性能开发相关的工作为例,来阐述研发团队的组成情况。

汽车动力学性能开发需要多个团队成员共同参与,每个成员都有自己的职责,大部分的职位责任都很明确,如表 1-1 所示。其中,动力学性能集成工程师、底盘架构师和系统工程师的工作重点是性能的平衡与妥协、关注全局而非局部,既要保证符合用户需求和项目需求,又要满足设计要求。

表 1-1 动力学性能开发团队组成及主要职责

岗位	主要职责
动力学性能集成工程师	① 性能对标分析;② 制定整车动力学性能的 VTS 目标;③ 整车动力学性能相关的评价体系、标准、规范等建设
底盘架构师	① 平台车型扩展及共用方案、解决布置问题;② 平台车型新技术搭载、布置可行性分析,给出布置或平台规划建议,解决布置问题;③ 负责平台内所有车型底盘集成数据更新及维护;④ 概念及详细设计阶段底盘布置问题解决
系统工程师	① 对接平台及性能开发输入,制定系统性能目标;② 负责系统设计参数;③ 负责系统相关试验验证计划制定;④ 负责平衡系统内零件成本、耐久、重量、工艺、开发时间与性能、平台化需求的矛盾;⑤ 完成系统内性能分配;⑥ 参与系统平台化规划
汽车动力学分析工程师	① 搭建并维护多体动力学模型;② 整车性能目标分解,对系统及零部件提出约束及要求;③ 轮胎、转向动力学性能关键参数设计;④ 底盘硬点设计开发,K&C 参数、调校件参数等设计开发;⑤ 整车动力学性能仿真、虚拟验证;⑥ 整车动态载荷预测分析和轮胎包络分析等
零部件设计工程师	① 按性能要求完成零部件设计开发;② 零部件供应商对接;③ 和 CAE 分析工程师一起进行零部件的设计优化;④ 零部件的试验验证计划制定及结果跟进;⑤ 零部件设计认可;⑥ 零部件模块化开发策略
调校工程师(机械部分)	① 底盘调校计划编制及统筹、底盘调校方案制定、调校件清单制定;② 实车调校工作;③ 整车 VTS 目标达成、问题解析、对策制定及验证等工作;④ 组织解决整车动力学相关的性能问题
标定工程师(电控部分)	① 领导标定工作、组织和参加性能评价和验收;② 标定车辆的跟踪和检查;③ 建立验收评价标准;④ 功能和性能对标分析
整车客观试验、主观评价工程师	① 整车客观试验;② 通过主观评价进行性能和商品性验收;③ 和动力学性能集成工程师、调校、标定工程师一起,制订、完善试验标准和验收规范

续表

岗位	主要职责
系统和零部件试验工程师	① 悬架 K&C 特性；② 转向系统特性；③ 弹性元件特性；④ 阻尼元件特性等

3. 主客观评价

开发工作的不同阶段还涉及主客观评价工作。客观评价是用量化的数值表达物理量，优点是直观、具体、准确且容易判定。但是，并非所有的消费者需求和感受都可以被客观测量，而且消费者的感受和汽车的性能表现也并非线性关系，更重要的是，由于汽车各性能之间的交互关系并非能靠测试目标来衡量，因此，客观评价存在较大的局限性。主观评价一般用定性的方式进行，优点是接近人的真实感受。客观试验由专业试验团队按照相关标准完成，而主观评估团队由动力学性能集成工程师、调校工程师和主观评价工程师（包括性能和商品性评价）组成。主观评价是指由专业人员按照一定的主观评价规范（通常是由整车的目标客户群体和设计目标值确定的评价标准），在典型行驶道路或评价环境中对所关注的汽车品质属性（如整车舒适性、转向性、操控性、换挡平顺性、NVH 性能等），通过人的感觉器官对被评价车辆进行观察、操作、评价结果记录、数据分析。汽车动力学性能方面的客观测试直接与整车性能目标（VTS）相关，用于检验 VTS 性能是否达标，而主观评估的范围比客观更为广泛，包括了很多暂时无法客观量化的性能指标以及商品性目标。

操纵稳定性和制动性方面的客观测试标准化程度比较高，主要原因是大部分试验都只需要平整的路面，某些制动试验要求的不对称路面也相对容易满足。主机厂通过一系列标准试验工况采集数据，并通过标准化数据处理方式得到结果。典型的干地高附路面操稳试验包括稳态定圆、中心区转向、转向角阶跃和扫频试验等。典型的车辆制动性能客观试验通常包括在 ABS 试验中。行驶平顺性客观试验要更复杂一些，因为其概念涵盖的范围很广，涉及车辆多个系统和人体对振动的敏感性，需要在多种路面和不同车速下，在不同界面采集数据并处理和主观感觉对应的指标。主机厂一直在努力定义客观指标，但是尚未有广为接受的行驶平顺性客观试验指标。主要困难在于各处的不平路面千差万别，除了如限速带一样的单个或连续凸起冲击工况外，起伏路、粗糙路（类似 NVH 路）、修补路（破损路修补后）、一般破损路等特征各异，难以统一。目前行驶平顺性能的调校和验收大部分仍然依靠主观评价。

主观评价车辆稳定性、操纵性、行驶平顺性和制动性能是车辆调校和验收的重要内容。因为所用场景相似，稳定性和操纵性一般同时考察评估。在日常驾乘场景中，驾驶员对车辆总体运动以及人-车界面的主观感觉非常重要，这些工况包括高速直行和变道、弯道行驶、紧急极限避让、不平路稳定性、极限工况稳定性、制动稳定性和驻车性能等。在这些行驶条件下，车辆的表现会影响驾驶员的驾控体验，比如车辆是否给予驾驶员足够的安全感和信心，直接影响用户对车辆的购买意愿。在极限驾驶场景，如高速紧急避让等工况，车辆的稳定性事关安全，必须充分满足标准要求。行驶平顺性能的主观评价需要考虑多种路面、不同车速下的工况评价，这些路面主要包括低频大幅起伏路面、新铺装的平滑路、单个或连续凸起冲击型道路、粗糙路、修补路等。在低频大幅起伏路面输入会激起悬架的偏频模态，即一阶平顺性，此时车身运动控制感、触底感和侧向晃动感变得更为突出；在新铺装的平滑路上可评价由于车轮动不平衡引起的周期性平滑路抖动、非周期性平滑路细碎振动或路面过滤能力,以及制动脉动或制动抖动;在单个或连续凸起冲击型道路的工况下,评价受冲击时的顶升感、柔和感和余振或车身的紧凑感;在粗糙路上(类似 NVH 路的颗粒路),通过车内地板和转向盘抖动考察悬架和轮胎的过滤能力;修补路可以用来评价悬架隔振能力和振动的柔和感,以及簧下运动控制。车辆制动性能评价除了制动效能和稳定性外,制动踏板反馈也是制动性能评价的重要组成部分。按照减速度的不同,车辆制动性能的主观评价可以分为原地制动、轻度制动、中度制动和最大制动四种。主观评价时关注踏板反馈,即在不同制动踏板位移输入下,踏板位移和踏板力与制动减速度的关系,包括响应灵敏度、行驶平顺性、可控性、稳定性等,也会关注制动点头梯度。

1.1.2 汽车产品开发流程

汽车开发活动具有较强的重复性和复杂性。因此,在汽车开发活动中需要严谨的工作态度和规范的工作方法,才能保证汽车开发活动的正常开展。整车开发流程的提出和广泛使用,正是为了满足这一高度复杂的产品开发活动之需。"流程"是指为了完成某一特定任务而进行的一系列具有相关性的活动。汽车产品开发流程定义了汽车产品开发这个项目从启动到收尾的全部过程。汽车产品开发流程作为各个汽车制造企业的核心竞争力工具,具有十分重要的地位,在产品开发过程中发挥了关键性作用。

1. 整车开发流程的目的

经过一百多年的发展,全球范围内汽车制造企业开展的产品开发活动具有较高的相似性,产品策划、概念设计、汽车造型、工程设计、实验认证、工艺设计、试生产和批量生产等都是汽车开发活动需要经历的阶段。由于各个厂家的技术能力、历史沿革不尽相同,从而开发周期有所不同。每家汽车公司都拥有适合自身组织架构和开发模式的一套整车开发流程体系。新能源及智能网联汽车领域的新兴企业一般都是借鉴传统车企的整车开发流程,结合自身特点进行调整,进而形成产品开发流程体系。由于智能网联新能源汽车的市场竞争更为激烈,其开发周期被不断压缩,以期更好地满足市场之需。

虽然各汽车企业所确立和使用的整车开发流程有所不同,但其目的主要体现在如下方面:① 提供一套普遍适用的产品开发方法和术语;② 为开发出顾客满意且具有竞争力的产品提供指导性原则;③ 更好地集成公司资源,提高多学科交叉、跨职能团队的效率;④ 将有益经验沉淀、固化下来,形成可复制的成功经验。总之,就是明确整车开发项目中各相关人员的职责和工作范围,明确整车开发过程中各里程碑的关系及各节点的交付物,以确保在满足时间、质量和成本的平衡的基础上使整车开发工作有序地进行。

2. 产品开发的 V 字形开发模型

汽车产品开发所面临的挑战,不仅是单点的问题,也不仅仅是技术问题,而是面对多专业、多学科、多技术、多流程并存的研发全程,需要用系统思维来思考,用体系方法来解决。产品开发过程中所采用的 V 字形开发模型是基于系统工程的思想建立的过程模型,如图 1-2 所示。V 字形开发模型的左半部分从宏观的市场分析开始,主要包括收集用户声音、法规要求,进行商务分析,对标分析和车辆定位等。在这个基础上进行后续的设计工作,一般顺序为目标设定、概念设计和详细设计。V 字形开发模型的右半部分从制造零部件或分总成(注:小的零件系统叫"分总成")开始,通常由供应商完成。首先需要验证零部件是否满足设计阶段设定的技术要求,然后将零部件组装成系统,各系统需要满足它们各自的技术规范,最后由各系统组装成整车。整车组装完毕后,首先要进行全面详细的调校和标定,然后才可能通过整车的汽车动力学性能验收。此外,悬架的强度耐久验证、制动系统验证和驱动耐久验证都在此阶段进行。V字形开发模型的右侧上部包括生产准备、量产制造、销售和售后服务,市场对产品的反馈是年款、中期改款和下一代新车型开发的重要输入信息。由此完成了从用户出发到用户市场反馈的全开发流程。

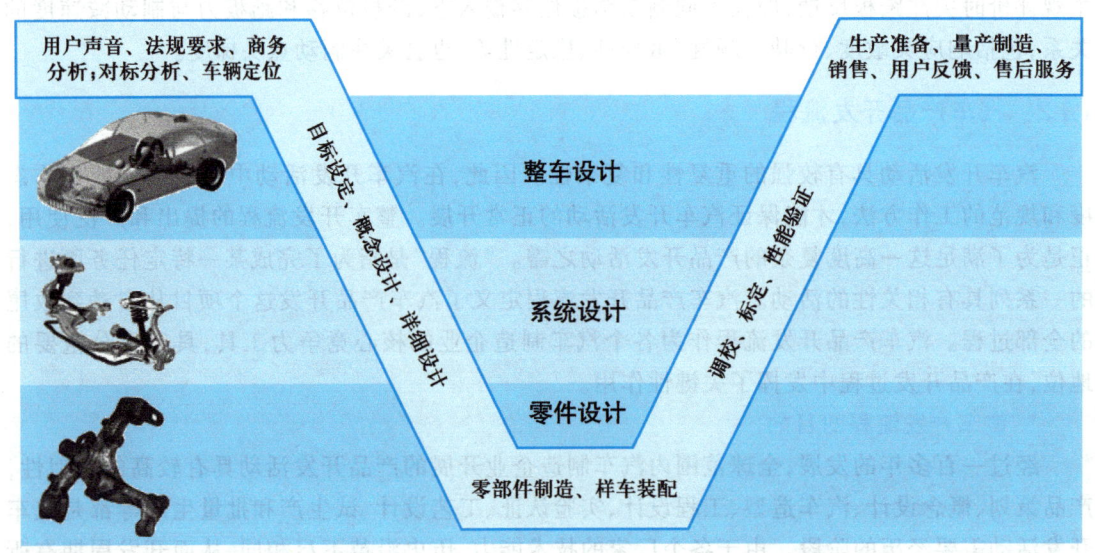

图 1-2　V 字形开发模型

3. 研发技术文件体系

汽车企业通常都会建立符合自身规模的产品实现标准体系,其中,研发技术文件体系是设计和开发标准的核心内容[《企业标准体系　产品实现》(GB/T 15497—2017)]。研发技术文件是产品开发过程中,涵盖必须遵守和达成的标准、设计准则、产品技术规范等标准类的文件,以及设计指南、检查清单、失效模式分析(failure mode analysis,FMA)等指导、总结、产品开发过程管控的文件。

汽车企业的研发技术文件体系建设源于系统工程方法论与V字形开发模型的指导,是汽车性能集成这一系统工程过程活动中的技术过程、管理过程规范化的文件体系,该体系主要由要求、方法、流程三部分内容组成,如图1-3所示。

汽车性能属性与系统划分是研发技术文件体系管理的基础,其核心作用是定义产品技术架构,通常从两个维度对整车产品进行分解并建立关系矩阵:①以用户需求为基础的汽车性能属性维度,包含行驶性能、动力传动性能、NVH、总布置等12个一级属性,每个一级属性下再根据对需求的细化进行子属性的划分;②以产品功能为主要划分方法,兼具考虑物理位置、技术为划分方法的产品系统维度,包含动力、电器、车身等8大系统,每个系统再根据相互之间的界面进行子系统、部件等细分。通过对各属性、系统进行分解,建立整车性能属性目标管控/虚拟验证/实物验证。整车属性、产品系统的矩阵关系如图1-4所示。性能集成开发必须映射系统参数,系统方案设计必须考虑性能属性需求,以保证性能集成综合最优解的实现。

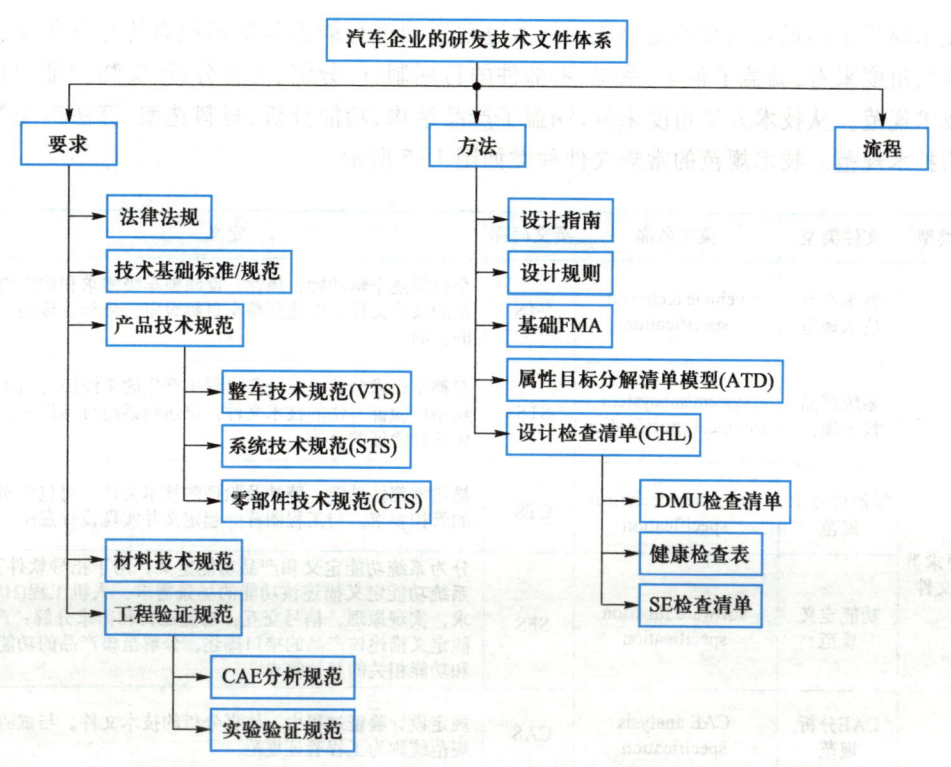

图 1-3 汽车企业的研发技术文件体系组成

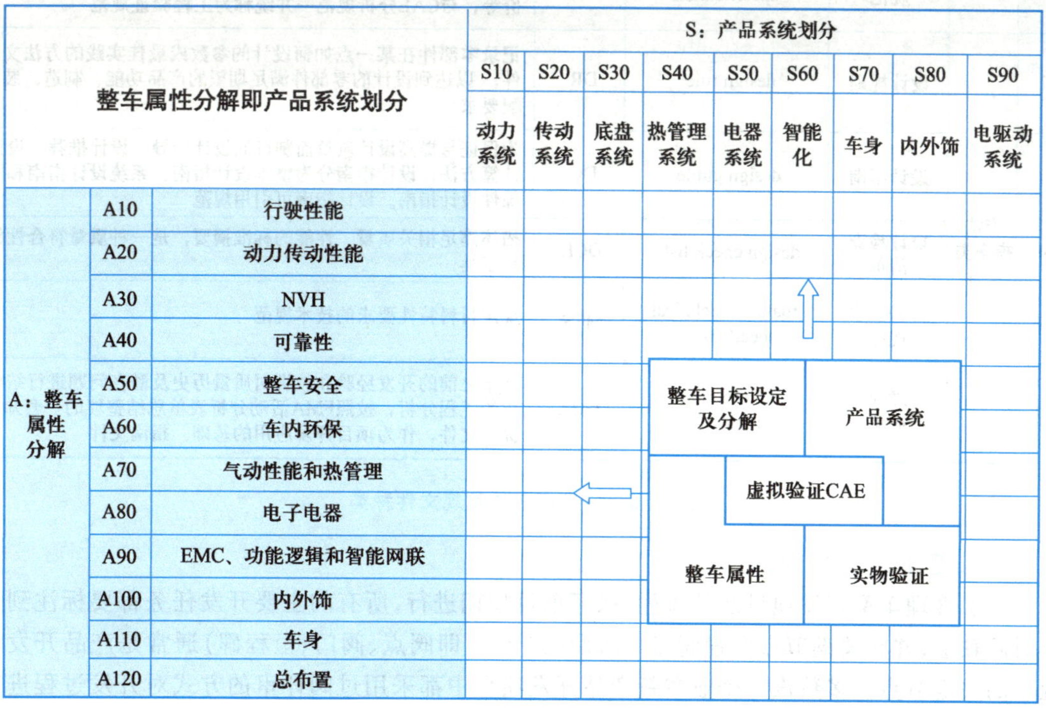

图 1-4 整车属性、产品系统的矩阵关系

技术规范是体现对汽车性能集成的技术过程活动进行能力与知识积累的标准化文件。从技术开发角度来看，涵盖了整车、系统、零部件的目标制订、分解、仿真分析、实物验证与评价活动的技术规范。从技术方法角度来看，涵盖了产品结构、功能分析、材料选型、算法匹配等设计活动的技术规范。技术规范的常规文件种类如图 1-5 所示。

序号	类型	文件类型	英文名称	英文简称	定义
1	要求类文件	整车产品技术规范	vehicle technical specification	VTS	全面描述车辆功能、属性，反映整车级需求和相应验证方法的技术文件，以达到整车目标设定、分析、传递和验证的目的
2		系统产品技术规范	system/subsystem technical specification	STS	在整车需求分解成系统级过程中产生的系统级/子系统需求和相应验证方法的技术文件，以达到系统目标设定、分析、传递和验证的目的
3		零部件技术规范	component technical specification	CTS	描述零部件功能、特性及验证的技术文件，可包含对零部件的管控要求，与工程图样一起定义并实现设计意图
4		功能定义规范	software function specification	SFS	分为系统功能定义和产品功能定义，用于指导软件开发；系统功能定义描述该功能的场景需求、人机工程(HMI)需求、实现原理、信号交互、功能逻辑和需求分解；产品功能定义描述该产品的接口描述、分解至该产品的功能需求和功能相关的其他需求
5		CAE分析规范	CAE analysis specification	CAS	规定设计验证过程中，仿真分析的技术文件。与试验验证规范统称为工程验证规范
6		试验验证规范	test verification specification	TVS	规定设计验证过程中，物理测试、主观评价等过程要求，按规范格式形成的技术文件，包含台架测试、路测试及主观评价等，与CAE分析规范一并统称为工程验证规范
7	方法指南类文件	设计规则	design rule	DR	记录零部件在某一点如何设计的参数或最佳实践的方法文件，以达到设计的零部件满足期望的产品功能、制造、装配要求
8		设计指南	design guide	DG	为保证与提高设计质量而制订的设计指导、设计推荐、设计计算方法，设计指南分为整车设计指南、系统设计指南和零部件设计指南。设计指南可引用规范
9		设计检查清单	design check list	DCL	描述满足相关质量、性能的标准摘要，是一种质量符合性检查工具
10		材料技术规范	material technical specification	MTS	规定材料特性要求的技术规范
11		故障模式避免	failure mode avoidance	FMA	基于之前的开发经验和教训对质量历史及潜在问题进行结构化的工程分析，按照FMA活动分析表单总结整理的一套知识沉淀文件，作为项目开发应用的基础、指南文件

图 1-5 技术规范的常规文件种类

4. 关键开发阶段与阀点

为了管理车型开发项目及其流程，保证项目如期进行，所有的主要开发任务都要标注到一个时间轴上，并在关键节点设置阀点。所谓的"阀"（即阀点、阀门、里程碑）通常是产品开发流程中的关键节点。多数汽车企业在新产品开发项目中都采用过阀评审的方式对开发过程进行管控。过阀评审的优势主要体现在：①产品委员会共同对项目目标进行回顾，并对达标情况进行评审,防止项目执行过程中偏离目标;② 及时发现项目中的问题和风险,并组织应对;③ 委员会成员审议下阶段工作计划,并对计划达成共识。每个公司都有自己的阀点命名方式,但其实质大同小异。汽车开发流程一般定义了15个阀点,分别是A4~A1、G9~G1、产品上市(G0)和项目关闭(GC)。为更清晰地表明各里程碑之间的关系,整车开发过程可以归纳为五个阶段,如表1-2所示。

表1-2 整车开发过程

阶段	架构阶段	战略阶段	概念阶段	开发阶段	产品及生产成熟阶段
阀点	A4~A1	Pre G9~G8	G8~G7	G7~G5	G4~G1
实质	整车开发先导过程	型谱到项目的转化	项目方案开发	概念实现	设计有效性验证

架构阶段、战略阶段及概念阶段这三个阶段讨论的都是比较宏观的内容,主要是领导层进行品牌战略的决策,主要参与者有市场部、技术总监、财务部等公司高层领导。工程师一般主要是从G8阀点才开始参与进来。

G8:项目启动(project commencement,PC),即之前架构、战略及概念阶段已经有了初始的项目周期及开发范围,在G8阀点,需通过前期可行性研究分析确定项目的边界条件,平台架构方案批准、整车性能等主要技术规范确定等。

G7:方案批准(concept approval,CA),G7阀点的目标在于对重要的产品方案(包括动力总成方案,整车的性能、造型主题模型,制造的方案、关键产品配置和新技术的开发方案等)进行评审决策,确定可以实现G8设定的竞争性目标。

G6:项目批准(project approval,PA),即在产品项目架构开发基本完成,造型开发和同步工作结束的情况下,全面平衡产品项目的边界条件是否达到设定的目标,对是否继续项目的开发做出决策。

G5:工程发布(engineering release,ER),目标架构开发工作基本结束;工程数据发布完成,进入后期开发验证阶段。

G4:产品和工艺验证(product and process validation,PPV),在产品工程开发进入最后验证阶段,开发工作风险可控的情况下,开始正式启动生产线的车辆制造,以实现制造系统的早期验证,完成工程对产品的最终验证。

G3:预试生产(pre-pilot,PP),审核产品开发的成熟度和PPV车辆的制造成熟度是否达到要求,若达到要求,可在产品开发无风险的情况下开始进行小批量的生产制造,拉动零部件供应商批量成熟,实现整车生产线的连续生产。

G2:试生产(pilot,P),使用批量生产的零部件验证确认整车厂的生产设备和工装,检验生产过程和工艺能力,决定是否开始可销售生产认证造车。

G1:正式投产(start of production,SOP),验证零部件厂商的爬坡能力和整车厂在一定节拍下的制造能力。

G8~G1阀点内容如表1-3所示。

表 1-3 G8~G1 阀点

项目启动	G8	PC(project commencement)
方案批准	G7	CA(concept approval)
项目批准	G6	PA(project approval)
工程发布	G5	ER(engineering release)
产品和工艺验证	G4	PPV(product and process validation)
预试生产	G3	PP(pre-pilot)
试生产	G2	P(pilot)
正式投产	G1	SOP(start of production)

在整车开发中,汽车动力学性能是相关系统开发的出发点,其开发流程如图 1-6 所示。开发团队从车型定位出发选定标杆车,经由相关工程师和专家讨论,根据目标车辆的性能特点最终达成共识,制定整车性能要求。汽车动力学性能开发策略的第一步是各相关系统构型方案的选定。整车动力学性能目标分解为下一步悬架硬点优化、转向、轮胎和衬套关键参数(如刚度、速比等)的确定提供输入。通过零部件的设计和制造,再装配成系统和整车,然后逐级向上验证,经过底盘调校件的调校和电控系统的标定,最后达成整车动力学性能目标。

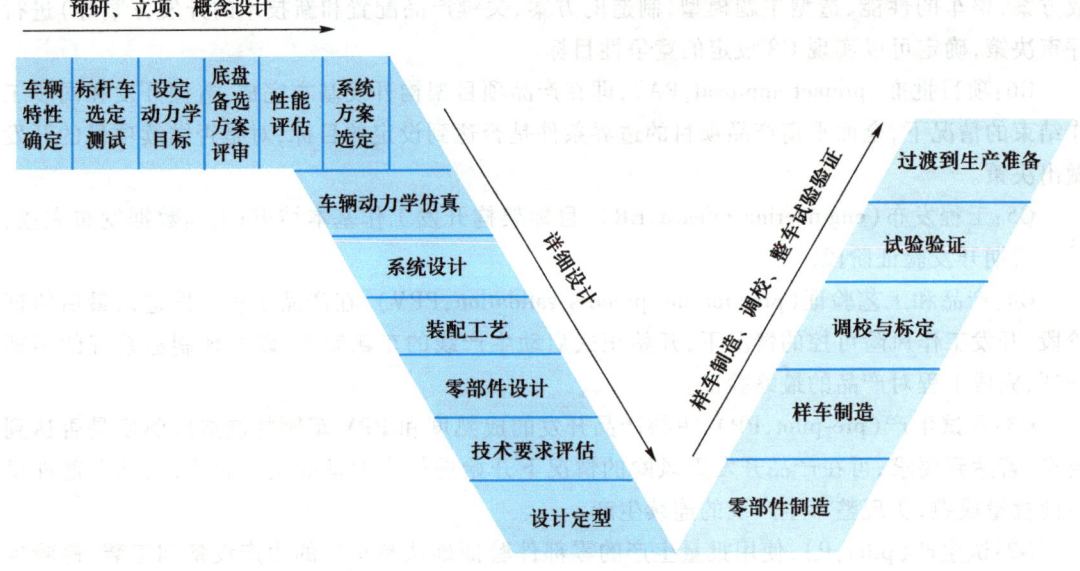

图 1-6 汽车动力学性能开发流程

5. 样车开发

在了解样车开发之前,需要先了解一下零部件的数模状态,根据不同的开发阶段和应用目的,零部件数模分为 TG0、TG1 和 TG2 三种状态。

TG0(tool go 0):粗略的三维数模,表明零件在整车位置上的基本外形和尺寸。数模包含主要的特征、边缘和界面,以及中心线(线束和管状物),可用于零部件定点。

TG1(tool go 1):数模包含所有零件界面、过渡面、紧固件孔和位置,可用于软模制造。TG1数据用于模具商同步工程工作。

TG2(tool go 2):最终的三维数模,表明了在整车位置上的零件设计意图。数模可用于正式模具和零件制造。TG2 数据是最终冻结状态的产品数据。

在整车开发过程中,需要各种各样的样车,在样车的基础上不断更新迭代优化零部件的设计。整车开发过程中的样车有以下几种:

杂合车/骡子车(mule car):在项目早期利用现有生产车辆,改装发动机支撑、功能性的发动机冷却、进气系统和发动机总成,其目的是在项目早期(G7 方案批准前)支持动力总成初始验证和标定工作(开发 mule car 标定)。例如,整车载重分析、底盘操控和控制系统开发、空调和发动机冷却系统开发、噪声与振动分析动力总成集成系统开发、电气系统开发等。此阶段技术中心的试制部依据工程提供的 TG0 数据进行零部件试制。

模拟样车(simulator):利用代表设计的结构件通过拼装和改装而成的样车(软模、简易工装、手工工艺等),其目的是支持整车/系统进一步的设计和验证,包括通过此车完成架构件(architecture parts)的设计和发布。此阶段工程部门发布模拟样车数据 TG1,用于试制部或供应商进行软模零件制造,进而完成模拟样车的制造。

工程样车(engineer prototype car,EP car):根据工程设计发布的信息,采用相应工程样制造工艺制造出的满足设计要求的零件在技术中心试制车间装配的样车,其目的是用于整车集成的开发、验证与整车相关的子系统技术规范和整车技术规范要求、零件调试、开发动力总成标定、公告法规的早期验证和验证总装顺序等。此阶段与平台架构相关的零部件需发布 TG2 数据,架构类零部件(如下车体等)需是依据 TG2 数据进行生产的硬模件,造型相关(车身及内外饰等)仍为依据 TG1 数据生产的软模件,以此完成工程样车的制造。

制造验证造车(manufacturing verification building,MVB):这是在生产线正式造车前的准备工作,检验车辆的工艺可行性,在工厂内完成制造,以识别工厂的问题并为正式造车做好员工培训。造车会通过所有的工艺系统,为工厂员工展示产品和工艺过程的学习机会。造车所用的零部件可以采用 EP 车的零部件,运送到工厂。在 PPV 前 1 个月完成首辆车的制造。

工艺样车(PPV car):正式工装模具和制造工艺制造样件并按照生产线工艺装配而成的样车,目的是 100%动力总成标定、底盘操控性验证、动力加速性验证和 VTS 认证,同时对制造工艺进行验证和生产工人培训。

预试生产(pre-pilot,PP):pre-pilot 造车主要考核工艺装备、检验流程和检验装置的过程能力。在批量生产工装模具的条件下要求制造确定尺寸和形状的单一零件,以及试验所有单一工艺装备和组合工装的功能。

试生产(pilot,P):主要对批量生产工装设备和制造系统进行最终认可,保证正常生产条件下制造出的单一零件和总成的尺寸和匹配的稳定性,并对爬坡质量进行考核。

以上整个样车试制的相关情况可简要总结如表 1-4 所示。

表 1-4 样车种类及试制目的

样车名称	造车数据	零部件供货状态	试制时间	试制目的
杂合车 （mule car）	根据试制目的	手工/简易工装	G8~G7	在项目早期支持动力总成初始验证和标定工作或特定系统的早期开发验证
模拟样车 （simulator）	架构类-TG1	软模/手工/ 简易工装	G7~G6	支持整车/系统的开发和验证,包括通过此车完成结构件的设计和发布
工程样车 1 （EP1）	架构类-TG2 非架构件-TG1	架构件-硬模 非架构件-软膜	G5 前~G4	整车集成的开发、验证与整车相关的 SSTS 和 VTS 要求、零件调试、开发动力总成标定和公告法规的早期验证
工程样车 2 （EP2）	架构类-TG2 非架构件-TG2	架构件-硬模 非架构件-硬模	G5~G4	同上
制造验证造车 （MVB）	架构类-TG2 非架构件-TG2	可采用 EP 车的零部件	G5~G4	验证车辆工艺可行性。在工厂造车,样车通过所有工艺系统,为工厂员工展示产品和工艺过程的学习机会
工艺样车 （PPV car）	架构类-TG2 非架构件-TG2	架构件-硬模 非架构件-硬模	G4~G3	100%动力总成标定、底盘操控性验证、动力加速性验证和 VTS 认证,同时对制造工艺进行验证和生产工人培训
预试生产 （PP）	架构类-TG2 非架构件-TG2	架构件-硬模 非架构件-硬模	G3~G2	考核工艺装置、检验流程和检验装置的过程能力。批量生产工装模具的条件下要求制造确定尺寸和形状的单一零件。试验单一工艺装置和组合工装的功能
试生产 （P）	架构类-TG2 非架构件-TG2	架构件-硬模 非架构件-硬模	G2~G1	保证正常情况下制造出单一零部件和总成的尺寸和匹配的稳定性,并对爬坡质量进行考核

1.1.3 汽车性能目标设定与分解

汽车作为道路的主要载运工具,涉及很多使用性能。广义上的汽车性能是指汽车能适应各种使用条件、满足用户使用需求及社会环境需求的能力。狭义上的汽车性能是指和整车产品有关的各项性能指标的综合体,是用户能够感知和判断产品优劣的重要参考。

汽车性能的优劣不仅取决于汽车各部件本身的性能,而且在很大程度上取决于各部件的匹配和集成水平。汽车性能开发前期的关键任务包括流程和计划的设立、目标设定及分解、CAE 仿真验证评价与设计优化等内容。目标冲突的平衡、目标管控与验收工作贯穿整个开发过程。

汽车性能的定义会随时代的发展而不断改变。汽车性能主要包括汽车的动力性、能耗经济性、排放性、制动性、操纵稳定性、行驶平顺性、通过性、安全性等。汽车的动力性、能耗经济性和排放性主要与汽车发动机性能、发动机与传动系统配置、轮胎性能等有关,对于电动汽车而言,其动力性和能耗经济性主要取决于驱动电机、减速装置和动力电池系统的性能。汽车的排放性还与燃料品质和机外净化措施等有关。汽车的制动性主要与整车布置和制动系统性能等有关。汽车的操纵稳定性主要与整车布置、悬架系统和转向系统性能等有关。汽车的行驶平顺性主要与整车布置和悬架系统性能等有关。汽车的通过性主要与整车布置和轮胎结构参数等有关。汽车的安全性除传统意义上的主动安全、被动安全之外,随着电动汽车、智能汽车的发展,功能安全、预期功能安全、信息安全等新安全性能日益凸显,受到越来越多的重视。从总体上把握汽车性能及其影响因素,实现整体性能"协调、融合"的有机统一,是汽车开发工作的重要内容。

1. 性能开发需求

性能开发需求的主要来源通常包括顾客需求、市场需求、产品战略和企业能力、标杆对标、法规要求五个方面。

(1) 顾客需求

顾客需求,即顾客对产品的目标、需要、愿望的集合,是性能开发的起点,也是性能成果的标尺。产品的竞争力取决于产品是否满足顾客需求,只有透彻理解了客户需求,才能将其转化为竞争力,在顾客购买使用的过程中才会得到更多正向反馈。

(2) 市场需求

市场需求分析需开展以下3个方面的工作:① 目标市场研究。目标细分市场的车辆规格、动力组合、销量规模变化情况、目标价格区间等。通过对目标细分市场的研究,了解目标用户购车时的具体关注点,分析其关注度及满意度。② 细分市场策略分析,包括竞争产品的生命周期价格变化策略、配置组合分析,购买行为研究等。③ 技术趋势研究,包括新技术配置、市场表现、前景分析等。由上述信息可提炼出目标客户定义及产品的亮点,包括使用功能、使用环境、竞争定位、产品特征(产品定位、造型、动力组合)、目标用户群、产品亮点、性能定位、新技术配置情况等。

(3) 产品战略和企业能力

产品战略和企业能力也是开发需求的输入部分。产品规划源于产品战略,包括产品选择和产品开发两部分,产品规划同时也是品牌定位的重要体现,需要根据品牌定位和诉求来将价值、文化、个性等消费者更高层次的需求融入产品开发中,以利于品牌形象和DNA的维护和传播。开发需求也不能脱离企业当前的技术能力水平和未来的技术发展规划,否则开发工作就无法真正落地并达成目标。

(4) 标杆对标

标杆对标(benchmark)是开发过程中对标杆产品的对标分析过程,其目的是对竞品性能摸底,明确行业水平,为性能目标设定和分解提供依据。对标分析的内容广泛,包括车辆特征、整车内外部尺寸、座位布置和使用空间、动力系统、性能、底盘结构(前后悬架类型、制动系统、转向系统、轮胎)、车辆性能、舒适和便利性、安全性、驾驶辅助功能、信息娱乐功能等。对汽车动力学开发有直接指导意义的对标结果包括行驶平顺性、操纵性、稳定性、制动性能,以及整车质量、质心位置、转动惯量和轮胎组合。性能对标需同时采用主观评估和客观测量两种方法。通过对标分析,车型开发的目的更为明确,以后的阀点评审和开发验收都有了明确参照物。

(5) 法规要求

汽车标准和技术法规是开发需求的重要输入,既维护了消费者权益,同时也是汽车产品开发、生产和销售的政策要求。企业必须持续性地跟踪研究最新法规和发展趋势。我国以强制性标准作为技术法规的主要形式,是汽车产品实行强制认证及公告管理的依据。国际主要的汽车法规有美国汽车法规、欧洲汽车法规、日本汽车法规三大体系。由法规政策规定的性能指标,如排放、安全等,是产品能在当地销售的前提条件。生产出口产品的汽车企业必须根据目标市场的法规要求,进行有针对性的法规解读与适应性分析,以确保产品符合当地的法规要求。

2. 开发需求转化

通常使用质量功能展开(quality function deployment,QFD)工具,把客户或市场的需求转化为设计要求,可以理解为把客户需求转化为性能目标。QFD方法可以更好地理解顾客需求的多样性之间的关联。QFD方法通过一定的市场调研方法获取顾客需求,然后采用质量屋的矩阵图解法将顾客需求分解转换成技术要求。

QFD方法的思路是调研—对应—分析—具体目标设定—交付物建立及评估,操作步骤如下:① 确定目标客户,调查其需求,从顾客角度评估市场竞争力;② 把顾客需求与技术要求对应起来,确定顾客需求与技术要求的关系矩阵;③ 开展技术竞争评估后,进一步确定出性能目标值交付物,并评估技术要求之间的相关性。

3. 性能目标设定

性能目标设定,即根据项目产品定位,制定性能指标的具体要求。整车级性能目标是基于竞品车的测试评价数据,经过多目标平衡和竞争力综合评估制定的。性能开发中应编制整车级性能目标书,作为性能开发的指导性文件,以及目标分解及验收的依据。目标书的内容可包含整车性能市场概念、目标定位、竞争策略、各性能领域的主客观多级指标等。整车级性能目标书的形式要注重直观、简洁。性能目标雷达图(蜘蛛图),形象地说明了项目性能目标与性能定位水平,如图1-7所示。

对于整车级动力学性能目标设定,每一项动力学性能都有一系列指标,其中操纵性、稳定性和制动性指标较为完善,标准化程度较高,而行驶平顺性指标的标准化水平仍需提升。每一项指标都需要制定目标值,这些目标值既可以是用户目标(通常用主观评价分数描述),也可以是工程目标(一般用客观指标表达)。

性能目标设定过程中,首先确定主观目标:相对于细分市场和参考车辆,期望在研车辆的表现如何、开发目标如何、怎么实现等,比如"操纵性、稳定性和制动性应维持对标车同样水平,但行驶平顺性应该提升0.5主观评价分"。其次,客观目标的设定需要进行一系列测试,以便得到类似中心区转向性能、频响性能、阶跃响应、总转向比、转弯半径、制动性能、制动距离、制动效率、行驶平顺性、悬架频率、车身运动控制、冲击输入响应、平滑路抖动等性能的测试结果作为参考。车辆客观性能目标的设定通常也需要在给定初始车辆架构设计参数下进行前期动力学性能仿真,以确保目标的合理性。主客观目标的设定过程也是确定汽车动力学性能开发策略的过程,比如偏运动型的车辆,需要设定较为激进的操纵稳定性目标,必须搭载高侧偏刚度的轮胎以及高刚度转向系统;以行驶平顺性为主要开发目标的车辆,必须做关键液压衬套的设计预留等。

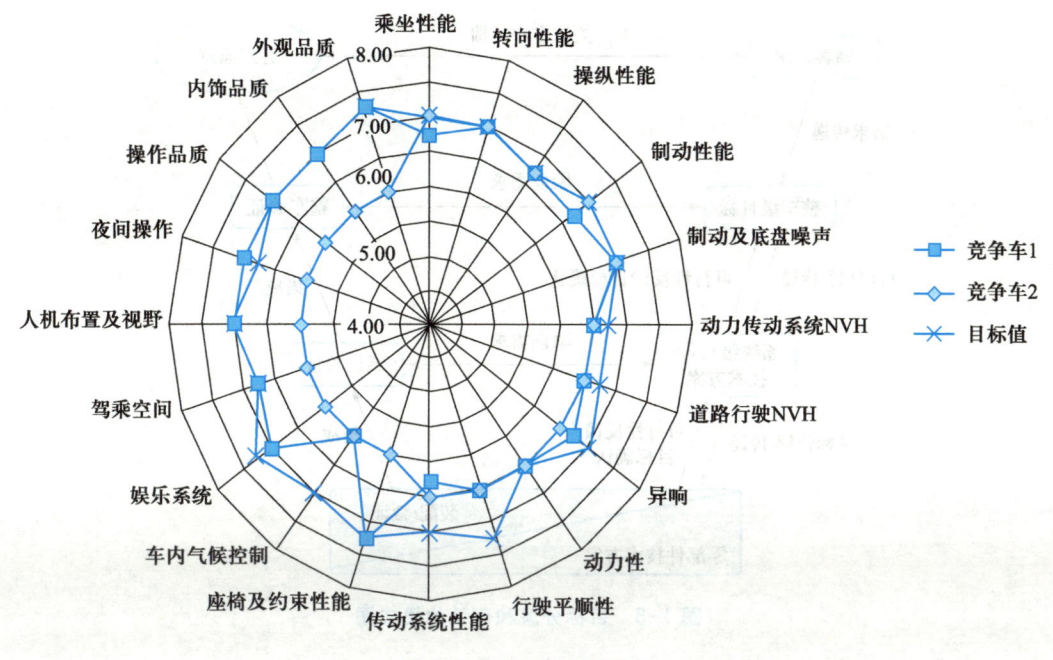

图 1-7　性能目标雷达图

4. 目标分解

项目开发中,为实现整车目标,需根据方案可行性分析以及系统匹配要求,对整车性能目标进行分解。分解、确认后得到的系统级及零部件目标是对整车性能目标的保证和支撑,最终作为零部件开发验收的依据之一。

目标分解是按照"整车—系统—零部件"的顺序,逐级向下分解细化性能目标的过程。而目标确认的过程是反向的,按照"零部件—系统—整车"的顺序,下一级目标可行性的落实,是上一级目标得到确认的前提条件。图 1-8 为目标分解和确认的模式图,左下方部分为目标分解和确认的迭代过程,右侧部分为验证过程。

以能耗经济性为例,整车级能耗目标可分解为整备质量、动力总成特性、迎风面积、风阻系数等系统级目标。整备质量为保证达成要求,又需向下继续分解为各零部件的重量目标。只有经过分析验证,零部件级的重量目标可行性得以达成,才能确认系统级目标整备质量。只有系统级的整备质量、驱动电机/发动机特性、迎风面积、风阻系数等系统级目标都具备可行性,整车级能耗目标才能确认。在目标分解过程中,各性能领域需编制相应的验证分析计划,运用数据对标、CAE 分析、实物验证、主观评价等多种方法,并行地开展工作。

5. 目标冲突的平衡

性能开发需要将汽车各个系统整合起来,是质量、成本、进度的全方位平衡。各领域性能指标之间是互相影响的,不同系统之间存在冲突,需要在目标设定时平衡考虑多领域目标对单个系统或零部件的不同需求。为避免整车产品在开发完成后出现明显的短板,并保证有明显的性能亮点,在整车性能目标设定过程中有重要的平衡和协调环节,以实现最优设计。子目标性能内部也存在矛盾,平衡、协调的能力是性能工程师的必备要求。例如,对于底盘性能的匹

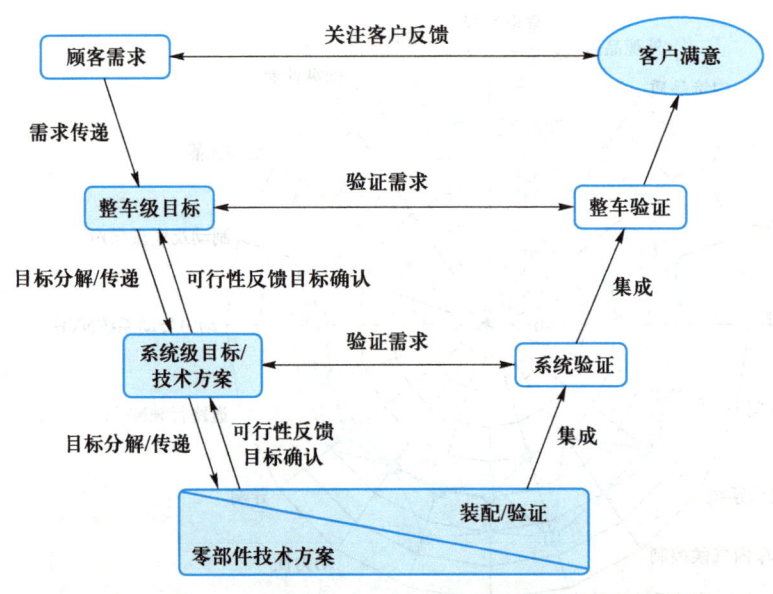

图 1-8 目标分解和确认的模式图

配与协调问题。虽然汽车底盘性能的匹配与调校已发展成为以主观评价为基础,以客观测试和 CAE 仿真为重要补充的一项综合技术,但由于当前可供使用的、能与主观评价标准相对应的客观评价指标较为不足,加上计算机模型对行驶舒适性所涉及的中高频振动问题的预测能力有限,仍要依靠评价者的身体感知来体验振动加速度的输入。所以,匹配工程师的经验和能力仍然是决定汽车底盘调校工作成败的关键。

1.2 汽车的整车性能需求

整车性能的管理和控制涉及汽车开发的多个方面,主要分为目标管控和问题管控两大类。整车性能目标管控是一个分阶段、分领域、分层次的复杂过程。在整车性能管控的过程中,需要对汽车性能的内涵和边界进行深入分析,继而对其开发需求进行尽可能准确的把控,为实现整车的性能总体目标提供必要的条件。本小节将对汽车的动力性、能耗经济性、制动性、操纵稳定性、行驶平顺性、安全性等主要性能进行具体介绍。考虑到当前汽车市场主流产品的实际技术状态和开发工作重点,对于排放性、通过性等性能不作特别介绍。

1.2.1 汽车的动力性

汽车的动力性是指汽车在良好路面上直线行驶时,由汽车受到的纵向外力决定的、所能达到的平均行驶速度。在工程上,简单来说,是指 100% 加速踏板开度时加速的绝对性能。汽车的动力性主要包括最高车速、爬坡性能、原地起步加速性能,以及超车加速性能等。最高车速是指在水平良好的路面(混凝土或沥青)上汽车能达到的最高行驶车速,是汽车在平坦路面无风条件下,行驶阻力和驱动力平衡时的车速,此时汽车的加速度为零。汽车爬坡性能是指汽车满载,在良好路面上用 1 挡或 D 挡位行驶时,所能克服的最大坡度,通常用最大爬坡度表示。

原地起步加速性能是指从静止状态迅速增加行驶速度至特定车速的能力,通常用起步加速时间来表示。起步加速时间是指汽车从静止状态下,由 1 挡起步,并以最大的加速强度(包括100%加速踏板开度和选择最恰当的换挡时机)逐步换至高挡后,达到某一预定的车速或距离所需要的时间,常用 0~100 km/h 所需的时间(s)来评价,所用的起步加速时间越少,起步加速性能越好。超车加速性能是指从汽车从某一较低车速全力加速至某一较高车速的能力,通常用超车加速时间来表示。汽车加速性能对提高汽车的平均行驶速度有一定影响。尤其是在行车途中,常常要以最大的加速度来处理相关的紧急情况,比如在高速公路超车时特别能体现出重要性。

汽车的动力性主要受驱动电机/发动机参数、主减速器传动比、变速器挡数及传动比、造型、汽车质量、轮胎尺寸与形式,以及汽车行驶条件等影响。在动力性匹配过程中,可采取适当优化整车造型、减轻整车重量、降低轮胎滚阻等措施来实现整车动力性的提升。

基于用户对动力性需求、市场竞品动力性的发展趋势和法规的要求,可制定合理的整车动力性指标,并将指标分解,根据性能指标分解情况,开展动力总成选型。动力总成选型基于既定的动力性目标,选择适合的动力总成(功率对应最高车速、转矩对应加速能力)。在满足条件的动力总成中考虑成本、可靠性、平台化等,选择最优的动力总成,进行整车布置分析,根据布置分析结果,可对动力总成进行适当优化。

1.2.2 汽车的能耗经济性

在保证动力性的条件下,汽车以尽量少的能量消耗量(油耗/电耗/氢耗等)经济行驶的能力,称为汽车的能耗经济性。能耗经济性包括法规工况能耗和实际使用工况能耗(油耗/电耗/氢耗等)。通常用在一定运行工况下,汽车行驶 100 km 的燃油/电能消耗量来衡量汽车能耗经济性。汽车能耗经济性常用评价指标为等速油耗/电耗和循环油耗/电耗,单位为 L/100 km (kWh/100 km),即行驶 100 km 所消耗的燃油(L)/电量(kWh),该数值越大,汽车能耗经济性越差。

等速油耗是指汽车在一定载荷下,以最高挡在水平良好路面上等速行驶 100 km 的燃油消耗量。通常测出每隔 10 km/h 或 20 km/h 速度间隔的等速百公里燃油消耗量,然后在图上连成曲线,称为等速百公里燃油消耗量曲线。

由于等速油耗无法全面反映汽车实际运行油耗,特别是在市区行驶中频繁出现的加速、减速、急速停车等行驶工况的油耗。因此,为了能模拟汽车实际运行状况,相关国家和地区通过对车辆实际行驶过程进行跟踪测试并统计分析,制定了一些典型的驾驶循环工况,如欧盟的NEDC 工况,由欧盟、日本、美国联合制定的 WLTC 工况,美国的 FTP75 工况,以及中国的 CLTC 工况,并以百公里燃油/电量消耗量来评定相应行驶工况的能耗经济性。对于乘用车而言,我国常用 NEDC、WLTC、CLTC 循环工况的百公里能量消耗量来评价汽车的能耗经济性。

NEDC 工况由 4 个市区循环(780 s)和 1 个市郊循环(400 s)构成,循环总时长 1 180 s,循环里程为 11.007 km,平均车速为 33.6 km/h,最大车速为 120 km/h,最大加速度为 1.04 m/s^2,最大减速度为 1.39 m/s^2。

WLTC 工况由低速段(589 s)、中速段(433 s)、高速段(455 s)和超高速段(323 s)共四部分组成,持续时间共 1 800 s,总里程为 23.27 km,最大车速为 131.3 km/h,最大加速度为 1.67 m/s^2,最大减速度为 1.5 m/s²。统计可知,WLTC 工况的加速、减速、等速、怠速工况的时间占比分别为 30.9%、28.6%、27.8%、12.7%。

CLTC 全称为中国轻型车测试循环(China light-duty vehicle test cycle,CLTC),CLTC 工况由低速段(674 s)、中速段(693 s)和高速段(433 s)共三部分组成,持续时间共 1 800 s,总里程为 14.48 km,最大车速为 114 km/h,最大加速度为 1.92 m/s²,最大减速度为 1.94 m/s²。统计可知,CLTC 工况的加速、减速、等速、怠速工况时间占比分别为 28.61%、26.44%、22.83%、22.11%。

汽车的能耗经济性开发需求需要通过目标分解的方式分解为动力总成的需求。整车经济性指标是基于用户需求、标杆研究和标准法规等要求制定的。为了达到整车经济性指标,需采用一定的技术手段,将性能指标分解为总成及零部件,并对其提出相应的性能指标要求。

1.2.3 汽车的制动性

汽车在行驶时能在短距离内停车且维持行驶方向稳定性,以及在下长坡时能维持一定车速的能力,称为汽车的制动性。基础制动性能主要为车辆的纵向运动特性,着重考虑驾驶员通过控制踏板行程(输入),得到的相关反馈(踏板力、减速度、车体控制、横摆控制等)的特性。制动性能主要分为行车制动(初期/轻度制动、中度制动、重度制动、最大制动)性能、驻车制动性能、制动干扰特性等。

行车制动性能重点关注以下内容:驾驶员输入的踏板行程与制动系统反馈给驾驶员的反作用力特性(行程-踏板控制力)、驾驶员感受到的车辆减速响应特性(行程-减速)、驾驶员感受到的踏板控制力和车辆的减速响应特性(踏板控制力-减速),以及轮胎地面提供的极限附着利用程度特性(最大制动)。

驻车制动性能重点关注驾驶员输入的驻车操作行程与制动系统反馈给驾驶员的反作用力特性(行程-驻车控制力)、驾驶员感受到的车辆的减速响应/停驻坡度特性(行程-动态驻车减速/驻坡能力)、驾驶员感受到的驻车控制力和车辆的减速响应/停驻坡度特性(驻车控制力-动态驻车减速/驻坡能力),以及轮胎地面提供的极限附着利用程度特性(动态驻车最大减速能力/最大驻车坡度)。

制动干扰指在实施制动(含驻车)过程中,所出现不符合驾驶员预期的扰动或错误状态。一般要求在制动过程中不影响车辆的行驶稳定性和转向能力,不出现明显的系统工作引起的异响/噪声以及对车辆其他方面(车体俯仰、横摆、整车及转向盘抖动等)的负面影响。

制动性能主要从三个方面进行评价:制动效能、制动效能的恒定性、制动时汽车的方向稳定性。这三个评价涵盖了制动性能开发的主要内容,对于制动性能的开发具有重要意义。在此基础上,按照制动系统的功能核心诉求,可进一步具体描述为驾驶员通过制动踏板或驻车手柄/开关按钮,输入操作行程,感受到的车辆制动系统带来的相关反馈(如踏板/驻车制动力、整车减速度/驻车坡度、系统工作的异响/噪声,以及车辆其他方面包括车体俯仰、横摆、整车及转向盘抖动等)的影响是否符合预期以及满意的程度。

在整车设计目标分解过程中,行车制动性能需要依据整车参数和轮胎型号及附着系数,提出前后轴制动力及其分配系数的需求,运用车辆纵向动力学,分析制动液压力与整车减速度的对应关系,提出前后制动器相关性能参数要求,再校核热容量及热流密度,在此基础上以满足法规适应性、制动踏板感觉等需求为目标,通过制动性能分析,提出制动管路、制动力分配装置、制动主缸、真空助力器和制动踏板相关性能参数要求。驻车制动性能的分解与行车制动基本相似,依据整车参数和轮胎型号及附着系数,进行坡道(上、下方向)的静力学分析和动态驻车的法规适应性分析,提出驻车制动器、驻车拉索、驻车操纵机构的相关性能参数要求。制动干扰需重点关注前后制动力的分配比、操纵系统足够的刚度和尽可能小的摩擦以及系统及零部件的稳健性,然后依据经验提出制动NVH的相关设计要求(如刚度、模态、频响、阻尼等)。

1.2.4 汽车的操纵稳定性

汽车的操纵稳定性是指在驾驶员不感到过分紧张、疲劳的条件下,汽车能遵循驾驶员通过转向系及转向车轮给定的方向行驶,且当遭遇外界干扰时,汽车能抵抗干扰而保持稳定行驶的能力。

1. 稳态、瞬态性能表现

操纵稳定性重点关注稳态输入下(通常车辆侧向加速度 $a_y<0.4g$ 范围内)的车辆表现。稳态车辆性能主要包含不足转向特性、横摆响应特性、侧倾特性、横向附着能力、转向盘力矩以及在转弯过程中配合加减速输入时的控制能力。

(1) 车辆转向力矩

在进行车辆转向助力矩分解时,设定静态与低速转向盘转向力目标,以转向盘转向力为目标计算转向系统助力需求。通过计算整车转向系统的助力需求,选择合理充足的转向助力,再通过性能调试可获得轻便舒适的转向力。

(2) 最小转弯半径

最小转弯半径是车辆在最大转向角状态下,汽车以极低速行驶,外侧前转向轮绕转向中心点行驶的圆形轨迹的半径。汽车的机动性,常用最小转弯半径来衡量,但汽车的高机动性能则应由两个条件保证。首先,应使转向轮转到最大转角时,汽车的最小转弯半径能达到汽车轴距的2~2.5倍;其次,应选择较小转向角传动比系统,使转向盘总圈数不应过大,如乘用车转向盘总圈数一般不超过3圈。在进行最小转弯半径分解时,按照其限值设计最小转弯半径,使整车获得优良的机动性能。

(3) 车辆横摆响应

车辆横摆响应直接反映整车的横摆响应灵敏度,常以稳态横摆角速度增益来评价车辆的反应,该设计值不宜过大,也不宜过小,过大会导致整车反应剧烈,过小则反应迟缓。在进行横摆响应分解时,通过选择适当的横摆角速度增益,可以保证车辆高速行驶时有足够的横摆响应灵敏度,同时保证高速行驶时不至于产生过大的侧向加速度,保证高速直行稳定性。

(4) 整车侧倾梯度

在进行侧倾梯度分解时,根据整车侧倾梯度目标值,得到在侧向加速度 $a_y=1g$ 时的侧倾角 θ。质心处离心力和重力分量引起的绕侧倾轴线的侧倾力矩与整车侧倾刚度对应的力矩平衡,可以得出整车侧倾刚度。根据预先定义的前后轴侧倾刚度分配比例(受前后轴载荷分布比例影响,前轮驱动车辆一般在50%~60%范围内)计算单轴侧倾刚度。对于单轴侧倾刚度,弹簧和稳定杆起并联作用,因此前轴侧倾刚度减去前悬架贡献的侧倾刚度即为需要前稳定杆贡献的侧倾刚度。

（5）车体俯仰运动控制

车体俯仰运动控制能力分析，主要考察汽车加减速时车体俯仰动作控制能力。车体俯仰动作控制能力分析主要评估悬架抗俯仰特性设计是否合理。悬架抗俯仰特性的设计要兼顾抗俯仰以及冲击乘坐舒适性，尤其是前悬架。

瞬态/变道操纵稳定性主要关注侧向加速度 $a_y<0.4g$ 范围内，转向盘瞬态输入下的车辆稳定程度和控制能力，如后轴跟随性、转向修正程度和极限轮胎抓地力等，瞬态稳定性优化从时域和频域两个方面来开展，主要包括车辆阶跃响应特性仿真、频率响应特性仿真以及正弦延迟仿真。

（1）阶跃响应仿真

阶跃响应仿真主要关注车辆在转向盘阶跃输入下的横摆角速度响应时间以及超调量。在兼顾横摆响应迅速的要求下，横摆阻尼应尽可能大，使车辆在瞬态操纵下横摆超调小一些，但横摆响应时间与超调量这两者是一对典型的矛盾点，这两者主要取决于底盘架构与轮胎特性，前期合理目标设定与仿真设计优化尤为重要。分析评价重点关注响应时间、峰值响应时间，以及横摆角速度超调量。

（2）频率响应特性仿真

频率响应特性同样是衡量车辆瞬态操稳性能的重要手段，它主要评估车辆高频响应的失真程度。频率响应越优秀的车辆，高频响应能力越强、越准、越快，同样车辆极限和紧急避障能力也越突出。车辆频率响应特性主要通过转向盘扫频输入工况来模拟。转向盘扫频输入工况重点关注横摆角速度固有频率、横摆角速度响应的通频带宽度、横摆阻尼、相位滞后频率、1 Hz 侧倾速度梯度等。

（3）正弦延迟仿真

极限工况下，车辆垂向及侧向附着也是瞬态操稳重点关注点，尤其是垂向附着。如果失去垂向附着，车辆很容易进入失稳状态，严重影响车辆安全性。极限状态下轮胎附着一般通过 ESC 正弦延迟仿真方法进行评估。ESC 正弦延迟仿真重点关注四轮垂向载荷是否处于合理范围内。

2. 转向性能和操纵性能

对转向系统、悬架系统的侧重不同，可分别主要从转向性能和操纵性能进行开发，实际开发过程中，通常将二者集成考虑。

转向性能主要包含驻车机动性能、直行稳定性能以及转向控制性能三类。驻车机动性能包含转向轻便性、转向机动性以及回正性能。直行稳定性能指车辆在直线行驶位置附近、小幅度转向输入时的转向性能特性，主要关注整车横摆响应以及中心区转向盘力矩。直线行驶可控性主要反映车辆中高车速下小幅调整方向，变换车道时的转向性能，一般通过转向盘中间位置操纵稳定性仿真工况来分析。直线行驶可控性主要通过该工况下转向盘转角、转向盘力矩、横摆角速度、侧向加速度四者之间相互关系来表征。转向控制性能主要关注弯道保舵力，关注的是车辆在弯道中的稳定性及可控性，主要考察车辆弯道不足转向及横摆响应特性、高速上下匝道的过弯能力、稳态侧倾控制能力、弯道加减速稳定性。转向控制性能分析主要包括稳态定圆、弯道制动、弯道加/减速等工况条件。

此外，转向操控感觉也是重要的性能指标。转向操控感觉是驾驶员在转向过程中对车辆行驶性能表现的总体感觉,优良的转向操控感觉是行驶性能开发的关键任务之一。从用户常规驾驶需求出发,中小侧向加速度时(如 $a_y \leq 0.35g$,基本处于车辆响应的中心区、线性区)车辆转向操控感觉是驾驶员日常使用工况,此方面的开发趋势是转向响应越来越灵敏、精准,以便让驾驶员能体验到更偏运动感的操控乐趣。

行驶性能开发中常遇到转向响应性能提升的要求,其整体协调、流畅且线性的操控体验更易给人"品质感",因此,需对用户体验相关的主观感受点进行分解,并对与主观感受相关联的主要客观目标进行量化,以便实现更好的转向性能开发。转向响应主观评价项见表1-5。

表1-5 转向响应主观评价项

评价指标	评价方式
转向响应	在转向操作时,车辆对转向盘输入做出的横摆角速度和侧向加速度响应特性
响应空行程	存在一个转向盘的转动角度范围,在这个范围内车辆有很小的响应甚至没有响应;关注在多少角度转向输入下汽车才有可感觉到的响应
响应增益(小角度转向)	在维持一个车道内直线行驶或单车道变道工况车辆对小幅转向输入时车辆做出的响应
响应增益(转弯工况)	在平稳的侧向加速度转弯工况车辆对转向输入的响应
刚性感/响应转向延迟	修正工况(含中心区及转弯工况),感受转向盘是刚性还是柔性地连接在转向轮上,车辆反应相对转向盘输入的滞后情况
调整性/精准性	在进行转向盘转向输入及转向调整时,车身的横向响应、侧倾等动作对驾驶员的输入执行是否精准,及相互间是否协调

结合转向性能主客观关联性研究,可确定出转向响应高关联性的客观表征指标,某汽车公司采用的转向响应客观指标项见表1-6。

表1-6 某汽车公司采用的转向响应客观指标项

主观特征指标	客观指标	指标单位	试验规范	备注
响应空行程	$0.05g$ 对应转向盘转角	°	小加速度渐进转向试验	减小"虚位感"
响应增益(小角度转向)	横摆角速度增益	(°/s)/100(°)SWA	中心区操纵稳定性试验	提升灵敏性
响应增益(转弯工况)	侧向加速度增益	g/100(°)SWA	大加速度渐进转向试验	
响应延迟	横摆角速度滞后转向盘转角45°时间	ms	正弦扫频试验	"直接感"及精准性

操纵性能主要包含直线操纵稳定性、转向操纵稳定性、瞬态/变道操纵稳定性三类。有别于转向性能,操纵性能关注的直线操纵稳定性是指在驾驶者不做转向输入时车辆直线行驶的能力,包括加减速时的俯仰动作和受路面不平及侧向风等外部干扰时的车辆侧向运动。

汽车在直线行驶过程中，会受到来自路面不平（接缝、井盖、沟痕和起伏等）、气动阻力（侧风敏感性和气流敏感性）等各种干扰因素的影响。侧风敏感性一般作为车辆直线抗干扰能力的重要评估内容，主要关注横摆角速度、侧倾角及质心处侧偏角变化量、横向偏移量等。直行保持能力主要通过直线匀速行驶跑偏与直线加速跑偏工况来评估。

弯道不足转向特性、侧倾控制及过弯能力是车辆弯道操纵稳定性的基础，这些特性一般通过稳态定圆工况评估。稳态定圆分析评价重点关注整个侧向加速度段内前后轴侧偏柔度、质心处侧滑角、侧倾角等关键指标。弯道加减速稳定性主要评价车辆在转弯同时加减速工况下的车辆稳定性及可控性，一般通过弯道制动、弯道加/减速工况评估。分析评价重点关注横摆角速度增益及质心处侧偏角变化量。

1.2.5　汽车的行驶平顺性

汽车的行驶平顺性主要是保持汽车行驶过程中产生的振动和冲击环境对乘员舒适性的影响在一定的界限之内。根据路面激励类型及频率，乘坐舒适性可大致分为主乘坐舒适性（连续激励下 0.5~4 Hz 频段）、次乘坐舒适性（连续激励下 4~20 Hz 频段）和冲击乘坐舒适性（离散激励）。

1. 主乘坐舒适性

主乘坐舒适性是指由于路面不平引起车身相对水平面的运动，包括跳动、漂浮感、俯仰、侧倾和侧向晃动，相应的客观评价指标与整车主观性能评价中的车身俯仰、侧倾、头部晃动等内容密切相关。一般地，主乘坐舒适性可利用解析模型进行分析。

在整车性能开发目标分解过程中，主乘坐舒适性需重点关注俯仰、侧倾以及侧向晃动。其频率段主要集中在 0.5~4 Hz，受弹簧、缓冲块间隙、减振器及稳定杆的影响最大。汽车前后悬架与车身组成的振动系统的固有频率（也称偏频），是影响汽车乘坐舒适性的主要参数之一。在车辆正向开发中，应先依据乘坐舒适性的要求确定前后悬的偏频，继而确定后续如悬架刚度、静挠度等相关设计变量。另外，悬架的前后偏频分配（即偏频比）也对乘坐舒适性有影响。工程实践表明，在前后悬偏频相近且前后偏频比 $f_f/f_r<1$ 时，车辆的乘坐舒适性较好。在概念设计阶段，主要采用七自由度车辆振动模型（车体垂向、俯仰、侧倾和 4 个车轮垂向自由度），模型中包括了簧载及非簧载质量质心、转动惯量、悬架刚度、阻尼、轮胎刚度、轴距、轮距等参数。通过振动模型计算，并辅以基本的优化设计方法，可实现整车层次的初级乘坐舒适性目标分解至悬架系统级，获得悬架刚度、阻尼及前后偏频比和阻尼比的设计目标。

在开发方案细化阶段，可采用多体动力学模型进行舒适性时域工况分析，包括虚拟试验场舒适性路面仿真分析和整车四通道台架仿真分析。多体动力学模型包括详细的车体和悬架信息。分析模型需要进行整车的静态 [整车质量、质心、惯量、轮荷、K&C（kinematic & compliance）] 和动态（模态）校验。多体动力学模型中的轮胎模型可选用非线性的 F-tire 模型，其响应频率范围超过 120 Hz，广泛涵盖主乘坐舒适性以及次乘坐舒适性响应信号的频率范围。多体动力学模型可将悬架系统刚度分解至零部件级，并基于整车模型调试减振器低、中速段阻尼和附加侧倾刚度及阻尼。

车辆行驶时带给乘客所谓的舒适性和高级感主要源于悬架系统对轮胎激励的宽频大幅度

过滤性。从车辆设计和性能上讲,高级感表征为车身控制倾向于小幅、舒缓低频运动状态;轮胎贴地性好,释放车轮的垂向运动,以及自适应性的悬架刚度和阻尼。为了达到高级感,要求悬架行程大,整车俯仰转动惯量大,非簧载质量小、轮胎支撑力波动小。由于人体对水平方向的振动比垂直方向更为敏感,而俯仰角振动会引起纵向水平振动,为了提升乘坐舒适性,应尽量减小俯仰角加速度。通过调大整车俯仰主惯性矩,在合理偏频比下减小前轴偏频,增加车身质量,可以降低车身俯仰模态频率,低于垂向模态,从而使车身产生俯仰角共振的角加速度分量较小。设计簧载质量模态出现明显的垂向和俯仰(俯仰振型中心点在前后轮轴中间)解耦,且降低俯仰固有频率有利于提升乘坐舒适性。对于瞬态侧倾,主要通过降低侧倾固有频率的方式进行控制。出于控制侧倾梯度的需求,通常会加入横向稳定杆以提升侧倾刚度,主乘坐舒适性要求侧倾固有频率与俯仰固有频率相近,因此需要通过对操纵稳定性和乘坐舒适性的冲突进行折中平衡。进一步的高级感要求,可以采用可控悬架系统来实现车体控制性能的提升,在提升乘坐舒适性高级感的同时,保证良好的操纵稳定性。

2. 次乘坐舒适性

次乘坐舒适性是指车辆在随机路面行驶时,通过轮胎、悬架传递到车身的高频率、低幅值振动。一般地,对于约 15 Hz 以上的高频振动的响应、更高频率范围内的振动噪声问题(harshness)、悬架系统中橡胶衬套的影响、由路面凸起及凹坑等路障纵向冲击引起的响应等问题,难以用数学解析模型准确预测这些影响,将其归类为次乘坐舒适性问题。

在整车性能目标分解中,通常采用功率谱密度对应不同频率范围计算加速度方均根值。在次级舒适性目标分解中,重点关注次级抖动(8~20 Hz)以及更高频的振动特性,在方案设计阶段优先考虑轮胎及衬套特性的匹配。次级乘坐舒适性仿真模型应包含准确的从轮胎至座椅整个振动传递路径的传递特性,在建模过程中建议考虑以下 5 点:① 采用中高频动态力学特性的轮胎模型;② 建立包括衬套动刚度、损失角及摩擦特性的动态衬套模型;③ 能够反映悬架系统的偏频、反向跳动固有频率;④ 采用模态综合法和车身 FEM 等能够反映车身柔性的车体传递函数;⑤ 采用基于传递函数的座椅-人体耦合模型。

在粗糙沥青路的数字路面上,可仿真获得主乘坐舒适性的颠振和非簧载质量抖动性能。座椅导轨垂向响应较大,通常为悬架阻尼过大,可调整减振器的压缩和复原中高速阻尼段进行优化。非簧载质量小抖动通常是由于悬架阻尼不足导致,通过调整悬架阻尼下边界(衬套和减振器),可获得较好的性能表现。

3. 冲击乘坐舒适性

冲击乘坐舒适性是指车辆在受到冲击输入时人体感受到的冲击能量,包含冲击触顶/触底、冲击噪声、冲击触感、顶升感及余振。相比次级振动,时间历程更短,瞬时冲击能量更大,整车设计目标主要采用冲击峰峰值衡量冲击能量大小。冲击性能关注脉冲大位移激励下悬架及车体的响应。与之相关的性能包括触感、颠振和余振。

触感及颠振是指汽车以某个车速通过减速度时,车内乘员明显感受到冲击感和顶升感的现象。通过优化悬架性能(减振器阻尼和弹簧刚度)、轮胎垂向和纵向刚度以及悬架橡胶衬套性能,能明显改善触感及颠振。

余振问题是指汽车以 30 km/h 的车速通过减速度后,车内乘员明显感受到车内振动,且衰减较慢的现象。余振产生的机理是考虑到减速带纵截面长度和高度,其与轮胎接触模型,在

30 km/h 下,形成 11~12 Hz 的大振幅路面垂向激励,经悬架、车身、悬置等部件传递到动力总成,导致动力总成相对车身大振幅运动,若大振幅激励下的动力总成悬置系统动刚度和损失角匹配不当,会恶化动力总成相对车身的运动,出现收敛慢、车内乘员感受振动明显的情况。对于乘用车乘坐舒适性能,车轮、悬架、车体、动力系统等通过弹簧、衬套、减振器、悬置等,组成一个复杂的多自由度"质量—刚度—阻尼"动力学系统,主要承受随机不平路面激励和发动机激励。车速 40~120 km/h 的行驶状态下,路面激励频率范围为 0.37~31.4 Hz。主要关注路面不平引起的振动,其频率范围为 0.5~20 Hz。

1.2.6 汽车安全性

汽车安全性的开发内容很多,传统意义上的汽车安全性可按照安全事故发生的时间轴,主要分为主动安全性能(碰撞零时刻之前)和被动安全性能(碰撞零时刻之后)两个方面。主动安全性能是指车辆防止事故发生的能力,而被动安全性能是指车辆在事故发生时大幅减低碰撞强度的功能。随着车辆的电动化、网联化与智能化程度提高,系统的复杂性大幅增加,同时系统需要应对更加多样化的安全威胁,汽车安全性的内涵已发生了根本性的变化,对安全性提出了更高的要求。由系统故障导致的功能安全问题、功能不足导致的预期功能安全问题,以及网络攻击导致的信息安全问题等汽车安全性内容日益得到重视。

1. 主动安全

汽车主动安全功能是指汽车在发生安全事故前主动采取措施,减少事故的发生或者减轻事故的后果。主动安全功能主要是通过搭载在汽车上的一系列电子控制系统和传感器等技术手段来实现的。主动安全系统可以帮助驾驶员在驾驶过程中更好地掌握车辆状态,预测潜在危险,从而避免交通事故发生,为驾驶员提供更加安全、便利的驾驶体验。广义的主动安全系统涵盖主动安全控制系统和先进驾驶辅助系统,主动安全功能主要包括车辆稳定性控制功能、防碰撞功能、行车辅助功能、交通标志识别功能、碰撞预警和避免功能、自适应巡航控制功能等。

车辆稳定性控制功能是指车辆使用传感器来检测车辆的状态,并采取措施来保持车辆的稳定性。该功能通常包括以下几种:① 牵引力控制(traction control system,TCS):通过控制车轮的转速来避免车辆在起步时打滑。② 电子稳定程序(electronic stability program,ESP):通过控制车辆的刹车和油门来帮助驾驶员保持车辆的稳定性,并避免侧滑或打滑。③ 倒车预警(reverse warning):通过后置摄像头和传感器来检测车辆周围的障碍物,并向驾驶员发出警报,以帮助驾驶员避免碰撞。④ 变道预警:规避自车不合理变道所产生的碰撞风险。⑤ 夜视系统:规避夜间驾驶或弱光线驾驶过程中的潜在危险。

防碰撞是主动安全功能中的基础功能,通过使用各种传感器(如激光雷达、摄像头、雷达、超声波等)来检测前方障碍物的距离和速度,并在必要时采取措施避免碰撞。防碰撞功能通常分为以下几类:① 自动制动(automatic emergency braking,AEB):当车辆检测到前方有障碍物时,自动减速或制动以避免碰撞。② 自动避让(automatic avoidance):向车辆驾驶员发出警报,要求其采取行动以避免碰撞。如果驾驶员未采取行动,车辆将自动进行避让操作。③ 预警(forward collision warning,FCW):通过向驾驶员发出视觉、听觉或震动警告来提醒其前方有障碍物,从而避免碰撞。

行车辅助功能通过使用各种传感器和计算机视觉来辅助驾驶员进行车辆控制,以提高驾驶安全性。行车辅助功能通常分为以下几类:① 车道偏离警告(lane departure warning,LDW):在车辆偏离车道时向驾驶员发出警报,以提醒驾驶员调整车辆位置。② 车道保持(lane keeping assist,LKA):主动操纵车辆的转向,使车辆保持在车道内。③ 自适应巡航控制(adaptive cruise control,ACC):自动维持车辆与前方车辆的安全距离,并在必要时自动减速。④ 盲区监测(blind spot monitoring,BSM):检测车辆盲区内的其他车辆或障碍物,并向驾驶员发出警报。

交通标志识别功能是指车辆使用计算机视觉技术来识别交通标志,并向驾驶员提供相关的提示和警告。该功能通常分为以下几类:① 交通标志识别(traffic sign recognition,TSR):通过摄像头或雷达等传感器来识别道路上的交通标志,并将它们的信息显示在车辆的仪表板或导航屏幕上,以帮助驾驶员更好地了解当前的交通环境。② 限速警告(speed limit warning,SLW):识别当前所在的道路限速,并向驾驶员发出警告,以帮助驾驶员遵守交通规则。③ 停车辅助(parking assist):通过计算机视觉和传感器来辅助驾驶员进行停车操作,包括自动停车和泊车入位等。

碰撞预警和避免功能通过使用雷达、摄像头、激光等传感器来检测前方的障碍物和车辆,以便提前发出警报并自动采取措施,避免碰撞。该功能通常包括以下几种:① 自动紧急制动系统(automatic emergency braking,AEB):在检测到前方障碍物时,自动刹车以避免碰撞,或在无法避免碰撞时减轻碰撞的影响。② 前方碰撞预警(forward collision warning,FCW):在检测到前方障碍物时向驾驶员发出警报,以提醒驾驶员采取行动来避免碰撞。③ 盲点警告(blind spot warning,BSW):在检测到车辆盲区内的车辆或物体时向驾驶员发出警报,以避免车辆变道时发生碰撞。

为了提高主动安全功能的效果,汽车制造商通常会将多种主动安全功能组合在一起,形成一个整体的安全系统,以便更好地保护乘客和行人的安全。这种安全系统通常被称为先进驾驶辅助系统(advanced driver assistance systems,ADAS)。ADAS包括了一系列的主动安全功能,如自动紧急制动系统、前方碰撞预警、盲点警告、自适应巡航控制等。将这些功能整合在一起,ADAS可以实现更加高效、智能和全面的主动安全功能。

随着科技的不断进步和消费者对安全性的关注度不断提高,汽车主动安全功能逐渐成为汽车制造商竞争的重要领域。主动安全功能的开发涉及多种技术,包括汽车动力学与控制、传感器、计算机视觉、人工智能等。

2. 被动安全

被动安全是指汽车在发生交通事故时,通过车身结构、安全带、安全气囊等措施来减少驾驶员和乘客的受伤程度。以车内外为界,被动安全技术可分为汽车外部行人安全和汽车内部乘员安全。汽车外部行人安全包括一切旨在减轻事故中汽车对行人、自行车和摩托车乘员的伤害而专门设计的与汽车有关的保护措施。汽车内部乘员安全研究的是如何设计合理的汽车结构和内饰,尽可能吸收碰撞中的能量,使作用于乘员的加速度和力降低到最小,进而降低乘员损伤;在事故发生以后,驾驶舱须有足够的生存空间,并且确保那些对从车辆中营救乘员起关键作用的部件具有可操作性。被动安全研究的是在无法避免碰撞事故的情况下,如何进行车辆结构设计、如何匹配约束系统产品,使之能够在碰撞中为乘员及行人提供最优保护,从而降低碰撞过程中对乘员及行人的伤害。随着新能源汽车、智能网联汽车对环境的感知和未来工况的预知能力增强，传统的被动安全技术迎来了新的升级机遇，例如针对乘员的可逆预紧式安全带、可旋转座椅以及针对行人的弹起式发动机舱盖、行人安全气囊等技术。

从车辆开发内容分类，汽车安全开发又可分为车辆结构耐撞性开发、约束系统性能开发及行人安全开发等几个方面。车辆结构耐撞性设计是汽车安全设计中的重要组成部分，更是乘员约束系统匹配集成的基础。车辆结构耐撞性设计的目的主要是提高变形吸能区的吸能效率和保持乘员生存空间的完整性。约束系统性能开发研究的则是如何在较低的车体减速度载荷下，通过约束系统的集成匹配，获得较好的乘员保护效果。随着新能源汽车的不断发展，其安全问题也随之而来，在传统的结构耐撞安全设计之外，还需要考虑动力电池碰撞后的安全问题。

3. 功能安全

功能安全(functional safety, FuSa)被定义为避免由于电气或电子(electrical/electronic, E/E)系统的功能异常表现引发危害所产生的不合理风险(参考标准 ISO 26262:2018 及 GB/T 34590—2022)，其中，功能异常表现为系统性故障和随机硬件故障。随着智能网联汽车相关技术日益复杂、软件和机电一体化应用不断增加，来自系统性失效和随机硬件失效的风险逐渐增加，这些都在功能安全的考虑范畴之内。功能安全是智能网联汽车开发和量产的关键问题之一。系统性故障是设计或生产流程、操作规程、文档以及其他相关因素的规范性不足导致的，且以确定方式显现失效的故障，如软件错误、硬件设计期间引入的故障、开发工具引入的或未检测到的故障等。随机硬件故障是部分材料缺陷、制造、老化等造成的部件故障所导致的，起因于物理过程，如疲劳、物理退化或环境应力，在硬件要素的生命周期中非预期发生并服从客观的概率分布。例如，当车辆处于自适应巡航(adaptive cruise control, ACC)模式时，自动制动系统(autonomous emergency braking, AEB)、防抱死制动系统(anti-lock braking system, ABS)、车身电子稳定系统(electronic stability program, ESP)、乘员约束辅助系统等都可能面临系统层、硬件层和软件层的功能安全挑战，在运行过程中可能发生制动失效、转向失效、安全气囊弹出失效等非预期表现，进而引起严重的安全危害。

4. 预期功能安全

预期功能安全(safety of the intended functionality, SOTIF)被定义为避免由于功能不足引发危险所产生的不合理风险(参考标准 ISO 21448:2022)，其体现在两个方面：① 在车辆级别上预期功能的规范不足；② 在系统电子电气元素实现过程中的规范不足或性能局限。如传感器、执行器可能存在感知能力(如范围、数据质量)或执行能力(如精度、极限值)限制或易受外界环境因素干扰等性能局限；自动驾驶算法可能具有鲁棒性、泛化性、可解释性、逻辑完备性、规则覆盖度等方面的功能不足。不同于功能安全，预期功能安全研究建立在不发生硬件随机失效和系统故障的情况下。

随着自动驾驶技术不断发展，智能算法逐渐替代驾驶员完成感知与决策等关键任务，仅考虑系统故障造成的功能安全问题已无法满足高级智能网联汽车系统的安全性要求。在系统未发生故障时，由于功能不足或性能局限引发的安全风险越来越受到重视。感知算法的功能不足可以分为传感器感知与算法认知两方面。传感器感知性能局限主要来自两个方面，一是在雨、雪、雾、强光等不利环境条件下，能见度范围降低和目标物被遮挡等因素造成感知能力变弱;二是传感器自身原理限制了对某些特定属性目标物的检测,如激光雷达扫描到镜面、毫米波雷达探测到特定材质时都会出现漏检或误检的情况。算法认知性能局限主要来自深度学习算法的不确定性,这种算法是通过大量标注数据来进行学习的,其内部运行过程往往被当作"黑盒",可解释性、可追溯性较弱,实际应用过程中遇到训练数据分布以外的情况时输出结果往往很差,从而引发安全风险。控制算法的功能不足主要来源于汽车动力学层面,例如,在大曲率弯道、高侧向风速及低路面摩擦系数等非线性极限工况下,现有的线性汽车动力学模型能力不足以表征车辆的动态特性,会产生较大的偏差。

5. 信息安全

信息安全(cyber security)被定义为汽车及其功能被保护以使其电子电气组件不受网络威胁的状态(参考标准 ISO/SAE 21434:2021)。为确保车辆不会成为黑客攻击的对象,并保证汽车在概念、开发、验证、生产、运行、维护以及报废的全生命周期中都可获得有效的保护,需要开发出全面的安全保障策略,不仅要有效地应对常规问题,还要能对网络攻击做出敏捷的反应。在智能网联汽车接入网络的同时,车辆与车主的信息都将随时随地在车联网中被感知,同时也可能被窃取、干扰甚至修改。一旦私人车辆遭遇网络攻击,不仅可能造成车内财物丢失或车辆被盗,还可能危害驾乘人员的生命安全,引发社会安全问题。依据攻击目标,可以将车联网中的网络攻击分为以下三类:① 针对智能网联汽车本身的网络攻击。车内系统包括软件系统、电子电气硬件、车内数据、车内通信等薄弱环节中都有潜在的信息安全威胁,功能部件包括车载网关、传感器、ECU(electronic control unit)、车载智能互联终端(telematics BOX,T-BOX)等都是潜在的入侵接口。② 针对车辆网中的多方通信的网络攻击。车外通信包括车外与车远距离通信、车外与车近距离通信、基础设施设备域通信等。例如,通信域的 V2V(vehicle-to-vehicle)、V2I(vehicle-to-infrastructure)等通信容易受到窃听、干扰、伪造身份等威胁,而信号灯、基站等交通基础设施与通信基础设施则容易受到拒绝服务、数据窃取等威胁。③ 针对汽车远程服务商平台的网络攻击。车外平台为车辆提供导航、娱乐、管控等功能,包括共享感知系统、后端服务器、移动应用等。由于车联网服务平台的开放性,攻击者和普通用户拥有相同的权限,可以接入和共享平台提供的各种资源和数据,因此这种攻击成本低、接触少、危害大。

1.2.7 其他性能

在汽车性能开发过程中,除以上性能需求之外,还需要对 NVH 性能、驾驶性能、排放性能(针对内燃机汽车、混合动力汽车)、耐久可靠性能、热管理性能、气动性能,以电器硬件可靠性和电磁兼容性能为代表的电器性能等诸多汽车性能的开发需求、指标分解问题给予重点关注。

1. NVH 性能

NVH 是噪声、振动和声振粗糙度(noise、vibration、harshness)的合称,其中,noise 是指驾乘人员不希望听到的声音,如加速啸叫、路噪、风噪、制动尖叫、异响等;vibration 是指驾乘人员不希望感受到的振动,如怠速整车振动、转向盘摆动、座椅抖动、地板发麻等;harshness 是指当驾乘人员的实际感受与主观预期不协调时产生的一种心理上不和谐的现象,如发动机噪声不纯、加速过程声音突变、关门声音太过尖锐等。汽车用户驾驶汽车的场景及工况繁多,因此对应的振动噪声现象非常复杂。汽车 NVH 性能是汽车最重要的舒适性指标之一,其开发是汽车性能开发的重要内容。汽车 NVH 性能是用户在用车过程中最易感知的性能之一,随着汽车工业的快速发展及人们生活品质的提高,汽车越来越广泛地成为出行、娱乐甚至办公的移动终端。用户已不满足于对汽车的低噪声需求,开始追求汽车所有声音的品质感。随着汽车用户群体越来越年轻化,汽车的个性化声音品质需求将成为重要趋势之一。

2. 驾驶性能

驾驶性能是指整车对驾驶员操作换挡和加速踏板动作的响应,主要的表现形式是爬行、起步、加速、减速和换挡的响应与平顺性,是用户对整车性能评价的关键指标,对消费者的购买意愿有较大影响。爬行性能一般以车速为控制目标,控制的难点在于需保证车辆在平直路面和坡道路面保持一定的起步响应和爬行平顺性,爬行过程中保持离合器传递的转矩与发动机的转矩相匹配,以维持发动机怠速稳定性。起步性能需要对发动机(或驱动电机)转矩进行控制。对于加速和减速性能,又可细分为稳定加速踏板加速性能以及减速性能。驾驶性目标按工况可分解为爬行、起步、加速、减速和换挡等各工况下的响应与平顺性。

3. 排放性能

汽车的排放性能主要是指汽车尾气中直接危害人体健康的污染物——一氧化碳(CO)、氮氧化物(NO_x)、总碳氢化合物(THC)和微粒(PM)的排放性能。汽车尾气是汽车发动机燃料燃烧后排出的废气,汽车发动机燃料的成分是碳氢化合物,若和空气中的氧气(O_2)完全燃烧,尾气中只有二氧化碳(CO_2)和水蒸气(H_2O)。但燃料通常不能完全燃烧,便产生了有害的CO、NO_x、THC和PM,随同尾气排出。评价指标主要包括一定行驶工况下单位行驶里程尾气中的一氧化碳(CO)、氮氧化物(NO_x)、碳氢化合物(THC)以及微粒(PM)的排放量。为提高大气质量和保障人民健康,各主要国家都针对不同汽车类型制定了汽车排放性法规和标准,规定了汽车排放的具体指标。

4. 热管理系统性能

整车热管理系统性能作为现代汽车产品开发的核心内容之一,其概念内涵已从传统的发动机热管理,扩展到涵盖发动机舱热管理、动力系统热管理和乘员舱热管理的综合系统工程。发动机舱热管理的功能是保证各种工况下发动机燃烧产生的多余热量能及时地传给空气并带离发动机舱,防止发动机舱部件受到高温损害,确保发动机舱内各零部件能够安全、高效地工作。动力系统热管理系统主要包括发动机冷却系统、发动机进气冷却系统、润滑系统、变速器冷却系统、电池冷却系统、电机冷却系统等。乘员舱热管理的功能是确保乘客的热舒适性和视野安全性,通过调节乘员舱内空气的温度、湿度、洁净度和风量,去除风窗玻璃上的雾、霜和冰雪,给驾驶员和乘客提供舒适的环境、新鲜的空气、安全的驾乘。对于电动汽车,需结合驱动电机系统的工作特性,进行发动机舱热管理和动力系统热管理性能开发。全气候条件下的电动汽车,需要对其动力电池系统,进行包括散热及加温等多工况的热管理性能开发;也需要针对电动空调的工作特性,进行乘员舱热管理性能开发。

5. 通过性

汽车的通过性(越野性)是指它能以足够高的平均车速通过各种坏路和无路地带(如松软地面、凹凸不平地面等)及各种障碍(如陡坡、侧坡、壕沟、台阶、灌木丛、水障等)的能力。根据地面对汽车通过性的影响,它又分为支承通过性和几何通过性。汽车的通过性主要取决于地面的物理性质及汽车的结构参数和几何参数。同时,它还与汽车的其他性能,如动力性、平顺性、机动性、稳定性、视野性等密切相关,常采用牵引系数、牵引效率及燃油利用指数三项指标来评价汽车的支承通过性。由于汽车与地面间的间隙不足而被地面托住、无法通过的情况,称为间隙失效。当车辆中间底部的零件碰到地面而被顶住时,称为顶起失效;当车辆前端或尾部触及地面而不能通过时,则分别称为触头失效和托尾失效。显然,后两种情况属同一类失效。与间隙失效有关的汽车整车几何尺寸,称为汽车通过性的几何参数,包括最小离地间隙、纵向通过角、接近角、离去角、最小转弯直径等。

1.3 汽车动力学与控制

汽车动力学(车辆动力学)是以力学为基础,对汽车的主要性能进行力学建模、分析阐释的理论。控制学科的引入,深化了汽车动力学的研究内涵,呼应了汽车性能提升的根本需要。动力学和控制两者相辅相成,共同为汽车性能提升服务。

1.3.1 发展简史

回顾汽车动力学的发展历程,汽车动力学是一门从汽车研发实践中诞生出来的实用学科,是将整车动态性能与零部件设计、控制系统开发、性能调校与参数标定、驾乘体验感联系起来的重要桥梁,在整车产品正向开发中发挥着重要作用,并必将在汽车电动化、智能化、网联化等新技术发展中发挥更加决定性的作用。了解其发展脉络,有益于更好地理解汽车动力学基本概念及方法。

自1886年现代汽车诞生,发展至21世纪的电动汽车、智能网联汽车,汽车动力学关键技术发展,从侧重服务于结构设计,到底盘的电控化,再到人工智能控制,一直随着汽车技术变革不断完善、迭代更新,逐渐形成完备、持续发展的汽车动力学理论体系。研究人员一直在不断地通过问题观察、经验积累、理论研究、技术发展与实车测试,探索汽车动力学机理。汽车动力学可以大致划分为4个发展阶段:第一阶段(延续到20世纪40年代末)为汽车动力学发展的探索时期;第二阶段(20世纪50年代至20世纪90年代)为汽车动力学发展的理论成熟和实践探索的黄金时期;第三阶段(20世纪90年代至20世纪末)为汽车动力学发展的规模工程应用发展时期;进入21世纪,汽车动力学发展进入第四阶段,即智能电动汽车动力学发展新时期。

有关汽车动力学的研究最早可追溯到汽车诞生之初。20世纪20年代,人们对车辆行驶中的振动问题开始有初步的了解;到20世纪30年代,英国的兰切斯特(Lanchester)、美国的奥利(Olley)、法国的布鲁希特(Broulhiet)开始了车辆独立悬架的研究,并对转向运动学和悬架运动学对车辆性能的影响进行了分析,此后,开始出现有关转向、稳定性、悬架方面的文章。同时,人们对轮胎侧向动力学的重要性也开始有所认识。

莫里斯·奥利(Maurice Olley)系统地提出了操纵动力学分析理论。这个时期,人们对车辆性能的评价仍主要凭经验而非数学计算。1932年,奥利(Olley)在美国凯迪拉克(Cadillac)公司建立了著名的"K^2"试验台(一个具有前、后活动质量的车架)来研究前后悬架匹配及轴距对前后轮相位差的影响。该试验台并无测试仪器,完全靠感觉进行主观评判。由于当时缺乏确定的术语,期望的性能被奥利(Olley)描述为"Flat Ride(平稳行驶)",他提出了一个实现所谓"平稳行驶"的诀窍,就是在汽车经过路面凸起后,为了车身达到平稳行驶(即没有俯仰运动),

后轮的振动频率应高于前轮。奥利(Olley)等人提出的有关行驶平顺性问题的讨论一直延续到 20 世纪 30 年代末，其中关于车身振动、固有频率、俯仰固有频率及其与前后悬架刚度匹配关系等重要问题的讨论很有意义。人们对橡胶衬套在抑制高频振动中的作用也开始有所认识。与此同时，出现了各种独立悬架设计。追求独立悬架设计的部分动机是试图克服与前桥设计相关的周期性摆振，而前桥转向系统的设计直接影响着行驶动力学和操纵动力学两个方面。

20 世纪 50 年代初期，进入了车辆操纵动力学发展"黄金时期"，至 20 世纪 50 年代中期，一套较为完整的关于操纵和转向的基础理论体系得以形成。这期间建立了较为完整的车辆操纵动力学线性域（即侧向加速度约小于 $0.3g$）理论体系，并且通过测试试验，各种底盘电控零部件逐渐运用在整车上。1956 年，国际机械工程师学会(IMechE)在伦敦组织了一个会议，主题是关于对汽车稳定性的控制及轮胎性能的研究，威廉·F·美利肯(Willian F. Milliken)和莱纳德·席格(Leonard Segel)等五人发表了 5 篇论文，也即著名的"5 篇 IME 论文(the 5 IME papers)"。从汽车动力学发展的角度来看，这次会议的召开具有重要的历史意义，标志着汽车操纵动力学建立起完整的基础理论体系。随后有关行驶动力学的进一步发展，是在完善的测量和计算手段出现后才得以实现。1965 年 SAE 出版的技术标准《汽车动力学术语》中，包括车辆坐标系、轮胎力和力矩、不足转向、过多转向和稳定性等基本定义，可以看作是汽车动力学作为一门独立学科出现的标志性事件。诺曼·K(Noman K)于 1984 年所发表的有关转向盘中心位置操纵性的文章，标志着汽车动力学从研究客观车辆力学系统本身转向以驾驶员体验为中心，随后出现的制动踏板感和加速踏板感研究都是在此基础上的拓展。如今，各种电动助力转向系统、制动助力系统、悬架系统和加速踏板的调校都以驾驶员体验为中心。

在人们对汽车动力学理解的进程中，理论和试验两方面因素均发挥了作用。其一，有关飞机稳定性及其控制的理论被有效地运用于汽车，当时不少汽车动力学先驱者原先是从事航空工程领域的研究工作［包括比尔·美利肯(Bill Milliken)、道格拉斯·美利肯(Douglas Milliken)和莱纳德·席格(Leonard Segel)等］；其二，轮胎的重要性被肯定，轮胎作为车辆底盘的关键部件，人们开始使用轮胎测试台来测试轮胎的力学特性，进行轮胎力学特性的理论和试验研究。各种各样的轮胎模型被开发出来，并得到应用，为汽车动力学研究和汽车动力学性能设计提供了基础支撑，如基于实测数据的半经验模型——魔术公式(Magic Formula, MF)、HSRI 轮胎模型（又称 Dugoff 轮胎模型）、UniTire 轮胎模型等。MF 模型由沃尔沃公司和荷兰的代尔夫特理工大学在 20 世纪 80 年代联合提出，H.B.帕采卡(H. B. Pacejka)等人为此作出了突出的贡献。HSRI 轮胎模型是杜戈夫(Dugoff)在 20 世纪 70 年代提出的半经验模型。郭孔辉院士提出了 UniTire 轮胎模型，在轮胎特性模拟方面取得了突出的进展。

在 1993 年举办的关于车辆舒适性和操纵稳定性的 IMechE 会议上，莱纳德·席格(Leonard Segel)对汽车动力学发展进行了系统回顾，将汽车动力学早期成就划分为三个阶段。在此基础上，结合 20 世纪 90 年代后汽车动力学的发展情况，可将汽车动力学发展大致划分为四个阶段，见表 1-7。

表 1-7 汽车动力学发展阶段及其主要进展情况

阶段一（20 世纪 30 年代初期以前）探索期
（1）对车辆动态性能的经验性的观察。
（2）开始注意到车轮摆振的问题。
（3）认识到乘坐舒适性是车辆性能的一个重要方面。

阶段二（从 20 世纪 30 年代初期到 1952 年）工程问题理论化研究探索期
（1）了解了简单的轮胎力学，给出了轮胎侧偏角的定义。
（2）定义了不足转向和过多转向。
（3）对车辆的稳态转向特性有所了解。
（4）建立了简单的两自由度操纵动力学方程。
（5）开始进行有关行驶平顺性的试验研究，建立了 K^2 试验台，提出了"平稳行驶"的概念；
（6）引入了前独立悬架。

阶段三（1952 年到 20 世纪末）理论成熟大发展期
（1）通过试验结果分析和建模，加深了对轮胎特性的了解。
（2）在二自由度操纵模型基础上，建立了考虑车身侧倾的三自由度操纵动力学方程。
（3）扩展了对操纵动力学的分析，包括稳定性和转向响应特性分析。
（4）开始采用随机振动理论对行驶平顺性进行性能预测。
（5）多体系统动力学理论的研究和应用，促进了汽车动力学理论的大发展。
（6）各类大型 CAE 软件日渐开发成熟，进入汽车动力学发展的规模化工程应用黄金时期。

阶段四（进入 21 世纪以后）智能电动汽车动力学新时期
（1）刚弹耦合多体系统动力学车辆仿真模型、非线性动力学车辆仿真模型。
（2）动力学-控制联合建模与仿真技术。
（3）基于多物理域和多学科设计优化方法的汽车动力学与控制技术。
（4）高精度轮胎模型、虚拟试验场、数字孪生、数字驱动模型技术。
（5）基于机器学习、生成式人工智能的汽车动力学与控制技术。

　　汽车制造商意识到行驶平顺性和操纵稳定性在汽车产品竞争中的重要作用。在试验方面，车辆振动分析仪、路面测量、转向信号传感装置、变车道、J 转向等试验方法的测试技术日趋完善。人们对非线性操纵响应的理解也更深入，从而使操纵动力学的研究逐渐向高侧向加速度的非线性作用域扩展。计算机技术及应用软件的开发，使建模的复杂程度不断提高。多刚体系统（multi-body system）、动力学分析软件（如 ADAMS、SIMPACK）的应用，使复杂模型得到了明确表达和方便求解。

　　在应用计算机技术的同时，随着传感器技术、电子技术以及自动控制技术的快速发展，汽车主要零部件完成了由纯机械系统到机电一体化系统的转变，汽车动力学、控制研究成果开始应用于实车。先进控制理论与技术的应用也极大地推动了汽车动力学的发展，各种车辆底盘控制系统开始相继涌现，底盘控制系统与汽车动力学关系示意图如图 1-9 所示。

　　20 世纪 70 年代，从飞机设计技术中引入的防抱死制动系统（anti-lock braking system，ABS）是向汽车动力学控制迈出的第一步。自此以 ABS 为代表的各种底盘控制系统开启了汽车动力

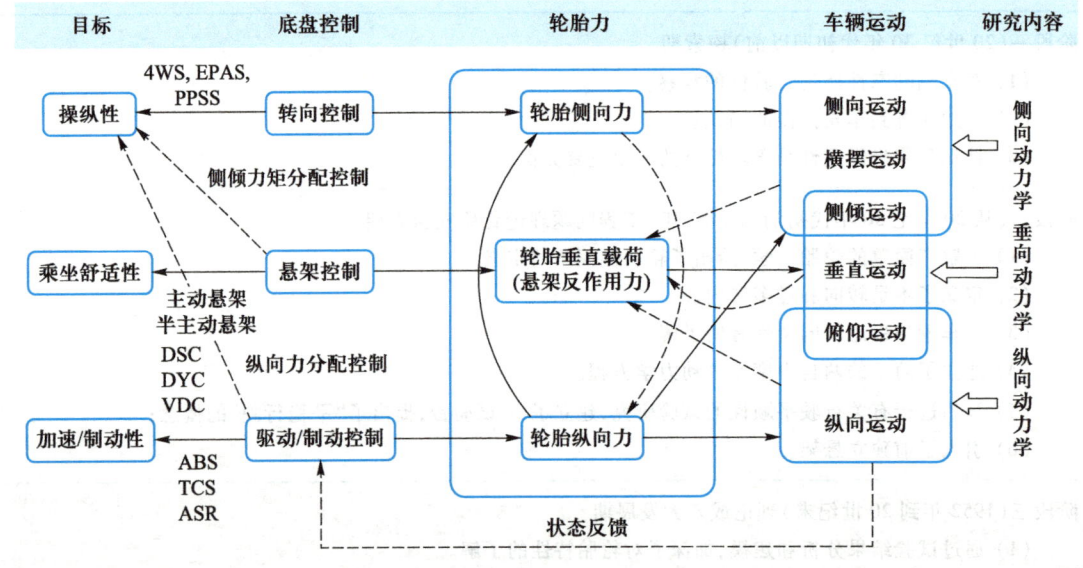

图 1-9 底盘控制系统与汽车动力学关系示意图

学性能主动控制的新篇章,并为自动驾驶技术奠定了运动执行器基础。ABS 通过限制制动压力来保证车轮的最佳滑移率,从而避免了车轮抱死。随后,通过限制发动机输出转矩防止车轮滑转的驱动力控制系统(traction control system,TCS)在 20 世纪 80 年代中期得到应用。到 20 世纪 80 年代末,在 ABS 和 TCS 的基础上,又成功地开发了防滑转控制(acceleration slip regulation,ASR)装置,这种装置在车辆急剧变速时,可改善车辆与地面的附着力,避免车辆产生侧向滑动的危险。20 世纪 90 年代初,研究人员根据轮胎印迹处的纵向分力和横向分力满足摩擦圆规律的原理,提出了在高速行驶中通过驱动力控制来保证车辆横向稳定性的动态稳定性控制(dynamic stability control,DSC),它对汽车高速转弯时制动特别有效。20 世纪 90 年代末期,研究人员发现,车辆在高速行驶过程中的横向稳定裕度较小,通过调节四个车轮的纵向力而形成一定的回转力矩,就可控制汽车的横摆角速度,由此提出了直接横摆力矩控制(direct yaw moment control,DYC)算法,并经试验验证了该算法的有效性。在此基础上,又提出了限制一定侧偏角范围的汽车动力学控制(vehicle dynamics control,VDC)。随后出现的各种产生轴力矩的底盘控制系统,如扭矩矢量控制(torque vectoring)和分布式驱动电机等可以有效地改善车辆横摆性能。这类系统通过调节轮胎的纵向力产生的横摆力矩来提升车辆的极限稳定性,以及线性区的响应。除了对车辆车轮的纵向力进行控制外,在垂向动力学方面,主动悬架控制技术则可作为汽车动力学发展中的另一个典型代表。在 20 世纪 60 年代早期,已进行了一些基础性研究工作。更有实际意义的是,路特斯科技有限公司在 20 世纪 80 年代初制造了第一辆装有主动悬架的原型样车。在垂向振动衰减方面,主动和半主动悬架已经在量产车上得到应用,各种新的控制算法仍在不断被研发出来。汽车动力学的发展和整车控制系统的演进因此形成了彼此促进、相辅相成的关系。不同的汽车动力学控制系统对车辆运动自由度的影响不同,对应关系如表 1-8 所示。以下各章将结合工程案例,对主要的汽车动力学控制系统进行介绍。

表 1-8　汽车动力学控制系统对车辆运动自由度影响的对应关系

汽车动力学控制系统	受控的车身自由度				
	纵向	横向	横摆	侧倾与侧翻	垂向
制动防抱死系统(ABS)	√				
牵引力控制系统(TCS)	√				
电子稳定控制系统(ESC)		√	√	√	
自适应巡航控制(ACC)	√				
车道保持控制(LKC)		√			
主动前轮转向(AFS)、后轮转向(RWS)、四轮转向(4WS)、线控转向(SBW)		√	√		
主动侧倾控制(ARC)、半主动侧倾控制(SARC)		√	√	√	
主动悬架(active suspensions)、半主动悬架(semi-active suspensions)				√	√

近年来,汽车动力学技术进入智能化时代。早在 1984 年,美国国防部高级研究计划局(DARPA)合作推进智能驾驶研发计划。1986 年,美国加利福尼亚州交通运输局、加州大学伯克利分校与其他研究机构联合开展了加州先进交通和高速公路伙伴(PATH)计划,旨在发展智能驾驶技术来提高公路通行能力、消除交通拥堵并减少能源消耗。1986 年,欧洲启动普罗米修斯(Prometheus)计划,对智能驾驶相关技术进行研究。日本交通运输部先进安全汽车(Advanced Safe Vehicle)计划执行,将智能汽车和安全驾驶系统开发放在关键位置。《中国制造 2025》将智能网联汽车列入国家智能制造发展的重点领域。在智能汽车"前端传感,上层决策,底层执行"的分层架构中,底层执行元件是其关键的组成部分,车辆底盘是智能驾驶稳定安全运行的保障,汽车动力学在智能驾驶发展引领下进入全新的时代。

在过去的一百多年中,汽车动力学在理论和实际应用方面都取得了很多成就。借助功能强大的计算机软件,已可求解几十甚至上万个自由度的复杂车辆模型。虽然在新车型的设计开发中,汽车制造商仍然需要依赖于具有丰富测试经验与高超主观评价技能的工程师队伍开展实际测试和主观评价,但是,设计者仍然需要通过建模来了解系统内在的复杂关系,找出关键的影响因素,并为车辆性能的变化趋势提供预估。

1.3.2　研究内容

1. 经典内容

严格地说,汽车动力学是研究所有与车辆系统运动有关的学科。它涉及的范围很广,除了影响车辆纵向运动及其子系统的动力学响应(如发动机/驱动电机、传动、加速、制动及其控制系统等方面的因素)外,还有车辆在垂向和侧向两个方面的动力学内容,即行驶动力学和操纵动力学。行驶动力学主要研究由路面不平激励通过悬架和轮胎垂向力引起的车身跳动、俯仰以及车轮的运动;而操纵动力学研究车辆的操纵特性,主要与轮胎侧向力有关,并由此引起车辆侧滑、横摆和侧倾运动。

纵向动力学研究车辆直线运动及其控制的问题，主要是车辆沿前进方向的受力与其运动的关系。如果根据车辆工况的不同，则可分为驱动和制动两大部分。驱动工况下，首先要了解车辆的行驶阻力，由此才可决定车辆驱动轮上所需的力矩和功率，以及能量消耗。行驶阻力代表了车辆对动力和功率的需求，而车辆动力装置与传动系统则为车辆提供了动力及功率的供应，需求与供应之间的平衡关系还与路面附着系数有关，直接影响纵向动力学性能。研究行驶阻力的目的是如何使其尽可能地降至最低。以电动汽车、混合动力汽车为代表的新一代汽车技术和产业正在快速发展壮大，其动力传动系统、能量源系统与内燃机汽车存在显著差异。同时，由于新一代汽车普遍配置制动能量回收系统，在分析汽车动力性、能耗经济性和制动性在内的纵向动力学性能时，需根据其特征进行分别处理。

侧向动力学研究车辆在侧向力作用下的运动响应、稳定性及其控制的问题。在汽车动力学研究中，操纵动力学的内容最为丰富。由于轮胎的重要性，操纵动力学建模必须要与轮胎模型精度相吻合，否则建立的操纵动力学模型将失去意义。分析车辆操纵特性可以从最基本的线性二自由度汽车模型入手，在这个基本模型中，车辆的向前速度被假定为恒定的，而两个变量分别是车辆的侧向速度和横摆速度。虽然基本模型看似简单，但它为操纵性能分析提供了重要基础。在线性范围内，线性二自由度汽车模型的预估精度可以达到70%左右。

通常，可将操纵动力学的研究范围分为三个区间：线性域（侧向加速度<$0.4g$）；非线性域（$0.4g$<侧向加速度<$0.8g$）；非线性联合工况（转向制动或转向加速时）。对模型不太复杂的线性域情况，一般通过手工计算也可有效地建模和求解。但考虑到实际设计中的可用性，模型中至少应包括车身的横摆、侧倾和侧向运动、悬架的运动学效应、悬架系统特性、转向系影响等，对于高速直线行驶工况，还要包括空气阻力和力矩。线性模型已经在操纵性能的定量分析中得到了较好的应用，而对非线性域和非线性联合工况来说，通常需要采用多体动力学分析软件，以求解这些非线性方程。

垂向动力学研究车辆行驶过程中产生的振动和冲击环境对乘员舒适性的影响及其控制的问题。车辆垂向动力学性能主要由悬架系统决定，悬架系统弹性地连接车轮和车身，缓和由路面不平传给车身的冲击载荷，衰减由此引发的振动，并控制车轮的运动规律。在有限的悬架工作空间内，设计人员必须为驾乘人员提供良好的乘坐舒适性、可接受的车身姿态，以及对车轮动载荷的合理控制。分析这些动力学问题的基本数学模型应该是具有七自由度的整车系统模型。随着功能越来越强大的多体动力学仿真软件的普及，可以方便地得到包括衬套等复杂细节在内的车辆模型。

实际上，可将垂向动力学问题分为两类。一类是可通过数学建模来分析的行驶动力学问题，即"主乘坐舒适性问题"，主要研究主乘坐舒适性的数学建模及随机路面输入下的车辆响应。另一类是由于存在大量其他因素影响着乘员对乘坐舒适性的主观评价，包括对约 15 Hz 以上的高频振动的响应、更高频率范围内的振动噪声问题、悬架系统中橡胶衬套的影响、对路面的阶跃突起及凹坑等路障的纵向冲击的响应、人体对振动的响应等，主乘坐舒适性研究无法将所有的行驶振动特征完整而真实地描述出来。由于这些影响无法用数学模型进行准确的预测，这类问题被称为"次乘坐舒适性问题"。对这类行驶舒适性问题，例如，在路面凹坑这样的典型离散输入工况下，悬架系统振动噪声响应的评价工作，一般会涉及三个方面的动力学问题，包括轮胎在路面输入处变形时的动态响应、纵向和垂向的悬架非线性动力学响应、驾驶员的响应特性。每个方面均有众多不确定因素,必须依靠经验丰富的测试驾驶员通过大量的主观评价来指导设计开发工作。但这并不否认模型分析在动力学中的作用,设计者仍然需要通过建模来了解系统内在的复杂关系,找出关键影响因素,并为车辆性能的变化趋势提供预测和指导意见。

2. 动力学控制

安全、高效、舒适、智能是汽车技术的核心发展主题,也是汽车动力学理论不断深化的推动力和永续发展的源泉。为了提升车辆的动力性、经济性、制动性、操稳性、平顺性、安全性等各方面性能,汽车行业科技工作者一直致力于汽车动力学关键问题研究。随着技术和产业的发展,消费者对汽车产品的安全、舒适、易于操纵乃至智能化等,提出了更高的要求。传统的汽车动力学研究主要是针对被动元件的设计,而采用主动控制来改变车辆动态性能的理念,为汽车动力学开辟了一个崭新的研究领域。计算机技术和控制技术共同推动了现代汽车动力学的发展。任何车辆控制系统的构成都主要包括三大组成部分,即控制算法、传感器技术和执行机构。作为控制系统的关键,即寻求一个能够为车辆提供良好性能的控制算法,需要控制理论与汽车动力学的紧密结合。随着各种汽车控制系统在车辆中应用的快速增长,以及各功能控制系统集成程度的日益提高,汽车动力学在未来车辆控制系统设计中的作用将更加重要。

1.3.3 研究方法

1. 建模方法

汽车动力学的研究主要以系统建模和分析为主。汽车动力学建模的目的可归纳为以下几点:① 描述车辆的动力学特性;② 预测车辆性能并由此指导设计方案制定;③ 解释现有设计中存在的问题,并找出解决方案。

实际中的车辆同时会受到三个方向的输入,各方向所表现的特性必然是相互作用的。比如,转向过程中,路面在给车辆提供侧向力的同时,也给悬架提供垂直输入干扰。悬架元件的作用除支撑车辆、隔离路面干扰外,还能控制转向时的车身姿态,并传递来自轮胎的力。然而事实上,同样的车身运动可由行驶输入引起,如路面不平引起的车身侧倾;也可由操纵方面引起,如转向时引起的车身侧倾。另外的例子是,利用不同车轮切向力控制来改善极限工况下的操纵稳定性控制系统。

长期以来,人们一直在很大程度上按纵向、垂向和侧向的分类,分别独立研究这三个方面的动力学问题。车辆纵向运动的讨论涵盖加速和制动等运动模式,行驶平顺性包括垂直和俯仰等运动模式,操纵稳定性的讨论则涉及侧向、横摆和侧倾等运动模式。分开处理主要是为了减少模型的自由度,从而减少分析工作量,易于处理。当然,如果对车辆的工况适当限制,那么这三个方向的耦合关系不太显著。比如,当车辆在水平粗糙路面匀速直线行驶时,汽车动力学问题主要集中在行驶动力学特性方面;当车辆在水平路面匀速转弯行驶时,那些主导操纵性能的力和运动对纵向和垂向特性则无显著影响。此外,采用暂时解耦、较少自由度模型的方式对汽车动力学问题开展研究,有助于我们抓住主要矛盾,便于对模型计算结果有更深入的理解,从而对问题的本质有更深层次的洞察,理解各类汽车动力学响应背后起关键作用的影响因素和设计参数。

研究工作一开始,首先要明确什么是有用的信息和最需要的结果,这是选择建模复杂程度的基本原则。例如,在考虑悬架弹簧和阻尼的基本设计问题时,选择一个双质量单轮模型是合理的,然而它对探讨悬架衬套刚度等细节方面的研究显然是不够的。

2. 相关著作

汽车动力学与控制相关理论的学习可参考相关著作和教科书。众多专家学者从动力学分析、底盘结构设计、轮胎特性机理探究、底盘电控研究等方面进行梳理和总结,形成了各具特色的汽车动力学著作和教科书。这些图书系统地整理和介绍汽车动力学发展历程中所形成的知识,对指导更深入的理论研究和产品开发工作发挥了积极作用。坎贝尔(Campbell)所著 *Automobile Suspension* 讨论了悬架系统,并有一些关于行驶平顺性的简单分析。巴斯托(Bastow)的 *Car Suspension and Handling* 一书论及悬架设计,并侧重于操纵性能方面的内容,还包括一些适于手工运算的简单分析。丹尼尔斯(Daniels)的著作 *Handling and Roadholding* 凭借作者在车辆试验方面的丰富经验,对欧洲车辆底盘的早期发展过程发表了深刻见解,以一种通俗易懂的风格讨论了悬架设计和车辆操纵动力学内容。克拉克(Clark)编著了一本轮胎方面的权威著作 *Mechanics of Pneumatic Tyres*,包含了大量的轮胎数据等有用信息。关于减振器的设计、安装和使用的内容可参见迪克逊(Dixon)所著 *The Shock Absorber Handbook*,除了介绍流体动力学、阀的特性、减振器特性及其对车辆行驶和操纵特性的影响等内容外,还涵盖了关于减振器试验方面的内容。在制动性及制动器设计方面,*Brake Design and Safety* 比较全面,除了制动器设计、制动性能分析、制动器失效分析外,还包括了制动系统控制、盘式制动器的力分析和热分析等内容,除了单车的制动力学分析外,还有对挂车(牵引车后挂拖车)制动动力学分析的内容。关于道路车辆空气动力学方面的专著包括胡克·沃尔夫·海恩里希(Hucho Wolf Heinrich)所编著的 *Aerodynamics of Road Vehicles*。

埃利斯(Ellis)的著作 *Vehicle Handling Dynamics* 于1994年重新出版。该书包括轮胎力学分析、悬架运动学、简单的行驶和操纵模型等内容。吉莱斯皮(Gillespie)的教科书 *Fundamentals of Vehicle Dynamics* 内容精练、系统全面,覆盖了汽车动力学各方面最基本的工程原理和分析方法,为汽车工程师们提供了一本经典参考书,并能够有效用于指导车辆设计,是国际上使用最为广泛的汽车动力学教材之一。迪克逊(Dixon)出版的 *Suspension and Handling* 主要集中在车辆操纵动力学方面,包括与操纵有关的轮胎和悬架特性等重要部分,很好地覆盖了理论建模和结果分析。威廉·美利肯(William Milliken)和道格拉斯·美利肯(Douglas Milliken)父子合著的 *Race Car Vehicle Dynamics*,以及基于莫里斯·奥利(Maurice Olley)所撰写的四本工作笔记所编写的 *Chassis Design-Principles and Analysis*,系统地梳理了汽车动力学和底盘设计理论的诞生过程,书中所关注的汽车动力学问题如今仍然是汽车必须关注的最基本问题。

此外,黄宇和(J. Y. Wong)的 *Theory of Ground Vehicles* 包括了松软地面车辆及车辆通过性方面的大量内容。帕采卡(H. B. Pacejka)所著 *Tire and Vehicle Dynamics* 是一本轮胎力学方面的权威书籍,包括了充气轮胎的机械特性,及其对车辆和摩托车操纵动力学的影响。对于轮胎模型,从最基本的模型介绍到极限工况下的高级模型,覆盖了轮胎动力学及试验方面的诸多成果。安部正人(Masato Abe)所著的 *Vehicle Handling Dynamics:Theory and Application* 详细介绍了车辆操纵动力学领域的重要基础理论,受到了汽车动力学业内学者的广泛认可。M.米奇克(M. Mitschke)和H.瓦伦托维兹(H. Wallentowitz)所著的 *Dynamik der Kraftfahrzeuge* 是汽车动力学方面的经典著作,目前已出版第5版,从理论上将汽车的行驶特性进行了系统总结,共由驱动和制动、车辆振动、操纵稳定性三大部分组成,列出了大量的车辆参数、曲线特征参数以及试验结果数据。

余志生教授的《汽车理论》、郭孔辉院士的《汽车操纵动力学》,以及喻凡教授和林逸教授所著的《汽车系统动力学》作为我国汽车动力学领域教材和专著的典型代表,构建了我国独具特色的汽车动力学理论体系,具有广泛和深远的影响力。近年来,吴旭亭、吴礼军、詹樟松、饶洪宇等行业杰出专家,基于丰富的工程实践经验和对汽车动力学的洞察,出版了系列专著,无论是对车辆工程专业的学生,还是从事产品开发的工程技术人员来说,均为非常优秀的参考书。

3. 学习目标

对于相关理论的学习可从以下几方面入手:① 学习汽车动力学性能的基本力学原理。通过对车辆的基本性能进行分析,由此推导其运动方程。从而揭示出哪些车辆特性会对某个运动模式产生影响,并给出预测这个运动模式的方法。通过了解这些方程的推导,可以知道计算结果的有效性范围和局限性。② 熟悉现有的分析方法。研究者已提出了很多可以预测汽车性能的分析方法,了解这些方法,有助于更好地理解所从事技术工作服务于汽车整体性能开发目标所发挥的作用,也有助于了解遇到问题时可以借助哪些分析工具来解决。③ 理解控制系统开发的需求背景和底层逻辑,更好地服务于汽车性能提升。皮之不存,毛将焉附,汽车控制系统的拓扑结构、感知手段、控制算法均应服务于汽车动力学系统所需。④ 熟悉相关术语。沟通的清晰准确对于解决问题是至关重要的。诸多汽车工程术语已被定义出来,学习汽车动力学,有助于熟练运用这些术语开展更有效的技术交流。

思考与练习

1. 汽车产品开发过程大致分哪几个阶段?各阶段的主要任务是什么?
2. 汽车产品开发流程的重要性体现在哪些方面?主要的里程碑(阀点)有哪些?
3. 选择一款年内新上市的智能网联新能源汽车,针对其整车参数,以及能耗经济性、动力性、制动性、操纵稳定性、行驶平顺性、安全性等方面的性能指标进行归纳整理,评述其技术水平及市场竞争力前景。
4. 对于智能网联新能源汽车而言,汽车动力学与控制面临的挑战和机遇有哪些?
5. 借助思维导图,梳理汽车动力学与控制发展简史,并补充与各阶段的主要技术进展相关的社会背景、历史事件等技术驱动因素。
6. 选择一位汽车动力学与控制方面的著名学者(国籍不限),进行资料收集调研,围绕其在理论创新、技术开拓、产业促进等方面的突出贡献,与小组成员开展讨论,并写一份不少于500字的人物小传。

参考文献

第1章参考文献

充气轮胎力学　　第 2 章

汽车动力学理论的建立与轮胎力学性能的研究紧密相关,两者相互促进,共同推动了汽车性能研究与开发的不断发展。轮胎是车辆与地面之间力传递的唯一途径,控制车辆运动所必需的力均在轮胎上生成,它是车辆的重要组成部分。除了空气作用力和重力之外,所有其他影响汽车运动的力和力矩都是通过汽车行走装置与地面的接触而施加的。包括控制系统在内的车辆所有系统,都需要通过轮胎对车辆动力学产生影响,充气轮胎能够有效且高效地执行这些功能。研究充气轮胎的力学特性及其建模方法,对于理解汽车性能具有根本意义上的重要性。本章将从轮胎结构、坐标系与力系等基本概念出发,介绍轮胎滚动阻力、垂向力、纵向力、侧向力等特性,进而对经典轮胎模型进行分析讲解,最后概要介绍智能轮胎的基本概念。

本章结束时,学生应该具备如下能力:
1. 理解与轮胎结构、力学特性相关的术语及其影响因素。
2. 掌握轮胎滚动阻力、滑移率与滑转率的内涵,并初步理解车辆纵向力学控制系统的作用机理。
3. 掌握轮胎侧偏特性、回正力矩、摩擦椭圆的分析方法,能够在车辆侧向动力学特性分析中进行灵活应用。
4. 能够建立基础的轮胎力学仿真模型,并利用模型对各参数的影响规律进行分析。
5. 了解智能轮胎的基本概念,以及与智能汽车功能实现之间的关系。

2.1 轮胎和轮辋

2.1.1 轮胎规格与基本参数

《轿车轮胎规格、尺寸、气压与负荷》(GB/T 2978—2024)规定,在胎侧一般压印有轮胎规格、最大承载能力和最大速度指数等参数,轮胎侧面压印信息示例如图 2-1(a)所示,其中最重要的是规格信息,其格式及含义如图 2-1(b)所示。对于表征负荷指数、负荷能力,以及速度等级的数值或符号所对应的具体规定,可通过查表的方式获取。

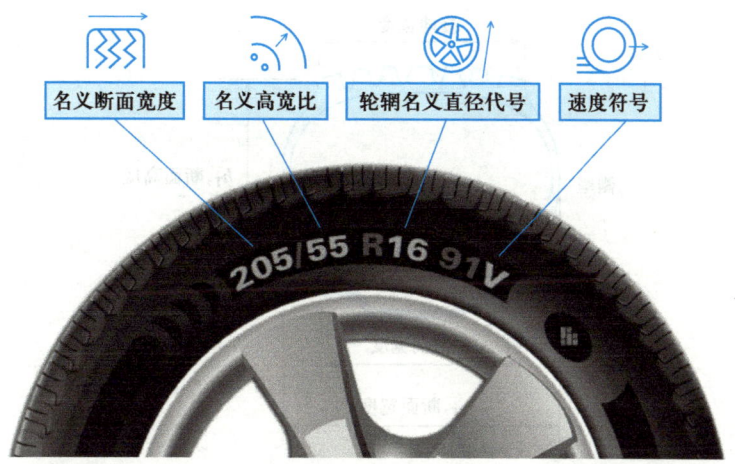

(a) 轮胎侧面压印信息示例

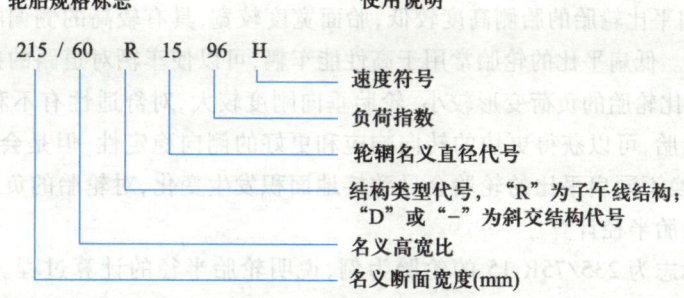

(b) 轮胎规格信息的格式及含义

图 2-1　轮胎侧面压印信息及规格标志

从国际化视野的角度，应了解典型的国际轮胎标识方式：US DOT 轮胎识别代码。例如，美国轮胎代码的格式为"DOT DNZE ABCD 2324"，DOT 表示轮胎符合美国交通部（Department of Transportation）的标准；DN 是工厂标记，代表轮胎生产商和制造厂；ZE 是表示制造轮胎专用模具字母组合代号，该字母组合是工厂内部代号，可以在互联网上查到；最后四个数字代表轮胎生产的年份和周序；其他四位字母 ABCD 是生产商或在生产商指导下编制的销售代码。对于标识为"DOT DNZE ABCD 2324"的轮胎，其编码可以解读为：该轮胎由德国维特利希的邓禄普轮胎工厂于 2024 年第 23 周生产。

如图 2-2 所示为装在轮辋上的轮胎横截面，用于说明标准轮胎的尺寸参数。图中，断面宽度（或轮胎宽度）w_T，是指轮胎未承受负载时的最大宽度尺寸。断面高度 h_T，加上轮辋半径即构成车轮半径。

高宽比（或称扁平比），是指轮胎断面高度与宽度的比值，以百分比形式表示，符号为 s_T，如式（2-1）所示。

$$s_T = \frac{h_T}{w_T} \times 100\% \tag{2-1}$$

低扁平比轮胎通常是指一种断面宽度值比断面高度值大的无内胎轮胎，扁平比在 30% ～

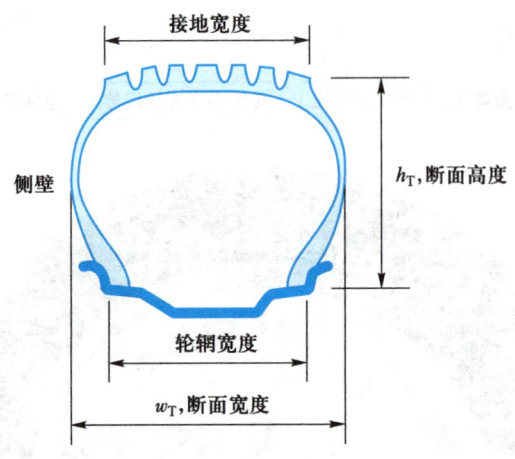

图 2-2 装在轮辋上的轮胎横截面

50% 之间。低扁平比轮胎的胎侧高度较低,胎面宽度较宽,具有较高的侧偏刚度,能够提高车辆稳定性和操纵性。低扁平比的轮胎常用于高性能车辆,可以使车辆对道路的接触面变宽,同时响应变快。低扁平比轮胎的负荷变形较小,轮胎垂向刚度较大,对舒适性有不利影响。因此,通过采用低扁平比轮胎,可以获得更快的转向响应和更好的侧向稳定性,但是会降低车辆的乘坐舒适性。另外,更换不同扁平比的轮胎会导致接地面积发生变化,对轮胎的负荷能力有影响。

例 2-1 轮胎半径计算。

以某规格标志为 235/75R 15 的轮胎为例,说明轮胎半径的计算过程。由扁平比的定义,可以得到轮胎断面高度为

$$h_T = 235 \times 75\% \text{ mm} = 176.25 \text{ mm}$$

轮胎直径为轮辋直径加轮胎高度 h_T 的 2 倍,即

$$D = (2 \times 176.25 + 15 \times 25.4) \text{ mm} = 733.5 \text{ mm}$$

因此,该轮胎的半径为

$$R = D/2 = 366.75 \text{ mm}$$

2.1.2 轮胎组成

轮胎是由橡胶和多种合成材料经复杂加工生产出的先进工程产品,纤维、帘布和钢丝等材料是轮胎内衬、胎体层、胎圈、束带、胎侧和胎面的主要构成组分。1839 年,查尔斯·固特异(Charles Goodyear)发明了橡胶硫化工艺,通过用硫加热橡胶将生橡胶转变为耐用的柔韧材料,使之成为理想的轮胎材料。由此,裹实心橡胶的木轮成为马车车轮的主要形式。1845 年,罗伯特·威廉·汤姆森(Robert William Thomson)获得充气轮胎专利。1887 年,约翰·博伊德·邓禄普(John Boyd Dunlop)发明了橡胶空心轮胎。1895 年,安德烈·米其林(Andre Michelin)和爱德华·米其林(Edouard Michelin)兄弟首次在汽车上使用充气轮胎,可以有效缓和汽车行驶时所受到的冲击,并衰减由此产生的振动,改善了汽车的行驶平顺性。充气轮胎和路面之间良好的附着性提高了汽车的牵引性、制动性和通过性,因此得到广泛使用。早期的充气轮胎是斜交轮胎,1948 年,发明了钢带式子午线轮胎,1955 年,无内胎充气轮胎开始在量产车上得到应

用。之后开展了诸如非充气轮胎、智能轮胎等新技术的开发尝试,但目前充气轮胎仍是市场的主体,其技术发展简史如图 2-3 所示。

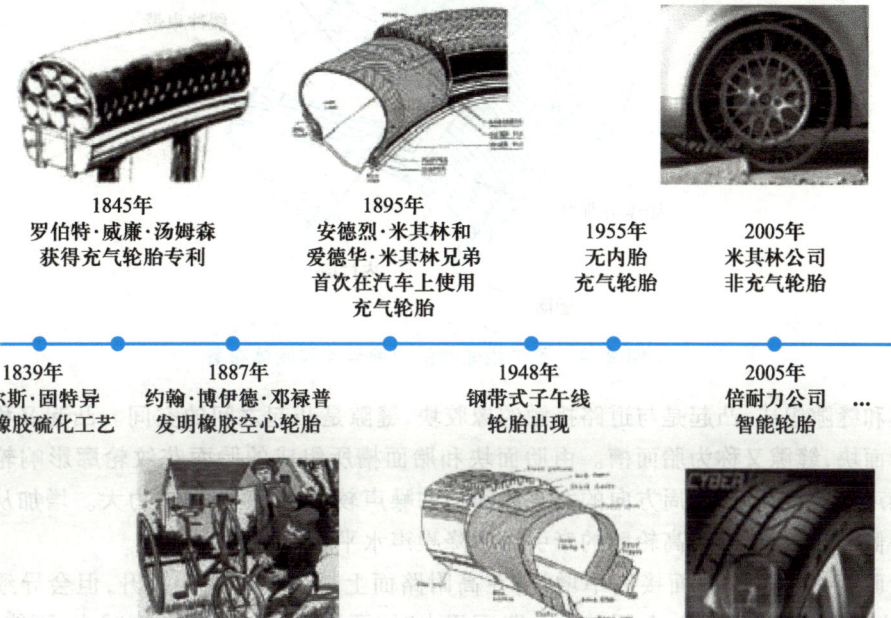

图 2-3 轮胎技术发展简史

图 2-4 展示了子午线轮胎的内部结构和胎体布置。其中,轮胎胎圈或胎圈芯由一圈挂胶高强度钢丝组成,为轮胎提供足够的强度,使其固定在轮辋上,并将轮胎上的力传给轮辋。中间层由多种纤维帘布组成,最常用的帘布纤维是聚酯帘线纤维。中间层的最上面一层又叫冠带层,冠带层由聚酯纤维组成,可以将轮胎的各组成部分保持在各自位置。并非所有的轮胎都有冠带层,冠带层常用在较高速度等级的轮胎上,能够在高速行驶时固定轮胎的各组成部分。在无内胎轮胎中,中间层由特制的复合橡胶制成并构成无内胎轮胎的内侧,同时控制空气压力损失。束带层或缓冲束带层是由一种或多种挂胶钢丝、聚酯、尼龙、凯夫拉(对位芳纶合成纤维)或其他材料在胎面之下沿圆周缠绕轮胎组成。束带层用于加固胎体层,保持胎面在道路上展平,并与地面最佳接触。束带层能够降低增加轮胎胎面磨损的蠕动,并减轻冲击和硬物扎入对轮胎造成的损害。胎体或胎体层是承受轮胎空气压力张紧力的主要部分,胎体由长绕在钢圈上挂胶钢丝或其他高强度丝线制成。子午线轮胎中的丝线与胎圈垂直。胎体层用橡胶包裹主要是为了使之黏结其他组分,同时密封空气。胎体层的数量常用于描述轮胎的强度,多数汽车轮胎有两个胎体层。胎侧为轮胎提供侧向稳定性、保护胎体层,并帮助密封胎内空气,此外也可能包含其他提高侧向稳定性的组分。

胎面是轮胎与道路接触的部分,胎面设计根据轮胎特殊要求不同,变化范围也比较大。胎面由各种自然和合成橡胶混合组成,轮胎外周又称作胎冠。胎面槽是指两个胎面棱或两个胎面块之间的空间或面积,胎面槽为轮胎提供牵引力,在雨、雪环境中尤其有用。胎面花纹由胎

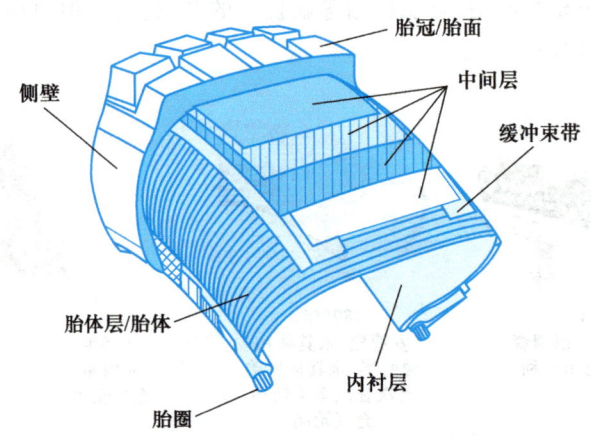

图 2-4 子午线轮胎的内部结构和胎体布置

面凸起和缝隙组成,凸起是与道路接触的橡胶块,缝隙是凸起之间的空间。凸起又称为胎面痕迹或胎面块,缝隙又称为胎面槽。由胎面块和胎面槽所组成的胎面花纹轮廓影响轮胎的牵引力和噪声水平,沿轮胎圆周方向的宽直胎面槽的噪声较低,且侧向摩擦力大。增加从轮胎一侧向另一侧的横向槽,会提高轮胎的牵引力和降噪声水平。

轮胎磨损后通常胎面接地率增加,在高附路面上抓地力可能会提升,但会导致排水性降低,形成滑水现象,如图 2-5 所示。在路面积水时,磨损轮胎的花纹深度减小,不能及时排水,会从轮胎前端开始形成水膜,将轮胎浮起。车速越快,滑水现象越严重,轮胎越易失去附着力,此时驾驶员可明显感觉到转向盘上没有力矩反馈,无法进行转向控制,车辆将不再按照驾驶员的指令行驶。滑水有三种类型:动力学滑水、黏性滑水和橡胶滑水。动力学滑水发生时,湿滑路面上的静水不能足够快速地从轮胎下面排出,使轮胎与路面在整个轮胎接地印迹上接触。轮胎在楔形水层上行驶,并失去与道路的接触。滑水发生时的速度称作滑水速度。湿滑路面覆盖着石油、油脂或灰尘时会发生黏性滑胎,与动力学滑水相比,黏性滑水发生的水深较浅,速度较低。橡胶滑水是指车辆猛烈制动时轮胎与地面摩擦生热导致轮胎接地印迹中产生高压蒸气引起的滑水。除了及时更换磨损轮胎外,降低车速、提高轮胎气压都可以减轻滑水现象,提高轮胎气压可以减小接地面积,提高局部接地压力,从而增强排水性。

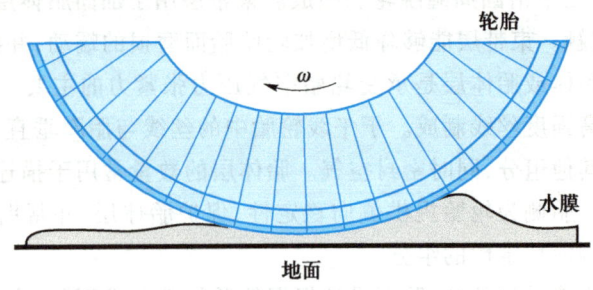

图 2-5 轮胎滑水现象示意图

2.1.3 子午线轮胎和非子午线轮胎

根据胎体钢丝帘线与轮胎平面之间的角度,可以将轮胎分为两种类型:子午线轮胎和非子午线轮胎。每种轮胎结构都有其特征,这种结构特征决定了它们的性能。

子午线轮胎采用加强钢丝束带,钢丝束带从一侧胎圈到另一侧胎圈相互平行布置,并与轮胎圆周方向的中心线成90°夹角。这种布置使轮胎径向方向弹性更大,可以减小滚动阻力,提高转向性能。如图2-4所示为子午线轮胎的内部结构和胎体布置。

非子午线轮胎又称作斜交帘布轮胎或交叉帘布轮胎,帘布层从一侧胎圈到另一侧胎圈以约30°的角度布置,有时采用其他角度。一层帘布以某一方向布置后,后面的帘布以相反的方向布置,使其相互交叉,帘布的末端缠绕在胎圈钢线上,并将其固定在车轮轮辋上。如图2-6所示为非子午线轮胎的内部结构和胎体布置。

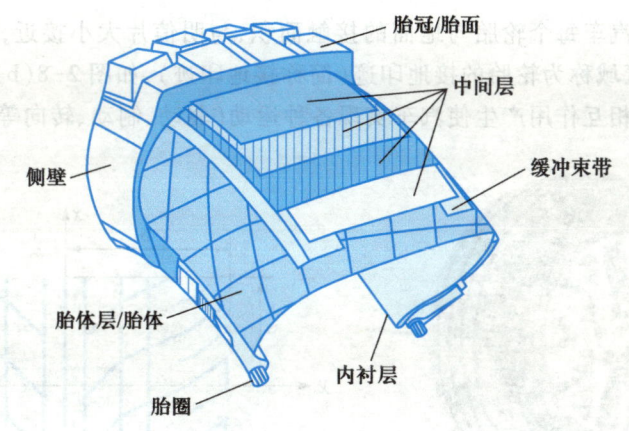

图2-6 非子午线轮胎的内部结构和胎体布置

子午线轮胎和非子午线轮胎在动力学方面最重要的不同,是车轮承受侧向力时轮胎的地面附着性能不同,两种轮胎性能的比较如图2-7所示。可以看出,在侧向负荷作用下,子午线轮胎的大部分弯曲发生在胎侧上,胎面与道路贴合较平,而非子午线轮胎的胎面和胎侧均产生了变形,与路面的接触面积相对较小。

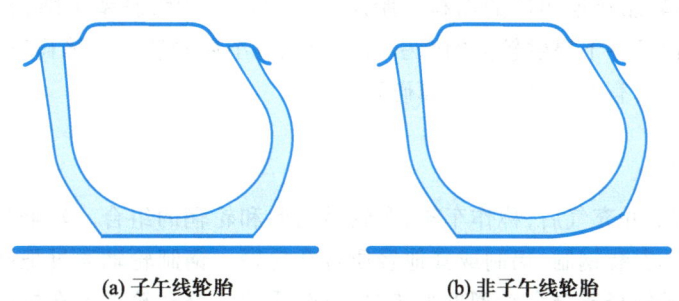

图2-7 车轮承受侧向力时子午线轮胎和非子午线轮胎的地面附着性能比较

子午线轮胎的径向布置允许胎面和胎侧相对独立地变化,胎侧在车重作用下较易弯曲,所以,子午线轮胎更容易产生垂直方向的变形。胎侧在负荷下弯曲时,钢丝束带抱紧胎面并使其在地面上展平,从而降低了胎面的毛刷效应。轮胎转向时,胎面和胎侧的相对独立反应使胎面在路面上展平,从而使轮胎保持其轨迹。

非子午线轮胎中胎体的交叉布置使其作为一个整体对负荷做出反应,胎侧在负荷作用下发生扭转或弯曲时,胎面会因被向内挤压而变形。这种变形影响轮胎接地印迹,降低牵引力。与子午线轮胎结构相比,非子午线轮胎胎侧强度较小,转向效率较低。

无内胎轮胎在结构上与有内胎轮胎类似,区别在于无内胎轮胎内部的两个胎圈之间有一层气密防潮橡胶层,该橡胶层用于保证内部气室的密封,不再需要内胎和轮胎垫带。无内胎轮胎和有内胎轮胎在尺寸相等、胎压相同时能够承载相同的负荷。

2.1.4 轮胎接地印迹

在行驶过程中,汽车每个轮胎与地面的接触面积,与明信片大小接近,如图 2-8(a)所示。轮胎与路面的接触区域称为轮胎的接地印迹(简称接地印迹),如图 2-8(b)所示。正是在这个区域内,轮胎与路面相互作用产生使汽车实现各种运动(驱动、制动、转向等)的力和力矩。

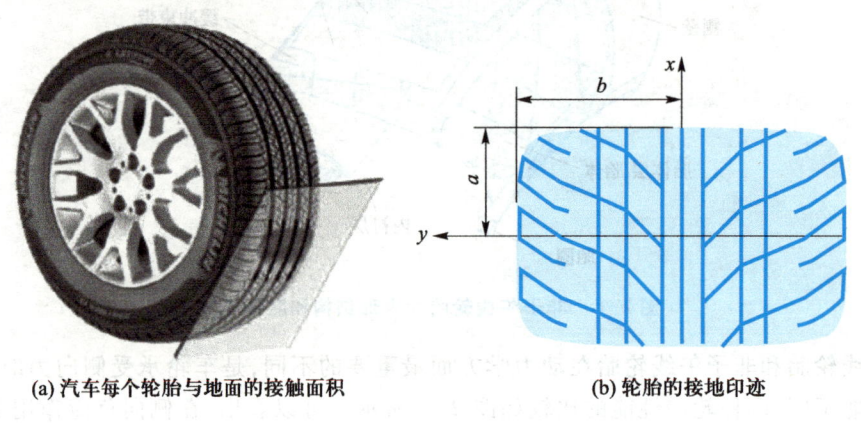

(a) 汽车每个轮胎与地面的接触面积　　　　(b) 轮胎的接地印迹

图 2-8　轮胎接地印迹

轮胎接地印迹的面积与胎压成反比,沙土地、泥泞地和雪地区域使用的越野车辆常用降低胎压的办法来增大轮胎接地印迹的面积。胎压减小引起轮胎膨胀率下降,轮胎与路面接触的面积增大,在低摩擦条件下提供较大的牵引力。胎压减小后轮胎适应障碍物外形能力增强,与障碍物接触面积增大,有助于扒住小型障碍物。

2.1.5 车轮和轮辋

轮胎装在轮辋上并充气后,称作车轮,车轮是轮胎和轮辋的组合。轮辋是轮胎安装的圆柱形零件,多数乘用车安装钢制、铝制或其他轻质合金轮辋。钢制轮辋通过把圆盘焊接在框架上制成,用铝合金制成的轻质合金轮辋也很普遍,更轻质的镁合金轮辋也在持续的研发和少量配套中。轮辋包括两个主要部分:凸缘和轮辋毂盘。凸缘或轮辋毂是用于安装轮胎的圆环或圆套,轮毂盘或称中心板是用于把轮辋安装到轮毂的圆盘。乘用汽车单个轮胎的平均质量为

10~12 kg,轻型卡车单个轮胎的平均质量为 14~16 kg,重型卡车单个轮胎的平均质量为 135~180 kg。铝合金在重量、传热性能、耐腐蚀性、易于铸造、抗低温性能和易于加工等方面都适合于制造轮辋。镁合金的重量约为铝合金的重量的 70%,具有优异的形状稳定性和抗冲击能力,但是镁合金价格较贵,镁合金的耐腐蚀性也没有铝合金好,主要用于豪华汽车或赛车。此外,新型复合材料也已用于轮辋制造。复合材料轮辋通常是由玻璃纤维或碳纤维增强的热塑性树脂制成,主要是为了减轻重量。其强度和耐热性仍需要进一步提高,目前尚不能取代金属轮辋。铝合金轮辋、镁合金轮辋和钢制轮辋的性能区别如图 2-9 所示,可以看出,当车轮弹跳后,质量较轻的车轮比重量较重的车轮能够更快地再次着地,有利于实现汽车性能的改善。

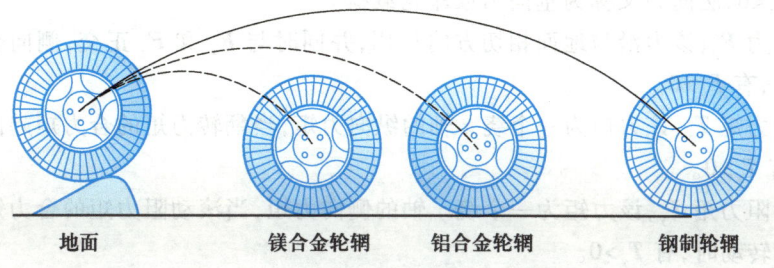

图 2-9 铝合金轮辋、镁合金轮辋、钢制轮辋的性能区别

轮胎及与之配合的轮辋共同影响轮胎动力学特性。轮胎的动力学特性通常以垂直载荷、侧偏角、外倾角和纵向滑移率为输入,以纵向力、侧向力、各种力矩和垂向变形为输出,进而影响车辆的运动状态,轮胎动力学特性的输入输出关系如图 2-10 所示。

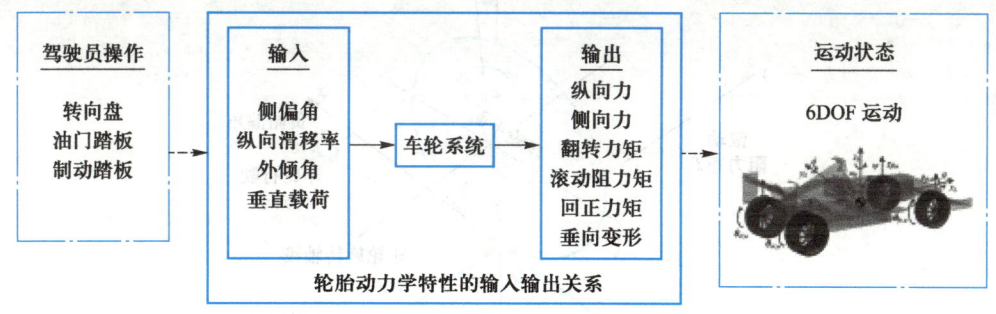

图 2-10 轮胎动力学特性的输入输出关系

2.2 轮胎坐标系和力系

2.2.1 轮胎运动坐标系

为了讨论轮胎的力学特性,建立轮胎坐标系,同时画出地面作用于轮胎的力和力矩,如图 2-11 所示。垂直于车轮旋转轴线的轮胎中分平面,称为车轮平面。坐标系的原点 O 为车轮平面和地平面的交线与车轮旋转轴线在地平面上投影线的交点。车轮平面与地平面的交线为 x 轴,规定面向车轮行驶方向向前为正。z 轴与地平面垂直,规定指向上方为正。y 轴在地平面

上,规定面向车轮前进方向时指向左方为正。图中还画出了侧偏角 α 与外倾角 γ。

2.2.2 轮胎力系

假设轮胎所受地面作用力的合力在接地印迹的中心,并可沿 x 轴、y 轴和 z 轴分解,这样,轮胎与地面的相互作用构成了一个包括三个力和三个力矩的三维力系,通常称为轮胎六分力。

(1) 纵向力 F_x,该力沿 x 轴方向作用于车辆,纵向力合力在汽车加速时有 $F_x>0$,汽车制动时有 $F_x<0$,纵向力又称作正向力。

(2) 法向力 F_z,该力沿垂直于地平面的方向作用,法向合力向上时有 $F_z>0$,传统轮胎和路面无法实现 $F_z<0$,法向力又称为垂向力或车轮载荷。

(3) 侧向力 F_y,该力沿与地面相切方向作用,并同时与 F_x 和 F_z 正交,侧向合力在与 y 轴正方向相同时,有 $F_y>0$。

(4) 翻转力矩 T_x,该力矩为一个绕 x 轴的纵向力矩,当翻转力矩的合力矩趋向于使轮胎绕 x 轴滚转时,有 $T_x>0$。

(5) 滚动阻力矩 T_y,该力矩为一个绕 y 轴的侧向力矩,当滚动阻力矩的合力矩趋向于使轮胎绕 y 轴向前转动时,有 $T_y>0$。

(6) 回正力矩 T_z,该力矩为一个绕 z 轴的矢量方向向上的力矩,当回正力矩的合力矩趋向于使轮胎绕 z 轴转动时,有 $T_z>0$。

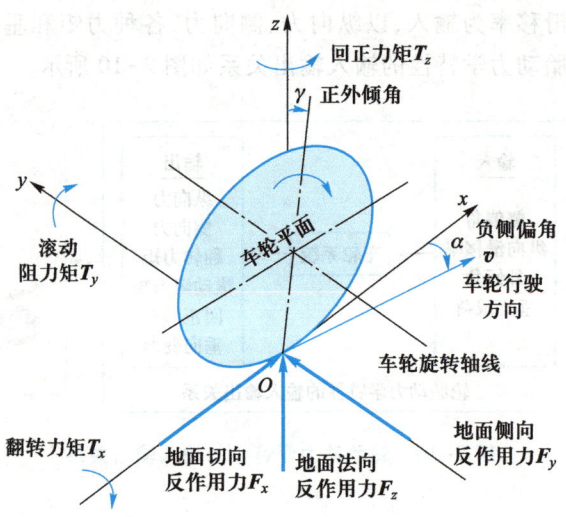

图 2-11 轮胎坐标系与地面作用于轮胎的力和力矩

2.2.3 SAE 轮胎坐标系及六分力

图 2-12 为 SAE 标准轮胎运动坐标系。轮胎静止时该坐标系的原点处于接地印迹中心点,其 x 轴和轮胎平面与地面的交线重合,面向车轮行驶方向向前为正;z 轴垂直于接地印迹,向下为正;y 轴在地平面上,面向车轮行驶方向向右为正,以保证构成符合右手定则的坐标系。在轮胎力学特性建模中,SAE 标准轮胎运动坐标系规定的轮胎六分力术语及符号如表 2-1 所示。

基于上述坐标系设计,一些正的角度和力处于坐标轴的负方向上。在不至于造成误读和混淆的情况下,有时会将某些负坐标轴方向上的力看作正值。但是,并不是所有应用 SAE 坐标系的研究者都采用这种符号,以及力与角度的正方向定义通常不说明坐标轴方向,而是会指明右侧和左侧。例如,将轮胎向右侧偏时看作侧偏角 α 为正值。此外,按照 SAE 的惯例,同一车辆的左侧轮胎外倾角和右侧轮胎外倾角符号应相反,因此,左侧轮胎向右倾斜时有正外倾角,右侧轮胎向左倾斜时有正的外倾角。由于 z 轴向下这种定义方式有时会造成不便和混淆,不建议照搬使用。值得注意的是,UniTire 轮胎模型中采用印迹更新坐标系(contact patch updated coordinate system),简称 CPU 坐标系。

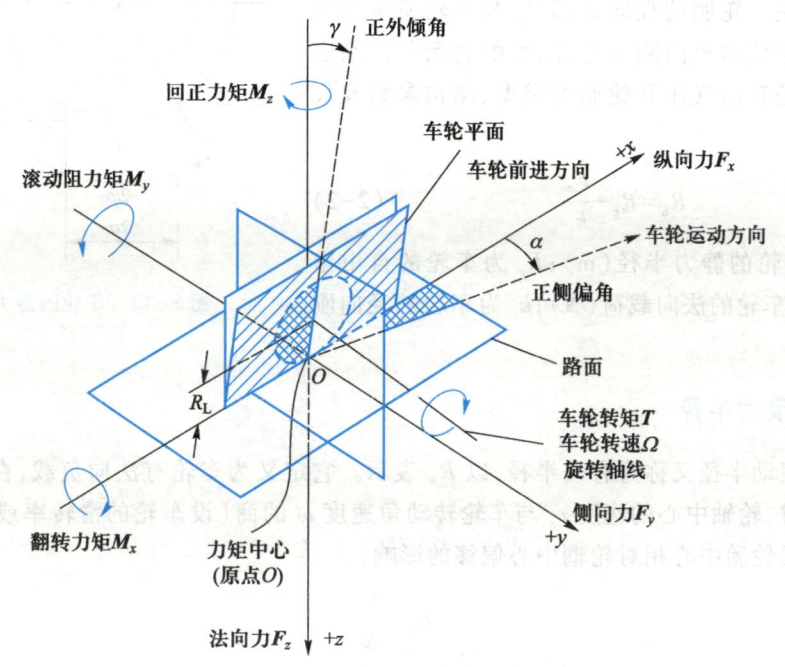

图 2-12　SAE 标准轮胎运动坐标系

表 2-1　SAE 标准轮胎运动坐标系规定的轮胎六分力术语及符号

坐标轴定义	+x:纵向向前	+y:侧向向右	+z:法向向下
力 F	纵向力 F_x (longitudinal force)	侧向力 F_y (lateral force)	法向力 F_z (normal force)
力矩 M	翻转力矩 M_x (overturning moment)	滚动阻力矩 M_y (rolling resistance moment)	回正力矩 M_z (aligning torque)

2.3　车轮半径

轮胎径向变形特性直接影响车轮的半径,车轮的半径有不同的概念和分类,通常车轮半径可分为自由半径、静力半径和滚动半径三类。

2.3.1 车轮自由半径

轮胎充气压力符合汽车厂家的规定值,车轮不承受法向负载时的半径,称为车轮的自由半径,以 R_g 表示。车轮自由半径由车轮的主要结构参数和轮胎充气压力所确定。

2.3.2 车轮静力半径

车轮有法向负载时,车轮中心至地面的距离,称为车轮的静力半径,以 R_h 表示,如图 2-13 所示。车轮的静力半径反映了轮胎的径向变形量,与车轮所承受的法向载荷和轮胎的径向刚度有关,影响轮胎径向刚度的主要因素是轮胎气压和轮胎的类型、结构参数及尺寸参数。

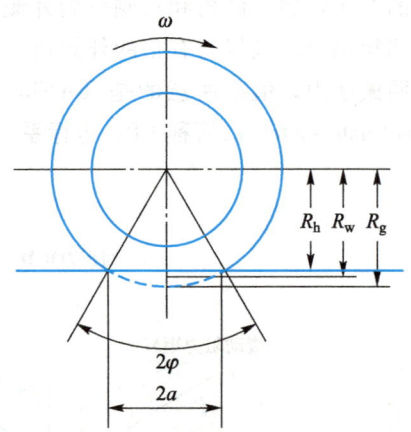

$$R_h = R_g - \frac{F_z}{k_z} \tag{2-2}$$

式中,R_h 为车轮的静力半径(m);R_g 为车轮的自由半径(m);F_z 为车轮的法向载荷(N);k_z 为车轮的径向刚度(N/m)。

图 2-13 车轮的静力半径

2.3.3 车轮滚动半径

车轮的滚动半径又称为有效半径,以 R_w 表示。它定义为车轮有法向负载,在平直道路上无滑动转动时,轮轴中心的速度 v_x 与车轮转动角速度 ω 的商(设车轮的滑转率或滑移率为 0,且忽略子午线轮胎中心相对轮辋中心偏移的影响)。

$$R_w = \frac{v_x}{\omega} \tag{2-3}$$

式中,v_x 为轮轴中心的速度(m/s);ω 为车轮转动角速度(rad/s)。

与静力半径一样,滚动半径也是车轮法向载荷的函数。此外,车轮滚动半径还受汽车行驶速度的影响,汽车速度增加,车轮滚动半径随之有所增大。

对于常用的装备子午线轮胎的车轮,$R_h \approx 0.92R_g$,得

$$R_w \approx 0.973R_g \tag{2-4}$$

德国橡胶企业协会给出了车轮承受最大载荷、额定气压、车速为 60 km/h 时的轮胎滚动半径计算公式为

$$R_w = \frac{cd}{2\pi} \tag{2-5}$$

式中,d 为轮胎的自由直径,$d = 2R_g$(m);c 为计算常数,子午线轮胎 $c = 3.05$;非子午线轮胎 $c = 2.99$。

根据式(2-5),可算得:$R_w = 0.971R_g$,该表达式和式(2-4)基本相同。

2.4 滚动阻力

汽车在水平道路上行驶时，必须克服来自路面的滚动阻力和来自空气的阻力。其中，滚动阻力是指轮胎在路面上滚过单位距离时转变为热量的机械能。滚动阻力的值取决于所用的轮胎类型、轮胎滚动面的特性，以及充气压力、载荷和速度等使用条件。尽管滚动阻力（定义为单位距离的能量损失 J/m = N）与力的单位相同（N），但滚动阻力实际上并不是力，而是没有方向的标量，因此无法在受力图上真正地表示出来（本书在受力图中标示滚动阻力是行业中惯用表达）。尽管表示滚动阻力的常用符号是 F_f，但需要强调的是，在很多情况下，F_f 的值不对应实际的物理力，而是通过工况参数和几何参数计算得到的。滚动阻力包括轮胎滚动所带来的，发生在轮胎结构内部由迟滞效应带来的能量损失、轮胎与路面的摩擦、车轮轴承摩擦、空气动力阻力引起的机械能损失等，这些因素的存在使得传递到轮胎的机械能能量得到消耗。

2.4.1 迟滞效应

胎体变形所引起的轮胎材料迟滞效应是造成轮胎滚动阻力的主要原因，迟滞损失占滚动阻力来源的 80%~95%。橡胶是一种黏弹性物质，其加载和卸载的载荷曲线并不完全相同。某橡胶轮胎的加载和卸载曲线如图 2-14 所示，该曲线形成了一个封闭回路（迟滞环），卸载曲线在下，加载曲线在上。封闭回路内部的面积表示加载和卸载过程中的能量消耗量。轮胎滚动时，将重复经历变形和复原的交替循环，能量以热能形式耗散，这是迟滞性物质的共有属性，称为迟滞性。迟滞性是橡胶等黏弹性物质的一种特性，其变形时吸收的能量大于复原时释放的能量。

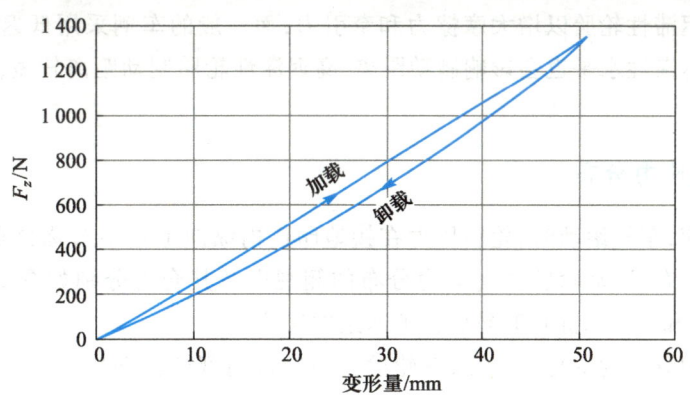

图 2-14 某橡胶轮胎的加载和卸载曲线

迟滞效应导致承载橡胶在负载去除后不能完全回弹。以高迟滞性赛车轮胎的具体情况为例来进行考虑，当滚过不平整路面时，轮胎变形复原较慢，从而使其不能对接地印迹后部路面施加和轮胎前部地面一样大的推力，前部和后部的压力差产生了阻力效应，这是滚动阻力产生的主要原因。

残留形变也会导致驻波的产生。轮胎驻波是指轮胎发生变形但还没来得及恢复，造成轮胎上驻扎着形变"波浪",驻波的波长与轮胎接地印迹长度接近。轮胎在旋转时,轮胎上的某点在滚到地面时候发生挤压而变形,当变形很大且车轮转速很快时,车轮在继续旋转360°后,此点的变形还没有来得及恢复就又被压缩。如此反复,在高速行驶时车轮的变形没有机会恢复到原状,由此形成了驻波,轮胎就变成了不规则"圆形"。轮胎驻波将在轮胎内部引发橡胶分子的剧烈摩擦,导致温度急剧上升、胶层脱落、胎体损伤加剧,而轮胎内部的钢丝或者高强度尼龙丝不断地被"波浪"扭曲,造成材料疲劳断裂,当轮胎无法承受时,将引起爆胎,轮胎驻波的形成及所导致的爆胎现象如图2-15所示。临界速度是指发生环向驻波的速度,该速度下轮胎滚动阻力急速增大,轮胎温度快速升高,轮胎胎面与帘线层脱落,几分钟内就会出现爆胎现象。当胎压过低或过高、车辆过载、车辆超速与路况不好时,都是造成爆胎的重要原因。超速行驶极易发生爆胎,根据交通部的统计数据,高速公路有70%的事故都是由爆胎引起的,因此需要规定车辆安全行驶速度的上限。

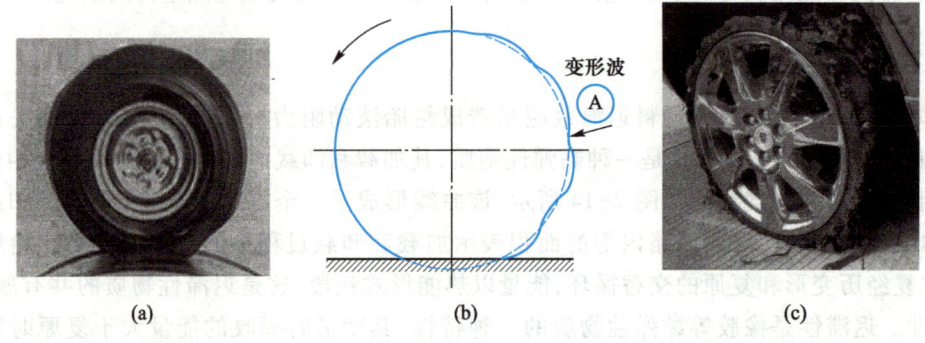

图2-15 轮胎驻波的形成及所导致的爆胎现象

赛车采用高迟滞性轮胎以增大摩擦力和牵引力,而一般的车辆采用低迟滞性轮胎以减小滚动阻力。轮胎迟滞性水平也会影响制动距离,高迟滞性轮胎制动距离较短,但是轮胎磨损较快,寿命较短。

2.4.2 接地印迹应力分布

由于迟滞效应,车轮滚动时,轮胎压力在接地印迹内纵向上呈不对称分布,滚动轮胎接地印迹内法向应力分布、滚动轮胎法向应力分布的侧视图及其合力分别如图2-16、图2-17所示。图2-16中a和b表示静止时轮胎接地印迹的尺寸。

轮胎接触压力分布的变化,会导致在轮胎接地印迹前部的法向应力σ_z大于后部,正是这种能量消耗和应力不平衡导致了滚动阻力F_f。

法向应力合力F_z如图2-17所示,由于接地印迹内前部的法向应力相对较高,其合成法向力的作用位置将向前移。这种法向力的前移形成了与前进滚动方向相反的绕$-y$方向的阻力矩。

$$M_r = -M_r \hat{j} \tag{2-6}$$

$$M_r = F_z \Delta x \tag{2-7}$$

可以将滚动阻力矩假想为一个与x轴平行的滚动阻力F_f作用的结果。

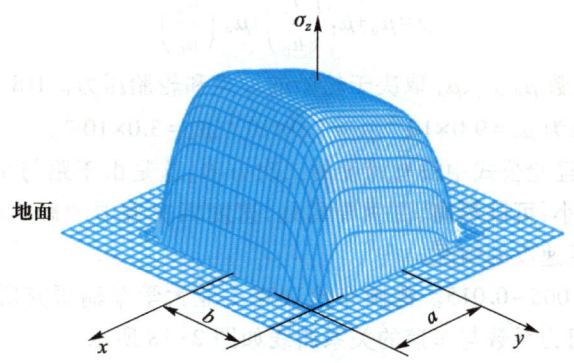

图 2-16　滚动轮胎接地印迹内法向应力分布

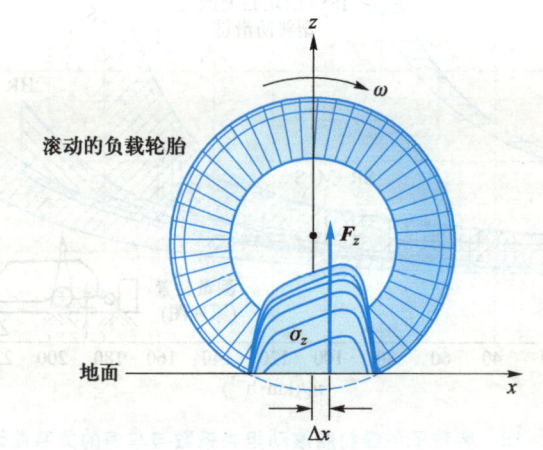

图 2-17　滚动轮胎法向应力分布的侧视图及其合力

$$F_\mathrm{f} = -F_\mathrm{f}\hat{i} \tag{2-8}$$

$$F_\mathrm{f} = \frac{1}{R_\mathrm{h}}M_\mathrm{r} = \frac{\Delta x}{R_\mathrm{h}}F_z \tag{2-9}$$

滚动阻力 F_f 与垂直载荷成正比,因此,可以用滚动阻力系数 μ 来描述这种比例关系,即

$$F_\mathrm{f} = \mu F_z \tag{2-10}$$

应力分布的不平衡与轮胎-地面变形量成正比,这种关系也是导致合力前移的原因,因此,滚动阻力随变形量的增大而增加。容易得出,高压轮胎在水泥路上的滚动阻力比低压轮胎在土路上的滚动阻力小。

2.4.3　滚动阻力系数的影响因素

1. 速度对滚动阻力系数的影响

行驶车速对滚动阻力系数具有显著影响。实验数据表明,滚动阻力系数与行驶车速有关,可以通过如下经验公式进行估算:

$$\mu = \mu_0 + \mu_1 \left(\frac{u_a}{u_0}\right) + \mu_4 \left(\frac{u_a}{u_0}\right)^4 \qquad (2\text{-}11)$$

式中,$u_0 = 100$ km/h;系数 μ_0、μ_1、μ_4 取决于轮胎的种类和轮胎压力。HR 级轮胎(允许最高车速为 210 km/h)的平均值为 $\mu_0 = 9.0 \times 10^{-3}$,$\mu_1 = 2.0 \times 10^{-3}$,$\mu_4 = 3.0 \times 10^{-4}$。

从上式可以看到,经验公式中没有速度的二次方项,这是由于跟与车速平方成正比的空气阻力相比,滚动阻力较小,可以忽略,更重要的是,速度四次方项的影响超过平方项。另外,上式适用于速度低于临界速度的情况。

μ 的取值范围为 $0.005 \sim 0.015$。德国布伦瑞克工业大学车辆研究所利用转毂试验台测得多种子午线轮胎滚动阻力系数与车速的关系曲线如图 2-18 所示。

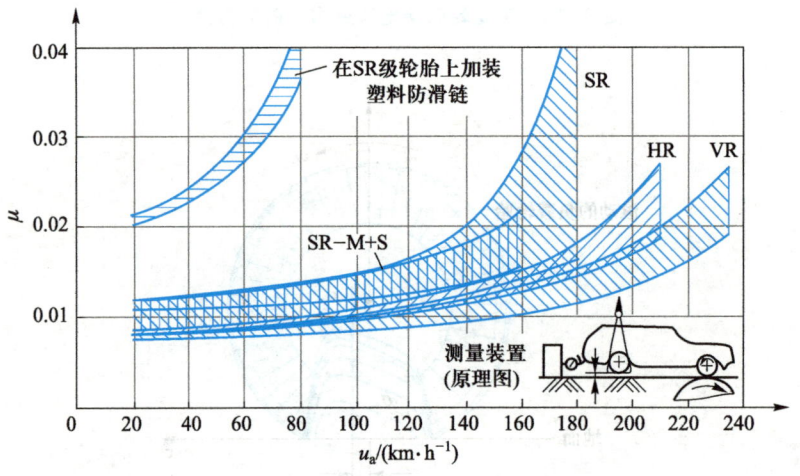

图 2-18 多种子午线轮胎滚动阻力系数与车速的关系曲线

2. 路面条件对滚动阻力系数的影响

轮胎在实际道路上的滚动阻力系数大于在转毂试验台上测得的数值。一般来说,在良好沥青路面上,需要在试验台测试值的基础上乘一个系数 1.2,在粗糙水泥路面上则需要乘系数 $1.3 \sim 1.4$。式(2-11)中 μ_0 的取值与道路条件有关,在坚硬、平整的地面,其滚动阻力要比在野外路面上的阻力低很多。潮湿地面上的滚动阻力系数通常要比干燥地面上的要大。不同路面条件的滚动阻力系数值如表 2-2 所示。

表 2-2 不同路面条件的滚动阻力系数值

路面和道路条件	μ_0	路面和道路条件	μ_0
良好混凝土路面	$0.008 \sim 0.1$	普通沥青路面	0.018
良好沥青路面	$0.01 \sim 0.0125$	差的混凝土路面	0.02
普通混凝土路面	$0.01 \sim 0.015$	好的方砖路	0.02
良好人行便道	0.015	普通碎石路面	$0.018 \sim 0.023$
良好碎石路面	$0.013 \sim 0.016$	差的沥青路面	0.23

续表

路面和道路条件	μ_0	路面和道路条件	μ_0
碎石土路	0.023~0.028	浅积雪路面	0.025
好的石板路	0.033~0.055	深积雪路面	0.037
好的自然土路	0.045	差的自然土路	0.08~0.16
差的石板路	0.085	沙地	0.15~0.3

3. 轮胎结构对滚动阻力系数的影响

轮胎材质和帘线层布置影响滚动阻力系数和临界速度，子午线轮胎的滚动阻力系数约是非子午线轮胎滚动阻力系数的80%，子午线轮胎的临界速度比相似的非子午线轮胎高约20%。两类轮胎结构的滚动阻力系数比较如图2-19所示。

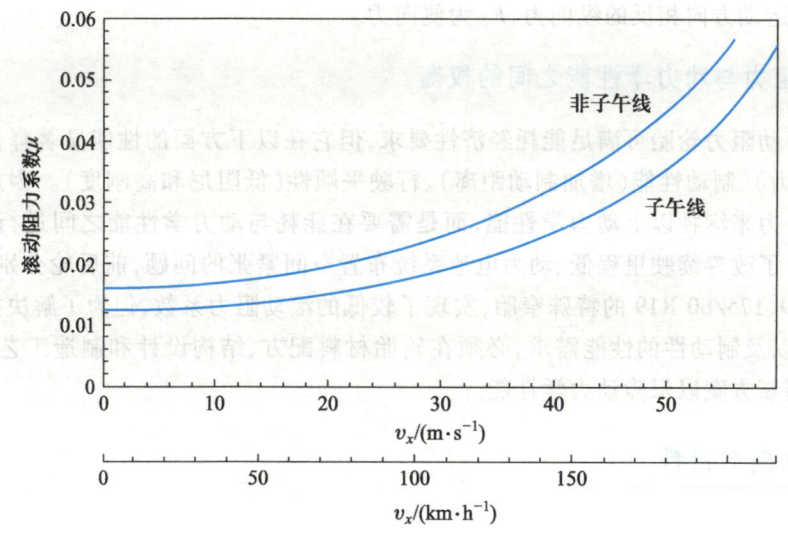

图2-19　子午线轮胎和非子午线轮胎滚动阻力系数的比较

对全钢子午线轮胎，胎面的滚动阻力贡献占65%，胎体的贡献占20%，胎圈占15%。改进轮胎结构和橡胶材料特性可以减少滚动损失。轮胎半径 R_g 和高宽比 h_T/w_T 是影响轮胎滚动阻力系数的两个尺寸参数，R_g 较大且 h_T/w_T 较小的轮胎滚动阻力较低，临界速度较高。此外，无论是子午线轮胎还是非子午线轮胎，其滚动阻力系数会随轮胎磨损程度的增加而减小，随温度的升高而增大。

4. 充气压力对滚动阻力系数的影响

轮胎充气压力对滚动阻力系数的影响很大，提高轮胎充气压力 p 可以降低其滚动阻力系数 μ。提高充气压力的影响与降低法向载荷 F_z 相似。当气压降低时，由于轮胎变形变大，弹性迟滞损失增加，滚动阻力系数迅速增加。通常用以下经验公式表示压力 p 和载荷 F_z 对滚动阻力系数的影响：

$$\mu = \frac{K}{1\,000}\left(5.1 + \frac{5.5\times 10^5 + 90F_z}{p} + \frac{1\,100 + 0.388F_z}{p}v_x^2\right) \tag{2-12}$$

参数 K 对子午线轮胎取 0.8,对非子午线轮胎取 1.0,F_z、p 和 v_x 的单位应分别为 N、N 和 m/s。低胎压会增大滚动阻力、燃油消耗、轮胎磨损和轮胎温度。

视频 2-1
滚阻测试

5. 驱动状况对滚动阻力系数的影响

处于驱动状况下的轮胎,由于作用有驱动转矩,胎面相对于地面有一定程度的滑动,增加了轮胎滚动的能量损耗,因此,随着驱动力系数(驱动力/径向载荷)的增加,滚动阻力系数迅速增大。

6. 轮胎侧偏对滚动阻力系数的影响

在转向行驶工况下,轮胎的侧偏会导致滚动阻力大幅增加。轮胎以侧偏角 α 在路面上滚动时,其滚动阻力 F_f 为

$$F_f = F_x\cos\alpha + F_y\sin\alpha \approx F_x - C_\alpha\alpha^2 \tag{2-13}$$

式中,F_x 为与运动方向相反的纵向力,F_y 为侧向力。

2.4.4 滚动阻力与动力学性能之间的权衡

虽然低滚动阻力轮胎可满足能耗经济性要求,但它在以下方面的性能显著降低:操纵稳定性(影响侧向力)、制动性能(增加制动距离)、行驶平顺性(低阻尼和高刚度)。因此,不应过度强调低滚动阻力来牺牲以上动力学性能,而是需要在能耗与动力学性能之间进行权衡。某纯电动乘用车为了改善续驶里程低、动力电池系统布置空间紧张的问题,前后轮分别采用了规格为 155/70 R19、175/60 R19 的特殊窄胎,实现了较低的滚动阻力系数,但为了解决操纵稳定性、行驶平顺性,以及制动性的性能需求,必须在轮胎材料配方、结构设计和制造工艺方面采取一系列的技术创新方案以保障动力学性能。

2.5 轮胎垂向力特性

2.5.1 轮胎的垂向特性

充气轮胎的一个基本功能是在车辆行驶于不平路面时起缓冲作用,这对车辆的行驶平顺性、稳定性和制动性均有重要影响。轮胎的缓冲作用与充气轮胎的弹性有关,在法向载荷作用下,充气轮胎会发生垂向变形。通常以轮胎所受的载荷和变形的曲线来表示轮胎的刚度特性。试验结果表明,轮胎载荷与垂向变形基本呈线性关系。因此,在行驶动力学模型中,通常将轮胎简化为一个刚度恒定的线性弹簧。试验数据表明,非滚动轮胎垂直刚度比滚动轮胎垂直刚度要大,且滚动轮胎刚度呈现更明显的非线性。

1. 静态刚度

轮胎的静态刚度是由静载荷-变形曲线的斜率来确定。除较小载荷外,对于给定的胎压,斜线轮胎和子午线轮胎的载荷-变形特性接近于线性。因此,可以假定在具有实际意义的范围内,轮胎静态刚度与载荷无关。静态垂向刚度是垂向载荷与轮心垂向位移的比值。垂向刚度低的轮胎在撞击减速带、凸块或凹坑时对冲击和噪声隔绝较好,但同时余振收敛较差。垂向刚

度高的轮胎载荷转移时径向变形较小,抑制车身俯仰和侧倾支撑能力更好。另外,垂向刚度高的轮胎一般线性侧偏刚度和侧向刚度也较高,转向响应更敏捷,稳态响应更线性。静态纵向刚度是纵向轮心载荷与纵向轮心位移的比值。轮胎纵向刚度越大,撞击减速带、凸块或凹坑时冲击硬感和噪声也越大,制动距离更短。

2. 滚动刚度

通常可通过考察滚动轮胎对已知简谐振动激励的响应来衡量轮胎的滚动刚度。响应在轮轴处测量,而激励施加于胎面。通过测试输出与输入的幅频和相频特性,来获得滚动轮胎的动刚度和阻尼系数。另一种可用的测量方法是,测量轮胎在转毂或传动带上滚动时的共振频率。试验结果表明,滚动时轿车轮胎的动刚度显著下降;但车速超过约 20 km/h 时,滚动速度的影响就非常小了。与斜交轮胎相比,子午线轮胎的刚度通常更低。

有研究表明,对于轿车轮胎,滚动的动刚度通常为静刚度的 85%～90%;对于重型货车轮胎,其动刚度约为静刚度的 95%。车辆动力学仿真中,通常采用滚动刚度作为计算参数。

各种工况参数中,轮胎充气压力、车速、法向载荷以及磨损程度对轮胎刚度有着重要影响。轮胎的设计参数中,轮胎的结构参数(如胎冠帘线角、胎面宽度、胎面花纹深度、帘布层数量)及轮胎材料对刚度影响显著。

轮胎低速(如 5 km/h)以及较高速度(如 30 km/h)滚过凸块激励起的轮胎垂向力和纵向力用于定义轮胎的包络特性和行驶平顺性指标,其中较高速度下垂向力的第一峰值与稳态载荷的比值可定义为轮胎垂向行驶平顺性指标,把纵向力第一个波峰和第一个波谷的差值定义为纵向力行驶平顺性指标。这两个指标表征轮胎高速滚过不平路面时,车轮受到的垂向和纵向冲击情况。轮胎垂向行驶平顺性指标或者纵向行驶平顺性指标越大,说明车辆受到的相应方向的冲击力越大,冲击感和噪声越大。轮胎高速滚过凸块时,轮胎垂向力和纵向力表现为类似一阶衰减振动的变化曲线,轮胎垂向力和纵向力衰减越快,传递到车辆的动态力相应收敛也越快,因此余振也越小,表现出更好的行驶平顺性和 NVH 性能。

充气轮胎的阻尼主要来源于轮胎材料的迟滞性,其大小取决于轮胎的设计与结构、轮胎的工况等。一般说来,它是库仑阻尼和黏性阻尼的综合。通常可由动态测试方法获得等效的黏性阻尼系数。由于目前常用的合成橡胶充气轮胎的阻尼远小于悬架减振器所能够提供的阻尼值,因而在车辆动力学仿真中,通常可对此忽略不计。

2.5.2 轮胎噪声

在 60～100 Hz 的频率范围内,子午线轮胎的垂向振动传递特性幅值显著高于斜交轮胎,在这个频率范围的振动正对应于乘员的声振粗糙度(harshness)感觉范围。另一方面,在 150～200 Hz 的频率范围,斜交轮胎的振动特性远差于子午线轮胎,通常将该频率范围的轮胎振动归类为"路面噪声"。轮胎噪声产生的主要机理如下:

(1) 空气泵动效应。随着轮胎的滚动,空气在胎面与路面的空隙中被吸入和挤压。当压缩的空气于接地区间的出口处被高速释放到空气中时,就会产生噪声。

(2) 胎面单元振动。当轮胎滚动时,胎面单元作用于路面,当它离开接触区时,胎齿便由高变形状态下恢复,从而引起胎面噪声。同时,胎体振动、胎面花纹沟、花纹凸块空隙就像谐振管一样,也导致了轮胎的噪声辐射。

由于空气泵吸效应、胎面单元的振动均与车速有关,因此轮胎噪声的程度是车辆行驶速度的函数。除此之外,路面材料对轮胎噪声也有影响。

2.6 轮胎纵向力特性

2.6.1 车轮的滑移率与滑转率

在汽车制动或加速时,轮胎通常不只是单纯的滚动,胎面与地面之间发生一定程度的相对滑动,此时车轮处于边滚边滑的状态。对于制动和加速工况,纵向滑动率的定义有所区别,对于制动工况,滑移率的定义为

$$s = \frac{v - R_w \omega}{v} \times 100\% \tag{2-14}$$

式中,v 为车轮中心的速度;R_w 为没有地面制动时的车轮滚动半径;ω 为车轮的角速度。

在纯滚动时,滑移率 $s=0$;在车轮抱死纯拖滑时,$s=100\%$;边滚边滑时,$0<s<100\%$。因此,滑移率的大小说明了车轮运动中滑动成分所占的比例。滑移率越大,滑动成分越多。

相对应地,可用滑转率来表征汽车加速时的车轮滑转程度。将汽车驱动车轮和非驱动车轮的转速进行比较,就能得到汽车滑动占整个运动中的比例,也就是滑转率 s',其定义为

$$s' = \frac{R_w \omega - v}{R_w \omega} \times 100\% = 1 - s \tag{2-15}$$

滑转率描述了驱动轮的运动状态,车轮在路面上纯滚动时,$R_w \omega = v$,$s' = 0$;车轮在地面上完全滑转时,车速 $v = 0$,车轮滑转率 $s' = 100\%$;车轮在路面上边滚动边滑转时,$R_w \omega > v$,车轮滑转率 $0 < s' < 100\%$。车轮滑转率越大,说明车轮驱动过程中滑转成分所占比例越大。该值控制在合理范围内时,可以使得车轮与地面有较高的附着力,提高汽车的牵引力和操控性,防止车轮滑转,以提高汽车在驱动过程中的方向稳定性和转向控制能力,并且提高汽车的加速性能。

为便于讨论,可将滑移率和滑转率统称为纵向滑动率(用 S 表示)。从上面的定义可以看出,在加速和制动情况下,轮胎纵向力和纵向滑动率的关系相似,都随着纵向滑动率的增加而达到峰值,然后逐步减小。

相同纵向滑动率下,纵向力随垂直载荷的增加而增大,通常用归一化的纵向力系数,也即地面制动力(或驱动力)与垂直载荷之比,来表达二者的关系。图 2-20(a)为制动时的轮胎纵向滑移率与纵向力系数(制动力系数)的关系曲线,由图可知,纵向力峰值通常在滑移率 15%~20%之间。制动力系数的最大值称为峰值附着系数 φ_p,$s=100\%$ 时的制动力系数称为滑动附着系数 φ_s。在干燥路面上,φ_p 与 φ_s 的差别较小,而在湿滑路面上差别较大,两者的比值大概在 1/3~1 之间。图 2-20(b)为某赛车加速时的轮胎纵向滑转率与纵向力系数(驱动力系数)的关系曲线,可以看出,当轮胎滑转时驱动力迅速下降到较低的水平。

如图 2-21 所示是制动过程中的轮胎纵向滑移,当地面制动力开始作用时,轮胎前面与地面接触的胎面受到拉伸而有微量的伸张,滚动半径随地面制动力的加大而加大。

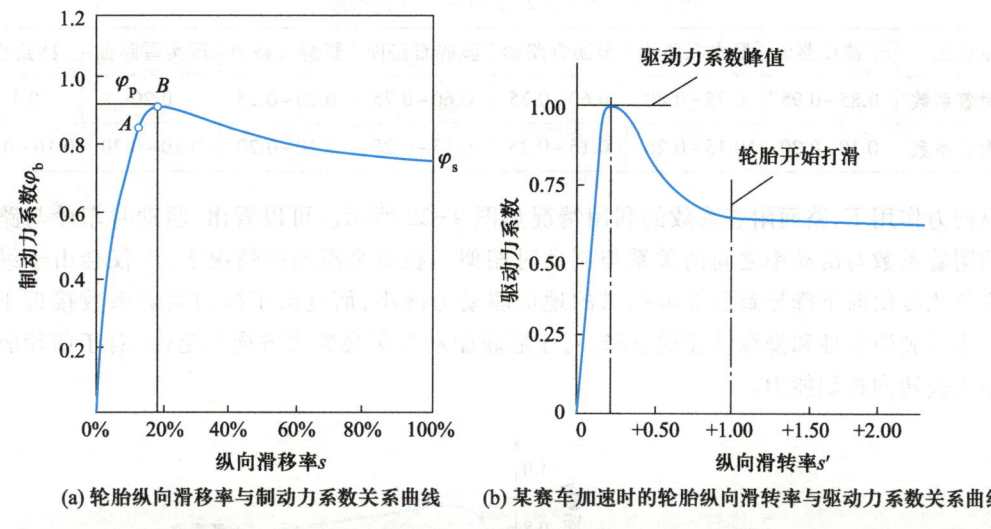

(a) 轮胎纵向滑移率与制动力系数关系曲线　　(b) 某赛车加速时的轮胎纵向滑转率与驱动力系数关系曲线

图 2-20　纵向力系数曲线

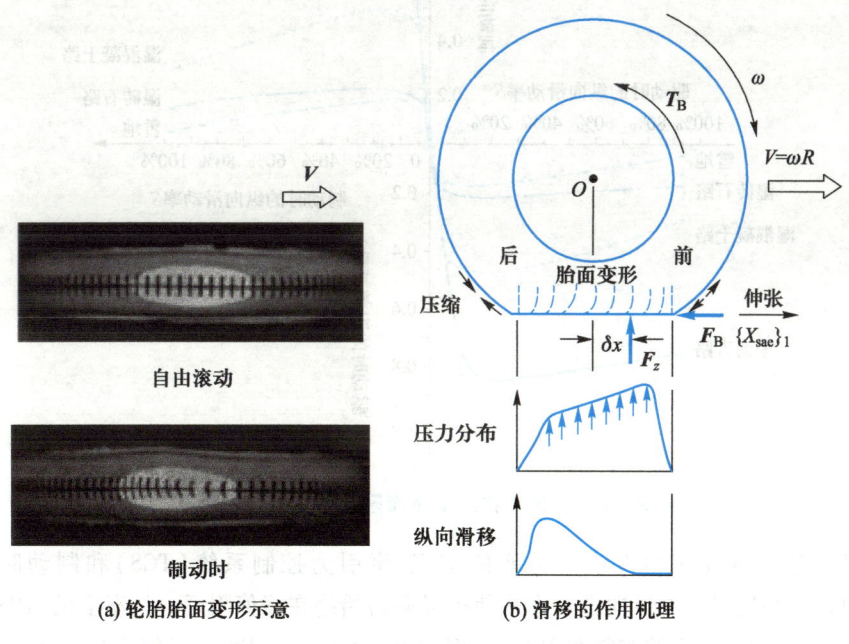

(a) 轮胎胎面变形示意　　(b) 滑移的作用机理

图 2-21　制动过程中的轮胎纵向滑移

2.6.2　路面附着系数

附着系数的数值主要取决于道路材料、路面状况、轮胎材料、轮胎结构、胎面花纹,以及汽车运动的速度等因素。如表 2-3 所示为各种路面上的平均附着系数。

表 2-3 各种路面上的平均附着系数

路面状况	干铺设路面	湿水泥路面	湿沥青路面	湿碎石路面	新鲜雪路面	压实雪路面	冰路面
峰值附着系数	0.85~0.95	0.75~0.80	0.60~0.75	0.60~0.75	0.20~0.25	0.20	0.1
滑动附着系数	0.10~0.20	0.15~0.25	0.15~0.25	0.15~0.25	0.10~0.20	0.10~0.20	0.10~0.20

纵向力作用下,路面附着系数的利用情况如图 2-22 所示。可以看出,驱动时车轮与路面之间的附着系数与滑动率之间的关系与制动时相似。在完全滑动的情况下,不仅会由于纵向附着系数比峰值时下降导致所能够提供的地面驱动力减小,而且由于横向附着系数接近于零导致汽车行驶稳定性和操纵性能的下降,对于后轮驱动汽车会失去方向稳定性,对于前轮驱动汽车会失去转向控制能力。

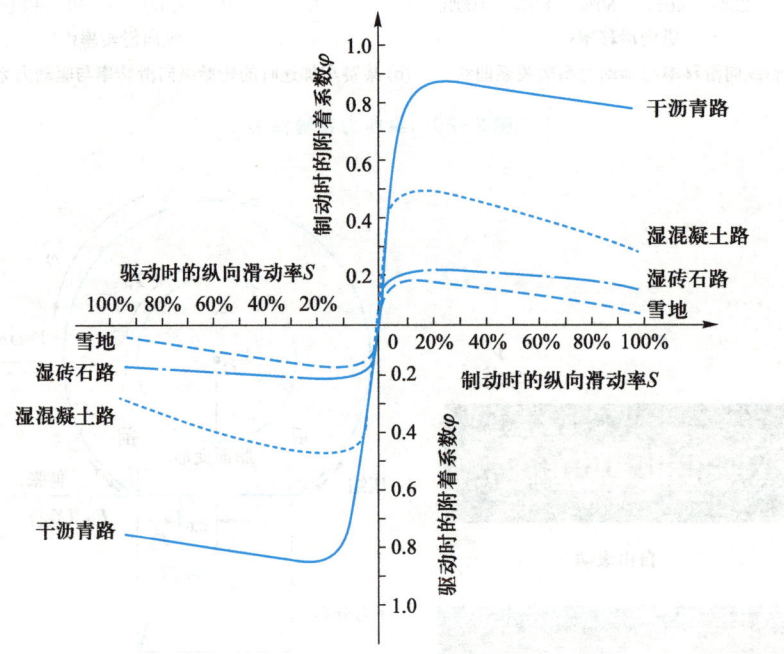

图 2-22 纵向力作用下路面附着系数的利用情况

最大的加速或制动效率在纵向力峰值实现,牵引力控制系统(TCS)和制动防抱死系统(ABS)的原理就是通过控制纵向滑动率来使得纵向力始终在峰值附近。汽车上的 ABS 在制动过程中,通常将车轮的滑移率的控制在 10%~30% 之间,例如,某 ABS 系统的控制目标如图 2-23 所示。制动时,前轴的载荷增加,提高了制动潜力,而后轴则损失了制动潜力,相应地,前轴的制动系统能力应该更强。与此相反,加速时前轴的垂向载荷减少,降低了加速潜力,而后轴则增加了加速潜力。对前驱车来说,这是限制其最大加速度的主要原因。从控制车轮与路面的滑移率看,ABS 和驱动防滑系统(acceleration slip regulation,ASR)、驱动力控制系统(traction control system,TCS)、循迹控制系统(TRC 或 TRAC)采用了相同的技术。ASR 控制技术实际上是 ABS 逻辑上的延伸,ASR 在驱动过程中,通常将车轮的滑转率控制在 5%~15% 之间。

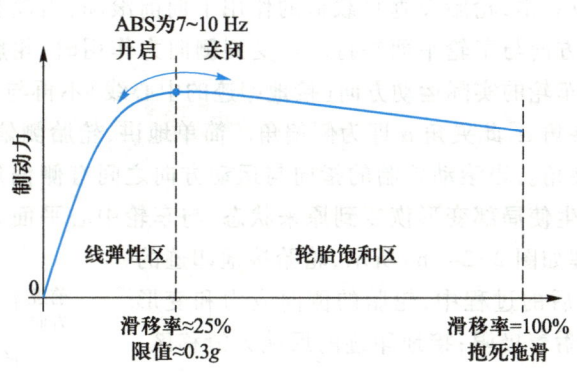

图 2-23 某 ABS 系统的控制目标

2.7 轮胎侧向力特性

2.7.1 轮胎的侧向力与回正力矩

汽车在行驶过程中，由于受侧向风、路面侧向坡度，或曲线行驶离心力等的作用，车轮中心沿 y 轴方向受侧向力 F_y。轮胎最重要的功能之一是提供侧向力，侧向力可以由轮胎的侧向滑动（侧偏角）产生，也可以由轮胎的侧向倾斜（车轮外倾角）产生，或者由其共同作用产生。轮胎的侧偏现象可由如图 2-24 所示的轮胎与地面接触关系进行示意。

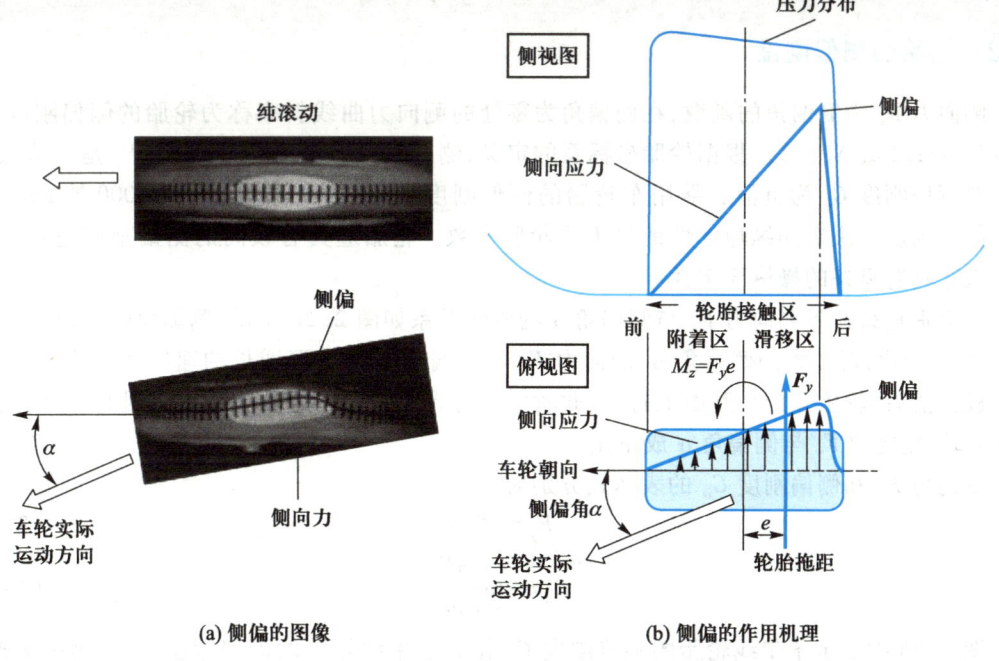

(a) 侧偏的图像　　　　　(b) 侧偏的作用机理

图 2-24 轮胎的侧偏现象

由图2-24(a)可以看出,轮胎在垂直载荷的作用下向前滚动,当没有侧向力时,轮胎以纯滚动的形式运动,运动方向与车轮平面平行。当受到侧向力作用时,轮胎进入接地印迹区后,胎面会发生侧向变形,车轮的实际运动方向(接地印迹的中心线)不再与车轮平面平行,而是与车轮平面形成一定的夹角 α,此夹角 α 即为侧偏角。简单地讲,轮胎侧偏角是轮胎实际运动方向与轮胎平面之间的夹角。当滚动轮胎的指向与运动方向之间有侧偏角时,轮胎的接地面会产生局部变形,随之产生使局部变形恢复到原来状态、与车轮中心平面方向垂直的力,称为侧偏力。侧偏的作用机理如图2-24(b)所示,轮胎接地印迹的前端为附着区,从前到后的过程中,轮胎的侧向应力和变形量逐步增大,最终达到附着极限;接地印迹的后端为滑移区,侧向应力逐渐减小。

侧偏力可以分解为与车轮运动方向垂直的侧向力(或转向力)和与车轮运动方向相反的转向阻力,如图2-25所示。在驾驶中突然转向,转向阻力将引起类似制动的感觉。当侧偏角比较小时,侧向力 F_y 和侧偏力 $F_y\cos\alpha$ 基本相等,一般不做区分,统称为侧向力。侧向力是汽车的主要转向力,是侧偏角和垂向载荷的非线性函数。

轮胎六分力的重要性在侧偏角大小不同的条件下有所不同,其中侧向力一直是最重要的轮胎力;在侧偏角处于中小范围(<5°~8°)的情况下,回正力矩是第二重要的轮胎力;当侧偏角较大(>15°)时,则是翻转力矩需要第二重点关注的轮胎力。

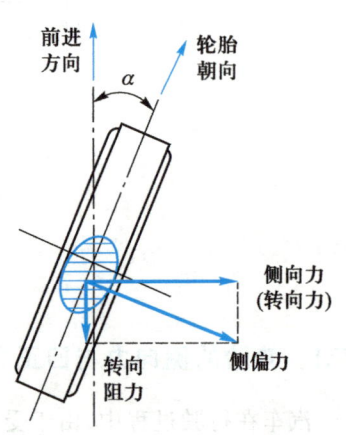

图2-25 侧偏力、侧向力与转向阻力

2.7.2 轮胎的侧偏刚度

侧向力 F_y 为侧偏角的函数,在侧偏角为零处的侧向力曲线斜率称为轮胎的侧偏刚度 C_α,单位为 N/rad 或 N/(°)。根据轮胎坐标系的定义,侧偏角 α 为正值时,侧偏力 F_y 是负值,这就意味着侧偏刚度 C_α 为负值。乘用车轮胎的侧偏刚度 C_α 一般在 $-28\,000 \sim 80\,000$ N/rad 范围内。侧偏刚度是决定操纵稳定性的最重要轮胎参数。轮胎应具有较高的侧偏刚度绝对值,以保证汽车具有良好的操纵稳定性。

稳定垂直载荷下侧向力 F_y 与侧偏角 α 的函数关系如图2-26所示,侧偏角较小时,侧向力 F_y 呈线性变化;对较大的侧偏角 α,侧向力 F_y 随侧偏角 α 增长而增长的速度逐渐降低。α 达到某极限值后,轮胎开始在路面上打滑,此时侧向力将保持稳定或稍有减小。因此,可以假设,α 较小时,侧向力 F_y 与侧偏角 α 成正比。

侧向力 F_y 和侧偏刚度 C_α 的表达式分别为

$$F_y = -C_\alpha \alpha \tag{2-16}$$

$$C_\alpha = -\lim_{\alpha \to 0} \frac{\partial F_y}{\partial \alpha} \tag{2-17}$$

图2-26中显示子午线轮胎的侧偏刚度 C_α 比非子午线轮胎的侧偏刚度高,这是因为产生相同侧向力 F_y 时,子午线轮胎需要的侧偏角较小。

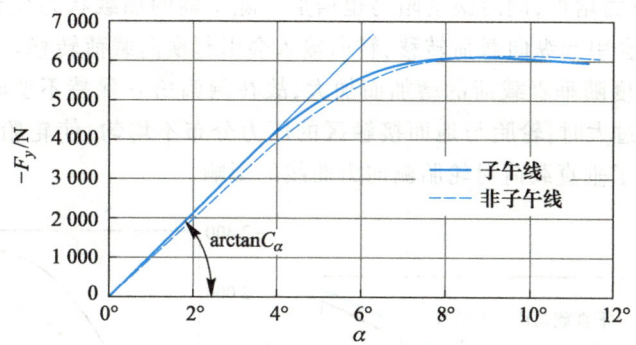

图 2-26 稳定垂直载荷下侧向力 F_y 与侧偏角 α 的函数关系

一般情况下,主要关注轮胎在稳态工况(载荷和侧偏角保持恒定)下的侧向力特性,典型的试验结果如图 2-27 所示。当侧偏角为 0°时,侧向力为 0。当侧偏角由 0°增加到 5°~10°时,侧向力迅速成比例地增大。当侧偏角增大到 15°~20°时,侧向力达到最大值,随后由于接触区内滑动区域的增大,侧向力开始减小。当侧偏角较大时,轮胎侧向力与轮胎抱死时相当。

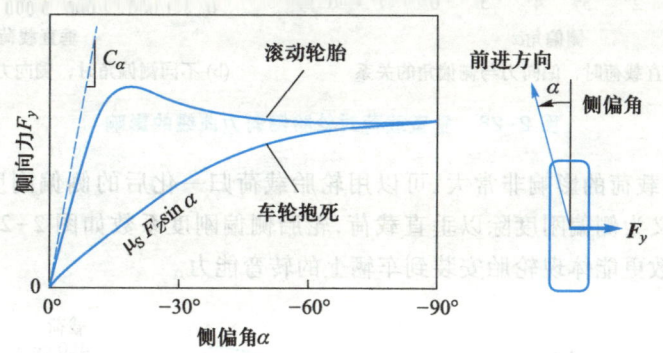

图 2-27 轮胎在稳态工况下的侧向力特性典型的试验结果

2.7.3 侧偏特性的影响因素

侧偏特性与轮胎的结构特性与工作条件密切相关,以下从轮胎结构、轮胎所受垂直载荷、轮胎胎压、行驶车速、道路条件这几个方面进行讨论。

(1) 轮胎结构对侧偏特性的影响

轮胎的尺寸、形式和结构参数对侧偏刚度有显著影响。尺寸较大的轮胎有较高的侧偏刚度。子午线轮胎接地面宽,一般侧偏刚度较高。钢丝子午线轮胎比尼龙子午线的侧偏刚度还要高些,所以目前钢丝子午线轮胎在轿车中得到广泛的应用。扁平比对轮胎侧偏刚度影响很大,采用扁平比小的宽轮胎是提高侧偏刚度的主要措施。

(2) 轮胎所受垂直载荷对侧偏特性的影响

汽车行驶时,轮胎的垂直载荷常有变化。例如转向时,内侧车轮轮胎的垂直载荷减小,外侧车轮轮胎的垂直载荷增大。垂直载荷的变化对轮胎侧偏特性有显著影响。增加轮胎的垂直载荷会导致轮胎接地印迹变长、面积变大,使得在给定侧偏角下的侧向力和回正力矩增加、给定外倾角下的外倾推力增加,同时滚动阻力也增加。除车辆的加载状态变化外,车辆运行过程中,加速和制动操作会引起纵向载荷转移,转向输入会引起横向载荷转移。图 2-28 表明,垂直载荷增大后,侧偏刚度随垂直载荷的增加而加大,故在侧偏角 α 保持不变时,其侧向力也会相应增大;但垂直载荷过大时,轮胎与地面接触区的压力分布不均匀,使轮胎侧偏刚度反而有所减小。图 2-28 反映了垂直载荷对轮胎侧向力曲线的影响。

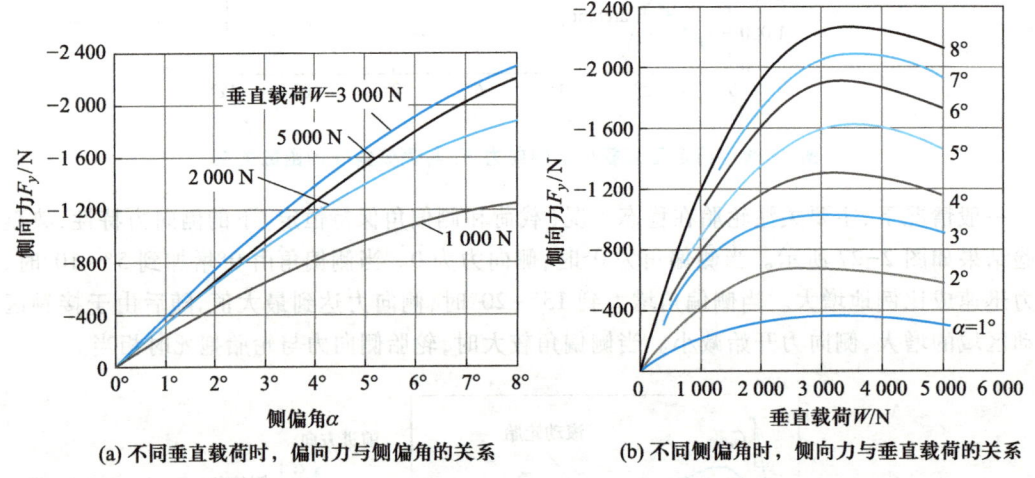

(a) 不同垂直载荷时,偏向力与侧偏角的关系

(b) 不同侧偏角时,侧向力与垂直载荷的关系

图 2-28 垂直载荷对轮胎侧向力曲线的影响

由于侧向力受载荷的影响非常大,可以用轮胎载荷归一化后的侧偏刚度系数来描述轮胎的侧偏特性,其定义为侧偏刚度除以垂直载荷,轮胎侧偏刚度系数如图 2-29 所示。相比侧偏刚度,侧偏刚度系数更能体现轮胎安装到车辆上的转弯能力。

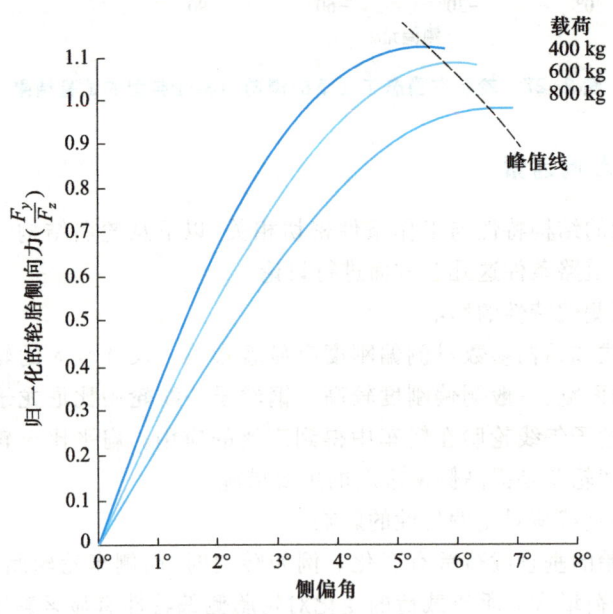

图 2-29 轮胎侧偏刚度系数(归一化的轮胎侧向力特性)

图 2-30 显示侧偏刚度系数与轮胎载荷的关系,可见侧偏刚度系数在较小载荷时达到一个峰值,然后随着载荷的增加而迅速降低。因此提高车辆转弯能力的主要手段有三个:① 使用侧偏刚度系数大的轮胎;② 降低车重,提升侧偏刚度系数;③ 使用尾翼,提高同样侧偏角输入下的侧偏刚度。侧偏刚度系数一般在载荷比较小时较大,随着载荷逐渐达到其额定值,此系数逐渐减小。当载荷达到100%时,典型的侧偏刚度系数在0.2左右。侧偏刚度系数的表达式如下:

$$侧偏刚度系数 = 侧偏刚度/垂直载荷$$

一般来说,侧偏角在 3°~7°时侧向力对垂向力的变化最敏感,因此也更容易引起侧向力损失。由图 2-30 可以看出,如果轮胎载荷处于图中曲线峰值附近较为平坦的区域,侧向力损失比较小,因此,轮胎在使用过程中不超出额定载荷,对保证转弯能力和车辆侧向稳定性具有重要意义。

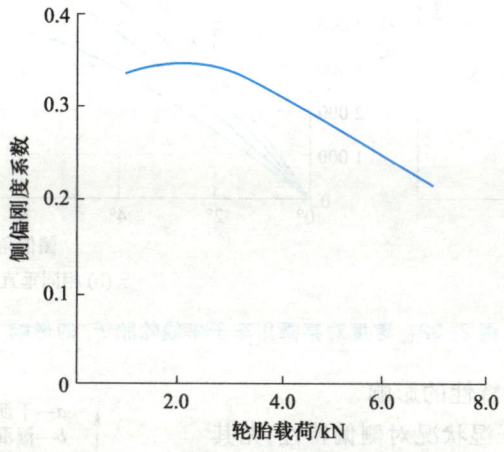

图 2-30 侧偏刚度系数与轮胎载荷的关系

(3) 轮胎胎压对侧偏特性的影响

轮胎的充气压力对侧偏刚度也有显著影响。如图 2-31 可知,随着气压的增加,侧偏刚度增大,但气压过高后刚度不再变化。

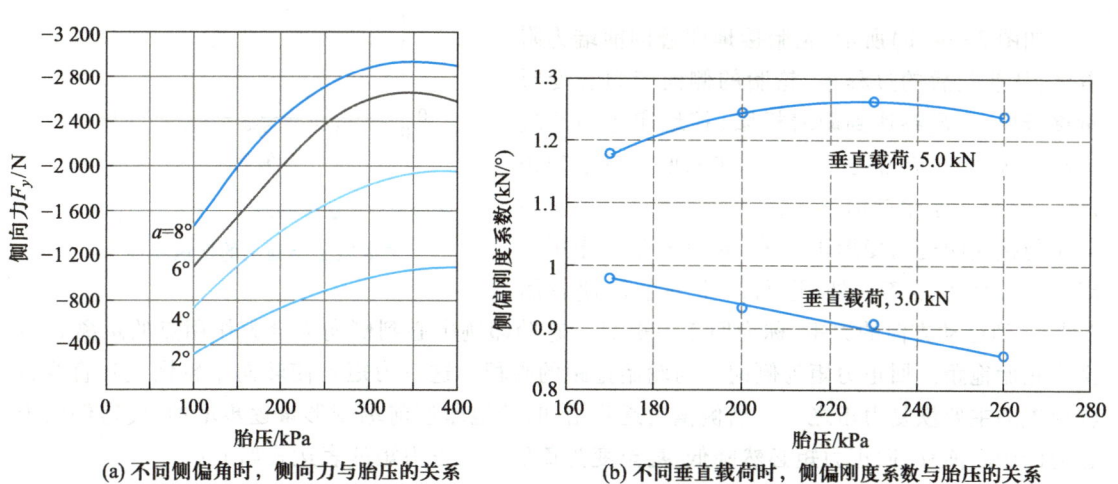

(a) 不同侧偏角时,侧向力与胎压的关系　　(b) 不同垂直载荷时,侧偏刚度系数与胎压的关系

图 2-31 轮胎充气压力对侧偏特性的影响

（4）行驶车速对侧偏特性的影响

通常认为行驶车速对侧偏刚度的影响较小，但可达到最大的侧向力随汽车的车速增大而减小。速度增大时作为侧偏角函数的侧向力曲线 $F_y(\alpha)$ 会下移，因此在较高速度时应该增大其侧偏角以获得相应的侧向力,侧偏角的增大又通过增大转向角获得。由于这种特性,固定转向角下汽车单轮的路径曲率将随着驱动速度的增大而增大。如图 2-32 所示为速度对某乘用车子午线轮胎 F_y 的影响。

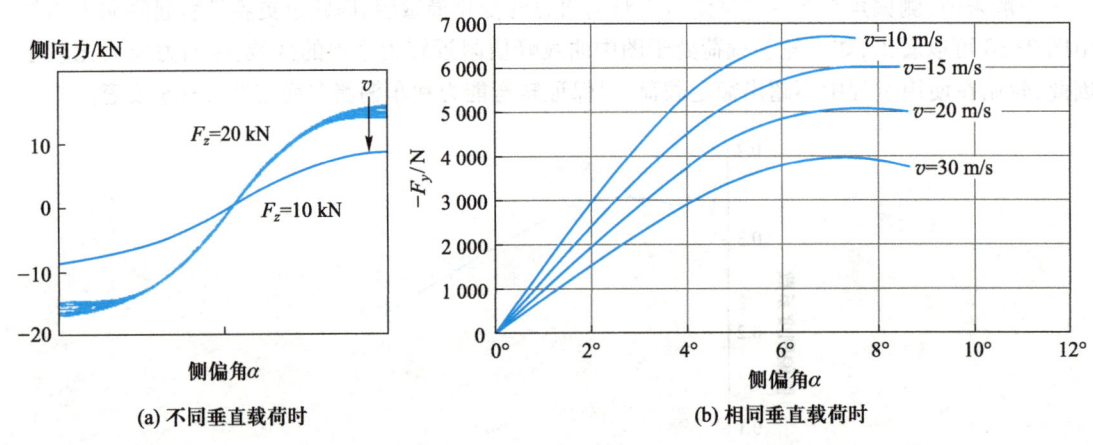

图 2-32　速度对某乘用车子午线轮胎 F_y 的影响

（5）道路条件对侧偏特性的影响

路面及其粗糙程度、干湿状况对侧偏特性，尤其是最大侧向力有很大影响。图 2-33 是某轮胎在干、湿沥青路面与湿混凝土路面上的侧偏特性，图中画出了侧向力系数 F_y/F_z 与侧偏角 α 的关系曲线。

2.7.4　轮胎回正力矩

如图 2-24（b）所示，轮胎接地印迹的前端为附着区，从前到后的过程中，轮胎的侧向应力和变形量逐步增大，最终达到附着极限；接地印迹的后端为滑移区，侧向应力逐渐减小。在侧偏角较小的条件下，轮胎接地印迹前端变形小于后端，而侧向力分布与接地印迹的变形正相关，侧向力合力作用在印迹中心后方距离 e 处，进而产生一个欲使轮胎

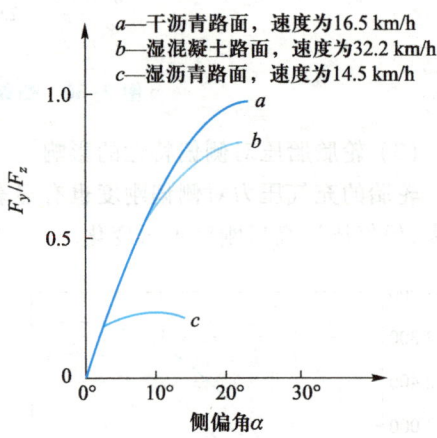

图 2-33　某轮胎在干、湿沥青路面与湿混凝土路面上的侧偏特性

"回正"到运动方向的力矩，称为回正力矩 T_z。轮胎印迹中心到侧向力合力作用点的距离 e，定义为轮胎拖距。回正力矩为侧向力与轮胎拖距的乘积。这一力矩是使转向车轮恢复到直线行驶位置的主要恢复力矩之一。当侧偏角逐步增加，接地印迹前端变形量逐步增加，使得侧向力合力的中心前移，回正力矩必然降低，甚至变为负值。回正力矩的表达式如下：

$$回正力矩 = 侧向力 \times 轮胎拖距$$

图 2-34 为轮胎回正力矩-侧偏角的关系曲线，在小侧偏角时为线性关系，超过某个侧偏角值后回正力矩急剧下降，而且达到饱和点的侧偏角要比侧向力峰值点的侧偏角低。这说明轮胎拖距会随侧偏角的变化而急剧变化。同样地，轮胎负载越大，回正力矩的极限也越高。

轮胎的形式及结构参数对回正力矩-侧偏角曲线有重要影响。在同样侧偏角下，尺寸大的轮胎一般回正力矩较大。子午线轮胎的回正力矩比斜交轮胎大。轮胎的气压低，接地印迹长，轮胎拖距大，回正力矩也就大。

路面切向反作用力对回正力矩的影响如图 2-35 所示，随着驱动力增加，回正力矩达最大值后再下降。在制动力作用下，回正力矩不断减小，到一定制动力时下降为零，其后便变为负值。

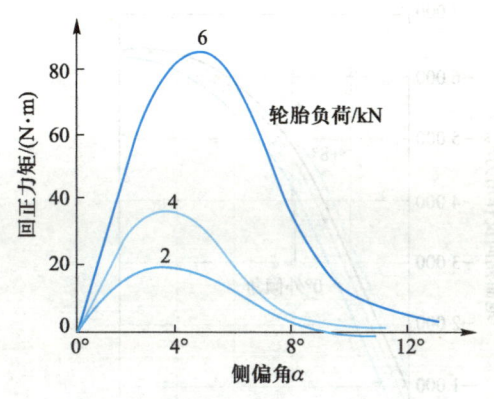

图 2-34 轮胎回正力矩-侧偏角关系曲线

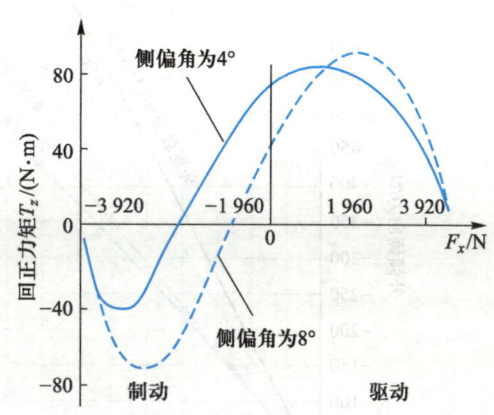

图 2-35 路面切向反作用力对回正力矩的影响

2.7.5 有外倾角时轮胎的滚动

汽车两个前轮有外倾角 γ，具有绕各自旋转轴线与地面的交点 O' 滚动的趋势（如图 2-36 所示），若不受约束，如同发生侧偏一样，将偏离正前方而各自向左、右侧滚动。由于前轴的约束，两个车轮只能一起向前行驶。因此，车轮中心必作用有一侧向力 F_y 把车轮"拉"回至同一方向向前滚动。与此同时，轮胎接地面中产生一个与 F_y 方向相反的侧向反作用力，这就是外倾侧向力 $F_{y\gamma}$。

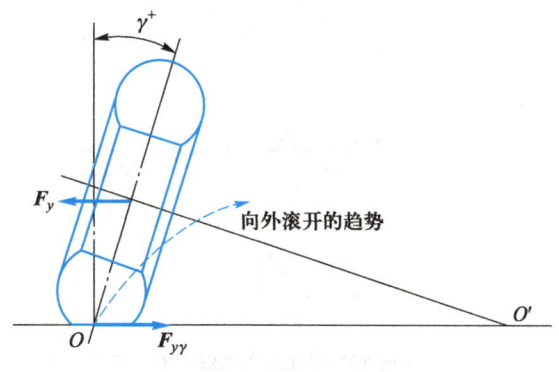

图 2-36 车轮外倾角与外倾侧向力

图 2-37(a)是试验得到的外倾侧向力与外倾角的关系曲线。外倾侧向力与外倾角呈线性关系,其关系式为

$$F_{y\gamma} = k_\gamma \gamma \tag{2-18}$$

按轮胎坐标系规定,k_γ 为负值,称作外倾刚度,单位为 N/rad 或 N/(°)。图 2-37(b)是试验求得的不同外倾角时轮胎的侧偏特性。如图所示,侧偏特性具有平移的特点。图 2-37(c)是图 2-37(b)的局部放大图,图上的 A、B 与 C 线条是外倾角为正、为零与为负时,小侧偏角范围内的侧偏特性。图 2-37(c)还表明:

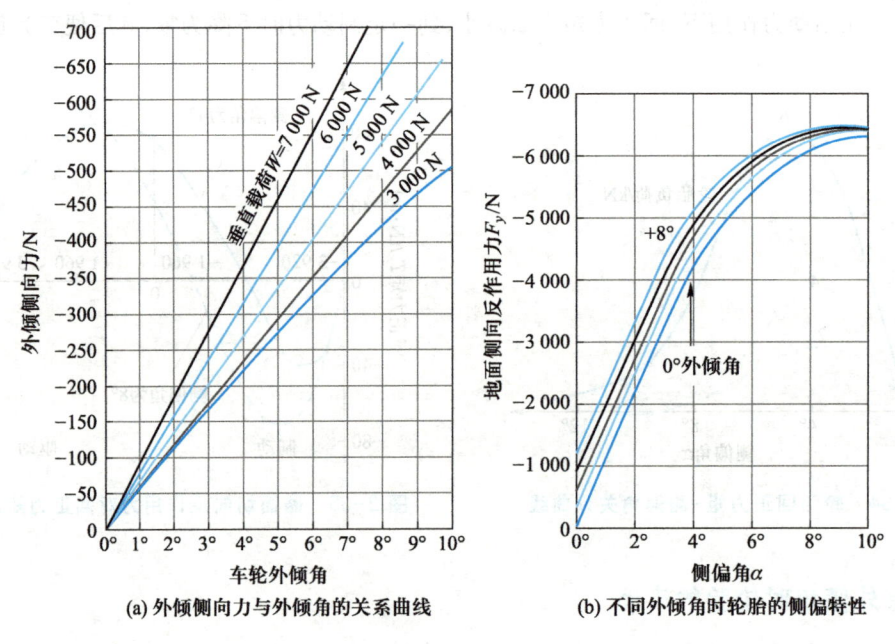

(a) 外倾侧向力与外倾角的关系曲线　　(b) 不同外倾角时轮胎的侧偏特性

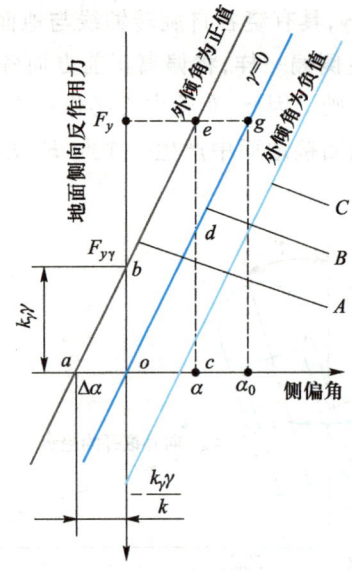

(c) 不同外倾角时轮胎的侧偏特性(局部放大图)

图 2-37　有外倾角时轮胎的侧偏特性

(1) 侧偏角为零时的路面侧向力便是外倾侧向力 $F_{y\gamma}$，$F_{y\gamma}=k_\gamma\gamma$，当外倾角为正值时（见 A 线），$F_{y\gamma}$ 为负值。

(2) 外倾角为正值时，侧偏角为 α 的地面侧向反作用力为 $F_y=cd+de$，见 A 线，即 F_y 为外倾角等于零时的侧偏力与外倾侧向力之和。因此，有外倾角时的路地面侧向反作用力与外倾角、侧偏角的关系式为

$$F_y = F_{y\alpha} + F_{y\gamma} = k\alpha + k_\gamma\gamma \tag{2-19}$$

式中，$F_{y\alpha}$ 为只有侧偏角而外倾角为零时的侧偏力（N）；$F_{y\gamma}$ 为只有外倾角而侧偏角为零时的外倾侧向力（N）；α 为侧偏角；γ 为外倾角。

随着轮胎外倾角增大，胎面与路面的接触情况越来越差，接触面积大小会影响侧向附着力而降低汽车的极限性能（降低极限侧向加速度）。所以高速轿车，特别是采用超宽断面轮胎的竞赛车，转弯行驶时承受大部分前侧向力的前外轮应尽量垂直于路面，即外倾角等于零。摩托车转弯时车轮外倾角很大，为保证最大路面侧向反作用力，摩托车轮胎具有圆形断面。

车轮有外倾角时还产生回正力矩。如图 2-38 所示为不同垂直载荷下的回正力矩与外倾角关系曲线。按照轮胎坐标系的规定，正侧偏角对应于负的侧偏力与正的回正力矩；正外倾角对应于负的外倾侧向力与负的外倾回正力矩。

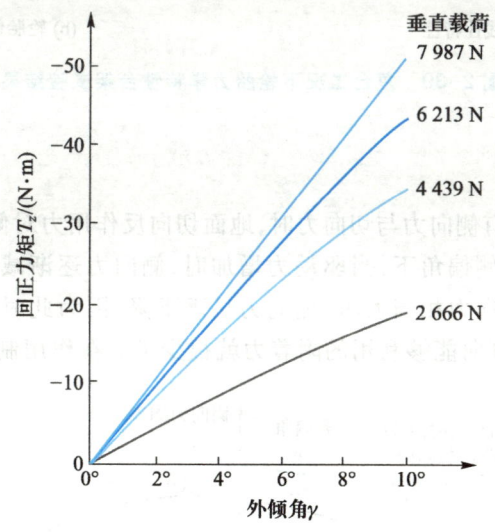

图 2-38 不同垂直载荷下回正力矩与外倾角关系曲线

2.8 轮胎复合工况力学特性

2.8.1 轮胎复合工况

汽车在行驶过程中，经常是同时处于转向、加速或制动的复合运动状态。对于智能汽车，更需要充分挖掘纵向、横向、垂向运动之间的耦合关系，将轮胎的潜力发挥到极致，因此，复合工况条件下的轮胎力学特性显得尤为重要。

图 2-39 展示了复合工况下轮胎力学特性台架试验结果。在试验过程中,通过向轮胎施加恒定的垂直载荷并启动滚板以恒定速度驱动轮胎,测出不同轮胎滑移率 s 与轮胎侧偏角 α 下的纵向力 F_x 与侧向力 F_y。试验结果表明,无论是轮胎纵向力还是侧向力,其与轮胎纵向滑移率及轮胎侧偏角之间都存在较强的非线性关系。

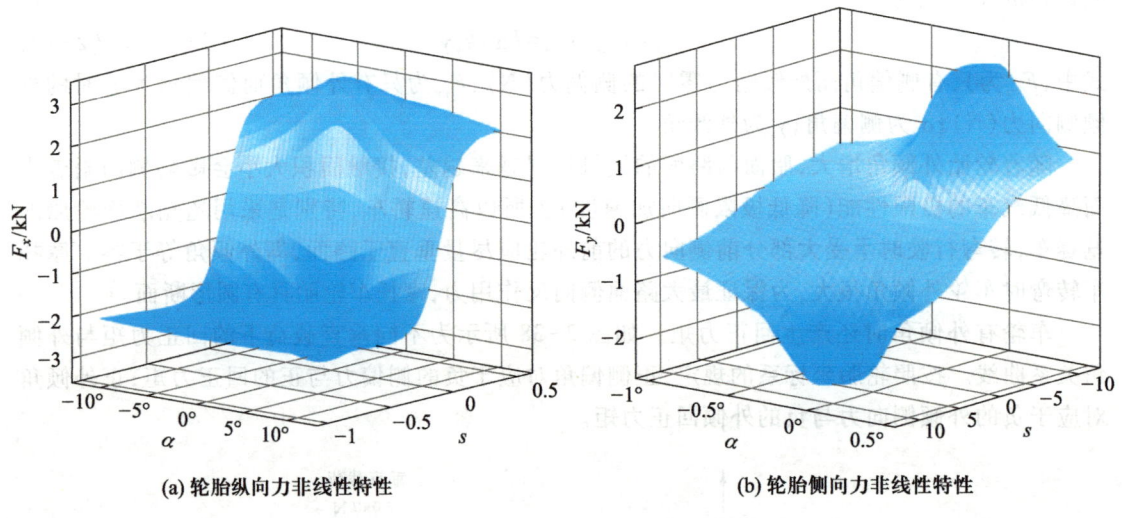

(a) 轮胎纵向力非线性特性　　(b) 轮胎侧向力非线性特性

图 2-39　复合工况下轮胎力学特性台架试验结果

2.8.2　轮胎摩擦圆

在轮胎上常同时作用有侧向力与切向力时,地面切向反作用力对侧偏特性的影响如图 2-40 所示,可以看出,在一定的侧偏角下,当驱动力增加时,侧向力逐渐减小,这是由于轮胎侧向弹性有所改变的关系。当切向力相当大时,侧向力显著下降,因为此时接近附着极限,切向力已耗去大部分附着力,因而侧向能够利用的附着力就很少了。在作用制动力时,侧向力也有相似

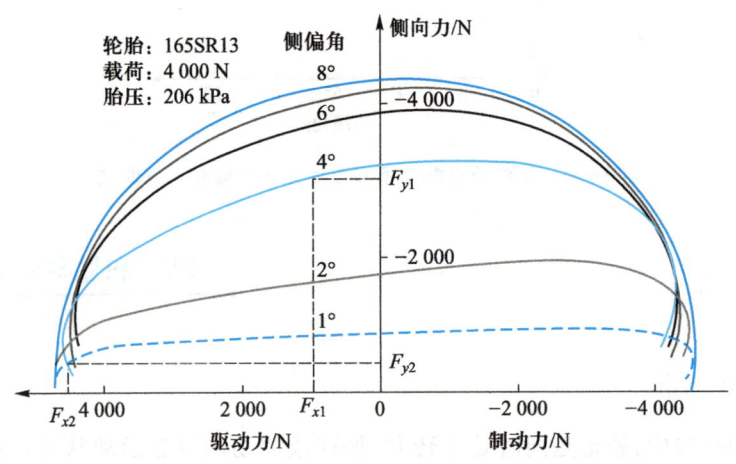

图 2-40　地面切向反作用力对侧偏特性的影响

的变化。由此图还可以看出,这组曲线的包络线接近椭圆,一般称之为"附着椭圆"或"摩擦圆"。这条线代表由库仑摩擦定律决定的接地面最大的摩擦力,为轮胎纵向载荷和摩擦系数的乘积,它确定了在一定附着条件下切向力与侧向力合力的极限值,复合力不可能超出该包络线。

如果将轮胎纵向力 F_x 和侧向力 F_y 用垂向力归一化,则包络线会近似形成一个圆(摩擦圆),如图 2-41 所示。在日常驾驶时,轮胎综合力矢量总是位于摩擦圆之内,轮胎并未达到其极限负荷能力。极限驾驶时,在单一方向,轮胎可以达到最大的侧向力或者纵向力,如果综合加载,则综合力矢量位于摩擦圆边缘之上,此时轮胎的单向负荷能力必然有所降低。

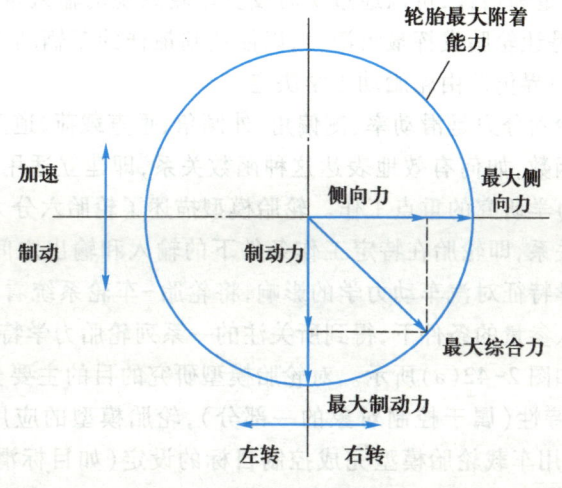

图 2-41 摩擦圆

在考虑纵-侧耦合的车辆动力学控制中,常用轮胎利用率来定量表征轮胎综合力矢量与摩擦圆的关系。轮胎利用率 σ_i 定义为

$$\sigma_i = \frac{F_{xi}^2 + F_{yi}^2}{\mu F_{zi}^2} \tag{2-20}$$

式中,F_{xi} 为前轴或后轴某个轮胎的纵向力;F_{yi} 为前轴或后轴某个轮胎的侧向力;μF_{zi} 乘积表示该轮胎的摩擦圆。

利用整车四个轮胎的利用率,可以表征车辆的纵-侧-垂耦合工况下的行驶稳定性为

$$J = \min \sum_{i=1}^{4} \sigma_i = \min \sum_{i=1}^{4} \frac{F_{xi}^2 + F_{yi}^2}{\mu F_{zi}^2} \tag{2-21}$$

车辆轮胎利用率越小,车辆仍可以利用的后备轮胎力越大,车辆的稳定性就越好。考虑前后轴载荷转移对车辆动态行驶的影响,实际控制中常在最小化轮胎利用率的控制目标中加入前后轴分配系数 η_i,当前轴系数超出后轴系数时,汽车的灵活性会有所提升;相反,当前轴系数低于后轴分配系数时,汽车的运动会变得更加平缓。因此,车辆的行驶稳定性可表示为

$$J = \min \sum_{i=1}^{4} \eta_i \sigma_i = \min \sum_{i=1}^{4} \eta_i \frac{F_{xi}^2 + F_{yi}^2}{\mu F_{zi}^2} \tag{2-22}$$

2.9 轮胎模型

2.9.1 轮胎模型的作用

轮胎显著影响车辆动力学的所有线性参数和峰值参数。通过驾驶员的转向、加速和制动操作，轮胎的侧偏角、纵向滑移率、外倾角和垂直载荷随之发生变化，从而引起轮胎侧向力、纵向力、回正力矩、翻转力矩、滚动半径等的变化，进而引起车辆运动状态的变化。底盘控制系统通过各种运动状态的测量和估计，可以通过实时改变车轮系统的输入量，进而实现轮胎力和力矩的变化，其根本目的是让轮胎发挥最大潜力，以便达到最佳的车辆动态性能。即使在智能驾驶时代，车辆的稳定性边界仍然由轮胎动力学决定。

视频 2-2
高性能轮胎关键测试

轮胎六分力是滑动率、侧偏角、外倾角、垂直载荷、道路摩擦系数和车辆运动速度的函数，如何有效地表达这种函数关系，即建立适用的轮胎数学模型，一直是轮胎力学研究的重点工作。轮胎模型描述了轮胎六分力与车轮运动参数之间的数学关系，即轮胎在特定工作条件下的输入和输出之间的关系。为了描述轮胎动力学特征对汽车动力学的影响，将轮胎-车轮系统看作是一个黑匣子，在一定的输入参量的条件下，得到所关注的一系列轮胎力学特性参数，轮胎模型的输入输出如图 2-42(a) 所示。对轮胎模型研究的目的主要分为两类：① 用于车辆建模，模拟真实的轮胎特性（属于控制对象的一部分），轮胎模型的应用如图 2-42(b) 所示；② 用于控制器设计，利用车载轮胎模型完成控制目标的设定（如目标滑移率、目标侧偏角）或者作为执行机构的约束限制（如附着椭圆约束）。对于第一类目的，希望轮胎模型尽可能精确，在此基础上进行轮胎动力学或者车辆动力学的研究；第二类目的，则要求更为苛刻，它既需要轮胎模型有较高的精度，还要求模型不能很复杂，要能够满足实时运算的要求。

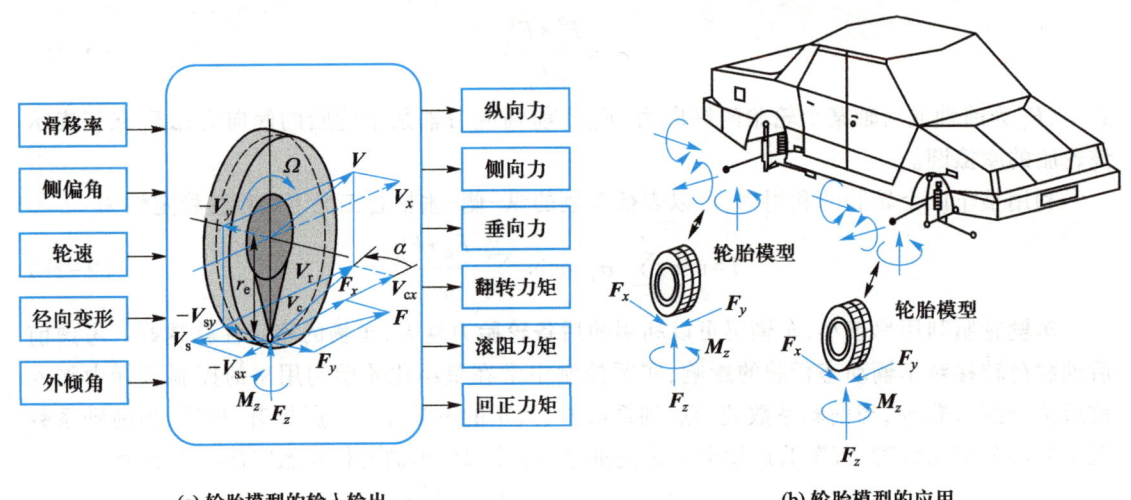

(a) 轮胎模型的输入输出　　(b) 轮胎模型的应用

图 2-42　轮胎模型

作为轮胎模型的典型代表,1989年帕采卡等人提出的魔术公式(magic formula,MF)属于半经验模型,郭孔辉院士提出的全工况统一轮胎模型(UniTire)属于半物理模型,均被广泛应用于汽车操纵稳定性研究。

2.9.2 魔术公式轮胎模型

1. 魔术公式基本形式

魔术公式是一种广泛应用于车辆动力学仿真和分析的半经验公式,它由荷兰学者帕采卡教授提出,用于描述轮胎在不同工况下的力学特性。魔术公式基本曲线如图2-43所示。其使用三角函数的组合公式拟合轮胎试验数据,用一套形式相同的公式就可以完整地表达轮胎的纵向力 F_x、侧向力 F_y、回正力矩 M_z、滚动阻力矩 M_y 以及纵向力 F_x 和侧向力 F_y 联合作用等工况,故称为"魔术公式",其基本形式为

$$\begin{cases} Y(x) = D\sin\{C\arctan[Bx-E(Bx-\arctan Bx)]\} \\ Y(X) = Y(x) + S_V \\ x = X + S_H \end{cases} \quad (2-23)$$

式中,$Y(X)$ 为侧向力、纵向力或回正力矩;X 为侧偏角 α 或纵向滑移率 κ;B 为刚度因子,$B=K/(CD)$,$K=\tan\theta$,其中,K 为轮胎侧偏或纵滑刚度,对应曲线原点处的斜率;C 为形状因子,表示魔术公式中正弦函数的自变量的范围,从而决定最终曲线的形状;D 为峰值因子,决定曲线峰值;E 为曲率因子,控制曲线峰值处的曲率;S_H 为水平偏移,表达曲线沿水平方向的平移量;S_V 为垂直偏移,表达曲线沿垂直方向的平移量。

图2-43显示了魔术公式基本曲线和各魔术公式参数的意义:

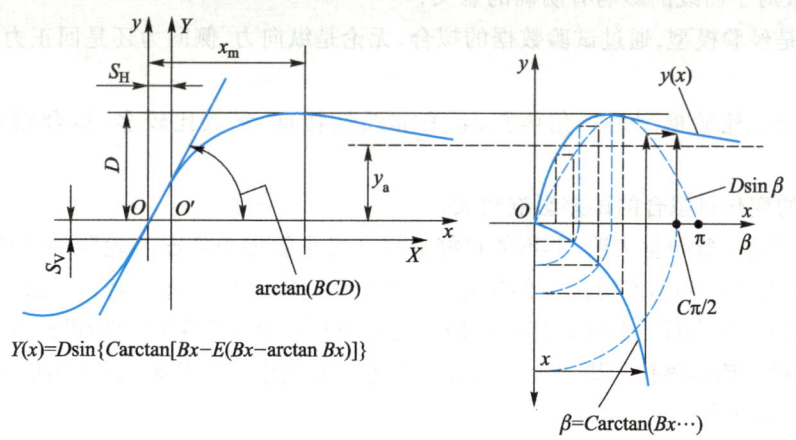

图2-43 魔术公式基本曲线

① 系数 D 代表了轮胎力(或转矩)的峰值;
② BCD 的乘积是原点处的斜率;
③ y_a 的值是在 x 较大的时候输出值 y 的接近值;
④ 形状因子 C 决定了式(2-23)中正弦函数的变化范围,因此它也决定了输出曲线的形状,可表示为

$$C = 2 - \frac{2}{\pi}\arcsin\left(\frac{y_a}{D}\right) \tag{2-24}$$

⑤ 因子 B 决定了原点的斜度,因此叫作刚度因子;

⑥ 变形量 S_H 和 S_V 是魔术公式的中心点相对于传统轮胎数据原点的位置。例如,对于侧向力来说,锥度效应及帘布层转向会产生 S_H 和 S_V 的数值;

⑦ E 被称为曲率因子。它不会改变刚度值(零点斜率或零点侧偏角)。E 也不改变峰值,但是 E 可以用来改变曲线形状,使它接近峰值曲线。E 还能决定在曲线峰值处(若有峰值)的滑移率 x_m 的值,即

$$E = \frac{Bx_m - \tan\left(\frac{\pi}{2C}\right)}{Bx_m - \arctan(Bx_m)} \tag{2-25}$$

⑧ 车轮外倾角可以在 F_y-α 曲线上产生相当大的变形。这种变形是伴随着原始曲线反对称图形的较大变化而产生的。为了适应这种不对称,曲率因子 E 决定于横坐标 x 的符号,可表示为

$$E = E_0 + \Delta E \, \text{sgn}(x) \tag{2-26}$$

⑨ 在大滑移率处的渐近值为

$$y_a = D\sin\left(\frac{\pi}{2}C\right) \tag{2-27}$$

轮胎魔术公式模型具有如下特点:

① 通过三角函数来建立轮胎模型,用一套形式相同的公式就可以完整地表达轮胎六分力,并且模型参数对于曲线的影响有明确的意义;

② 由于是经验模型,通过试验数据的拟合,无论是纵向力、侧向力还是回正力矩,其精度比较高;

③ 魔术公式轮胎模型是三角函数,具有非线性特点,参数比较多,拟合相对困难,计算量大;

④ C 值的变化对拟合的误差影响较大;

⑤ 一系列的试验数据表明,其不能很好地拟合极小侧偏角情况下轮胎的侧偏特性。由于轮胎在不同垂直载荷和附着情况下的轮胎力不同,因此需要对其进行修正。通过将轮胎外倾角等效为侧偏角,并进行轮胎动态特性的修正可以得到联合工况下的轮胎纵滑和侧偏值大小。归一化后的纵滑、侧偏值作为魔术公式基础曲线各向异性修正的基础,通过相似原理得到联合工况下的轮胎力输出。

按照实际的测试条件轮胎魔术公式可以分为以下两种工况:

① 纯滑移工况:自由滚动条件,轮胎侧偏运动或无侧偏情况下,轮胎驱动或制动;

② 联合滑移工况:侧偏和纵向滑移同时产生。

下面分别对两种工况下纵向力、侧向力、回正力矩的魔术公式轮胎模型进行介绍。

2. 纯滑移工况轮胎魔术公式

对于纯滑移工况,纵向力 F_x 是纵向滑移率 κ 的函数,侧向力 F_y 是侧偏角 α 的函数。两者公式形式相似,均是 sin-arctan 的组合。

无侧偏角下的纯滑移工况纵向力轮胎魔术公式为

$$\begin{cases} F_{x0} = D_x \sin\{C_x \arctan[B_x \kappa_x - E_x(B_x \kappa_x - \arctan B_x \kappa_x)]\} + S_{Vx} \\ \kappa_x = \kappa + S_{Hx} \end{cases} \quad (2\text{-}28)$$

同时满足下列系数公式

$$C_x = p_{Cx1} \quad (2\text{-}29)$$

$$D_x = \mu_x F_z \quad (2\text{-}30)$$

$$\mu_x = (p_{Dx1} + p_{Dx2} df_z)(1 - p_{Dx3}\gamma^2) \quad (2\text{-}31)$$

$$E_x = (p_{Ex1} + p_{Ex2} df_z + p_{Ex3} df_z^2)[1 - p_{Ex4}\text{sgn}(K_x)] \quad (2\text{-}32)$$

纵向滑移刚度

$$K_x = F_z(p_{Kx1} + p_{Kx2} df_z)\exp(p_{Kx3} df_z) \quad (2\text{-}33)$$

$$B_x = K_x/(C_x D_x) \quad (2\text{-}34)$$

$$S_{Hx} = p_{Hx1} + p_{Hx2} df_z \quad (2\text{-}35)$$

$$S_{Vx} = F_z(p_{Vx1} + p_{Vx2} df_z) \quad (2\text{-}36)$$

对于稳态 PAC2002 魔术公式,纯滑移工况的纵向力-滑移率关系曲线图如图 2-44 所示,纯滑移工况纵向力待辨识参数及其含义如表 2-4 所示。

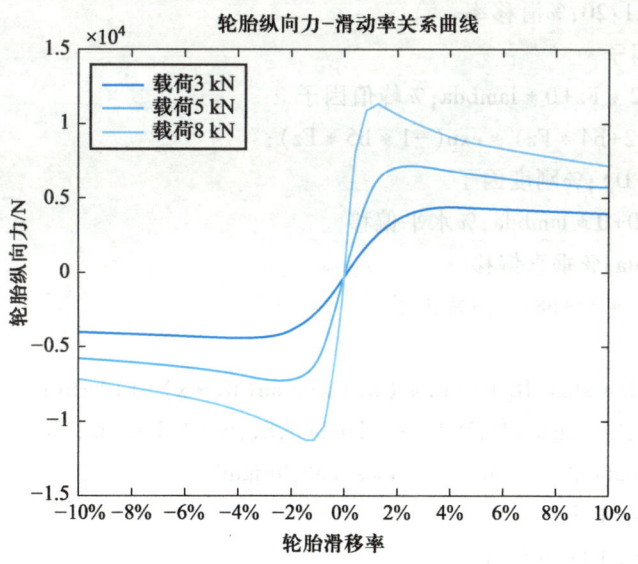

图 2-44 纯滑移工况的纵向力-滑移率关系曲线图

表 2-4 纯滑移工况纵向力待辨识参数

参数	参数含义	参数	参数含义
p_{Cx1}	纵向力形状因子	p_{Kx1}	标准载荷时纵向滑移刚度系数
p_{Dx1}	标准载荷下的纵向摩擦系数	p_{Kx2}	纵向滑移刚度系数随载荷变化的变量
p_{Dx2}	纵向摩擦系数随载荷变化的变量	p_{Kx3}	纵向滑移刚度系数随载荷的指数变量

续表

参数	参数含义	参数	参数含义
p_{Dx3}	纵向摩擦系数随外倾角变化的变量	p_{Hx1}	标准载荷时的水平偏移系数
p_{Ex1}	标准载荷下的纵向曲率	p_{Hx2}	水平偏移系数随载荷变化的变量
p_{Ex2}	纵向曲率随载荷变化的变量	p_{Vx1}	标准载荷时的垂直偏移系数
p_{Ex3}	纵向曲率随载荷平方变化的变量	p_{Vx2}	垂直偏移系数随载荷变化的变量
p_{Ex4}	驱动时的曲率因子		

例 2-2 利用 MATLAB 建立纯滑移工况下的纵向力轮胎魔术公式模型,绘制轮胎纵向力魔术公式曲线。

```
Fz = 1;%垂直载荷
b0 = 2.37272;b1 = -9.46000;b2 = 1490.00;b3 = 130.000;b4 = 276.000;
b5 = 0.08860;b6 = 0.00402;b7 = -0.06150;b8 = 1.20000;b9 = 0.02990;
b10 = -0.17600;%魔术公式系数
lambda = -20:0.1:20;%滑移率
C = b0;%形状因子
D = b1 * Fz^2+b2 * Fz+0 * lambda;%峰值因子
BCD = ( b3 * Fz^2+b4 * Fz) * exp( -1 * b5 * Fz) ;
B = BCD./(C. * D);%刚度因子
Sh = b9 * Fz+b10+0 * lambda;%水平偏移
Sv = 0+0 * lambda;%垂直偏移
E = b6 * Fz^2+b7 * Fz+b8;%曲率因子
x = lambda+Sh;
Fx = ( D. * sin( C. * atan( B. * x-E. * ( B. * x-atan( B. * x) ) ) ) )+Sv;
plot( lambda,Fx,'r-',lambda,D,'b--',lambda,Sv,'y * ',lambda,Sh,'g-.')
set( gca,'xaxislocation','origin','yaxislocation','origin')
xlabel('longitudinal slip(%)')
ylabel('longitudinal Force(N)'
title('longgitudinal Force Analysis')
legend('Fx(N)','D(N)','Sv','Sh')
```

纯滑移工况的侧向力轮胎魔术公式为

$$\begin{cases} F_{y0} = D_y \sin\{C_y \arctan[B_y\alpha_y - E_y(B_y\alpha_y - \arctan B_y\alpha_y)]\} + S_{V_y} \\ \alpha_y = \alpha + S_{Hy} \end{cases} \quad (2-37)$$

同时满足下列系数公式:

$$C_y = p_{Cy1} \quad (2-38)$$

$$D_y = \mu_y F_z \quad (2-39)$$

$$\mu_y = (p_{Dy1} + p_{Dy2} df_z)(1 - p_{Dy3} \gamma^2) \quad (2-40)$$

$$E_y = (p_{Ey1} + p_{Ey2} df_z)[1 - (p_{Ey3} + p_{Ey4} \gamma) \operatorname{sgn}(\alpha_y)] \quad (2-41)$$

侧偏刚度：

$$K_y = p_{Ky1} F_{z0} \sin\{2 \arctan[F_z / (p_{Ky2} F_{z0})]\}(1 - p_{Ky3} |\gamma|) \quad (2-42)$$

$$B_y = K_y / (C_y D_y) \quad (2-43)$$

$$S_{Hy} = p_{Hy1} + p_{Hy2} df_z + p_{Hy2} \gamma \quad (2-44)$$

$$S_{Vy} = F_z [p_{Vy1} + p_{Vy2} df_z + (p_{Vy3} + p_{Vy4} df_z) \gamma] \quad (2-45)$$

纯滑移工况的侧向力-侧偏角关系曲线图如图 2-45 所示，纯滑移工况侧向力待辨识参数及其含义如表 2-5 所示。

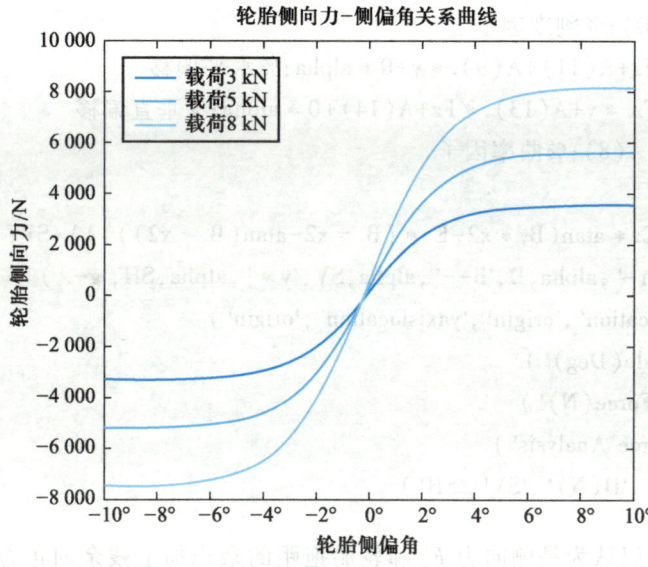

图 2-45　纯滑移工况的侧向力-侧偏角关系曲线图

表 2-5　纯滑移工况侧向力待辨识参数

参数	参数含义	参数	参数含义
p_{Cy1}	侧向力形状因子	p_{Ky2}	侧偏刚度系数达到最大值的载荷系数
p_{Dy1}	侧偏摩擦系数	p_{Ky3}	侧偏刚度系数随外倾角变化的变量
p_{Dy2}	摩擦系数随载荷变化的变量	p_{Hy1}	标准载荷时的水平偏移
p_{Dy3}	摩擦系数随外倾角平方变化的变量	p_{Hy2}	水平偏移随载荷变化的变量
p_{Ey1}	标准载荷下的侧偏曲率	p_{Hy3}	外倾角影响的水平偏移的变量
p_{Ey2}	侧偏曲率随载荷变化的变量	p_{Vy1}	标准载荷时的垂直偏移系数
p_{Ey3}	依赖侧偏角的侧偏曲率变量	p_{Vy2}	垂直偏移系数随载荷变化的变量
p_{Ey4}	侧偏曲率随外倾角变化的变量	p_{Vy3}	垂直偏移系数随外倾角变化的变量
p_{Ky1}	标准载荷下侧偏刚度系数的最大值	p_{Vy4}	垂直偏移系数随外倾角和载荷变化的变量

例 2-3 利用 MATLAB 建立纯滑移工况下的侧向力轮胎魔术公式模型,绘制轮胎侧向力魔术公式曲线。

```
Fz=1;%垂直载荷
y=0.05;%外倾角
A=[1.65000-34.0 1250.00 3036.00 12.80 0.00501-0.02103…
     0.77394 0.0022890 0.013442 0.003709 19.1656 1.21356 6.26206];%魔术公式系数
C=A(1);%形状因子
alpha=-8:0.1:8;%侧偏角
D=A(2).*Fz^2+A(3).*Fz+0*alpha;%峰值因子
BCD=A(4).*sin(2.*atan(Fz./A(5))).*(1-A(6).*abs(y));
B=BCD./(C*D);%刚度因子
SH=A(10).*Fz+A(11)+A(9).*y+0*alpha;%水平偏移
SV=A(12).*Fz.*y+A(13).*Fz+A(14)+0*alpha;%垂直偏移
E=A(7).*Fz+A(8);%曲率因子
x2=alpha+SH;
Fy=(D.*sin(C.*atan(B.*x2-E.*(B.*x2-atan(B.*x2)))))+SV;
plot(alpha,Fy,'r-',alpha,D,'b--',alpha,SV,'y*',alpha,SH,'g-.')
set(gca,'xaxislocation','origin','yaxislocation','origin')
xlabel('Slip Angle(Deg)')
ylabel('Lateral Force(N)')
title('Lateral Force Analysis')
legend('Fy(N)','D(N)','SV','SH')
```

回正力矩 M_z 可以认为是侧向力 F_y 和轮胎拖距的乘积加上残余回正力矩 M_{zr}。轮胎拖距和侧偏角是余弦函数关系,纯滑移工况的回正力矩轮胎魔术公式为

$$\begin{cases} t_0 = D_t \cos\{C_t \arctan[B_t \alpha_t - E_t(B_t \alpha_t - \arctan B_t \alpha_t)]\}\cos \alpha \\ \alpha_t = \alpha + S_{Ht} \\ M_z = -t_0 \cdot F_{y0} + M_{zr} \end{cases} \tag{2-46}$$

式中,t_0 为轮胎拖距,拖距曲线如图 2-46 所示;M_{zr} 为残余回正力矩,满足公式:

$$M_{zr} = D_r \cos[C_r \arctan(B_r \alpha_r)]\cos \alpha \tag{2-47}$$

其他系数满足公式:

$$\alpha_r = \alpha + S_{Hf} \tag{2-48}$$

$$B_t = (q_{Bz1} + q_{Bz2}df_z + q_{Bz3}df_z^2)(1 + q_{Bz4}\gamma + q_{Bz5}|\gamma|) \tag{2-49}$$

$$C_t = q_{Cz1} \tag{2-50}$$

$$D_t = F_z(R_0/F_{z0})(q_{Dz1} + q_{Dz2}df_z)(1 + q_{Dz3}\gamma + q_{Dz4}\gamma^2) \tag{2-51}$$

$$E_t = (q_{Ez1} + q_{Ez2}df_z + q_{Ez3}df_z^2)\left[1 + (q_{Ez4} + q_{Ez5}\gamma)\frac{2}{\pi}\arctan(B_t C_t \alpha_t)\right] \tag{2-52}$$

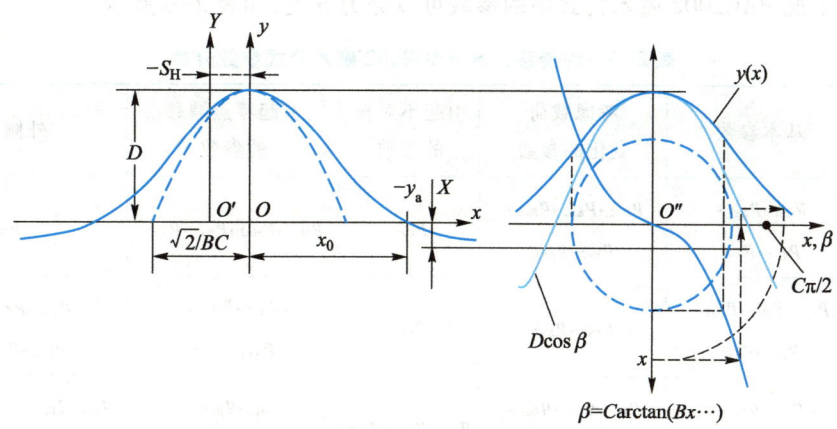

图 2-46 拖距曲线

$$S_{Ht} = q_{Hz1} + q_{Hz2}df_z + (q_{Hz3} + q_{Hz4}df_z)\gamma \tag{2-53}$$

$$B_r = q_{Bz9} + q_{Bz10}B_yC_y \tag{2-54}$$

$$C_r = 1 \tag{2-55}$$

$$D_r = F_z[q_{Dz6} + q_{Dz7}df_z + (q_{Dz8} + q_{Dz9}df_z)\gamma]R_0 \tag{2-56}$$

$$S_{Hf} = S_{Hy} + S_{Vy}/K_y \tag{2-57}$$

纯滑移工况的回正力矩-侧偏角关系曲线图如图 2-47 所示。

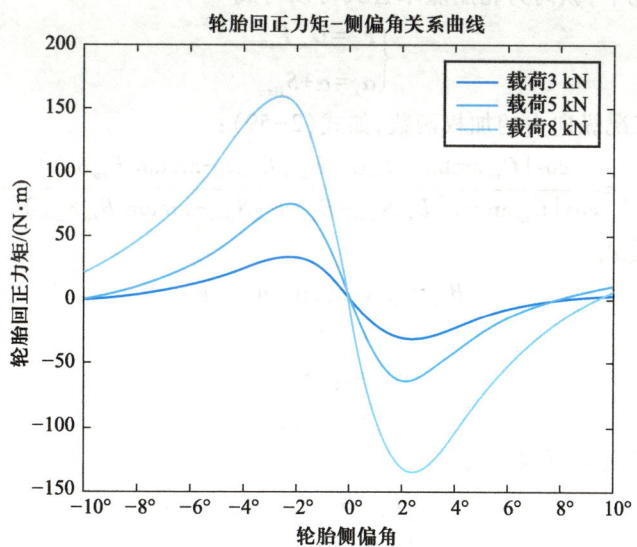

图 2-47 纯滑移工况的回正力矩-侧偏角关系曲线图

纯滑移工况PAC2002魔术公式中的参数可以分为五类,如表2-6所示。

表2-6 纯滑移工况PAC2002魔术公式参数分类

参数类型	基本参数	考虑载荷变化的参数	引起不对称的参数	引起零点漂移的参数	外倾参数
纵向力	$p_{Cx1}, p_{Dx1},$ p_{Ex1}, p_{Kx1}	$p_{Dx2}, p_{Ex2}, p_{Ex3},$ p_{Kx2}, p_{Kx3}	p_{Ex4}	$p_{Hx1}, p_{Hx2}, p_{Vx1}, p_{Vx2}$	p_{Dx3}
侧向力	$p_{Cy1}, p_{Dy1}, p_{Ey1},$ p_{Ky1}, p_{Ky2}	p_{Dy2}, p_{Ey2}	p_{Ey3}	$p_{Hy1}, p_{Hy2},$ p_{Vy1}, p_{Vy2}	$p_{Dy3}, p_{Ey4}, p_{Ky3},$ $p_{Hy3}, p_{Vy3}, p_{Vy4}$
回正力矩	$q_{Bz1}, q_{Cz1},$ q_{Dz1}, q_{Ez1}	$q_{Bz2}, q_{Bz3}, q_{Dz2},$ q_{Ez2}, q_{Ez3}	$q_{Ez4}, q_{Hz1}, q_{Hz2}$	$q_{Bz9}, q_{Bz10},$ q_{Dz6}, q_{Dz7}	$q_{Bz4}, q_{Bz5}, q_{Dz3}, q_{Dz4}, q_{Ez5},$ $q_{Hz3}, q_{Hz4}, q_{Dz8}, q_{Dz9}$

忽略掉一些对操纵稳定性影响很小的参数,如外倾参数、引起不对称的参数、引起零点漂移的参数和考虑载荷变化量的系数等,就可以使参数大大简化。

3. 联合滑移工况轮胎魔术公式

联合滑移工况下,相对纯滑移工况,由于纵向滑移,轮胎侧向力 F_y 会下降;由于侧偏滑移,轮胎纵向力 F_x 会下降。复合滑移工况的力和力矩可以由纯滑移工况下的力和力矩乘以加权函数得到,加权函数是具有余弦形式的魔术公式方程。

在联合滑移工况下,纵向力轮胎魔术公式可以写成

$$\begin{cases} F_x = G_{x\alpha} F_{x0} \\ \alpha_s = \alpha + S_{Hx\alpha} \end{cases} \quad (2\text{-}58)$$

式中,$G_{x\alpha}$ 为纯滑移工况纵向力的加权函数,如式(2-59):

$$G_{y\kappa} = \frac{\cos\{C_{x\alpha}\arctan[B_{x\alpha}\alpha_s - E_{x\alpha}(B_{x\alpha}\alpha_s - \arctan B_{x\alpha}\alpha_s)]\}}{\cos\{C_{x\alpha}\arctan[B_{x\alpha}S_{Hx\alpha} - E_{x\alpha}(B_{x\alpha}S_{Hx\alpha} - \arctan B_{x\alpha}S_{Hx\alpha})]\}} \quad (2\text{-}59)$$

其他系数满足公式

$$B_{x\alpha} = r_{Bx1}\cos(\arctan r_{Bx2}\kappa) \quad (2\text{-}60)$$

$$C_{x\alpha} = r_{Cx1} \quad (2\text{-}61)$$

$$E_{x\alpha} = r_{Ex1} + r_{Ex2}df_z \quad (2\text{-}62)$$

$$S_{Hx\alpha} = r_{Hx1} \quad (2\text{-}63)$$

侧向力轮胎魔术公式可以写成

$$\begin{cases} F_y = G_{y\kappa} F_{y0} + S_{Vy\kappa} \\ \kappa_s = \kappa + S_{Hy\kappa} \end{cases} \quad (2\text{-}64)$$

式中,$S_{Vy\kappa}$ 为纵向滑移导致的侧向力;$G_{y\kappa}$ 为纯滑移工况侧向力的加权函数,表达式为

$$G_{y\kappa} = \frac{\cos\{C_{y\kappa}\arctan[B_{y\kappa}\kappa_s - E_{y\kappa}(B_{y\kappa}\kappa_s - \arctan B_{y\kappa}\kappa_s)]\}}{\cos\{C_{y\kappa}\arctan[B_{y\kappa}S_{Hy\kappa} - E_{y\kappa}(B_{y\kappa}S_{Hy\kappa} - \arctan B_{y\kappa}S_{Hy\kappa})]\}} \quad (2\text{-}65)$$

其他系数满足公式

$$B_{y\kappa} = r_{By1}\cos\{\arctan[r_{By2}(\alpha - r_{By3})]\} \quad (2\text{-}66)$$

$$C_{y\kappa} = r_{Cy1} \tag{2-67}$$

$$E_{y\kappa} = r_{Ey1} + r_{Ey2}df_z \tag{2-68}$$

$$S_{Hy\kappa} = r_{Hy1} + r_{Hy2}df_z \tag{2-69}$$

$$D_{Vy\kappa} = \mu_y F_z (r_{Vy1} + r_{Vy2}df_z + r_{Vy3}\gamma)\cos(\arctan r_{Vy4}\alpha) \tag{2-70}$$

$$S_{Vy\kappa} = D_{Vy\kappa}\sin(r_{Vy5}\arctan r_{Vy6}\kappa) \tag{2-71}$$

回正力矩轮胎魔术公式为

$$\begin{cases} t = D_t\cos\{C_t\arctan[B_t\alpha_{teq} - E_t(B_t\alpha_{teq} - \arctan B_t\alpha_{teq})]\}\cos\alpha \\ M_z = -t \cdot F'_y + M_{zr} + sF_x \end{cases} \tag{2-72}$$

式中，t 为轮胎拖距；M_{zr} 为残余回正力矩，满足公式

$$M_{zr} = D_r\cos(C_r\arctan B_r\alpha_{req})\cos\alpha \tag{2-73}$$

其他参数满足公式

$$F'_y = F_y - S_{Vy\kappa} \tag{2-74}$$

$$s = R_0[s_{Sz1} + s_{Sz2}(F_y/F_{z0}) + (s_{Sz3} + s_{Sz4}df_z)\gamma] \tag{2-75}$$

$$\tan\alpha_{teq} = \sqrt{(\tan\alpha_t)^2 + \left(\frac{K_x}{K_y}\right)^2\kappa^2}\,\text{sgn}(\alpha_t) \tag{2-76}$$

$$\tan\alpha_{req} = \sqrt{(\tan\alpha_r)^2 + \left(\frac{K_x}{K_y}\right)^2\kappa^2}\,\text{sgn}(\alpha_r) \tag{2-77}$$

同样地，联合滑移工况 PAC2002 魔术公式中的参数分类如表 2-7 所示。

表2-7 联合滑移工况 PAC2002 魔术公式参数分类

参数类型	基本参数	考虑载荷变化的参数	引起不对称的参数	引起零点漂移的参数	外倾参数
纵向力	$r_{Bx1}, r_{Bx2}, r_{Cx1}, r_{Ey1}$	r_{Ex2}	r_{Hx1}		
侧向力	$r_{By1}, r_{By2}, r_{Cy1}, p_{Ey1}$	r_{Ey2}	$r_{By3}, r_{Hy1}, r_{Hy2}$	$r_{Vy1}, r_{Vy2}, r_{Vy4}, r_{Vy5}, r_{Vy6}$	r_{Vy3}
回正力矩			s_{Sz2}	s_{Sz1}	s_{Sz3}, s_{Sz4}

2.9.3 UniTire 轮胎模型

1. UniTire 轮胎模型坐标系与输入输出

UniTire 轮胎模型以理论模型为框架，采用无量纲的表达形式，除具有高精度的表达能力外，还具有良好的外推能力和预测能力。其采用的是轮胎印迹更新坐标系，如图 2-48 所示：其原点是轮胎接地印迹中心；x 轴为车轮平面与地平面的交线；y 轴为车轮旋转轴线在地平面上的投影；z 轴通过接地印迹中心并垂直于 x 轴 y 轴平面。y 轴正方向由轮胎滚动角速度按右手定则确定，z 轴向上为正方向，x 轴正方向符合右手坐标系。

该模型实际上是由一系列较复杂的以 E 指数为主体的数学表达式构成，它的输入包括表征轮胎运动状态的参数、路面状况、轮胎结构参数，它的输出为除垂向力外的六分力。

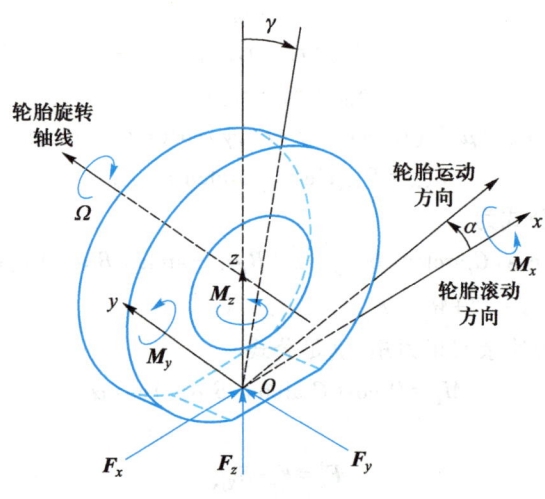

图 2-48 轮胎坐标系

UniTire 轮胎模型中的输入变量如下：

① S_x 表示轮胎在坐标系下的纵向滑移率，$S_x = -\dfrac{V_{sx}}{\Omega R_e}$，$V_{sx}$ 为印迹滑移速度在坐标系下的 x 方向分量，$V_{sx} = V_x - \Omega \cdot R_e$，$V_x$ 为印迹速度在 x 轴上的分量；

② α 表示轮胎在坐标系下的侧偏角，$\tan \alpha = \dfrac{V_{sy}}{V_x}$，$V_{sy}$ 为印迹滑移速度在坐标系下的 y 方向分量，也是印迹速度在 y 轴上的分量；

③ Ω 表示轮胎绕旋转轴线转动的角速度；

④ R_e 表示轮胎有效滚动半径，$\Omega \cdot R_e$ 即为印迹更新速度 V_r；

⑤ γ 表示轮胎侧倾角；

⑥ F_z 表示轮胎垂直载荷，为轮胎印迹处所受到的力在坐标系 z 方向的分量。

UniTire 轮胎模型中输出变量如下：

① F_x 表示轮胎印迹处所受到的力在坐标系 x 方向的分量；

② F_y 表示轮胎印迹处所受到的力在坐标系 y 方向的分量；

③ M_x 表示轮胎印迹处所受到的力矩在坐标系 x 方向的分量；

④ M_y 表示轮胎印迹处所受到的力矩在坐标系 y 方向的分量；

⑤ M_z 表示轮胎印迹处所受到的力矩在坐标系 z 方向的分量。

UniTire 轮胎模型可以分为稳态模型以及瞬态模型。其中，稳态 UniTire 轮胎模型按照不同工况，包括纯侧偏工况模型、纯纵滑工况模型以及侧偏纵滑工况模型。下面分别对上述模型进行介绍。

2. 稳态 UniTire 轮胎模型

(1) 纯侧偏工况模型

侧向力表达公式为

$$F_{zn} = \dfrac{F_z}{F_{z0}} \tag{2-78}$$

$$S_y = -\tan\alpha \tag{2-79}$$

$$V_r = \Omega R_e \quad V_{sy} = -S_y \cdot V_r \tag{2-80}$$

$$K_y = F_z \cdot (s_{11} + s_{12} \cdot F_{zn}) \cdot \text{sech}(s_{13} \cdot F_{zn}) \tag{2-81}$$

$$E_y = \frac{1}{2 + s_{21} \cdot \exp\left(-\dfrac{F_{zn}}{s_{22}}\right)} \tag{2-82}$$

$$\mu_{y0} = s_{31} - (s_{31} - s_{32}) \cdot [1 - \exp(-F_{zn}^2/s_{33})] \tag{2-83}$$

$$d\mu_y = s_{34} \cdot \mu_{y0} \tag{2-84}$$

$$\mu_y = \mu_{y0} - d\mu_y \cdot \left[1 - \text{sech}\left(\dfrac{V_{sy}}{s_{35}}\right)\right] \tag{2-85}$$

$$\phi_y = \frac{K_y \cdot S_y}{\mu_{y0} \cdot F_z} \tag{2-86}$$

$$\overline{F}_y = 1 - \exp[-|\phi_y| - E_y \cdot \phi_y^2 - (E_y^2 + 1/12) \cdot |\phi_y|^3] \tag{2-87}$$

$$F_y = \overline{F}_y \cdot \text{sgn}(\phi_y) \cdot \mu_y \cdot F_z \tag{2-88}$$

对于稳态 UniTire 轮胎模型,纯侧偏工况的侧向力表达式中参数及含义如表 2-8 所示。

表 2-8　稳态纯侧偏工况侧向力模型参数及含义

参数	参数含义	参数	参数含义
s_{11}	侧偏刚度与载荷关系曲线原点的斜率	s_{31}	载荷为零时静态摩擦系数
s_{12}	载荷对侧偏刚度影响的二次系数	s_{32}	大载荷时静态摩擦系数
s_{13}	侧偏刚度随载荷衰减的系数	s_{33}	载荷对静态摩擦的影响系数
s_{21}	载荷对曲率因子影响参数 1	s_{34}	静动摩擦差值与静摩擦系数比
s_{22}	载荷对曲率因子影响参数 2	s_{35}	动摩擦系数曲率

回正力矩表达公式为

$$D_{x0} = (m_{11} + m_{12} \cdot F_{zn} + m_{13} \cdot F_{zn}^2) \cdot R_0 \tag{2-89}$$

$$D_1 = m_{21} \cdot \exp\left(-\dfrac{F_{zn}}{m_{22}}\right) \tag{2-90}$$

$$D_2 = m_{31} \cdot \exp\left(-\dfrac{F_{zn}}{m_{32}}\right) \tag{2-91}$$

$$D_e = (m_{41} + m_{42} \cdot F_{zn} + m_{43} \cdot F_{zn}^2) \cdot R_0 \tag{2-92}$$

$$D_x = D_{x0} - (D_{x0} - D_e) \cdot [1 - \exp(-D_1 \cdot |\phi_y| - D_2 \cdot \phi_y^2)] \tag{2-93}$$

$$M_z = F_y \cdot D_x \tag{2-94}$$

对于稳态 UniTire 轮胎模型,纯侧偏工况的回正力矩表达式中参数及含义如表 2-9 所示。

表 2-9 稳态纯侧偏工况回正力矩模型参数及含义

参数	参数含义	参数	参数含义
m_{11}	初始回正力臂的常数项	m_{32}	二阶曲率因子影响参数 2
m_{12}	载荷对初始回正力臂影响的一次系数	m_{41}	终了回正力臂的常数项
m_{13}	载荷对初始回正力臂影响的二次系数	m_{42}	载荷对终了回正力臂影响的一次系数
m_{21}	一阶曲率因子影响参数 1	m_{43}	载荷对终了回正力臂影响的二次系数
m_{22}	一阶曲率因子影响参数 2	R_0	由轮胎型号决定的轮胎半径
m_{31}	二阶曲率因子影响参数 1		

（2）纯纵滑工况模型

纵向力表达公式为

$$V_{sx} = -S_x \cdot V_r \tag{2-95}$$

$$K_x = F_z \cdot (l_{11} + l_{12} \cdot F_{zn}) \cdot \mathrm{sech}(l_{13} \cdot F_{zn}) \tag{2-96}$$

$$E_x = \frac{1}{2 + l_{21} \cdot \exp\left(-\dfrac{F_{zn}}{l_{22}}\right)} \tag{2-97}$$

$$\mu_{x0} = l_{31} - (l_{31} - l_{32}) \cdot [1 - \exp(-F_{zn}^2 / l_{33})] \tag{2-98}$$

$$d\mu_x = l_{34} \cdot \mu_{x0} \tag{2-99}$$

$$\mu_x = \mu_{x0} - d\mu_x \cdot \left[1 - \mathrm{sech}\left(\frac{V_{sx}}{l_{35}}\right)\right] \tag{2-100}$$

$$\phi_x = \frac{K_x \cdot S_x}{\mu_{x0} \cdot F_z} \tag{2-101}$$

$$\overline{F}_x = 1 - \exp[-|\phi_x| - E_x \cdot \phi_x^2 - (E_x^2 + 1/12) \cdot |\phi_x|^3] \tag{2-102}$$

$$F_x = \overline{F}_x \cdot \mathrm{sgn}(\phi_x) \cdot \mu_x \cdot F_z \tag{2-103}$$

对于稳态 UniTire 轮胎模型，纯纵滑工况的纵向力模型参数及含义如表 2-10 所示。

表 2-10 稳态纯纵滑工况纵向力模型参数及含义

参数	参数含义	参数	参数含义
l_{11}	纵滑刚度与载荷关系曲线原点的斜率	l_{31}	载荷为零时静态摩擦系数
l_{12}	载荷对纵滑刚度影响的二次系数	l_{32}	大载荷时静态摩擦系数
l_{13}	纵滑刚度随载荷衰减的系数	l_{33}	载荷对静态摩擦的影响系数
l_{21}	载荷对曲率因子影响参数 1	l_{34}	静动摩擦差值与静摩擦系数比
l_{22}	载荷对曲率因子影响参数 2	l_{35}	动摩擦系数曲率

（3）侧偏纵滑工况模型

侧向力和纵向力表达公式为

$$V_s = \sqrt{V_{sx}^2 + V_{sy}^2} \tag{2-104}$$

$$\mu_y = \mu_{y0} - d\mu_y \cdot \left[1 - \text{sech}\left(\frac{V_s}{s_{35}}\right)\right] \tag{2-105}$$

$$\mu_x = \mu_{x0} - d\mu_x \cdot \left[1 - \text{sech}\left(\frac{V_s}{l_{35}}\right)\right] \tag{2-106}$$

$$S_y = -\tan\alpha \cdot (1 - S_x) \tag{2-107}$$

$$\phi_y = \frac{K_y \cdot S_y}{\mu_{y0} \cdot F_z} \tag{2-108}$$

$$\phi = \sqrt{\phi_x^2 + \phi_y^2} \tag{2-109}$$

$$E = \sqrt{\left(\frac{\phi_x}{\phi} \cdot E_x\right)^2 + \left(\frac{\phi_y}{\phi} \cdot E_y\right)^2} \tag{2-110}$$

$$\overline{F} = 1 - \exp\left[-\phi - E \cdot \phi^2 - (E^2 + 1/12) \cdot \phi^3\right] \tag{2-111}$$

$$F_x = \overline{F} \cdot \frac{\phi_x}{\phi} \cdot \mu_x \cdot F_z \tag{2-112}$$

$$F_y = \overline{F} \cdot \frac{\phi_y}{\phi} \cdot \mu_y \cdot F_z \tag{2-113}$$

回正力矩表达公式为

$$D_x = D_{x0} - (D_{x0} - D_e) \cdot \left[1 - \exp(-D_1 \cdot \phi - D_2 \cdot \phi^2)\right] \tag{2-114}$$

$$M_z = F_y \cdot D_x + F_x \cdot F_y \cdot \left(\frac{1}{K_{cx}} - \frac{1}{K_{cy}}\right) \tag{2-115}$$

对于稳态 UniTire 轮胎模型,侧偏纵滑工况的回正力矩表达式中参数及含义如表 2-11 所示。

表 2-11 稳态侧偏纵滑工况回正力矩模型参数及含义

参数	参数含义	参数	参数含义
K_{cx}	胎体纵向平移刚度	K_{cy}	胎体侧向平移刚度

3. 瞬态 UniTire 轮胎模型

顾及轮胎实际物理结构,瞬态 UniTire 轮胎模型建立时将轮胎考虑为串联的胎体和胎面两部分,胎面部分用胎面模型描述,胎体部分用胎体模型描述,如图 2-49 所示。

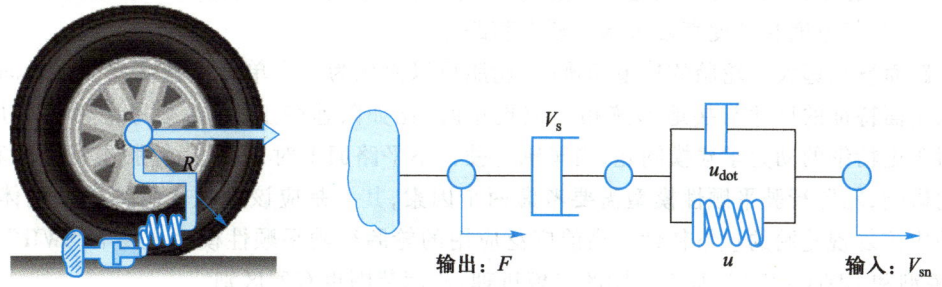

图 2-49 考虑物理结构的瞬态 UniTire 轮胎模型

胎面模型反映胎面与路面之间相互作用的特性，在低频瞬态建模时，可用轮胎稳态模型代替胎面模型，由此可以通过有效滑移率代入稳态模型求解轮胎瞬态特性。胎面模型描述了轮胎力与滑移率的关系，而滑移率又可表示为滑移速度的函数，因此轮胎力与滑移速度间的关系用阻尼器来等价，该线性阻尼器称为胎面阻尼器。

胎体模型描述胎体在轮胎力作用下的变形特性。本文对胎体的建模是将胎体考虑为两向拉压弹簧，表示胎体的侧向及纵向平移变形特性，同时考虑胎体阻尼的作用。

有效纵向滑移率计算：

根据上述轮胎瞬态模型的物理描述，列出如下方程：

$$u \cdot K_c + \tau \cdot K_c \cdot \dot{u} = C \cdot V_s \tag{2-116}$$

式中，K_c 代表胎体刚度，$\tau \cdot K_c$ 代表胎体阻尼，$C = K_e/V_r$ 代表胎面阻尼，K_e 是胎面模型 F-S 曲线上原点与当前工作点连线的斜率。令松弛长度 $l = K_e/K_c$，则有效纵向滑移率为

$$S = \frac{u + \tau \cdot \dot{u}}{l} \tag{2-117}$$

将有效纵向滑移率 S 代入胎面模型 F-S 中就可求得轮胎瞬态力及力矩。

为求解微分方程式(2-116)，将 $V_s = V_{sn} - \dot{u}$ 代入，V_{sn} 为输入的名义滑移速度，可得

$$\dot{u} = \frac{l \cdot V_{sn} - V_r \cdot u}{V_r \cdot \tau + l} \tag{2-118}$$

当轮胎滚动速度为零时，根据式(2-118)仍可计算得到 $\dot{u}$，进而计算有效滑移率进行模型求解，从而解决"速度为零导致名义滑移率无穷大求解困难"的问题，实现高速与低速瞬态模型的统一表达。

此外，因模型中考虑了实际存在的胎体阻尼，在车轮自由度动力学求解时就不至于出现无阻尼自由振荡问题，与实际情况更加符合。而对这个问题的处理，魔术公式模型采用了添加伪阻尼的方法，与实际情况有差别。

2.9.4 平顺性轮胎模型

与轮胎相关的行驶平顺性和振动噪声与路面激励和轮胎的结构设计相关。子午线轮胎里的带束层由钢丝组成，刚度很高，与刚度较低的橡胶胎体结合，成为一个复杂的柔性振动系统。建立用于整车平顺性仿真的轮胎模型需要考虑以下三个方面：① 当车辆行驶在高频不平路面上时，轮胎的模态频率会被激励起来，直接影响整车的振动和路噪响应；② 在较大路面凸起输入下，轮胎的包络特性直接改变轮胎传递给悬架的输入力；③ 胎面橡胶对小幅路面输入有一定的过滤作用，其厚度和刚度直接影响平顺性和路噪。

当路面波长远大于轮胎的接地印迹时，轮胎可以简化为一个单点接触模型提供垂向刚度。但如果路面特征的尺寸与接地印迹相当或更小时，比如限速带上，则必须考虑带束的局部刚度。对于更精细的动力学建模问题，当车辆行驶在不平路面上时，应考虑轮胎本身柔性和动态特性的影响，轮胎行驶平顺性模型需要考虑两个因素，其一是应该复现轮胎的一阶刚体模态，其二是应该复现轮胎的包络特性。当前广泛应用的轮胎行驶平顺性模型主要有 SWIFT 模型、FTire 模型和 CDTire 模型，基于不同的建模机理，应用范围也有所区别。

2.10 智能轮胎

智能轮胎是随着信息技术、智能技术和电子技术的进步而出现的。智能轮胎能够通过安装在轮胎内部的传感器或汽车本身的其他传感器进行轮胎压力、温度、摩擦、振动等状态的测量或估计。根据测量或估计获得的轮胎状态信息,它能够对轮胎的安全状态和汽车的安全性能做出智能判断,对轮胎的异常状态进行预警与主动控制。另外,智能轮胎还可以为汽车主动控制系统、汽车辅助及智能驾驶系统等提供必要的轮胎状态信息,提高控制系统的智能性,从而改善汽车的安全性、环保性、经济性和舒适性。

2.10.1 智能轮胎的功能

智能轮胎是能够收集与传输有关自身及所处环境的信息,并对这些信息做出正确判断和处理的轮胎。轮胎自身信息包括轮胎压力、温度、摩擦、振动、磨损和老化等状态信息和自身的身份信息,以及路面状况和车速等轮胎所处环境信息。

目前的智能轮胎主要进行轮胎压力、温度、摩擦状态的监测和自身身份信息的监测。根据监测的信息进行轮胎状态的诊断与处理,可以实现的功能主要包括轮胎压力监测、轮胎温度监测、轮胎摩擦监测、轮胎爆胎预警与控制、轮胎状态自动调节、轮胎历程可追溯性记录等。

智能轮胎最基本的组成部分是轮胎压力监测系统(tire pressure monitoring system, TPMS)。一般通过安装在轮胎内部的压力传感器进行轮胎压力的监测,测量信息通过无线方式发射到车内接收器,车内接收器进行轮胎压力状态信息的接收和处理,在压力异常时进行及时的报警和显示。另外,轮胎的压力变化也可以根据汽车轮速的变化估计得到,但是估计精度不高。

轮胎温度监测功能是通过安装在轮胎内部的温度传感器进行轮胎温度监测,然后将监测的信息发送到车内接收器,由接收器进行处理。轮胎的温度和压力相互影响,因此,轮胎温度的监测功能可以用于轮胎压力监测信息的校正,从而提高轮胎压力状态判断的准确性和可靠性。

轮胎摩擦状态的监测功能是通过安装在轮胎内的加速度传感器,或测量胎面形变的传感器,进行轮胎形变的测量,从而估算轮胎的摩擦特性。轮胎的摩擦特性可以用于进行路面状况的判断,也可以用于轮胎摩擦力的估计,为汽车主动控制系统提供必要的轮胎和路面状态信息,提高汽车主动控制系统的控制性能。

轮胎爆胎预警与控制功能是基于 TPMS 的功能扩展,由于 TPMS 只能对爆胎进行预警,而不能对爆胎进行主动的处理,无法从根本上避免爆胎事故的危险。轮胎爆胎预警与控制可以根据 TPMS 监测的轮胎压力变化,进行爆胎预警,并且在爆胎发生后,自动执行制动和转向操作,提高汽车爆胎时的行驶稳定性,避免爆胎引起交通事故的危险。

轮胎状态自动调节功能是根据智能轮胎监测的轮胎压力、温度和摩擦状态变化,自动进行轮胎压力和车速的调节,提高轮胎的舒适性和安全性。轮胎中央充放气系统是实现轮胎状态自动调节功能的典型例子,它根据监测的轮胎压力变化和路面状况的变化,通过车载气泵和控制阀进行自动充放气。当轮胎漏气或压力不足时,通过气泵为轮胎充气;当路面湿滑或松软时,轮胎压力过高,可通过放气控制阀进行轮胎放气,增加轮胎与路面间的摩擦系数,提高汽车的通过性和安全性。

历程可追溯性记录是通过轮胎生产过程嵌入在轮胎胎面内的 RFID(radio frequency identification)芯片实现的。RFID 记录轮胎在制造、出厂、使用和报废全过程中的每一个阶段的所有资料信息,包括轮胎的身份信息(轮胎品牌、生产序列号、DOT 代码、生产厂地址和生产日期)、轮胎的户籍信息(汽车号码和轮辋号码)、轮胎的使用资料(历次出车时轮胎的温度、充气压力、速度、受力、变形等数据以及历次翻新、修补情况)、轮胎报废资料(报废原因和报废日期)等。

2.10.2 智能轮胎结构

智能轮胎主要由轮胎模块与车内中央模块组成,轮胎模块由安装在轮胎内的传感器、处理器和无线发射器组成,车内中央模块由车内的无线接收器、处理器与显示装置组成。轮胎模块的传感器测量轮胎的压力和温度等状态信息,测量信息经过处理器处理之后,通过无线发射器发射出来。车内中央模块的无线接收器接收四个轮胎模块发送的信息,处理器对获得的信息进行判断处理之后,通过显示装置显示必要的信息,在轮胎状态异常时发出报警信号,提醒驾驶员及时进行处理。

2.10.3 智能轮胎关键技术

目前针对智能轮胎的研究总体处于起步阶段,根据当前技术总体发展情况以及未来的发展趋势,关键技术体现在以下几个方面:

(1) 轮胎材料技术和制造技术

智能轮胎需要在轮胎内安装传感器和芯片,但是,轮胎成型温度为 140 ℃~160 ℃,压力为 215~300 MPa,这样的高温和高压环境极易造成传感器和芯片的性能下降和损坏,难以适应智能轮胎对传感器和芯片安装技术的要求。需要采用新型的轮胎材料,减小传感器和芯片安装对轮胎整体刚度和弹性的影响。应采用新的制造技术和制造工艺,减小高温高压对传感器和芯片的影响,延长传感器和芯片的使用寿命。

(2) 传感器的胎面嵌入技术

轮胎的状态可以通过胎体的变形来反映,胎体的变形可以通过直接嵌入在胎面内的传感器进行测量获得。目前传感器的安装方式以气门嘴安装方式和轮辋固定的安装方式为主,随着智能轮胎和传感器技术的进步,胎面嵌入必将成为主流安装方式。传感器嵌入安装在胎面内可以获得更多的轮胎状态信息,并且可以更准确地获取轮胎状态的实时变化情况。

(3) 无源轮胎传感器技术

目前轮胎的压力、温度和加速度都可以采用有源集成 MEMS 传感器进行测量获得,但是,有源传感器采用电池供电,电池的寿命限制了传感器的使用寿命,电池的体积和重量比较大,增加了轮胎旋转的动态负载,成为汽车高速行驶的安全隐患。需要采用先进的传感器设计、制造和封装技术,减小传感器的体积,提高传感器的测量精度和抗干扰能力。

(4) 传感器集成技术

智能轮胎需要监测的状态信息比较多,随着集成电路技术的发展,对于轮胎的压力、温度、加速度、振动等多种状态信息的采集,可将各种信息处理模块集成在一起,利用一块传感器芯片实现多种轮胎状态信息的测量、分析和处理功能。

(5) 无线传感器抗干扰技术

无线传感器安装在轮胎内,传感器需要长期工作在高温、旋转、振动、潮湿、电磁干扰较多的恶劣环境下,自身的不同轮胎和不同汽车的轮胎之间的传感器存在相互干扰,车内接收部分也容易受到车内其他电子系统的电磁干扰,因此,需要根据轮胎传感器的具体特点和汽车的工作条件进行电路的电磁兼容设计和天线的优化设计,进行无线信号传输路径的电磁场分析,优化信号传输的路径,通过信号编码和加密技术进行测量数据信息的处理,提高传感器采集信息传输的准确性和可靠性。

(6) 微型低成本传感器技术

轮胎为汽车的动态旋转部件,如果传感器的体积和重量较大,不但安装和固定困难,而且增加了动态旋转负载,容易破坏轮胎的动平衡,因此,智能轮胎传感器将逐渐向微型化方向发展,不断减小传感器的体积,降低传感器的重量。同时,轮胎的成本逐渐降低,这就需要传感器的成本也越来越低。

2.10.4 智能轮胎与智能汽车的关系

智能汽车主要面向道路交通标志和道路障碍物环境信息的采集,并基于采集信息进行驾驶决策和控制。智能轮胎是通过传感器获取轮胎和路面状况信息,然后基于获取的信息进行诊断和决策,辅助驾驶员进行汽车的制动和转向操作,因此,智能轮胎和智能汽车之间存在紧密的联系,主要表现在以下几个方面:

① 智能轮胎与智能汽车研究目标一致,都是为了提高汽车的安全性、经济性、环保性和舒适性。智能汽车通过汽车上安装的各种传感器获取的信息进行判断和决策,辅助驾驶员进行汽车的驾驶,避免驾驶员的错误操作,提高汽车驾驶的安全性,优化动力系统的控制,提高汽车的经济性和环保性,优化驱动、制动和悬架系统的控制,提高汽车驾驶的舒适性。智能轮胎通过轮胎上安装的传感器和汽车的其他传感器获取轮胎和周围环境的信息,然后基于获取的信息进行智能判断和决策,在爆胎或漏气等紧急情况下,代替驾驶员进行汽车的制动和转向操作,提高汽车的安全性;在轮胎压力偏离标准压力时,进行自动充/放气控制,减小轮胎的滚动阻力,提高汽车的经济性和环保性;根据路面状况变化,调节轮胎充气压力,提高汽车驾驶的舒适性。

② 智能轮胎与智能汽车实现的方法一致,都是通过传感器获取外界信息,根据获取的信息进行智能判断与决策,辅助驾驶员进行汽车的操纵。智能汽车通过安装在车上的传感器获取道路和周围环境的信息,根据汽车所处环境信息对汽车可以执行的加速、制动或转向操作进行决策,根据决策结果辅助驾驶员进行汽车的操纵,整个过程包括传感、决策和控制三个部分。智能轮胎通过传感器获取轮胎和道路状态信息,根据获取的信息对轮胎的安全状态和道路情况进行判断,在判断的基础上进行正常情况下的显示、异常情况下的报警和紧急情况下的自动控制,辅助驾驶员进行汽车的操纵,整个过程也包括传感、决策和控制三个完整的部分。

③ 智能轮胎为智能汽车功能的实现提供保障。轮胎具有支承整车重量、缓和路面冲击、传递驱动力、制动力和转向力的作用,当轮胎漏气或爆胎时,轮胎不能正常发挥作用。如果智能汽车不能及时了解这些异常情况,仍然按照正常轮胎实施驾驶操作,智能汽车的驾驶将无法保障智能汽车的辅助驾驶功能。智能轮胎可以在轮胎出现异常情况时及时进行处理,避免爆胎

事故的发生,另外,智能轮胎能够自动进行轮胎压力的调节,更好地发挥轮胎的功能,因此,智能轮胎为智能汽车功能的实现提供了保障。

④ 智能汽车和智能轮胎可以相互提供信息,实现信息共享,促进智能化水平的共同提高。智能专车可以获取道路、车间距、车与障碍物距离等信息,这些信息可以为智能轮胎进行智能决策提供更多的依据,提高智能轮胎的智能化水平。例如,在爆胎后,根据道路弯道信息、车间距、车与障碍物之间的距离,进行制动和转向操作过程的优化决策,避免爆胎后碰撞事故的发生。智能轮胎可以获取轮胎压力、温度、摩擦、振动等信息,这些信息可以为智能汽车进行辅助驾驶操纵决策提供更多的依据,提高智能汽车的智能化水平。例如,根据智能轮胎提供的路面状况信息,智能汽车可以进行驱动力和制动力的智能调节,优化汽车驱动过程和制动过程,提高智能汽车对路面状况和轮胎状况变化的自适应性。

思考与练习

一、选择题

1. 关于轮胎和轮辋的描述,下列哪个是正确的?(　　)
   A. 轮辋主要用于支撑轮胎并保持其形状
   B. 轮胎的主要作用是通过摩擦传递动力
   C. 轮辋和轮胎在使用过程中无相互作用
   D. 轮胎的压力不会影响其使用性能

2. 在测量轮胎半径时,哪种半径考虑了轮胎在车辆负载下的变形?(　　)
   A. 自由半径　　　　B. 动态半径　　　　C. 静态半径　　　　D. 滚动半径

3. 影响轮胎滚动阻力的主要因素是什么?(　　)
   A. 轮胎气压　　　　B. 路面温度　　　　C. 车辆速度　　　　D. 轮胎花纹设计

4. 关于轮胎垂向力特性,下列描述错误的是(　　)。
   A. 垂向力随着轮胎载荷的增加而增加
   B. 垂向力的变化对轮胎接地面积影响不大
   C. 轮胎的垂向刚度与轮胎材料和结构有关
   D. 垂向力对轮胎的舒适性和操纵性都有影响

5. 复合工况下轮胎的力特性考虑了哪些因素的共同作用?(　　)
   A. 纵向力和垂向力　　　　　　　　B. 垂向力和侧向力
   C. 纵向力和侧向力　　　　　　　　D. 纵向力、侧向力和垂向力

6. 智能轮胎的主要作用是什么?(　　)
   A. 增加轮胎的使用寿命　　　　　　B. 提高轮胎的滚动阻力
   C. 实时监测轮胎状态　　　　　　　D. 减少轮胎的制造成本

二、填空题

1. 轮胎的主要组成部分包括胎面、胎体和_____。
2. SAE 标准轮胎运动坐标系规定的轮胎六分力分别为纵向力、侧向力、_____、_____、_____和_____。

3. 车轮有法向负载时,车轮中心至地面的距离,称为车轮的_____。

4. 胎体变形所引起的轮胎材料_____是造成轮胎滚动阻力的主要原因。

5. 路面附着系数的数值主要取决于_____、_____、_____(任选三项)等因素。

6. 作为轮胎模型的典型代表,1989年,帕采卡等人提出的魔术公式(magic formula,MF)属于_____,郭孔辉院士提出的全工况统一轮胎模型(UniTire)属于_____。

三、判断题

1. 轮胎的自由半径是指未安装在车辆上的轮胎半径。(   )
2. 轮胎滚动阻力与轮胎的花纹深度无关。(   )
3. 轮胎的纵向力与车辆的制动和加速性能直接相关。(   )
4. 轮胎的垂向力特性在不同载荷下是线性变化的。(   )
5. 复合工况下的轮胎力特性可以通过线性叠加各单独工况的力特性来计算。(   )
6. 智能轮胎可以实时监测轮胎的温度、压力和磨损状态。(   )

四、简答题

1. 影响轮胎滚动阻力的主要因素有哪些?
2. 简述轮胎的垂向力特性对车辆性能的影响。
3. 轮胎的纵向力特性在什么情况下最为明显?请举例说明。
4. 复合工况下,轮胎力特性如何影响汽车的操纵性和稳定性?
5. 常用的轮胎模型有哪些?它们各自的特点是什么?
6. 智能轮胎的优势有哪些?它如何提升汽车安全性?

五、综合应用题

1. 轮胎滚动阻力测试方案设计:

请设计一个实验方案来测试不同胎压对轮胎滚动阻力的影响,要求包括实验步骤、设备要求和数据分析方法。

2. 轮胎模型在车辆动力学仿真中的应用:

假设你需要在汽车仿真模型中应用一个轮胎模型来模拟车辆在不同路况下的性能,请选择一个轮胎模型并说明其选择理由,详细描述其应用步骤和预期效果。

3. 智能轮胎在自动驾驶汽车中的应用研究:

讨论智能轮胎在自动驾驶汽车中的应用场景,并设计一个实验来评估智能轮胎对自动驾驶安全性的提升。包括实验目的、实验设计、数据收集和分析方法。

参考文献

第2章参考文献

第 3 章 汽车功率和能量需求

汽车功率和能量需求是衡量车辆性能的核心指标之一,不仅关乎着汽车能否快速、稳定地行驶在各种路况下,更直接影响着汽车的燃油经济性、排放控制以及驾驶体验等。汽车在运行过程中,需要克服多种阻力才能保持持续的运动状态,深入了解这些阻力的产生机理和影响因素,对于优化汽车设计、提高汽车性能具有重要意义。通过精确的阻力计算和分析,可以更加准确地预测汽车在不同工况下的动力需求和燃油消耗,从而为汽车设计和性能优化提供科学依据。此外,汽车功率平衡与驱动极限也是评估汽车性能的重要方面。功率平衡是指汽车发动机输出的功率与汽车行驶过程中所需功率之间的平衡关系,实现功率平衡的优化是提升汽车性能的关键。了解汽车的驱动极限有助于我们更全面地了解汽车的性能特点,并为驾驶者提供更加准确的驾驶指导。

本章将深入探讨汽车在不同行驶条件下所面临的各类阻力,包括空气阻力、坡度阻力和加速阻力,并基于这些阻力计算汽车的总阻力。进一步地,将分析汽车功率平衡的原理,并探讨驱动极限,以揭示汽车动力性能的本质。

> 本章结束时,学生应该具备如下能力:
> 1. 掌握汽车在不同行驶条件下所面临的各类阻力,以及其产生原理和影响因素。
> 2. 掌握计算汽车总阻力的方法。
> 3. 理解汽车功率平衡的概念,即动力源输出功率与汽车行驶所需功率之间的平衡关系。
> 4. 掌握如何通过调整汽车设计和动力系统参数优化功率平衡。
> 5. 掌握汽车驱动极限的概念,了解如何评估汽车的最高速度和最大加速度。

3.1 空气阻力

车辆行驶时受到的空气作用力在行驶方向上的分力称为空气阻力,分为外部阻力和内部阻力两部分,如图 3-1 所示。

外部阻力包括压力阻力、摩擦阻力和诱导阻力,在汽车空气阻力中占主要地位;内部阻力是指发动机冷却系、车辆空调、车身通风、车辆其他部件冷却等所需空气流经车体内部时构成的阻力,也称内循环阻力。传统燃油轿车的内部阻力约占空气阻力的 12%,纯电动汽车占比更低,这是因为纯电动汽车相对传统燃油汽车产热少,无须中网格栅散热,封闭中网格栅可以减小内部阻力。

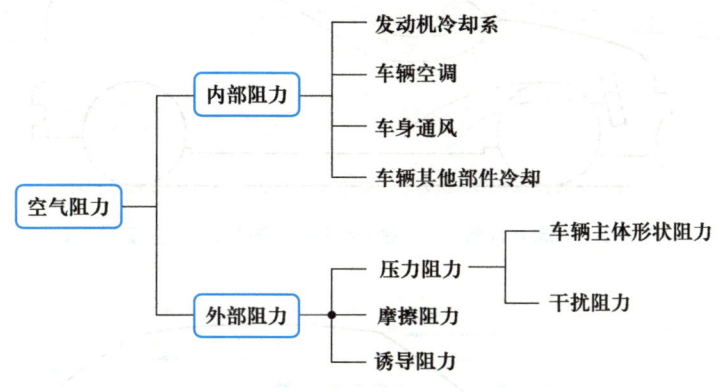

图 3-1 空气阻力分类

在外部阻力中,作用在车辆外形表面上的法向压力的合力在行驶方向的分力,称为压力阻力,如图 3-2 所示。普通轿车的压力阻力约占总空气阻力的 72%,分为车辆主体形状阻力和干扰阻力两部分,形状阻力是车身主体形状形成的阻力,干扰阻力是车身表面凸起物(如后视镜、门把手、驱动轴等)引起的阻力。

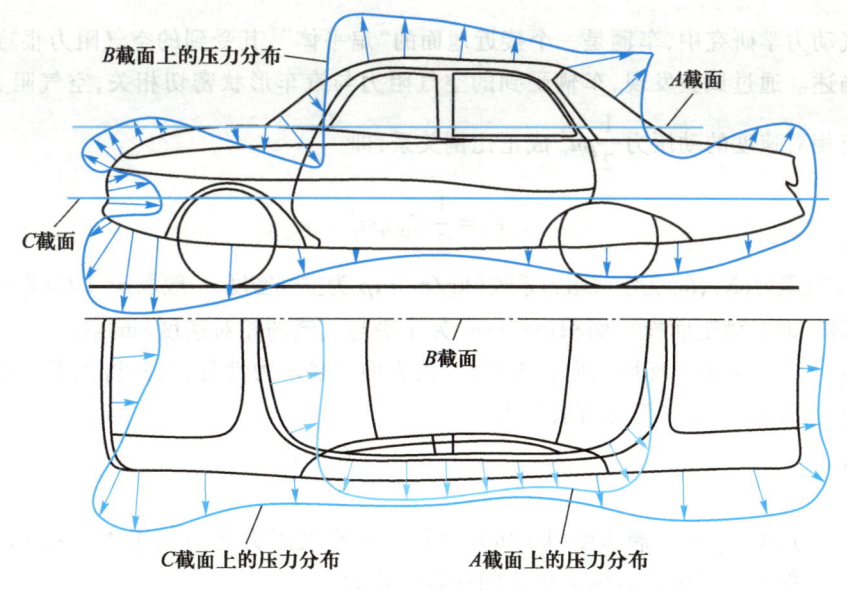

图 3-2 车身表面法向压力分布示意图

除压力阻力外,摩擦阻力和诱导阻力也是外部阻力的重要组成部分。摩擦阻力是由于空气黏性在车身表面产生切向力的合力在行驶方向的分力,而诱导阻力是空气升力在车辆行驶方向的分力。流过车辆的外部气流和内部气流流线示意图如图 3-3 所示,压力阻力和摩擦阻力示意图如图 3-4 所示。

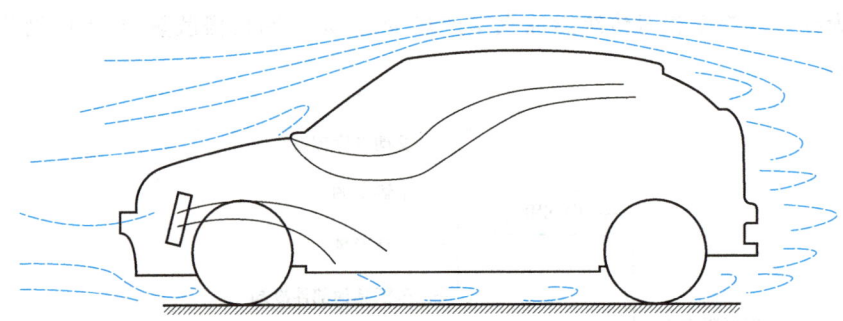

图 3-3 车辆外部气流(虚线)和内部气流(实线)流线示意图

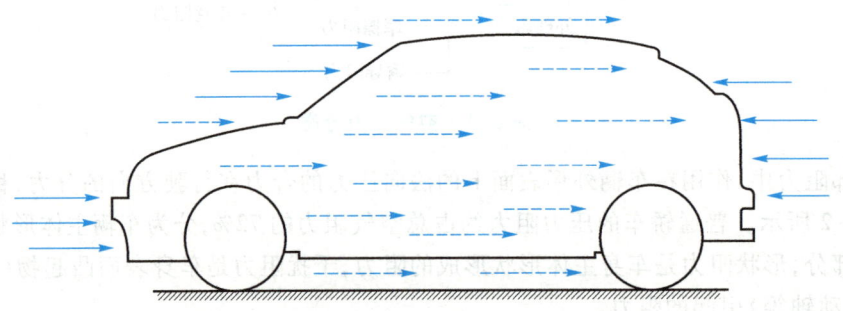

图 3-4 压力阻力(实线)和摩擦阻力(虚线)示意图

在空气动力学研究中,车辆是一个接近地面的"扁平体",其受到的空气阻力很难在理论上进行精确描述。通过试验发现,车辆受到的空气阻力与汽车形状密切相关,空气阻力 F_w 数值通常与气流相对速度的动压力 $\frac{1}{2}\rho u_r^2$ 成正比例关系,即

$$F_w = \frac{1}{2} C_D A \rho u_r^2 \tag{3-1}$$

式中,F_w 为空气阻力(N);C_D 为空气阻力系数(kg/m³);ρ 为空气密度,一般取 $\rho = 1.225\,8\ \text{N}\cdot\text{s}^2\cdot\text{m}^{-4}$;$A$ 为迎风面积,即车辆正面投影面积(m²);u_r 为车辆与气流的相对速度(m/s)。

视频 3-1
风阻系数

考虑到环境风向是随机的,为方便车辆动力性分析,只讨论无风条件下车辆的运动,空气阻力可表述为

$$F_w = \frac{C_D A u_a^2}{21.15} \tag{3-2}$$

式中,u_a 为车辆速度(km/h)。可看出,空气阻力与空气阻力系数 C_D 及迎风面积 A 成正比。迎风面积 A 的计算公式为

$$A = B_f H \tag{3-3}$$

式中,B_f 为前轮距(m);H 为车辆总高(m)。对于轿车,迎风面积 A 值的选取主要考虑乘坐空间的要求,是依据车辆设计的需要决定的。一般轿车前轮距 B_f 取值为 1.4~1.5 m,车辆总高 H 为 1.4~1.5 m,迎风面积 A 为 1.7~2.1 m²。

典型车型的迎风面积和空气阻力系数如表 3-1 所示。

表 3-1　典型车型的迎风面积和空气阻力系数

车型	迎风面积/m²	空气阻力系数
典型轿车	1.7~2.1	0.2~0.4
货车	3~7	0.6~1.0
客车	4~7	0.5~0.8

大多数轿车的空气阻力系数在 0.2~0.4 之间，流线型较好的汽车如跑车等，其空气阻力系数在 0.25 以下，一些赛车的空气阻力系数可达到 0.15 左右，如保时捷 Taycan 的空气阻力系数为 0.22；国产新能源品牌广汽 Aion S PLUS 的空气阻力系数为 0.211；智己 L7 的空气阻力系数为 0.21；蔚来 ET7 的空气阻力系数为 0.208。

降低空气阻力系数 C_D 是降低汽车空气阻力的主要手段。根据车身空气动力学原理，改善车辆前端形状、发动机罩与风窗玻璃形状、顶盖外形、车身侧面外形、后部外形和车身底部外形等，有助于降低空气阻力系数，减小空气阻力。

（1）车辆前端形状对空气阻力系数的影响

不同的车辆前端形状有不同的压力分布，使得空气阻力系数不同，改善车辆前端形状设计是降低空气阻力系数的重要方式。理论上，汽车前端最理想的形状为完全流线型，但实际上由于前端零部件布置等因素的影响而难以实现。汽车前端形状对空气阻力系数的影响如图 3-5 所示，按流线型原则在原汽车前端形状基础上进行改造可使空气阻力系数降低。

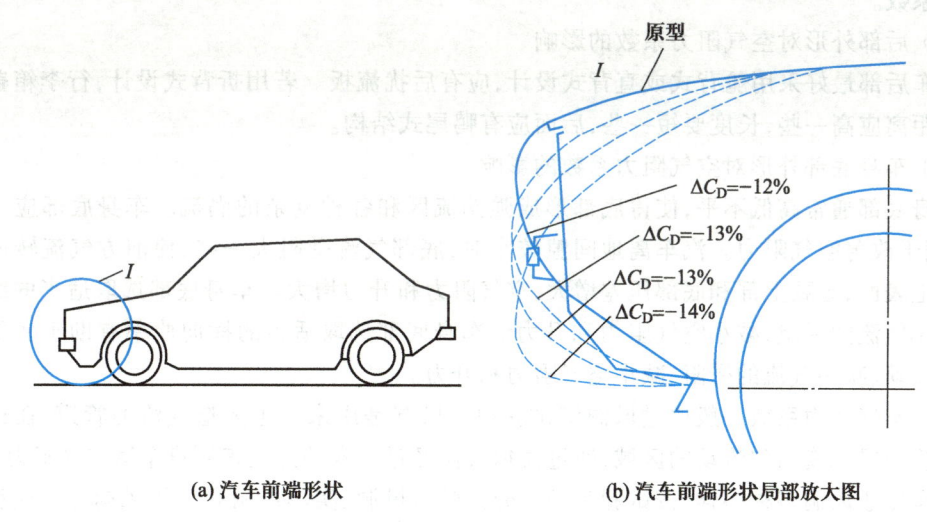

(a) 汽车前端形状　　(b) 汽车前端形状局部放大图

图 3-5　汽车前端形状对空气阻力系数的影响

（2）发动机罩与风窗玻璃形状对空气阻力系数的影响

发动机罩与风窗玻璃形状对空气阻力系数的影响主要体现在发动机罩与风窗玻璃的夹角、发动机罩的三维曲率与结构、风窗玻璃的三维曲率与结构。

试验研究表明，发动机罩与风窗玻璃的夹角越小，分离区越小，涡流越小，空气阻力越小。当发动机罩与风窗玻璃的夹角为 30°左右时，空气阻力系数较小，当发动机罩与风窗玻璃的夹角小于30°时,对降低空气阻力效果不大。为减小发动机罩与风窗玻璃的夹角,有两种方法:一是增大前风窗斜度,二是增大发动机罩斜度。过分增大前风窗斜度,会使舱内空间变小、风窗过分倾斜,最终导致外景失真及视野变差。

过分增大发动机罩斜度,会使发动机室布置困难,应尽量压低发动机罩前端,减小发动机罩与风窗玻璃的夹角以减小空气阻力系数。在设计发动机罩结构时,应诱导气流向上流动,使气流从前方流畅地通过发动机罩,防止气流转向两侧,与侧面气流相互干扰,使气动特性变坏。风窗玻璃的倾角设计应考虑到自然风的风速梯度的影响,自然风的空气涡流和垂直速度梯度使得相对气流随着汽车离地高度的增加而增加,在风窗玻璃的上缘先产生分离,造成了发动机罩上和风窗玻璃上的压力分布发生变化,前风窗上端位置不变,风窗玻璃倾角越大,空气阻力系数越大。

(3) 顶盖外形对空气阻力系数的影响

轿车要采用平滑的顶盖,以使气流平顺地流过顶盖,不易产生涡流。一般顶盖设计成上翘的外形,可使空气阻力系数降低,但会造成正面投影面积的增大,应综合考虑这两个矛盾的因素。

(4) 车身侧面外形对空气阻力系数的影响

在前风窗和侧窗的交接处有安装玻璃的前立柱(A柱),A柱有气流的分离作用,导致空气阻力和气动噪声的增加。为此,轿车的A柱应设计成圆弧过渡的外形,避免直角过渡。

车身侧面设计时,应尽量消除外凸和棱角,以消除或减少气流的分离,减小涡流区,降低空气阻力系数。

(5) 后部外形对空气阻力系数的影响

汽车后部最好采用舱背式或直背式设计,应有后扰流板。若用折背式设计,行李箱盖板至地面的距离应高一些,长度要短一些,后面应有鸭尾式结构。

(6) 车身底部外形对空气阻力系数的影响

车身底部通常高低不平,使得底部形成强湍流区和各种复杂的涡流。车身底部应平滑一些,有利于改善空气阻力。汽车离地间隙较小时,底部气流受阻大一些,使前方气流转向流经汽车的上表面,导致上部和底部压差增大,空气阻力和升力增大。车身底部选取适当的纵向曲率可减小气流的受阻,减小空气阻力和升力。车身底部选取适当的横向曲率有助于底部气流向两侧流动、减小气流的受阻、减小空气阻力和升力。

车辆空气阻力系数一般通过风洞测试获得。风洞是用来产生人造气流的管道,在这种管道中产生一段气流均匀流动的区域,通过模拟气流经过车身的过程来测量车辆空气阻力系数。

汽车专业风洞多种多样,按试验类型可分为模型风洞、实车风洞和气候风洞等。模型风洞只能对缩小比例的模型进行试验,试验精度也相对较低。实车风洞则占地很大,建设费用及使用费用极高。气候风洞主要是模拟气候环境,用来测定汽车的一般性能。按气流循环形式又可分为回流型风洞和直流型风洞。直流型风洞的特点是气流直接排到风洞外部,这种风洞设备简单、成本低,但是电机功率大,空气温度难以保持恒定,流场品质易受外界干扰,实际使用较少。大部分专业汽车风洞采用回流型结构,回流型风洞特点是气流可以循环利用,能回收气流的能量,电动机功率小,并能保持恒定的空气温度和湿度,回流型风洞结构示意图如图3-6所示。中国汽研风洞中心的气动-声学风洞最高风速可达250 km/h,风洞喷口面积达到28 m^2,可进行 A00 级轿车到中型面包车的实车试验,风洞烟流实验如图 3-7 所示。

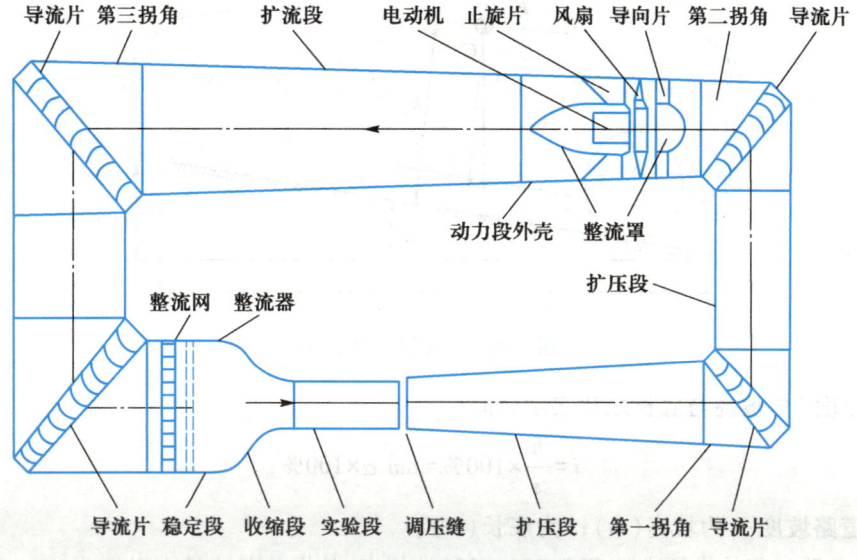

图 3-6 回流型风洞结构示意图

图 3-7 风洞烟流实验

视频 3-2
蔚来 ET7 风洞试验

3.2 坡度阻力

当车辆上坡行驶时,车辆重力沿坡道的分力表现为坡度阻力 F_i,坡度阻力示意图如图 3-8 所示,即

$$F_i = G\sin \alpha \tag{3-4}$$

式中,F_i 为坡度阻力(N);G 为车辆的重力,$G = mg$,m 为车辆质量(kg);g 为重力加速度;α 为坡度角。

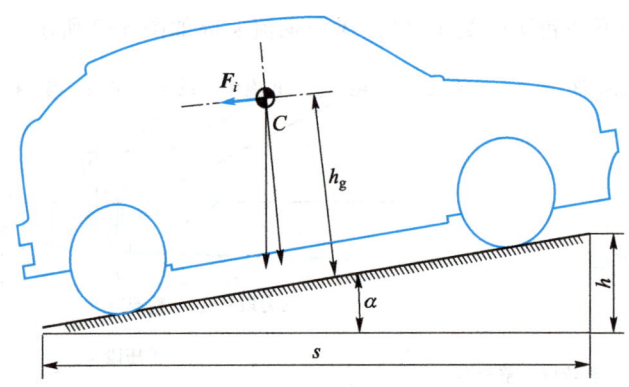

图 3-8 坡度阻力示意图

道路坡度 i 以坡高与底长之比表示，即

$$i = \frac{h}{s} \times 100\% = \tan \alpha \times 100\% \tag{3-5}$$

式中，i 为道路坡度；h 为坡高(m)；s 为底长(m)。

根据《公路工程技术标准》(JTG B01—2019)规定，各级公路的最大纵坡为 3%~9%。根据三角函数的小角度原理，可得

$$\sin \alpha \approx \tan \alpha = i \tag{3-6a}$$

$$F_i = G\sin \alpha \approx G\tan \alpha = Gi \tag{3-6b}$$

坡度阻力与滚动阻力均与道路有关，且均与车辆重力成正比，故将坡度阻力与滚动阻力合称为道路阻力，以 F_Ψ 表示，记为

$$F_\Psi = F_f + F_i = Gf\cos \alpha + G\sin \alpha \tag{3-7}$$

当道路的纵向坡度较小时，$\cos \alpha \approx 1$，$\sin \alpha \approx i$，则有

$$F_\Psi = Gf + Gi = G(f+i) \tag{3-8}$$

令 $f+i = \Psi$，Ψ 称为道路阻力系数，则道路阻力 F_Ψ 记为

$$F_\Psi = G\Psi \tag{3-9}$$

3.3 加速阻力

车辆加速行驶时需克服其质量在加速运动时产生的惯性力，即加速阻力 F_j。

车辆的质量分为平移质量和旋转质量两部分。加速时，平移质量产生惯性力，旋转质量产生惯性力偶矩。为便于计算，引入车辆旋转质量换算系数 δ 把旋转质量的惯性力偶矩转化为平移质量的惯性力。

车辆加速时的阻力可表示为

$$F_j = \delta m \frac{du}{dt} \tag{3-10}$$

式中，F_j 为加速阻力(N)；δ 为车辆旋转质量换算系数，$\delta > 1$；m 为车辆质量(kg)；$\frac{du}{dt}$ 为车辆加速

度(m/s^2)。δ 主要与飞轮的转动惯量、车轮的转动惯量以及传动系的传动比有关。

依据车辆动力学功率方程,即汽车整体动能对时间的变化率等于所有作用力的功率,可以推导汽车旋转质量换算系数 δ 为

$$\delta = 1 + \frac{1}{m} \cdot \frac{\sum I_w}{r^2} + \frac{1}{m} \cdot \frac{I_f i_g^2 i_0^2 \eta_T}{r^2} \tag{3-11}$$

式中,I_w 为车轮转动惯量($kg \cdot m^2$);I_f 为飞轮转动惯量($kg \cdot m^2$)。r 为车轮滚动半径(m);i_g 为变速器速比;i_0 为主传动比;η_T 为传动系效率。

汽车的动能为

$$E = \frac{1}{2} m u^2 + \frac{1}{2} \sum I_w \left(\frac{u}{r}\right)^2 + \frac{1}{2} I_f \left(\frac{i_g i_0 u}{r}\right)^2 \tag{3-12}$$

式中,E 为车辆的动能(J);u 为车速(m/s)。

车辆受到的外力的功率为 $P = -(F_f + F_w + F_i)u$。

发动机飞轮的功率为 $P_e = T_{tq} \omega_e$。

以 F_r 表示传动系内各部分摩擦阻力转换到车轮周缘的总阻力,则传动系摩擦阻力的负功率为 $P_r = -F_r u$。

加速时传动系统的受力参照图3-9,先确定 F_r 值。车辆加速时,发动机的旋转质量(主要为飞轮)有角加速度 $\dfrac{d\omega_e}{dt}$,据式

$$u = \frac{r \omega_e}{i_g i_0} \tag{3-13}$$

可得

$$\frac{d\omega_e}{dt} = \frac{i_0}{r} \left(i_g \frac{du}{dt} + u \frac{di_g}{dt} \right) \tag{3-14}$$

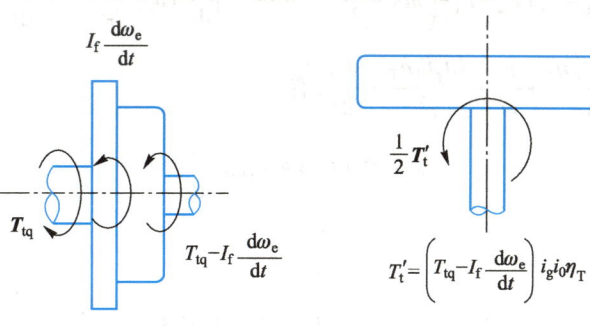

(a) 发动机飞轮受力情况　　(b) 驱动轮的受力情况

图 3-9　加速时传动系统的受力

忽略有级变速器齿轮或无级变速器旋转元件、传动轴与主减速器齿轮的转动惯量,加速时驱动轮的转矩 T_t' 为

$$T_t' = \left(T_{tq} - I_f \frac{d\omega_e}{dt} \right) i_g i_0 \eta_T \tag{3-15}$$

设传动系无任何摩擦阻力,驱动轮的转矩为

$$T_t'' = \left(T_{tq} - I_f \frac{d\omega_e}{dt}\right) i_g i_0 \tag{3-16}$$

传动系中摩擦阻力矩为 $T_r = T_t'' - T_t' = \left(T_{tq} - I_f \dfrac{d\omega_e}{dt}\right) i_g i_0 (1-\eta_T)$。

传动系中各处摩擦转换到车轮周缘的总摩擦阻力为

$$F_r = \frac{T_r}{r} = \frac{T_{tq} i_g i_0 (1-\eta_T)}{r} - \frac{I_f i_g^2 i_0^2 (1-\eta_T)}{r^2} \cdot \frac{du}{dt} - \frac{I_f i_g i_0^2 u(1-\eta_T)}{r^2} \cdot \frac{di_g}{dt} \tag{3-17}$$

传动系中的摩擦损耗功率为

$$P_r = -uF_r = -\left[\frac{T_{tq} i_g i_0 (1-\eta_T)}{r} - \frac{I_f i_g^2 i_0^2 (1-\eta_T)}{r^2} \cdot \frac{du}{dt} - \frac{I_f i_g i_0^2 u(1-\eta_T)}{r^2} \cdot \frac{di_g}{dt}\right] u \tag{3-18}$$

依据动力学中的功率方程可列出

$$\frac{d}{dt}\left[\frac{1}{2}mu^2 + \frac{1}{2}\sum I_w \left(\frac{u}{r}\right)^2 + \frac{1}{2}I_f \left(\frac{i_g i_0 u}{r}\right)^2\right] =$$
$$\left[-F_f - F_w - F_i + \frac{T_{tq} i_g i_0}{r} - \frac{T_{tq} i_g i_0 (1-\eta)}{r} + \frac{I_f i_g^2 i_0^2 (1-\eta_T)}{r^2} \cdot \frac{du}{dt} + \frac{I_f i_g i_0^2 u(1-\eta)}{r^2} \cdot \frac{di_g}{dt}\right] u \tag{3-19}$$

从而有

$$\left[m + \frac{\sum I_w}{r^2} + \frac{I_f i_g^2 i_0^2}{r^2}\right] u \frac{du}{dt} + \frac{I_f i_g i_0^2 u^2}{r^2} \cdot \frac{di_g}{dt} =$$
$$\left[-F_f - F_w - F_i + \frac{T_{tq} i_g i_0}{r} - \frac{T_e i_g i_0 (1-\eta_T)}{r} + \frac{I_f i_g^2 i_0^2 (1-\eta_T)}{r^2} \cdot \frac{du}{dt} + \frac{I_f i_g i_0^2 u(1-\eta_T)}{r^2} \cdot \frac{di_g}{dt}\right] u \tag{3-20}$$

由式(3-20)可得出车辆行驶时力平衡方程如下:

$$F_t = F_f + F_w + F_i + \left(m + \frac{\sum I_w}{r^2} + \frac{I_f i_g^2 i_0^2 \eta_T}{r^2}\right)\frac{du}{dt} + \frac{I_f i_g i_0^2 \eta_T}{r^2} \cdot \frac{di_g}{dt} \tag{3-21}$$

记 $\delta = 1 + \dfrac{\sum I_w}{mr^2} + \dfrac{I_f i_g^2 i_0^2 \eta_T}{mr^2} + \dfrac{u}{m} \cdot \dfrac{I_f i_g i_0^2 \eta_T}{r^2} \cdot \dfrac{di_g}{dt}$,有

$$F_t = F_f + F_w + F_i + \delta m \frac{du}{dt}$$

$$\frac{di_g}{dt} = 0$$

$$\delta = 1 + \frac{1}{m} \cdot \frac{\sum I_w}{r^2} + \frac{1}{m} \cdot \frac{I_f i_g^2 i_0^2 \eta_T}{r^2} \tag{3-22}$$

轿车旋转质量换算系数与传动系总传动比的关系如图 3-10 所示。对于固定传动比挡位车辆,在进行汽车动力性初步计算时,若不知道准确的 I_f 和 I_w 值,可利用图 3-10 根据挡位与传动系总传动比大致确定 δ 的值。对于配置机械变速器的轿车,也可以使用下式进行估算。

轿车满载时:

$$\delta = 1 + (0.02 - 0.04) + 0.0015 \times (i_{gi} i_0)^2$$

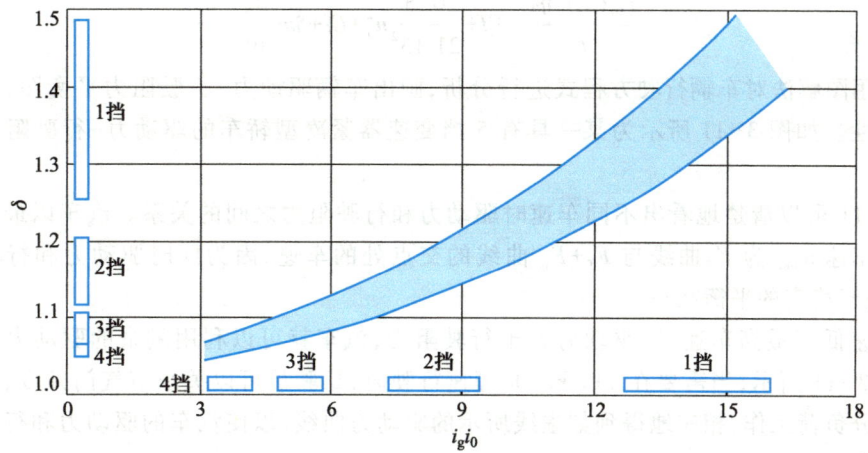

图 3-10 轿车旋转质量换算系数与传动系总传动比的关系

轿车只有一个驾驶员时：
$$\delta = 1 + (0.03 \sim 0.05) + 0.002\,0 \times (i_g i_0)^2$$

3.4 总阻力

车辆总的行驶阻力 $F_{阻}$ 由车轮阻力中的滚动阻力 F_f、空气阻力 F_w、坡度阻力 F_i 和加速阻力 F_j 构成，记为

$$F_{阻} = F_f + F_w + F_i + F_j \tag{3-23}$$

$$F_{阻} = Gf\cos\alpha + \frac{C_D A}{21.15^2} u_a^2 + G\sin\alpha + \delta m \frac{du}{dt} \tag{3-24}$$

由于正常道路的坡度角较小，取 $\cos\alpha \approx 1$，$\sin\alpha \approx i$，上式可记为

$$F_{阻} = Gf + \frac{C_D A}{21.15^2} u_a^2 + Gi + \delta m \frac{du}{dt} \tag{3-25}$$

根据驱动力与行驶阻力的平衡关系可建立汽车行驶方程，可以估算出汽车的最高车速、加速度和最大爬坡度。车辆的行驶方程为

$$F_t = F_{阻} \tag{3-26}$$

式中，F_t 为驱动力，对于使用机械变速器的车辆

$$F_t = \frac{T_{tq} i_g i_0 \eta_T}{r} \tag{3-27}$$

对于使用自动变速器的车辆有

$$F_t = \frac{T_{tq} i_c i_g i_0 \eta_T}{r} \tag{3-28}$$

因此，上述两种车辆的行驶方程分别表示为

$$\frac{T_{tq} i_g i_0 \eta_T}{r} = Gf + \frac{C_D A}{21.15^2} u_a^2 + Gi + \delta m \frac{du}{dt} \tag{3-29}$$

$$\frac{T_{tq}i_c i_g i_0 \eta_T}{r} = Gf + \frac{C_D A}{21.15^2}u_a^2 + Gi + \delta m \frac{du}{dt} \tag{3-30}$$

可以用图解法对车辆行驶方程式进行分析,画出车辆驱动力-行驶阻力平衡图,并分析车辆的动力性。如图 3-11 所示为某一具有 5 挡变速器紧凑型轿车的驱动力-行驶阻力平衡示意图。

图 3-11 可以清楚地看出不同车速时驱动力和行驶阻力之间的关系。汽车以最高挡行驶时的最高车速 $u_{a\max}$ 为 F_{t5} 曲线与 F_f+F_w 曲线的交点处的车速,因为此时驱动力和行驶阻力相等,汽车处于稳定的平衡状态。

当车速低于最高车速时,驱动力大于行驶阻力,汽车就可以利用剩余的驱动力加速或爬坡。如图 3-11 所示,当需要在 119 km/h 等速行驶时,驾驶员可以关小节气门开度,此时发动机只用部分负荷工作,相应地得到如虚线所示的驱动力曲线,以使汽车的驱动力和行驶阻力达到新的平衡。

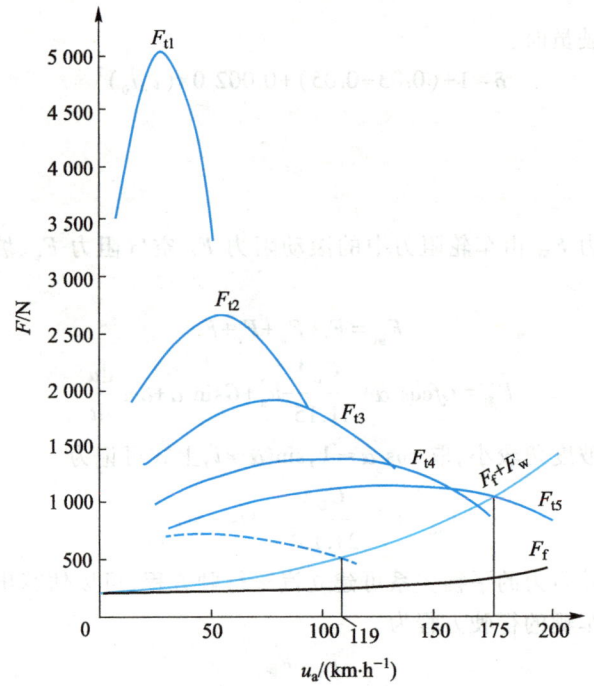

图 3-11　汽车驱动力-行驶阻力平衡示意图

利用 MATLAB 画出车辆驱动力-行驶阻力平衡图,MATLAB 代码如下:

```
r=0.367;%车轮半径
I0=5.83;%主传动比
Ig=[5.56 2.769 1.644 1.00 0.793];%传动比
CdA=2.77;%空气阻力系数*迎风面积
f=0.013;%滚动阻力系数
```

```
G = 3880 * 9.8;%车总质量*重力加速度
ef = 0.9;%传动系机械效率
n = 600:4000;%发动机最低转速及最高转速

Ttq = -19.313 + 295.27 * (n/1000) - 165.44 * (n/1000).^2 + 40.874 * (n/1000).^3 - 3.8445 * (n/1000).^4;
%转矩

Ft1 = Ttq. * Ig(1) * I0 * ef/r;%驱动力
Ft2 = Ttq. * Ig(2) * I0 * ef/r;
Ft3 = Ttq. * Ig(3) * I0 * ef/r;
Ft4 = Ttq. * Ig(4) * I0 * ef/r;
Ft5 = Ttq. * Ig(5) * I0 * ef/r;

Ua1 = 0.377 * r. * n./(Ig(1) * I0);%速度
Ua2 = 0.377 * r. * n./(Ig(2) * I0);
Ua3 = 0.377 * r. * n./(Ig(3) * I0);
Ua4 = 0.377 * r. * n./(Ig(4) * I0);
Ua5 = 0.377 * r. * n./(Ig(5) * I0);

Ff = G * f;%滚动阻力

Fw1 = CdA/21.15. * Ua1.^2;%空气阻力
Fw2 = CdA/21.15. * Ua2.^2;
Fw3 = CdA/21.15. * Ua3.^2;
Fw4 = CdA/21.15. * Ua4.^2;
Fw5 = CdA/21.15. * Ua5.^2;

plot(Ua1,Ft1,Ua2,Ft2,Ua3,Ft3,Ua4,Ft4,Ua5,Ft5,Ua5,Ff+Fw5);
%legend('Ft1','Ft2','Ft3','Ft4','Ft5','Ff+Fw5')
title('驱动力-行驶阻力平衡示意图');
xlabel('ua/(km*h^-1)');
ylabel('F/N');
gtext('Ft1'),gtext('Ft2'),gtext('Ft3'),gtext('Ft4'),gtext('Ft5'),gtext('Ff+Fw');
```

3.5 功率平衡

汽车行驶时,为满足驱动力和行驶阻力平衡需求,驱动源(内燃机汽车的发动机、新能源汽车的驱动电机)需要给驱动轮输出足够的驱动功率实现与汽车行驶阻力功率的平衡。就是说,汽车行驶每一瞬间驱动源输出功率始终等于传动损失与全部运动阻力所消耗的功率。

汽车运动阻力所消耗的功率包括滚动阻力功率 P_f、坡度阻力功率 P_i、空气阻力功率 P_w 及加速阻力功率 P_j。

滚动阻力功率 P_f 可表示为

$$P_f = \frac{Gf\cos\alpha \cdot u_a}{3\,600} = \frac{Gfu_a}{3\,600} \tag{3-31}$$

由于此处仅讨论水平地面行驶工况,$\cos\alpha = 1$。u_a 为车辆速度,单位为 km/h。由公式可知,P_f 随车速变化的图像在低速范围内为一斜直线。但在高速时,由于滚动阻力系数随车速而增大,所以 P_f 会以更快的速率增大。

空气阻力功率 P_w 为

$$P_w = \frac{C_D A u_a^2}{21.15 \times 3\,600} \cdot u_a = \frac{C_D A u_a^3}{76\,140} \tag{3-32}$$

由公式可知,P_w 是车速 u_a 的三次函数,当汽车高速行驶时,P_w 增速快,汽车主要克服空气阻力做功。

坡度阻力功率 P_i 可计算为

$$P_i = \frac{Giu_a}{3\,600} \tag{3-33}$$

汽车的加速阻力功率 P_j 为

$$P_j = \delta m \frac{du}{dt} \cdot u_a = \frac{\delta m u_a}{3\,600} \cdot \frac{du}{dt} \tag{3-34}$$

将上述各阻力功率相加,整理出汽车功率平衡方程(式中功率单位为 kW)如下:

$$\eta_T P_e = \frac{Gfu_a}{3\,600} + \frac{Giu_a}{3\,600} + \frac{C_D A u_a^3}{76\,140} + \frac{\delta m u_a}{3\,600} \cdot \frac{du}{dt} \tag{3-35}$$

η_T 表示传动系的机械效率。

传动系的功率损失由传动系中的部件——变速器、传动轴万向节、主减速器等的功率损失组成。其中变速器和主减速器的功率损失占比最大,其余部件的功率损失较小。传动系功率损失可分为机械损失和液力损失两大类。机械损失是指齿轮传动副、轴承、油封等处的摩擦损失。机械损失与啮合齿轮的对数、传递的转矩等因素有关。液力损失指消耗于润滑油的搅动、润滑油与旋转零件之间的表面摩擦等损失。液力损失与润滑油的品种、温度、箱体内的油面高度以及齿轮等旋转零件的转速有关。

为研究汽车运动阻力所消耗的功率与驱动源输出功率间的平衡关系,参考驱动力与行驶阻力平衡图(如前文图 3-11 所示),使用图解法表示功率平衡方程。一般根据发动机外特性确定的驱动力与车速之间的函数关系曲线 F_t-u_a 可建立汽车的驱动力图。

驱动力 F_t 可根据发动机的外特性曲线、传动系的传动比、传动效率、车轮半径等参数计算得到

$$F_t = \frac{T_{tq} i_g i_0 \eta_T}{r} \qquad (3-36)$$

然后,根据发动机转速与汽车行驶速度之间的转换关系求得 u_a,其关系式可表示为

$$u_a = 0.377 \frac{rn}{i_g i_0} \qquad (3-37)$$

其中,u_a 为汽车行驶速度(km/h);n 为发动机转速(r/min);r 为车轮半径(m);i_g 为变速器传动比;i_0 为主减速器传动比。

综合上述分析,可以画出发动机功率与行驶车速的关系曲线 P_e-u_a。以纵坐标表示功率、横坐标表示车速,将驱动功率和汽车滚动阻力和空气阻力功率(P_f+P_w)对车速的关系曲线绘在坐标图上,即得汽车功率平衡图。由上文对滚动阻力和空气阻力功率特性的分析可知,二者叠加后,阻力功率曲线是一条关于车速的三次函数的曲线。如图 3-12 所示是某燃油轿车的功率平衡图,该轿车具有五挡变速器,采用内燃机作为动力源。

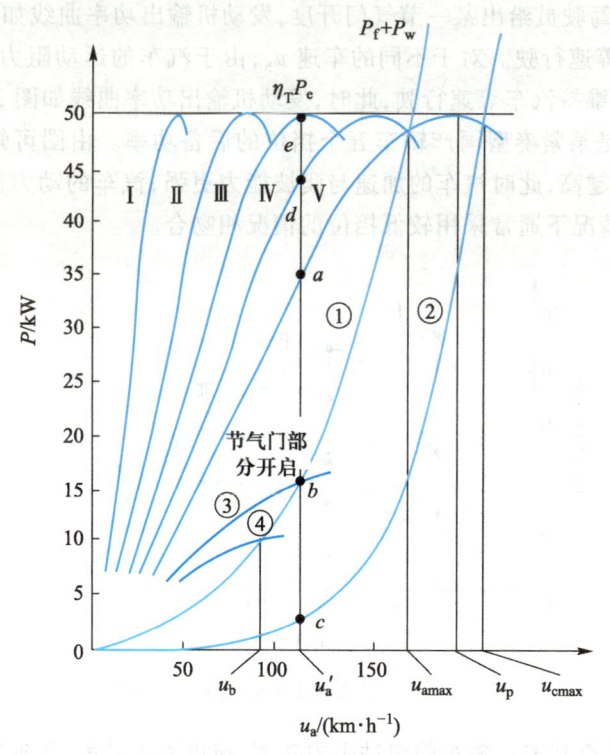

图 3-12 某燃油汽车的功率平衡图

图 3-12 中,发动机驱动功率曲线(V 挡)与阻力功率曲线(曲线①)相交点所对应的车速,便是在良好水平路面上汽车实现功率平衡时的最高车速 u_{amax}。发动机功率曲线与阻力功率曲线交点在功率曲线的峰值之前,说明该车的 V 挡是经济挡位。图 3-12 中,若发动机可达到其

最大功率,此时对应的车速 u_p 将大于 u_{amax},所以以该挡行驶时发动机负荷率高,燃油消耗量低,汽车的经济性较好。图 3-12 中,对于不同的阻力工况,例如曲线②,阻力曲线与发动机驱动功率(V挡)曲线的交点所对应的车速为 u_{cmax},此时车速大于发动机最大功率所对应的车速 u_p,说明此时汽车的动力性较好。

发动机在汽车行驶速度为 u'_a 时能给出的功率为 $\eta_T P_e = \overline{ac}$,于是 $P_{res} = \eta_T P_e - (P_f + P_w) = \overline{ac} - \overline{bc} = \overline{ab}$,这部分功率可用来加速或爬坡,称其为汽车的后备功率。后备功率可以理解为汽车的"动力储备"。在一般情况下,维持汽车等速行驶所需的驱动功率(即发动机功率)实际不大,此时发动机节气门开度较小。当需要爬坡或加速时,驾驶员会加大节气门开度,使汽车的全部或部分后备功率发挥作用。因此,当汽车的后备功率越大时,其在应对爬坡及加速等情况时有更多的"动力储备",汽车的动力性越好。

对于其他四个挡位(Ⅰ~Ⅳ)的动力性和经济性分析,以图 3-12 中车速 u'_a 为例,V挡时发动机功率为 $\overline{ac}$,Ⅳ挡时发动机功率为 $\overline{dc}$,Ⅲ挡时发动机功率为 $\overline{ec}$。由图可知,$\overline{ec} > \overline{dc} > \overline{ac}$,说明在 u'_a 车速下,V挡的经济性最好、Ⅲ挡经济性最差;而三个挡位的后备功率的大小顺序为 $\overline{eb} > \overline{db} > \overline{ab}$,这意味着在Ⅲ挡的动力性最好,V挡的动力性最差。

当汽车在良好水平路面上以速度 u'_a 等速行驶时,汽车的阻力功率(如图 3-12 所示)为 $(P_f + P_w) = \overline{bc}$。此时,驾驶员给出某一节气门开度,发动机输出功率曲线如图 3-12 中曲线③所示,使汽车以速度 u'_a 等速行驶。对于不同的车速 u_b,由于汽车的运动阻力不同,驾驶员需给出不同的节气门开度以维持汽车等速行驶,此时,发动机输出功率曲线如图 3-12 中曲线④所示。

如图 3-13 所示是某紧凑型国产轿车五个挡位的后备功率。由图可知,挡位越低,其在同一车速下后备功率就越高,此时汽车的加速与爬坡能力更强,汽车的动力性更好。这与汽车在爬坡时,在同一车速情况下通常采用较低挡位的情况相吻合。

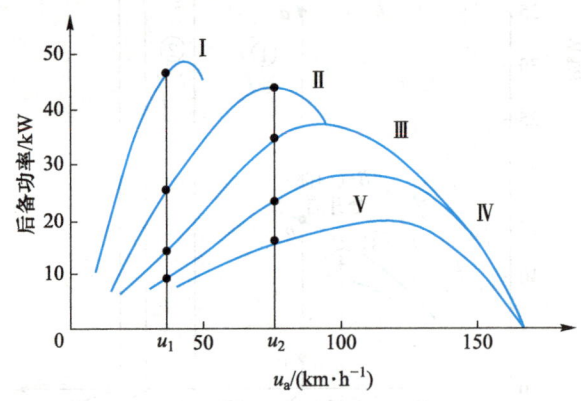

图 3-13 某紧凑型国产轿车的后备功率

利用 MATLAB 计算某国产轿车的滚动阻力功率、坡度阻力功率、加速阻力功率和总阻力功率。绘制该轿车的功率平衡图,并确定其在某一挡位和某一车速下的阻力功率和后备功率。MATLAB 代码如下:

```matlab
%%汽车参数
m=2500;%汽车质量(kg)
g=9.81;%重力加速度(m/s^2)
Cd=0.52;%气动阻力系数
Af=2.4;%车辆前投影面积(m^2)
rho=1.2;%空气密度(kg/m^3)
Rt=0.008;%轮胎滚动阻力系数
theta=0;%坡度,单位 rad
% grade=0;%坡道坡度

% 定义传动比数组
gear_ratios=[3.5, 2.2, 1.5, 1.0 0.7];% 示例值,可根据实际情况修改

% 假设车速的取值范围是 0-200 km/h,以 1 km/h 为步长计算,不同挡位车速范围不一
v=cell(1,5);
v{1}=0:1:20;
v{2}=0:1:30;
v{3}=0:1:50;
v{4}=0:1:70;
v{5}=0:1:150;
% 假设加速度为 0.5m/s^2 作为示例,可根据实际情况修改
dvdt=0.5;

% 初始化发动机功率数组,这里以模拟发动机功率随速度变化为例
% engine_power=zeros(length(gear_ratios),length(v));
engine_power=cell(1,5);
for i=1:length(gear_ratios)
    % 简单模拟发动机功率曲线,实际应根据发动机特性表调整
    engine_power{i} = 5 * ((v{i} * 0.1 * gear_ratios(i)).^2)./((v{i} * 0.1 * gear_ratios(i)).^3 + 100) * 200000;
end

%计算每个速度下的阻力功率之和
% for i=1:length(v{5})
    %计算滚动阻力功率
    rolling_resistance_power=Rt * m * g * v{5}/3600;
    %计算坡度阻力功率
```

```
            grade_resistance_power = m * g * sin(theta) * v{5}/3600;
            %计算空气阻力功率
            % 分母 76140 的由来:1/2 * rho * Cd * Af * 3.6^3 = 1/2 * 1.2 * 0.32 * 2.4
* 3.6^3 = 76140(近似值)
            air_resistance_power = Cd * Af * v{5}.^3/76140;
            %计算加速阻力功率
            acceleration_resistance_power = m * v{5} * dvdt/3600;
            %计算总阻力功率
            total_resistance_power = rolling_resistance_power + grade_resistance_power + air_resistance_power+acceleration_resistance_power;
        % end

%绘制汽车功率平衡图
figure();
holdon;
plot(v{5},total_resistance_power/1,'LineWidth',2,'DisplayName','Total resistance power');
for i = 1:length(gear_ratios)
            plot(v{i},engine_power{i}/1000,'LineWidth',2,'DisplayName',sprintf('Geared engine power - Gear %d',i));
end
title('Automobile Power Balance');
xlabel('Velocity (km/h)');
ylabel('Power (kW)');
gridon;
legend('Location','Best');

%计算某一挡位下汽车实现功率平衡时的最高车速
gear = 5;%假设挂到 4 挡
engine_power_gear = engine_power{gear}/1000;
index = find(engine_power_gear > total_resistance_power,1,'last');
if ~isempty(index)
            max_v = index - 1;%因为速度是以 1 km/h 为步长计算,所以要减 1
            fprintf('In gear %d, the maximum velocity that the automobile can achieve when it achieves power balance is %d km/h.\n',gear,max_v);
else
            fprintf('In gear %d, no power - balance condition found within the speed range.\n',gear_1);
```

```
end

%计算任一车速下的总阻力功率和后备功率
u=80;%假设车速为80 km/h
% 换算为 m/s
u_mps=u / 3.6;
rolling_resistance_power=0.01 * m * g * u_mps;
grade_resistance_power=m * g * sin(theta) * u_mps;
air_resistance_power=0.5 * rho * Cd * Af * u_mps^3;
acceleration_resistance_power=m * u_mps * dvdt;
total_resistance_power=rolling_resistance_power + grade_resistance_power + air_resistance_power+acceleration_resistance_power;
engine_power_=engine_power{gear};
backup_power=engine_power_(round(u)+1) - total_resistance_power;
fprintf('At the speed of %d km/h, the total resistance power is %d W and the backup power is %d W.\n',u,total_resistance_power,backup_power);
```

3.6 驱动极限

汽车的动力性除了与驱动、传动系统性能参数有关外,道路附着也十分重要。由道路附着决定的汽车行驶极限称为"驱动极限"。车轮与道路之间的驱动力传递需通过道路附着实现,只有当车轮的附着率小于等于道路附着系数 φ 时,车轮才能处于滚动状态,即

$$C_\varphi = \frac{F_x}{F_z} \leq \varphi \tag{3-38}$$

汽车驱动极限与驱动方式紧密相关,电动汽车典型传动系统结构如图 3-14 所示,主要包括:如图 3-14(a)所示的单轴驱动与如图 3-14(b)所示的前后轴机械分时四驱。随着电驱动技术发展,前后轴双电机四驱、四轮独立驱动方案也日趋成熟[分别如图 3-14(c)和(d)所示],典型驱动方案的驱动极限差异特性如表 3-2 所示。

表 3-2 典型驱动方案的驱动极限差异特性

驱动方案	驱动极限特点
单轴驱动	驱动极限受限于单轴附着极限,驱动极限低
前后轴机械分时四驱	驱动极限与分动器与差速器扭矩分配性能相关,往往无法实现理想的轴间与轮间扭矩分配,驱动极限较低
前后轴双电机四驱	可实现理想的前后轴扭矩分配比例,但是同轴异侧车轮驱动极限受限于差速器性能,驱动极限较高
四轮独立驱动	可实现理想的轴间与轮间扭矩分配,驱动极限最高

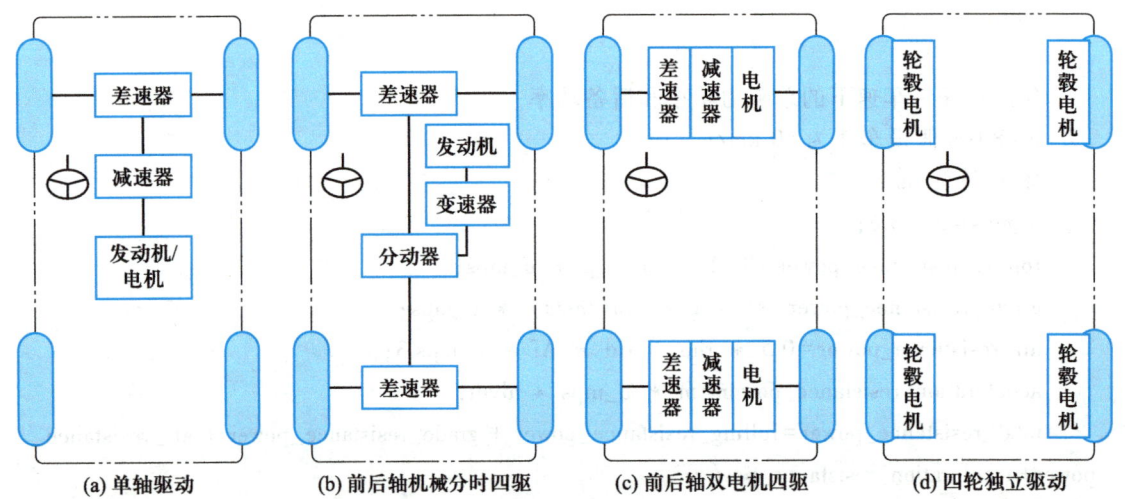

(a) 单轴驱动　　(b) 前后轴机械分时四驱　　(c) 前后轴双电机四驱　　(d) 四轮独立驱动

图 3-14　电动汽车典型传动系统结构

3.6.1　双轴车辆运动方程

对双轴汽车加速上坡受力情况进行分析,如图 3-15 所示。图中各参数的物理意义为:h_g 为汽车质心高度(m);h_w 为汽车风压中心高度(m);T_{f1}、T_{f2} 为作用在前、后轮上的滚动阻力矩(N·m);F_{ZL1}、F_{ZL2} 为作用于车身上并位于前、后轮接地点上方的空气升力(N);F_{Z1}、F_{Z2} 为作用在前、后轮上的路面切向作用力(N);L 为汽车轴距(m);a、b 为汽车质心至前、后轴的距离(m);α 为坡度角;u_a 为汽车速度(km/h);$\dfrac{du}{dt}$ 为汽车加速度(m/s²);m 为汽车质量(kg);G 为汽车重力(N);δ 为汽车旋转质量换算系数;F_w 为汽车空气阻力(N)。

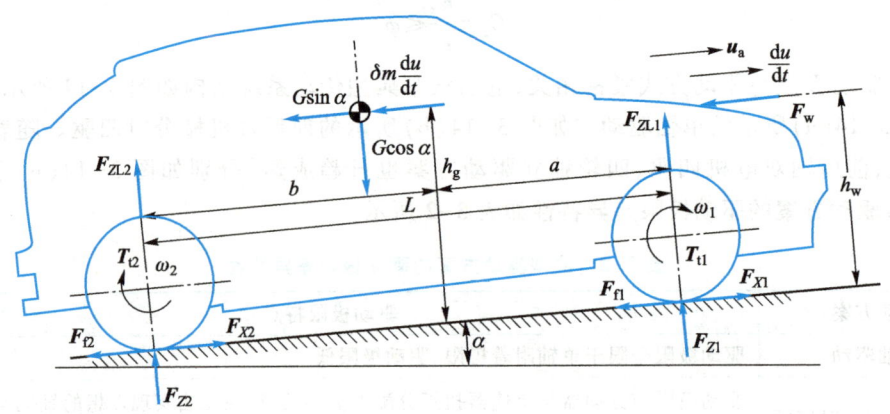

图 3-15　双轴汽车加速上坡的受力图

假设车轮的驱动力和制动力相等,可建立纵向、垂向与俯仰运动微分方程

$$m\frac{\mathrm{d}u}{\mathrm{d}t} = \sum x \text{ 方向的作用力} \tag{3-39a}$$

$$m\ddot{z} = \sum z \text{ 方向的作用力} \tag{3-39b}$$

$$J_\varphi \ddot{\varphi} = \sum \text{绕质心轴的俯仰力矩} \tag{3-39c}$$

式中,$\ddot{z}$ 为车身垂向加速度($\mathrm{m/s^2}$);$\ddot{\varphi}$ 为横摆角加速度($\mathrm{rad/s^2}$)。

(1) 将作用在汽车上的诸力对前、后轮与道路接触面中心取力矩,得

$$F_{Z1} = G\left(\frac{b}{L}\cos\alpha - \frac{h_g}{L}\sin\alpha\right) - \delta\frac{G}{g}\cdot\frac{h_g}{L}\cdot\frac{\mathrm{d}u}{\mathrm{d}t} - F_{ZL1} - G\frac{rf}{L}\cos\alpha - \frac{C_D A}{21.15}\cdot\frac{h_w}{L}u_a^2 \tag{3-40}$$

$$F_{Z2} = G\left(\frac{a}{L}\cos\alpha + \frac{h_g}{L}\sin\alpha\right) + \delta\frac{G}{g}\cdot\frac{h_g}{L}\cdot\frac{\mathrm{d}u}{\mathrm{d}t} - F_{ZL2} + G\frac{rf}{L}\cos\alpha + \frac{C_D A}{21.15}\cdot\frac{h_w}{L}u_a^2 \tag{3-41}$$

(2) 车轮运动方程为

$$J_w \dot{\omega}_1 = T_{t1} - F_{X1}r - T_{f1} \tag{3-42a}$$

$$J_w \dot{\omega}_2 = T_{t2} - F_{X2}r - T_{f2} \tag{3-42b}$$

上述两式中,J_w 为车轮转动惯量($\mathrm{kg \cdot m^2}$);T_{f1}、T_{f2} 为车轮前后轴滚动阻力($\mathrm{N \cdot m}$)。

从式(3-40)与式(3-41)可以看出,前后轴地面法向反作用力由 5 部分构成。

(1) 静态轴荷的法向反作用力即汽车重力分配到前、后轴的分量产生的地面法向反作用力。它们分别为

$$F_{Zs1} = G\left(\frac{b}{L}\cos\alpha - \frac{h_g}{L}\sin\alpha\right) \tag{3-43a}$$

$$F_{Zs2} = G\left(\frac{a}{L}\cos\alpha + \frac{h_g}{L}\sin\alpha\right) \tag{3-43b}$$

上述两式中,$\frac{h_g}{L}\sin\alpha$ 是坡度阻力产生的前轮向后轮转移的法向载荷。

(2) 加速过程中惯性力产生的地面法向作用力的分量部分,它是加速惯性力产生的前轮向后轮转移的法向载荷。

$$F_{Zj} = \delta\frac{G}{g}\cdot\frac{h_g}{L}\cdot\frac{\mathrm{d}u}{\mathrm{d}t} \tag{3-44}$$

(3) 空气升力造成的地面法向作用力的分量部分。由于流经汽车顶部与底部的空气流速之间存在差异,产生作用于汽车的空气升力。常将空气升力分解为分别作用于前轮接地点与后轮接地点的前、后空气升力。

$$F_{ZL1} = \frac{1}{2}C_{Lf}A\rho u_r^2 = \frac{C_{Lf}A}{21.15^2}u_a^2 \tag{3-45a}$$

$$F_{ZL2} = \frac{1}{2}C_{Lr}A\rho u_r^2 = \frac{C_{Lr}A}{21.15^2}u_a^2 \tag{3-45b}$$

式中,C_{Lf}、C_{Lr} 为前、后轴空气升力系数($\mathrm{kg/m^3}$),该值可由试验确定。

(4) 滚动阻力偶矩产生的地面法向作用力的分量部分 $G\frac{fr}{L}\cos\alpha$,此项甚小,可忽略不计。

(5)空气阻力产生的地面法向作用力的分量部分。汽车的风压中心高度 h_w 随车型不同而不同。为方便分析，常取 $h_w = h_g$，它是空气阻力产生的前轮向后轮转移的法向载荷。

$$F_{Zw} = \frac{C_D A}{21.15} \cdot \frac{h_w}{L} \cdot u_a^2 \approx \frac{C_D A}{21.15} \cdot \frac{h_g}{L} \cdot u_a^2 \tag{3-46}$$

综上所述，汽车前、后轮所受的地面法向反作用力，忽略滚动阻力偶矩之后，便简化为

$$F_{Z1} = F_{Zs1} - F_{ZL1} - F_{Zj} - F_{Zw} \tag{3-47a}$$

$$F_{Z2} = F_{Zs2} - F_{ZL2} + F_{Zj} + F_{Zw} \tag{3-47b}$$

利用 MATLAB 仿真不同加速度、不同车速及道路坡度下的前、后轮地面法向反作用力，MATLAB 代码如下：

```
%参数定义
a=1.14;%质心至前轴距离
L=2.54;%轴距
m=1500;%整车质量
b=L-a;%质心至后轴距离
g=9.81;%重力加速度
G=m*g;%整车重力
p=0.3;
alpha=atan(p);%坡度转换
hg=0.45;%质心高度
delta=1.07;%旋转质量换算系数
ax=[0:0.1:4];%纵向加速度
Fzl1=0;%前轮接地点上方的空气升力
Fzl2=0;%后轮接地点上方的空气升力
r=0.3;%滚动半径
f=0.0082;%滚动阻力系数
CD=0.3;%空气阻力系数
A=2;%迎风面积
hw=0.35;%汽车风压中心高度
va=20;%车速
%垂向力计算
Fz1=G*(b/L*cos(alpha)-hg/L*sin(alpha))-delta*G*hg*ax/g/L-Fzl1-G*r*f*cos(alpha)/L-CD*A*hw*va*va/21.15/L;
Fz2=G*(a/L*cos(alpha)+hg/L*sin(alpha))+delta*G*hg*ax/g/L-Fzl2+G*r*f*cos(alpha)/L+CD*A*hw*va*va/21.15/L;
%绘制曲线
plot(ax,Fz1,'r');
```

```
grid on;
hold on;
plot(ax,Fz2,'b');
xlabel('纵向加速度(m/s2)')
ylabel('垂直载荷(N)')
```

3.6.2 前轴与后轴的附着率

定义前轴和后轴的利用附着率分别为

$$C_{\varphi 1} = \frac{F_{X1}}{F_{Z1}} \tag{3-48a}$$

$$C_{\varphi 2} = \frac{F_{X2}}{F_{Z2}} \tag{3-48b}$$

根据式(3-42a)和式(3-42b)可得到前后轴的切向力分别为

$$F_{X1} = \frac{T_{t1} - J_w \dot{\omega}_1 - T_{f1}}{r} \tag{3-49a}$$

$$F_{X2} = \frac{T_{t2} - J_w \dot{\omega}_2 - T_{f2}}{r} \tag{3-49b}$$

轮端扭矩总和与动力源输出扭矩 T_{tq} 成正比,即

$$T_{t1} + T_{t2} = T_{tq} i_g i_0 \eta_T \tag{3-50}$$

式中,i_g、i_0 和 η_T 分别表示变速器第 i 挡传动比、主减速器传动比和传动系效率。

3.6.3 前轴驱动和后轴驱动时的附着率

对于不同驱动形式,其驱动扭矩的推导过程如下(忽略轴承摩擦和制动器残余制动扭矩)。

对于前轴驱动:

$$T_{t1} = T_{tq}, T_{t2} = 0 \tag{3-51}$$

对于后轴驱动:

$$T_{t1} = 0, T_{t2} = T_{tq} \tag{3-52}$$

汽车总的牵引力需求为

$$F_T = G\sin\alpha + \delta \cdot \frac{G}{g} \cdot \frac{h_g}{L} \cdot \frac{du}{dt} + G\frac{rf}{L}\cos\alpha + \frac{C_D A}{21.15} \cdot \frac{h_w}{L} \cdot u_a^2 \tag{3-53}$$

后轴驱动时前轴为从动轮,根据式(3-47)得到前轴的切向力为

$$F_{X1} = \frac{-J_w \dot{\omega}_1 - T_{f1}}{r} \tag{3-54}$$

可知,从动轮上切向力大小由旋转质量的加速阻力以及滚动阻力决定。

而后轴,即驱动轴上的切向力由式(3-47)求出

$$F_{X2} = G\sin\alpha + \delta \cdot \frac{G}{g} \cdot \frac{h_g}{L} \cdot \frac{du}{dt} + \frac{C_D A}{21.15} \cdot \frac{h_w}{L} \cdot u_a^2 + \frac{J_w \dot{\omega}_1 + T_{f1}}{r} \tag{3-55}$$

其由空气阻力、坡道阻力、滚动阻力以及平移质量的加速阻力和前轴的切向力反力组成。同时，F_{X2} 的大小与后轴的旋转质量加速阻力以及后轴滚动阻力无关。

利用式(3-53)计算出的轴荷可确定以后轴驱动方式为例的前、后轴附着率。

前轴

$$C_{\varphi 1} = \frac{\dfrac{-J_w \dot{\omega}_1 - T_{f1}}{r}}{G\left(\dfrac{b}{L}\cos\alpha - \dfrac{h_g}{L}\sin\alpha\right) - \delta\cdot\dfrac{G}{g}\cdot\dfrac{h_g}{L}\cdot\dfrac{du}{dt} - F_{ZL1} - G\dfrac{rf}{L}\cos\alpha - \dfrac{C_D A}{21.15}\cdot\dfrac{h_w}{L}\cdot u_a^2} \tag{3-56}$$

后轴

$$C_{\varphi 2} = \frac{G\sin\alpha + \delta \cdot \dfrac{G}{g} \cdot \dfrac{h_g}{L} \cdot \dfrac{du}{dt} + \dfrac{C_D A}{21.15} \cdot \dfrac{h_w}{L} \cdot u_a^2 + \dfrac{J_w \dot{\omega}_1 + T_{f1}}{r}}{G\left(\dfrac{a}{L}\cos\alpha + \dfrac{h_g}{L}\sin\alpha\right) + \delta\cdot\dfrac{G}{g}\cdot\dfrac{h_g}{L}\cdot\dfrac{du}{dt} - F_{ZL2} + G\dfrac{rf}{L}\cos\alpha + \dfrac{C_D A}{21.15}\cdot\dfrac{h_w}{L}\cdot u_a^2} \tag{3-57}$$

上式中，非驱动轮的滚动阻力以及转动惯量常数值很小。

3.6.4 四轮驱动汽车的扭矩分配

四轮驱动汽车全部车轮都为驱动轮。四轮驱动系统可有效提升车辆的动力性和安全性，如增大在干燥的路面上的绝对爬坡度、在冰雪路面上的爬坡能力等。此外，全轮驱动车辆还可提升动力学优势，如在弯道行驶时可以达到更大的侧向加速度和实现中性转向等。本节将重点讨论前后轴驱动桥四驱车辆的轴间扭矩分配与四轮独立驱动车辆的轴间与轮间扭矩分配。

1. 前后轴驱动桥扭矩分配

（1）理想的扭矩分配

理想情况下前后轴附着率应该相等，即

$$C_{\varphi 1} = C_{\varphi 2} \tag{3-58}$$

这时可能克服的坡度最大。反之，如果某一轴附着率比较高，那么该轴车轮会先滑转，而另一轴上车轮要克服的阻力就会过大，也随之滑转，导致车辆无法前进。

车轮附着率可以通过传感器确定，或者通过制动防抱死系统中配置的转速传感器，根据每一个车轮的角加速度间接得到，这给各轴驱动扭矩分配提供了可实施途径。

下面将讨论前后轴理想的扭矩分配问题。

整车要求的总扭矩为

$$T_t = r(F_f + F_w + F_i + F_j) \tag{3-59}$$

设轴间扭矩分配系数为 i，可得

前轴扭矩：$T_{t1} = (1-i)T_t$；后轴扭矩：$T_{t2} = iT_t$

将由上式和式(3-47)确定的轮胎切向力与式(3-45)确定的轴荷相比，忽略旋转质量影响，可得到前后轴的附着率为

前轴

$$C_{\varphi 1} = \frac{(1-i)(F_f + F_w + F_i + F_j) - \dfrac{J_w \dot{\omega}_1 + T_{f1}}{r}}{G\left(\dfrac{b}{L}\cos\alpha - \dfrac{h_g}{L}\sin\alpha\right) - \delta \cdot \dfrac{G}{g} \cdot \dfrac{h_g}{L} \cdot \dfrac{du}{dt} - F_{ZL1} - G\dfrac{rf}{L}\cos\alpha - \dfrac{C_D A}{21.15} \cdot \dfrac{h_w}{L} \cdot u_a^2} \quad (3-60)$$

后轴

$$C_{\varphi 2} = \frac{i(F_f + F_w + F_i + F_j) - \dfrac{J_w \dot{\omega}_2 + T_{f2}}{r}}{G\left(\dfrac{a}{L}\cos\alpha + \dfrac{h_g}{L}\sin\alpha\right) + \delta \cdot \dfrac{G}{g} \cdot \dfrac{h_g}{L} \cdot \dfrac{du}{dt} - F_{ZL2} + G\dfrac{rf}{L}\cos\alpha + \dfrac{C_D A}{21.15} \cdot \dfrac{h_w}{L} \cdot u_a^2} \quad (3-61)$$

在保持前后轴附着率相等的条件下,可根据上式求得扭矩分配系数 i。

① 如果考虑车辆在无路、无坡度的旷野上低速行驶的附着情况,上式可简化为

$$C_{\varphi 1} = \frac{(1-i)F_f r - T_{f1}}{Gbr} L \quad (3-62a)$$

$$C_{\varphi 2} = \frac{iF_f r - T_{f2}}{Gar} L \quad (3-62b)$$

可求得

$$i = \frac{T_{f2}}{T_f} \quad (3-63)$$

即各轴驱动扭矩同滚动阻力矩分配一致。

如果前、后轴的滚动阻力系数不相等,如后轮在前轮压过的软路基轨迹上行驶而使得前轮滚动阻力系数大于后轮,或者后轴为双胎结构使得后轮滚动阻力系数大于前轮,则由式(3-63)得

$$i = \frac{f_2 F_{Z2}}{f_1 F_{Z1} + f_2 F_{Z2}} = \frac{f_2 a/L}{f_1 b/L + f_2 a/L} \quad (3-64)$$

② 考虑车辆低速匀速驶过大坡,公式可转化为

前轴

$$C_{\varphi 1} = \frac{(1-i)(F_f + F_i) - F_{f1}}{G\left(\dfrac{b}{L}\cos\alpha - \dfrac{h_g}{L}\sin\alpha\right)} = \frac{(1-i)G(f\cos\alpha + \sin\alpha) - F_{f1}}{G\left(\dfrac{b}{L}\cos\alpha - \dfrac{h_g}{L}\sin\alpha\right)} \quad (3-65)$$

后轴

$$C_{\varphi 2} = \frac{i(F_f + F_i) - F_{f2}}{G\left(\dfrac{a}{L}\cos\alpha + \dfrac{h_g}{L}\sin\alpha\right)} = \frac{iG(f\cos\alpha + \sin\alpha) - F_{f2}}{G\left(\dfrac{a}{L}\cos\alpha + \dfrac{h_g}{L}\sin\alpha\right)} \quad (3-66)$$

上式中使用精确表达式 $\sin\alpha$ 来代替坡度 p,因为全轮驱动车辆所能克服的坡度较大,用 $\sin\alpha \approx \tan\alpha = p$ 简化将引入较大误差。

假设前后轴滚动阻力系数相等,取附着率 $C_{\varphi 1} = C_{\varphi 2}$,即可求得理想的驱动扭矩分配比为

$$i = \frac{T_{t2}}{T_t} = \frac{G\left(\dfrac{a}{L}\cos\alpha + \dfrac{h_g}{L}\sin\alpha\right)}{G\cos\alpha} = \frac{a}{L} + \frac{h_g}{L}\tan\alpha \tag{3-67}$$

或

$$\frac{T_{t1}}{T_{t2}} = \frac{G\left(\dfrac{b}{L}\cos\alpha - \dfrac{h_g}{L}\sin\alpha\right)}{G\left(\dfrac{a}{L}\cos\alpha + \dfrac{h_g}{L}\sin\alpha\right)} = \frac{\dfrac{b}{L} - \dfrac{h_g}{L}\tan\alpha}{\dfrac{a}{L} + \dfrac{h_g}{L}\tan\alpha} \tag{3-68}$$

在理想分配时，前后轴上扭矩比应与相应的轴荷比一致。该比值随载荷状态以及坡度大小而变化，即得

$$C_{\varphi 1} = C_{\varphi 2} = \tan\alpha = p \tag{3-69}$$

据此，在扭矩理想分配时，最大爬坡度 $\alpha_{\max}$ 将由附着系数决定

$$C_{\varphi 2} = \tan\alpha_{\max} = p_{\max} \tag{3-70}$$

如：当 $C_{\varphi 2} = 1$ 时，$\alpha_{\max} = 45°$，$p_{\max} = 100\%$。

③ 在平路上的加速工况。假设速度 u 很小，滚动阻力忽略不计，可得到附着率以及扭矩分配系数如下：

前轴

$$C_{\varphi 1} = \frac{(1-i)F_j - \dfrac{J_w \dot{\omega}_1}{r}}{G\left(\dfrac{b}{L} - \dfrac{\delta}{g} \cdot \dfrac{h_g}{L} \cdot \dfrac{du}{dt}\right)} \tag{3-71}$$

后轴

$$C_{\varphi 2} = \frac{iF_j - \dfrac{J_w \dot{\omega}_2}{r}}{G\left(\dfrac{a}{L} + \dfrac{\delta}{g} \cdot \dfrac{h_g}{L} \cdot \dfrac{du}{dt}\right)} \tag{3-72}$$

扭矩分配系数为（静态半径和动态滚动半径一致）

$$i = \frac{1}{\delta}\left(\frac{a}{L} + \frac{h_g}{Lg} \cdot \frac{du}{dt} + \frac{J_w}{r^2 m}\right) \tag{3-73}$$

利用 MATLAB 仿真不同加速度下前、后扭矩分配系数。MATLAB 代码如下：

```
%参数定义
a=1.14;%质心至前轴距离
L=2.54;%轴距
m=1500;%整车质量
```

```
g=9.81;%重力加速度
hg=0.45;%质心高度
delta=1.07;%旋转质量换算系数
ax=[0:0.1:4];%纵向加速度
r=0.3;%滚动半径
jw=0.84;%车轮转动惯量
ua=0;%车速
%扭矩分配系数
i1=1/delta*(a/L+hg*ax/L/g+jw/r/r/m);%绘制曲线
plot(ax,i1,'r');
grid on;
hold on;
xlabel('纵向加速度(m/s2)')
ylabel('扭矩分配系数')
```

(2) 实际的扭矩分配

电动汽车前后轴双电机驱动扭矩分配可通过电信号实现灵活控制,考虑附着率的最优扭矩分配策略,可直接参考上述理想扭矩分配方案。

对于燃油车,前后轴驱动桥式机械传动系统扭矩分配与上述结果存在一定差别。表3-3给出了全轮驱动汽车的扭矩分配情况,由该表可以看出,实际扭矩分配采用的策略:

① 扭矩分配与车轮静载荷的分配比较接近,使得分配比例尽量接近式(3-73)给出的关系。

② 扭矩分配与车辆基本设计相适应,比如对于标准驱动形式后轴的扭矩要稍微大一些,而对于前轮驱动形式,前轴分配最大扭矩。

③ 最有价值的解决方案是中央差速器具有锁止功能,并且可以达到100%的锁止度。这样就可以实现前后轴的滑移率相等,即 $C_{\varphi 1}=C_{\varphi 2}$。

表3-3 全轮驱动汽车的扭矩分配

分动器类型 (中央差速器)	车轮型号	静态轴荷比 前/后	分动器(中央 差速器)扭矩 分配比例前/后	分动器锁止度
带机械锁止的 开放式差速器	梅赛德斯奔驰-G级	45%/55%	40%/60%	带机械锁止装置,可 实现100%的锁止度
	吉普大切诺基-拉雷多 4×4	40%/60%	50%/50%	
液力黏滞限 滑差速器	斯巴鲁 WRX/Crosstrek	60%/40%	50%/50%	随速差自适应调节
螺旋式限滑差 速器(托森 差速器)	奥迪 A8	60%/40%	40%/60%	托森差速器可实现 由 60%/40%~20%/ 80%的锁止度
	宾利欧陆 GT	53%/47%		
	路虎揽胜运动	50%/50%		

续表

分动器类型（中央差速器）	车轮型号	静态轴荷比前/后	分动器(中央差速器)扭矩分配比例前/后	分动器锁止度
电控限滑差速器	斯巴鲁 WRX STI	60%/40%	41%/59%	电子差速锁可实现100%的锁止度
按需耦合式差速器	马自达 CX-5	50%/50%	通过电控离合器按需分配	最大实现 50%的锁止度
	大众高尔夫 R	53%/47%		

2. 四轮独立驱动扭矩分配

四轮独立驱动电动汽车[如图 3-14(d)所示的四轮轮毂驱动]可实现四轮驱动力矩独立控制。对于四轮独立驱动电动汽车,其前后轴驱动扭矩分配可通过电信号实现精准控制,因此其轴间扭矩分配策略可直接参考上述理想扭矩分配方案。本小节重点讨论其同轴异侧车轮间扭矩分配策略,即轮间驱动扭矩分配方案。

对于从动轮车桥,由于两侧车轮没有物理固联,可实现车轮转速随动。而传统驱动桥式机械传动系统则通过差速器实现同轴左右两侧车轮差速控制。差速器本质上可实现同轴车轮"差速不差矩控制",车轮转速由车辆运动学关系决定,并受轮胎动力学的影响。车辆阿克曼转向运动学关系如图 3-16 所示。

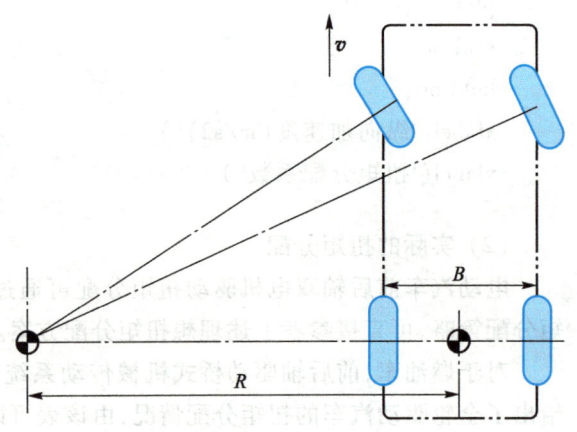

图 3-16 车辆阿克曼转向运动学关系

忽略车轮滑转影响,车辆转弯时外侧车轮旋转速度比内侧车轮快。假设汽车以速度 v 通过半径为 R 的弯道,其内外侧车轮旋转角速度分别为

$$\omega_\mathrm{i} = \frac{v}{r}\left(1 - \frac{B}{2R}\right)$$
$$\omega_\mathrm{o} = \frac{v}{r}\left(1 + \frac{B}{2R}\right) \tag{3-74}$$

式(3-74)为未对车轮施加力矩时,车轮基于几何关系做纯滚动时的运动学关系。考虑轮胎动力学的影响,对式(3-74)进行修正。考虑到对车轮施加扭矩将产生车轮滑转/滑移,引入轮胎滑转率 s',得到修正的内外侧车轮旋转角速度关系为

$$\omega_\mathrm{i} = \frac{u}{r}\left(\frac{1}{1-s'_\mathrm{i}}\right)\left(1 - \frac{B}{2R}\right)$$
$$\omega_\mathrm{o} = \frac{u}{r}\left(\frac{1}{1-s'_\mathrm{o}}\right)\left(1 + \frac{B}{2R}\right) \tag{3-75}$$

式中,s'_i 和 s'_o 分别表示内外侧车轮滑转率。考虑车辆的不足/过多转向特性以及路面不平度等

因素影响,上述公式还可进一步修改,但与本节讨论结果无关。由于轮胎滑动率是输入扭矩的函数,可得到如下结论:

(1) 车轮旋转角速度在如下假设条件下可完全确定。

① 每个车轮施加相同扭矩;

② 同轴车轮可自由地以不同速度旋转。

(2) 车轮可实现"自然"地转速控制,从而保证车辆转弯时具有良好的操稳性。

基于上述结论,四轮独立驱动车辆同轴异侧车轮扭矩分配基本策略可为平均分配,当整车控制器对同轴电机发送相同扭矩控制指令时,无论两侧车轮速度差异多大,两侧车轮均可实现自由转矩,实现"自然"差速控制。该种没有机械差速器的控制方案,可被称为"电子开放式差速器"。

思考与练习

一、选择题

1. 关于车辆空气阻力的描述,以下哪项是正确的?( )

A. 车辆空气阻力与速度成平方正比关系,速度增加1倍,阻力增加3倍。

B. 车辆空气阻力与车辆正投影面积无关。

C. 车辆空气阻力系数越小,表示车辆风阻越小。

D. 尖锐的车头和平滑的车尾设计会增加空气阻力。

2. 当汽车以恒定速度上坡时,以下关于坡度阻力的说法正确的是( )。

A. 坡度阻力与汽车的总质量无关

B. 坡度阻力与坡面的倾斜角度无关

C. 坡度阻力随坡面倾斜角度的增大而增大

D. 坡度阻力与汽车行驶速度的平方成正比

3. 以下哪项不是汽车行驶阻力的组成部分?( )

A. 滚动阻力　　　　　　　B. 空气阻力

C. 坡度阻力　　　　　　　D. 摩擦阻力(仅指轮胎与传动轴之间的摩擦)

4. 汽车在爬坡时,坡度阻力与以下哪个因素无关?( )

A. 车辆质量　　　　　　　B. 坡度角度

C. 路面材质　　　　　　　D. 车速

5. 汽车行驶时的空气阻力与以下哪个参数的关系最为密切?( )

A. 传动系传动比　　　　　B. 车速

C. 轮胎半径　　　　　　　D. 车辆颜色

二、填空题

1. 车辆的空气阻力的计算公式为_____。

2. 车辆的道路阻力的计算公式为_____。

3. 车辆在行驶过程中会遇到多种阻力,其中主要包括_____、_____、_____和_____。

4. 车辆在加速行驶时,会产生与_____和_____相关的惯性阻力。

5. 空气阻力的大小取决于车辆的_____、_____、_____以及车辆表面的_____。

三、判断题

1. 车辆空气阻力在任何速度下都存在,且随着速度的增加而线性增加。(　　)
2. 车辆的空气阻力系数越小,表示车辆的风阻越小,空气阻力也越小。(　　)
3. 车辆在雨天行驶时,行驶阻力会增大。(　　)
4. 车辆在加速行驶时,只受到加速阻力的影响。(　　)
5. 空气阻力的大小与车辆行驶速度的平方成正比。(　　)

四、简答题

1. 车辆行驶时受到的空气阻力由哪几部分组成?
2. 简述降低空气阻力的主要手段。
3. 怎样获得车辆的空气阻力系数?
4. 什么是车辆的道路阻力?
5. 简述车辆旋转质量换算系数的影响因素并写出其计算公式。
6. 车辆的行驶阻力由哪些部分组成? 写出车辆行驶方程式。
7. 简述汽车的传动系组成。
8. 说明汽车传动系功率损失的影响因素。
9. 列出汽车的功率平衡公式。
10. 在同一车速、不同挡位的条件下,结合功率平衡图说明汽车的动力性和经济性如何。
11. 汽车后备功率与所使用的挡位是否有关?
12. 说明汽车后备功率的意义。
13. 以纯电动汽车为例,说明新能源汽车传动系结构和组成部分,并说明与传统燃油汽车传动系的不同。
14. 汽车驱动极限与哪些因素有关?
15. 影响汽车前后轴理想扭矩分配的因素有哪些?
16. 汽车在平直道路加速通过斜坡时,应如何分配前后轴扭矩? 请给出公式推导。
17. 电动汽车双电机四驱方案与四电机独立驱动方案的驱动极限差异具体体现在哪? 这两种驱动方案各自有何利弊?
18. 电动汽车双电机四驱方案与四电机独立驱动方案的驱动防滑控制存在哪些差异? 请查阅文献思考。

五、综合应用题

1. 请选择具体车型,查找相关信息及车辆参数,参考驱动力-行驶阻力平衡示意图 MATLAB 代码,绘制汽车的爬坡图(不同挡位时爬坡度随速度变化曲线)。
2. 确定一轻型货车的动力性能(货车采用 5 挡变速器):
(1) 计算车速为 50 km/h 时的各项阻力功率;
(2) 绘制汽车驱动力与行驶阻力平衡图;
(3) 计算功率平衡时的车速;
(4) 计算车速为 50 km/h、5 挡时的后备功率;
(5) 说明此时汽车的动力性和经济性。

汽油发动机外特性曲线 T_q-n 拟合公式为：

$$T_q = -19.313 + 295.27 \times \left(\frac{n}{1\,000}\right) - 165.44 \times \left(\frac{n}{1\,000}\right)^2 + 40.874 \times \left(\frac{n}{1\,000}\right)^3 - 3.844\,5 \times \left(\frac{n}{1\,000}\right)^4$$

式中，T_q 为发动机转矩（N·m）；n 为发动机转速（r/min）。

轻型货车有关数据为：发动机的最低转速 $n_{\min}$ = 600 r/min，最高转速 $n_{\max}$ = 4 000 r/min。装载质量 2 000 kg；整车整备质量 1 800 kg；总质量 3 880 kg；车轮半径 0.367 m；传动系机械效率 η_T = 0.85；滚动阻力系数 f = 0.013；空气阻力系数×迎风面积 C_DA = 2.77 m²；主减速器传动比 i_0 = 5.83；飞轮转动惯量 I_f = 0.218 kg·m²；二前轮转动惯量 I_{w1} = 1.798 kg·m²；四后轮转动惯量 I_{w2} = 3.598 kg·m²。变速器传动比（i_g）：Ⅰ挡 5.56，Ⅱ挡 2.769，Ⅲ挡 1.644，Ⅳ挡 1，Ⅴ挡 0.793。轴距 L = 3.2 m，质心至前轴距离（满载）a = 1.974 m，质心高（满载）h_g = 0.9 m。

3. 已知某车辆基本参数如下：

参数名称	数值
整车满载质量	1 225 kg
车轮滚动半径	0.261 3 m
滚动阻力系数	0.008 2
车辆迎风面积	1.4 m²
空气阻力系数	0.38
旋转质量换算系数	1.1
质心高度	0.487 m
质心到前轴距离	1.006 m
质心到后轴距离	0.864 m
地面最大附着系数	0.7

（1）请理论推导不同车速下匀速行驶时前、后轴单独驱动时轮胎附着率情况，并绘制相应关系曲线；

（2）请理论推导不同车速、不同坡度下匀速行驶时，四轮驱动车辆的前后轴理想扭矩分配关系，并绘制相应曲线图。

第 4 章 汽车纵向动力学

汽车纵向动力学研究内涵包括研究车辆直线行驶时的力学性能,开展性能分析与评价,并通过合理控制来提升其纵向行驶综合性能等,主要涉及汽车的动力性与制动性两大基本性能。本章基于汽车纵向动力学的研究内容,覆盖评价指标、力学行为分析、指标求解和讨论、典型系统举例等多个方面。

本章结束时,学生应该具备如下能力:
1. 掌握汽车的动力性评价指标体系和动力性指标的计算方法。
2. 掌握汽车纵向受力的分析,深刻理解汽车行驶的附着条件以及汽车附着率。
3. 掌握汽车的制动性评价指标体系。
4. 深刻理解汽车的制动效能及其恒定性、制动时汽车的方向稳定性。
5. 掌握汽车前、后制动器制动力的分配特性,了解电动汽车再生制动工作原理。
6. 理解并掌握典型汽车纵向动力学控制系统的工作原理和控制方法。

4.1 汽车动力性的评价指标

动力性是汽车作为载运工具的最基本性能,从获得尽可能高的平均行驶速度的角度出发,汽车的动力性可由三方面的指标来评定,即

(1) 汽车的最高车速 $u_{a\max}$;

(2) 汽车的加速时间 t;

(3) 汽车的最大爬坡度 $i_{\max}$。

最高车速 $u_{a\max}$ 定义为在水平良好的直线道路上汽车能达到的最高行驶平均车速。

汽车的加速时间表示汽车的加速能力,它对平均行驶车速有着很大影响,常用原地起步加速时间与超车加速时间来表明汽车的加速能力。原地起步加速时间定义为汽车由Ⅰ挡或Ⅱ挡起步,并以最大的加速度(包括选择恰当的换挡时机)逐步换挡直到达到某一预定的距离或车速所需的时间。超车加速时间定义为用最高挡或次高挡由某一较低车速全力加速至某一高速所需的时间。一般常用 0→400 m 或 0→100 km/h 的时间来表明汽车原地起步加速能力。对超车加速能力采用较多的评价方法是用最高挡或次高挡由 30 km/h 或 40 km/h 全力加速行驶至某一高速所需的时

间。通常,加速过程曲线(即车速-时间关系曲线)同样可以全面反映加速能力,轿车的原地起步加速过程曲线如图4-1所示。

汽车的爬坡能力常用满载(或某一载质量)时汽车在良好路面上的最大爬坡度 i_{max} 来表示。显然,最大爬坡度是指 I 挡最大爬坡度。轿车最高车速高、加速时间短、经常在较好的道路上行驶,一般不强调它的爬坡能力;然而它的 I 挡加速能力大,故爬坡能力也强。货车在各种地区的各种道路上行驶,所以必须具有足够的爬坡能力,一般 i_{max} 为30%,即 16.7°左右。i_{max} 代表了汽车的极限爬坡能力,通常比实际行驶中遇到的道路最大坡度超出很多,这是因为应考虑在实际坡道行驶时,车辆在坡道上停车后顺利起步加

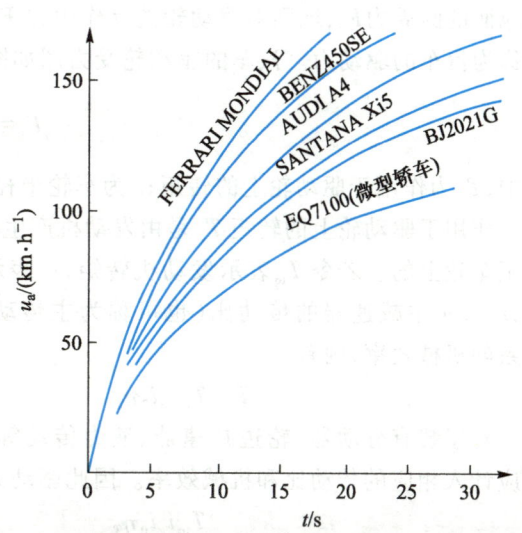

图 4-1 轿车的原地起步加速过程曲线

速需要克服松软坡道路面的大阻力与坡道上崎岖不平路面的局部大阻力等要求的缘故。越野汽车要在坏路或无路条件下行驶,其最大爬坡度可达 60%,即 31°左右。军用车辆的战术技术要求中,不一定规定车辆的最高车速,但通常规定在一定坡道上车辆应达到的速度。

与传统内燃机汽车一样,电动汽车动力性仍然由最高车速、加速性能和爬坡性能三方面的指标来评定,测试环境、仪器设备和载荷条件也基本相同,但也存在一些不同之处。

(1) 纯电动汽车的动力性指标

根据《纯电动乘用车 技术条件》(GB/T 28382—2012)中的规定,电动汽车最高车速采用 30 min 最高车速指标,即电动汽车能够持续 30 min 以上的最高平均车速,其值应不低于 80 km/h。加速性能包括车辆 0~50 km/h 和 50~80 km/h 的加速性能,其加速时间应分别不超过 10 s 和 15 s。爬坡性能包括爬坡速度和车辆最大爬坡度,即车辆通过 4% 坡度的爬坡车速不低于 60 km/h,车辆通过 12% 坡度的爬坡车速不低于 30 km/h,车辆最大爬坡度不低于 20%。

(2) 混合动力电动汽车的动力性指标

混合动力电动汽车具有发动机和电机两套驱动系统,具备多种运行模式。因此,混合动力电动汽车的动力性指标需要结合具体的驱动模式来确定。

根据《混合动力电动汽车 动力性能 试验方法》(GB/T 19752—2024)的规定,混合动力电动汽车混合驱动模式下的动力性指标包括:最高车速、30 min 最高车速、0~100 km/h 或 0~50 km/h 的加速时间、爬坡车速、坡道起步能力和最大爬坡度。如果混合动力电动汽车具有纯电动驱动模式,则还需要考虑在纯电动模式下的动力性指标,包括最高车速、0~50 km/h 加速时间、爬坡车速和坡道起步能力。

4.2 汽车的驱动力

汽车发动机产生的转矩经传动系传至驱动轮上。此时作用于驱动轮上的转矩 T_t 产生一个

对地面的圆周力 F_0，地面对驱动轮的反作用力 F_t（方向与 F_0 相反）即是驱动汽车的外力，此外力称为汽车的驱动力。汽车的驱动轮受力图如图4-2所示。驱动力的计算公式为

$$F_t = \frac{T_t}{r} \tag{4-1}$$

式中，T_t 为作用于驱动轮上的转矩；r 为车轮半径。

作用于驱动轮上的转矩 T_t 是由发动机产生的转矩经传动系传至车轮上的。若令 T_{tq} 表示发动机转矩，i_g 表示变速器的传动比，i_0 表示主减速器的传动比（也可称为主传动比），η_T 表示传动系的机械效率，则有

$$T_t = T_{tq} i_g i_0 \eta_T \tag{4-2}$$

对于装有分动器、轮边减速器、液力传动等装置的汽车，上式应计入相应的传动比和机械效率。因此驱动力为

$$F_t = \frac{T_{tq} i_g i_0 \eta_T}{r} \tag{4-3}$$

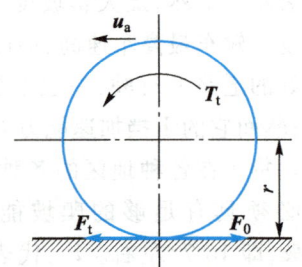

图4-2 汽车的驱动轮受力图

传动效率因受到多种因素的影响而有所变化，表4-1为传动系各部件的传动效率，推荐的数值亦可用来估算整部汽车的传动效率。

表4-1 传动系各部件的传动效率

部件名称	η_T	部件名称	η_T
4～6挡变速器	95%	单级减速主减速器	96%
辅助变速器（副变速器或分动器）	95%	双级减速主减速器	92%
8挡以上变速器	90%	传动轴的万向节	98%

4.3 汽车行驶特性场理论

如图4-3所示为车辆行驶所需要的特性场，横坐标是车速，可由驾驶员在最高车速 v_{max} 限制的范围内自由确定；纵坐标分别是牵引力 Z（力矩）以及车轮上的功率 P_R，取决于行驶条件（平路，上坡或下坡）和加速度（或减速度）的大小。为了使车辆实际行驶在特性场范围内，对应地，车辆驱动系统的首要条件就是提供相应的特性场，即供应特性场，驱动系统的理想供应特性场如图4-4所示。

供应特性场应合理地加以如下限制：

（1）第一个极限是车辆最高车速或驱动系统最高转速；

（2）第二个极限是由驱动系统的任一车速下能提供的最大功率 P_{Rmax} 所确定的，理想情况下

$$P_{Rmax} = 常数 \tag{4-4}$$

牵引力与车速 v 成反比，即

$$Z \approx \frac{P_{Rmax}}{v} \tag{4-5}$$

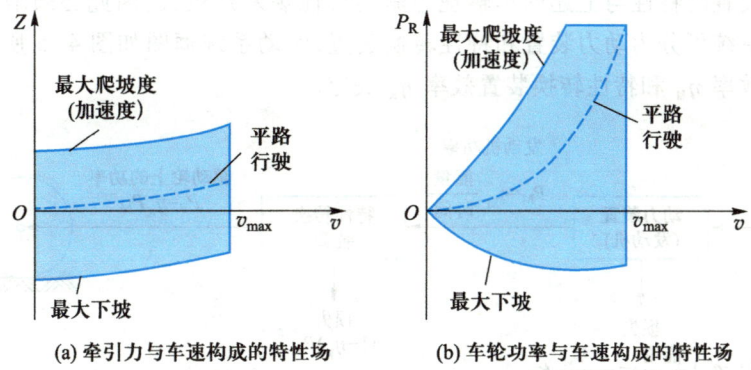

图 4-3 车辆行驶所需要的特性场

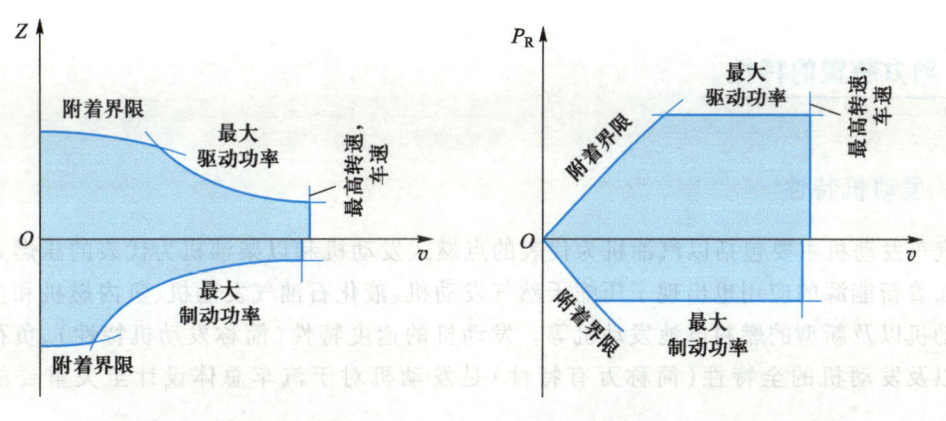

图 4-4 驱动系统的理想供应特性场

（3）第三个极限是由道路附着特性确定的。在低速时，最大车轮功率保持常数 P_{Rmax} 的要求是不合适的，因为 $v=0$ 时，$Z \to \infty$，这是车轮-道路之间的附着条件所不允许的。对于具有 m 个驱动轴的车辆，在传递力矩的车轮上所能传递的最大可能的切向力 F_{xmax} 为

$$F_{xmax} = \mu \sum_{j=1}^{m} F_{zj} \tag{4-6}$$

式中，μ 为附着系数，F_{zj} 为轮荷。

为了使车辆达到最大切向力，应采用全轮驱动的方式，这时上式中的轮荷之和 $\sum_{j=1}^{m} F_{zj}$ 等于车辆总重 G，因此上式可以改写为

$$F_{xmax} = \mu G \tag{4-7}$$

由上面的各个方程可得理想供应特性场的第三个极限

$$Z_{max} = \mu G \tag{4-8}$$

或者

$$P_{Rmax} \approx Zv = \mu Gv \tag{4-9}$$

由于驱动装置的特性与上述的车辆理想驱动特性场差别较大,因此必须增加一个特性转换装置。驱动系统可分为动力装置和特性转换装置,驱动系统框图如图 4-5 所示。功率损失由动力装置的效率 η_M 和特性转换装置效率 η_K 决定。

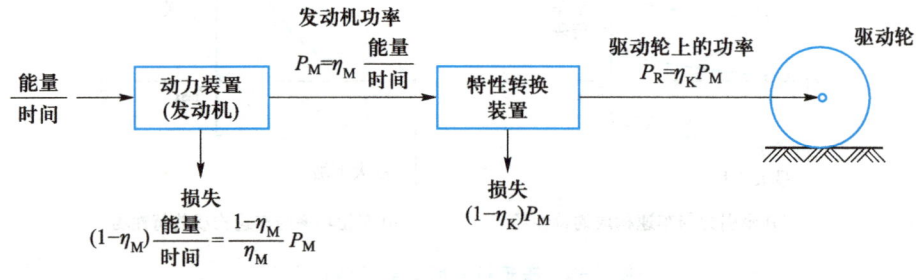

图 4-5 驱动系统框图

4.4 动力装置的特性

4.4.1 发动机特性

汽车发动机主要包括以汽油机为代表的点燃式发动机和以柴油机为代表的压燃式内燃机。随着新能源的应用也出现了压缩天然气发动机、液化石油气发动机、氢内燃机和生物柴油发动机以及新型的燃料电池发动机等。发动机的速度特性(简称发动机特性)、负荷特性曲线以及发动机的全特性(简称万有特性)是发动机对于汽车总体设计至关重要的输出特性。

1. 发动机的速度特性

若汽油机保持节气门开度不变或柴油机保持油量调节杆位置不变,且各工况在最佳调整状态时,发动机的性能指标和特性参数随转速的变化规律称为发动机的速度特性。

每一个节气门开度位置或油量调节位置都对应一条速度特性曲线。标定工况位置所决定的是全负荷速度特性曲线,又称外特性曲线。外特性曲线表示了发动机各转速对应的最大功率和最大力矩,汽车的最大动力性能就是由这条特性线所决定的。其余为部分负荷速度特性线,又称部分特性曲线。柴油机的速度特性,特别是外特性,除了直接影响配套汽车的动力性外,还与汽车能否安全运转密切相关,怠速的部分特性曲线则又与汽车能否稳定运转相关。

测定汽油机速度特性曲线时,除了保持节气门开度不变之外,各工况均须调整到最佳点火提前角、过量空气系数按理想值配制,此外水温、油温、油压等均应保持正常稳定的状态。

如图 4-6、图 4-7 所示分别为汽油机各种负荷(此处取全、中、小三种节气门开度)条件下,各特性参数随转速的变化曲线和速度特性曲线。

汽油机的输出功率和力矩是发动机转速和节气门开度的函数。当汽油机处于最大节气门开度状态时,发动机的输出功率、力矩、燃料消耗率与发动机转速的关系曲线称为发动机的外特性曲线。如果汽油机节气门部分开启,发动机的输出功率、力矩、燃料消耗率与发动机转速的关系曲线称为发动机的部分负荷特性曲线。图4-8为某汽油机外特性和部分负荷时的速度特性曲线,曲线上的数字为节气门开度百分比。

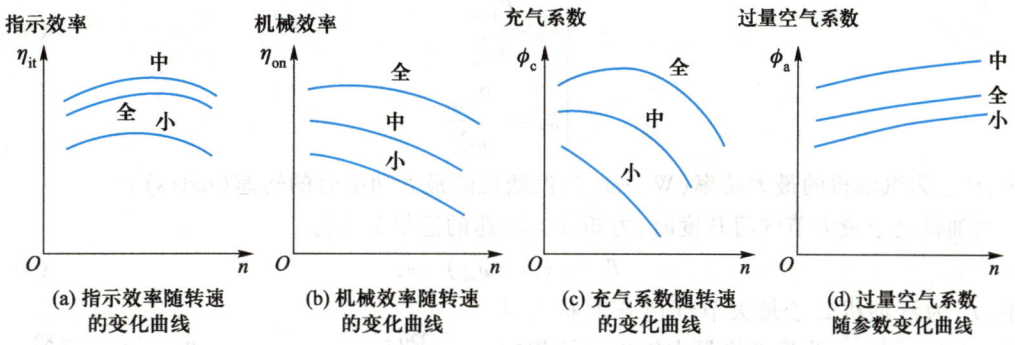

图4-6 汽油机全、中、小负荷条件下,各特性参数随转速的变化曲线

(a) 指示效率随转速的变化曲线
(b) 机械效率随转速的变化曲线
(c) 充气系数随转速的变化曲线
(d) 过量空气系数随参数变化曲线

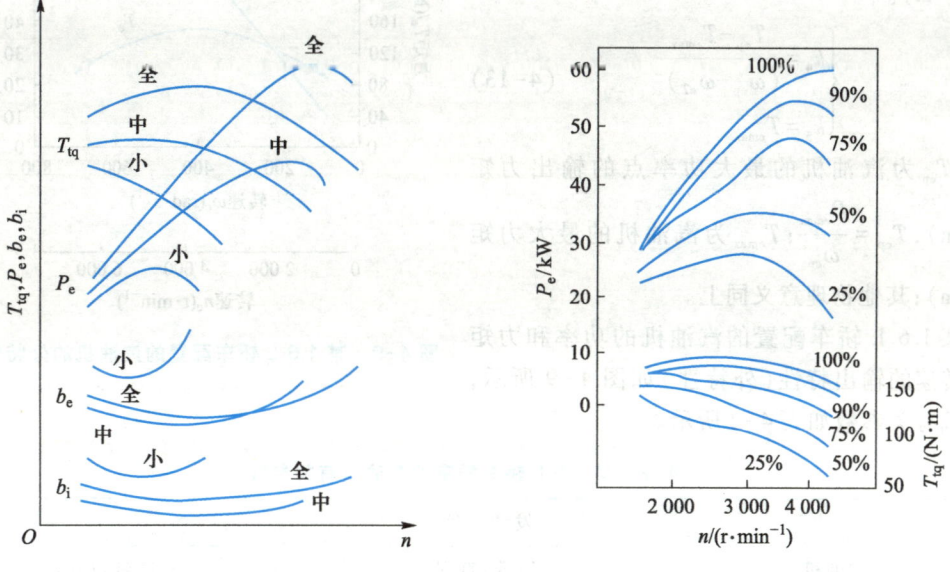

图4-7 汽油机全、中、小负荷条件下的速度特性曲线

图4-8 某汽油机外特性和部分负荷时的速度特性曲线

为方便研究汽车的动力性、燃料经济性和排放性,一般用3次多项式近似描述发动机功率和其转速的关系,用2次多项式近似描述发动机力矩和其转速的关系。

汽油机处于最大节气门开度时,功率和其转速的关系可近似表示为

$$P_e = k_1 \omega_e + k_2 \omega_e^2 + k_3 \omega_e^3 \tag{4-10}$$

式中,P_e为汽油机处于最大节气门开度状态时的功率(W);ω_e为发动机转速(rad/s);k_1为系数(N·m);k_2为系数(N·m·s);k_3为系数(N·m·s²)。

$$\begin{cases} k_1 = \dfrac{P_{emax}}{\omega_{ep}} \\ k_2 = \dfrac{P_{emax}}{\omega_{ep}^2} \\ k_3 = -\dfrac{P_{emax}}{\omega_{ep}^3} \end{cases} \quad (4-11)$$

式中，P_{emax} 为汽油机的最大功率（W）；ω_{ep} 为汽油机的最大功率时的转速（rad/s）。

汽油机处于最大节气门开度时，力矩和其转速的近似关系为

$$T_e = k_4(\omega_e - \omega_{eT})^2 + k_5 \quad (4-12)$$

式中，T_e 为汽油机处于最大节气门开度状态时的力矩（N·m）；ω_{eT} 为发动机最大输出力矩相应的转速（rad/s）；k_4 为系数（N·m·s²）；k_5 为系数（N·m）。

$$\begin{cases} k_4 = \dfrac{T_{ep} - T_{emax}}{(\omega_{ep} - \omega_{eT})^2} \\ k_5 = T_{emax} \end{cases} \quad (4-13)$$

式中，T_{ep} 为汽油机的最大功率点的输出力矩（N·m），$T_{ep} = \dfrac{P_{emax}}{\omega_{ep}}$；$T_{emax}$ 为汽油机的最大力矩（N·m）；其他物理意义同上。

某 1.6 L 轿车配置的汽油机的功率和力矩随其转速的输出特性（外特性）如图 4-9 所示，发动机有关参数如表 4-2 所示。

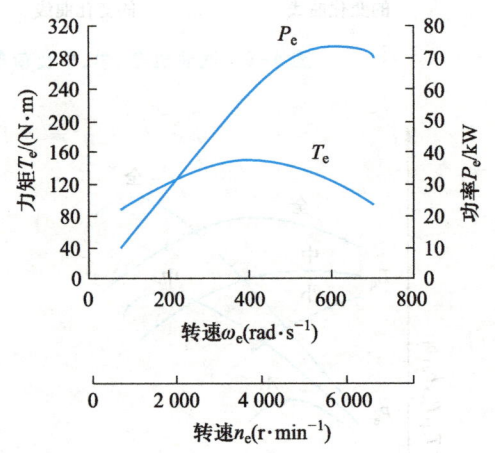

图 4-9　某 1.6 L 轿车配置的汽油机的外特性图

表 4-2　某 1.6 L 轿车配置的汽油机有关参数

发动机参数		
汽油机	缸数：直列 4 缸	排量：1.6 L
最大功率：74 kW 相应转速：5 800 r/min	最大转矩：150 N·m 相应转速：3 800 r/min	怠速转速：810 r/min

该 1.6 L 轿车配置的汽油机的功率表达式为

$$P_e = 121.84\omega_e + 0.200\,6\omega_e^2 - 3.302\,1 \times 10^{-4}\omega_e^3 \text{ W} \quad (4-14)$$

该 1.6 L 轿车配置的汽油机的力矩表达式为

$$T_e = [-6.421 \times 10^{-4}(\omega_e - 397.94)^2 + 150] \text{ N·m} \quad (4-15)$$

发动机实际的输出功率和力矩与发动机转速/节气门开度/供油量的关系通过发动机台架实验确定。发动机制造厂提供的带上全部附件设备时的发动机特性曲线称为使用外特性曲线。使用外特性曲线的功率小于外特性的功率。一般汽油机使用外特性的最大功率比外特性的最大功率约小 15%；柴油机约小 5%。

在实际使用中,发动机的工况常是不稳定的,例如在汽车加速时,发动机是在节气门开度迅速加大,曲轴转速连续由低升高的变化过程中工作的,发动机的热状况、可燃混合气的浓度等与外特性台架试验时的稳定工况有差异。在加速过程的不稳定工况下,发动机所能提供的功率比稳定工况时稍有下降。此外,汽车空调等设备也要消耗发动机的输出功率,在进行动力性估算时,发动机的输出功率通常是指输出到传动系的功率。

2. 发动机的负荷特性

当发动机保持转速不变时,稳态性能指标随负荷而变化的规律称为发动机的负荷特性。汽车在阻力变化的路面上保持等速行驶,转速在很小范围内变动,可认为近似按负荷特性运行。负荷特性曲线的横坐标是负荷,因此,负荷特性曲线一般用来分析发动机的燃料经济性(有效燃料消耗率)。测定负荷特性曲线时,负荷可逐渐加大而不受标定功率的限制,所以负荷特性还可用于分析发动机所能达到的极限动力性能,不像速度特性曲线那样受到标定功率的限制。再加上在试验台架上,负荷特性曲线比速度特性曲线更易于测定,所以发动机的性能研究,多根据负荷特性曲线来进行。汽油机、柴油机的负荷特性曲线分别如图4-10和图4-11所示。

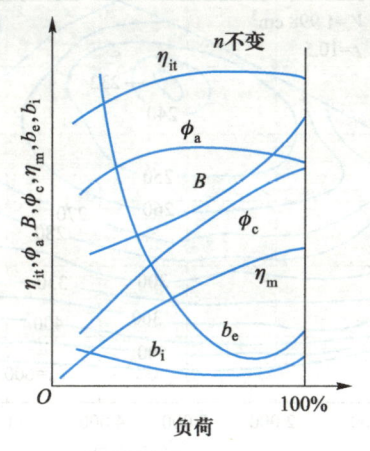

图4-10 汽油机负荷特性曲线

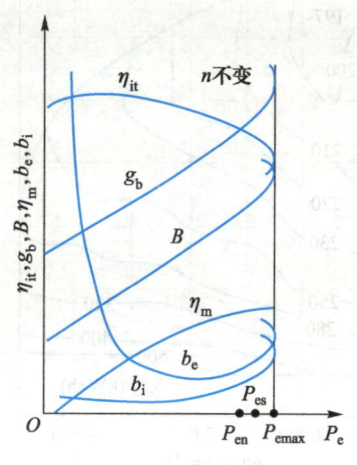

图4-11 柴油机负荷特性曲线

将标定功率及转速相接近的汽油机、柴油机的负荷特性曲线进行对比,其主要差别如下:

① 汽油机有效燃料消耗率都比同负荷的柴油机高,这是两种机型的混合气形成、着火燃烧以及负荷调节方式的不同造成的;② 中、低负荷处燃料消耗率的差值明显比最低油耗点和标定功率处大,由图4-12可知,$\Delta b_{e1} > \Delta b_{e2} > \Delta b_{emin}$,这是出于汽油机 b_e 线过于陡尖,而柴油机有较宽的平坦段的缘故。统计资料表明,汽油机、柴油机 b_{emin} 的差值为15%~30%,而综合使用油耗的差值可达25%~45%,这是因为汽车大多在中、低负荷条件下运行。

由以上两点可以得知,若单纯从燃料经济性出发

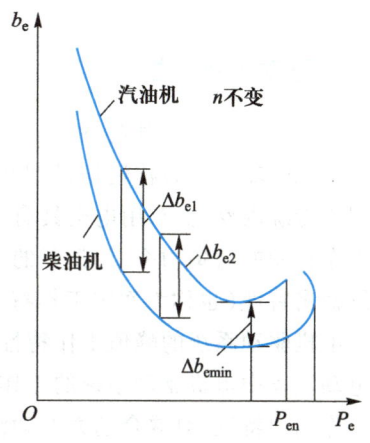

图4-12 汽、柴油机负荷特性曲线的对比

进行汽车动力的选择，自然是柴油机优于汽油机，这是柴油机最明显的优势，但实际选用时不可能只考虑这一因素。另外一个重要因素是，无论汽油机、柴油机都希望尽可能提高负荷利用率，使其经常接近最经济的 80%~90% 负荷率处工作。这一点对汽油机尤为重要。它已成为改善发动机燃料经济性、降低实际使用油耗的一个极为重要的原则。

3. 发动机的全特性

发动机负荷特性和速度特性曲线只反映转速或负荷不变时的性能变化规律，为方便分析多转速、多负荷的综合性能，常采用转速与负荷同时变化的全特性（万有特性）图。运行工况的全特性是指负荷及转速都变化时的性能指标或特性参数的变化规律，图中有各种指标或参数的等值线，如等有效燃料消耗率线，等功率线等。图 4-13 和图 4-14 分别为柴油机、汽油机全特性图的实例，图上细实线及数字表示等有效燃料消耗率 b_e 线。

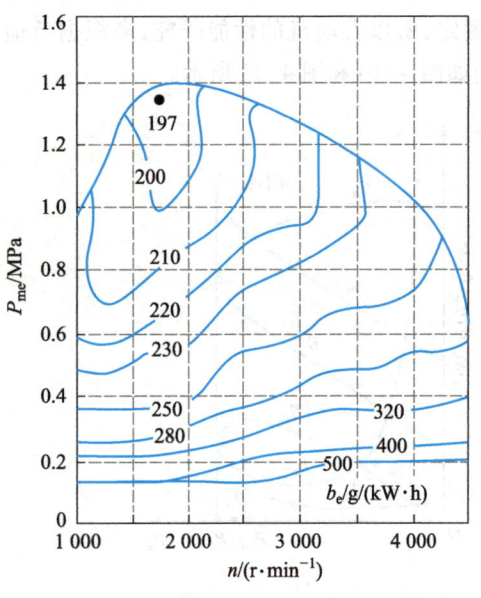

图 4-13 某 1.9 L 柴油机全特性实例

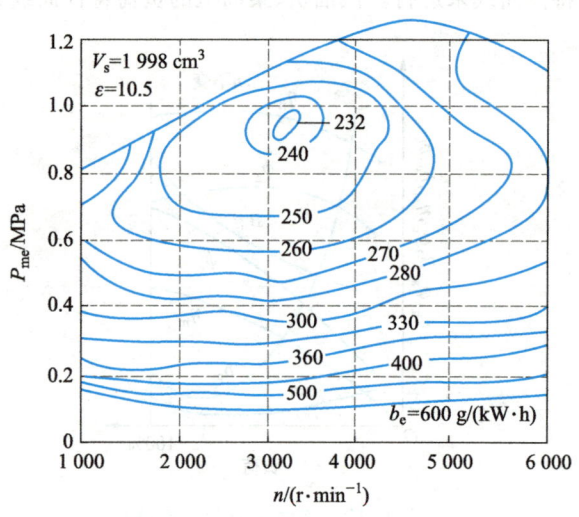

图 4-14 某 2 L 汽油机全特性实例

4.4.2 驱动电机特性

1. 电机的峰值工作特性

电机的输出动力特性应满足电动汽车动力性设计指标需求：加速、爬坡、最高车速行驶。不同于传统内燃机，车用电机具有一定的过载能力，采用峰值工作特性进行描述，它表征了电动汽车行驶的后备功率，与整车的加速、爬坡性能密切相关；而整车的巡航行驶性能与电机的连续输出特性（也称为额定工作特性）相关。

电机驱动系统的峰值工作特性与设定的电机工作制密切相关。由于混合动力电动汽车与纯电动汽车中电机驱动系统的工作模式有很大差别，通常对纯电动汽车，采用 5 min 工作制峰值工作动力特性，对混合动力电动汽车，采用 1 min 工作制峰值工作动力特性。

电动汽车电机驱动系统理想工作特性如图 4-15 所示,从图中可以看出电机驱动系统低速恒转矩、高速恒功率。

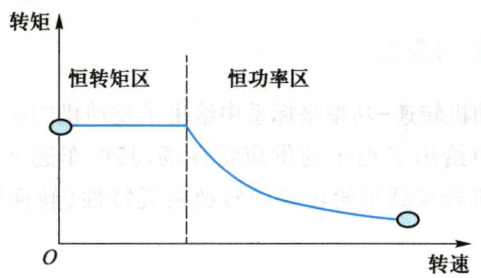

图 4-15　电动汽车电机驱动系统理想工作特性

2. 电机的额定工作特性

电机的额定工作特性是指电机在温升允许范围内达到热平衡并能够长时间连续稳定输出转矩的工作特性。电机额定工作特性的设计应能够覆盖汽车行驶特性场中时间分布最密集的区域。电机额定输出功率值远远低于峰值功率值。

综上,电动汽车电机驱动系统特性曲线如图 4-16 所示,0 ~ 电机基速(额定转速)N_n 为恒转矩、N_n ~ 电机最高工作转速 N_m 为恒功率;T_n、T_p 分别为额定转矩、峰值转矩,峰值转矩与额定转矩之比定义为转矩过载系数;P_n、P_p 分别为额定功率和峰值功率,峰值功率与额定功率之比定义为功率过载系数。受电机自身特性的限制,转矩过载系数一般在 2~4 之间,且转矩过载系数越大,电机设计的难度越大。因此,通常情况下,满足加速性能要求的电机峰值功率的一半均大于电机额定输出功率的下限值。

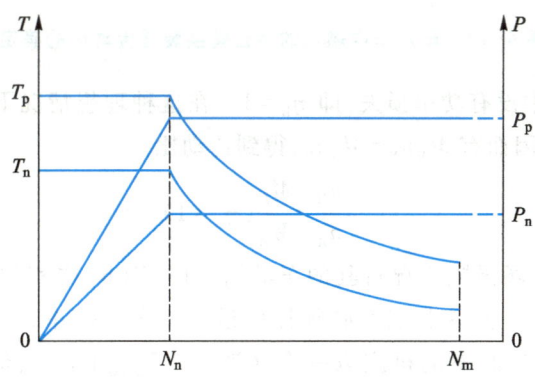

图 4-16　电动汽车电机驱动系统特性曲线

4.5 动力装置输出特性转换装置特性

4.5.1 汽车行驶对传动比的要求

在图 4-17(a)上的发动机转速-功率坐标系中给出了发动机的驱动特性场;在图 4-17(b)上的车速-车轮功率坐标系中给出了理想的供应特性场,其中车速 v 与车轮转速 n_R 成正比;在图 4-17(c)上给出了发动机转速到车轮转速的转换装置特性(转换装置传动比 i_K 随车速 v 变化)的情况。

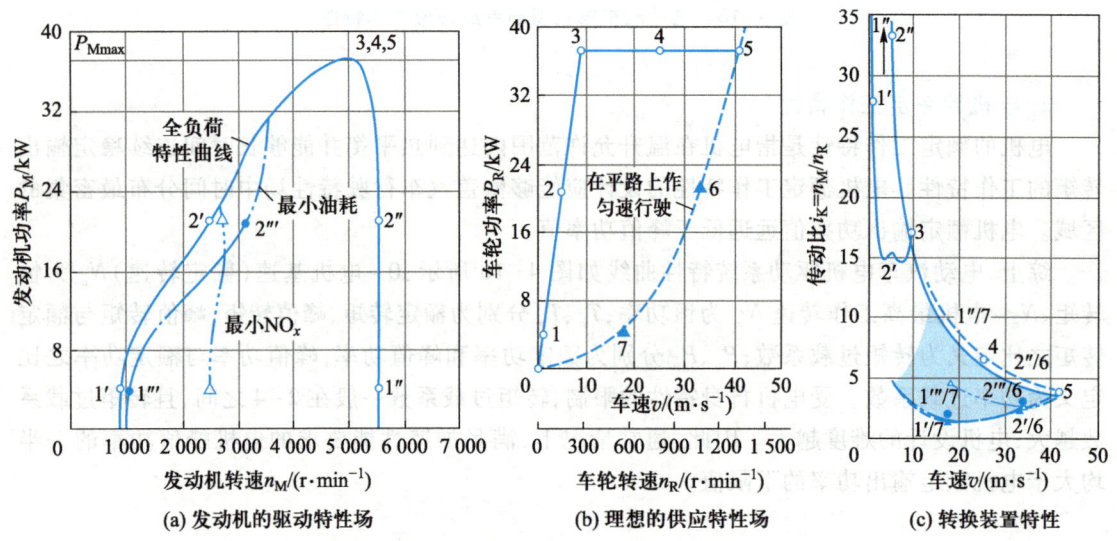

图 4-17 配用于内燃机的特性转换装置传动比的确定

假定特性转换装置中没有功率损失,即 $\eta_K=1$。在这种理想情况下,发动机功率与车轮功率是相等的,即 $P_M=P_R$,因而有 $M_M n_M = M_R n_R$,得到传动比

$$i_K = \frac{n_M}{n_R} = \frac{M_R}{M_M} \quad (\eta_K = 1) \tag{4-16}$$

首先,针对供应特性场极限工况行驶的车辆[图 4-17(b)中实线上的点 1 到点 5]来确定它的传动比 i_K。在点 3、点 4 和点 5 必须提供最大的车轮功率,而由上述假设,应等同最大的发动机功率 P_{Mmax}。这时发动机应以一个转速 $n_M(P_{Mmax})$ 工作,但车轮的转速都是各不相同的。所以从点 5 到点 3,传动比应该是增加的[见图 4-17(c)]。对应于供应特性场的点 2[图 4-17(b)],内燃机在转速范围 2′~2″[图 4-17(a)]内都可以发出所需功率。点 1 对应的发动机转速范围更大(1′~1″)。较高的传动比对应的发动机转速也较高,噪声大,因而不被采用。

其次,针对在平路上匀速行驶的车辆,这时车轮所需功率曲线在供应特性场内是一条特定的曲线,如图 4-17(b)上的虚线所示。这时最大功率和最高车速在点 5 处获得,该点的传动比

i_K 见图 4-17(c)。图 4-17(b)上点 6 对应的车速和车轮功率比点 5 低,这时发动机在转速范围 2'~2"内是可以满足要求的,因而在图 4-17(c)上给出了传动比的范围 2'/6~2"/6。对于点 7,给出了传动比的范围 1'/7~1"/7。

最后可知,对于供应特性场极限工况和平路匀速行驶工况来讲,传动比的范围是不一样的。这样可以提出一般的要求:

(1) 对于一个理想的、无功率损失的特性转换装置,其传动比的数值大小取决于功率和车速。

(2) 平路匀速行驶时的 i_K 范围可以用附加条件来进一步加以限制。图 4-17(a)上的点画线表示发动机效率最佳或油耗最低。这就意味着,对应点 2 或点 6 的功率,发动机如工作在 2‴点油耗最低,而 2'和 2"点的油耗都比它高。这样最低油耗对应的传动比应为图 4-17(c)上的 2‴/6;与此类似,点 7 对应的最低油耗传动比为 1‴/7,总体如图 4-17(c)上点画线所示。

(3) 如果采用另外的附加条件,比如要求发动机废气中氮氧化物含量最低,那么就得到另外的传动比变化曲线[如图 4-17(a)和(c)上三点画线所示]。

由此可以进一步得到,特性转换装置的传动比范围可以用附加条件(最低油耗,最小排气污染等)加以限制。

下面对最常用的几种转换装置的特性进行讨论,如图 4-18 所示是特性转换装置中单独一个部件的框图;输入功率 P_E、扭矩 M_E 和转速 n_E(注脚 E 表示输入);在出口处得到相应的输出参数(注脚 A 表示输出)。这里的部件工作中不是没有功率损失的,而是以效率 η 传动,其功率损失为 $(1-\eta)P_E$。

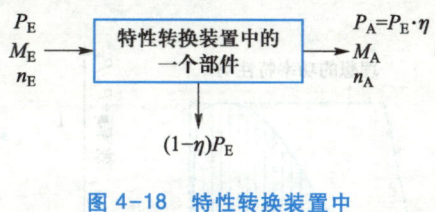

图 4-18 特性转换装置中单独一个部件的框图

E—输入;A—输出

4.5.2 减速(变速)器

对于减速器:

$$\eta = \frac{P_A}{P_E} = \frac{M_A}{M_E} \cdot \frac{n_A}{n_E} \tag{4-17}$$

由此,可得转矩比为

$$\frac{M_A}{M_E} = \eta \frac{n_E}{n_A} \tag{4-18}$$

仅当 $\eta=1$ 时,输出转矩与输入转矩之比等于传动比 i_K,而实际上 $\eta<1$,两者不等,所以必须区别转矩比和传动比。

变速器有多种多样不同的结构形式。对于乘用车有以下几种结构形式:手动变速器(MT)、自动换挡变速器(AMT)、双离合器变速器(DCT)、传统自动变速器(AT)、无级变速器(CVT)、混合动力驱动系统(hybrid)。

图 4-19 为采用 4 挡变速器的例子,图 4-19(b)和(e)为 4 挡变速器特性。其中,图 4-19(b)是转矩比随传动比变化的关系,对应于 4 个挡,有 4 个固定的传动比;图 4-19(e)为功率比(即效率)随传动比变化关系,也即各挡效率特性。

由车辆动力装置常用的发动机特性[如图 4-19(a)和(d)所示]通过有级式变速器就变成

了图 4-19(c)和(f)所示的可用特性场(发动机和 4 挡变速器共同工作的特性)。同"理想的供应特性场"的轮廓比较可见,通过 4 挡变速器无法完全覆盖理想的供应特性场,具体可通过增加挡位数来减小空隙,但要求驾驶员多次换挡和操作离合器。

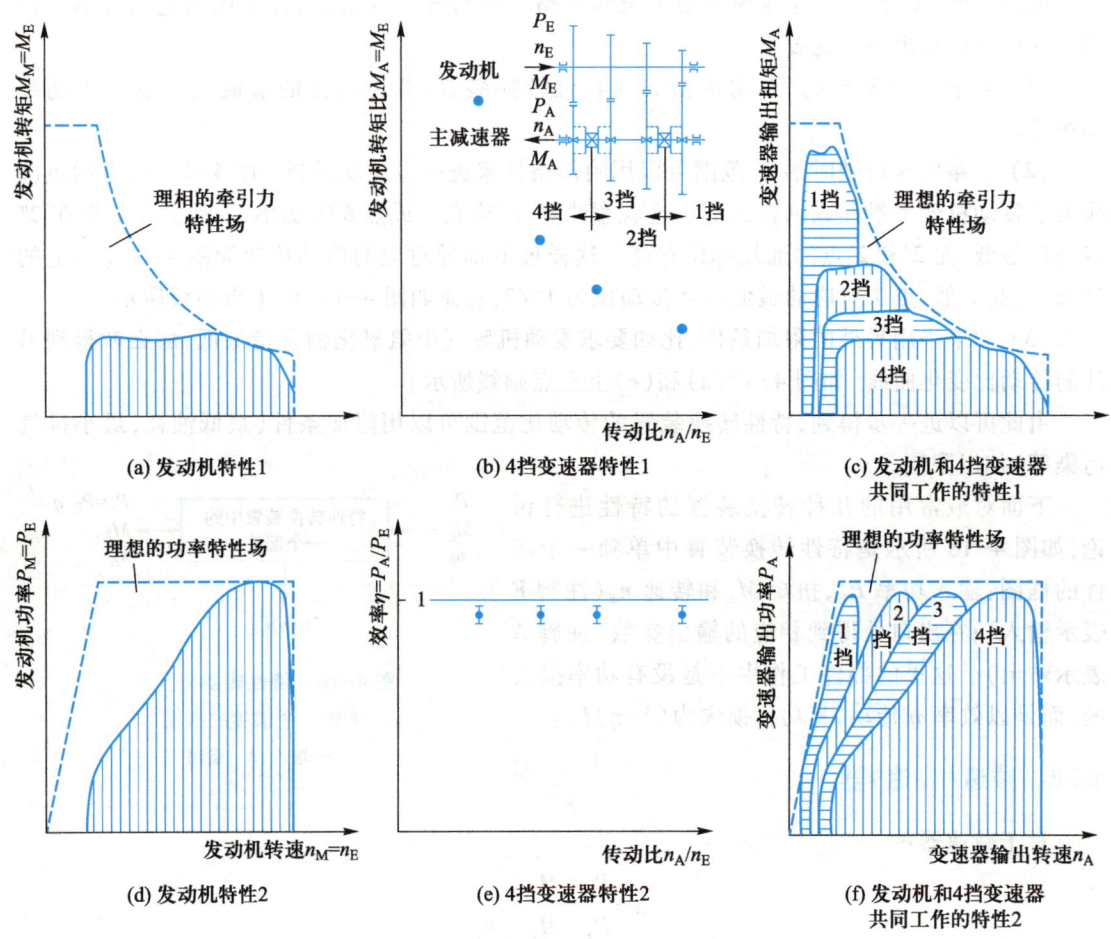

图 4-19 通过一个 4 挡变速器来转换发动机特性场

图 4-20 表示了 4 挡变速器的各个传动比和车速的关系。每一挡的速度范围可由图 4-19(a)上发动机的最高和最低转速除以传动比得到;在图 4-20 上还把图 4-19(c)的结果也考虑了。比较后可见,4 个挡的传动比都是在应提供的特性场的全负荷特性以及平路行驶工况所要求的传动比范围内,传动比选择是合理的。

特性转换装置的总效率 η_K 由变速器效率 η_{Getr} 和主减速器效率 η_A 两部分组成,即

$$\eta_K = \eta_{Getr} \eta_A \tag{4-19}$$

相对于可传递的最大功率,转矩损失情况如下:对于有一对斜齿轮的变速器,转矩损失为 1.5%,搅油损失为 3%;对于有两对斜齿轮的主减速器,转矩损失为 2%(锥轮损失为 5%)。这样对于发动机前横置前驱动的汽车,变速器和主减速器中各通过一对斜齿轮传递扭矩时,其总效率为 $\eta_K = 0.955 \times 0.960 = 0.92$。齿轮传动的优点是效率高。

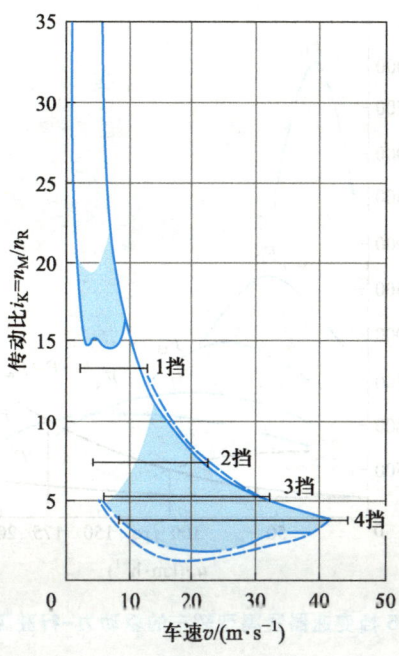

图 4-20　4 挡变速器的各个传动比和车速的关系

4.6　汽车的驱动力-行驶阻力平衡图与动力特性图

4.6.1　驱动力-行驶阻力平衡图

汽车的行驶方程式为

$$F_t = F_f + F_i + F_w + F_j \tag{4-20}$$

或

$$\frac{T_{tq} i_g i_0 \eta_T}{r} = Gf + Gi + \frac{C_D A}{21.15} u_a^2 + \delta m \frac{du}{dt} \tag{4-21}$$

当发动机的转速特性、变速器的传动比、主减速比、传动效率、车轮半径、空气阻力系数、汽车迎风面积以及汽车质量等初步确定后,便可利用此式分析在附着性能良好的典型路面(混凝土路面、沥青路面)上汽车的行驶能力,即确定汽车在节气门全开时可能达到的最高车速、加速能力和爬坡能力。为了清晰而形象地表明汽车行驶时的受力情况及其平衡关系,一般是将汽车行驶方程式用图解法来进行分析,就是说在汽车驱动力图上把汽车行驶中经常遇到的滚动阻力和空气阻力也算出并表示在图中,作出汽车驱动力-行驶阻力平衡图,并以此来确定汽车的动力性。如图 4-21 所示为具有 5 挡变速器紧凑型轿车的驱动力-行驶阻力平衡图,图中既有各挡的驱动力又有滚动阻力以及滚动阻力和空气阻力叠加后得到的行驶阻力曲线。

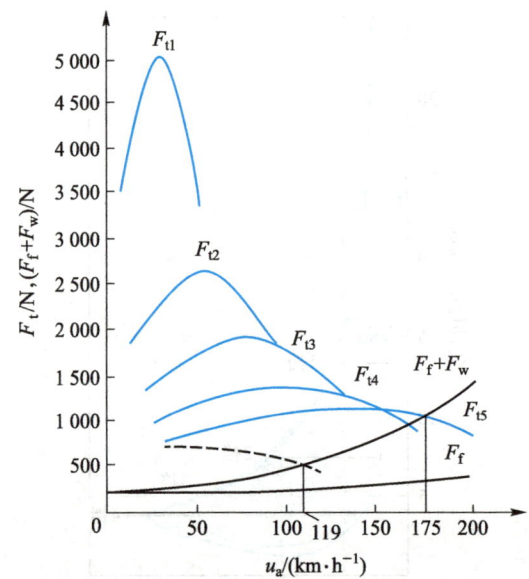

图 4-21　5挡变速器紧凑型轿车的驱动力-行驶阻力平衡图

由图 4-21 上可以清楚地看出不同车速时驱动力和行驶阻力之间的关系。汽车以最高挡行驶时的最高车速可以直接由图 4-21 确定，即 F_{t5} 曲线与 $F_f + F_w$ 曲线的交点便是 u_{amax}，此时驱动力和行驶阻力相等，汽车处于稳定的平衡状态。图 4-21 中最高车速为 175 km/h。从图 4-21 中还可以看出，当车速低于最高车速时，驱动力大于行驶阻力。这样，汽车就可以利用剩余的驱动力加速或爬坡。如当需要在 119 km/h 等速行驶时，驾驶员可以关小节气门开度（图中虚线），此时发动机只用部分负荷特性工作，相应地得到虚线所示驱动力曲线，以使汽车达到新的平衡。

汽车的加速能力可用它在水平良好路面上行驶时能产生的加速度来评价，由于加速度的数值不易测量，实际中常用加速时间来表明汽车的加速能力。如用直接挡行驶时，由最低稳定速度加速到一定距离或 $80\% u_{amax}$ 所需的时间表明汽车的加速能力。由汽车行驶方程得

$$\frac{du}{dt} = \frac{1}{\delta m}[F_t - (F_f + F_w)]（设 F_i = 0）\quad (4-22)$$

显然，利用式(4-22)可计算得出汽车各挡节气门全开时的加速度曲线，如图 4-22 所示。由图可以看出高挡位时的加速度要小些，Ⅰ挡的加速度最大。但是有的越野汽车Ⅰ挡 δ 值大，Ⅱ挡的加速度可能比Ⅰ挡的加速度还大。

根据加速度图可以进一步求得由某一车速 u_1 加速至另一较高车速 u_2 所需的时间。

由运动学可知

$$dt = \frac{1}{a}du \quad (4-23)$$

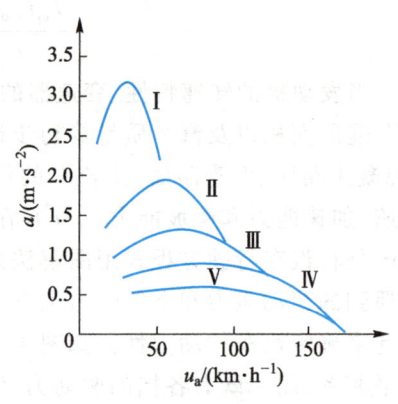

图 4-22　汽车各挡节气门全开时的加速度曲线

$$t = \int_0^t \mathrm{d}t = \int_{u_1}^{u_2} \frac{1}{a} \mathrm{d}u = A \tag{4-24}$$

即加速时间可用计算机进行积分计算或用图解积分法求出。用图解积分法,将 a-u_a 曲线图 4-22 转画成 $\frac{1}{a}$-u_a[图 4-23(a)]。线下两个速度区间的面积就是通过此速度区间的加速时间。常将速度区间分为若干间隔,通过确定面积 Δ_1、Δ_2、… 来计算(总)加速时间[图 4-23(b)]。

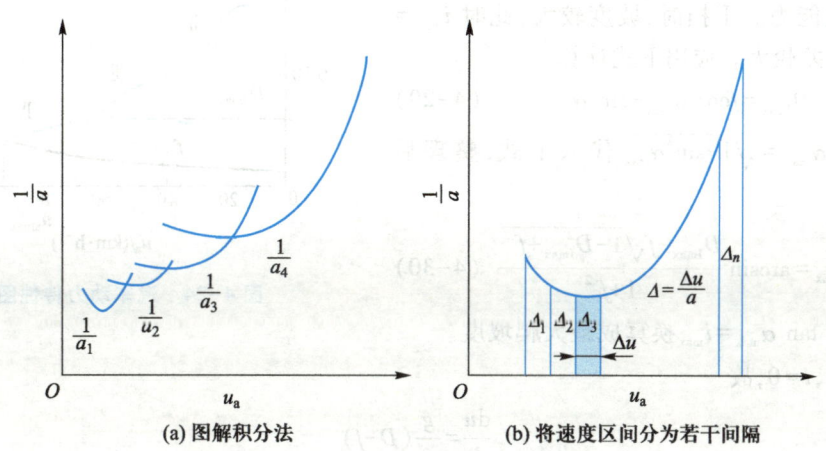

(a) 图解积分法　　(b) 将速度区间分为若干间隔

图 4-23　汽车的加速度倒数曲线

在进行一般动力性分析而计算原地起步加速时间时,可以忽略原地起步时的离合器打滑过程,即假设在最初时刻,汽车已具有起步挡位的最低车速,加速过程中的换挡时刻可根据各挡的 $\frac{1}{a}$-u_a 曲线来确定,如图 4-23 所示。若Ⅰ挡与Ⅱ挡的加速度曲线有交点,显然,为了获得最短加速时间,应在交点对应车速由Ⅰ挡换Ⅱ挡。若Ⅰ挡与Ⅱ挡的加速度曲线不相交,则应在Ⅰ挡加速行驶至发动机最高转速时换为Ⅱ挡,其他各挡间的换挡时刻亦按此原则来确定,至于换挡过程所经历的时间,则常忽略不计。

4.6.2　动力特性图

将汽车行驶方程两边除以汽车重力并整理如下

$$F_t = F_f + F_i + F_w + F_j \tag{4-25}$$

$$\frac{F_t - F_w}{G} = \psi + \frac{\delta}{g} \cdot \frac{\mathrm{d}u}{\mathrm{d}t} \tag{4-26}$$

令 $\frac{F_t - F_w}{G}$ 为汽车的动力因数并以符号 D 表示,则

$$D = \psi + \frac{\delta}{g} \cdot \frac{\mathrm{d}u}{\mathrm{d}t} \tag{4-27}$$

汽车在各挡下的动力因数与车速的关系曲线(汽车动力特性图)如图 4-24 所示。在动力特性图上作滚动阻力系数曲线 f-u_a，显然 f-u_a 曲线与直接挡 D-u_a 曲线的交点即为汽车的最高车速。

在求最大爬坡度时，$\dfrac{\mathrm{d}u}{\mathrm{d}t}=0$，则有

$$D=\psi=f+i \qquad (4-28)$$

因此，D-u_a 曲线与 f-u_a 曲线间的距离就表示汽车的上坡能力。Ⅰ 挡时，坡度较大，此时 $i_{max}=D_{Imax}-f$ 的误差较大。应用下式计算

$$D_{Imax}=f\cos\alpha_{max}+\sin\alpha_{max} \qquad (4-29)$$

用 $\cos\alpha_{max}=\sqrt{1-\sin^2\alpha_{max}}$ 代入上式，整理后可得

$$\alpha_{max}=\arcsin\dfrac{D_{Imax}-f\sqrt{1-D_{Imax}^2+f^2}}{1+f^2} \qquad (4-30)$$

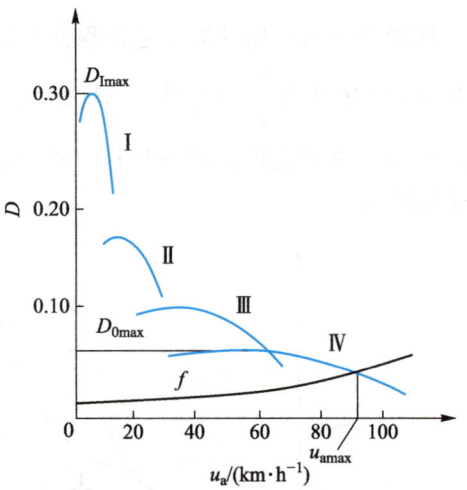

图 4-24 汽车动力特性图

然后再根据 $\tan\alpha_{max}=i_{max}$ 换算成最大爬坡度。

加速时，$i=0$，故

$$\dfrac{\mathrm{d}u}{\mathrm{d}t}=\dfrac{g}{\delta}(D-f) \qquad (4-31)$$

用上述同样方法亦可求得加速度值，然后再计算出加速时间。

4.6.3 汽车的功率平衡

汽车行驶时，不仅驱动力和行驶阻力互相平衡，发动机功率和汽车行驶的阻力功率也总是平衡的。即在汽车行驶的每一瞬间，发动机发出的功率始终等于机械传动损失功率与全部运动阻力所消耗的功率之和。

汽车运动阻力所消耗的功率有滚动阻力功率 P_f、空气阻力功率 P_w、坡度阻力功率 P_i 及加速阻力功率 P_j。

将汽车行驶方程两边乘以行驶车速 u_a，并经单位换算整理出汽车功率平衡方程式(式中功率单位为 kW)如下：

$$P_e=\dfrac{1}{\eta_T}\left(\dfrac{Gfu_a}{3\,600}+\dfrac{Giu_a}{3\,600}+\dfrac{C_DAu_a^3}{76\,140}+\dfrac{\delta mu_a}{3\,600}\cdot\dfrac{\mathrm{d}u}{\mathrm{d}t}\right) \qquad (4-32)$$

与力的平衡处理方式相同，功率平衡方程式用图解法表示，具体以纵坐标表示功率，横坐标表示车速，将发动机功率 P_e、汽车的阻力功率 $\dfrac{1}{\eta_T}(P_f+P_w)$ 对车速的关系曲线绘在坐标图上，即得汽车功率平衡图。如图 4-25 所示为某紧凑型轿车的功率平衡图。

发动机功率与行驶车速的关系曲线 P_e-u_a，可根据发动机外特性将发动机转速转换成车速绘得。可见在不同挡位时，功率的大小不变，只是各挡发动机功率曲线所对应的车速位置不同，且低挡时车速低，所占速度变化区域窄；高挡时车速高，所占变化区域宽。P_f 在低速范围内

为一斜直线,在高速时由于滚动阻力系数 f 随车速 u_a 而增大,所以 P_f 随 u_a 以更快的速率加大;P_w 则是车速的三次函数。二者叠加后,阻力功率曲线是一条斜率越来越大的曲线。高速行驶时,汽车主要克服空气阻力功率。

图 4-25 中发动机功率曲线(Ⅴ 挡)与阻力功率曲线相交点处对应的车速便是在良好水平路面上汽车的最高车速 u_{amax}。该轿车的 Ⅴ 挡是经济挡位,其发动机最大功率相对应的车速 u_p 大于 u_{amax},所以用该挡行驶时发动机负荷率高,有利于降低燃油消耗。

当汽车在良好水平路面上以 u_a' 的速度等速行驶时,汽车的阻力功率为

$$\frac{1}{\eta_T}(P_f+P_w) = bc \tag{4-33}$$

此时,发动机以某一节气门开度工作,功率曲线如图 4-25 中虚线所示,以维持汽车等速行驶。但发动机在汽车行驶速度为 u_a' 时能发出的最大功率为 $P_e = ac$,于是

$$P_e - \frac{1}{\eta_T}(P_f+P_w) = ac - bc = ab \tag{4-34}$$

可用来加速或爬坡,称 $P_e - \frac{1}{\eta_T}(P_f+P_w)$ 为汽车的后备功率。

在一般情况下,维持汽车等速行驶所需的发动机功率并不大,发动机节气门开度较小。当需要爬坡或加速时,驾驶员加大节气门开度,使汽车的全部或部分后备功率发挥作用。因此,汽车的后备功率越大,汽车的动力性越好。如图 4-26 所示为某紧凑型轿车各挡位的后备功率。利用后备功率也可具体地评估汽车的爬坡能力或加速能力。

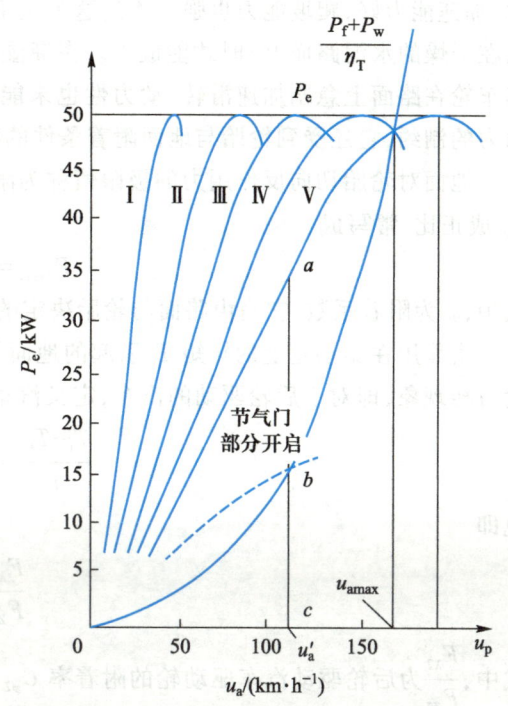

图 4-25 某紧凑型轿车的功率平衡图

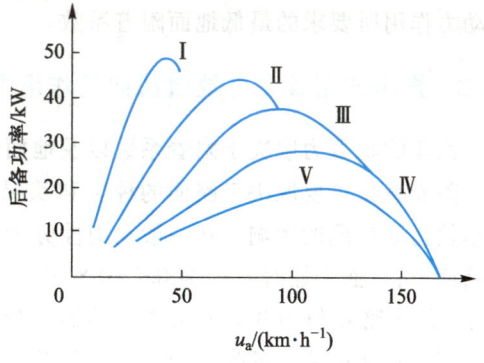

图 4-26 某紧凑型轿车各挡位的后备功率

4.7 汽车行驶的附着条件与汽车的附着率

4.7.1 汽车行驶的附着条件

动力装置(指发动机与传动系)所确定的驱动力是决定动力性的一个主要因素。驱动力

大,加速能力好,爬坡能力也强。不过这个结论只在轮胎-路面有足够大的附着力(例如良好轮胎在干燥的水泥路面上)时才能成立。在潮湿的沥青路面上附着性能差时,大的驱动力可能引起车轮在路面上急剧加速滑转,动力性也未能进一步提高,由此可见,汽车的动力性不只受驱动力的制约,它还受到轮胎与地面附着条件的限制。

地面对轮胎切向反作用力的极限值称为附着力 F_φ,在硬路面上它与驱动轮法向反作用力 F_Z 成正比,常写成

$$F_{X\max} = F_\varphi = F_Z \varphi \tag{4-35}$$

式中,φ 为附着系数,它是由路面与轮胎决定的。

由作用在驱动轮上的转矩 T_t 引起的地面切向反作用力不能大于附着力,否则将发生驱动轮滑转现象,即对于后轮驱动的汽车,定义汽车行驶的附着条件如下:

$$\frac{T_t - T_{f2}}{r} = F_{X2} \leq F_{Z2} \varphi \tag{4-36}$$

也即

$$\frac{F_{X2}}{F_{Z2}} \leq \varphi \tag{4-37}$$

式中,$\frac{F_{X2}}{F_{Z2}}$ 为后轮驱动汽车驱动轮的附着率 $C_{\varphi 2}$,则附着条件可进一步改写为

$$C_{\varphi 2} \leq \varphi \tag{4-38}$$

对于前轮驱动汽车,其前驱动轮的附着率亦不能大于地面附着系数。

具体可以由发动机、传动系的参数及汽车的行驶工况确定汽车驱动轮的附着率。显然,驱动轮的附着率是表明汽车附着性能的一个重要指标,是汽车驱动轮在不滑转工况下充分发挥驱动力作用所要求的最低地面附着系数。

4.7.2 汽车的附着力与地面法向反作用力

汽车的附着力取决于附着系数以及地面作用于驱动轮的法向反作用力。

附着系数主要取决于路面的种类和状况,行驶车速对附着系数也有影响。附着系数还受到车轮运动状况的影响。在一般动力性分析中,只取附着系数的平均值:在良好的混凝土或沥青路面上,路面干燥时 φ 值为 0.7~0.8,路面潮湿时 φ 值为 0.5~0.6;干的碎石路 φ 值为 0.6~0.7;干的土路 φ 值为 0.5~0.6,湿土路面 φ 值为 0.2~0.4。

驱动轮地面法向反作用力与汽车的总体布置、车身形状、行驶状况及道路的坡度有关。

如图 4-27 所示为汽车加速上坡的受力图。图中,G 为汽车重力;α 为道路坡度角;h_g 为汽车质心高度;F_w 为空气阻力;T_{f1}、T_{f2} 分别为作用在前、后轮上的滚动阻力矩;T_{je} 为作用于横置发动机飞轮上的惯性阻力矩;T_{jw1}、T_{jw2} 分别为作用在前、后车轮上的惯性阻力矩;F_{Zw1}、F_{Zw2} 分别为作用于车身上并位于前、后轮接地点上方的空气升力;F_{Z1}、F_{Z2} 分别为作用在前、后轮上的地面法向反作用力;F_{X1}、F_{X2} 分别为作用在前、后轮上的地面切向反作用力;L 为汽车轴距;a、b 分别为汽车质心至前、后轴的距离,即前轴距、后轴距。

将作用在汽车上的各力对前、后轮与道路接触面中心点取力矩,则得

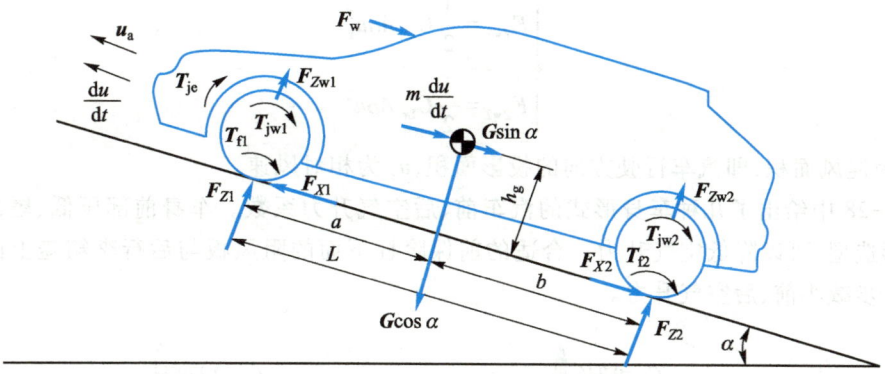

图 4-27 汽车加速上坡的受力

$$\begin{cases} F_{Z1} = G\left(\dfrac{b}{L}\cos\alpha - \dfrac{h_g}{L}\sin\alpha\right) - \left(\dfrac{G}{g}\cdot\dfrac{h_g}{L} + \dfrac{\sum I_w}{Lr} \pm \dfrac{I_f i_g i_0}{Lr}\right)\dfrac{du}{dt} - F_{Zw1} - G\dfrac{rf}{L}\cos\alpha \\ F_{Z2} = G\left(\dfrac{a}{L}\cos\alpha + \dfrac{h_g}{L}\sin\alpha\right) + \left(\dfrac{G}{g}\cdot\dfrac{h_g}{L} + \dfrac{\sum I_w}{Lr} \pm \dfrac{I_f i_g i_0}{Lr}\right)\dfrac{du}{dt} - F_{Zw2} + G\dfrac{rf}{L}\cos\alpha \end{cases} \quad (4\text{-}39)$$

由于 F_w 与 F_{Zw1}、F_{Zw2} 均是在风洞中实测获得的,所以在式(4-39)中不能再计入对前、后轮与道路接触面中心的矩。

从式(4-39)可以看出,前、后轮地面法向反作用力是由四部分构成。

(1) 静态轴荷的法向反作用力。即汽车重力分配到前、后轴的分量产生的地面法向反作用力。它们分别为

$$\begin{cases} F_{Zs1} = G\left(\dfrac{b}{L}\cos\alpha - \dfrac{h_g}{L}\sin\alpha\right) \\ F_{Zs2} = G\left(\dfrac{a}{L}\cos\alpha + \dfrac{h_g}{L}\sin\alpha\right) \end{cases} \quad (4\text{-}40)$$

(2) 动态分量。即加速过程中产生的惯性力、惯性阻力偶矩造成的地面法向反作用力

$$\begin{cases} F_{Zd1} = -\left(\dfrac{G}{g}\cdot\dfrac{h_g}{L} + \dfrac{\sum I_w}{Lr} \pm \dfrac{I_f i_g i_0}{Lr}\right)\dfrac{du}{dt} \\ F_{Zd2} = \left(\dfrac{G}{g}\cdot\dfrac{h_g}{L} + \dfrac{\sum I_w}{Lr} \pm \dfrac{I_f i_g i_0}{Lr}\right)\dfrac{du}{dt} \end{cases} \quad (4\text{-}41)$$

平移质量的惯性力为 $\dfrac{G}{g}\cdot\dfrac{du}{dt}$;转轴线垂直于汽车纵向垂直平面的旋转质量惯性阻力矩包括车轮的惯性阻力偶矩 $\dfrac{\sum I_w}{Lr}\cdot\dfrac{du}{dt}$ 与横置发动机飞轮的惯性阻力偶矩 $\dfrac{I_f i_g i_0}{r}\cdot\dfrac{du}{dt}$(曲轴旋转方向与车轮旋转方向一致时取"+"号)。

(3) 空气升力。由于流经汽车顶部与底部的空气流速不一样,产生了作用于汽车的空气升力。常将空气升力分解为作用于前轮接地点与后轮接地点的前、后空气升力。可用试验确定的前、后空气升力系数 C_{Lf}、C_{Lr} 来计算前、后升力,即

$$\begin{cases} F_{Zw1} = \dfrac{1}{2} C_{Lf} A \rho u_r^2 \\ F_{Zw2} = \dfrac{1}{2} C_{Lr} A \rho u_r^2 \end{cases} \tag{4-42}$$

式中，A 为迎风面积，即汽车行驶方向的投影面积，u_r 为相对风速。

图 4-28 中给出了几种车身形式的汽车前、后空气升力系数。车身前部压低、尾部肥厚向上的楔形造型，可以降低空气升力。合适的前保险杠下面的阻风板与后行李箱盖上的后扰流板能进一步减小前、后空气升力。

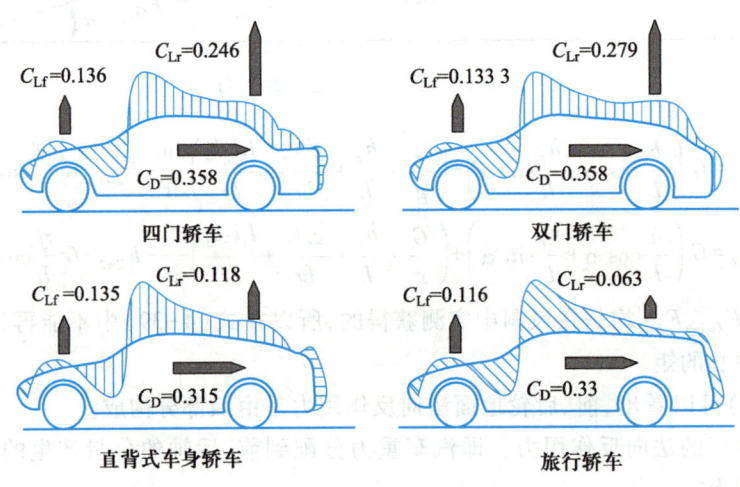

图 4-28 几种车身形式的汽车前、后空气升力系数

（4）滚动阻力矩产生的部分，即式（4-39）中最后一项 $Grf\cos \alpha/L$，一般性分析可忽略。

忽略滚动阻力矩与空气阻力产生的分量，加速阻力用旋转质量换算系数等效之后，汽车前、后轮地面法向反作用力可进一步简化为

$$\begin{cases} F_{Z1} = F_{Zs1} - F_{Zw1} - \delta \dfrac{Gh_g}{gL} \cdot \dfrac{du}{dt} \\ F_{Z2} = F_{Zs2} - F_{Zw2} + \delta \dfrac{Gh_g}{gL} \cdot \dfrac{du}{dt} \end{cases} \tag{4-43}$$

4.7.3 作用在驱动轮上的地面切向反作用力

如图 4-29 所示为前轮驱动汽车在坡道上加速行驶时从动轮、驱动轮与车身的受力。图中，G_{w1}、G_{w2} 为驱动轮、从动轮的重力；m_1、m_2 为驱动轮、从动轮的质量；W_B 为车身重力；m_B 为车身质量；F_{p1}、F_{p2} 为驱动轴、从动轴作用于驱动轮、从动轮的平行于路面的力；T_t' 为半轴作用于驱动轮的转矩；T_{f1}、T_{f2} 为作用在前、后轮上的滚动阻力矩；T_{jw1}、T_{jw2} 为作用在前、后轮上的惯性阻力矩；F_{Z1}、F_{Z2} 为作用在前、后轮上的地面法向反作用力；F_{X1}、F_{X2} 为作用在前、后轮上的地面切向反作用力；L 为汽车轴距；a'、b' 为车身质心至前、后轴的距离。

由从动轮受力图有

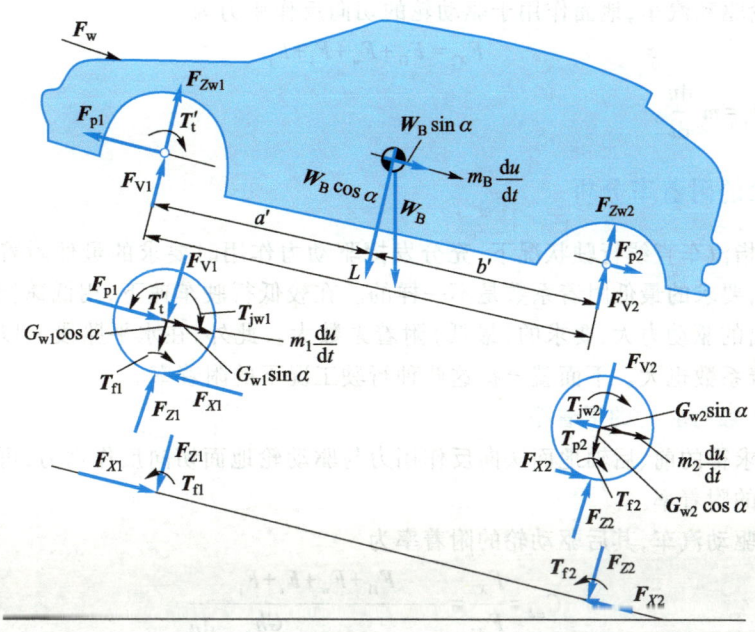

图 4-29 前轮驱动汽车在坡道上加速行驶时从动轮、驱动轮与车身的受力

$$F_{p2} = m_2 \frac{du}{dt} + G_{w2}\sin\alpha + F_{X2} \tag{4-44}$$

与

$$F_{X2} r = T_{f2} + T_{jw2} \tag{4-45}$$

即

$$F_{X2} = \frac{T_{f2}}{r} + \frac{T_{jw2}}{r} \tag{4-46}$$

T_{jw2} 的数值很小，可忽略不计，故

$$F_{X2} = F_{f2} \tag{4-47}$$

所以有

$$F_{p2} = F_{f2} + G_{w2}\sin\alpha + m_2 \frac{du}{dt} \tag{4-48}$$

由车身受力图有

$$F_{p1} = F_{p2} + F_w + W_B\sin\alpha + m_B\frac{du}{dt} = F_{f2} + F_w + (G_{w2} + W_B)\sin\alpha + (m_2 + m_B)\frac{du}{dt} \tag{4-49}$$

考虑驱动轮的受力平衡可得

$$F_{X1} = F_{p1} + G_{w1}\sin\alpha + m_1\frac{du}{dt} \tag{4-50}$$

代入 F_{p1} 得

$$F_{X1} = F_{f2} + F_w + G\sin\alpha + m\frac{du}{dt} = F_{f2} + F_w + F_i + F_j \tag{4-51}$$

同理,对于后轮驱动汽车,地面作用于驱动轮的切向反作用力为

$$F_{X2} = F_{f1} + F_w + F_i + F_j \tag{4-52}$$

注意,此处的 $F_j = m \dfrac{\mathrm{d}u}{\mathrm{d}t}$。

4.7.4 驱动轮的附着率分析

附着率是指汽车直线行驶状况下,充分发挥驱动力作用时要求的最低附着系数。不同的直线行驶工况,要求的最低附着系数是不一样的。在较低行驶车速下,用低速挡加速或上坡行驶,驱动轮发出的驱动力大,要求的(最低)附着系数大。此外,在水平路段上以极高车速行驶时,要求的附着系数也大。下面就分析这两种行驶工况下的附着率。

1. 加速、上坡行驶时的附着率

根据前面求得的前、后轴地面法向反作用力与驱动轮地面切向反作用力,可以确定前驱动轮或后驱动轮的附着率。

对于后轮驱动汽车,其后驱动轮的附着率为

$$C_{\varphi 2} = \frac{F_{X2}}{F_{Z2}} = \frac{F_{f1} + F_w + F_i + F_j}{F_{Zs2} - F_{Zw2} + \delta \cdot \dfrac{Gh_g}{gL} \cdot \dfrac{\mathrm{d}u}{\mathrm{d}t}} \tag{4-53}$$

在加速、上坡时,主要的行驶阻力为加速阻力与坡度阻力,空气阻力与滚动阻力可忽略不计,故后驱动轮的附着率简化为

$$C_{\varphi 2} = \frac{F_i + F_j}{F_{Zs2} + \delta \cdot \dfrac{Gh_g}{gL} \cdot \dfrac{\mathrm{d}u}{\mathrm{d}t}} = \frac{\sin\alpha + \delta \cdot \dfrac{1}{g} \cdot \dfrac{\mathrm{d}u}{\mathrm{d}t}}{\dfrac{a}{L}\cos\alpha + \dfrac{h_g}{L}\left(\sin\alpha + \delta \cdot \dfrac{1}{g} \cdot \dfrac{\mathrm{d}u}{\mathrm{d}t}\right)} \tag{4-54}$$

式中, $\dfrac{1}{\cos\alpha}\left(\sin\alpha + \delta \cdot \dfrac{1}{g} \cdot \dfrac{\mathrm{d}u}{\mathrm{d}t}\right) = \tan\alpha + \dfrac{1}{\cos\alpha} \cdot \dfrac{\delta}{g} \cdot \dfrac{\mathrm{d}u}{\mathrm{d}t}$ 可以理解为包含加速阻力在内的等效坡度,以 q 表示,则

$$C_{\varphi 2} = \frac{q}{\dfrac{a}{L} + \dfrac{h_g}{L}q} \tag{4-55}$$

由于 $C_{\varphi 2}$ 为加速、上坡行驶时要求的地面附着率,故在一定附着系数 φ 的路面上行驶时,汽车能通过的(最大)等效坡度为

$$q_{2\max} = \frac{\dfrac{a}{L}}{\dfrac{1}{\varphi} - \dfrac{h_g}{L}} \tag{4-56}$$

同理,可以求得前轮驱动汽车的前驱动轮附着率为

$$C_{\varphi 1} = \frac{q}{\dfrac{b}{L} - \dfrac{h_g}{L}q} \tag{4-57}$$

在附着系数 φ 一定的路面上,能通过的等效坡度为

$$q_{1\max} = \frac{\dfrac{b}{L}}{\dfrac{1}{\varphi} + \dfrac{h_g}{L}} \tag{4-58}$$

对于四轮驱动汽车,前、后驱动力的分配是根据中央差速器的结构确定的。若令后轴的转矩分配系数为

$$\psi = \frac{T_{t2}}{T_{t1} + T_{t2}} \tag{4-59}$$

式中,T_{t1} 为前驱动轴的驱动转矩;T_{t2} 为后驱动轴的驱动转矩。

转矩分配系数的选择,首先必须满足前、后驱动轴可承受的转矩负荷需求,其次必须满足前、后驱动轴的可承受轴荷需求,最后还必须满足不同的坡道行驶需求。

若是前轮驱动汽车,则 $\psi=0$;若是后轮驱动汽车,$\psi=1$。四轮驱动汽车中,奥迪 Q 系列汽车的 ψ 为 0.6,宝马 325i 汽车的 ψ 为 0.63,奔驰 4Matic 汽车的 ψ 为 0.65。

根据 ψ 值,在忽略滚动阻力、空气阻力的影响后,可以确定前、后轮的切向反作用力分别为

$$F_{X1} = (1-\psi) G \left(\sin\alpha + \delta \cdot \frac{1}{g} \cdot \frac{du}{dt} \right) \tag{4-60}$$

$$F_{X2} = \psi G \left(\sin\alpha + \delta \cdot \frac{1}{g} \cdot \frac{du}{dt} \right) \tag{4-61}$$

故前、后驱动轮的附着率分别为

$$C_{\varphi 1} = \frac{(1-\psi)q}{\dfrac{b}{L} - \dfrac{h_g}{L}q} \tag{4-62}$$

$$C_{\varphi 2} = \frac{\psi q}{\dfrac{a}{L} + \dfrac{h_g}{L}q} \tag{4-63}$$

前、后驱动轮的附着率通常不相等。如前驱动轮附着率较大,即一定等效坡度条件下,前驱动轮要求更大的地面附着系数,则在一定 φ 值路面上行驶时,前驱动轮的驱动力将先达到地面附着力而滑转。前驱动轮滑转后,前驱动力不再增加,故后驱动轮动力也保持其在前轮刚开始滑转时的数值而不再增加。即若 $C_{\varphi 1} > C_{\varphi 2}$,在一定附着系数 φ 的路面上,该四轮驱动汽车能达到的等效坡度为

$$q = \frac{\dfrac{b}{L}}{\dfrac{1-\psi}{\varphi} + \dfrac{h_g}{L}} \tag{4-64}$$

反之,若 $C_{\varphi 1} < C_{\varphi 2}$,则在一定 φ 值路面上能达到的等效坡度为

$$q = \frac{\dfrac{a}{L}}{\dfrac{\psi}{\varphi} - \dfrac{h_g}{L}} \quad (4\text{-}65)$$

如果前、后驱动力的分配可以根据运动状况自动调节,使前、后驱动力同时达到附着力的限值,则全部附着力均可转化为驱动力,有

$$\varphi G\cos\alpha = G\sin\alpha + \frac{G}{g}\cdot\frac{du}{dt} \quad (4\text{-}66)$$

即

$$\varphi = q \quad (4\text{-}67)$$

此时最大等效坡度等于地面附着系数。

前轮驱动、后轮驱动和四轮驱动汽车的等效坡度与地面附着系数的关系曲线如图 4-30 所示。可见,四轮驱动汽车的等效坡度,即加速与上坡能力大大超过单轴驱动汽车。

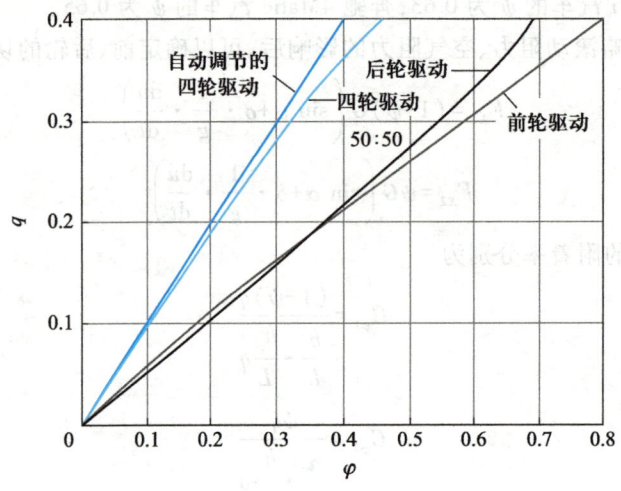

图 4-30 前轮驱动、后轮驱动和四轮驱动汽车的等效坡度与地面附着系数的
关系曲线(前轮驱动 $a/L=0.43$,后轮驱动 $a/L=0.49$,四轮驱动 $a/L=0.48$)

2. 高速行驶时的附着率

汽车在良好道路上高速行驶时,道路的坡度与汽车加速度均很小。令 $i=0$, $\dfrac{du}{dt}=0$,则可求得高速行驶时后轮驱动汽车的后驱动轮附着率为

$$C_{\varphi 2} = \frac{F_{X1}+F_w}{\dfrac{a}{L}G - F_{Zw2} + \dfrac{h_g}{L}F_w} \quad (4\text{-}68)$$

一辆紧凑型后轮驱动轿车后驱动轮地面法向反作用力、切向反作用力、附着率与车速的关系曲线如图 4-31 所示。图中的法向反作用力与附着率是按三种空气升力系数求得的,即后空气升力系数为 0.28、0.15 与 0。由图可以看出,随着车速的增加,后驱动轮的法向反作用力下

降，而切向反作用力则按车速的平方关系增大，附着率 $C_{\varphi 2}$ 随着车速的提高而急剧增大。

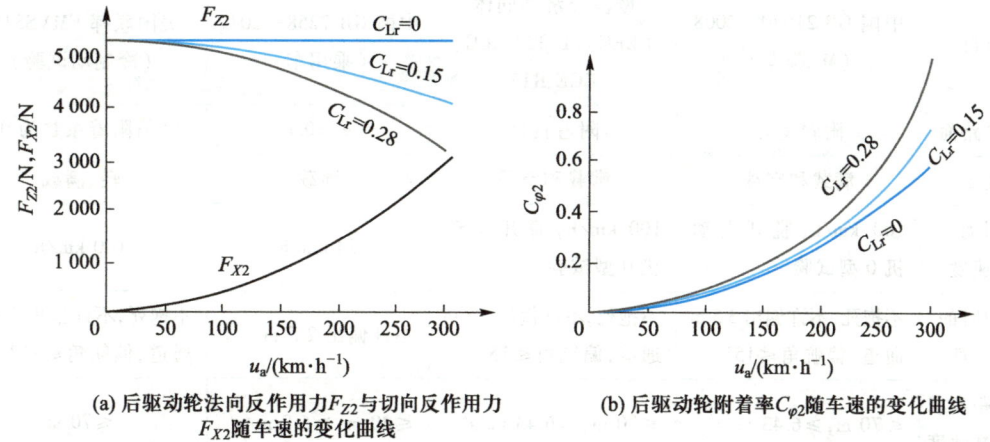

(a) 后驱动轮法向反作用力 F_{Z2} 与切向反作用力 F_{X2} 随车速的变化曲线

(b) 后驱动轮附着率 $C_{\varphi 2}$ 随车速的变化曲线

图 4-31　一辆紧凑型后轮驱动轿车后驱动轮地面法向反作用力、切向反作用力、附着率与车速的关系

图 4-31 表明，在一般车速下 $C_{\varphi 2}$ 值甚小，汽车完全可以正常行驶。当车速达到 250 km/h、$C_{\mathrm{Lr}} = 0.28$ 时，$C_{\varphi 2} = 0.57$，附着率接近于沥青路面的附着系数。当车速为 300 km/h、$C_{\mathrm{Lr}} = 0.28$ 时，$C_{\varphi 2} = 0.99$；$C_{\mathrm{Lr}} = 0.15$ 时，$C_{\varphi 2} = 0.74$。这说明在极高车速下，即使是良好路面也不能满足附着性能的要求。

不过上面的讨论只限于纯直线行驶的汽车。实际行驶条件下，驾驶员必须根据道路与交通情况经常转动转向盘来调整车辆的行驶路径，汽车将产生一定的或很大的侧向加速度，轮胎接地处常要承受一定的，甚至很大的地面侧向反作用力。所以，为了保证安全行驶，所要求的地面附着系数远比附着率高许多。另外，通过改善车身形状，或者增加一些辅助的空气动力装置，可以降低空气升力系数，达到减小附着率以改善操纵稳定性与动力性的目的；也可以通过调整汽车的总体布置，变动前、后轴的轴荷来减小驱动轮的附着率。

4.8　制动性的评价指标

汽车的制动性评价主要包括三方面：

（1）制动效能即制动距离与制动减速度。制动效能是指在良好路面上，汽车以一定初速度制动到停车的制动距离或制动时汽车的减速度。它是制动性能最基本的评价指标。

（2）制动效能的恒定性，即抗热衰退性能。汽车高速行驶或下长坡连续制动时制动效能保持的程度，称为抗热衰退性能。因为制动过程实际上是把汽车行驶的动能通过制动器吸收转换为热能，所以制动器温度升高后能否保持在冷状态时的制动效能已成为设计制动器时要考虑的一个重要问题。此外，涉水行驶后，制动器还存在水衰退问题。

（3）制动时汽车的方向稳定性，即制动时汽车不发生跑偏侧滑以及失去转向能力的性能。制动时汽车的方向稳定性常用制动时汽车按给定路径行驶的能力来评价。若制动时发生跑偏、侧滑或失去转向能力，则汽车将偏离原来的路径。

表 4-3 所列为一些国家乘用车制动规范对行车制动器制动性的部分要求。

视频 4-1 制动性试验设备

表 4-3　一些国家乘用车制动规范对行车制动器制动性的部分要求

项目	中国 GB 21670—2008（M_1 类车）	欧洲经济共同体（EEC）71/320 EEC、ECE R13	中国 GB 7258—2017（乘用车）	美国联邦 FMVSS135（冷制动试验）
试验路面	附着良好	附着良好	$\varphi \geqslant 0.7$	峰值附着系数为 0.9
载重	满载和空载	满载和空载	满载	轻、满载
制动初速度	100 km/h,脱开发动机 0 型试验	100 km/h,脱开发动机 0 型试验	50 km/h	100 km/h
制动时的稳定性	不抱死,不许偏出 3.5 m 通道,偏航角≤15°	不抱死,不许偏出 3.5 m 通道,偏航角≤15°	不许偏出 2.5 m	不抱死,不许偏出 3.5 m 通道,偏航角≤15°
制动距离或制动减速度	≤70 m,≥6.43 m/s²	≤70 m,≥6.43 m/s²	≤20 m,≥5.9 m/s²	≤70 m
踏板力	65～500 N	65～500 N	≤500 N	65～500 N

4.9　制动时车轮的受力

汽车受到与行驶方向相反的外力时,才能从一定的速度制动到较小的车速直至停车。这个外力只能由地面和空气提供。但由于空气阻力相对较小,所以实际上外力主要是由地面提供,称之为地面制动力。地面制动力越大,制动减速度越大,制动距离也越短,所以地面制动力对汽车制动性具有决定性影响。

4.9.1　地面制动力

如图 4-32 所示为在良好的硬路面上制动时车轮的受力情况。图中滚动阻力矩和减速时的惯性力、惯性力矩均忽略不计。T_μ 是车轮制动器中摩擦片与制动鼓或制动盘相对滑转时的摩擦力矩(N·m);F_{Xb} 是地面制动力(N);W 为车轮垂直载荷(N),F_p 为车轴对车轮的推力(N),F_Z 为地面对车轮的法向反作用力(N)。

显然,从力矩平衡可得到

$$F_{Xb} = \frac{T_\mu}{r} \qquad (4-69)$$

式中,r 为车轮半径(m)。

地面制动力是使汽车制动而减速行驶的外力,但是地面制动力取决于两个摩擦副的摩擦力:一个是制动器内制动摩擦片与制动鼓或制动盘间的摩擦力,另一个是轮胎与地面间的摩擦力——附着力。

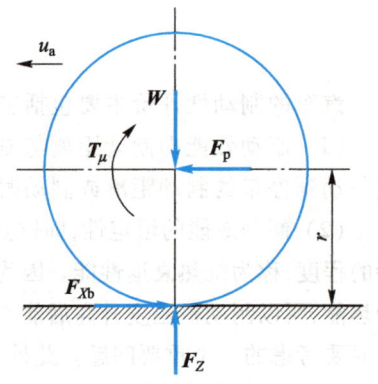

图 4-32　在良好的硬路面上制动时车轮的受力情况

4.9.2 制动器制动力

在轮胎周缘为了克服制动器摩擦力矩所需的力称为制动器制动力,以符号 F_μ 表示。它相当于把汽车架离地面,并踩住制动踏板,在轮胎周缘沿切线方向推动车轮直至它能转动所需的力,显然有

$$F_\mu = \frac{T_\mu}{r} \tag{4-70}$$

式中,T_μ 为制动器摩擦力矩(N·m),制动器制动力仅由制动器结构参数所决定,即取决于制动器的形式、结构尺寸、制动器摩擦副的摩擦因数以及车轮半径,并且与制动踏板力,即制动系的液压或空气压力成正比。

如图 4-33 所示为试验得到的某轿车的制动器制动力与踏板力的关系曲线。

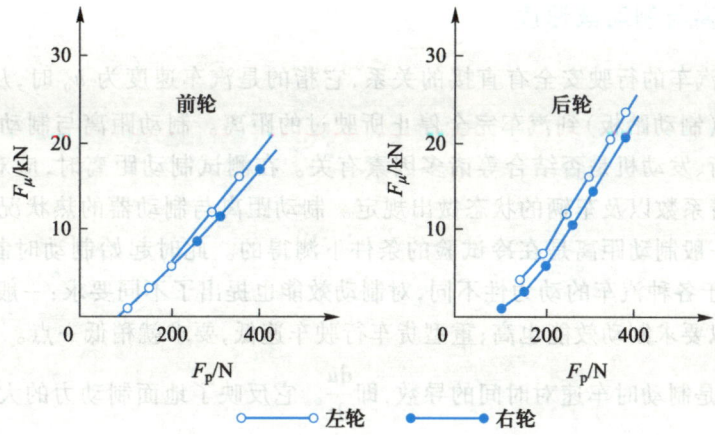

图 4-33 某轿车的制动器制动力与踏板力的关系曲线

4.9.3 地面制动力、制动器制动力与附着力之间的关系

在制动时,若只考虑车轮的运动为滚动与抱死拖滑两种状况,当制动踏板力较小时,制动器摩擦力矩不大,地面与轮胎之间的摩擦力即地面制动力足以克服制动器摩擦力矩而使车轮滚动。显然,车轮滚动时的地面制动力就等于制动器制动力,且随踏板力增长成正比地增长。制动过程中地面制动力、制动器制动力及附着力的关系如图 4-34 所示。但地面制动力是滑动摩擦的约束反力,它的值不能超过附着力,即

$$F_{Xb} \leq F_\varphi = F_Z \varphi \tag{4-71}$$

或最大地面制动力 $F_{Xb\max}$ 为

$$F_{Xb\max} = F_Z \varphi \tag{4-72}$$

当制动器踏板力 F_p 或制动系液压力 p 上升到某

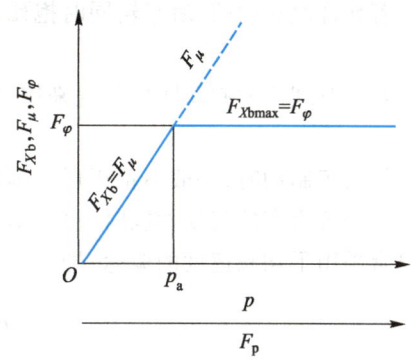

图 4-34 制动过程中地面制动力、制动器制动力及附着力的关系

一值(图 4-34 中为制动系液压力 p_a)地面制动力 F_{Xb} 达到附着力 F_φ 值时,车轮即抱死不转而出现拖滑现象。制动系液压力 $p>p_a$ 时,制动器制动力 F_μ 由于制动器摩擦力矩的增长而仍按直线关系继续上升。但是,若作用在车轮上的法向载荷为常数,地面制动力 F_{Xb} 达到附着力 F_φ 后就不再增加。由此可见,汽车的地面制动力主要取决于制动器制动力,但同时又受地面附着条件的限制,所以只有汽车具有足够的制动器制动力,同时地面又能提供高的附着力时才能获得足够的地面制动力。

4.10 汽车的制动效能及其恒定性

汽车的制动效能是指汽车迅速降低车速直至停车的能力。评定指标是制动距离 s 和制动减速度 a_b。

4.10.1 制动距离与制动减速度

制动距离与汽车的行驶安全有直接的关系,它指的是汽车速度为 u_0 时,从驾驶员开始操纵制动控制装置(制动踏板)到汽车完全停止所驶过的距离。制动距离与制动踏板力、路面附着条件、车辆载荷、发动机是否结合等诸多因素有关。在测试制动距离时,应对踏板力或制动系压力、路面附着系数以及车辆的状态做出规定。制动距离与制动器的热状况也有密切关系,若无特殊说明,一般制动距离是在冷试验的条件下测得的。此时起始制动时制动器的温度在 100 ℃ 以下。由于各种汽车的动力性不同,对制动效能也提出了不同要求:一般轿车、轻型货车行驶车速高,所以要求制动效能也高;重型货车行驶车速低,要求就稍低一点。

制动减速度是制动时车速对时间的导数,即 $\dfrac{du}{dt}$。它反映了地面制动力的大小,因此与制动器制动力(车轮滚动时)及附着力(车轮抱死拖滑时)有关。

在不同路面上,由于地面制动力为

$$F_{Xb} = \varphi_b G \tag{4-73}$$

故汽车能达到的制动减速度(m/s^2)为

$$a_{b\max} = \varphi_b g \tag{4-74}$$

若允许汽车的前、后车轮同时抱死,则

$$a_{b\max} = \varphi_s g \tag{4-75}$$

若装有理想的制动防抱装置来控制汽车的制动,则制动减速度为

$$a_{b\max} = \varphi_p g \tag{4-76}$$

但汽车制动时,一般不希望任何车轴上的制动器抱死,故 $a_{b\max}$ 将小于 $\varphi_s g$。

在评价汽车的制动性能时,由于瞬时减速度曲线的形状复杂,不好用某一点的值来代表,所以常采用平均减速度的概念,即

$$\bar{a} = \dfrac{1}{t_2 - t_1} \int_{t_1}^{t_2} a(t)\,dt \tag{4-77}$$

式中,t_1 为制动力达到 75% 最大压力 $P_{\max}$ 的时刻;t_2 为到停车时总时间的 2/3 的时刻。

标准 ECE R13 和 GB 7258—2017 采用的是充分发出的平均减速度(m/s^2)

$$MFDD = \frac{u_b^2 - u_e^2}{25.92(s_e - s_b)} \qquad (4-78)$$

式中,u_b 为 $0.8u_0$(km/h);u_0 为起始制动车速(km/h);u_e 为 $0.1u_0$(km/h);s_b 为 u_0 到 u_b 车辆经过的距离(m);s_e 为 u_0 到 u_e 车辆经过的距离(m)。

4.10.2 制动距离的分析

下面假设在 φ 值不变的条件下,对制动距离做定量分析,以研究各种因素对制动距离的影响。

如图 4-35 所示是驾驶员在接收了紧急制动信号后,制动踏板力、汽车制动减速度与制动时间的关系曲线。图 4-35(a)是实际测得的曲线,图 4-35(b)是经过简化后的曲线。

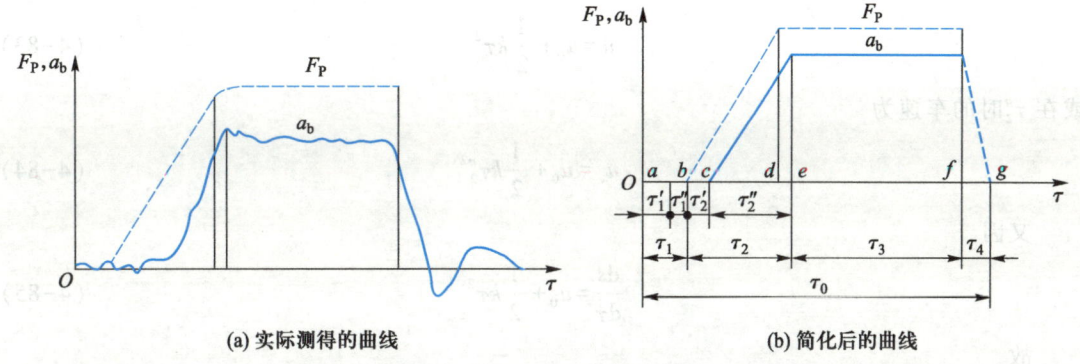

图 4-35 制动踏板力、汽车制动减速度与制动时间的关系曲线

驾驶员接到紧急停车信号时,并没有立即行动[如图 4-35(b)中的 a 点所示]而要经过 τ_1' 后才意识到应进行紧急制动,并移动右脚,再经过 τ_1'' 后才踩着制动踏板。从 a 点到 b 点所经过的时间 $\tau_1 = \tau_1' + \tau_1''$ 称为驾驶员反应时间,这段时间一般为 0.3~1.0 s。b 点以后,随着驾驶员踩踏板的动作,踏板力迅速增大,至 d 点时达到最大值。不过由于制动是由回位弹簧拉着,蹄片与制动鼓间存在间隙,所以要经过 τ_2',即至 c 点,地面制动力才起作用,使汽车开始产生减速度。由 c 点到 e 点是制动器制动力增长过多的时间 τ_2''。$\tau_2 = \tau_2' + \tau_2''$ 称为制动器的作用时间。制动器作用时间一方面取决于驾驶员踩踏板的速度,另外更重要的是受制动系结构形式的影响。τ_2 一般在 0.2~0.9 s 之间。由 e 到 f 为持续制动时间 τ_3,其减速度基本不变。到 f 点时驾驶员松开踏板,但制动力的消除还需要一段时间,τ_4 一般在 0.2~1.0 s 之间,这段时间过长会耽误随后起步行驶的时间。另外,若因车轮抱死而使汽车失去控制,驾驶员采取措施放松制动踏板时,又会使制动力不能立即释放。

制动的全过程包括驾驶员见到信号后作出行动反应、制动器起作用、持续制动和放松制动器四个阶段。一般所指制动距离是开始踩着制动踏板到完全停车的距离。它包括制动器起作用和持续制动两个阶段中汽车驶过的距离 s_2 和 s_3。

在制动器起作用阶段汽车驶过的距离 s_2 估算如下:
在 τ_2' 时间内有
$$s_2' = u_0 \tau_2' \qquad (4-79)$$

式中，u_0 为起始制动车速。

在 τ_2'' 时间内，制动减速度线性增长，即

$$\frac{\mathrm{d}u}{\mathrm{d}\tau} = k\tau \tag{4-80}$$

式中，

$$k = -\frac{a_{\mathrm{bmax}}}{\tau_2''} \tag{4-81}$$

故

$$\int \mathrm{d}u = \int k\tau \mathrm{d}\tau \tag{4-82}$$

求解这个积分等式。因 $\tau=0$ 时[如图 4-35(b) 中的 c 点所示]，$u=u_0$，故

$$u = u_0 + \frac{1}{2}k\tau^2 \tag{4-83}$$

或在 τ_2'' 时的车速为

$$u_e = u_0 + \frac{1}{2}k\tau_2''^2 \tag{4-84}$$

又因

$$\frac{\mathrm{d}s}{\mathrm{d}\tau} = u_0 + \frac{1}{2}k\tau^2 \tag{4-85}$$

故

$$\int \mathrm{d}s = \int \left(u_0 + \frac{1}{2}k\tau^2\right) \mathrm{d}\tau \tag{4-86}$$

而 $\tau=0$ 时（如图 4-35(b) 中的 c 点所示），$s=0$，故

$$s = u_0\tau + \frac{1}{6}k\tau^3 \tag{4-87}$$

或 $\tau = \tau_2''$ 时的距离为

$$s_2'' = u_0\tau_2'' - \frac{1}{6}a_{\mathrm{bmax}}\tau_2''^2 \tag{4-88}$$

因此，在 τ_2 时间内的制动距离为

$$s_2 = s_2' + s_2'' = u_0\tau_2' + u_0\tau_2'' - \frac{1}{6}a_{\mathrm{bmax}}\tau_2''^2 \tag{4-89}$$

在持续制动阶段，汽车以 a_{bmax} 做匀减速运动，初速为 u_e，末速为 0，故代入 u_e 值，得

$$s_3 = u_e^2 / 2a_{\mathrm{bmax}} \tag{4-90}$$

$$s_3 = \frac{u_0^2}{2a_{\mathrm{bmax}}} - \frac{u_0\tau_2''}{2} + \frac{a_{\mathrm{bmax}}\tau_2''^2}{8} \tag{4-91}$$

则总制动距离为

$$s = s_2 + s_3 = \left(\tau_2' + \frac{\tau_2''}{2}\right)u_0 + \frac{u_0^2}{2a_{\mathrm{bmax}}} - \frac{a_{\mathrm{bmax}}\tau_2''^2}{24} \tag{4-92}$$

因为 τ_2'' 很小,故略去 $\dfrac{a_{bmax}\tau_2''^2}{24}$ 项,且车速的单位为 km/h,则上式可写成

$$s = \dfrac{1}{3.6}\left(\tau_2' + \dfrac{\tau_2''}{2}\right)u_{a0} + \dfrac{u_{a0}^2}{25.92 a_{bmax}} \tag{4-93}$$

从上式可以看出,决定汽车制动距离的主要因素是:制动器起作用的时间、最大制动减速度即附着力(或最大制动器制动力)以及起始制动车速。附着力(或制动器制动力)越大,起始制动车速越低,制动距离越短,这是显而易见的。

真正使汽车减速停车的是持续制动时间,但制动器起作用的时间对制动距离的影响也不容忽视。制动器起作用的时间与制动系的结构形式有密切的关系。当驾驶员急速踩下制动踏板时,液压制动系的制动器起作用的时间可短至 0.1 s 或更短;真空助力制动系和气压制动系为 0.3~0.9 s;货车有挂车时,汽车列车的制动器起作用的时间有时竟长达 2 s,但精心设计的汽车列车制动系可缩短到 0.4 s。

4.10.3 制动效能的恒定性

以上的讨论仅限于在冷制动情况(制动器起始温度在 100 ℃ 以下)的制动效能。汽车在繁重的工作条件下制动时(例如在下长坡时,制动器就要较长时间连续地进行较大强度的制动),制动器温度常在 300 ℃ 以上,有时高达 600~700 ℃。高速制动时,制动器温度也会很快上升。制动器温度上升后,摩擦力矩常会显著下降,这种现象称为制动器的热衰退。如 Lexus LS400 汽车在冷制动时,起始制动车速为 195 km/h,制动距离为 163.9 m,减速度为 8.5 m/s²,而在下山过程中,经过 26 次制动后,前制动器温度达到 693 ℃,这时以同样的起始车速制动,减速度为 6.0 m/s²,制动距离加长了 80.6 m,达到 244.5 m。目前热衰退是制动器不可避免的现象。

制动效能的恒定性主要指的是抗热衰退性能,一般用一系列连续制动时制动效能的保持度来衡量。根据国家行业标准 ZBT24007-89,要求以一定车速连续制动 15 次,每次的制动强度为 3 m/s²,最后的制动效能应不低于规定的冷试验制动效能(5.8 m/s²)的 60%(在制动踏板力相同的条件下)。山区行驶的货车和高速行驶的轿车,对抗热衰退性能有更高的要求。一些国家规定,大型货车必须装备辅助制动器,以保持山区行驶的制动效能。

4.11 制动时汽车的方向稳定性

制动过程中有时会出现制动跑偏、后轴侧滑或前轮失去转向能力而使汽车失去控制离开原来的行驶方向。制动时汽车自动向左或向右偏驶称为"制动跑偏"。侧滑是指制动时汽车的某一轴或两轴发生横向移动。最危险的情况是在高速制动时发生后轴侧滑,此时汽车常发生不规则的急剧回转运动而失去控制。跑偏与侧滑是有联系的,严重的跑偏有时会引起后轴侧滑,易于发生侧滑的汽车也有加剧跑偏的趋势。图 4-36 画出了制动跑偏和由跑偏引起后轴侧滑时轮胎留在地面上的印迹示意图。前轮失去转向能力是指弯道制动时汽车不再按原来的弯道行驶而沿弯道切线方向驶出;直线行驶制动时虽然转动转向盘但汽车仍按直线方向行驶的现象。失去转向能力和后轴侧滑也是有联系的,一般如果汽车后轴不会侧滑,前轮就有可能失去转向能力;后轴侧滑,通常前轮仍有转向能力。

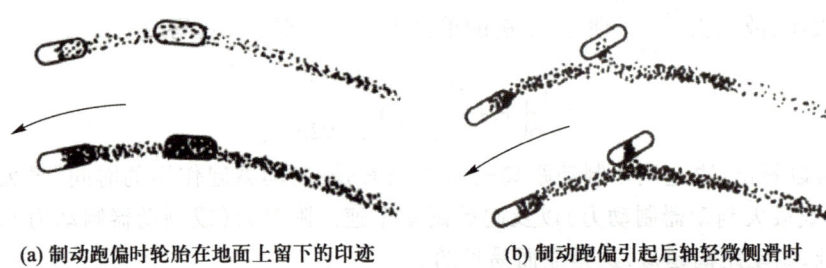

(a) 制动跑偏时轮胎在地面上留下的印迹　　(b) 制动跑偏引起后轴轻微侧滑时轮胎留在地面上的印迹

图 4-36　制动跑偏和由跑偏引起后轴侧滑时轮胎留在地面上的印迹示意图

制动跑偏、侧滑与前轮失去转向能力是造成交通事故的重要原因。例如我国某市市郊一山区公路，根据两周（雨季）发生的七起交通事故分析，发现其中六起是由于制动时后轴发生侧滑或前轮失去转向能力造成的。西方一些国家的统计表明，发生人身伤亡的交通事故中，在潮湿路面上约有 1/3 的事故与侧滑有关；在冰雪路面上有 70%~80% 的事故与侧滑有关。根据对侧滑事故的分析，发现有 50% 的事故是由制动引起的。

一般称汽车在制动过程中维持直线行驶或按预定弯道行驶的能力为制动时汽车的方向稳定性。汽车试验中常规定一定宽度的试验通道（如 1.5 倍车宽或 3.7 m），制动时方向稳定性合格的车辆，在试验过程中不允许产生不可控制的效应使它离开这条通道。

4.11.1　汽车的制动跑偏

制动时汽车跑偏的原因有两个：
（1）汽车左右车轮特别是前轴左、右车轮（转向轮）制动器的制动力不相等。
（2）制动时悬架导向杆系与转向系拉杆在运动学上的不协调（互相干涉）。

其中第一个原因是制造、调整误差造成的，汽车究竟向左或向右跑偏，要根据具体情况而定；而第二个原因是设计造成的制动时汽车总是向左（或向右）一方跑偏。

由于转向轴左、右车轮制动力不相等而引起制动跑偏的受力分析图如图 4-37 所示。为了简化模型，假定车速较低，跑偏不严重，且跑偏过程中转向盘是不动的，在制动过程中也没有发生侧滑，并忽略汽车做圆周运动时产生的离心力及车身绕质心的惯性力偶矩。

设前左轮的制动器制动力大于前右轮，故地面制动力 $F_{X1l}>F_{X1r}$。此时前后轴分别受到的地面侧向反作用力为 F_{Y1} 和 F_{Y2}。显然 F_{X1l} 绕销的力矩大于 F_{X1r} 绕销的力矩。虽然转向盘不动，由于转

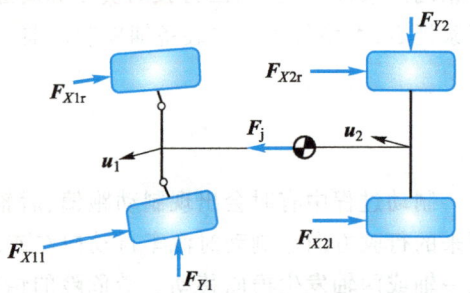

图 4-37　制动跑偏时的受力分析图

向系各处的间隙及零部件的弹性变形，转向轮仍产生一向左转动的角度而使汽车有轻微的转弯行驶，即跑偏。同时，由于主销有后倾，也使 F_{Y1} 对转向轮产生一个同方向的偏转力矩，这样也增大了向左转动的角度。

左、右车轮制动力之差用不相等度表示,即

$$\Delta F_{\mu r} = \frac{F_{\mu b} - F_{\mu 1}}{F_{\mu b}} \times 100\% \tag{4-94}$$

式中,$F_{\mu b}$为大的制动器制动力;$F_{\mu 1}$为小的制动器制动力。

我国国标 GB 7258—2017 中规定,前轴的不相等度不应大于 20%,后轴的不相等度不应大于 24%(轴制动力大于或等于该轴轴荷 60% 时)。

试验结果用车身横向位移和汽车的偏航角来表示,制动跑偏随着 $\Delta F_{\mu r}$ 的增加而增大;当后轮抱死时,跑偏的程度加大。

4.11.2 制动时后轴侧滑与前轴转向能力的丧失

制动时发生侧滑,特别是后轴侧滑,将引起汽车剧烈的回转运动,严重时可使汽车调头。由试验与理论分析得知,制动时若后轴车轮比前轴车轮先抱死拖滑,就可能发生后轴侧滑。若能使前、后轴车轮同时抱死或前轴车轮先抱死,后轴车轮再抱死或不抱死,则能防止后轴侧滑。不过前轴车轮抱死后将失去转向能力。

开展直线行驶制动试验,试验是在一条一侧有 2.5% 的横向坡的平直混凝土路面上进行。为了降低附着系数使之容易发生侧滑,在地面上洒了水。试验用的轿车有调节各个车轮制动器液压的装置,以控制每根车轴的制动力,达到改变前、后车轮抱死拖滑次序的目的。调节装置甚至可使车轮制动器液压为零,即在实施制动时该车轮根本不制动。试验结果如下:

(1) 前轮或后轮抱死时汽车纵轴转过的角度如图 4-38 所示。前轮无制动力而后轮有足够的制动力的试验结果如图 4-38 中的曲线 A 所示,可见随着车速提高,侧滑的程度更加剧烈。车速在 48 km/h 时,汽车纵轴与行驶方向的夹角(偏航角)可达 180°。

(2) 后轮无制动力而前轮有足够的制动力试验结果如图 4-38 中曲线 B 所示。可见即使车速达到 65 km/h,汽车的纵轴转角也不大,最大夹角只有 10°,即汽车基本上维持直线行驶。但前轮抱死后,汽车将失去转向能力,若遇到障碍,只有放松制动踏板,才能绕开行驶。

(3) 前、后车轮都有足够的制动力,但它们抱死拖滑的次序和时间间隔不同,试验时利用车上制动器液压调节装置,可使前、后车轮在制动到抱死拖滑时有不同的先后次序和时间间隔。以 64.4 km/h 起始车速制动,试验结果如图 4-39 所示。可见若前轮比后轮先抱死拖滑(此时前轮丧失转向能力),或后轮比前轮先抱死且时间间

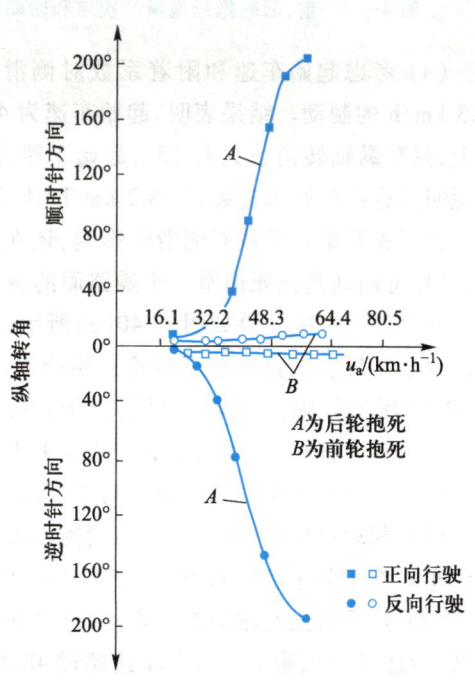

图 4-38 前轮或后轮抱死时
汽车纵轴转过的角度(偏航角)

隔在 0.5 s 以内,则汽车基本上按直线行驶;若后轮比前轮先抱死拖滑且时间间隔超过 0.5 s,则后轴将发生严重的侧滑。试验时还发现,前轴或后轴的两个车轮也不是同时抱死的。如果只有一个后轮抱死,也不会发生侧滑,侧滑程度取决于后抱死的后轮与后抱死的前轮的时间间隔。

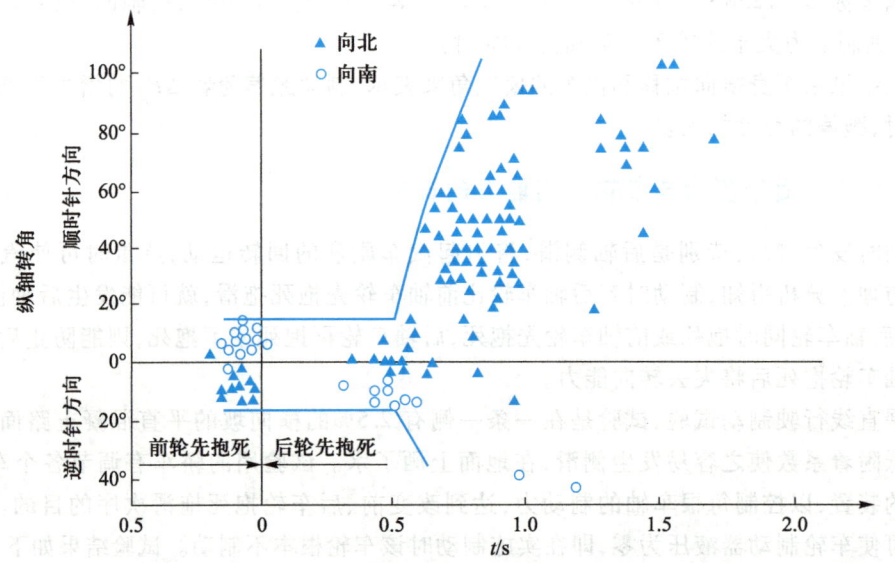

图 4-39　前、后轮抱死拖滑的次序和时间间隔对后轴侧滑的影响(混凝土路面、转向盘固定)

(4) 考虑起始车速和附着系数对侧滑的影响,试验时还做了起始车速为 48.2 km/h 及 72.3 km/h 的制动。结果表明,起始车速为 48.2 km/h 时,即使后轮比前轮先抱死拖滑在 0.5 s 以上,汽车纵轴转角也只有 25°;起始车速为 72.3 km/h 时,侧滑的情况与 64.4 km/h 时一样。这说明只有在起始车速超过 48.2 km/h 时,后轴侧滑才成为一种危险的侧滑。

为了查明附着系数对侧滑的影响,还在干燥路面上做了同样的试验。试验时前轮无制动力,后轮可制动到抱死拖滑。干燥路面的制动距离是湿路面的 70%,即在湿路面上制动时的制动时间要长。试验结果如图 4-40(a)所示。曲线表明,在干燥路面上,汽车纵轴转角比湿路面上的要小。每次试验还记录后轮开始拖滑的时间,若以时间为横坐标把曲线重画一次[如图 4-40(b)所示],则在同样的时间内,干、湿路面的汽车纵轴转角相差不多。可见,在低附着系数路面上制动,侧滑程度的增加主要是由于制动时间增加。

由上述四项试验可总结得到两点结论:

(1) 制动过程中,若是只有前轮抱死或前轮先抱死拖滑,汽车基本上沿直线向前行驶(减速停车),汽车处于稳定状态,但丧失转向能力。

(2) 若后轮比前轮提前一定时间(如对试验中的汽车为 0.5 s 以上)先抱死拖滑,且车速超过某一数值(如试验中的汽车车速超过 48.2 km/h)时,汽车在轻微的侧向力作用下就会发生侧滑。路面越滑、制动距离和制动时间越长,后轴侧滑越剧烈。

下面从受力角度分析汽车前轮抱死拖滑或后轮抱死拖滑的两种运行情况。汽车一根轴侧滑时的运动状况如图 4-41 所示。如图 4-41(a)所示为前轴侧滑时,即前轮抱死而后轮滚动的

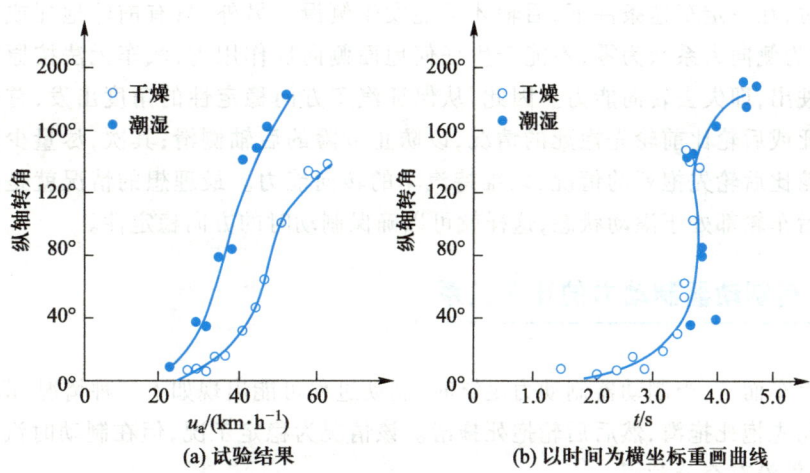

(a) 试验结果　　　(b) 以时间为横坐标重画曲线

图 4-40　路面附着系数对后轴侧滑的影响

运动情况。设转向盘不动，汽车受到偶然并短暂的侧向外力作用后，前轴发生侧向滑动，前轴中点 A 的速度 u_A 与汽车纵轴的夹角为 α；后轴未有侧向滑动，后轴中点速度 u_B 的方向与汽车纵轴方向一致。此时，汽车发生类似转弯的行驶运动，其瞬时转动中心为速度 u_A、u_B 垂线的交点 O，在质心 C 上作用有离心力。图 4-41 中也画出了汽车侧向的受力情况，F_{Y1}、F_{Y2} 为作用于前、后轴的地面侧向反作用力，F_j 为侧向惯性力，其数值基本上等于离心力；图 4-41 中没有画出沿纵轴方向的力。当前轮抱死时，F_{Y1} 很小，可认为 $F_{Y1} \approx 0$。根据刚体平面运动微分方程，有 $F_{Y1} + F_{Y2} + F_j = 0$，即地面侧向反作用力与侧向惯性力平衡；$(F_{Y1}a - F_{Y2}b) + M_j = 0$，$M_j = -I_z \dot{\omega}_r$（式中，$I_z$ 为汽车绕通过质心 C 垂直地面轴线的转动惯量；$\dot{\omega}_r$ 为汽车角加速度），即地面侧向反作用力对质心 C 的力矩之和与惯性力矩平衡。由力矩平衡方程式可知，前轮抱死后轮滚动时，后轮侧向反作用力对质心的矩 $F_{Y2}b$，使图 4-41(a) 中的汽车角速度减小，汽车趋于恢复直线行驶而处于稳定状况。如图 4-41(b) 所示为后轴侧滑，即后轮抱死而前轮滚动的运动情况。这时 $F_{Y2} \approx 0$，前轮地面侧向反作用力 F_{Y1} 对 C 点的力矩增大了汽车角速度，汽车在一定条件下可能出现难以控制的急剧转动。因此，后轴侧滑是一种不稳定的、危险的工况。

上面是直线行驶条件下的制动试验。在弯道行驶时进行的制动试验也会得到类似的结果，即只有后轮抱死或后

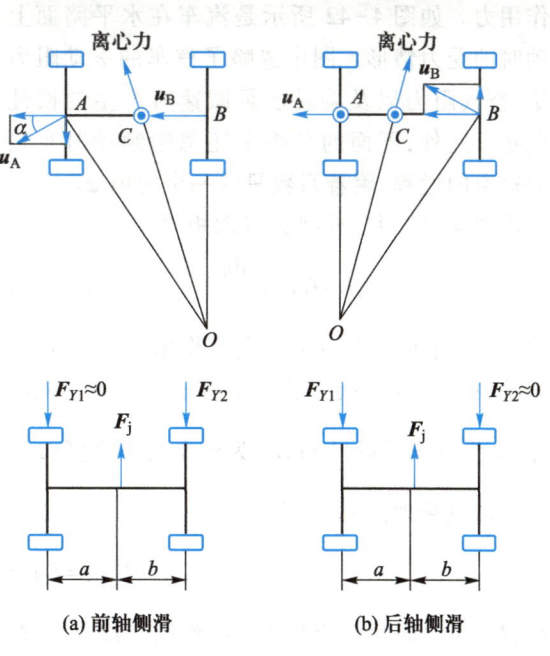

(a) 前轴侧滑　　　(b) 后轴侧滑

图 4-41　汽车一根轴侧滑时的运动状况

轮提前抱死时,在一定车速条件下,后轴才可能发生侧滑。另外,只有前轮抱死或前轮比后轮先抱死时,因为侧向力系数为零,不能产生任何地面侧向反作用力,汽车无法按原弯道行驶而沿切线方向驶出,即失去转向能力。因此,从保证汽车方向稳定性的角度出发,首先不能出现只有后轮抱死或后轮比前轮先抱死的情况,以防止危险的后轴侧滑;其次,尽量少出现只有前轮抱死或前轮比后轮先抱死的情况,以维持汽车的转向能力。最理想的情况就是防止任何车轮抱死,前、后车轮都处于滚动状态,这样就可以确保制动时的方向稳定性。

4.12 前、后制动器制动力的比例关系

对一般汽车而言,当制动器制动力足够时,制动过程可能出现如下三种情况,即

(1) 前轮先抱死拖滑,然后后轮抱死拖滑。该情况为稳定工况,但在制动时汽车丧失转向能力,附着条件没有充分利用。

(2) 后轮先抱死拖滑,然后前轮抱死拖滑。该情况后轴可能出现侧滑,是不稳定工况,附着利用率也低。

(3) 前、后轮同时抱死拖滑。该情况可以避免后轴侧滑,同时前轮只有在最大制动强度下才使汽车失去转向能力,较之前两种工况,附着条件利用情况较好。

可见,前、后制动器制动力分配的比例将影响汽车制动时的方向稳定性和附着条件利用程度,是设计汽车制动系必须妥善处理的问题。

4.12.1 地面对前、后车轮的法向反作用力

在分析前、后制动器制动力分配比例之前,先了解在制动时地面作用于前、后车轮的法向反作用力。如图 4-42 所示是汽车在水平路面上制动时的受力情形。图中忽略了汽车的滚动阻力偶矩、空气阻力以及旋转质量减速时产生的惯性力偶矩。此外,下面的分析中还忽略制动时车轮边滚边滑的过程,附着系数只取一个定值 φ_0。

由图 4-42 对后轮接地点取矩得

$$F_{Z1}L = Gb + m\frac{\mathrm{d}u}{\mathrm{d}t}h_g \tag{4-95}$$

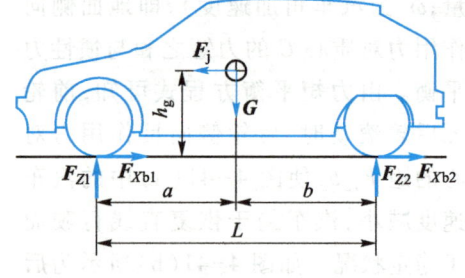

图 4-42 汽车在水平路面上制动时的受力图

式中,F_{Z1} 为地面对前轮的法向反作用力(N);G 为汽车重力(N);b 为汽车质心至后轴中心线的距离(m);m 为汽车质量(kg);h_g 为汽车质心高度(m);$\frac{\mathrm{d}u}{\mathrm{d}t}$ 为汽车减速度(m/s²)。

对前轮接地点取矩,得

$$F_{Z2}L = Ga - m\frac{\mathrm{d}u}{\mathrm{d}t}h_g \tag{4-96}$$

式中,F_{Z2} 为地面对后轮的法向反作用力;a 为质心至前轴中心线的距离。

令 $\dfrac{\mathrm{d}u}{\mathrm{d}t}=zg$，$z$ 为制动强度，则地面法向反作用力为

$$F_{Z1} = G(b+zh_g)/L$$
$$F_{Z2} = G(a-zh_g)/L \qquad (4-97)$$

若在不同附着系数的路面上制动，前、后轮都抱死（不论是同时抱死或先后抱死），此时 $F_{Xb}=F_\varphi=G\varphi$ 或 $\dfrac{\mathrm{d}u}{\mathrm{d}t}=\varphi g$。地面作用于前、后轮的法向反作用力为

$$\begin{cases} F_{Z1} = \dfrac{G}{L}(b+\varphi h_g) \\ F_{Z2} = \dfrac{G}{L}(a-\varphi h_g) \end{cases} \qquad (4-98)$$

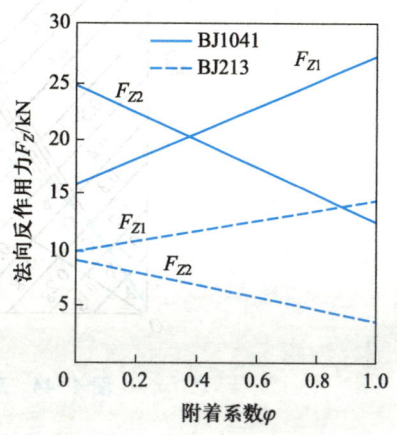

图 4-43 BJ1041 和 BJ213 汽车前、后轮法向反作用力随附着系数的变化

式(4-97)、式(4-98)均为直线方程。图 4-43 给出了 BJ1041 和 BJ213 汽车前、后轮法向反作用力随附着系数变化的情况。由图可知，当制动强度或附着系数改变时，前、后轮法向反作用力的变化是很大的。例如，BJ1041 汽车，当 $a_b=0.7g$ 时，亦即附着系数 $\varphi=0.7$ 时，前轮法向反作用力增加了 53.1%，而后轮减少了 34.2%。

4.12.2 理想的前、后制动器制动力分配曲线

制动时前、后车轮同时抱死，对附着条件的利用、制动时汽车的方向稳定性均较为有利。此时的前、后轮制动器制动力 $F_{\mu1}$ 和 $F_{\mu2}$ 的关系曲线，常称为理想的前、后轮制动器制动力分配曲线。在任意附着系数 φ 的路面上，前、后车轮同时抱死的条件是前、后轮制动器制动力之和等于附着力，并且前、后轮制动器制动力分别等于各自的附着力，即

$$\begin{cases} F_{\mu1}+F_{\mu2}=\varphi G \\ F_{\mu1}=\varphi F_{Z1} \\ F_{\mu2}=\varphi F_{Z2} \end{cases} \quad \text{或} \quad \begin{cases} F_{\mu1}+F_{\mu2}=\varphi G \\ \dfrac{F_{\mu1}}{F_{\mu2}}=\dfrac{F_{Z1}}{F_{Z2}} \end{cases} \qquad (4-99)$$

将式(4-98)代入式(4-99)中，得

$$\begin{cases} F_{\mu1}+F_{\mu2}=\varphi G \\ \dfrac{F_{\mu1}}{F_{\mu2}}=\dfrac{b+\varphi h_g}{a-\varphi h_g} \end{cases} \qquad (4-100)$$

消去变量 φ，得

$$F_{\mu2}=\dfrac{1}{2}\left[\dfrac{G}{h_g}\sqrt{b^2+\dfrac{4h_g L}{G}F_{\mu1}}-\left(\dfrac{Gb}{h_g}+2F_{\mu1}\right)\right] \qquad (4-101)$$

由式(4-101)绘成的曲线，即为前、后车轮同时抱死时，前、后轮制动器制动力的关系曲线，也即理想的前、后制动器制动力分配曲线，简称 I 曲线，如图 4-44 所示。

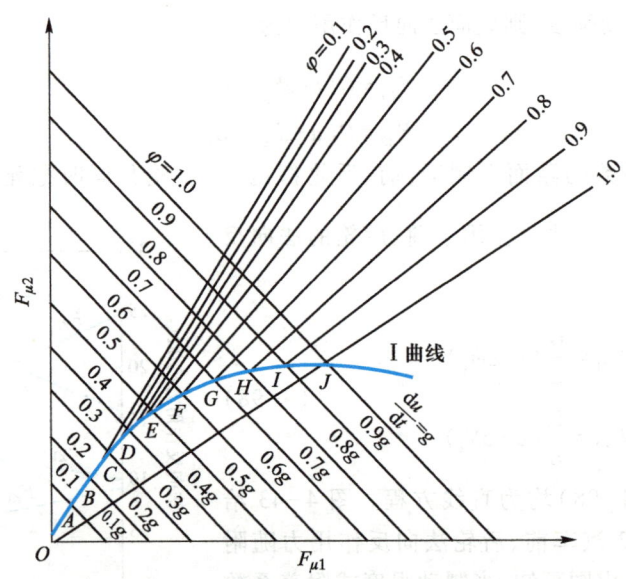

图 4-44 理想的前、后制动器制动力分配曲线

可用作图法直接求得 I 曲线。先将式(4-100)中第一式按不同 φ 值($\varphi=0.1,0.2,0.3,\cdots$)作图画在图 4-44 上,得到一组与坐标轴成 45°的平行线;再对式(4-100)中第二式按不同 φ 值($\varphi=0.1,0.2,0.3,\cdots$)代入,作图于图 4-44 上得到一组通过坐标原点、斜率不同的射线。

这两组直线中,对于某一 φ 值,均可找到两条直线,这两条直线的交点便是满足式(4-100)中两式的 $F_{\mu 1}$ 值和 $F_{\mu 2}$ 值。把对应于不同 φ 值的两直线交点 $A,B,C,\cdots$ 连接起来,便得到 I 曲线。曲线上任一点代表在该附着系数路面上前、后制动器制动力应有的数值。由此可见,只要给出汽车的总质量(或汽车的重力)、汽车的质心位置(a、b 和 h_g),就能作出 I 曲线。I 曲线是制动踏板力增长到前、后车轮同时抱死拖滑时的前、后制动器制动力的分配曲线。车轮同时抱死时,$F_{\mu 1}=F_{Xb1}=F_{\varphi 1}$,$F_{\mu 2}=F_{Xb2}=F_{\varphi 2}$,所以 I 曲线也是车轮同时抱死时 $F_{\varphi 1}$ 和 $F_{\varphi 2}$ 的关系曲线。

4.12.3 具有固定比值的前后制动器制动力与同步附着系数

不少两轴汽车的前、后制动器制动力之比为一固定值。常用前制动器制动力与汽车总制动器制动力之比来表明分配的比例,称为制动器制动力分配系数,并以符号 β 表示,即

$$\beta=\frac{F_{\mu 1}}{F_\mu} \tag{4-102}$$

式中,$F_{\mu 1}$ 为前制动器制动力;F_μ 为汽车总制动器制动力,$F_\mu=F_{\mu 1}+F_{\mu 2}$,$F_{\mu 2}$ 为后制动器制动力。

$$F_{\mu 1}=\beta F_\mu, F_{\mu 2}=(1-\beta)F_\mu \tag{4-103}$$

且

$$\frac{F_{\mu 1}}{F_{\mu 2}}=\frac{\beta}{1-\beta} \tag{4-104}$$

若用 $F_{\mu 2}=B(F_{\mu 1})$ 表示,则 $F_{\mu 2}=B(F_{\mu 1})$ 为一条直线,此直线通过坐标原点,且其斜率为

$$\tan\theta = \frac{1-\beta}{\beta} \tag{4-105}$$

这条直线称为实际前、后制动器制动力分配线,简称 β 线。图 4-45 中给出了 BJ1041 货车的 β 线,同时还给出了该货车空载和满载时的 I 曲线。该车的结构参数见表 4-4。图中,β 线与 I 曲线(满载)交于 B 点,此时的附着系数值为 $\varphi_0 = 0.786$。称 β 线与 I 曲线交点处的附着系数为同步附着系数,所对应的制动减速度称为临界减速度。同步附着系数是由汽车结构参数决定的、反映汽车制动性能的一个参数。同步附着系数说明前、后制动器制动力为固定比值的汽车,只有在同步附着系数路面上制动时才能使前、后车轮同时抱死。

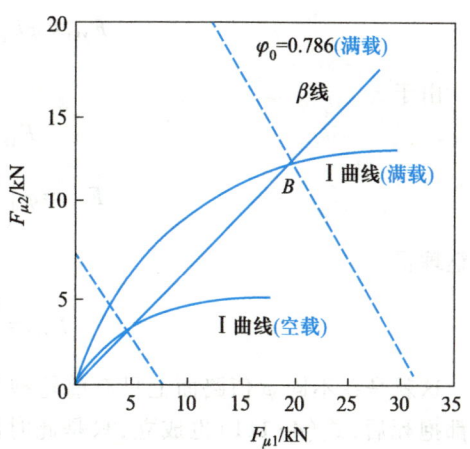

图 4-45 BJ1041 货车的 β 线与 I 曲线

表 4-4 BJ1041 货车的结构参数

载荷	汽车总质量/kg	质心高度 h_g/mm	质心至前轴线距离 a/mm	质心至后轴线距离 b/mm
空载(一名驾驶员)	2 074	930	1 451	1 749
满载	4 074	950	1 947	1 253

同步附着系数可用解析法求得。设汽车在同步附着系数路面上制动,此时前、后轮同时抱死,将式(4-100)代入式(4-104),得

$$\frac{\beta}{1-\beta} = \frac{b+\varphi_0 h_g}{a-\varphi_0 h_g} \tag{4-106}$$

则

$$\varphi_0 = \frac{L\beta - b}{h_g} \tag{4-107}$$

4.12.4 前、后制动器制动力具有固定比值的汽车在各种路面上制动过程的分析

利用 β 线与 I 曲线的配合,就可以分析前、后制动器制动力具有固定比值的汽车在各种路面上的制动情况。为了便于分析,先定义两组线组——f 线组与 r 线组。f 线组是后轮没有抱死,在各种 φ 值路面上前轮抱死时的前、后地面制动力关系曲线;r 线组是前轮没有抱死而后轮抱死时的前、后地面制动力关系曲线。普通轿车在制动踏板力逐渐加大时,常有后轮没有抱死而前轮先抱死这样的过程;有的空载货车在制动踏板力逐渐加大时,会出现前轮没有抱死而后轮先抱死的过程。

先求 f 线组。当前轮抱死时有

$$F_{Xb1} = \varphi F_{Z1} = \varphi \left(\frac{Gb}{L} + \frac{F_{Xb}h_g}{L} \right) \tag{4-108}$$

由于

$$F_{Xb} = F_{Xb1} + F_{Xb2} \tag{4-109}$$

$$F_{Xb1} = \varphi \left(\frac{Gb}{L} + \frac{F_{Xb1} + F_{Xb2}}{L} h_g \right) \tag{4-110}$$

故整理得

$$F_{Xb2} = \frac{L - \varphi h_g}{\varphi h_g} F_{Xb1} - \frac{Gb}{h_g} \tag{4-111}$$

这就是在不同 φ 值路面上只有前轮抱死时的前、后地面制动力的关系式。显然,当前、后轮都抱死后,式(4-111)也成立,只是此时的后轮地面制动力也已经达到后轮附着力的数值。以不同 φ 值代入式(4-111),即得到 f 线组,f 线组与 r 线组如图 4-46 所示。

从式(4-111)可以看出,此线组与纵坐标的交点为 $(0, -Gb/h_g)$,而与 φ 值无关。应指出,F_{Xb2} 为负值时已是地面驱动力,此处不再讨论。

当 $F_{Xb2} = 0$ 时,

$$F_{Xb1} = \frac{\varphi Gb}{L - \varphi h_g} \tag{4-112}$$

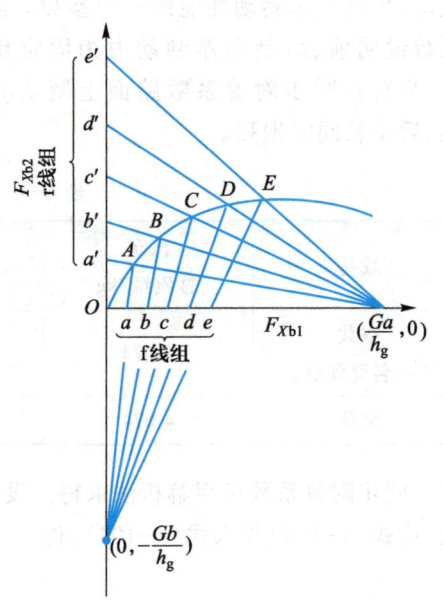

图 4-46 f 线组与 r 线组

利用此式可求出在不同 φ 值时相应的 F_{Xb1} 值,即线组与横坐标的交点 $a,b,c,\cdots$。根据汽车结构参数的具体数值,可以知道此情况下的总地面制动力 $F_{Xb} = F_{Xb1} + 0 = F_{Xb1}$,$F_{Xb} < \varphi G$,即后轮未抱死。随着 F_{Xb1} 与 F_{Xb2} 的增加,F_{Xb} 也增加,最后 f 线组与 I 曲线相交。如前所述,I 曲线也是前、后车轮都抱死后的 $F_{\varphi 1}$ 与 $F_{\varphi 2}$ 的关系曲线。因此,相交点处的 $F_{Xb1} + F_{Xb2} = F_{\varphi 1} + F_{\varphi 2} = \varphi G$,后轮也抱死。由此可见,I 曲线以上的 f 线组已无意义。

再求 r 线组。当后轮抱死时有

$$F_{Xb2} = \varphi F_{Z2} = \varphi \left(\frac{Ga}{L} - \frac{F_{Xb}h_g}{L} \right) \tag{4-113}$$

代入 $F_{Xb} = F_{Xb1} + F_{Xb2}$,并经整理得

$$F_{Xb2} = \frac{-\varphi h_g}{L + \varphi h_g} F_{Xb1} + \frac{\varphi Ga}{L + \varphi h_g} \tag{4-114}$$

式(4-114)即为在不同 φ 值路面上只有后轮抱死时的前、后地面制动力的关系式。显然,当前、后轮都抱死后,式(4-114)也成立,只是此时的前轮地面制动力也已经达到前轮附着力。

用不同的 φ 值代入式(4-114),即得 r 线组。由式(4-114)可知,r 线组与横坐标的交点为 $(Ga/h_g, 0)$,而与 φ 值无关。当 $F_{Xb1} = 0$ 时,

$$F_{Xb2} = \frac{\varphi Ga}{(L+\varphi h_g)} \qquad (4-115)$$

由此,可求出不同 φ 值对应的 F_{Xb2} 值,即 r 线组与纵坐标的交点 $a', b', c', \cdots$ 显然,这些点对应的总地面制动力 $F_{Xb} = 0 + F_{Xb2} < G\varphi$,即前轮未抱死。随着 F_{Xb1} 的增加及相应 F_{Xb2} 的稍稍减少,F_{Xb} 增加,最后,r 线组与 I 曲线相交。相交点处的 $F_{Xb1} + F_{Xb2} = \varphi G$,前轮也抱死,故 I 曲线以下的 r 线段已无意义。

显然,对于同一 φ 值下 f 线组与 r 线组的交点 $A, B, C, \cdots$ 既符合 $F_{Xb1} = \varphi F_{Z1}$,又符合 $F_{Xb2} = \varphi F_{Z2}$,所以这些交点便是前、后车轮都(包含同时)抱死的点。因此,连接 $A, B, C, \cdots$ 各点的曲线也就是前面讨论过的 I 曲线。

下面利用 β 线、I 曲线、f 线组和 r 线组分析汽车在不同 φ 值路面上的制动过程。如图 4-47 所示,为了便于说明问题,以载重 2.5 t 跃进牌 NJ130 货车为例,其同步附着系数为 $\varphi_0 = 0.39$。图中还画出了 F_{Xb1} 与 F_{Xb2} 之和为 $0.1g, 0.2g, 0.3g, \cdots$ 的 45°斜直线组。同一条斜线上的点均有同样大小的总地面制动力 F_{Xb},相应的制动减速度也是常数,即为 $0.1g, 0.2g, 0.3g, \cdots$ 故此 45°斜直线组称为"等地面制动力线组"或"等制动减速度线组"。分析制动过程时,常利用此线组来确定制动过程中的总地面制动力与制动减速度的 du/dt 数值。应指出,这个线组就是按不同 φ 值作出的 45°斜直线组。

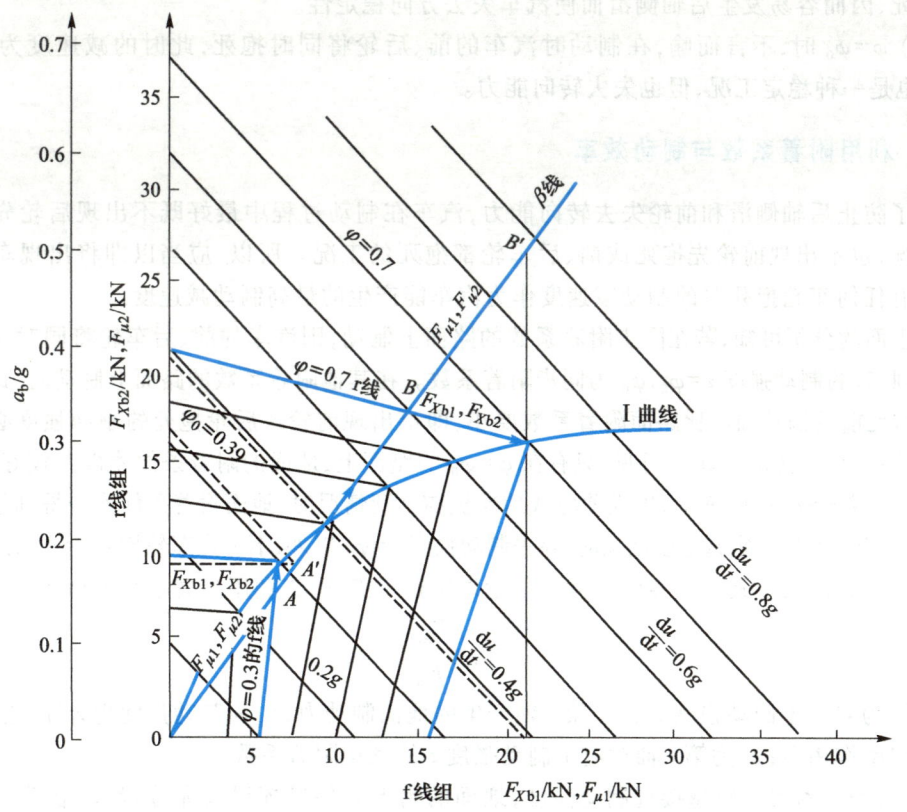

图 4-47 不同 φ 值路面上汽车制动过程的分析

(1) 当 $\varphi<\varphi_0$ 时,设 $\varphi=0.3$,则制动开始时,前、后制动器制动力 $F_{\mu 1}$、$F_{\mu 2}$ 按 β 线上升。因前、后车轮均未抱死,故地面制动力 F_{Xb1} 和 F_{Xb2} 也按 β 线上升。到 A 点时,β 线与 $\varphi=0.3$ 的 f 线相交,前轮开始抱死,制动减速度为 $0.27g$。此时的地面制动力 F_{Xb1}、F_{Xb2} 已符合后轮没有抱死而前轮先抱死的状况。驾驶员如继续增加制动踏板力,F_{Xb1}、F_{Xb2} 将沿 f 线变化,前轮的地面制动力 F_{Xb1} 不再等于 $F_{\mu 1}$,但继续制动,前轮法向反作用力增加,故 F_{Xb1} 沿 f 线稍有增加。但因后轮未抱死,所以当制动踏板力增大,$F_{\mu 1}$、$F_{\mu 2}$ 沿 β 线上升时,F_{Xb2} 仍等于 $F_{\mu 2}$ 而继续上升。当 $F_{\mu 1}$、$F_{\mu 2}$ 至 A' 点时,f 线与 I 曲线相交,此时后轮达到抱死所需的地面制动力 F_{Xb2}(即后轮的附着力),于是前、后车轮均抱死,汽车获得的减速度为 $0.3g$。可见,β 线位于 I 曲线下方,制动时总是前轮先抱死。前轮先抱死虽是一种稳定工况,但丧失转向能力。

(2) 当 $\varphi>\varphi_0$ 时,设 $\varphi=0.7$,如图 4-47 所示,开始制动时,前、后车轮均未抱死,故前、后轮地面制动力和制动器制动力一样均按 β 线增长。到 B 点时,β 线与 $\varphi=0.7$ 的 r 线相交,地面制动力 F_{Xb1}、F_{Xb2} 符合后轮先抱死的状况,后轮开始抱死,此时的制动减速度为 $0.6g$。从 B 点以后,再增加制动踏板力,F_{Xb1}、F_{Xb2} 将沿 $\varphi=0.7$ 的 r 线变化。但继续制动时,后轮法向反作用力有所减少,因而后轮地面制动力沿 r 线稍有下降。但前轮未抱死,当 $F_{\mu 1}$、$F_{\mu 2}$ 沿 β 线增长时,始终有 $F_{Xb1}=F_{\mu 1}$。当 $F_{\mu 1}$、$F_{\mu 2}$ 到 B' 时,B' 点的垂线与 r 线、I 曲线相交,F_{Xb1} 达到前轮抱死的地面制动力,前、后轮均抱死,汽车获得的减速度为 $0.7g$。可见,β 线位于 I 曲线上方,制动时总是后轮先抱死,因而容易发生后轴侧滑而使汽车失去方向稳定性。

(3) $\varphi=\varphi_0$ 时,不言而喻,在制动时汽车的前、后轮将同时抱死,此时的减速度为 $\varphi_0 g$,即 $0.39g$,也是一种稳定工况,但也失去转向能力。

4.12.5 利用附着系数与制动效率

为了防止后轴侧滑和前轮失去转向能力,汽车在制动过程中最好既不出现后轮先抱死的危险工况,也不出现前轮先抱死或前、后车轮都抱死的工况。所以,应当以即将出现车轮抱死但还没有任何车轮抱死时的制动减速度作为汽车能产生的最高制动减速度。

从上面的分析可知,若在同步附着系数的路面上制动,则汽车的前、后车轮将同时达到抱死的工况,此时的制动强度 $z=\varphi_0$,φ_0 为同步附着系数。在其他附着系数的路面上制动时,达到前轮或后轮抱死前的制动强度比路面附着系数要小,即不出现前轮或后轮抱死的制动强度必须小于地面附着系数,也就是 $z<\varphi_0$。可见,只有在 $\varphi=\varphi_0$ 的路面上,地面的附着条件才得到较好的利用。而在 $\varphi<\varphi_0$ 或 $\varphi>\varphi_0$ 的路面上,出现前轮或后轮提前抱死情况时,地面附着条件均未得到较好的利用,也就是说汽车以一定减速度制动时,除去制动强度 $z=\varphi_0$ 以外,不发生车轮抱死所要求的(最小)路面附着系数总大于其制动强度。为了定量说明这一点,引进利用附着系数的概念,其定义为

$$\varphi_i = \frac{F_{Xbi}}{F_{zi}} \tag{4-116}$$

式中,F_{Xbi} 为对应于制动强度 z,汽车第 i 轴产生的地面制动力;F_{zi} 为制动强度为 z 时,地面对第 i 轴的法向反作用力;φ_i 为第 i 轴对应于制动强度 z 的利用附着系数。

显然,利用附着系数越接近制动强度,地面的附着条件发挥得越充分,汽车制动力分配的合理程度越高。通常以利用附着系数与制动强度的关系曲线(如图 4-48 所示)来描述汽车制动力分配的合理性。最理想的情况是利用附着系数总是等于制动强度这一关系,即图 4-48 中

的对角线($\varphi=z$)。图 4-48 中给出了与如图 4-47 所示同一货车的利用附着系数与制动强度曲线。应当指出,前、后制动力分配曲线与利用附着系数曲线是一一对应的。例如,具有理想制动力分配的汽车,其利用附着系数就是对角线($\varphi=z$)。

下面分别计算前轮或后轮提前抱死时前轴和后轴的利用附着系数。

设汽车前轮刚要抱死或前、后轮同时刚要抱死时产生的减速度为 $du/dt=zg$,则有

$$F_{\mu 1}=F_{Xb1}=\beta \frac{G}{g} \cdot \frac{du}{dt}=\beta Gz \tag{4-117}$$

而

$$F_{Z1}=\frac{G}{L}(b+zh_g) \tag{4-118}$$

则前轴利用附着系数为

$$\phi_f=\frac{F_{Xb1}}{F_{Z1}}=\frac{\beta z}{\frac{1}{L}(b+zh_g)} \tag{4-119}$$

同理,后轴的利用附着系数可求得如下:

$$F_{Xb2}=(1-\beta)\frac{G}{g} \cdot \frac{du}{dt}=(1-\beta)Gz \tag{4-120}$$

$$F_{Z2}=\frac{G}{L}(a-zh_g) \tag{4-121}$$

$$\phi_r=\frac{F_{Xb2}}{F_{Z2}}=\frac{(1-\beta)z}{\frac{1}{L}(a-zh_g)} \tag{4-122}$$

由图 4-48 可以看出,$z=0.39$ 时,前、后轴利用附着系数均为 0.39,即无任何车轮抱死所要求的(最小)地面附着系数(实际上为刚要抱死)为 0.39,这就是这一货车的同步附着系数。在 $\varphi<\varphi_0$ 的路面上,前轮提前抱死;在 $\varphi>\varphi_0$ 的路面上,情况正好相反,后轮提前抱死。

由图 4-48 还可以看出,空载时 φ_r 全在 45° 对角线上面,所以实际上汽车总是出现后轮先抱死的工况,φ_r 曲线即汽车的利用附着系数曲线,此时利用附着系数远远大于制动强度。

通常还用制动效率的概念来描述地面附着条件的利用程度,并说明实际制动力分配的合理性。制动效率定义为车轮不抱死的最大制动减速度与车轮和地面间附着系数的比值。也就是车轮将要抱死时的制动强度与被利用的附着系数之比。不难看出,由式(4-119)和式(4-122)即可得到前轴的制动效率为

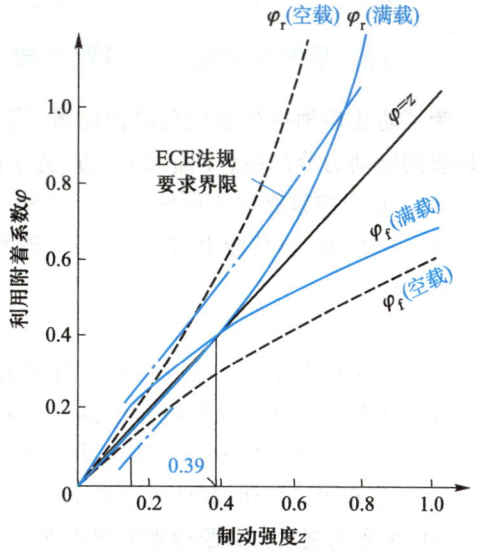

图 4-48 利用附着系数与制动强度的关系曲线

$$E_{\mathrm{f}} = \frac{z}{\varphi_{\mathrm{f}}} = \frac{b/L}{\beta - \varphi_{\mathrm{f}} h_{\mathrm{g}}/L} \tag{4-123}$$

后轴的制动效率为

$$E_{\mathrm{r}} = \frac{z}{\varphi_{\mathrm{r}}} = \frac{a/L}{(1-\beta) + \varphi_{\mathrm{r}} h_{\mathrm{g}}/L} \tag{4-124}$$

如图 4-49 所示为前、后轴制动效率曲线。由图可知，当 $\varphi=0.6$ 时，空载时后轴制动效率约等于 67%。这说明后轮不抱死时，汽车最多只利用可供制动的附着力的 67%，即其制动减速度不是 $0.6g$，而是只有 $0.6 \times 0.67g = 0.402g$。

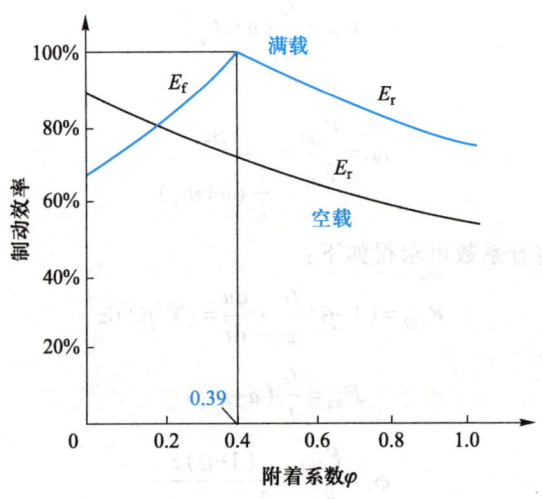

图 4-49 前、后轴制动效率曲线

4.12.6 对前、后制动器制动力分配的要求

为了防止后轴抱死发生危险的侧滑，汽车制动系的实际前、后制动力分配线（β 线）应总是在理想的制动力分配线（I 曲线）下方；为了减少制动时前轮抱死而失去转向能力的机会，提高附着效率，β 线应越靠近 I 曲线越好。另外，为防止后轮抱死并提高制动效率，前轴利用附着系数曲线应总在 45°对角线上方，即总在后轴利用附着系数曲线的上方，同时还应靠近图中的对角线（$\varphi=z$）。

1. ECE 制动法规

为了保证制动时汽车的方向稳定性和有足够的制动效率，联合国欧洲经济委员会制定的 ECE R13 制动法规中对双轴汽车的前、后制动器制动力提出了明确的要求。我国的国家标准 GB 21670—2008 和 GB 12676—2014 中也提出了类似的规定。下面仅对 M_1 类车和最大总质量大于 3.5 t 的货车予以说明，其他类型的车辆可查阅标准。ECE 法规规定的最大总质量超过 3.5 t 的货车、M_1 类车的制动力分配分别如图 4-50、图 4-51 所示。法规中对未装备 ABS 的商用车有如下规定：

对于 φ 在 0.2~0.8 之间的各种车辆，要求制动强度为：$z \geq 0.1 + 0.85(\varphi - 0.2)$。

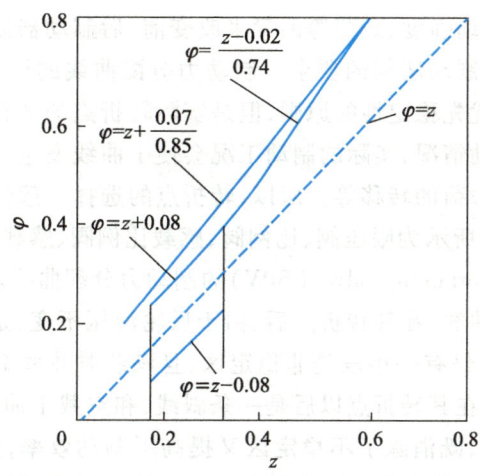

图 4-50　ECE 法规规定的最大总质量超过 3.5 t 的货车的制动力分配

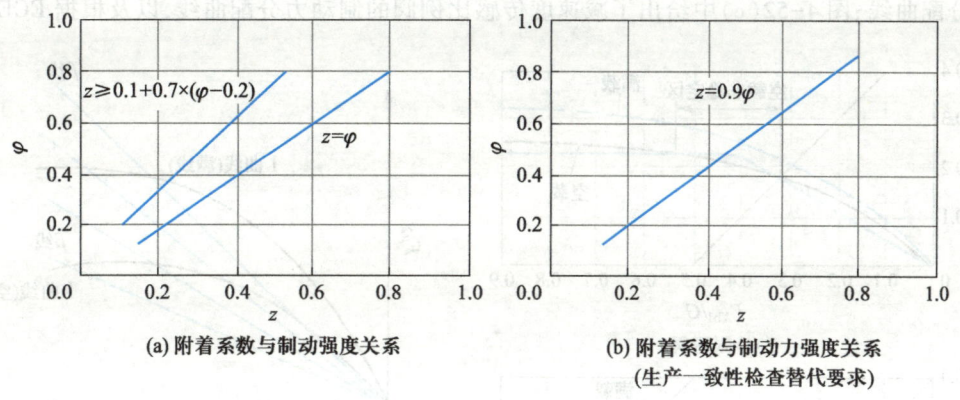

(a) 附着系数与制动强度关系　　　　(b) 附着系数与制动力强度关系
　　　　　　　　　　　　　　　　　　(生产一致性检查替代要求)

图 4-51　ECE 法规中规定的 M_1 类车制动力分配

　　车辆在各种装载状态时，前轴利用附着系数曲线应在后轴利用附着系数曲线之上。对于最大总质量超过 3.5 t 的货车，制动强度 z 在 0.15~0.3 之间，每根轴的利用附着系数曲线位于 $\varphi = z \pm 0.08$ 两条平行于理想的附着系数直线的平行线之间；而制动强度 $z \geq 0.3$ 时，后轴的利用附着系数满足关系式 $z \geq 0.3 + 0.74(\varphi - 0.38)$，则认为也满足了 ECE 法规的要求（如图 4-50 所示）。对于未安装 ABS 的 M_1 类车，ECE 法规中规定的制动力分配如图 4-51 所示。在车辆所有载荷状态下，当制动强度 z 为 0.15~0.80 时，后轴利用附着系数曲线不应位于前轴附着系数曲线上方；当附着系数 φ 为 0.2~0.8 时，制动强度 $z \geq 0.1 + 0.7(\varphi - 0.2)$［附着系数与制动力强度关系如图 4-51(a) 所示］。作为生产一致性检查时的替代要求，当制动强度为 0.15~0.8 时，后轴利用附着系数曲线应位于直线 $z = 0.9\varphi$ 以下［此时附着系数与制动力强度关系如图 4-51(b) 所示］。

2. 具有变化值的前、后制动器制动力的分配特性

　　从上小节分析可知，对于具有固定比值的前、后制动器制动力的制动系特性，其实际制动力分配曲线与理想的制动力分配曲线相差很大，制动效率低，前轮可能因抱死而丧失转向能力，后轮也可能抱死而使汽车有发生后轴侧滑的危险。因此，汽车装有比例阀或载荷比例阀等制动力调节装置,可根据制动强度、载荷等因素来改变前、后制动器制动力的比值,使之接近于理想制动力分配曲线,满足制动法规的要求。制动力分配曲线的设计仍然考虑的是兼顾制动稳定性和最短制动距离但优先稳定性的原则,但是实际转折点的选择是复杂的,因为前面所讲的 I 曲线是简单的直线制动情况,实际的制动工况会使 I 曲线发生改变,如发动机对制动的影响,转弯制动时左、右车轮载荷的转移等。所以,转折点的选择一般低于 I 曲线,以保证有一定的稳定性余地。如图 4-52 所示为限压阀、比例阀、感载比例阀、感载射线阀与减速度传感比例阀(deceleration sensing proportioning valve,DSPV)的制动力分配曲线。其中,图 4-52(a)中给出的是限压阀的制动力分配曲线,在其转折点后,由于后轮液压不变,是一条水平线,虽然分配曲线对空载基本是合适的,但仍有一小段是非稳定区,且满载时效率偏低;图 4-52(b)中给出了比例阀的制动力分配曲线,在其转折点以后是一条斜线,和空载 I 曲线的交点即同步附着系数超过了 0.82(见 ECE 法规),既消除了不稳定区又提高了制动效率,但是满载时转折点下移会增加和 I 曲线的距离,降低制动的效率;图 4-52(c)中给出了感载比例阀的制动力分配曲线,满载时转折点上移和满载的 I 曲线靠近,提高了制动效率;图 4-52(d)给出了感载射线阀的制动力分配曲线;图 4-52(e)中给出了减速度传感比例阀的制动力分配曲线,以及根据 ECE 要求

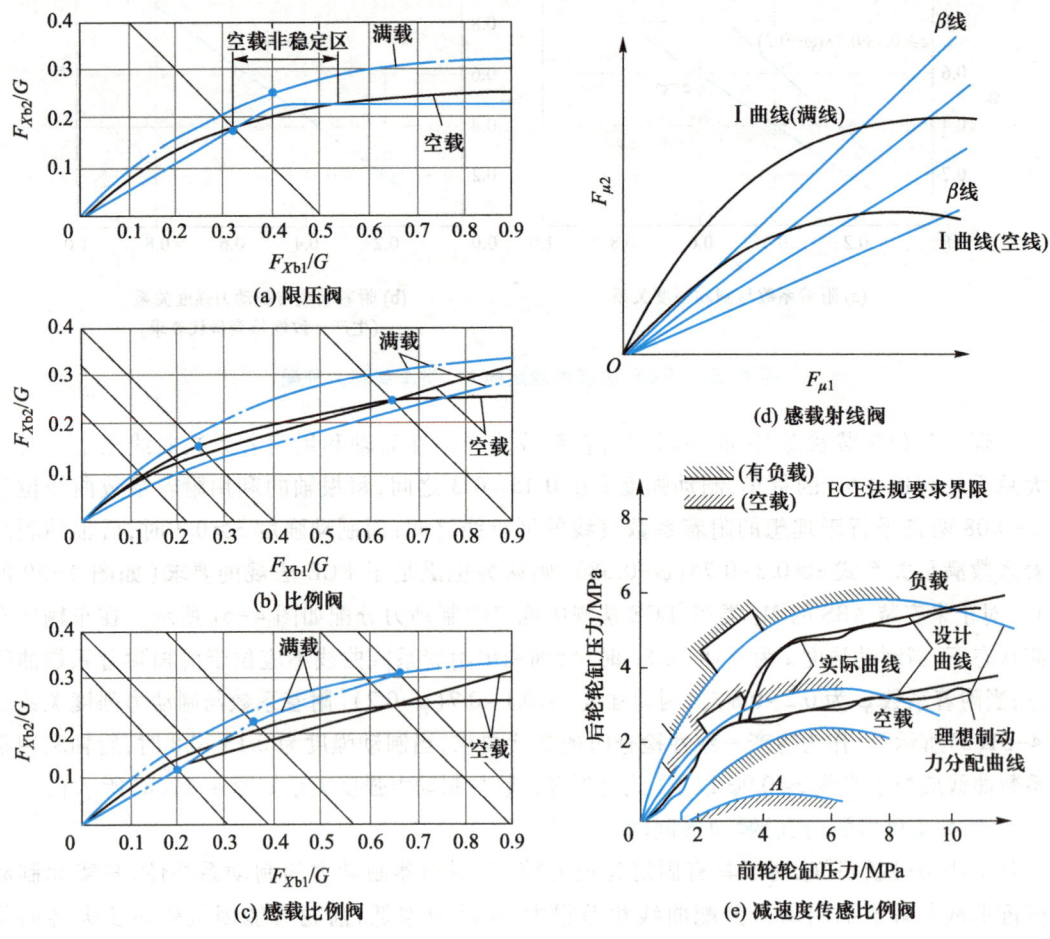

图 4-52　各种调节阀的制动力分配曲线

计算得到的轿车制动力分配所要求的范围。可以看出,DSPV能够满足ECE法规的要求。

对装备防抱制动系统的车辆,应在空载和满载两种工况,低附着系数和高附着系数两种路面上都应满足附着系数利用率≥0.75的要求。

4.13 电动汽车再生制动系统

4.13.1 电机的再生制动力

电机具有四象限工作特性,如图4-53所示。电机驱动车辆减速时,通过电机控制系统将驱动电机切换为发电机工作模式,即工作在第四象限,产生再生制动力,发电电流经电机控制器控制后为车载动力电池组进行充电,实现再生制动能量回收。

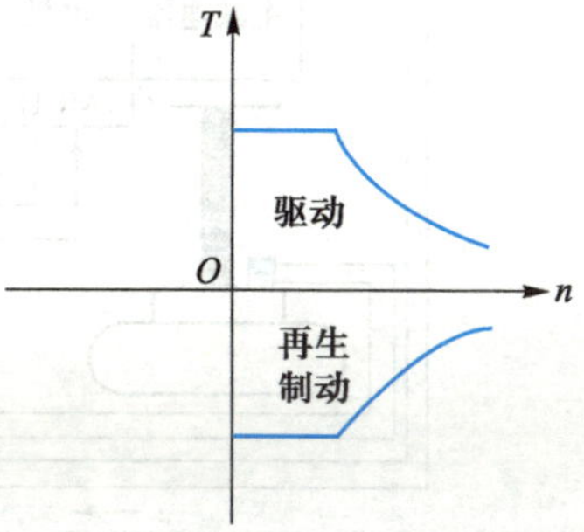

电机制动能量回收技术的原理是基于电机反电动势的产生原理。电机瞬态反电动势的大小与电机的磁通和转速有关,可以依据下式进行估算:

$$E = C_e \phi n \tag{4-125}$$

图4-53 电机的四象限工作特性

其中,E为瞬态反电动势,C_e为常数,ϕ为电机磁通量,n为电机转子转速。

电机再生制动的需求转矩为

$$\frac{T_m i_g i_0}{r} = \left(G\sin\alpha + \delta \frac{G}{g} \cdot \frac{du}{dt} + Gf\cos\alpha + \frac{C_D A}{21.15}u_a^2 \right) \eta_t \tag{4-126}$$

式中,T_m为电机需求再生制动转矩(N·m),u_a为车速(km/h);α为道路坡度,G为车辆质心所受重力(N),f为轮胎滚动阻力系数,g为重力系数,δ为旋转质量转换系数,i_0为主减速器传动比,i_g为变速箱传动比,r为轮胎滚动半径(m)。

通过电机控制器转化,能够为动力电池提供的再生制动充电功率为

$$P_{bat} = \frac{u_a}{3600} \left(G\sin\alpha + \delta \frac{G}{g} \cdot \frac{du}{dt} + Gf\cos\alpha + \frac{C_D A}{21.15}u_a^2 \right) \eta_m \eta_{mc} \eta_t \tag{4-127}$$

式中,P_{bat}为再生制动充电功率,η_m为电机效率,η_{mc}为电机控制器效率,η_t为传动效率。

4.13.2 电动汽车再生制动系统

电动汽车再生制动系统是由电机系统与液压系统组合而成的复合制动系统,电动制动能量回收系统整体结构布置图如图4-54所示。复合制动系统由传感器、制动控制器、电机制动系统、机械液压制动系统以及动力电池构成。

整个制动循环控制过程通过信号的传递执行与反馈调节(包括电机再生制动力和制动器制动力),最终实现制动安全条件下作用于四个车轮的制动力达到目标需求制动力。整车制动控制逻辑流程如图4-55所示。再生制动控制策略集成于制动控制器中,驾驶员给出制动命令时,制动控制器通过传感器采集的制动踏板信号计算制动需求总制动力大小,并结合车速、轮

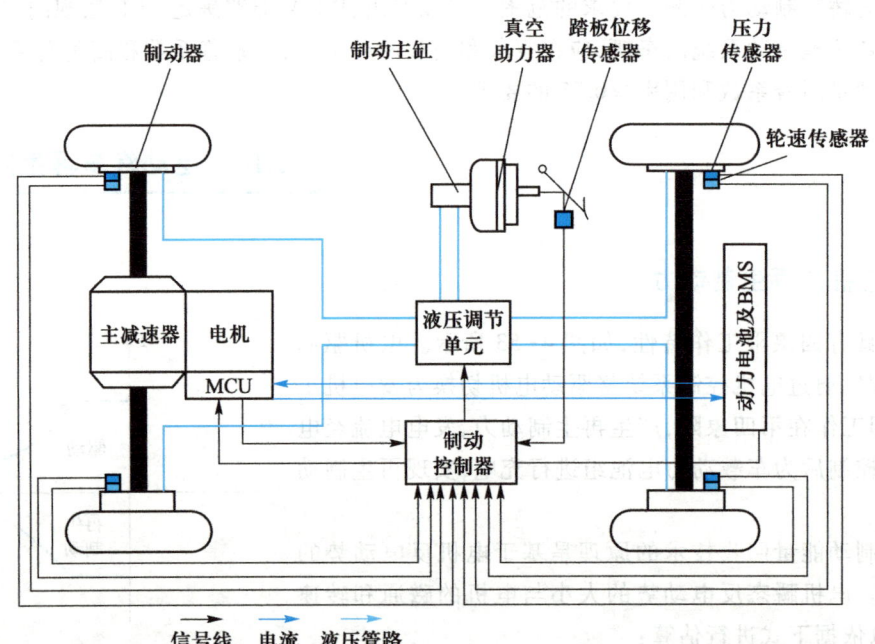

图 4-54 电动制动能量回收系统整体结构布置图

速、电机转速、电池 SOC 值、电池电压、液压主缸、轮缸压力等信号进行驾驶员制动意图识别及车辆行驶状态分析,判断是否进行能量回收。若制动能量不可回收,则由机械摩擦制动系统单独完成制动任务;若制动能量可回收,根据分析结果结合对应的再生制动分配策略,制动控制器计算机械摩擦制动系统与再生制动系统各自需要承担的需求制动力矩并发送控制信号。制动控制器计算的前后轴制动力信号转换成液压调节单元的制动主、轮缸压力信号,电机制动力信号最终以电信号的形式传到电机控制器,执行单元(制动器和电机)接收控制信号完成制动能量回收任务。

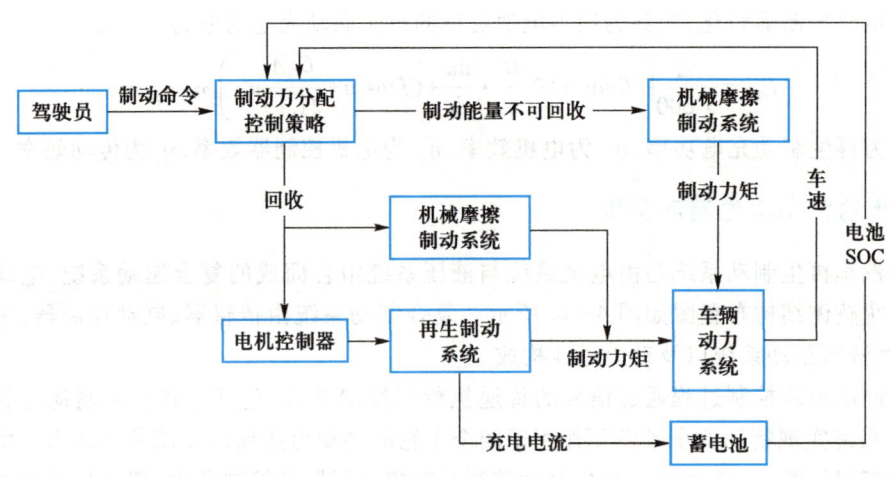

图 4-55 整车制动控制逻辑流程

为了保证制动过程的安全稳定性,汽车制动需求通常由电机制动力与液压摩擦制动力同时承担。不同制动能量回收系统以驱动轴上电机制动力与液压摩擦制动力的耦合关系进行区分,可分为串联式(或协调式)和并联式(或叠加式)两种,如图 4-56 所示。

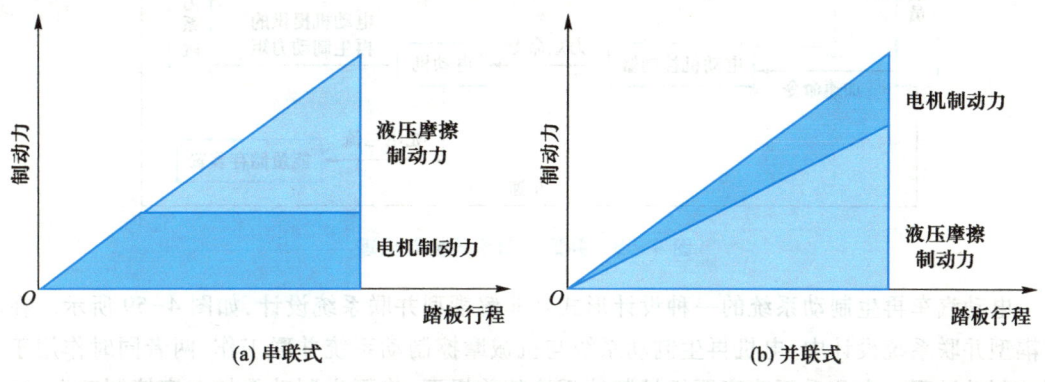

图 4-56　串联式与并联式制动能量回收系统

(1) 串联式(或协调式)机电制动力分配

如图 4-56(a) 所示,串联式机电制动力分配的原则是制动中的总制动力需求首先考虑电机制动力,液压摩擦制动力根据电机制动力大小以及总制动力需求实时调节,串联制动系统控制原理如图 4-57 所示。制动开始时的小强度制动需求首先由电机制动力满足,电机制动力随着踏板行程的加深,即制动需求增大,以一定比例增加;当电机制动力增加到当前时刻能发出的最大制动力或设定的电机制动力极限值而不再变化时,此时继续增大的制动力需求由液压摩擦制动力满足,并且也随着制动踏板行程以一定比例增加直到制动过程结束。串联式机电制动力分配能有效回收制动能量,且制动感觉良好,但需要对制动系统进行改造。

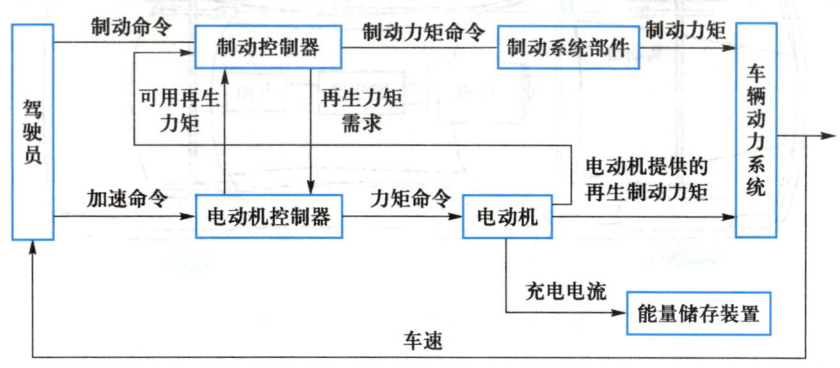

图 4-57　串联制动系统控制原理

(2) 并联式(或叠加式)机电制动力分配

并联式机电制动力分配如图 4-56(b) 所示,并联制动系统控制原理如图 4-58 所示,并联式制动系统实现方式较为简单,整车制动力需求主要由机械液压系统决定,能量回收效果差。此外电机制动力增加到机械摩擦制动力上,易造成驱动轴制动力分配系数增大,车轮过早抱死。

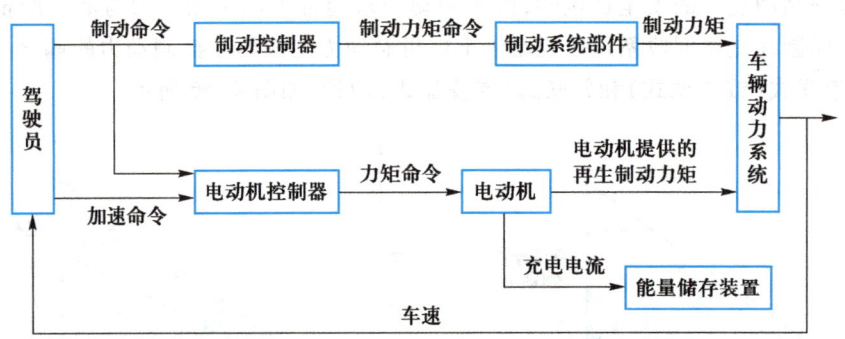

图 4-58 并联制动系统控制原理

电动汽车再生制动系统的一种设计形式是非解耦型并联系统设计,如图 4-59 所示。在非解耦型并联系统设计中,电机再生制动系统与机械摩擦制动系统并联工作,两者同时作用于车辆的制动过程。在几乎不改变原机械制动系统的前提下,将再生制动叠加在摩擦制动上,二者按照固定比例分配。当驾驶员踩下制动踏板时,制动命令通过踏板行程传感器传递到电机控制器和机械摩擦制动系统。电机控制器根据踏板行程信号,控制电机进行再生制动。再生制动通过电机逆变器,将制动过程中的动能转化为电能,并储存到电池中。

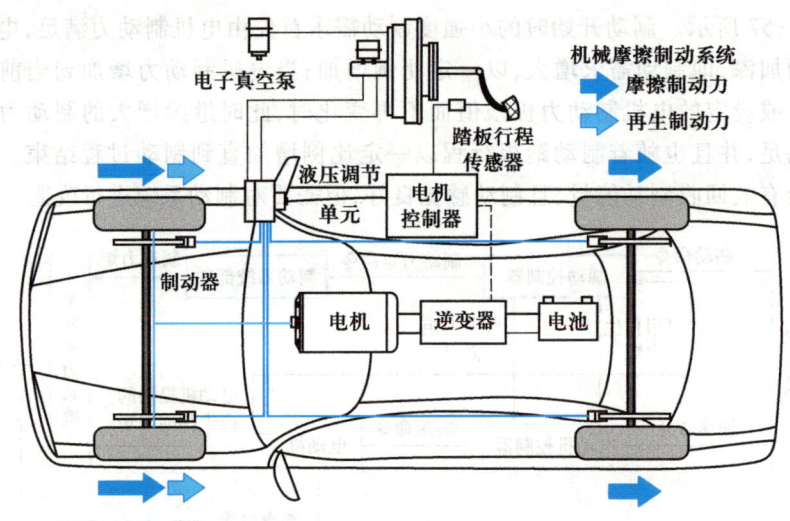

图 4-59 非解耦型并联系统设计

在非解耦型并联系统设计的基础上,改进的解耦型系统新增加了踏板行程模拟器,实现了再生制动和机械制动的独立控制和协调工作,如图 4-60 所示。这种设计既保证了能量回收效率,又提高了制动舒适性和系统的响应速度。

在电动汽车再生制动系统中,机电复合制动力的分配策略包括最大能量回收策略、最佳踏板感觉策略和协调控制策略,如图 4-61 所示。

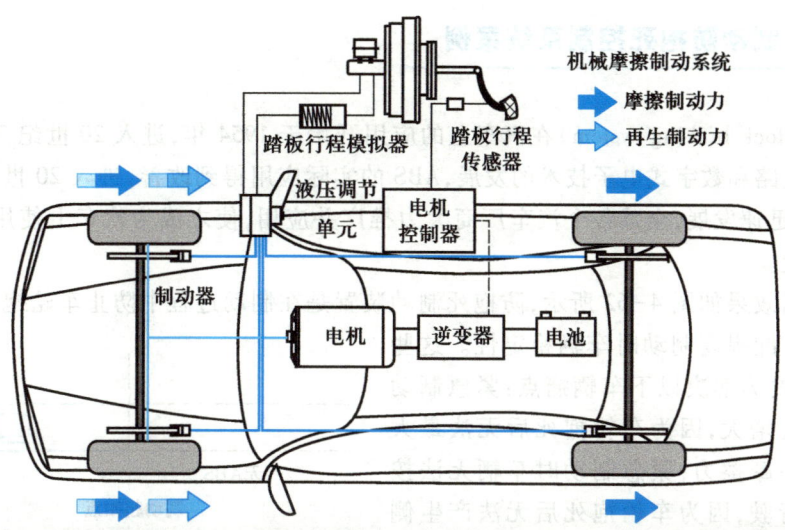

图 4-60　改进的解耦型系统

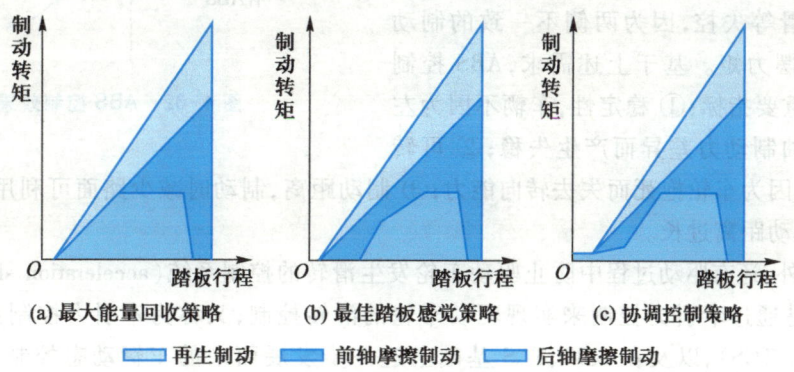

图 4-61　机电复合制动力的分配策略

(1) 最大能量回收策略

最大能量回收策略的主要目标是最大限度发挥电机再生制动,前轴机械制动系统仅在再生制动无法满足需求时工作,但液压制动介入时主缸压力骤降会引起制动踏板下沉,严重影响制动舒适性和安全性。

(2) 最佳踏板感觉策略

最佳踏板感觉策略的重点是确保驾驶员在制动时的踏板感觉良好。在这种策略下,当制动踏板行程较小时,由机械制动系统提供全部制动转矩,当前轮制动轮缸压力稳定后再生制动开始介入,能够保证良好的踏板感觉和制动意图跟随性,但其能量回收效率较低。

(3) 协调控制策略

协调控制策略在制动踏板空行程阶段单独施加再生制动以模拟燃油车上的发动机制动,当踏板进入有效行程范围内时,机械制动系统开始与电机共同工作,同时再生制动转矩随踏板行程增至最大。

4.14 ABS 制动防抱死控制系统案例

ABS（antilock braking system）在汽车上的应用开始于 1954 年，进入 20 世纪 70 年代，随着大规模集成电路和数字式电子技术的发展，ABS 的实际应用得到改善，进入 20 世纪 90 年代以后，ABS 技术迅速发展，全球各个汽车厂商大力推广并应用，使之成为汽车上使用最为广泛的电子控制装置。

ABS 控制效果如图 4-62 所示，防抱死制动装置是在制动过程中防止车轮抱死，同时通过控制制动力分配提高制动时车辆稳定性。这些控制需求，主要为解决以下车辆痛点：紧急制动时制动距离会增大，因为车轮抱死后无法最大利用与地面的摩擦力；紧急制动时车辆无法按需求的轨迹行驶，因为车轮抱死后无法产生侧向力从而失去转向能力；当车辆在复杂路况如左右侧车轮所处路面附着相差较大时进行制动容易发生侧滑等失控，因为两侧不一致的制动力产生了横摆力矩。基于上述需求，ABS 控制效果有三大重要指标：① 稳定性，车辆不因为左右轮或前后轴制动力差异而产生失稳；② 可转

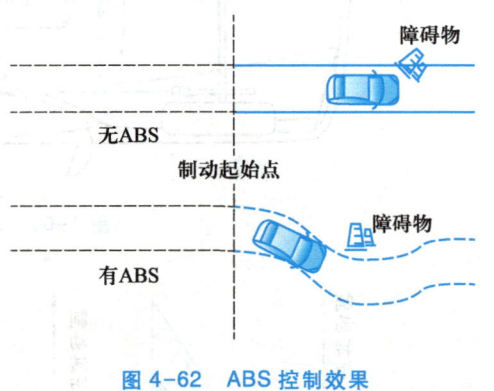

图 4-62　ABS 控制效果

向性，车辆不因为车轮抱死而失去转向能力；③ 制动距离，制动时减少路面可利用附着系数的损失，避免制动距离过长。

除 ABS 外，还有驱动过程中防止驱动车轮发生滑转的控制系统（acceleration slip regulation，ASR），因其是通过牵引力控制来实现驱动车轮的滑转控制，又称为牵引力控制系统（traction control system，TCS），以及在 ABS、TCS 基础上进一步发展而来的车辆动态控制系统（vehicle dynamics control，VDC），其能够在车辆出现车轮打滑、侧倾或轮胎丧失附着力的瞬间，通过降低发动机转速，有目的地针对个别车轮进行制动控制，最终将车辆引入正常的行驶轨道，用于改善汽车行驶的稳定性。现代乘用车中，一般把 ABS、TCS 和 VDC 结合为一体，组成以制动系统为基础的汽车稳定性控制系统。

4.14.1　典型结构

如图 4-63 所示为典型的带 ABS 的液压制动系统。轮速传感器将车轮旋转的信号传给 ABS 控制单元，控制单元经过对轮速信号的处理判断，发出指令送到阀系，使之调节制动管路的压力，保证车轮不抱死。

对于制动压力调节，目前大多采用 2 位 2 通阀，某型号稳定性控制系统结构如图 4-64 所示，其中如图 4-64 虚线框所示为某公司 ABS 的液压原理图。每个车轮制动回路含有一个进油阀、一个出油阀，当关闭出油阀、开启进油阀时处于增压状态，同时关闭进油阀、出油阀时处于保压状态，关闭进油阀、打开出油阀时处于减压状态。

4.14 ABS 制动防抱死控制系统案例 | 175

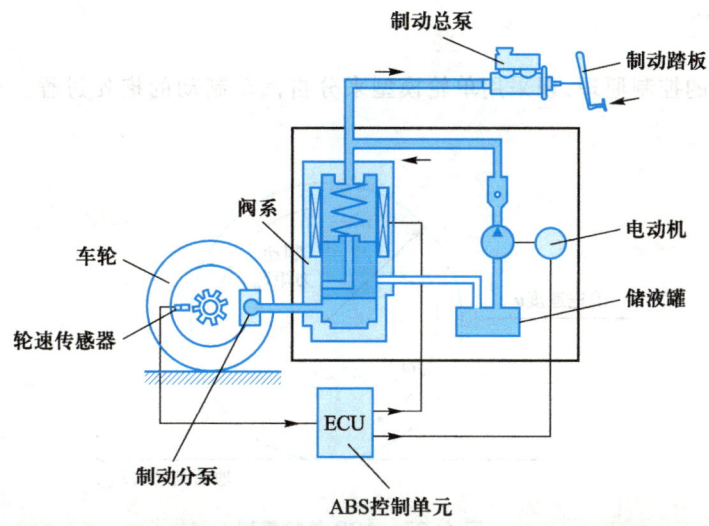

图 4-63 典型的带 ABS 的液压制动系统

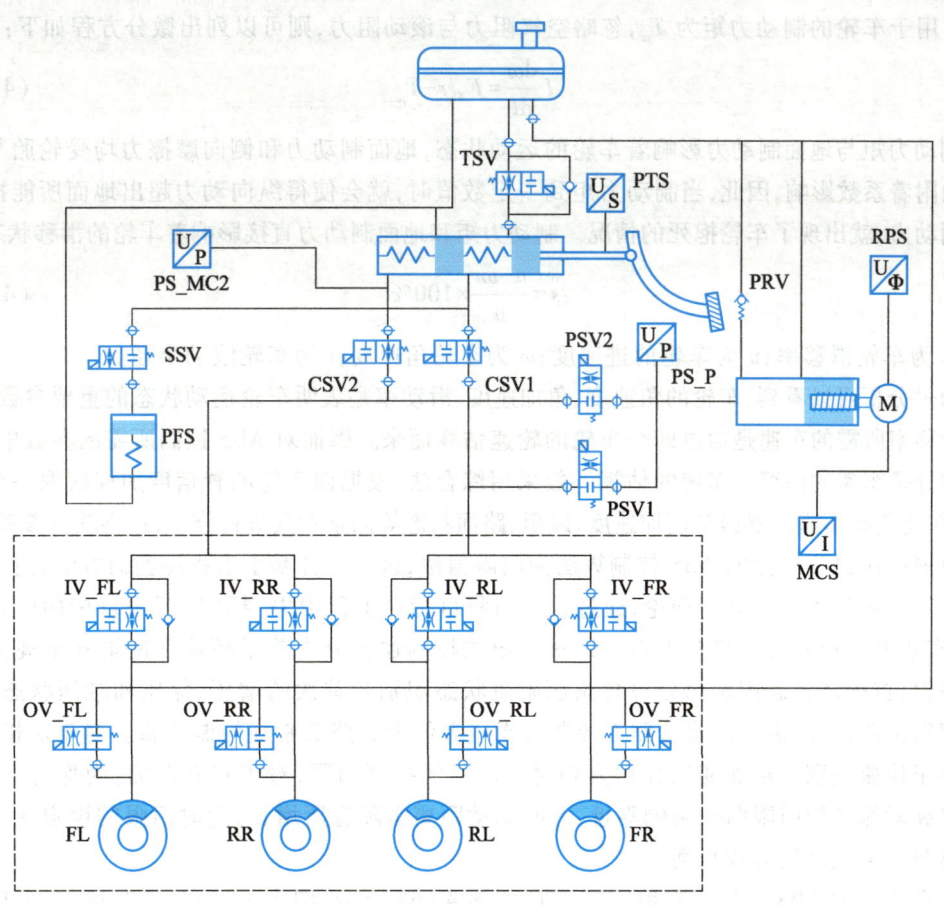

图 4-64 某型号稳定性控制系统结构

4.14.2 工作过程

为说明 ABS 的控制原理,现采用单轮模型来分析汽车制动的抱死过程。ABS 单轮模型如图 4-65 所示。

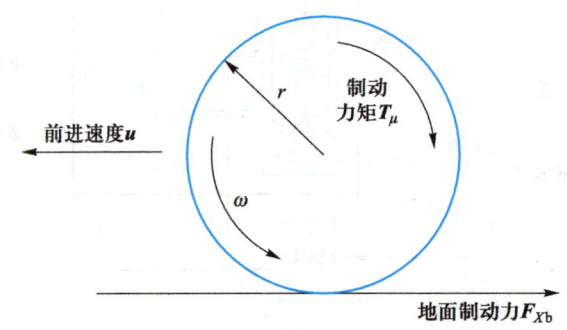

图 4-65 ABS 单轮模型

设单轮模型的质量为 m,车轮的转动惯量为 I,车轮旋转的角速度为 ω,地面的制动力为 F_{Xb},作用于车轮的制动力矩为 T_μ,忽略空气阻力与滚动阻力,则可以列出微分方程如下:

$$I\frac{d\omega}{dt}=F_{Xb}r-T_\mu \tag{4-128}$$

制动力矩与地面制动力影响着车轮的运动状态,地面制动力和侧向摩擦力均受轮胎与地面之间的附着系数影响,因此,当制动力矩到一定数值时,就会使得纵向动力超出地面所能提供的最大制动力,就出现了车轮抱死的情况。制动力矩和地面制动力直接影响着车轮的滑移状态

$$s=\frac{u-\omega r}{u}\times 100\% \tag{4-129}$$

式中,s 为车轮滑移率;u 为车轮前进速度;ω 为车轮角速度;r 为车轮滚动半径。

通过分析可以看到,车轮的角速度、角加速度、滑动率是表明车轮运动状态的重要参数,其中计算滑移率所需的车速是通过四个车轮的轮速估算而来。因而对 ABS 控制所需的参数中,最关键的部分是车速的估算。车速的估算一般采用综合法,根据四个轮的置信度加权获取一个基础车速,在此基础车速上根据车辆加速度、风阻、路面状态等因素对其进行修正,最终获得参考车速。

目前应用最为广泛的 ABS 控制算法为门限值法,这是一种基于工程经验的方法,门限法的优点是不需要深入了解制动理论,通过设定门限目标在工程中去"标定"门限目标的值及变化率,使车辆制动控制过程符合需求。逻辑门限法控制逻辑分为首循环控制逻辑和常规大循环控制逻辑,首循环控制逻辑部分包含路面附着状态识别和首次的增压、保压和减压状态,在首循环识别出路面后,进入高附着路面控制逻辑或者低附着路面常规控制逻辑。对于对接路面,重点在于快速识别出路面变化并切换到对应路面的控制门限;对于对开路面,为保持稳定性,一般将高附侧控制门限向低附侧靠近,此时制动距离实际有所增长,此时门限的设定在于在制动距离与稳定性之间寻找平衡。

一个典型的 ABS 逻辑门限值控制循环如图 4-66 所示,图中 v_R 为参考车速,v_ω 为车轮轮速,p 为制动压力。当车辆紧急制动时,轮缸内的制动压力迅速升高,车轮经过一定延迟时间后,轮速开始迅速下降,此时车轮角加速度为负值,且绝对值随着压力的增加不断增大。当车轮角加速度 A 小于 A_1(此时 A 为负值)门限时,开始进入 ABS 控制。为避免车辆在稳定区域内过早地进入减压阶段,此时还要对比参考滑移率。如果参考滑移率低于设定值,说明此时车轮还处于稳定区,应进入保压阶段,以使车轮充分制动;否则说明车轮已进入峰值附着系数附近的不稳定区域,则开始减压。由于减压,车轮角加速度 A 开始回升,高于 A_1 门限时,进入保压阶段。由于车轮惯性及当前制动压力较小等因素,此时轮速会继续回升,直到车轮角加速度超过 A_2 门限。在给定的保压时间内,如果车轮角加速度不能超过 A_2,说明此时的路面附着系数较小,则属于低附着路面情况;如果超过 A_2,继续保压将会出现两种情况:一是车轮角加速度超过 A_k,则需要进行长增压,直到车轮角加速度低于 A_2;二是车轮角加速度再次低于 A_2,这时车轮处于峰值附着系数的稳定区域,并稍有制动不足。以上两种情况最后都可使车轮角加速度低于 A_2,进入稳定区域。为尽量延长车轮停留在稳定区域内的时间,因此采用阶梯增压方式,直到车轮角加速度值再次低于 A_1,一个完整的控制循环到此结束。

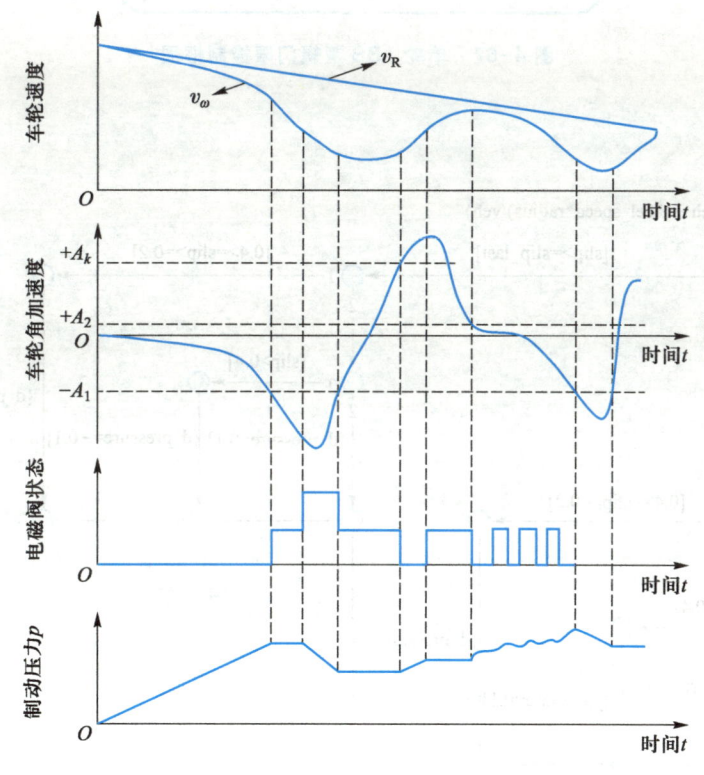

图 4-66 一个典型的 ABS 逻辑门限值控制循环

4.14.3 模型建立

为便于理解滑移门限控制逻辑,本小节仅以滑移率作为单控制目标建立如图 4-67 所示的单轮 ABS 逻辑门限控制框图和如图 4-68 所示的单轮 ABS 逻辑门限控制模型,该模型以轮速、车速、当前制动压力作为输入,计算出滑移率进行门限控制,滑移率控制在 0.2~0.4 范围内,根据滑移率增减进行压力的增加或降低。

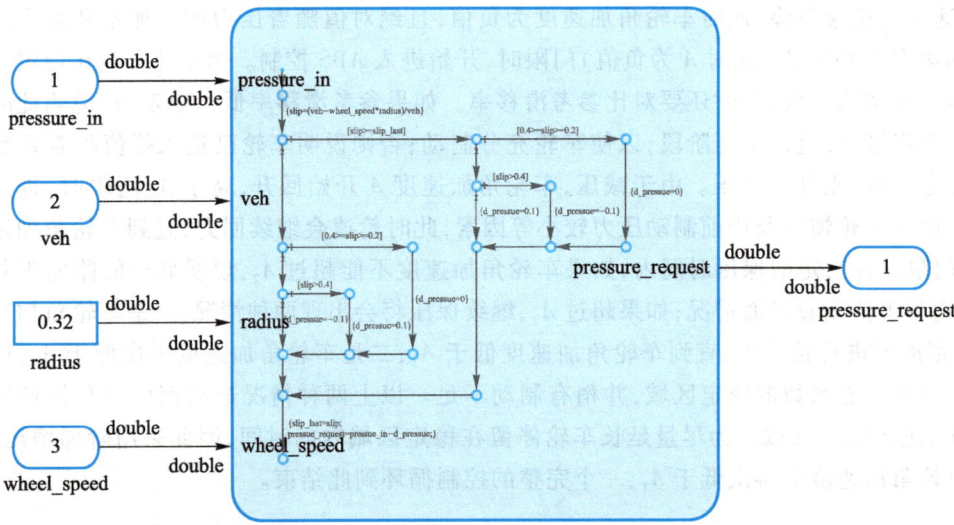

图 4-67 单轮 ABS 逻辑门限控制框图

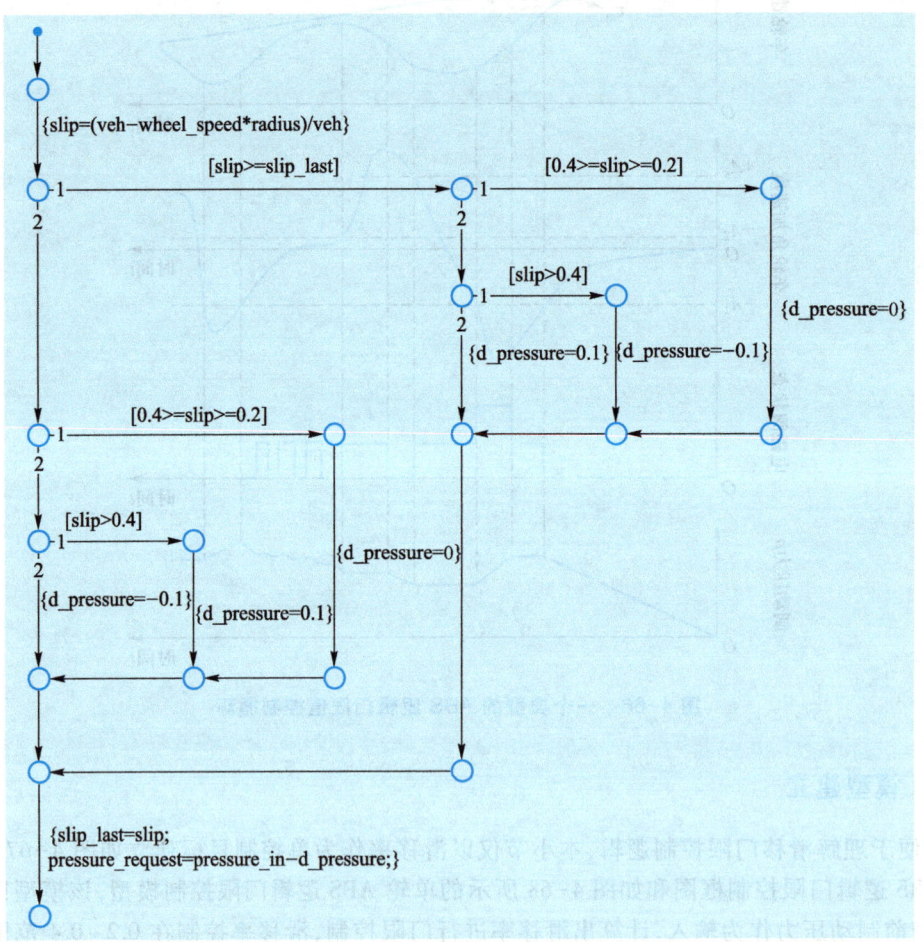

图 4-68 单轮 ABS 逻辑门限控制模型

图 4-68 模型中运算参数含义如表 4-5 所示。

表 4-5　单轮 ABS 逻辑门限控制模型运算参数含义

参数	含义	取值建议
pressure_in	当前制动压力	整车模型输入
veh	参考车速	整车模型输入
radius	车轮半径	0.32 m
wheel_speed	轮速	整车模型输入
pressure_request	压力目标值	模型运算结果
d_pressure	压力变化值	根据滑移率变化增加或减少,取值见模型
slip	滑移率	模型计算值
slip_last	上一状态滑移率	模型计算值

将单轮 ABS 门限控制模型扩展为 4 轮,并将其与 Carsim 等整车模型联合仿真,即可绘制出制动距离对比曲线、轮速及车速变化情况,分别如图 4-69 和图 4-70 所示。

仿真调试时可对模型的 slip 控制范围以及每个 d_pressure 取值进行调整,观察控制曲线的变化以更好理解逻辑门限的控制逻辑。进一步可将轮加速度作为第二控制门限加入到模型中,进一步完善控制算法。

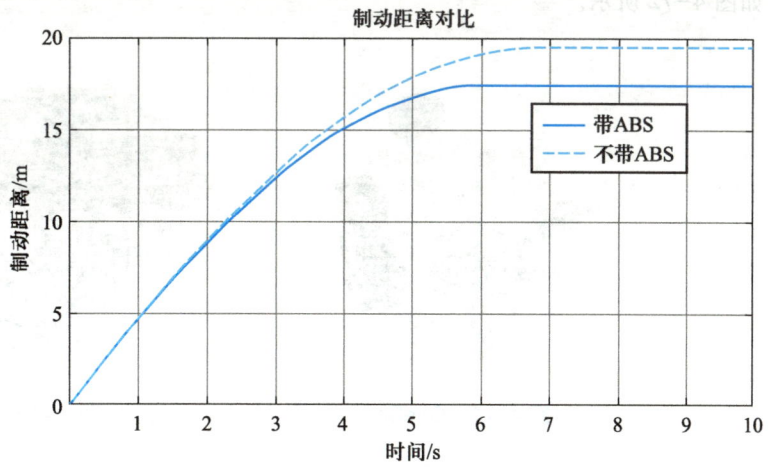

图 4-69　制动距离对比曲线

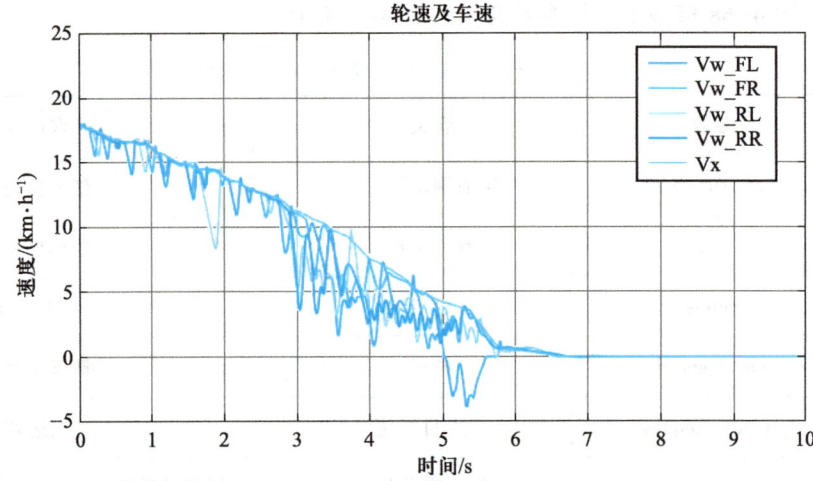

图 4-70 轮速、车速变化情况（彩图）

图 4-70 轮速、车速变化情况

4.14.4 案例分析

展望未来，随着电动车的普及，车辆无真空源（由发动机产生），将制动电动助力系统、控制系统整合到一块的控制系统（OneBox）开始出现，如图 4-71 所示。

视频 4-2 拿森 NBooster 制动系统

同时线控制动（EMB）系统近年来发展迅猛，这将对制动系统产生颠覆性的变化，执行器从液压变成电机，ABS 如何实现算法与执行器的适配，以及随着轮毂电机带来的能量回收的普及，ABS 算法如何将制动力控制目标在能量回收与常规制动系统之间的分配，这是 ABS 及制动控制系统的发展方向。线控制动器如图 4-72 所示。

视频 4-3 京西 EMB 电子机械制动系统

图 4-71 OneBox 　　　图 4-72 线控制动器

视频 4-4 京西 iDBC1 集成线控制动系统（1-Box）

另外，单纯的 ABS 系统已经无法满足当前社会复杂的行车环境，必须不断地提高汽车的主动和被动控制性能，以提高汽车的安全性和稳定性。首先需要扩展控制范围，实现多功能结合预测和改善各种行车环境和突发事件。

4.15 TCS驱动防滑控制系统案例

在被雨淋湿而带有泥土的沥青路上或在积雪道路上驱动起步时,汽车会发生打滑甚至偏转:左、右两侧车轮如果行驶在不同的路面上,一侧车轮在积雪路面上,另一侧车轮则在显露出来的沥青路面上,那么驱动起步时,汽车将会起步困难甚至容易失去方向控制;在弯道高速行驶时,汽车有可能从路边滑出或闯入对面的车道。驱动防滑控制系统(TCS)就是为了防止这些危险状况的发生而研制的,TCS控制效果如图4-73所示。TCS的主要作用体现在以下两种过程中:起步驱动过程中,保持驱动轮的可操纵性,维持车辆的方向稳定性;弯道行驶过程中,通过对动力扭矩进行调节,改善车辆不足转向或过多转向的特性。

图4-73 TCS控制效果

4.15.1 工作原理

TCS控制原理图如图4-74所示,根据轮胎的附着特性曲线可知,当车轮的滑移率在10%~30%之间时,轮胎纵向附着系数处于峰值附近,路面可以给车轮提供较大的纵向力和驱

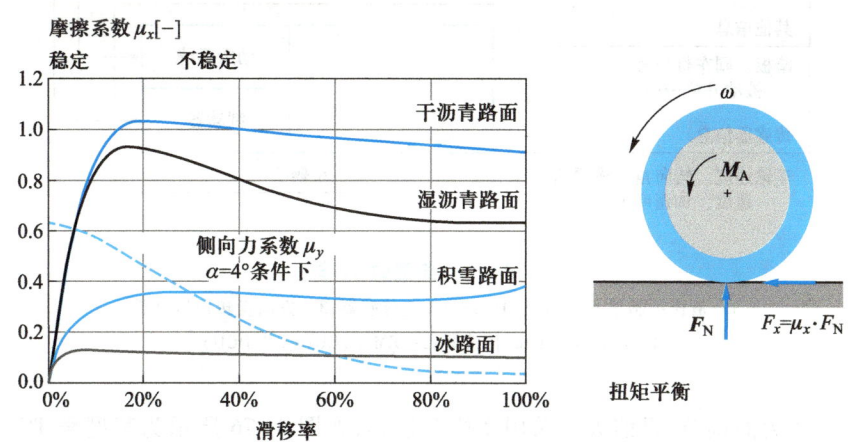

图4-74 TCS控制原理图

动力,与此同时,车辆的横向附着系数还没有进入急速下降的区域,车辆具有一定的侧向力,因此滑移率在该区间内是一个理想的值。TCS 的控制目标就是把车辆的滑移率控制在 12% ~ 20% 的范围内。

4.15.2 典型结构

如图 4-75 所示为典型的 TCS。轮速传感器 2 传递车轮旋转的信号;方向盘转角传感器 3 传递车轮转角信号;IMU(yaw rate)传感器 4 传递横摆、a_x、a_y 信号,这些信息都被传给液压控制单元(with ECU)1,ECU 对各传感器信号进行处理,发出指令送到动力系统 5,使其调节驱动扭矩输出,同步发送指令到液压控制单元 1,使之调节制动管路的压力,辅助车辆驱动起步。

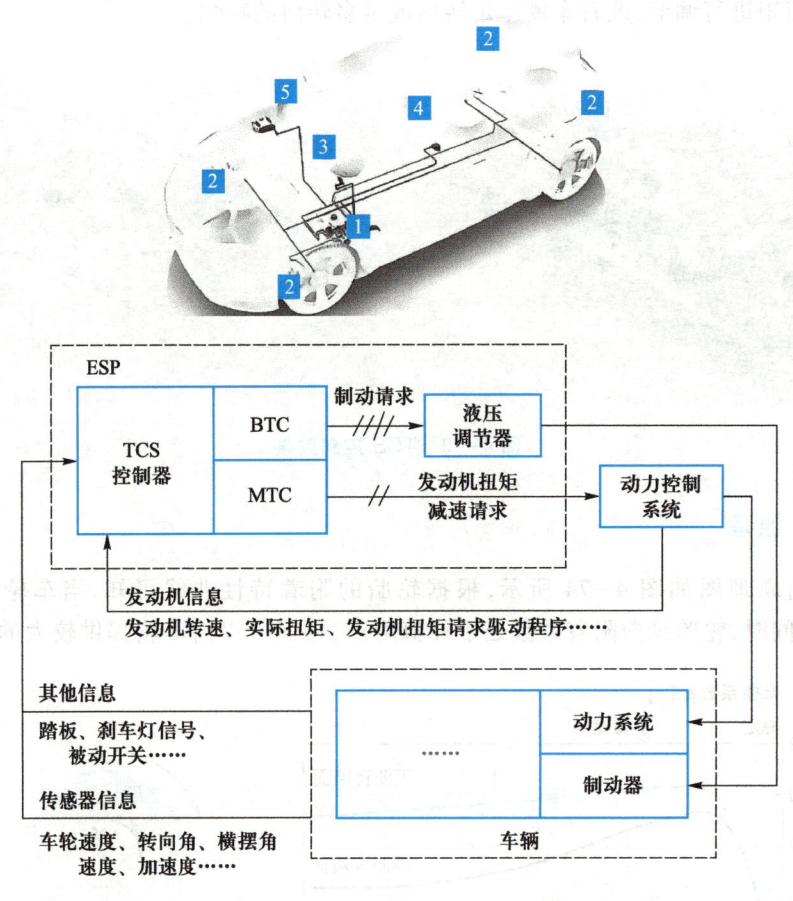

图 4-75 典型的 TCS
1—液压控制单元(with ECU);2—轮速传感器;3—方向盘转角传感器;
4—IMU(yaw rate)传感器;5—EMS/TCU(VCU/DCU)

对于制动压力的调节,目前大多采用 2 位 2 通阀,如图 4-76 所示为某型号 TCS 系统结构与原理图。关闭出油阀,打开进油阀,压力增加;关闭进油阀,打开出油阀,压力减小;进油阀和出油阀同时关闭,保持压力不变。

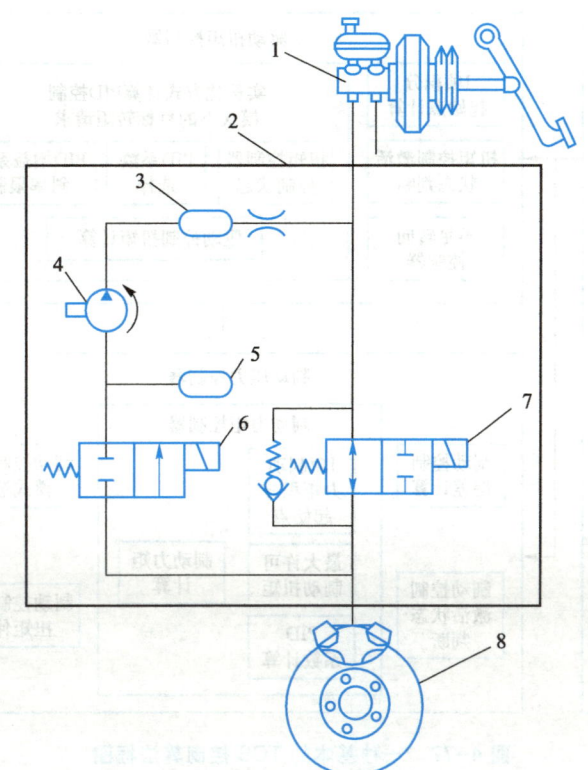

图 4-76 某型号 TCS 系统结构与原理图
1—主缸；2—液压调节器；3—阻尼器；4—回油泵；
5—蓄能器；6—出油阀；7—进油阀；8—制动器

4.15.3 工作过程和控制算法

如图 4-77 所示为一种基本的 TCS 控制算法框图。所列 TCS 控制系统包括状态估计/识别系统、目标计算、驱动扭矩控制器、制动压力控制器四部分。状态估计/识别系统主要包括转弯检测、各向利用附着判断、发动机失速检测、分离路面检测、坡道检测；目标计算包括驱动控制目标计算、制动控制目标计算、驱动控制系统增益计算、制动控制系统增益计算；驱动扭矩控制器包括 I 项积分起始点计算、扭矩控制激活状态判断、不足转向控制器、实例化方式计算 PID 控制模式下的目标转矩请求（包括扭矩控制器控制状态、PID 系数选择、PID 增益系数斜率限制、驱动控制扭矩计算）；制动压力控制器包括制动控制偏差计算、制动控制激活状态判断、制动力矩控制器（I 项制动力矩积分起始点、最大许可制动扭矩、PID 系数计算、制动力矩计算）、制动控制工作模式选择、制动控制输出扭矩仲裁。

1. 状态估计/识别系统

TCS 状态估计、各向利用附着判断、发动机失速检测、分离路面检测、坡道检测等的检测非常重要，作为后续控制目标计算及驱动扭矩控制、制动扭矩控制的输入。

利用附着基本计算公式如下：

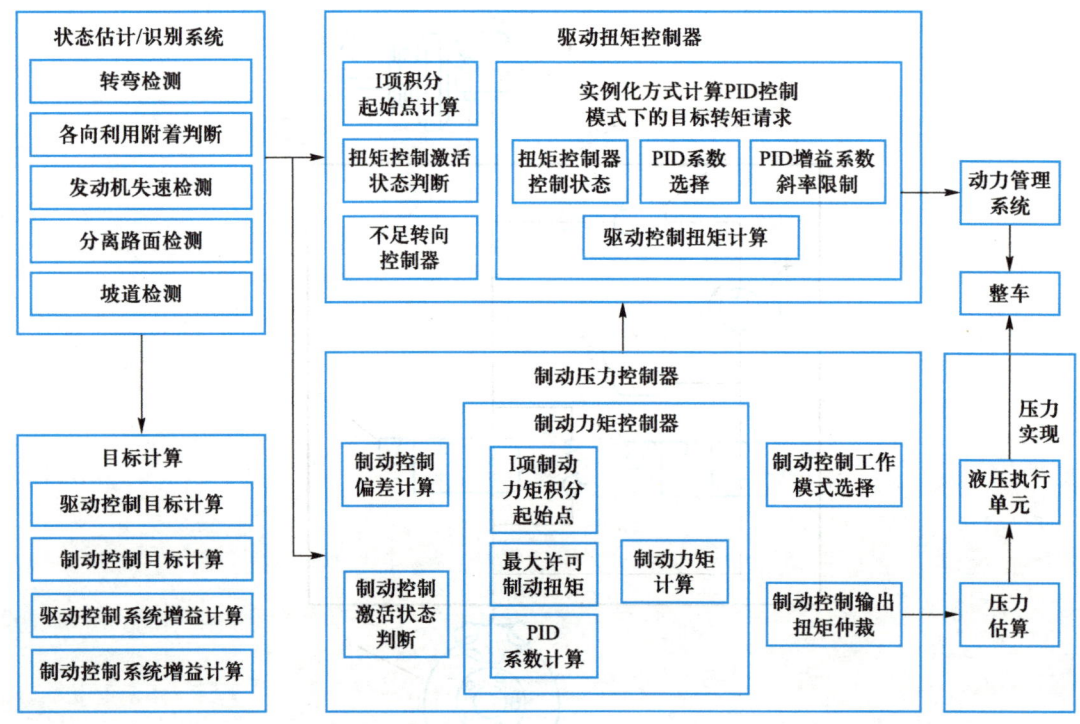

图 4-77 一种基本的 TCS 控制算法框图

$$\mu = \frac{F_X}{F_Z} \quad (4-130)$$

式中，F_X 为纵向力；F_Z 为垂向力。

2. 目标计算

TCS 控制目标如图 4-78 所示，目标计算部分负责设定驱动控制器和制动控制器的滑移率，并对驱动控制器和制动控制器的滑移率做一个整体的统筹，为驱动控制器计算基础轴速，基于检测到的驾驶状态和挡位等为驱动控制器和制动控制器设置增益系数。基本的目标滑移率与参考车速有关，实际使用中，需根据利用附着、分离路面、考虑驱动稳定性对目标滑移率进行相应修正和限制。

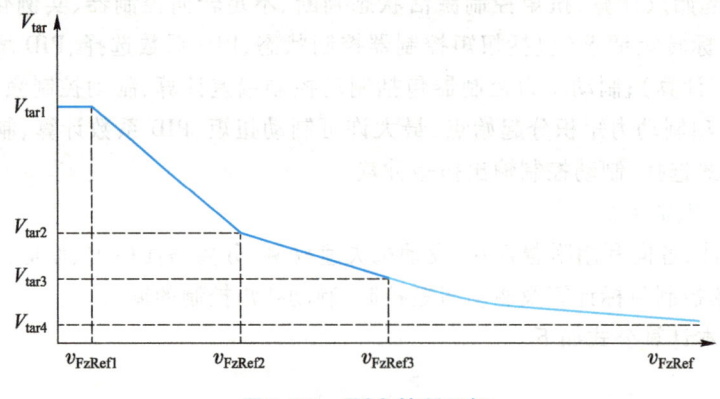

图 4-78 TCS 控制目标

3. 驱动扭矩控制器

驱动扭矩控制的目标就是稳定驱动轮速,即控制驱动轮的驱动滑移率以防止驱动轮因过度打滑而产生车辆失稳。

当同轴驱动轮的实际驱动滑移率的均值超过系统允许的最大滑移率且达到一定时长时,扭矩控制器会被激活,假设轮心的移动速度为 v_{ref},驱动轮轮速均值为 v_p,系统允许最大的滑移量为 v_s+v_{offset},当 $v_p-v_{ref}>v_s+v_{offset}$ 且持续时间超过 t 时扭矩控制器激活,从而进行扭矩控制以达到控制滑移量的目的,其中 v_s 称为目标滑移量,v_{offset} 称为触发门限,t 为触发等待时间,由以上公式可以发现修改目标滑移量或修改触发门限值均可以影响扭矩控制的触发敏感性。

为了限制车辆加速时持续出现较大的滑移量(通常在冰雪路面、湿玄武岩、湿水泥等中低附路面容易出现),扭矩控制器需要在某些情况下对动力的驱动扭矩进行限制,扭矩控制为被动控制策略,工作循环为出现明显打滑—激活扭矩控制—打滑得到控制。

TCS 驱动扭矩控制变量示意图如图 4-79 所示。其中 v_{RefAxe} 为车辆参考速度、v_{Axe} 为实际轴速、驱动轴目标速度为 v_{TarAxe}。当实际轴速超过目标轴速达到一定程度且持续一段时间后,激活扭矩控制,随后进行降扭控制,使得实际轴速下降到目标轴速附近。扭矩控制并不希望将实际轴速降低到参考轴速附近,而是使实际轴速能够始终维持在目标轴速附近,即扭矩控制不希望将驱动轴的滑移量降得特别低,保持一定的滑移量可以使车辆具有一定的加速性能。

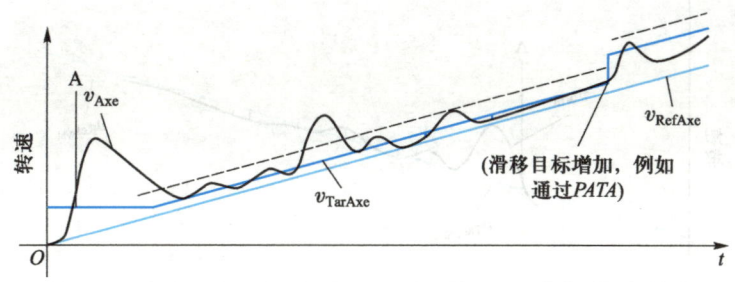

图 4-79 TCS 驱动扭矩控制变量示意图

为了达到上述的控制目标,通常选用常用的 PID 反馈控制。PID 控制分为:比例控制 P、积分控制 I、微分控制 D。PID 转矩表达式为

$$T_{PID} = K_P e(t) + K_I \int_0^t e(t) dt + K_D \frac{d}{dt} e(t) \tag{4-131}$$

式中,$e(t)$ 为控制误差,表达式为

$$e(t) = v_s - v_p \tag{4-132}$$

式中,v_s 为目标轴速;v_p 为实际轴速;K_P 为比例系数;K_I 为积分系数;K_D 为微分系数。

因此,在实际工程应用过程中就是不断调整 K_P、K_I、K_D,使得控制偏差 $e(t)$ 逐渐趋向于 0,控制偏差 $e(t)$ 与 T_{PID} 之间不必有数学上的联系。

4. 制动扭矩控制器

当一侧车轮处于低附路面时,由于地面对轮胎的附着能力较差,从而导致发动机输出的驱动扭矩做功几乎全部转化为低附侧车轮的旋转动能,此时高附侧车轮虽然有良好的附着条件但由于驱动力较弱无法使车辆加速。制动控制通过给低附一侧车轮施加一定的制动力矩从而可以很好地限制车轮过渡打滑,以阻止驱动力过多转化为低附侧车轮的旋转动能。最终富余的动力会传递到高附侧车轮。在驱动轮扭矩充足的情况下要想改善车辆的加速性能,必须增大低附侧车轮的阻力,制动控制正是通过给低附侧车轮施加不同程度的制动力矩来调节路面对高附侧的阻力矩,完成车辆的加速。

当低附侧车辆出现打滑时,通过给低附侧车轮施加制动力矩可以有效限制打滑的程度,但是和驱动扭矩控制一样,制动扭矩控制并不希望将低附侧车轮的滑移量控制得非常低以至于观察不到明显滑转。制动控制触发时,需实时调节低附侧的制动力矩,使得低附侧的车轮轮速始终围绕在设定的目标轮速附近。

如图 4-80 所示为 TCS 制动扭矩控制变量示意图,其中 $v_{Ref_{Whl}}$ 为低附侧参考轮速,v_{Whl} 为低附侧实际轮速,低附侧目标轮速为 $v_{Tar_{Whl}} = v_{Ref_{Whl}} + v_{sliptar_{Whl}}$,当 $v_{Whl} - v_{Ref_{Whl}} > v_{sliptar_{Whl}} + v_{offset_{Whl}}$ 且持续时间超过 t 时,制动控制激活。由上述公式可知,通过改变滑移量或修改门限值均可改变制动控制激活的敏感性。

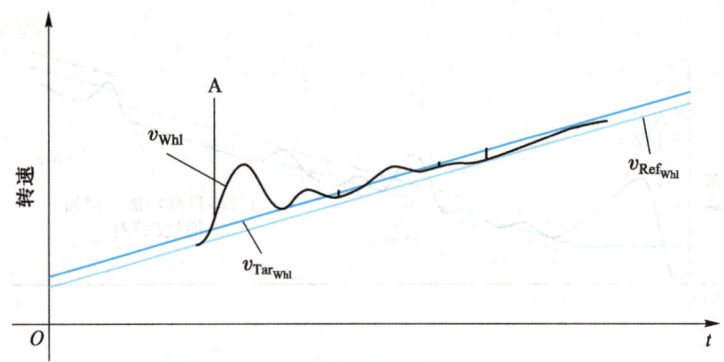

图 4-80　TCS 制动扭矩控制变量示意图

PI 控制制动力矩表达式为

$$T_{PI} = K_P e(t) + K_I \int_0^t e(t) \, dt \tag{4-133}$$

其中控制偏差为

$$e(t) = V_{sl} - V_{sr} \tag{4-134}$$

式中,V_{sl} 为左侧驱动轮转速;V_{sr} 为右侧驱动轮转速。

典型的 TCS 制动扭矩控制器控制效果如图 4-81 所示。

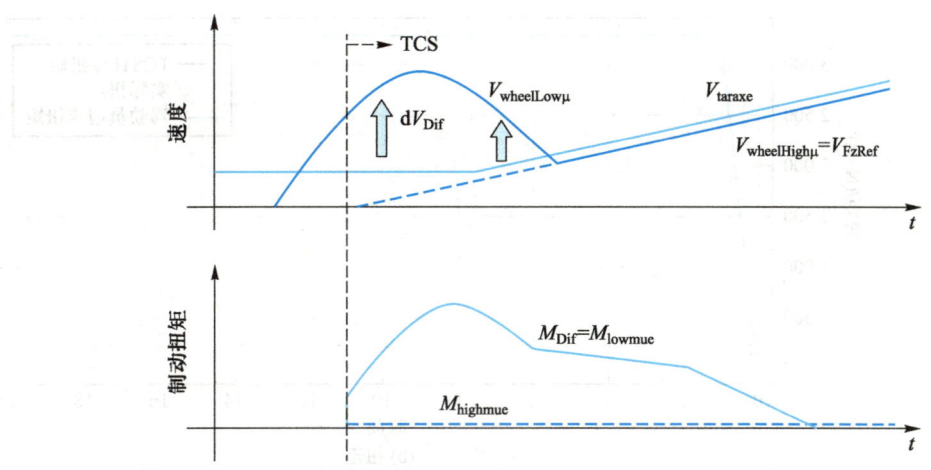

图 4-81　典型的 TCS 制动扭矩控制器控制效果

4.15.4　模型建立

根据上一小节的 TCS 控制理论建立 TCS 驱动扭矩控制模型,对均一低附着路面起步防滑控制进行研究。图 4-82 为均一低附着路面 TCS 控制数据曲线,从 4-82(a)可以看出,低附路面全油门起步时,左后/右后轮速出现了较大程度的打滑(后驱),TCS 在第一时间激活并介入控制,驱动轮速在较短时间内(1 s 内)得到了控制,随后驱动轮速收敛到目标轴速附近。从图 4-82(b)、(c)可以看出,TCS 及时介入了控制,并且实时调节,确保了实车的驱动能力。

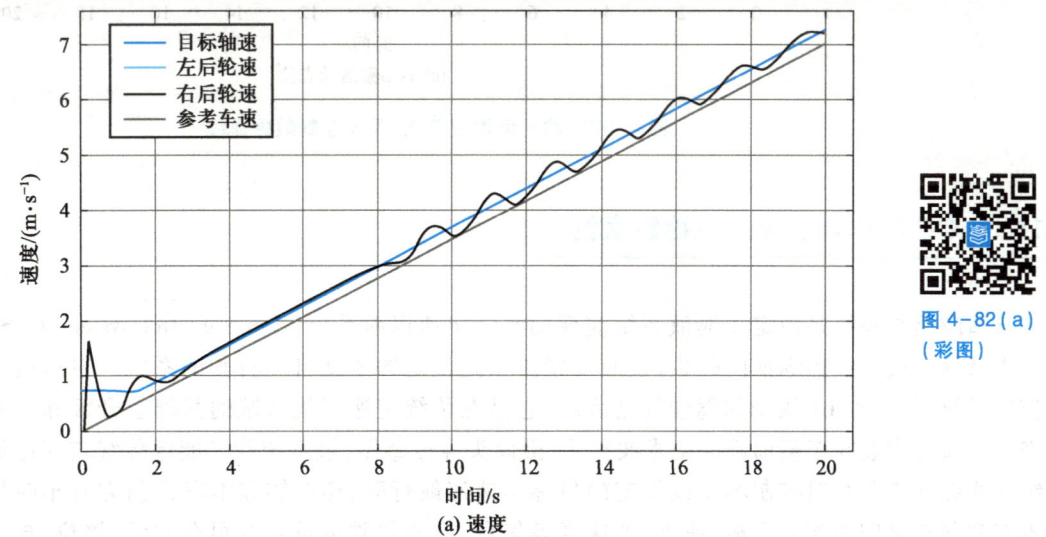

图 4-82(a)
(彩图)

(a)速度

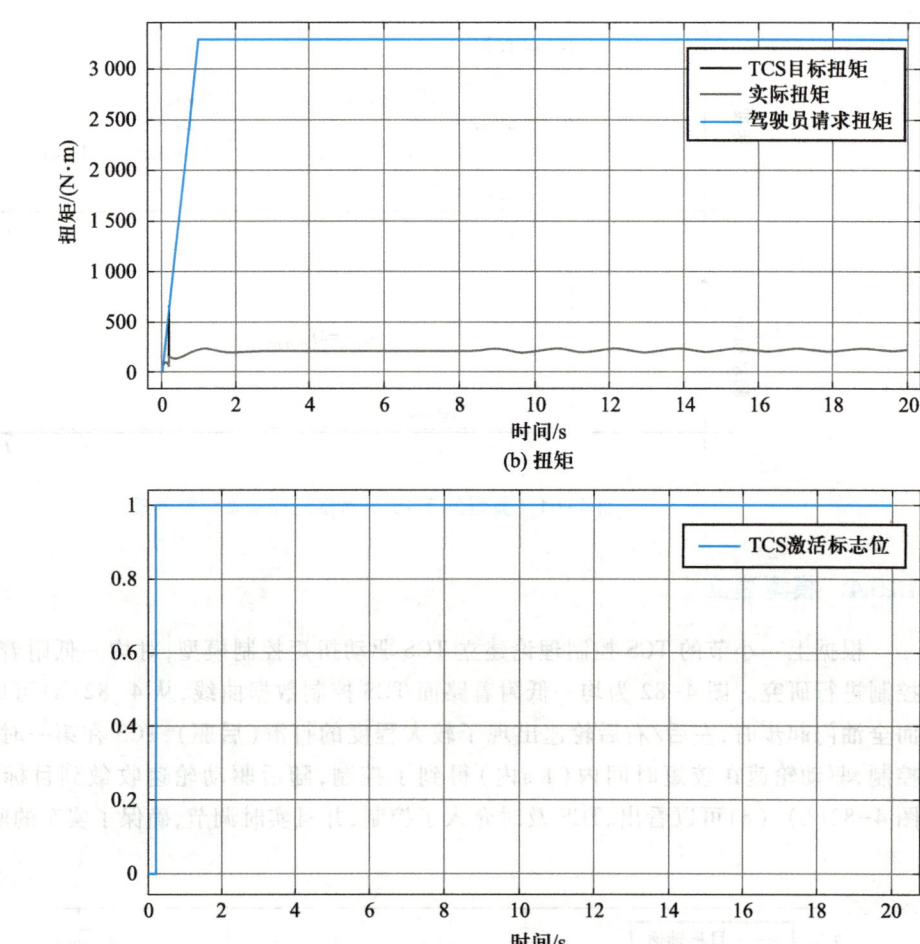

图 4-82(b)
(彩图)

图 4-82 均一低附着路面 TCS 控制数据曲线

4.16 ACC 汽车自适应巡航控制案例

自适应巡航系统是由定速巡航系统演变而来。定速巡航系统(cruise control system,CCS)是指无须驾驶员持续操纵油门踏板,按照驾驶员预先设定的速度自动行驶的系统。自适应巡航控制系统,是一种 L1 级别的驾驶辅助系统,它是在传统定速巡航系统的基础上升级和扩展而来。通过安装在车辆前部的毫米波雷达、摄像头等传感器,该系统除了能像传统定速巡航系统一样在前方无车时控制本车以设定的目标车速巡航行驶,还能够在本车道前方有车时检测本车和前车之间的相对距离、速度、加速度等信息,结合驾驶员设定的跟车时距、挡位,自动调整本车的行驶速度,控制本车自动跟随前车行驶,从而确保与前车保持安全距离,无须驾驶员操纵油门踏板和刹车踏板。

自适应巡航的作用如下:① 减轻驾驶员疲劳。在长时间驾驶过程中,自适应巡航控制系统可以自动调整车速,使驾驶员能够在不踩油门和刹车的情况下轻松驾驶,有效降低了驾驶员的疲劳程度,提高了行车安全;② 提高道路效率。自适应巡航控制系统可以根据前方车辆的速度和距离自动调整车速,有助于减少交通拥堵,提高道路通行能力;③ 增强行车安全性。通过检测前方车辆的速度变化来自动调整车速,自适应巡航控制系统可以有效避免追尾事故的发生,此外,该系统还可以与防撞预警系统、盲点监测和车道偏离警告等高级驾驶辅助系统相结合,进一步提高行车安全性;④ 节能减排。通过优化行驶速度和车距,自适应巡航控制系统可以降低燃油消耗和尾气排放,或者节省电量,对环境保护和应对气候变化具有积极意义。总之,自适应巡航控制系统是一种智能、高效、安全的驾驶辅助系统,它为驾驶员提供了更为轻松、舒适的驾驶体验,并有助于提高道路通行效率和行车安全性。目前 ACC 已经成为智能驾驶系统的标准搭载功能。

4.16.1 系统组成

ACC 系统主要由环境感知传感器、控制单元、执行机构、人机交互界面(HMI)组成。传感器犹如系统的"眼睛",能够感知自车周边环境的情况,一般由摄像头和毫米波雷达组成,用于识别本车前方的车道线,以及检测前方的车辆、行人等目标与自车相对距离、相对速度和相对加速度等。高配置方案除毫米波雷达和摄像头外,配置有激光雷达,感知结果更准确。当然,纯视觉方案的 ACC 可以只安装摄像头。

ECU 是 ACC 系统的"大脑",是 ACC 系统的核心,负责根据驾驶员设定的跟车时距及巡航车速,结合传感器传递的环境感知信息,确定主车的行驶状态,并决策出车辆的控制策略,向执行机构发出加速/减速指令。必要时通过 HMI 向驾驶员发出报警,提醒驾驶员采取相应的措施。控制策略设计得好坏,直接影响系统的性能与体验。

执行机构相当于 ACC 系统的"手脚"。根据 ACC 系统所搭载的车型不同,对应的执行机构及控制接口有所不同。对燃油汽车而言包括燃油车发动机(油门开度)、制动系统(制动减速度/制动力矩),对新能源电动汽车而言包括电动汽车驱动电机(驱动扭矩)、制动系统(制动减速度/制动力矩)。

人机交互界面用于驾驶员开启与关闭 ACC 系统、设定跟车时距和巡航车速、显示系统状态信息,必要时通过 HMI 向驾驶员发出视觉、听觉,甚至触觉等形式的报警,提醒驾驶员采取相应的安全措施。人机交互手段主要包括仪表盘、方向盘、怀挡、震动安全带等。通过以上各个部分的紧密配合,确保 ACC 系统能够准确、可靠地工作,提供安全舒适驾乘体验。

4.16.2 控制原理

ACC 系统可分为环境感知、决策规划、控制执行三个模块,ACC 系统工作原理如图 4-83 所示。环境感知模块将视觉传感器、毫米波雷达、激光雷达等获得的环境信息进行融合处理后将所有障碍物信息和车道线信息发送到决策规划模块,决策规划模块根据感知的信息筛选出跟车目标,并将跟车目标信息和用户设置的车速等信息发送给控制执行模块,控制执行模块根据自车和目标障碍物信息等判断进入定速巡航/跟随前车的控制模式,并将计算的驱动扭矩/制动减速度发送给底盘执行器。

ACC 系统拥有定速巡航和跟随前方车辆行驶的功能。当环境感知模块检测到前方没有车

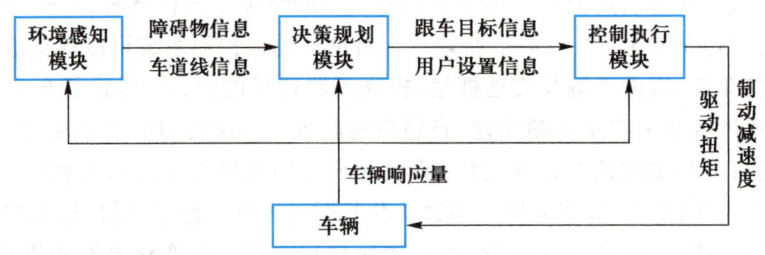

图 4-83 ACC 系统工作原理

辆或者前方车辆距离自车很远时,ACC 根据用户设置的车速实现定速巡航行驶;当环境感知模块检测到前方存在车辆时,由决策规划模块决定具体跟随哪一车辆,再由控制执行模块控制车辆实现跟随前方目标车辆的功能。

ACC 功能的主要评价标准是车辆的安全性和舒适性。针对安全性,ISO 15622:2018 中对 ACC 状态机、跟随能力、故障反应等做出详细的设计和检测要求;针对舒适性,ISO 15622:2018 对驱动/制动过程的加/减速度、加加/减减速度进行限制。需要注意的是,包括 ACC 在内的大多数高级辅助驾驶系统基本上属于舒适性功能,它并不能在所有的驾驶场景中完全替代驾驶员去控制车辆。例如,在暴雨、暴雪、大雾等极端天气下,ACC 的感知模块对环境的感知结果较差,可能会出现制动过晚、制动力不足等危险情况;在拥堵工况或者合流汇入场景下,为了保证车辆的舒适性,跟车距离不会设置得很小,这会导致车辆被旁车加塞或者难以变道等情况。

4.16.3 工程实现

ACC 控制算法主要包括 5 个模块:输入数据预处理模块、ACC 控制器模块、状态机模块、数据融合与限幅/限斜率模块、驱动/制动控制输出模块,其中最核心的控制算法在 ACC 控制器模块中,ACC 控制架构图如图 4-84 所示。

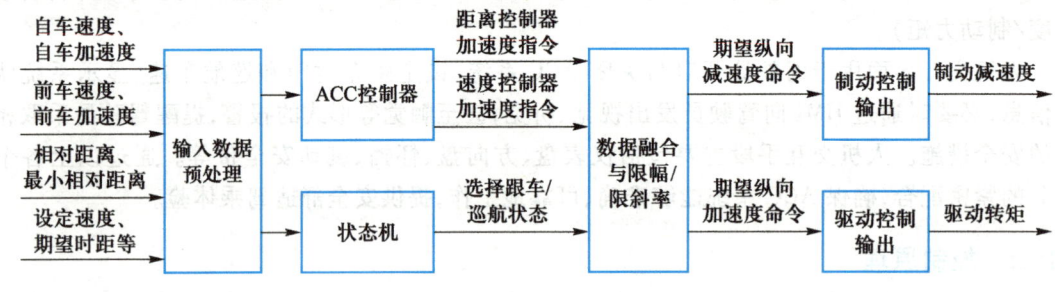

图 4-84 ACC 控制架构图

1. 输入数据预处理模块

输入数据预处理模块的主要作用是:

① 将接收到 CAN 协议数据类型转换为算法内部使用的数据类型;

② 对输入数据进行有效性判断,排除异常数据;

③ 对输入数据进行滤波等平滑处理。

2. ACC 控制器模块

如图 4-85 所示,ACC 控制器内部分为速度控制器和跟车控制器两部分。

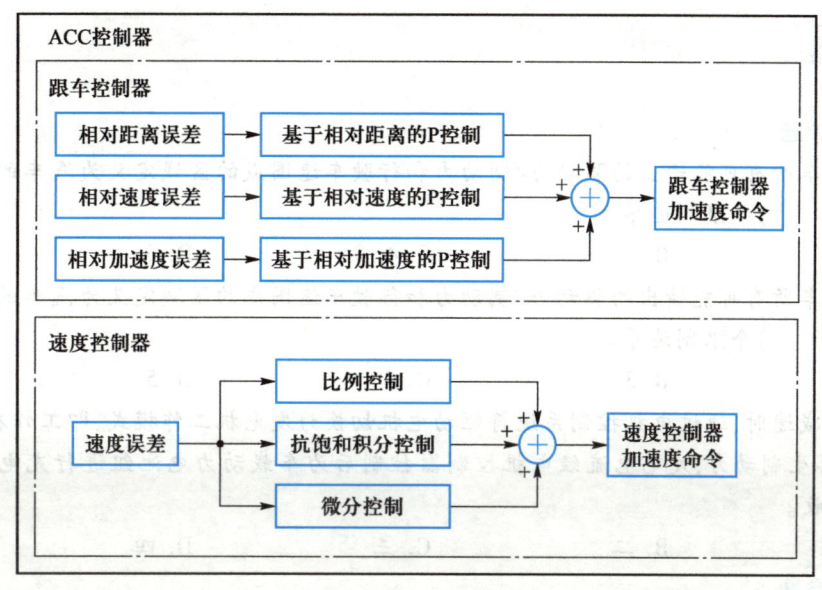

图 4-85　ACC 控制器

速度控制器一般在定速巡航场景使用,以车辆当前速度和用户设定速度的误差作为控制输入,采用 PID 控制器,实现车辆在不同车速下的稳定行驶。在水平路面上,车速稳定后与设定车速的误差一般不超过±1 km/h,在坡道上不超过±3 km/h。为了保证到达设定车速前的舒适性,对加速/减速过程中的加/减速度和加/减速度变化率作限幅处理。

跟车控制器在跟随本车道前方车辆场景下使用,分别以与目标车辆的相对距离、与目标车辆的相对速度、与目标车辆的相对加速度作为误差,计算跟车控制量,实现跟随目标车辆加/减速、起步、刹停等工况,由于各个工况下对安全性和舒适性的侧重各有不同,因此在不同工况下,相对距离误差、相对速度误差和相对加速度误差的权重有差异化的设计。

3. 状态机模块

状态机根据是否有前车、前车的信息、自车的信息等判断当前应该处于控速模式还是跟车模式,以及决定跟车/控速模式切换跳转的时机。

4. 数据融合与限幅/限斜率模块

当跟车/控速模式选择的状态机跳变后,将跟车/速度控制器计算的加/减速度平滑过渡到速度/跟车控制器计算的加/减速度,保证控制器输出的控制量平滑变化。

跟车/速度控制器采用不同的加/减速度和减速度变化率限幅,保证跟车时的舒适性和控速巡航的动力性。

5. 驱动/制动控制输出模块

驱动/制动控制输出模块主要起的是与下游执行器的交互作用:

① 将加速度和减速度指令转化为对应执行器的驱动扭矩和减速度值输出,并将输出给执行器的控制量转换为 CAN 协议数据。

② 根据场景需求,控制挡位。主要是控制车辆在驻车挡和驱动挡之间的切换。
③ 在启动和停车过程中,输出制动器液压系统保压命令。

思考与练习

一、选择题

1. 由汽车所有可能输出的驱动力/制动力和行驶车速围成的区域定义为汽车的驱动/制动特性场,有(　　)个限制边界。
   A. 2　　　　　　B. 3　　　　　　C. 4　　　　　　D. 5

2. 由汽车所有可能输出的驱动力/制动力和行驶车速围成的区域定义为汽车的驱动/制动特性场,有(　　)个限制边界。
   A. 2　　　　　　B. 3　　　　　　C. 4　　　　　　D. 5

3. 车辆减速时,通过电机控制系统将驱动电机切换为发电机工作模式,即工作在第(　　)象限,产生再生制动力,发电电流经电机控制器控制后为车载动力电池组进行充电,实现再生制动能量回收。
   A. 一　　　　　　B. 二　　　　　　C. 三　　　　　　D. 四

二、填空题

1. 与传统内燃机汽车一样,电动汽车动力性仍然由_____、_____、_____三方面的指标来评定。

2. 当汽油发动机处于最大油门开度状态时,发动机的输出功率、转矩、燃料消耗率与发动机转速的关系曲线称为发动机的_____。

3. 发动机负荷特性和速度特性曲线只反映转速及负荷之一不变时的性能变化规律,若用来分析多转速、多负荷的综合性能,应使用_____。

三、判断题

1. 附着利用系数越小或路面附着系数越大,附着条件越容易满足。(　　)

2. 随着车速的增加,后轮的法向反作用力下降,而切向反作用力则按车速的平方关系增大。因此,附着利用系数随车速的提高而急剧增大,附着条件不易满足。(　　)

3. 实际行驶时的驱动轮附着利用率要比直线行驶时附着利用率要低一些。(　　)

四、简答题

1. 假设汽车的驱动力足够大,请问汽车车速可以无限高吗?

2. 光面胎和带花纹的轮胎在干燥硬路面上的附着系数有何不同?轮胎花纹起什么作用?

3. 简述最大能量回收策略、最佳踏板感觉策略与协调控制策略的异同。

五、综合应用题

1. 编写计算机程序,完成以下任务:(1)计算机绘制汽车驱动力-行驶阻力平衡图、汽车动力特性图;(2)计算机求解最高车速、换挡点车速;(3)计算机求解起步加速时间、直接挡加速时间,绘制加速时间-车速、加速时间-加速距离曲线;(4)计算机求解各挡位的最大爬坡度。

2. 某轿车整车总质量为 1 295 kg,整车质心位置 a = 946 mm、b = 1 526 mm,质心高度为 469 mm;空气阻力系数为 0.35、迎风面积为 2.026 m^2;滚动阻力系数为常数 0.013;五前进挡变速箱速比分别为 3.455、1.944、1.370、1.032、0.850,主传动比速比为 3.941;车轮滚动半径为 0.285 m,传动效率取常值 0.80;发动机最大功率为 74 kW@5 800 r/min,最大转矩为 150 N·m@3 800 r/min,怠速转速 810 r/min,最高工作转速为 6 000 r/min;发动机飞轮转动惯量为 0.25 kg·m^2,四个车轮相同且单轮的转动惯量为 2.25 kg·m^2。试计算该车辆的最高车速、最大爬坡度以及起步加速到最高车速的最短加速时间。若该车辆为前轮驱动,道路附着系数为 0.5,请计算车辆允许的最大加速度和最大爬坡度。若要充分利用发动机的最大输出转矩,试讨论如何对车辆的轴荷分配进行调整。

参考文献

第 4 章参考文献

第 5 章 汽车能耗经济性

在保证动力性的前提下，汽车以尽量少的能量消耗实现经济行驶的能力，称为汽车的能耗经济性。汽车能耗经济性是衡量汽车在使用过程中降低燃油/电能消耗能力的重要指标。汽车能耗经济性好，可以降低汽车使用成本、节省石油资源、减少国家对进口石油的依赖，也降低发动机产生的 CO_2（温室效应气体）排放量。在当前节能减排政策背景下，研究汽车能耗经济性对实现国家碳达峰、碳中和目标等具有重要意义。

汽车能耗经济性主要关注以下几个方面：一是评价指标，即如何科学、全面地评价汽车的能耗经济性；二是计算方法，即如何准确计算汽车能耗；三是测定工况，即在实际操作中基于何种工况测量汽车能耗；四是提高能耗经济性的途径，即如何通过技术手段和管理措施降低汽车能耗。

本章将从汽车的能耗经济性评价指标、纯电动/混动/燃料电池汽车能耗计算方法、汽车行驶循环工况以及提升汽车能耗经济性的方法等方面概述汽车能耗经济性相关概念。

> 本章结束时，学生应该具备如下能力：
> 1. 了解汽车能耗经济性的不同评价指标。
> 2. 了解常见的汽车行驶循环测试工况。
> 3. 了解混合动力、燃料电池以及纯电动汽车能耗差异特性。
> 4. 掌握新能源汽车能耗计算方法。

5.1 汽车能耗经济性的评价指标

节能减排和低碳发展已成为全球共识，据有关机构测算，汽车碳排放量占我国交通领域碳排放量的 80% 以上，占全社会碳排放量的 7.5% 左右。如何有效控制交通运输活动能耗、污染物排放及碳排放，是交通领域实现碳达峰、碳中和目标面临的严峻挑战。

传统燃油汽车保有量大、使用阶段的化石燃料燃烧，是造成汽车使用阶段碳排放量高的主要因素。为提高能源效率，不少国家制定了汽车燃料消耗法规，确定了汽车燃料消耗的经济性评价指标，以减少燃料的消耗。随新能源汽车产业化和市场化的快速发展，混合动力电动汽车与纯电动汽车渗透率和保有量迅速增加，其经济性评价指标和折算方法也逐步成熟。

(1) 燃油经济性指标

汽车的燃油经济性常用一定工况下汽车行驶百公里的燃油消耗量或一定燃油量能使汽车行驶的里程来衡量。在我国及欧洲,汽车燃油经济性指标的单位为 L/100 km,即汽车行驶 100 km 所消耗的燃油升数,其数值越小,汽车燃料经济性就越好,汽车就越省油。而在美国,则用 MPG 或 mi./gal.表示,即每加仑燃油能行驶的英里数,其数值越大,汽车的经济性就越好,汽车就越省油。汽车燃油经济性与很多因素有关,可从发动机、底盘系统以及驾驶行为等方面进行分析。其中影响燃油经济性的发动机技术状态包括配气、供油与点火等系统的工作状态、发动机工作温度与发动机部件磨损等;而影响燃油经济性的底盘系统技术状态包括传动系统润滑与磨损状态、车轮定位与胎压等;影响燃油经济性的驾驶行为因素包括挡位选择、车速以及加速-制动频率等。

(2) 二氧化碳排放量评价指标

在全球节能减排和低碳发展的大背景下,二氧化碳排放量也成为了评价车辆能耗经济性的重要指标。二氧化碳排放量评价指标一般为百公里二氧化碳排放量,单位为 kg/100 km。百公里二氧化碳排放量一般由百公里燃油消耗量换算得到,汽油的换算系数一般取 2.361,单位为 kg/L,即每燃烧 1 L 汽油排放 2.361 kg 二氧化碳,而柴油的换算系数一般取 2.778。

(3) 单位里程电能消耗与单位能量消耗行驶里程评价指标

对应内燃机汽车,新能源汽车能耗也以单位里程电能消耗、单位能量消耗行驶里程进行评价。单位里程电能消耗又可分为单位里程电网交流电消耗和电池组直流电量消耗,单位为 kW·h/km。其中交流电消耗受到不同类型充电设备效率影响,直流电量消耗仅以车载电池组的能量状态作为标准,脱离了充电机的影响,可以比较直接地反映新能源汽车的实际性能。单位里程容量消耗和单位里程能量消耗的倒数,单位分别为 km/(A·h)、km/(kW·h)。

此外,由于不同车型的汽车总质量相差很大,因此单位里程能量消耗与单位能量消耗行驶里程也有很大差别。为了进行不同车型的能耗水平分析和比较,引入比能耗的概念,即单位质量在单位里程的能耗。针对燃油汽车,比能耗单位为 L/(km·kg),针对新能源汽车,比能耗单位为 kW·h/(km·kg)。

5.2 汽车能量消耗量计算方法

5.2.1 纯电动汽车能量消耗量计算方法

纯电动汽车的能量消耗量一般用单位距离电耗表示。纯电动汽车的能量来源较为单一,一般从电网获取电能,可以根据纯电动汽车从电网获取的电能与续驶里程计算纯电动汽车的单位距离电耗,计算流程如下:

$$C = \frac{E_g}{D} \tag{5-1}$$

式中,C 为能量消耗量(W·h/km);E_g 为充电期间来自电网的能量(W·h);D 为续驶里程(km)。

对于纯电动汽车续驶里程的计算,不同国家、不同车型也有不同的标准。中国的工况标准可参考《电动汽车能量消耗量和续驶里程试验方法　第1部分：轻型汽车》(GB/T 18386.1—2021)。

5.2.2　混合动力电动汽车能量消耗量计算方法

混合动力电动汽车分为可外部充电的混合动力电动汽车(off-vehicle charging hybrid electric vehicle，OVC-HEV)和不可外部充电的混合动力电动汽车(not off-vehicle charging hybrid electric vehicle，NOVC-HEV)。对于 OVC-HEV，能量获取途径包括燃料注入与外接电源充电，因此需要计算燃料消耗量与电能消耗量。对于 NOVC-HEV，由于不存在外部电能获取，因此仅需计算燃料消耗量即可。

以轻型混合动力电动汽车为例，由于混合动力电动汽车能耗的复杂性，车辆动力电池的电量存在上升、下降以及保持不变等多种情况。因此，在计算 OVC-HEV 与 NOVC-HEV 车型燃料消耗量时，需要根据车辆运行模式分别进行计算。

电量消耗模式下，车辆的电能与燃料同时被消耗，因此在这种模式下计算燃油消耗量需要考虑车辆的纯电能利用率，即纯电利用系数。通常电量消耗模式试验燃料消耗量由多次测量取平均值得到，计算公式如下：

$$FC_{CD} = \frac{\sum_{c=1}^{n}(UF_c \times FC_{CD,c})}{\sum_{c=1}^{n} UF_c} \tag{5-2}$$

式中，FC_{CD} 为电量消耗模式试验燃料消耗量(L/100 km)；c 为试验循环序号；n 为循环结束时所行驶的循环数量；UF_c 为第 c 个试验循环的纯电利用系数；$FC_{CD,c}$ 为第 c 个试验循环的燃料消耗量(L/100 km)。

在电量保持模式下，在测试环节开始和结束时车辆电量基本相同，因此这一模式下的燃油消耗量可直接计算。然而电量保持模式无法保证车辆电量保持恒定，会存在小幅的电量增加或减少情况，因此仍需要引入燃油消耗量修正系数，来抵消电量小幅变化对燃油消耗量计算精度的影响。电量保持模式下混合动力电动汽车燃料消耗量计算公式如下：

$$FC_{CS} = FC_{CS,nb} - K_{fuel} \times EC_{CS} \tag{5-3}$$

式中，FC_{CS} 为整个循环的燃料消耗量最终结果(L/100 km)；$FC_{CS,nb}$ 为未经修正的整个循环的燃料消耗量(L/100 km)；K_{fuel} 为整个循环的燃料消耗量修正系数[L/(100 W·h)]；EC_{CS} 为整个循环的电量消耗量[(W·h)/km]。

基于式(5-2)与式(5-3)的计算结果，即基于电量保持模式与电量消耗模式的燃油消耗量，可以得到混合动力电动汽车的总燃料消耗量计算公式为

$$FC_{weighted} = \sum_{c=1}^{n}(UF_c \times FC_{CD,c}) + \left(1 - \sum_{c=1}^{n} UF_c\right) \times FC_{CS} \tag{5-4}$$

式中，$FC_{weighted}$ 为依据纯电利用系数计算得到的混合动力电动汽车燃料消耗量(L/100 km)。

针对 OVC-HEV 车型，除了燃料消耗量，还需要计算其电能消耗。其电能消耗计算原理与纯电动汽车电能消耗计算原理相同，即考虑从电网端获取的电能总量与行驶里程。OVC-HEV 车型电量消耗量计算公式如下：

$$EC_{AC,weighted} = \sum_{c=1}^{n}(UF_c \times EC_{AC,CD,c}) \tag{5-5}$$

式中，$EC_{AC,weighted}$ 为基于从外部获取的 OVC-HEV 电量消耗量 [(W·h)/km]；$EC_{AC,CD,c}$ 为基于从外部获取的电量消耗模式试验电量消耗量 [(W·h)/km]。

5.2.3 燃料电池电动汽车能量消耗量计算方法

对于燃料电池电动汽车，其能耗计算原理与 OVC-HEV 车型能耗计算原理相同。燃料电池汽车能量来源包含燃料电池产生的电能与从电网端获取的外充电电能，因此其能量消耗量包含外充电能量消耗量与燃料消耗量。

计算燃料电池电动汽车外充电能量消耗量与燃料消耗量的思路是：分别计算外充电动力电池和燃料电池所提供的电能，再分别计算外充电动力电池和燃料电池提供能量所获得的行驶里程，最后计算单位距离外充电能量消耗量与燃料消耗量。

首先计算动力电池能量贡献率与燃料电池能量贡献率，其公式如下：

$$\eta_{BAT} = \frac{E_{BAT}}{E_D} \times 100\%$$

$$\eta_{FC} = \frac{E_{FC}}{E_D} \times 100\% \tag{5-6}$$

$$E_D = E_{BAT} + E_{FC}$$

式中，η_{BAT} 为测试过程动力电池输出能量占车辆运行总能量比例（动力电池能量贡献率）；E_{BAT} 为测试过程由动力电池输出用于车辆运行的能量（W·h）；E_D 为测试过程用于车辆运行的总能量（W·h）；η_{FC} 为测试过程燃料电池输出能量占车辆运行总能量比例（燃料电池能量贡献率）；E_{FC} 为测试过程由燃料电池输出用于车辆运行的能量（W·h）。

得到动力电池能量贡献率与燃料电池能量贡献率后，进一步计算动力电池提供能量与燃料电池提供能量所获得的行驶里程，公式如下：

$$D_{BAT} = D \times \eta_{BAT}$$
$$D_{FC} = D \times \eta_{FC} \tag{5-7}$$

式中，D 为测试过程车辆行驶总里程（km）；D_{BAT} 为测试过程中由动力电池提供能量所获得的行驶里程（km）；D_{FC} 为测试过程中由燃料电池提供能量所获得的行驶里程（km）。

基于式（5-6）与式（5-7）的计算结果，可计算燃料电池电动汽车外充电能量消耗量与燃料消耗量，公式如下：

$$C_E = \frac{E_{IN}}{D_{BAT}} \times 0.1$$

$$C_F = \frac{M_F}{D_{FC}} \times 0.1 \tag{5-8}$$

式中，C_E 为外充电能量消耗率 [(kW·h)/100 km]；E_{IN} 为外接充电获得的电能（W·h）；C_F 为氢消耗率（kg/100 km）；M_F 为测试过程中氢气消耗量（g）。

5.2.4 电动汽车能量消耗量折算方法

对于纯电动汽车、混合动力电动汽车与燃料电池电动汽车，其电能消耗量需要通过折算转化成燃料消耗量，与燃油汽车进行对比。主要的折算方法包括热值折算法与二氧化碳排放折算法。

对于热值折算法，包含简单折算法与燃料生命周期折算法。

1. 简单折算法

可通过燃料的能量因子将所消耗的电能转化为当量燃料消耗量，按如下公式计算：

$$FC = E \times F_E \tag{5-9}$$

式中，FC 为当量燃料消耗量(L/100 km)；E 为车辆的电能消耗量[(kW·h)/100 km]；F_E 为燃料的能量因子[L/(kW·h)]。

2. 燃料生命周期折算法

在计算燃料能量因子时，还需考虑更多的因素，包括火电发电比例、供电效率、输电线损以及充电效率等，即考虑电能生产的整个生命周期过程。燃料生命周期折算法可按如下公式计算电能的当量燃料消耗量：

$$FC_e = E \times F_E \times F_e \times r_p \times t_p \tag{5-10}$$

式中，FC_e 为当量燃料消耗量(L/100 km)；F_E 为燃料的能量因子[L/(kW·h)]；F_e 为效率因子，由式(5-11)计算得出；r_p 为炼厂效率；t_p 为输送加注效率。

上述公式中的效率因子主要包含充电效率、输电线损、供电效率以及火力发电比例等因素，其计算方式如下：

$$F_e = \frac{1}{i_{ch} \times (1-i_{tr})} \times \left[\frac{\varphi}{s_{ge}} + (1-\varphi)\right] \tag{5-11}$$

式中，F_e 为效率因子；i_{ch} 为充电效率，当车型的电能消耗量为充电桩输入端测得的电能消耗量，即从电网上得到的电能时，取 100%；i_{tr} 为线损率；φ 为火力发电比例；s_{ge} 为供电效率。

除了热值折算法外，还可以利用二氧化碳排放折算法评估电动汽车能量消耗量，即通过燃料消耗与耗电产生的二氧化碳量进行折算，其当量燃油消耗量计算公式如下：

$$FC_{CO_2} = E \times F_{CO_2} \tag{5-12}$$

式中，FC_{CO_2} 为当量燃料消耗量(L/100 km)；E 为车辆的电能消耗量[(kW·h)/100 km]；F_{CO_2} 为二氧化碳折算因子[L/(kW·h)]，与汽车燃料和发电燃料的二氧化碳排放因子、燃料煤与标准煤折标系数以及火力发电煤耗等因素相关，其计算公式如下：

$$F_{CO_2} = \frac{T_E \times T_C \times \varphi}{T_F \times t_M \times i_{ch} \times (1-i_{tr})} \tag{5-13}$$

式中，T_E 为火电供电标准煤耗[kg/(kW·h)]；T_C 为燃料煤的二氧化碳排放因子；T_F 为燃料的二氧化碳排放因子；t_M 为燃料煤与标准煤的折标系数。

5.3 汽车行驶循环工况

5.3.1 循环工况概述

车辆行驶工况又称汽车运转循环，是针对某特定类型车辆(如乘用车、公交车、长途客车、重型车辆等)制定的用来代表特定交通环境下(如城区、高速公路)车辆行驶特征的速度-时间历程。循环工况从时间动态变化规律方面可以分为瞬态工况和模态工况,其中瞬态工况能够反映汽车在特定道路中的实际运行状态,主要用于仿真实验和动态测功机试验,在实际车辆测试中使用较少,实用性较差。模态工况将原先的速度-时间历程转化为一系列连续的加速、减速、匀速及怠速片段,运动状态简单且形状规整,便于实际道路试验和台架试验。

循环工况是通过对车辆实际行驶状况进行调查,并对所采集数据进行分析,运用多元统计理论方法建立起来的典型工况。构建车辆行驶工况的目的包括确定汽车燃油消耗水平和污染物排放水平、测定在交通控制方面的风险、整车动力匹配优化和新车型的技术开发评估等。因此,开发能够反映车辆实际行驶特征的行驶工况,可以为某类型车辆在某一地区的排放或能量消耗量提供评价标准和检测依据,同时为车辆设计的动力匹配、经济性能优化提供参考。

5.3.2 典型循环工况

目前国际上常用的循环工况三大体系分别是美国行驶工况、欧洲行驶工况以及日本行驶工况。

美国行驶工况主要包括适用于乘用车和轻型货车的美国联邦循环试验行驶工况(Federal test procedure,FTP)、在重型柴油车和客车发动机上普遍应用的联邦瞬态台架行驶工况(FTP transient)、AVL8 重载模式工况以及在底盘测功机上进行试验的 UDDS(urban dynamometer driving schedule)(美国城市循环)工况(如图 5-1 所示)。

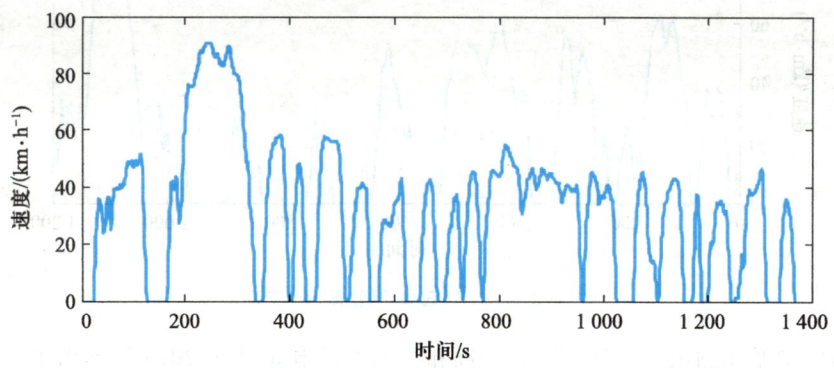

图 5-1 UDDS(美国城市循环)工况

NEDC(new European driving cycle)(新欧洲驾驶循环)工况(如图 5-2 所示)是在欧洲国家使用较为广泛的一种模态工况,其主要包含两部分:第一部分是传统的城市道路行驶工况 ECE (economic commission of Europe),是城市行驶过程的一个简化代表,主要反映了机动车在欧洲城市内的行驶特征;第二部分是 1992 年 7 月补充的机动车在郊外公路上的行驶工况 EUDC (extra urban driving cycle),EUDC 进一步反映了车辆在市郊高速的运行特征。

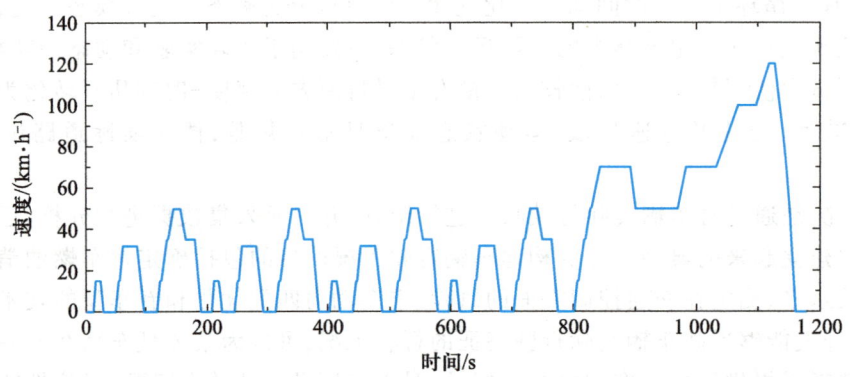

图 5-2 NEDC（新欧洲驾驶循环）工况

日本行驶工况主要有 10 工况、11 工况和 10-15 工况三种。10 工况主要用来反映汽车由城市郊外驶入市区或在城郊行驶的实际运行状况。1976 年之前，日本一直采用 10 工况循环来模拟市内行驶工况。1976 年以后生产的车型，采用 11 工况。现阶段日本使用的测试循环工况是 1991 年 11 月改进后的 10-15 工况，该工况是以 10 工况为基础，参考欧洲 NEDC 工况进行了修正。2005 年日本推出了 JC08（日本驾驶循环）工况（如图 5-3 所示），该工况在底盘测功机上进行试验，代表城市拥挤道路的交通行驶状况，包括怠速及频繁的加减速交替状态。

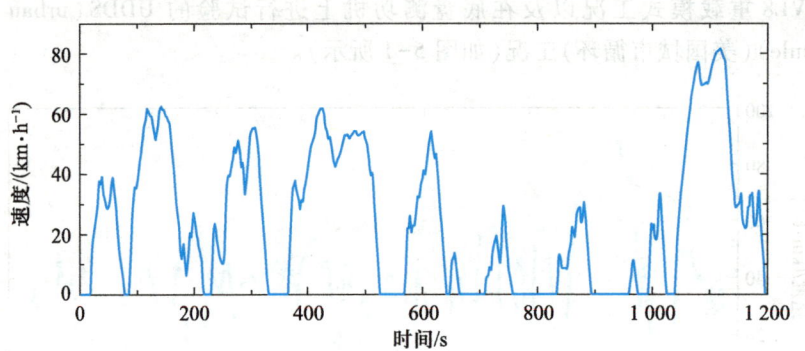

图 5-3 JC08（日本驾驶循环）工况

除上述典型循环测试工况外，美国、欧洲和日本共同制定并于 2015 年推出了 WLTC（world light vehicle test cycle）（世界轻型汽车测试循环）工况，成为欧洲最新的测试工况。中国作为签约国之一，于 2021 年 7 月 1 日起正式将传统新能源乘用车、插电混动车的试验工况从 NEDC 更改成 WLTC。WLTC 测试工况主要以低速、中速、高速与超高速组成，整个循环周期时间为 1 800 s，总里程为 23.25 km，平均时速为 46.5 km/h，最重要的是加入了实际道路测试工况。该工况特点为：几乎没有"稳态"工况，加减速频繁，行驶工况多样复杂，怠速比例较低。因此相较于 NEDC 工况，WLTC 工况标准测试时间、总里程长，平均测试时速高，是更接近国内真实路况的一种测试标准。NEDC 与 WLTC 工况对比如图 5-4 所示。

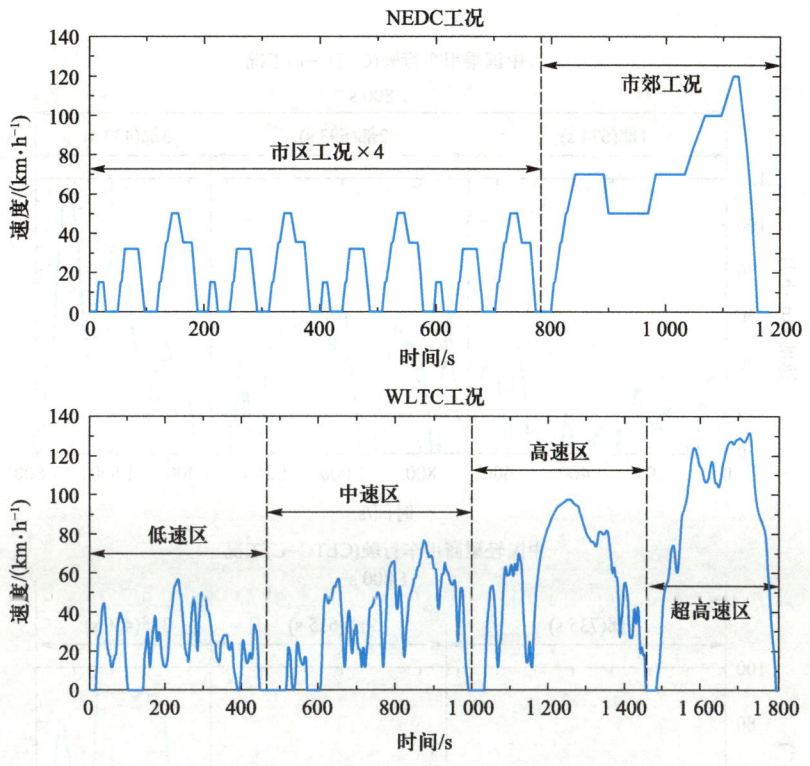

图 5-4 NEDC 与 WLTC 工况对比

事实上，各个国家城市道路状况、汽车生产和保养水平、驾驶员习惯等存在差异，汽车在当地的真实行驶状况可能与上述典型工况存在较大差别，采用 NEDC、WLTC 等工况难以真实地反映出本国汽车道路行驶过程中的实际排放特性和燃料消耗特性，不利于国家准确地制订控制汽车排放法规和控制能源消耗的燃料消耗量限值。因此，亟需开发适用于本国汽车行驶特征的循环工况，为汽车排放法规制定、能耗经济性测算等提供依据。

2015 年，工业和信息化部联合五部委共同委托中国汽车技术研究中心开展为期 3 年的中国汽车测试循环（China automotive testing cycle，CATC）工况构建工作，在国内 41 个代表城市，组建了涵盖 5 050 辆车（包括轻型车、重型车和新能源汽车）的采集车队，采集了约 5 500 万公里的车辆运动特征、动力特征和环境特征数据，构建了更加符合我国实际道路行驶状况，覆盖乘用车、轻型商用车、重型商用车的整车测试工况曲线 8 条及发动机工况曲线（如图 5-5 所示）。在 2025 年之前，轻型汽车中的汽柴油车、混合动力汽车、替代燃料汽车采用 WLTC 工况，重型商用车、纯电动汽车、燃料电池汽车采用中国汽车测试循环（CATC）工况，2025 年之后，将推动所有的车型都采用中国汽车测试循环（CATC）工况。CATC 各工况特征参数如表 5-1 所示。

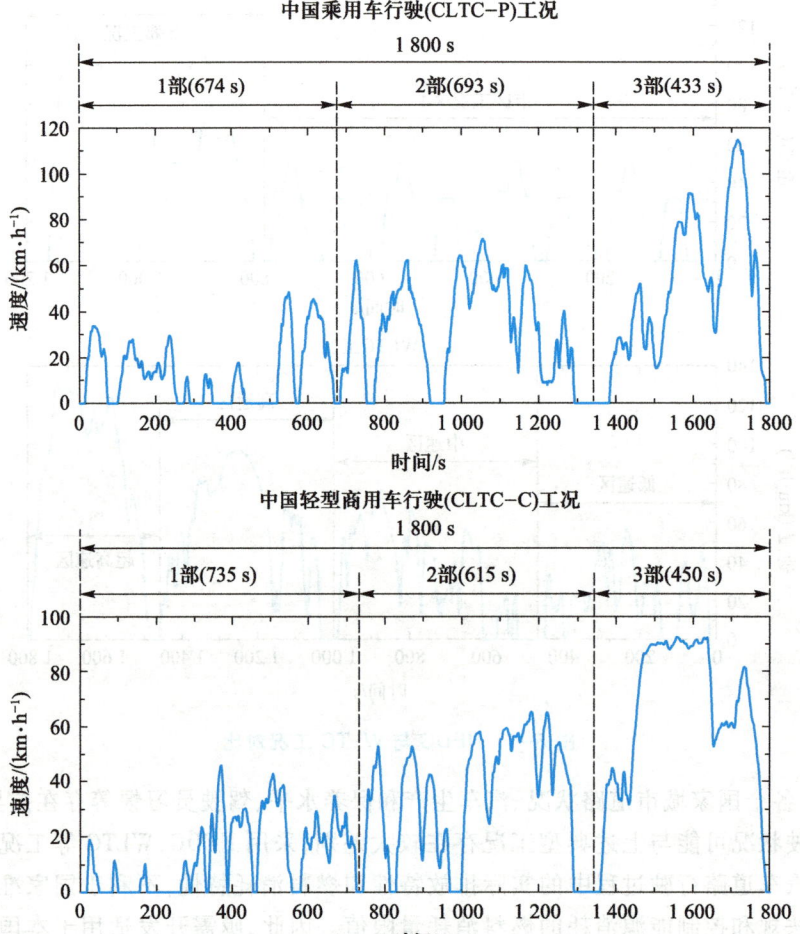
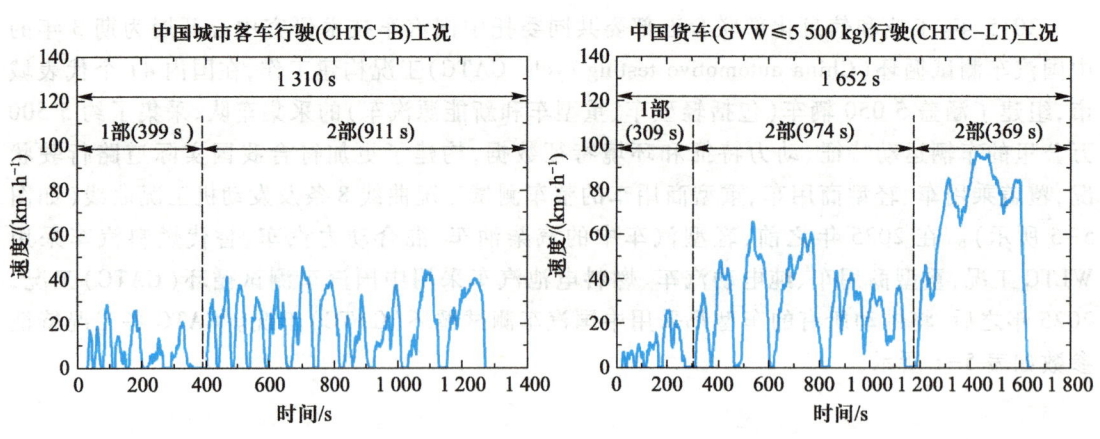

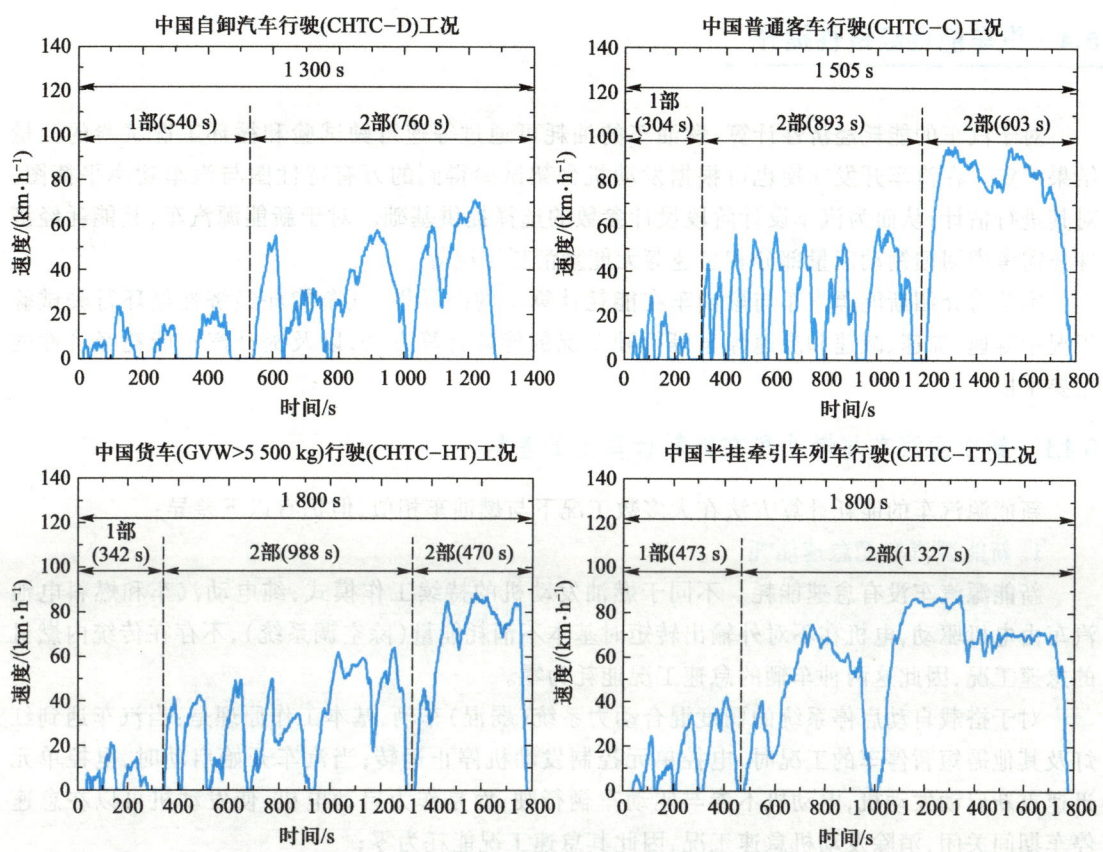

图 5-5 中国汽车测试循环（CATC）工况

表 5-1 CATC 各工况特征参数

工况类型	总时长/s	低速占比	中速占比	高速占比	平均车速/(km·h⁻¹)	最大车速/(km·h⁻¹)	急速比例
CLTC-P	1 800	37.4%	38.5%	24.1%	29.0	114.0	22.1%
CLTC-C	1 800	40.8%	34.2%	25.0%	32.9	92.0	20.3%
CHTC-B	1 310	30.4%	/	69.6%	15.08	45.6	22.37%
CHTC-C	1 800	16.9%	49.6%	33.5%	39.2	95.7	18.2%
CHTC-HT	1 800	19.0%	54.9%	26.1%	34.7	88.5	13.7%
CHTC-LT	1 652	18.7%	58.9%	12.4%	34.6	97.0	12.4%
CHTC-D	1 300	41.5%	/	58.5%	23.2	71.4	20.2%
CHTC-S	1 800	26.3%	/	73.7%	46.6	88.0	8.6%

5.4 汽车能耗经济性提升

对于汽车的能耗经济性计算，燃油车的油耗可通过等速行驶试验和循环工况试验的测量结果确定。在汽车开发初期也可根据发动机台架试验得到的万有特性图与汽车功率平衡图，对其进行估计，从而为汽车设计阶段设计参数的选择提供基础。对于新能源汽车，其能耗经济性还需考虑回馈制动能量部分和怠速等无能量消耗工况等。

本节将介绍新能源汽车与燃油车在能耗计算中的差异性、汽车能耗经济性循环行驶试验工况中等速、加速、减速和怠速停车等行驶工况的能耗计算方法，以及提升汽车能耗经济性的主要手段。

5.4.1 新能源汽车与燃油车在能耗计算上的差异

新能源汽车的能耗计算方法在大多数工况下与燃油车相似，但仍有以下差异：

1. 新能源汽车无怠速能耗

新能源汽车没有怠速能耗。不同于燃油发动机的持续工作模式，纯电动汽车和燃料电池汽车由电机驱动，电机在不对外输出转矩时基本不消耗能量（除空调系统），不存在传统内燃机的怠速工况，因此这两种车辆的怠速工况能耗为零。

对于搭载自动启停系统的弱度混合动力系统（弱混）车辆，基本工作原理是：当汽车遇到红灯及其他需短暂停车的工况时，电控单元控制发动机停止运转；当汽车开始启动时，电控单元迅速重新启动发动机，电动机不参与驱动车辆行驶，而是作为启动电机，使发动机可以在怠速停车期间关闭，消除发动机怠速工况，因此其怠速工况能耗为零；

对于混合动力电动汽车，怠速工况下其发动机一般保持关闭状态，所以怠速能耗也为零。但如果动力蓄电池组电量过低，为保证整车行驶的综合性能，则需在怠速时对动力蓄电池组进行补电，此时发动机输出功率全部用于动力蓄电池组储能。

2. 混合动力电动汽车能耗低于内燃机汽车

混合动力电动汽车与传统的内燃机汽车相比，其能耗降低的主要原因如下：
① 选择较小功率的发动机，提高了发动机负荷率；
② 优化控制策略使发动机工作在高效率区，以改善整车的燃油消耗；
③ 发动机无怠速且具备高速断油功能，减少了燃油消耗；
④ 具有再生制动能量回收功能。

由发动机、驱动电机和动力蓄电池组成的高效混合动力驱动系统，动力蓄电池具有"削峰填谷"的作用，当发动机最优工作功率高于路况需求功率时，多余功率通过电机转化为电能储存在电池中；当发动机工作功率低于路况需求功率时，则由驱动电机与发动机共同驱动车辆；内燃机可以工作在最优或接近最优的区间，改善车辆行驶经济性。

对城市公交客车进行能耗分析可知：在典型城市循环工况下，混合动力电动汽车通过减小发动机功率提高了负荷率，使整车效率得到提高，从而改善燃油经济性15%~20%；发动机工作区域控制对燃油经济性改善的贡献率在5%~10%之间；再生制动能量回收可节能5%~12%；消除停车怠速可节省燃油5%~10%；综合分析表明混合动力技术在特定工况下的总节能潜力可达 30%~60%。

3. 新能源汽车制动能量回收

新能源汽车制动能量回收又称能量再生制动（简称再生制动），是指在车辆减速或制动时，使驱动电机工作于发电机工况，将车辆的一部分惯性动能转化为电能并回馈至电源的过程，并储存在能量存储装置（各种蓄电池、超级电容等）之中，以延长其续驶里程。新能源汽车制动时能量流传递路径如图 5-6 所示。

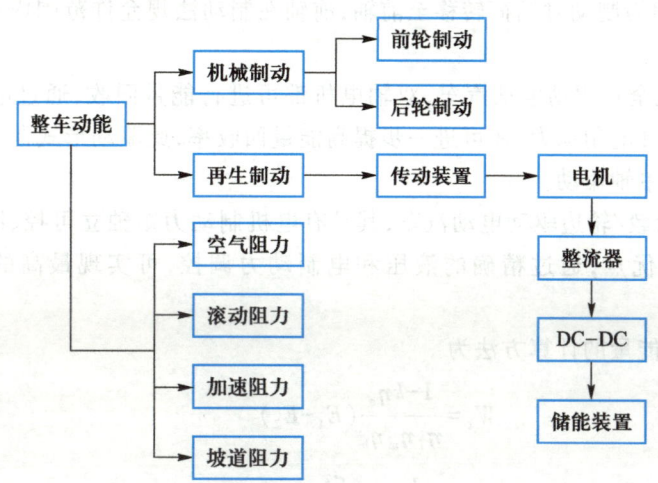

图 5-6　新能源汽车制动时能量流传递路径

制动系统回收能量的大小可通过能量守恒定律建模求解。

不同于燃油车通过机械摩擦制动将动能完全转化为内能耗散，新能源汽车可通过驱动电机再生制动回收部分制动能量。在车辆减速或制动时，新能源汽车的驱动电机工作于发电机模式，将车辆部分惯性动能转化为电能，并储存在能量存储装置（动力蓄电池、超级电容等）中，降低行驶能耗。

相对于传统液压制动系统，电机制动力介入会改变车辆原始制动力分配关系，所以需要设计液压与电制动协调分配策略，保证车辆的制动安全性。影响制动能量回收效率因素主要包括制动系统结构与整车驱动系统形式。

（1）制动系统结构对能量回收效率的影响

根据电液协调方式的不同，制动能量回收系统可分为并联式制动能量回收系统和串联式制动能量回收系统。不同类型的制动系统，制动能量回收效率也会有所不同。

并联式制动能量回收系统也包括电机再生制动和液压摩擦制动，两者同时存在、同时变化，其主要工作过程分为滑行回收和制动回收两个阶段。在滑行回收阶段，存在踏板空行程，电机制动起主导作用，回收汽车滑行动能；随着制动踏板行程的增加，进入到制动回收阶段，液压摩擦制动和电机制动同时作用，回收部分制动能量。由于并联式制动系统制动时电机制动力与液压制动力直接叠加，两者不能解耦分配，因此能量回收率较低。

串联式制动能量回收系统的特点是实现了电制动和液压制动解耦，可自由分配电机制动力与液压制动力。制动踏板采集驾驶员制动意图，制动系统电子控制单元实现液压制动力和电制动力的合理分配,其基本的分配逻辑为:优先分配电机制动力,电动力不足部分由液压制动力补足,可保证能量回收最大化。

(2)整车驱动系统方案对能量回收效率的影响

整车制动能量回收效果不仅与制动系统结构有关,还与新能源汽车驱动系统布置方案有关。

① 对于单电机前/后轴驱动电动汽车,仅驱动轴具备制动能量回收功能,另外一轴仅布置液压制动系统,所以其制动能量回收效率低;此外,前轴驱动车辆相对后轴驱动车辆制动能量回收效率高,这是因为制动时轴荷转移至前轴,前轴在制动法规允许范围内可以承受更大电制动力。

② 对于双电机全轮驱动电动汽车,双轴电机都可进行能量回收,通过电机效率 Map 差异特性优化分配前后轴电制动力,还可进一步提高能量回收率,此驱动形式制动能量回收率以及系统可靠性均优于单轴驱动。

③ 对于四轮轮毂/轮边驱动电动汽车,其具有电机制动力矩独立可控、制动力矩调节范围广以及响应迅速等优点,通过精确的液压和电制动力调控,可实现最高的电制动能量回收效率。

制动系统回收能量的计算方法为

$$
\begin{aligned}
W_1 &= \frac{1-k\eta_c}{\eta_T \eta_m \eta_b}(E_1 - E_2) \\
W_2 &= \frac{k\eta_c}{\eta_T \eta_m \eta_b} \int_{t_1}^{t_2} F_z(t) u_a(t) \mathrm{d}t \\
E_r &= k\eta_c(W_1 - W_2)
\end{aligned}
\quad (5-14)
$$

式中,W_1 为制动过程中车辆损失的动能;W_2 为克服各种阻力做功所消耗的能量;E_r 为制动系统回收的能量;k 为电制动的比例,一般取 0.2;η_c 为制动回收效率;E_1 为制动初始时车辆的动能位能之和;E_2 为制动终止时车辆的动能位能之和;t_1 为制动初始时间;t_2 为制动终止时间;$F_z(t)$ 为阻力关于时间的函数;$u_a(t)$ 为减速时速度关于时间的函数;η_T 为机械传动效率;η_m 为电机工作效率;η_b 为电池效率。

4. 温度对新能源汽车能耗的影响

与燃油车不同,低温环境会对新能源汽车能耗产生巨大影响,具体体现在以下方面:

(1)电池可用能量减少。低温环境下电池内部化学反应产生电流的速度相比于常温下大幅下降,电解质导电性和扩散性也大幅下降,电池内阻大幅增加,造成电池可用能量大幅减少。

(2)锂离子电池在低温下充电可能会导致析锂等风险。在环境温度较低时,需使用额外能量加热电池以防止损坏,这也造成了能量消耗。

(3)低温环境下电池充放电功率受限,因此制动能量回收受限。

(4)暖风空调系统耗能导致总能耗升高。燃油车和部分混合动力电动汽车的发动机产生的热量可以用来加热车厢,而纯电动汽车和燃料电池汽车必须运行单独的电加热器,这部分能量全由电池提供,加剧了能量损失。

上述一系列因素综合导致新能源汽车低温续驶里程大幅下降。据美国汽车协会(AAA)

2019年研究显示:在空调恒温工况下,新能源汽车在环境温度为-7 ℃工况下的平均续驶里程相比24 ℃时减少了41%。表5-2列举了几款2022年新能源车型在-15 ℃至-10 ℃(低温)的续航情况。由此可见,克服低温环境对新能源汽车续驶里程的不利影响是新能源汽车推广应用的关键。

表5-2 部分新能源车型低温续航情况

车型	电池类型	实测续航/km	续航达成率
比亚迪汽车——汉EV	磷酸铁锂	366.3	60%
比亚迪汽车——海豹	磷酸铁锂	340.6	52%
蔚来汽车——ET7	三元锂	375.7	55%
特斯拉——Model3	三元锂	312	46%
特斯拉——ModelY	三元锂	319	48%
极氪汽车——001	三元锂	326.5	50%
北汽——极狐阿尔法S	三元锂	293.1	58%
小鹏P5	三元锂	323	53%
哪吒S	三元锂	310.2	47%
五菱宏光MINIEV	磷酸铁锂	57.1	47%

5.4.2 汽车能耗经济性计算

1. 汽车等速行驶工况能耗计算

(1) 燃油汽车

如图5-7所示是某汽油发动机的万有特性曲线。可根据万有特性图上等燃料消耗率曲线确定发动机在一定转速n、一定功率P_e时的燃料消耗率b。为便于计算,按照转速n和车速u_a的转换关系在横坐标上画出汽车最高挡的行驶车速比例尺。此外,还需要计算汽车在水平路面上等速行驶时,为克服滚动阻力与空气阻力,发动机应提供的功率为

$$P_e = \frac{1}{\eta_T}(P_f + P_w) = \frac{1}{\eta_T}\left(\frac{Gfu_a}{3\,600} + \frac{C_D A}{76\,140}u_a^3\right) \quad (5-15)$$

根据等速行驶车速u_a及发动机功率P_e,在万有特性图上(利用插值法)可确定相应的燃料消耗率b,从而计算出以该车速等速行驶时单位时间内的燃料消耗量为

$$Q_t = \frac{P_e b}{367.1\rho g} \quad (5-16)$$

式中,Q_t为单位时间内的燃料消耗量(mL/s);b为发动机的燃料消耗率[g/(kW·h)];ρ为燃料的密度(kg/L);g为重力加速度(m/s²);汽油的ρg可取6.96~7.15 N/L,柴油的ρg可取

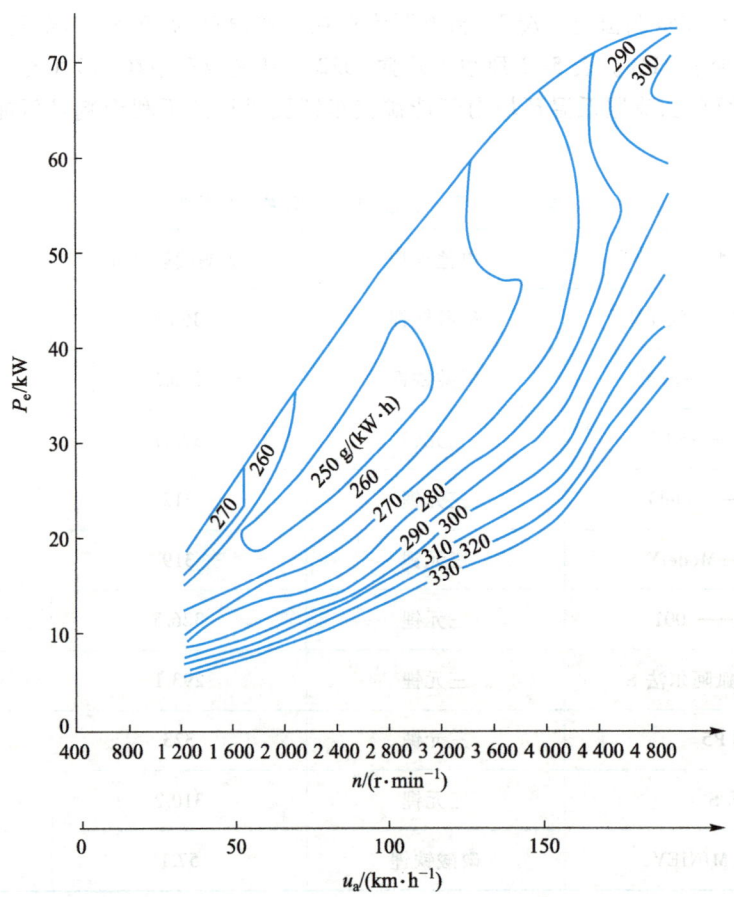

图 5-7 某汽油发动机的万有特性曲线

7.94~8.13 N/L。

整个等速过程行经 s 行程的燃料消耗量为

$$Q = \frac{P_e b s}{102 u_a \rho g} \tag{5-17}$$

式中，Q 为行经 s 行程的燃料消耗量(mL)；s 为行程(m)。

折算成等速行驶百公里燃料消耗量为

$$Q_s = \frac{P_e b}{1.02 u_a \rho g} \tag{5-18}$$

式中，Q_s 为等速行驶百公里的燃料消耗量(L/100 km)。

(2) 电动汽车

电动汽车在平坦道路上等速行驶时所需的功率同式(5-15)，电池携带的总能量 E 为

$$E = Q_m U_e = G_e q \tag{5-19}$$

式中，Q_m 为电池的额定容量；U_e 为电池的端电压；G_e 为电动汽车携带的电池总质量；q 为电池比能量。

电动汽车等速行驶续驶里程为

$$S_d = \frac{Eu}{1\,000P_e}\eta_e = \frac{76.14Q_m U_e \eta_d \eta_T \eta_e}{21.15mgf + C_D A u_a^2} \tag{5-20}$$

式中，S_d 为电动汽车等速行驶续驶里程；η_e 为电池放电效率；η_d 为电机效率。

绘制续驶里程曲线的 MATLAB 代码如下：

```
m=1200;f=0.012;Cd=0.28;A=2.0;nt=0.92;g=9.8;%汽车参数赋值
nd=0.9;%电机效率赋值
Ue=320;ne=0.95;%电池参数赋值
u=30:1:100;%定义行驶速度范围
Qm=[100 110 120];%设置电池额定容量
for i=1:3
S=76.14*Qm(i)*Ue*nd*nt*ne./(21.15*m*g*f+Cd*A*u.^2);%计算续驶里程
figure(1)%设置图形窗口1
gss='-:--';%定义线型
plot(u,S,[gss(2*i-1) gss(2*i)])%绘制续驶里程曲线
hold on%保存图像
end%循环结束
xlabel('车速/(km/h)');%x轴标注
ylabel('续驶里程/km');%y轴标注
legend('电池容量100Ah','电池容量110Ah','电池容量120Ah');%曲线标注
```

可根据上述代码，思考不同整车质量、滚动阻力系数、电机效率、电池效率等因素下新能源汽车的续驶里程。

2. 等加速行驶工况汽车能耗计算

(1) 燃油汽车

在汽车加速行驶时，发动机还要提供加速阻力所消耗的功率，发动机提供的功率为

$$P_e = \frac{1}{\eta_T}\left(\frac{Gfu_a}{3\,600} + \frac{C_D A u_a^3}{76\,140} + \frac{\delta m u_a}{3\,600} \cdot \frac{du}{dt}\right) \tag{5-21}$$

等加速度行驶燃料消耗量的计算思想是把加速过程分隔为若干小区间，例如按速度每增加 1 km/h 为一个小区间，每个小区间的燃料消耗量根据其平均的单位时间燃料消耗量与行驶时间之积来求得。各小区间起始或最终车速所对应时刻的单位时间燃料消耗量 Q_t 可根据相应的发动机发出的功率与燃料消耗率求得。参看图 5-8 计算汽车由速度 u_{a1} 以等加速度加速行驶至速度 u_{a2} 的燃料消耗量。

汽车行驶速度每增加 1 km/h 所需时间为

$$\Delta t = \frac{1}{3.6\dfrac{du}{dt}} \tag{5-22}$$

式中，Δt 为速度每增加 1 km/h 所需时间(s)。

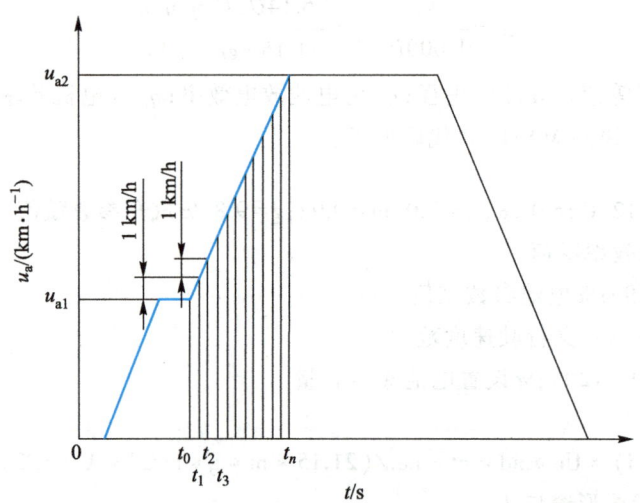

图 5-8　汽车等加速行驶过程燃油消耗量计算

汽车从速度 $u_{a(i-1)}$ 加速至 $u_{ai}=u_{a(i-1)}+1$ 所需燃料量为

$$Q_i = \frac{1}{2}(Q_{t(i-1)}+Q_{ti})\Delta t \tag{5-23}$$

式中，Q_i 为行驶速度从 $u_{a(i-1)}$ 加速至 u_{ai} 所需燃料量（mL）；$Q_{t(i-1)}$ 为行驶速度为 $u_{a(i-1)}$ 时单位时间的燃料量（mL/s）；Q_{ti} 为行驶速度为 u_{ai} 时单位时间的燃料量（mL/s）。

整个加速过程的燃料消耗量为

$$Q_a = \sum_{i=1}^{n} Q_i = \frac{1}{2}(Q_{t0}+Q_{tn})\Delta t + \sum_{i=1}^{n-1} Q_{ti}\Delta t \tag{5-24}$$

式中，Q_a 为整个加速过程的燃料消耗量（mL）；Q_{t0} 为行驶初速度为 u_{a1} 时单位时间的燃料量（mL/s）；Q_{tn} 为行驶末速度为 u_{a2} 时单位时间的燃料量（mL/s）。

加速区段内汽车行驶的距离为

$$s = \frac{u_{a2}^2 - u_{a1}^2}{25.92 \dfrac{du}{dt}} \tag{5-25}$$

式中，s 为加速区段内汽车行驶的距离（m）。

折算成加速行驶百公里燃料消耗量为

$$Q_s = \frac{100 Q_a}{s} \tag{5-26}$$

式中，Q_s 为加速行驶百公里燃料消耗量（L/100 km）。

汽车加速时，发动机也在加速运转，处于瞬态运行工况，这和等速行驶时发动机的稳态运行工况不一样。发动机瞬态运行时，燃料消耗量增加，另外发动机加速运转的加速度大小对燃料消耗量也有很大影响。因此在进行实际的加速工况燃料消耗量计算时，应根据加速度的大小再乘以一个大于1的系数，此系数可根据具体的发动机的性能而定。

(2) 电动汽车

根据式(5-21),电动汽车在平坦道路上加速行驶时电池系统所消耗功率为

$$P_j = \frac{P_e}{\eta_d \eta_e} \quad (5-27)$$

电动汽车加速行驶速度为

$$u_a(t) = u_{a0} + 3.6\frac{du}{dt}t \quad (5-28)$$

式中,u_{a0}为加速起始速度。

加速行驶工况动力电池所消耗的能量为

$$E_j = \frac{P_j S_j}{u_a(t)} \quad (5-29)$$

式中,E_j为加速行驶工况动力电池所消耗的能量;S_j为电动汽车加速行驶里程。

电动汽车加速行驶里程为

$$S_j = \frac{u_a(t)^2 - u_{a0}^2}{25.92\frac{du}{dt}} \quad (5-30)$$

绘制某一车型整车质量与电池功率之间的关系曲线的代码如下:

```
m = 1200; f = 0.012; Cd = 0.28; A = 2.0; dt = 1.1; nd = 0.9; nt = 0.92; g = 9.8;%汽车参数赋值
Ue = 320; Ce = 100; ne = 0.95;%电池参数赋值
m = 1000:100:1500;%定义整车质量范围
uj1 = 15; u01 = 0; aj1 = 1;%速度和加速度赋值
Sj1 = (uj1^2-u01^2)/25920/aj1;%计算行驶距离
Pj1 = uj1*(m*g*f+Cd*A*uj1^2/21.15+dt*m*aj1)/3600/nd/nt;%计算需求车速为 15 km/h 的功率 kW
plot(m,Pj1)%
xlabel('整车质量/kg')%
ylabel('电池功率/kW')%
```

3. 等减速行驶工况燃料消耗量计算

(1) 燃油汽车

汽车减速行驶时,根据驾驶员对汽车减速度的要求,应减小节气门开度(或减少供油量),或完全松开加速踏板(发动机处于怠速状态),或完全松开加速踏板并伴随着制动。设汽车减速行驶时发动机处于怠速状态,其燃料消耗量为正常怠速时油耗与减速行驶时间之积。

减速时间为

$$t = \frac{u_{a2} - u_{a3}}{3.6\frac{du}{dt}} \quad (5-31)$$

式中,t 为减速时间(s);u_{a2} 和 u_{a3} 为减速起始和结束的车速(km/h);$\frac{du}{dt}$ 为汽车减速度(m/s²)。

减速过程燃料消耗量为

$$Q_d = \frac{u_{a2} - u_{a3}}{3.6 \dfrac{du}{dt}} Q_i \tag{5-32}$$

式中,Q_d 为减速过程燃料消耗量(mL);Q_i 为发动机怠速时单位时间的燃料消耗量(mL/s)。

减速区段内汽车行驶的距离为

$$s_d = \frac{u_{a2}^2 - u_{a3}^2}{25.92 \dfrac{du}{dt}} \tag{5-33}$$

式中,s_d 为减速区段内汽车行驶的距离(m)。

(2)电动汽车

对于减速工况,电动汽车减速行驶包含两种情况:一种是滑行减速或无再生制动功能下的制动减速,此时电动机处于零扭矩状态,电能消耗较小,具体能耗情况根据电机效率 Map 获得;另一种是再生制动功能下的制动减速,此时车轮拖动电动机,电动机处于发电机工作状态,电动汽车能量消耗为负,即动力电池处于充电工作状态。

4. 怠速停车工况能耗计算

设怠速停车时间为 t_s,则燃料消耗量为

$$Q_{id} = Q_i t_s \tag{5-34}$$

式中,Q_{id} 为怠速停车时燃料消耗量(mL);t_s 为怠速停车时间(s)。

对于纯电动汽车,怠速工况下电机处于零扭矩状态,驱动系统能量消耗量也较小,整车能耗主要为车辆其他附件。

5. 整个循环工况的百公里能耗计算

(1)燃油汽车

对于由等速、等加速、减速、怠速停车等行驶工况组成的循环,如 ECE-R.15 和我国商用车六工况法(无怠速工况),其整个试验循环的百公里燃料消耗量(L/100 km)为

$$Q_s = \frac{\sum Q}{s} \times 100 \tag{5-35}$$

式中,$\sum Q$ 为整个循环的行驶距离(m)。

(2)电动汽车

整个循环测试工况由若干加速、减速、停车工况构成,根据上述计算过程建立的电动汽车续驶里程数学模型,编写循环工况电动汽车续驶里程仿真的 MATLAB 程序如下:

```
VehicleSpeed = load('CLTC.mat');%加载 CLTC 工况速度数据
u = VehicleSpeed.CLTC;%加载 CLTC 工况速度数据,时间间隔为 1s
Time = [1:1:1801]';%CLTC 工况时间
VehicleAcc = zeros(length(Time),1);%定义加速度变量
```

```
deltaT=1;%CLTC 工况点相邻数据时间间隔
m=[1200:100:1600];f=0.012;Cd=0.28;A=2.0;dt=1.1;nd=0.9;nt=0.92;g=9.8;%汽
车参数赋值
Ue=320;Ce=100;ne=0.95;%电池参数赋值
for j=1:length(m)%定义质量循环
    Q=0;%单个循环能耗初值
    S=0;%单个循环里程初值
    for i=2:length(Time)
        VehicleAcc(i)=(u(i)-u(i-1))/3.6/deltaT;%根据速度差分求加速度
Pj=u(i)*(m(j)*g*f+Cd*A*u(i)^2/21.15+dt*m(j)*VehicleAcc(i))/3600/
nt;%计算电机端输出功率 kW
        if Pj>0
            Pj=Pj/nd;%计算电机端输入功率 kW
        else
            Pj=Pj*nd;%计算电机端回收功率 kW
        end
        Q=Q+Pj*deltaT/3600;%单个循环功率求和
        S=S+u(i)/3.6*deltaT/1000;%单个循环里程求和
    end
    q=100/S*Q/ne;%百公里电耗
    Qm(j)=q;
end
plot(m,Qm)%
xlabel('整车质量/kg')%
ylabel('百公里电耗/kWh')%
```

6. 配置液力变矩器的燃油汽车能耗计算

对配置液力变矩器的汽车,其燃料经济性的计算与配置机械变速器的汽车有所不同。除已知发动机特性外,还需了解液力变矩器的动力特性,如泵轮的力矩曲线和无因次特性。发动机的变化负荷特性常用 $T_e=f(n,\alpha)$ 及 $Q_t=f(n,\alpha)$ 的形式表示,Q_t 是发动机发出一定功率时每小时的燃料消耗量,称为小时燃料消耗量(L/h),α 指节气门开度。图 5-9 表示在不同节气门位置时发动机力矩与小时燃料消耗量对其转速的变化关系曲线,图中 i_c 为变矩器速比。计算汽车百公里燃料消耗量的步骤如下:

(1) 在发动机力矩曲线上画上泵轮的转矩曲线 $T_p=f(n_p)$,T_p 为泵轮转矩,n_p 为泵轮转速。
(2) 根据变矩器的无因次特性 $K=f(i)$ 确定在不同速比下的变矩比 K。
(3) 根据 $T_T=KT_p$ 和 $n_T=in_p$ 绘制不同节气门开度下的 $T_T=f(n_T)$ 与 $n_p=f(n_T)$ 曲线,如图 5-10 所示。式中的 T_T 为涡轮力矩,n_T 为涡轮转速。

(4) 把涡轮转速坐标按式(3-13)换算成汽车速度坐标。

(5) 利用力矩平衡,在 $T_T=f(u_a)$ 图上,按下述公式绘制汽车在不同道路阻力系数 ψ 下等速行驶时为克服行驶阻力所需的涡轮力矩 T'_T 与行驶速度 u_a 的关系,以确定汽车在不同道路上以不同速度行驶时发动机的节气门开度 α 与转速 $n(n=n_p)$。

$$T'_T = \frac{(F_\psi + F_w)r}{\eta_t i_g i_0} \tag{5-36}$$

式中,T'_T 为克服行驶阻力所需的涡轮力矩(N·m);η_t 为液力变矩器后面的传动系的传动效率。

在确定 η_t 时,应考虑带动液力传动辅助装置(如齿轮油泵、变矩器散热片)的能量消耗以及离合器片在油中的转动损失。对于一般轿车,此项损失在发动机最大功率时约占 6%。

(6) 液力变矩器汽车的力矩平衡与 $n_p=f(n_T)$ 曲线如图 5-10 所示。根据图 5-10 中 T'_T 与 T_T 的交点,可得汽车在一定道路阻力系数下的汽车行驶速度与发动机节气门的开度,并由所得速度在 $n_p=f(n_T)$ 曲线上确定涡轮转速 n_p(即发动机转速 n)。

(7) 相应的小时燃料消耗量 Q_t 即可由 $Q_t=f(n,\alpha)$ 曲线求出。

(8) 百公里燃料消耗量 Q_s(L/100 km)可按下式求得

$$Q_s = \frac{Q_t}{u_a} \times 100 \tag{5-37}$$

(9) 重复上述步骤可获得汽车的百公里燃料消耗量 Q_s-u_a 曲线。

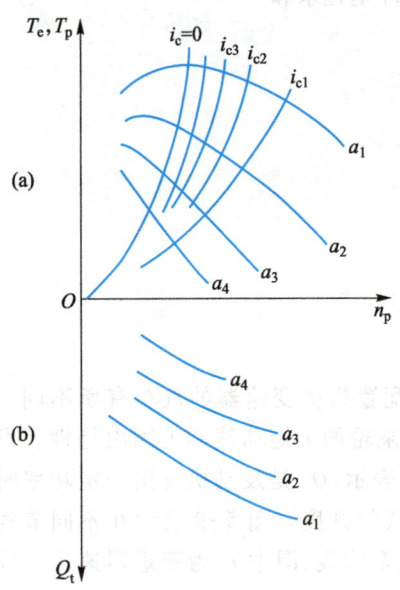

图 5-9 在不同节气门位置时发动机力矩与小时燃料消耗量对其转速的变化关系曲线

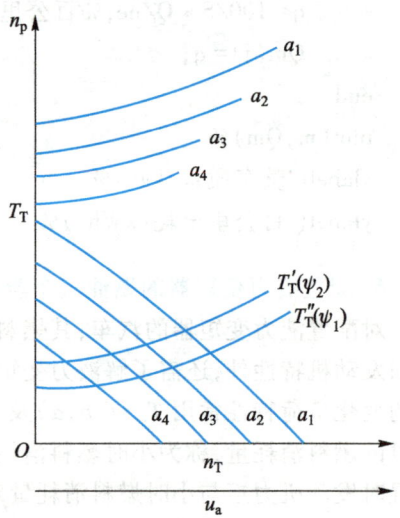

图 5-10 液力变矩器汽车的力矩平衡与 $n_p=f(n_T)$ 曲线

5.4.3 提升汽车能耗经济性的方法

1. 制动能量回收

随着中国工况的推行,制动能量回收将越来越重要。协调式制动能量回收技术已成为续航电动汽车标配,但是滑行回收策略和紧急制动回收策略仍然有研究和改进的空间。

2. 低风阻车身

NEDC 工况下风阻损耗为 4~5 (kW·h)/100 km,在中国工况下为 3~4 (kW·h)/100 km。隐藏式把手、隐藏式刮水器、主动进气格栅、扰流尾翼、低风阻前脸等技术将继续成为热门问题。不同用户车辆的风阻损耗差异很大,辨识用户驾驶特征并制定针对性措施具有重大意义。

3. 低滚阻轮胎

轮胎滚阻系数从早期的 15 N/kN 降低到现在的 6.8 N/kN,百公里能量消耗量为 2.5~3.5 (kW·h)/100 km。滚阻仍有进一步优化空间,预计低滚阻轮胎最终可降低至 5.0 N/kN,对整车的能耗下降空间约为 0.7 (kW·h)/100 km。与风阻的区别在于滚动阻力与用户驾驶习惯无关,对于不同用户,风阻影响能耗可能高达 2 (kW·h)/100 km,而滚动阻力的差异理论上不存在。

4. 整车轻量化

整车轻量化可有效提高电动车的续驶里程,轻量化可以通过结构优化设计、应用轻质材料和先进制造工艺实现。整车轻量化主要包括车身轻量化、底盘轻量化、动力传动系统轻量化。高强度钢、铝合金、镁合金、工程塑料、复合材料等轻质材料在汽车上的应用比例会继续提升。2 000 MPa 热成型钢板已在个别车型上应用,500 MPa 的铝合金也开始应用于车身结构件,碳纤维复合材料有望降低成本,为量产车型应用奠定基础。

5. 电池集成技术

取消电池包设计(CTP 技术),将电芯直接集成到底盘或者下部车身上(CTB 技术),将车身地板和电池上盖合二为一,使得传统电池包与车身之间的冗余空间被充分利用,电芯布置空间增大,提高电池容量,提升车辆续驶里程。

6. 复合电源技术

不少文献对锂离子电池与超级电容的复合做过分析研究。太阳能电池与锂离子电池的复合性、氢氧燃料电池与锂离子电池的复合性均有待研究,增程式汽车也可使用复合电源。各种方式的复合电源技术是未来的研究重点。

7. 复合电机技术

当前纯电动汽车基本上以单电机、单速比为主,未来电驱动系统将往轮边、轮毂电机方向发展,或往多电机多速比方向发展。同轴双电机单速比将是中低端车的首选,而多电机方案是接下来研究的重点。

8. 高性能动力蓄电池系统

能量密度是动力电池系统的核心技术指标,直接关系到能耗和续航。通过创新正负极材料以及固态电解质导入,电芯能量密度有望得到进一步提升。富硅极锂离子动力蓄电池能量密度可高达 500 (W·h)/kg,而 350 (W·h)/kg 电芯已经满足 1 000 km 续驶里程要求,随着电池成本的降低,未来低端车的续驶能力也有望突破 1 000 km。

9. 零拖滞力矩制动卡钳

常规卡钳拖滞力矩大概为 2.5 N·m，对整车能耗影响大概是 1（kW·h）/100 km，而台架测试有/无安装卡钳的车辆机械阻力时，发现对整车能耗影响高达 1.2（kW·h）/100 km，接近轮胎滚阻。目前行业有很多零拖滞或低拖滞卡钳专利，但供应商体系中能量产的却寥寥无几。很多号称零拖滞力矩的卡钳实际上能耗测试结果也高达 0.6（kW·h）/100 km，且需牺牲一定的制动安全性能。

思考与练习

一、选择题

1. 汽车能耗经济性的评价指标主要包括（　　）。
   A. 燃油经济性指标
   B. 二氧化碳排放量评价指标
   C. 单位里程电能消耗与单位能量消耗行驶里程评价指标
   D. 三者均是

2. 纯电动汽车能量消耗量计算是统计（　　）消耗的能量。
   A. 电驱动系统　　　　　　　　　B. 动力电池系统
   C. 电网端　　　　　　　　　　　D. 整车低压附件

3. 对于纯电动汽车、混合动力电动汽车与燃料电池电动汽车，其电能消耗量需要通过折算转化成燃料消耗量，与燃油汽车进行对比。主要的折算方法包括（　　）。
   A. 热值折算法　　　　　　　　　B. 二氧化碳排放折算法
   C. 燃料生命周期折算法　　　　　D. A 和 B

4. 中国汽车测试循环工况（CATC）主要覆盖了哪些车型？（　　）
   A. 乘用车　　　　　　　　　　　B. 轻型商用车
   C. 重型商用车　　　　　　　　　D. 上述三项

5. 下列哪项不是混合动力电动汽车能耗低于传统内燃机汽车的原因？（　　）
   A. 发动机功率大　　　　　　　　B. 发动机负荷率高
   C. 发动机无怠速　　　　　　　　D. 制动能量回收

二、填空题

1. 汽车燃油经济性指标的单位为_____。
2. 请说明如下工况的全称：NEDC：_____；JC08：_____；WLTC：_____；CATC：_____。
3. 根据电液协调方式的不同，制动能量回收系统可分为_____系统和_____系统。

三、判断题

1. 混合动力电动汽车电量保持模式下车辆电量保持恒定。（　　）
2. 燃料电池汽车能量来源只有燃料电池产生的电能。（　　）
3. 同一车型 WLTC 工况相较于 NEDC 工况能耗高。（　　）
4. 整车制动能量回收效果仅与新能源汽车驱动系统布置方案有关。（　　）

5. 低温环境对新能源汽车能耗影响较小。（　　）
6. 电动汽车能耗经济性与驾驶习惯无关。（　　）

四、简答题

1. 简述提高汽车能耗经济性的主要方法？
2. 以并联式混合动力电动汽车为例，查阅其工作模式，说明其能耗与燃油车的差异之处。
3. 发展推广全气候新能源汽车是解决新能源汽车冬季应用短板的关键，查阅资料，论述全气候新能源汽车要突破哪些关键技术。

五、综合应用题

1. 某 OVC 混合动力电动汽车电池剩余电量为 50 kW·h，充电 10 kW·h 后行驶 100 km，过程中燃料消耗量为 6 L，纯电利用系数为 0.2，剩余电量 50 kW·h，请计算该汽车这一段里程的平均燃料消耗量和基于外部获取的电量消耗量。
2. 某燃料电池电动汽车行驶 100 km 后电池能量消耗 10 kW·h，总能量消耗为 15 kW·h，电池能量消耗率为 12.5 (kW·h)/100 km，燃料电池氢气能量转化率为 1 kg/(kW·h)，请计算燃料电池氢消耗率。
3. 某纯电动汽车行驶一段里程电量消耗量为 10 kW·h，其电池电能来源于电网充电，其中电厂的燃料能量因子为 1 L/(kW·h)，炼厂效率为 50%，输送加注效率为 80%，充电效率为 80%，线损率为 10%，火力发电比例为 100%，供电效率为 80%，请计算该汽车这一段里程的当量燃料消耗量。
4. 调研中国现阶段的电能能源供应结构，参考火力发电的燃料生命周期折算办法给出潮汐能发电、风能发电、水力发电与核能发电四种发电方式的燃料生命周期计算方法。
5. 调研市场上一款纯电动汽车（包括但不限于汉 EV、Model3、五菱宏光 MINIEV 等），考虑其结构参数、驱动形式、电池电机效率等因素，计算此纯电动汽车在其标定的某种城市循环工况下的能耗经济性，计算续航里程，并与厂商的标定值对比，分析两者差异的原因。

参考文献

第 5 章参考文献

第 6 章 汽车侧向动力学

车辆在实际道路行驶中总会经过弯道,此时驾驶员转动方向盘,汽车转向轮发生偏转,地面产生对前后轮的侧向力,使车辆进入弯道。当驾驶员转动方向盘回正后,地面对前后车轮的侧向力减小为零,车辆重新回归直线行驶状态。可见,汽车侧向力是汽车转向的根源。方向盘输入所引起的汽车在侧向力作用下的转向行驶性能主要用汽车的操纵稳定性来描述,也被称为汽车的侧向动力学性能。本章将从汽车操纵稳定性的评价、经典操纵稳定性分析模型、悬架特性/转向特性/纵向特性对操稳性能的影响,以及与操纵稳定性相关的控制系统等几个方面介绍汽车侧向动力学相关内容。

本章结束时,学生应该具备如下能力:
1. 掌握操稳性相关的基本概念及其评价方法,稳态特性和瞬态特性,悬架运动学基本参数及其变化特点等。
2. 掌握线性二自由度操稳模型及其分析过程,悬架运动对操稳性的影响。
3. 理解汽车转向时侧向动力学的基本原理与转向系统之间的关系,整车侧向受力在前后轴的分配及车身侧倾运动的关系,悬架运动对上述关系的影响。
4. 能够应用基本原理解释汽车行驶中操稳性相关的现象,运用线性二自由度模型建模并对操稳性进行分析或控制研究。
5. 了解操稳性的多种影响因素,通过控制实现良好操稳性目标的典型案例。

6.1 汽车操纵稳定性的评价方法

汽车的操纵稳定性不仅影响汽车驾驶的方便程度,而且是高速车辆安全行驶的一个主要性能。根据《汽车操纵稳定性术语及其定义》(GB/T 12549—2013)的规定,本章中汽车纵向运动速度使用的符号为 $u(\mathrm{m/s})$ 或 $u_a(\mathrm{km/h})$,横向运动速度使用的符号为 $v(\mathrm{m/s})$。

视频 6-1 操稳实验设备

6.1.1 车辆坐标系与运动

汽车由若干具有惯性、弹性、阻尼的零部件组成,是一个多自由度动力学系统。其中，轮胎、悬架、转向系等具有非线性弹性及阻尼特性，因此描述汽车运动的微分方程应是非线性微分方程。但是在大多数行驶工况下，汽车的侧向加速度一般不超过 $0.4g$，在忽略一些次要因素的条件下，可将汽车近似处理为线性动力学系统。

在进行动力学建模时，采用的车辆坐标系以及所考虑的主要汽车运动如图 6-1 所示。其中，与汽车操纵稳定性有关的主要运动参量为：绕 z 轴的上横摆角速度 ω_r，沿 y 轴的侧向速度 v 和侧向加速度 a_y 等。

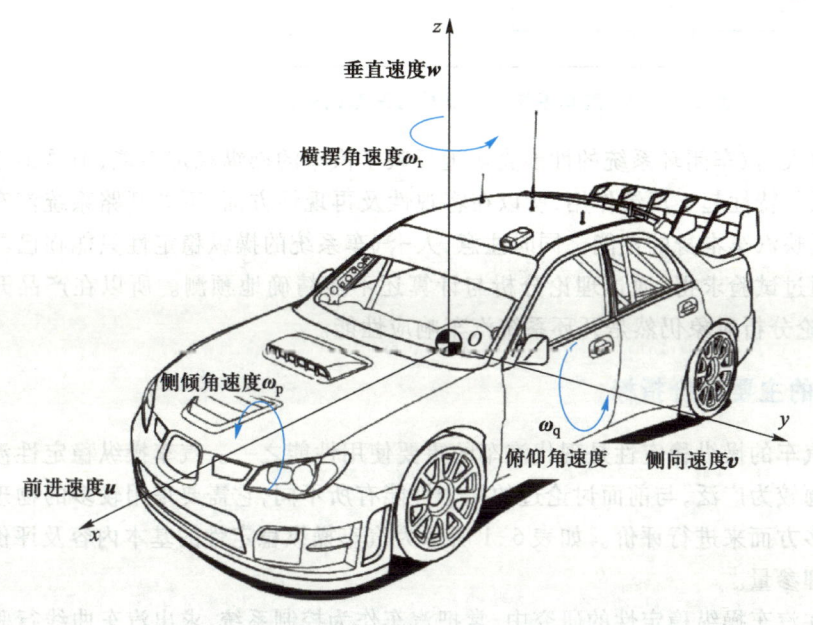

视频 6-2
稳态回转试验 1

视频 6-3
稳态回转试验 2

视频 6-4
转向回正试验

图 6-1 采用的车辆坐标系以及所考虑的主要汽车运动

视频 6-5
双移线试验

6.1.2 人-汽车闭环系统

假定驾驶员的任务只是机械地急速转动转向盘至某一转角并维持此角度不变，而不允许根据汽车的转向运动做出任何操纵修正动作，此时汽车的时域响应完全取决于汽车的结构与参数，是汽车本身固有的特性。汽车作为开环系统的时域响应可以通过建立数学模型进行理论分析，也可以使用测试设备在试验中客观地进行测量。

实际上，汽车的操纵稳定性与驾驶员的操作特性是紧密相关的，应该把驾驶员与汽车作为统一整体的人-汽车系统来进行操纵稳定性的研究。在汽车行驶中，驾驶员根据需要，操纵转向盘使汽车作一定的转向运动；路面的凹凸不平、侧向风等会影响汽车的行驶。与此同时，驾驶员根据随之出现的道路、交通等情况和通过眼睛、手及身体感知到的汽车运动状况，经过大脑的分析、判断，修正对加速踏板、制动踏板及转向盘的操纵。如此不断循环往复，驾驶员操纵汽车行驶前进。由此可见，人-汽车系统是通过驾驶员把系统的输出参数反馈到输入控制中的闭环系统。不过驾驶员的反馈作用十分复杂，目前对于人-汽车闭路系统的理论研究还不太成熟,人-汽车系统的汽车操纵稳定性主要用试验方法来进行实际测定。图 6-2 简要地表示了人-汽车系统中驾驶员与汽车的关系。

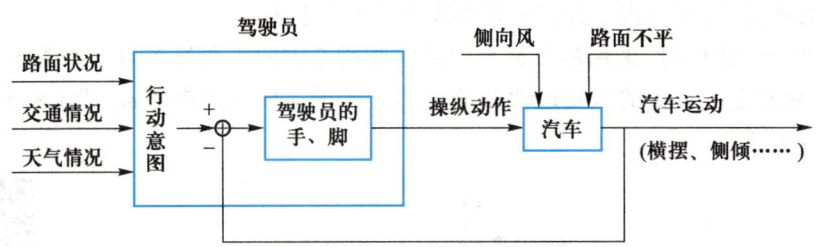

图 6-2　人-汽车系统中驾驶员与汽车的关系

尽管试验得到的人-汽车闭环系统的性能真实地反映了汽车的操纵稳定性能,但是由于进行试验的驾驶员的操作特性起了反馈作用,所以在客观性及再现性方面,不如开路系统汽车的时域响应能更好地反映汽车本身的性能。同时注意,人-汽车系统的操纵稳定性只能在已具有实际车辆的条件下通过试验求得,通过理论分析与计算还不能精确地预测。所以在产品开发阶段,广泛应用的理论分析对象仍然是开环系统汽车响应性能。

6.1.3　汽车操稳性的主要评价指标

视频 6-6
扫频试验

汽车的操纵稳定性是现代汽车的重要使用性能之一。汽车操纵稳定性涉及的问题较为广泛,与前面讨论过的几个性能有所不同,它需要采用较多的物理参量从多方面来进行评价。如表 6-1 所示为汽车操纵稳定性的基本内容及评价所用物理参量。

在汽车操纵稳定性的研究中,常把汽车作为控制系统,求出汽车曲线行驶的时域响应与频域响应,并以它们来表征汽车的操纵稳定性能。

汽车曲线行驶的时域响应指汽车在转向盘输入或外界侧向干扰输入下的侧向运动响应。转向盘输入有两种形式:给转向盘作用一个角位移,称为角位移输入,简称角输入;给转向盘作用一个力矩,称为力矩输入,简称力输入。驾驶员在实际驾驶车辆时,对转向盘的这两种输入是同时加入的。外界侧向干扰输入主要是指侧向风与路面不平产生的侧向力。

表 6-1 中的转向盘角阶跃输入下进入的稳态响应及转向盘角阶跃输入下的瞬态响应,就是表征汽车操纵稳定性的转向盘角位移输入下的时域响应。回正性是一种转向盘力输入下的时域响应。

表 6-1　汽车操纵稳定性的基本内容及评价所用物理参量

序号	研究内容	主要评价物理量
1	转向盘角输入的稳态时域响应特性	稳态转向特性,稳态横摆角速度增益
2	转向盘角输入的瞬态时域响应特性	反应时间,超调量,横摆角速度波动频率,稳定时间
3	横摆角速度频域响应特性	幅频特性,相频特性
4	转向盘中间位置操纵稳定性	转向盘力特性

续表

序号	研究内容		主要评价物理量
5	回正性		回正后剩余横摆角速度与剩余横摆角,达到剩余横摆角速度的时间
6	转向半径		最小转向半径,最小通道圆半径
7	转向轻便性	原地转向轻便性	转向力,转向功
		低速行驶转向轻便性	
		高速行驶转向轻便性	
8	直线行驶性		转向盘转角和次数
9	典型工况行驶性	蛇形行驶性	转向盘转角,转向力,侧向加速度,横摆角速度,车速等
		单移线行驶性	
		双移线行驶性	
10	极限工况行驶性	圆周行驶极限侧向加速度	极限侧向加速度
		抗侧翻能力	极限车速
		发生侧滑的控制性能	回至原路径的时间

横摆角速度频率响应特性是转向盘转角正弦输入下,频率由 0 至 ∞ 时,汽车横摆角速度与转向盘转角的振幅比及相位差的变化规律。它是另一个重要的表征汽车操纵稳定性的基础特性。转向盘中间位置的操纵稳定性是转向盘小转角、低频正弦输入下汽车高速行驶时的操纵稳定性。转向半径是评价汽车机动灵活性的物理参量。转向轻便性是评价转动转向盘轻便程度的特性。汽车的直线行驶性能是评价汽车操纵稳定性的另一个重要方面。其中,侧风敏感性与路面不平敏感性是汽车直线行驶时在外界侧向干扰输入下的时域响应。典型行驶工况性能是指汽车通过某种模拟典型驾驶操作通道的性能。它们能更如实地反映汽车的操纵稳定性。极限行驶性能是指汽车在处于正常行驶与异常危险运动之间的运动状态下的特性,它表征了汽车安全行驶的极限性能。

6.2 线性二自由度汽车操稳性模型

6.2.1 线性二自由度汽车操稳性模型的运动微分方程

为了便于分析汽车操纵稳定性的基本特性,将四轮汽车简化为线性二自由度的汽车模型进行研究。模型建立中,忽略了转向系统的影响,直接以前轮转角作为输入;忽略了悬架系统的影响,汽车仅在 xOy 平面运动,不考虑在垂直方向的位移,以及绕 y 轴的俯仰运动和绕 x 轴的侧倾运动。此外,还假定汽车在特定条件下沿 x 轴的前进速度 u 视为不变。据此汽车只有沿 y 轴的侧向运动和绕 z

视频 6-7
线性 2 自由度操稳模型推导

轴横摆运动这两个自由度。同时假定汽车侧向加速度小于 $0.4g$,车身不发生侧倾现象,轮胎的侧偏刚度在线性范围内,忽略了驱动力对轮胎侧偏特性的影响和空气动力作用,忽略了左右轮胎由于载荷的变化而引起的轮胎特性的变化以及轮胎回正力矩的影响。这样实际汽车简化为一个两轮自行车模型,也称为单轨模型。

如图 6-3 所示,是一个由前后两个有侧向弹性的轮胎行驶于路面,具有侧向运动以及横摆运动的二自由度汽车模型建立过程。分析时,建立车辆坐标系,令车辆坐标系的原点与汽车质心重合,汽车的质量分布参数如转动惯量等,对于车辆坐标系来说是个常数,因此将汽车的绝对加速度、绝对角加速度以及外力与外力矩沿车辆坐标系的轴线分解,就可以列出汽车运动微分方程。如图 6-3(a)所示为以速度 u 沿 x 轴直线行驶时的二自由度汽车模型,a 为前轴距质心距离,b 为后轴距质心距离,L 为汽车轴距;在转向过程中,驾驶员操作转向盘产生前轮转角 δ,如图 6-3(b)所示,此时汽车产生离心力 mu^2/R;在前后轮轮心处分别建立坐标系 $X_1O'Y_1$、$X_2O''Y_2$,在离心力作用下,前后轮处分别生成侧偏力 F_{Y1}、F_{Y2} 及侧偏角 α_1、α_2,通过前后轮侧偏角方向可以确定汽车瞬时回转中心,见图 6-3(c);此时汽车的运动可以简化为随质心的平动(u,v)和绕质心的转动(ω_r),利用几何关系对其他参数进行标注,得到线性二自由度汽车模型,如图 6-3(d)所示。

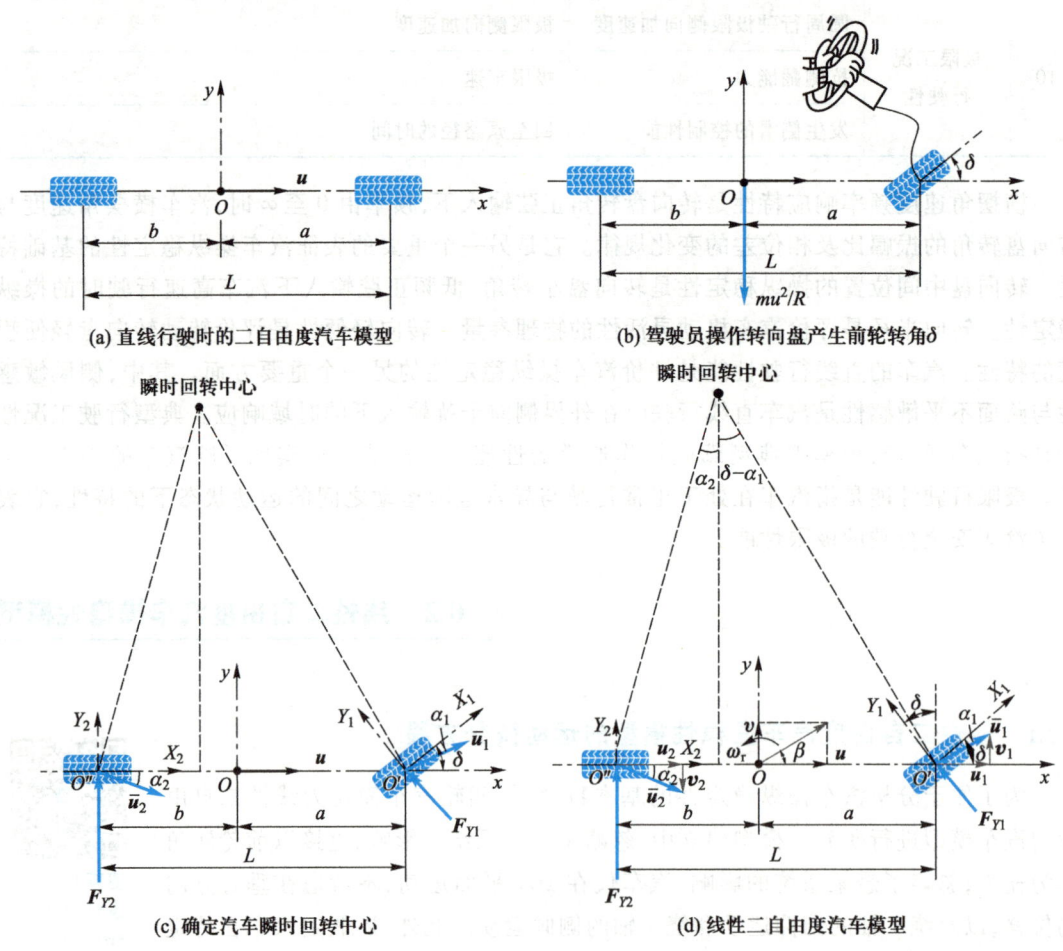

图 6-3 二自由度汽车模型建立过程

二自由度汽车在前轮转角为 δ 时,受到的外力和外力矩沿 y 轴的分量为

$$\begin{cases} \sum F_Y = F_{Y1}\cos\delta + F_{Y2} \\ \sum M_Z = aF_{Y1}\cos\delta - bF_{Y2} \end{cases} \quad (6-1)$$

式中,F_Y 为汽车的侧向力(N);M_Z 为汽车的横摆力矩(N·m);其他物理量意义见图6-3。

当 δ 很小时,$\cos\delta \approx 1$,F_{Y1}、F_{Y2} 为侧偏力,则上式可以写为

$$\begin{cases} \sum F_Y = k_1\alpha_1 + k_2\alpha_2 \\ \sum M_Z = ak_1\alpha_1 - bk_2\alpha_2 \end{cases} \quad (6-2)$$

式中,α_1 和 α_2 分别为前后轴侧偏角(rad);k_1 和 k_2 分别为前后轴侧偏刚度(N/rad)。

下面确定汽车质心的加速度在车辆坐标系上的分量,二自由度汽车受到的外力和绕质心的外力矩与汽车运动参数的关系。利用固结于汽车的车辆坐标系分析汽车的运动,如图6-4所示。

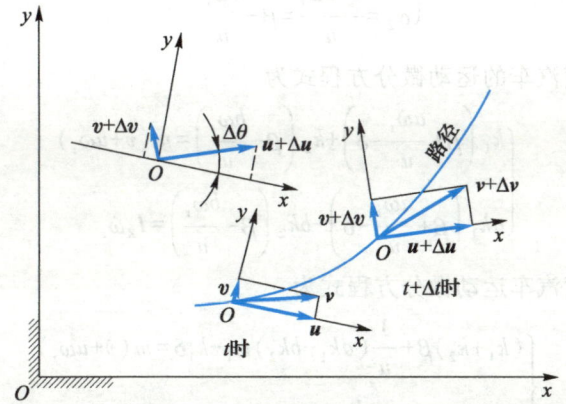

图6-4 利用固结于汽车的车辆坐标系分析汽车的运动

参看图6-4,Ox 和 Oy 分别为车辆坐标系的纵轴和横轴,质心速度 v 于 t 时刻在 Ox 轴的分量为 u,在 Oy 轴上分量为 v,车辆在水平路面上的行驶运动均可分解为质心的平移运动和绕质心的转动。在 $t+\Delta t$ 时刻,车辆坐标系中质心速度的大小与方向均发生变化,而车辆坐标系的纵轴与横轴的方向也发生变化。沿 Ox 轴速度分量变化为

$$(u+\Delta u)\cos\Delta\theta - u - (v+\Delta v)\sin\Delta\theta = u\cos\Delta\theta + \Delta u\cos\Delta\theta - u - v\sin\Delta\theta - \Delta v\sin\Delta\theta$$

考虑 $\Delta\theta$ 很小,则 $\sin\Delta\theta \approx \Delta\theta$,$\cos\Delta\theta \approx 1$,并略去二阶微量,上式变成:$\Delta u - v\Delta\theta$。

把上式除以 Δt,并取极限,可得汽车质心加速度在车辆坐标系 x 轴上的分量为

$$a_x = \frac{du}{dt} - v\frac{d\theta}{dt} = \dot{u} - v\omega_r \quad (6-3)$$

式中,$\dot{u}$ 为质心速度在 x 轴的分量的变化率(m/s²);ω_r 为横摆角速度(rad/s)。

同理可得,汽车质心绝对加速度 y 轴上的分量为

$$a_y = \frac{dv}{dt} + u\frac{d\theta}{dt} = \dot{v} + u\omega_r \quad (6-4)$$

式中,$\dot{v}$ 为质心速度在 y 轴的分量的变化率(m/s²);ω_r 为横摆角速度(rad/s)。

将外力、外力矩的动力学方程代入,可列出前后轮侧偏角与汽车运动参数的关系式为

$$\begin{cases} m(\dot{v}+u\omega_r) = k_1\alpha_1 + k_2\alpha_2 \\ I_z\dot{\omega}_r = ak_1\alpha_1 - bk_2\alpha_2 \end{cases} \tag{6-5}$$

式中，I_z 为汽车绕 z 轴的转动惯量($kg \cdot m^2$)；$\dot{\omega}_r$ 为汽车横摆角加速度(rad/s^2)。

汽车前、后轮侧偏角与其运动参数有关。如图 6-3(d) 所示，汽车前、后轴中点的速度为 u_1、u_2，侧偏角为 α_1、α_2，质心的侧偏角为 β，$\beta = v/u$。ξ 为 u_1 与 x 轴的夹角，其值为

$$\xi = \frac{v+a\omega_r}{u} = \beta + \frac{a\omega_r}{u}$$

根据坐标系的规定，前、后轮侧偏角为

$$\begin{cases} \alpha_1 = -(\delta-\xi) = \beta + \dfrac{a\omega_r}{u} - \delta \\ \alpha_2 = \dfrac{v-b\omega_r}{u} = \beta - \dfrac{b\omega_r}{u} \end{cases} \tag{6-6}$$

由此可得二自由度汽车的运动微分方程式为

$$\begin{cases} k_1\left(\beta + \dfrac{a\omega_r}{u} - \delta\right) + k_2\left(\beta - \dfrac{b\omega_r}{u}\right) = m(\dot{v}+u\omega_r) \\ ak_1\left(\beta + \dfrac{a\omega_r}{u} - \delta\right) - bk_2\left(\beta - \dfrac{b\omega_r}{u}\right) = I_z\dot{\omega}_r \end{cases} \tag{6-7}$$

整理后的二自由度汽车运动微分方程式为

$$\begin{cases} (k_1+k_2)\beta + \dfrac{1}{u}(ak_1-bk_2)\omega_r - k_1\delta = m(\dot{v}+u\omega_r) \\ (ak_1-bk_2)\beta + \dfrac{1}{u}(a^2k_1+b^2k_2)\omega_r - ak_1\delta = I_z\dot{\omega}_r \end{cases} \tag{6-8}$$

这个联立方程式包含了汽车的质量与轮胎侧偏刚度两方面的参数，能够反映汽车在理想状态下曲线运动最基本的特征。

6.2.2 前轮角阶跃输入下的汽车稳态响应

1. 稳态响应

汽车的时域响应可分为不随时间变化的稳态响应和随时间变化的瞬态响应。例如，汽车等速直线行驶是一种稳态；若在汽车等速直线行驶时，急速转动转向盘至某一转角时，停止转动转向盘并维持此转角不变，即给汽车以转向盘角阶跃输入，一般汽车经短暂时间后便进入等速圆周行驶，这也是一种稳态，称为转向盘角阶跃输入下进入的稳态响应。

汽车的等速圆周行驶，即汽车转向盘角阶跃输入下进入的稳态响应，虽然在实际行驶中不常出现，却是表征汽车操纵稳定性的一个重要的时域响应，一般也称它为汽车的稳态转向特性。汽车的稳态转向特性分为三种类型：不足转向、中性转向和过多转向，如图 6-5 所示。

这三种不同转向特性的汽车具有如下行驶特点：在转向盘保持一固定转角 δ_{sw} 下，缓慢加速或以不同车速等速行驶时，中性转向汽车的转向半径维持不变；随着车速的增加，不足转向汽车的转向半径 R 增大；而过多转向汽车的转向半径则越来越小。操纵稳定性良好的汽车应具有适度的不足转向特性。汽车等速行驶时，在前轮角阶跃输入下进入的稳态响应就是等速

圆周行驶。常用稳态的横摆角速度与前轮转角之比来评价稳态响应。这个比值称为稳态横摆角速度增益,也称为转向灵敏度,以符号 $\left(\dfrac{\omega_r}{\delta}\right)_s$ 表示。

稳态时横摆角速度 ω_r 为定值,此时 $\dot{v}=0$,$\dot{\omega}_r=0$,有

$$\begin{cases}(k_1+k_2)\dfrac{v}{u}+\dfrac{1}{u}(ak_1-bk_2)\omega_r-k_1\delta=mu\omega_r\\(ak_1-bk_2)\dfrac{v}{u}+\dfrac{1}{u}(a^2k_1+b^2k_2)\omega_r-ak_1\delta=0\end{cases}$$

(6-9)

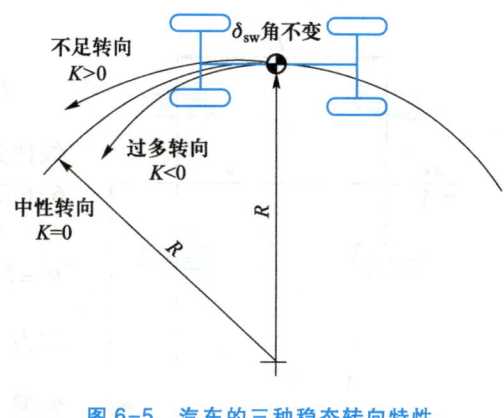

图 6-5　汽车的三种稳态转向特性

将两式联立并消去 v,便可求得稳态横摆角速度增益为

$$\left(\dfrac{\omega_r}{\delta}\right)_s=\dfrac{u/L}{1+\dfrac{m}{L^2}\left(\dfrac{a}{k_2}-\dfrac{b}{k_1}\right)u^2}=\dfrac{u/L}{1+Ku^2} \tag{6-10}$$

式中,K 为稳定性因数(s^2/m^2),$K=\dfrac{m}{L^2}\left(\dfrac{a}{k_2}-\dfrac{b}{k_1}\right)$,是表征汽车稳态响应的一个重要参数。该稳定性因数只考虑了轮胎侧偏刚度和轴荷的影响。稳定性因数的物理意义是在稳态转弯工况下,当 K 为正值时,随着车速逐渐增加,驾驶员必须逐步增大转向角度才能继续绕定半径圆行驶,即转向输入产生"不足的"转向输出,此时驾驶员主观感觉车辆是稳定的。反之,当 K 为负值时,随着车速逐渐增加,驾驶员必须逐步减小转向角度才能继续绕定半径圆行驶,即正常转向输入产生"过多"的转向输出,此时驾驶员需要将转向盘向圆外侧调整,主观感觉车辆难以掌控。

2. 稳态响应的三种类型

根据 K 的数值,汽车的稳态响应可分为三类,汽车的稳态横摆角速度增益曲线如图 6-6 所示。

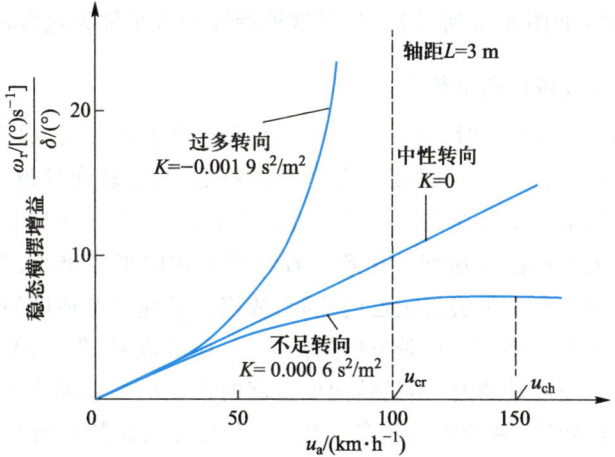

图 6-6　汽车的稳态横摆角速度增益曲线

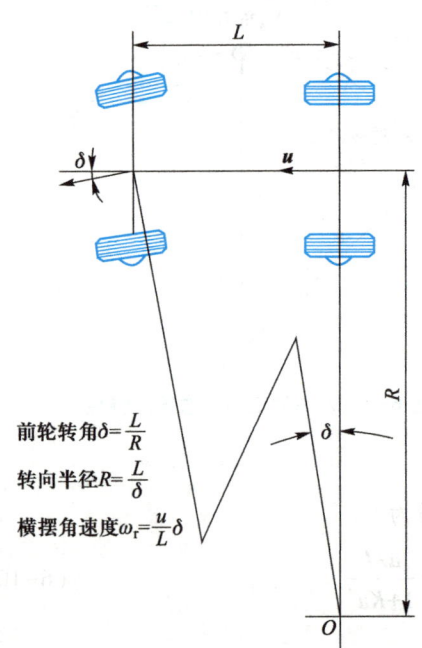

图 6-7 汽车以极低车速行驶而轮胎无侧偏角时的转向关系

(1) 中性转向

$K=0$ 时,$\left.\dfrac{\omega_r}{\delta}\right)_s = u/L$,即横摆角速度增益与车速成线性关系,斜率为 $1/L$。这种稳态称为中性转向,如图 6-6 所示。

当车轮无侧偏角时,前轮转角 $\delta = L/R$,转向半径 $R_0 = L/\delta$,横摆角速度 $\omega_r = (u/L)\delta$。横摆角速度增益亦为 $\left.\dfrac{\omega_r}{\delta}\right)_s = u/L$,可以认为是汽车以极低车速行驶而无侧偏角时的转向关系,如图 6-7 所示。

(2) 不足转向

当 $K>0$ 时,式中分母大于 1,横摆角速度增益 $\left.\dfrac{\omega_r}{\delta}\right)_s$ 比中性转向时要小。$\left.\dfrac{\omega_r}{\delta}\right)_s$ 不再与车速成线性关系,其与车速的关系是一条低于中性转向的汽车稳态横摆增益线,后来又变为向下弯曲的曲线,如图 6-6 所示。具有这样特性的汽车称为不足转向汽车。K 值越大,横摆角速度增益曲线越低,不足转向量越大。

u_{ch} 称作特征车速,是表征不足转向量的一个参数。可以证明,当特征车速为 $u_{ch} = \sqrt{1/K}$ 时,汽车稳态横摆角速度增益达到最大值,如图 6-6 所示,此时其横摆角速度增益为与轴距 L 相等的中性转向汽车横摆角速度增益的一半。当不足转向量增加时,K 增大,特征车速 u_{ch} 降低。

(3) 过多转向

当 $K<0$ 时,式中的分母小于 1,横摆角速度增益 $\left.\dfrac{\omega_r}{\delta}\right)_s$ 比中性转向时大。随着车速的增加,$\left.\dfrac{\omega_r}{\delta}\right)_s - u_a$ 曲线向上弯曲(如图 6-6 所示)。具有这种特性的汽车称为过多转向汽车。K 值越小,(即 K 的绝对值越大),过多转向量越大。

显然,当车速为 $u_{cr} = \sqrt{-1/K}$ 时,稳态横摆角速度增益趋于无穷大,如图 6-6 所示。u_{cr} 称为临界车速,是表征过多转向量的一个参数。临界车速越低,过多转向量越大。

过多转向汽车达到临界车速时将失去稳定性。因为 ω_r/δ 等于无穷大时,只要极其微小的前轮转角便会产生极大的横摆角速度。这意味着汽车的转向半径极小,汽车发生急转而侧滑或翻车。由于过多转向汽车有失去稳定性的危险,故汽车都应具有适度的不足转向特性。

稳定性因数高的车辆维持原来行驶方向的能力强、稳定性好,但按照驾驶员意图转向的能力必然减弱。高侧向加速度转弯时,不足转向度过高的车辆的前轮通常先达到极限,在弯道处不能及时转弯甚至冲出弯道,称为推头现象。因此,为维持敏捷的转弯性能,不足转向度不能太高。另一方面,对乘用车而言,不足转向度又不能太低,否则在极限工况时,在同时转向、松加速踏板甚至制动这样的综合操作下,这类车辆的后轮极易先达到极限状态,变为过多转向,表现为甩尾,应该极力避免。对普通用户而言,一定的线性以及极限不足转向度是必须要保持的稳定裕度,也是设计乘用车的重要原则之一。

一般轿车在侧向加速度为 $0.3g$ 时的平均 K 值为 0.0024 s^2/m^2,在 $0.5g$ 时的平均 K 值为 0.0026 s^2/m^2。

例 6-1 汽车稳态转向特性计算。

某车质量 m 为 2 000 kg,车轮轴距 L 为 2.8 m,前轴距质心距离 a 为 1.3 m。其前轮侧偏刚度 $C_{\alpha 1}$ 为 -33 kN/rad,后轮侧偏刚度 $C_{\alpha 2}$ 为 -46 kN/rad。试计算:

(1) 此车是不足转向还是过多转向?
(2) 计算其特征车速或临界车速;
(3) 计算在车速为 100 km/h 时的转向灵敏度。

解:

(1) 已知 $m = 2\ 000$ kg,$L = 2.8$ m,$a = 1.3$ m,$k_1 = 2C_{\alpha 1} = -66$ kN/rad,$k_2 = 2C_{\alpha 2} = -92$ kN/rad,可以得到稳定性因数为

$$K = \frac{m}{L^2}\left(\frac{a}{k_2} - \frac{b}{k_1}\right) = \frac{2\ 000}{2.8^2}\left(\frac{1.3}{-9.2 \times 10^4} - \frac{1.5}{-6.6 \times 10^4}\right) \text{s}^2/\text{m}^2 = 2.193\ 1 \times 10^{-3}\ \text{s}^2/\text{m}^2 > 0$$

所以,此车为不足转向特性。

(2) 其特征车速为

$$u_{ch} = \sqrt{\frac{1}{K}} = \sqrt{\frac{1}{2.193\ 1 \times 10^{-3}}}\ \text{m/s} = 21.35\ \text{m/s} = 76.86\ \text{km/h}$$

(3) 转向灵敏度为

$$\left.\frac{\omega_r}{\delta}\right)_s = \frac{u/L}{1 + Ku^2} = \frac{\frac{100}{3.6 \times 2.8}}{1 + 2.193\ 1 \times 10^{-3} \times (100/3.6)^2}\ \text{s}^{-1} = 3.68\ \text{s}^{-1}$$

3. 表征稳态响应的参数

为了试验与分析的方便,还可以采用一些其他参数来描述和评价汽车的稳态响应。

(1) 前、后轮侧偏角绝对值之差($|\alpha_1| - |\alpha_2|$)

当汽车输入一固定转向盘转角,令汽车以不同速度作圆周行驶,测出其前、后轮侧偏角的绝对值 $|\alpha_1|$ 和 $|\alpha_2|$,并以 $|\alpha_1| - |\alpha_2|$ 与侧向加速度绝对值 $|a_y|$ 的关系曲线来评价汽车的稳态响应。

讨论 $|\alpha_1| - |\alpha_2|$ 值与汽车稳定性因数 K 的关系。由上述可知:$K = \frac{m}{L^2}\left(\frac{a}{k_2} - \frac{b}{k_1}\right)$,式右边上下乘以侧向加速度的绝对值 $|a_y|$,有:

$$K = \frac{1}{|a_y|L}\left[\frac{1}{k_2}\left(m|a_y|\frac{a}{L}\right) - \frac{1}{k_1}\left(m|a_y|\frac{b}{L}\right)\right] = \frac{1}{|a_y|L}\left(\frac{|F_{Y2}|}{k_2} - \frac{|F_{Y1}|}{k_1}\right)$$

由轮胎侧偏特性,上式可改写为:$K = \frac{1}{|a_y|L}(|\alpha_1| - |\alpha_2|)$。可知,$|\alpha_1| - |\alpha_2| > 0$ 时,$K > 0$,为

不足转向;当$|\alpha_1|-|\alpha_2|=0$时,$K=0$,为中性转向;当$|\alpha_1|-|\alpha_2|<0$时,$K<0$时,为过多转向。$|\alpha_1|-|\alpha_2|$与a_y呈线性关系,其斜率为LK。

进一步可得到$|\alpha_1|-|\alpha_2|$与汽车转向半径R的关系为

$$\delta = \frac{L+LKu^2}{u/\omega_r} = \frac{L}{R} + LK\left(\frac{u^2}{R}\right) = \frac{L}{R} + LK|a_y| = \frac{L}{R} + (|\alpha_1|-|\alpha_2|)$$

若把前轮转角δ作为输入,汽车转向半径R作为输出,则可把上式写作

$$R = \frac{L}{\delta-(|\alpha_1|-|\alpha_2|)} \tag{6-11}$$

由上式可知,当输入一前轮转角δ,当车速极低,侧偏角可以忽略不计时,转向半径为$R_0 = L/\delta$。当车速提高后,前、后轮有侧偏角,若$|\alpha_1|-|\alpha_2|$为正值,则$R>R_0$,即汽车的转向效果受到抑制。由于$|\alpha_1|-|\alpha_2|$将随侧向加速度的提高而加大,因此这种抑制作用将随$|a_y|$的增大而增加。这就是不足转向特性。反之,若$|\alpha_1|-|\alpha_2|$为负值,行驶圆的半径$R<R_0$,汽车的转向效果加强,且这种加强作用是随侧向加速度的增大而增加,这就是过多转向特性。

当侧向加速度大于$(0.3\sim 0.4)g$后,$(\alpha_1-\alpha_2)-a_y$一般不再存在线性关系,这是因为轮胎侧偏特性已进入明显的非线性区域的缘故。不少汽车在大侧向加速度下,稳态响应特性发生显著变化。后轮或前轮侧偏角、汽车横摆角速度发生急剧变化,以致不能再维持圆周行驶,出现转向半径迅速增加或迅速减小的情况。

在实际的$(\alpha_1-\alpha_2)-a_y$曲线中,应以曲线的斜率来区别其转向特性。斜率大于零时,随着侧向加速度的增加,$(\alpha_1-\alpha_2)$增加,转向半径增加,汽车具有不足转向特性;斜率小于零时,随着侧向加速度的增加,$(\alpha_1-\alpha_2)$减小,转向半径减小,汽车具有过多转向特性;斜率等于零时,汽车为中性转向。

(2) 转向半径比R/R_0

在前轮转角一定的条件下,若令车速极低、侧向加速度接近于零(轮胎侧偏角可忽略不计)时的转向半径R_0,而一定车速下有一定侧向加速度时的转向半径为R,则这两个转向半径之比R/R_0可用以表征汽车的稳态响应。

下面确定R/R_0值与稳定性因数K的关系。由前面分析可知,中性转向时,$R_0 = L/\delta$,$R = \frac{u}{\omega_r} = \frac{(1+Ku^2)L}{\delta} = (1+Ku^2)R_0$ 或 $\frac{R}{R_0} = 1+Ku^2$。

故当$K=0$时,$R/R_0=1$,即中性转向汽车的转向半径不随车速发生变化,始终为R_0。$K>0$时,$R/R_0>1$,即不足转向汽车的转向半径总大于R_0,且转向半径将随车速增加而增大;$K<0$时,$R/R_0<1$,即过多转向汽车的转向半径总小于R_0,且由转向半径将随车速的增加而减小。

(3) 静态储备系数$S.M.$(static margin)表征汽车稳态响应

静态储备系数是与处于汽车纵轴上的中性转向点这个概念相联系的。使汽车前、后轮产生同一侧偏角的侧向力作用点称为中性转向点。

可通过力矩平衡确定中性转向点的位置,如图6-8所示。当侧向力作用于中性转向点的位置时,前、后轮产生同一侧偏角α,前、后轴的侧偏力为$F_{Y1}=k_1\alpha$,$F_{Y2}=k_2\alpha$。因此,中性转向点c_n与前轴的距离为

$$a' = \frac{F_{Y2}L}{F_{Y1}+F_{Y2}} = \frac{k_2}{k_1+k_2}L \tag{6-12}$$

式中,各物理量意义见图 6-8 所示。

静态储备系数 $S.M.$ 就是中性转向点至前轴距离 a' 和汽车质心至前轴距离 a 之差 $a'-a$ 与轴距 L 之比值,即: $S.M. = \dfrac{a'-a}{L} = \dfrac{k_2}{k_1+k_2} - \dfrac{a}{L}$。

当中性转向点与质心重合时 $S.M.=0$, 在质心位置上作用的侧向力引起前、后轮的侧偏角相等, 汽车具有中性转向特性。

当质心在中性转向点之前时,$a'-a>0$, $S.M.$ 为正值。在质心位置上作用的侧向力引起的前轮侧偏角 $|\alpha_1|$ 大于后轮侧偏角处 $|\alpha_2|$, 汽车具有不足转向特性。

当质心在中性转向点之后时,$a'-a<0$, $S.M.$ 为负值。在质心位置上作用的侧向力引起的后轮侧偏角 $|\alpha_2|$ 大于前轮侧偏角 $|\alpha_1|$, 汽车具有过多转向特性。

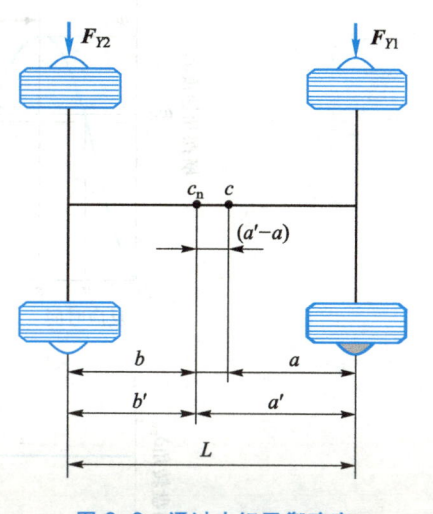

图 6-8 通过力矩平衡确定中性转向点位置

6.2.3 前轮角阶跃输入下的汽车瞬态响应

1. 前轮角阶跃输入下的汽车瞬态响应特点

在等速直线行驶与等速圆周行驶这两个稳态运动之间的过渡过程便是一种瞬态,相应的瞬态运动响应称为转向盘角阶跃输入下的瞬态响应。汽车的操纵稳定性同汽车行驶时的瞬态响应有密切关系。常用转向盘角阶跃输入下的瞬态响应来表征汽车的操纵稳定性。图 6-9 上画出了一辆等速行驶汽车在 $t=0$ 时, 驾驶员急速转动转向盘至角度 δ_{sw0} 并维持此转角不变(即转向盘角阶跃输入)时的汽车瞬态响应曲线。可以看出,给汽车以转向盘角阶跃输入后, 汽车横摆角速度经过衰减过程后达到稳态横摆角速度。

汽车的瞬态响应在时域内具有如下几个主要参数:

(1) 反应时间。汽车在转向盘的角阶跃输入后,汽车横摆角速度不会立即达到稳态横摆角速度 ω_{r0}, 而要经过时间 τ 后才能第一次达到 ω_{r0}, 这一段时间称为反应时间。反应时间短, 则驾驶员感到转向响应迅速、及时,否则就会觉得转向迟钝。

(2) 超调量。汽车横摆角速度达到稳态横摆角速度 ω_{r0} 后, 并不会立即稳定在 ω_{r0}, 而是继续增大, 直到达到最大横摆角速度 ω_{r1}。一般把 $\omega_{r1}/\omega_{r0} \times 100\%$ 称为超调量,它表示车辆响应转向的误差。

(3) 横摆角速度的波动频率。在瞬态响应中, 横摆角速度 ω_r 以频率 ω 在 ω_{r0} 值上下波动。波动频率与汽车动力学系统的结构参数有关,也是在频域内表征汽车操纵稳定性的一个重要参数。

(4) 稳定时间。当汽车横摆角速度达到稳态值 95%~105% 之间的初始时间 σ 称为稳定时间, 它表明汽车从瞬态响应进入稳态响应所经历的时间。

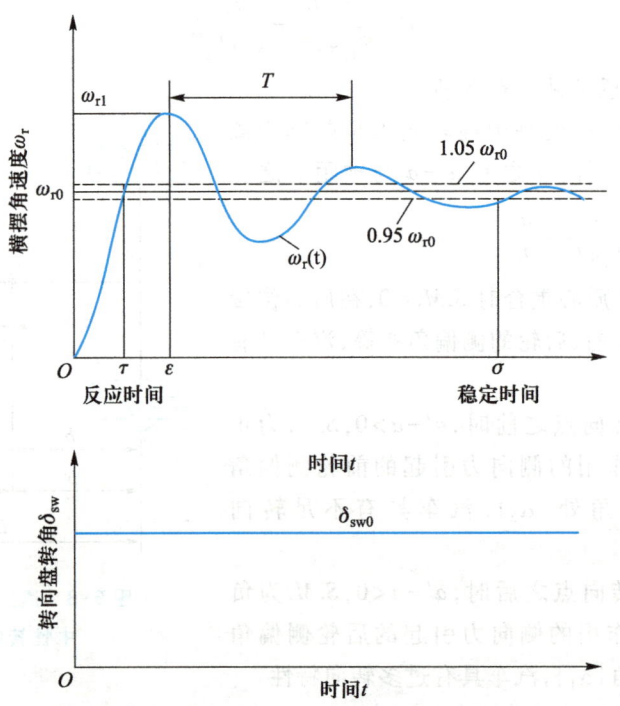

图 6-9 转向盘角阶跃输入下的汽车瞬态响应曲线

汽车也可能出现汽车横摆角速度 ω_r 不能收敛的情况,即 ω_r 值越来越大,转向半径越来越小,而导致汽车产生侧向滑动或翻车的危险。因此,汽车瞬态响应是分析当汽车以转向盘角阶跃输入后,汽车能否达到新的稳定状况,且达到新的稳态之前瞬态响应的特性。

汽车横摆角速度的整个衰减过程称为汽车的瞬态响应,在转向输入后优良的瞬态响应特性包括不易觉察的响应滞后,以及尽可能线性的响应增益,对优良瞬态响应的主观描述包括得心应手和随心所欲的驾控体验。专业驾驶员使用诸如转向精准度、敏捷性、稳定性,以及侧倾和横摆振荡衰减之类的术语来描述瞬态行为。在瞬态过程中,驾驶员首先希望前轴的侧向响应速度快,后轴应"植入地面",即感知到的车辆横摆运动应绕后轴产生,或者要求后轴以最小的侧偏角快速产生转弯力。缓慢的车身侧倾运动应跟随前轴的横向运动,而不是发生在之前。所有通道中的响应都不应有过大的超调,否则会被认为缺乏精准性和稳定性,响应需要一气呵成而没有两段感。

2. 前轮角阶跃输入下的横摆角速度瞬态响应

(1) 横摆角速度瞬态响应微分方程

当汽车前轮有一个角阶跃输入后,前轮转角将保持一角度 δ,车辆在进入稳态回转之前有个过渡过程,这个过渡过程中,汽车质心速度分量 u 不变,而汽车的侧向质心速度分量、横摆角速度和质心侧偏角将是随时间变化的函数 $v(t)$、$\omega_r(t)$ 和 $\beta(t)$。且有:$\beta(t) = \dfrac{v(t)}{u}$,$\dot{\beta}(t) = \dfrac{\dot{v}(t)}{u}$。

将二自由度汽车运动微分方程式重写如下:

$$\begin{cases}(k_1+k_2)\beta(t)+\dfrac{1}{u}(ak_1-bk_2)\omega_r(t)-k_1\delta=m(\dot{v}(t)+u\omega_r(t))\\(ak_1-bk_2)\beta(t)+\dfrac{1}{u}(a^2k_1+b^2k_2)\omega_r(t)-ak_1\delta=I_Z\dot{\omega}_r(t)\end{cases}$$

根据上述第二式可得

$$\beta(t)=\frac{I_Z\dot{\omega}_r(t)-\dfrac{1}{u}(a^2k_1+b^2k_2)\omega_r(t)+ak_1\delta}{ak_1-bk_2} \tag{6-13}$$

等式两边同时对 t 求导，因 δ 为恒定值, $\dot{\delta}=0$, 则得

$$\dot{\beta}(t)=\frac{I_Z\ddot{\omega}_r(t)-\dfrac{1}{u}(a^2k_1+b^2k_2)\dot{\omega}_r(t)}{ak_1-bk_2} \tag{6-14}$$

将(6-13)代入第一式,消除 $v(t)$ 和 $\beta(t)$,且式中仅有变量 $\omega_r(t)$,简写为 ω_r。

$$mI_Zu\ddot{\omega}_r-[m(a^2k_1+b^2k_2)+I_Z(k_1+k_2)]\dot{\omega}_r+\left[mu(ak_1-bk_2)-\frac{(ak_1-bk_2)^2}{u}+\frac{(k_1+k_2)(a^2k_1+b^2k_2)}{u}\right]\omega_r=Lk_1k_2\delta \tag{6-15}$$

式(6-15)写成以 ω_r 为变量的二阶微分方程形式如下

$$m'\ddot{\omega}_r+c'\dot{\omega}_r+k'\omega_r=b\delta \tag{6-16}$$

式中, $m'=mI_Zu$, $c'=-[m(a^2k_1+b^2k_2)+I_Z(k_1+k_2)]$, $k'=\left[mu(ak_1-bk_2)-\dfrac{(ak_1-bk_2)^2}{u}+\dfrac{(k_1+k_2)(a^2k_1+b^2k_2)}{u}\right]=mu(ak_1-bk_2)+\dfrac{L^2k_1k_2}{u}$, $b=Lk_1k_2$。

式(6-16)是单自由度强迫振动微分方程式,可写作

$$\ddot{\omega}_r+2\omega_0\zeta\dot{\omega}_r+\omega_0^2\omega_r=B_0\delta \tag{6-17}$$

式中, $\omega_0^2=\dfrac{k'}{m'}$, ω_0 称为固有圆频率; $\zeta=\dfrac{c'}{2\omega_0m'}$, 为阻尼比; $B_0=\dfrac{b}{m'}$。

上式为二阶常系数非齐次微分方程,其通解等于它的一个特解与对应的齐次微分方程的通解之和,其特解为: $\omega_{r0}=\dfrac{B_0\delta_0}{\omega_0^2}=\dfrac{u/L}{1+Ku^2}\delta_0=\left(\dfrac{\omega_r}{\delta}\right)_s\delta_0$, 就是稳态横摆角速度 $\omega_{r0}=\left(\dfrac{\omega_r}{\delta}\right)_s\delta_0$, 可以理解为稳态是瞬态变化的一个特解。

对应的齐次方程式为 $\ddot{\omega}_r+2\zeta\omega_0\dot{\omega}_r+\omega_0^2\omega_r=0$,其通解可由如下的特征方程求得

$$s^2+2\zeta\omega_0s+\omega_0^2=0 \tag{6-18}$$

根据 ζ 的数值,特征方程的根可分为

$\zeta<1, s=-\zeta\omega_0\pm\omega_0\sqrt{(1-\zeta^2)}i$ （一对共轭复根）

$\zeta=1, s=-\omega_0$ （重根）

$\zeta>1, s=-\zeta\omega_0\pm\omega_0\sqrt{(\zeta^2-1)}$ （两个不同实根）

（2）齐次方程的通解讨论

由式（6-16）可知：$\omega_0^2 = \dfrac{(ak_1-bk_2)}{I_z} + \dfrac{k_1 k_2 L^2}{m u^2 I_z}$。其表达式第 1 项可为正、为负、为零，第 2 项恒为正。因此 ω_0^2 可为正、为负、为零。

稳定性因数 $K = \dfrac{m}{L^2}\left(\dfrac{a}{k_2} - \dfrac{b}{k_1}\right)$，得到 $(ak_1-bk_2) = \dfrac{Kk_1 k_2 L^2}{m}$。

当汽车具有不足或中性转向特性时，$K \geq 0$，$(ak_1-bk_2) \geq 0$，$\omega_0^2 > 0$。特征方程的根为

$\zeta < 1, s = -\zeta\omega_0 \pm \omega_0\sqrt{1-\zeta^2}\,i$ （一对共轭复根）

$\zeta = 1, s = -\omega_0$ （重根）

$\zeta > 1, s = -\zeta\omega_0 \pm \omega_0\sqrt{\zeta^2-1}$ （两个不同实根）

齐次方程的通解为

$\zeta < 1, \omega_r = C e^{-\zeta\omega_0 t}\sin(\omega_0\sqrt{1-\zeta^2}\,t + \Phi)$

$\zeta = 1, \omega_r = (C_1 + C_2 t)e^{-\omega_0 t}$

$\zeta > 1, \omega_r = C_3 e^{(-\zeta\omega_0 + \omega_0\sqrt{\zeta^2-1})t} + C_4 e^{(-\zeta\omega_0 - \omega_0\sqrt{\zeta^2-1})t}$

式中，C、Φ、C_1、C_2、C_3、C_4 均为积分常数，可以根据运动的初始条件来确定。

根据式（6-16）可知：$\zeta\omega_0 = \dfrac{-[m(a^2 k_1 + b^2 k_2) + I_z(k_1+k_2)]}{2muI_z}$，$k_1$ 和 k_2 为负数，故 $\zeta\omega_0$ 恒为正值。可知不管阻尼状况如何，齐次微分方程的解均收敛而趋于零。

$\zeta < 1$，称为小阻尼，横摆角速度 $\omega_r(t)$ 是一条收敛于 ω_{r0} 的减幅正弦曲线。

$\zeta = 1$，称为临界阻尼，横摆角速度 $\omega_r(t)$ 也是单调上升且趋近于 ω_{r0}。

$\zeta > 1$，称为大阻尼，横摆角速度响应 $\omega_r(t)$ 是单调上升的。随着时间的增长，$\omega_r(t)$ 趋近于稳态横摆角速度 ω_{r0}。

当汽车具有过多转向特性时，$K < 0$，$(ak_1-bk_2) < 0$，由 ω_0^2 的表达式可知，当 u 较小时，$\omega_0^2 > 0$，其齐次方程的通解和上述相同。但当 u 较大时，有可能 $\omega_0^2 \leq 0$，此时：

$$s = -\zeta\omega_0 \pm \omega_0\sqrt{\zeta^2-1}$$

齐次方程的通解为

$$\omega_r = C_5 e^{(-\zeta\omega_0 + \omega_0\sqrt{\zeta^2-1})t} + C_6 e^{(-\zeta\omega_0 - \omega_0\sqrt{\zeta^2-1})t}$$

不管阻尼状况如何，$\omega_0\sqrt{\zeta^2-1} > \zeta\omega_0$，上式表达式的第 1 项随着时间 t 的增大而增大，ω_r 是发散的。

$\omega_0^2 = 0$ 为临界点，此时的车速称为临界车速 u_{cr}。当 $\omega_0^2 = 0$ 有

$$\dfrac{L^2 k_1 k_2}{m u_{cr}} = -(ak_1 - bk_2),\ u_{cr} = \sqrt{-\dfrac{1}{k}}$$

（3）微分方程的解

当 $\zeta < 1$ 时横摆角速度为：$\omega_r(t) = \dfrac{B_0 \delta_0}{\omega_0^2} + Ce^{-\zeta\omega_0 t}\sin(\omega_0\sqrt{1-\zeta^2}\,t + \Phi)$

令 $\omega = \omega_0\sqrt{1-\zeta^2}$，上式可写为

$$\omega_r(t) = \frac{B_0\delta_0}{\omega_0^2} + Ce^{-\zeta\omega_0 t}\sin(\omega t + \Phi) \tag{6-19}$$

或 $$\omega_r(t) = \frac{B_0\delta_0}{\omega_0^2} + A_1 e^{-\zeta\omega_0 t}\cos\omega t + A_2 e^{-\zeta\omega_0 t}\sin\omega t \tag{6-20}$$

下面确定积分常数 C、Φ、A_1、A_2。起始条件为：$t=0$ 时，$\omega_r=0$，$v=0$，$\delta=\delta_0$。根据微分方程组第二式，还可以求得 $t=0$ 时，$\dot\omega_r = -\dfrac{ak_1\delta_0}{I_Z}$。由 $t=0$ 时，$\omega_r=0$，求得式(6-20)中的一个积分常数 $A_1 = -\dfrac{B_0\delta_0}{\omega_0^2}$。由 $t=0$ 时，可以求得另一个积分常数 $A_2 = \dfrac{B_0\delta_0}{\omega_0^2}\left(\dfrac{B_1}{B_0}-\zeta\omega_0\right)\dfrac{1}{\omega} = \dfrac{\omega_r}{\delta}\bigg)_s\delta_0\left(\dfrac{-mua\omega_0}{Lk_2}-\zeta\right)\dfrac{1}{\sqrt{1-\zeta^2}}$。

$$C = \sqrt{A_1^2 + A_2^2} = \frac{\omega_r}{\delta}\bigg)_s\delta_0\sqrt{\left(-\frac{mua\omega_0}{Lk_2}-\zeta\right)^2\frac{1}{1-\zeta^2}+1}$$

$$= \frac{\omega_r}{\delta}\bigg)_s\delta_0\sqrt{\left[\left(-\frac{mua}{Lk_2}\right)^2\omega_0^2 + \frac{2mua\zeta\omega_0}{Lk_2}+1\right]\frac{1}{1-\zeta^2}}$$

$$\Phi = \arctan\frac{A_1}{A_2} = \arctan\left[\frac{-\sqrt{1-\zeta^2}}{-\dfrac{mua\omega_0}{Lk_2}-\zeta}\right]$$

因此

$$\omega_r(t) = \frac{\omega_r}{\delta}\bigg)_s\delta_0\left[1+\sqrt{\left[\left(-\frac{mua}{Lk_2}\right)^2\omega_0^2 + \frac{2mua\zeta\omega_0}{Lk_2}+1\right]\frac{1}{1-\zeta^2}}\,e^{-\zeta\omega_0 t}\sin(\omega t + \Phi)\right] \tag{6-21}$$

式(6-21)表达为当汽车前轮有一个角阶跃输入时，汽车的横摆角速度瞬态时域响应。在 $t=0$ 时，$\omega_r=0$。$t\to\infty$ 时，$e^{-\zeta\omega_0 t}=0$，$\omega_r(\infty) = \dfrac{\omega_r}{\delta}\bigg)_s\delta_0 = \omega_{r0}$，即横摆角速度最后趋于稳态横摆角速度 ω_{r0}。当时间 t 在零与无穷大之间时，$\omega_r(t)$ 是衰减正弦函数，阻尼比越大，衰减越快。

3. 表征瞬态响应的参数

（1）横摆角速度 ω_r 波动时的固有(圆)频率 ω_0

$$\omega_0 = \sqrt{\frac{k'}{m'}} = \sqrt{\frac{mu(ak_1-bk_2)+\dfrac{L^2 k_1 k_2}{u}}{muI_Z}} = \frac{L}{u}\sqrt{\frac{k_1 k_2}{mI_Z}(1+Ku^2)}$$

ω_0 值是评价汽车瞬态响应的一个重要参数。固有频率 $f_0 = \omega_0/2\pi$。

（2）阻尼比 ζ

$$\zeta = \frac{c'}{2\omega_0 m'} = \frac{-[m(a^2 k_1 + b^2 k_2) + I_Z(k_1+k_2)]}{2mI_Z L\sqrt{\dfrac{k_1 k_2}{mI_Z}(1+Ku^2)}}$$

$$= \frac{-m(a^2 k_1 + b^2 k_2) - I_Z(k_1+k_2)}{2L\sqrt{mI_Z k_1 k_2(1+Ku^2)}}$$

一般地，ζ 随车速的增加而下降。增大 K 值，会使角输入运动的阻尼比 ζ 下降，振动衰减率降低；减小 K 值，则角输入运动的阻尼比增加，振动衰减率增大。阻尼比较大时会使汽车反应变慢。

（3）反应时间 τ

反应时间是指角阶跃转向输入后，横摆角速度第一次达到稳定值 ω_0 所需的时间。τ 是评价汽车瞬态响应的一个重要参数，其值小说明汽车恢复到稳态的时间短。τ 随车速的变化也有变化，当车速小于特征车速时，τ 随车速增加而增加，当车速等于特征车速时，τ 达到最大值，此时反应时间最长，当车速大于特征车速时，τ 将随车速增加而略有减小。

当 $t=\tau$ 时，代入汽车横摆角速度响应式(6-19)，由于 $\omega_r(\tau)=\omega_{r0}=B_0\delta_0/\omega_0^2$，则

$$Ce^{-\zeta\omega_0 t}\sin(\omega_0\tau+\Phi)=0,\sin(\omega_0\tau+\Phi)=0,\tau=-\frac{\Phi}{\omega_0}=\frac{\arctan\left[\dfrac{\sqrt{1-\zeta^2}}{\dfrac{-mua\omega_0}{Lk_2}-\zeta}\right]}{\omega_0\sqrt{1-\zeta^2}}。$$

（4）过渡时间 T_e

由式(6-20)可知，车辆在角阶跃输入下的振动曲线包络线是 $Ce^{-\zeta\omega_0 t}$，自然振动曲线及其包络线如图 6-10 所示，则定义

$$T_e=\frac{1}{\zeta\omega_0}=\frac{c'}{2m'}=\frac{-[m(a^2k_1+b^2k_2)+I_z(k_1+k_2)]}{2mI_z u}$$

$$=\frac{1}{2u}\left(-\frac{a^2k_1+b^2k_2}{I_z}-\frac{k_1+k_2}{m}\right) \quad (6-22)$$

式中，T_e 为过渡时间(s)。

这个含义是振动的振幅衰减到原来的 $\dfrac{1}{e}$ 所需的时间，如果定义 $T_{0.05}$ 是指振幅衰减到原来的 5% 所需的时间（稳定时间），则有：$T_{0.05}=T_e\cdot\ln 20\approx 3T_e$。

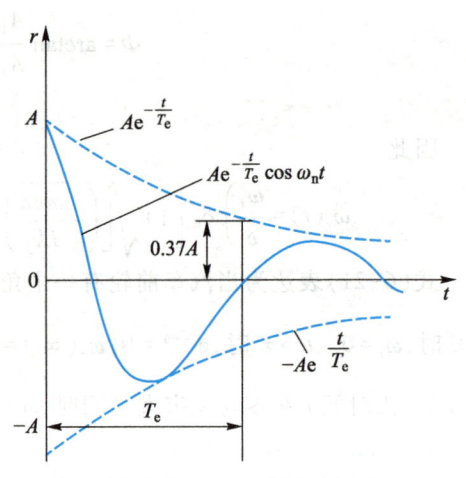

图 6-10　自然振动曲线及其包络线

一般来说，过渡时间与车速有关，且车速越高，过渡时间越长。好的操纵稳定性要求过渡时间尽量短。

例 6-2　转向盘角阶跃输入下的瞬态响应特性计算。

已知：前轮转角 $\delta=0.04$ rad，车辆的行驶速度为 $u=20$ m/s，质量 $m=2\,000$ kg，绕 z 轴转动惯量 $I_z=3\,000$ kg·m²，前轴距质心距离 $a=1.2$ m，后轴距质心距离 $b=1.5$ m，前轮侧偏刚度 $C_{\alpha 1}=50\,000$ N/rad，后轮侧偏刚度 $C_{\alpha 2}=55\,000$ N/rad，对车辆在角阶跃转向输入下的响应进行仿真。

解：

建立如下形式的微分方程：

$$\frac{d\beta}{dt} = -\frac{2(C_{\alpha1}+C_{\alpha2})}{mu}\beta - \left[1 + \frac{2}{mu^2}(aC_{\alpha1}-bC_{\alpha2})\right]\omega_r + \frac{2C_{\alpha1}}{mu}\delta$$

$$\frac{d\omega_r}{dt} = -\frac{2(aC_{\alpha1}-bC_{\alpha2})}{I_z}\beta - \frac{2(a^2C_{\alpha1}+b^2C_{\alpha2})}{I_z u}\omega_r + \frac{2aC_{\alpha1}}{I_z}\delta$$

对以上两式进行积分,可分别求出质心侧偏角和横摆角速度。

Simulink 仿真程序框图如图 6-11 所示,对车辆在阶跃转向输入下的响应进行仿真,在求解中设定仿真停止时间为 tf;求解步长采用定步长;求解方法采用 ode45(dormand-prince)。

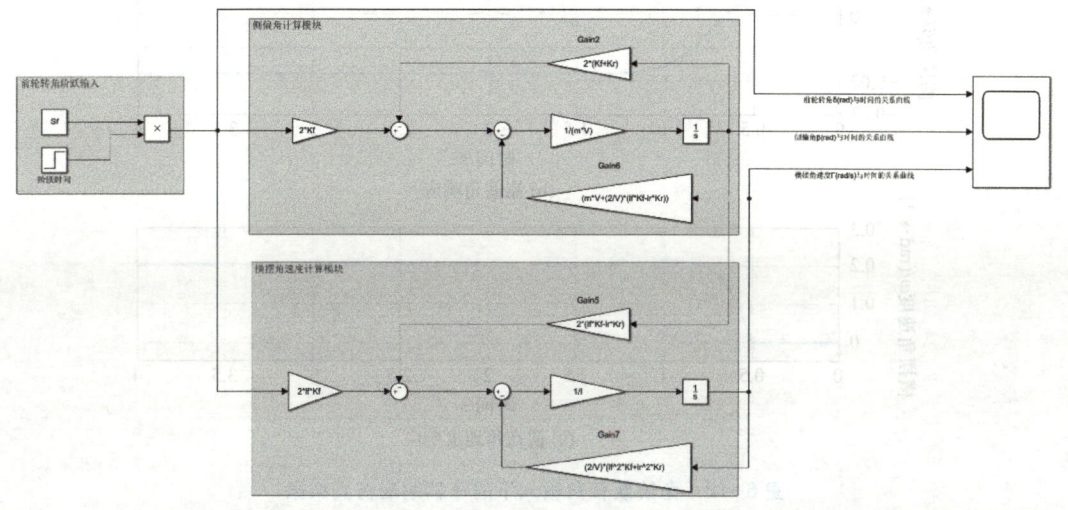

图 6-11　Simulink 仿真程序框图

并在 MATLAB 软件中进行参数设置如下:

m = 2000;%车身质量　　单位 kg
Iz = 3000;%转动惯量　　单位 kg * m^2
a = 1.2;%质心到前轮距离　单位 m
b = 1.5;%质心到后轮距离　单位 m
L = a+b;%轴距
C1 = 50000;%前轮侧偏刚度　单位 N/rad
C2 = 55000;%后轮侧偏刚度　单位 N/rad
dt = 0.001;%仿真步长　　单位 s
tf = 4.0;%仿真时间　　单位 s
v = 20;%车速　　单位 m/s
delta = 0.04;%前轮转角　　单位 rad

角阶跃转向输入下的车辆响应仿真结果如图 6-12 所示。

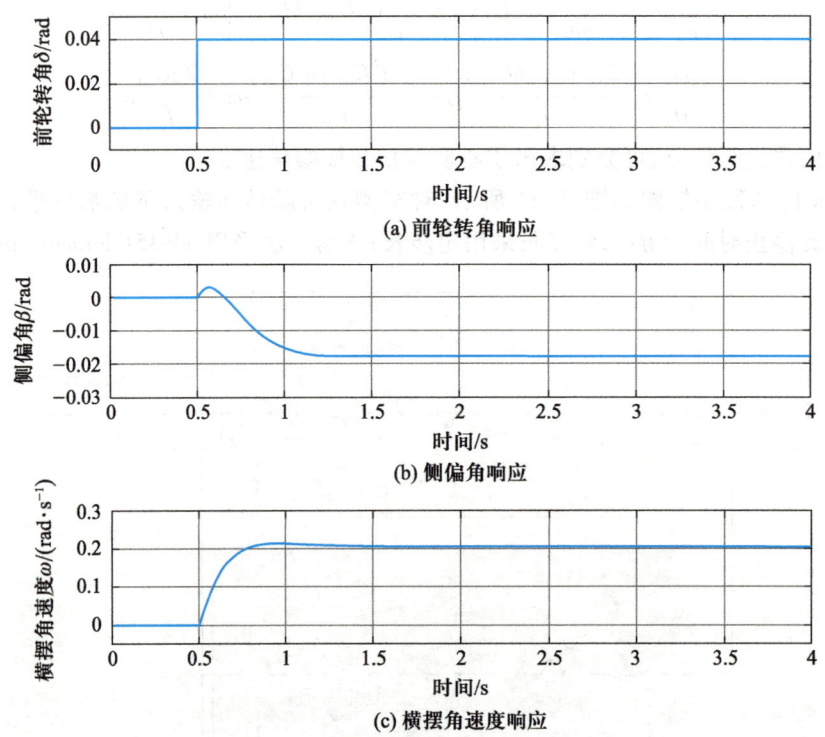

图 6-12 角阶跃转向输入下的车辆响应仿真结果

6.2.4 横摆角速度频率响应特性

线性系统在输入为正弦函数,达到稳定状态时的输出亦为具有相同频率的正弦函数,但输入与输出的幅值不同,相位也要发生变化。

前面讨论的瞬态响应都是以前轮角阶跃输入下的汽车横摆角速度的时域变化,当前轮转角 δ 或转向盘转角 δ_{sw} 为随时间连续变化的输入下,如单移线、双移线工况,转向盘需要向某一方向转向,然后要回到直线行驶位置,这个操作可以近似看作为一个转向盘的正弦输入。

输出、输入的幅值比是频率 ω 的函数,记为 $A(\omega)$,称为幅频特性。相位差也是 ω 的函数,记为 $\Phi(\omega)$,称为相频特性。两者统称为频率特性。

二自由度汽车模型的横摆角速度频率特性,可由其运动微分方程的傅里叶变换求得。当 $\dot{\delta} \neq 0$ 时,式(6-17)中含有 $\dot{\delta}$ 变量,则有如下形式:

$$\ddot{\omega}_r + 2\omega_0 \xi \dot{\omega}_r + \omega_0^2 \omega_r = B_1 \dot{\delta} + B_0 \delta \tag{6-23}$$

式中,$B_1 = -\dfrac{ak_1}{I_z}$。

对上式进行傅里叶变换,得

$$-\omega^2 \omega_r(\omega) + 2\omega_0 \zeta j\omega \omega_r(\omega) + \omega_0^2 \omega_r(\omega) = B_1 j\omega \delta(\omega) + B_0 \delta(\omega) \tag{6-24}$$

式中，$\omega_r(\omega)$ 为 ω_r 的傅里叶变换；$\delta(\omega)$ 为 δ 的傅里叶变换。

频响函数 $H(j\omega)_{\omega_r-\delta}$ 为

$$H(j\omega)_{\omega_r-\delta} = \frac{\omega_r(\omega)}{\delta(\omega)} = \frac{B_1 j\omega + B_0}{-\omega^2 + 2\omega_0\zeta j\omega + \omega_0^2}$$

$$= \frac{2B_1\zeta\omega_0\omega^2 + B_0(\omega_0^2 - \omega^2)}{(\omega_0^2 - \omega^2)^2 + 4\zeta^2\omega_0^2\omega^2} + j\frac{B_1\omega(\omega_0^2 - \omega^2) - 2B_0\zeta\omega_0\omega}{(\omega_0^2 - \omega^2)^2 + 4\zeta^2\omega_0^2\omega^2}$$

$$= B(\omega) + jC(\omega) \tag{6-25}$$

幅频特性为：$A(\omega) = \sqrt{[B(\omega)]^2 + [C(\omega)]^2}$。

相频特性为：$\Phi(\omega) = \arctan\dfrac{C(\omega)}{B(\omega)}$。

汽车的横摆角速度频率特性是通过转向盘角脉冲输入瞬态响应试验求得的。测定转向盘角脉冲输入瞬态响应的试验在较宽的试验跑道上即可进行，若以转向盘角阶跃输入瞬态响应表征汽车的动特性，则试验时需要很大的场地。

如图 6-13 所示是某轿车的横摆角速度频率响应（频响）特性。图中横坐标为输入频率的对数值，幅频特性增益以 dB 表示。幅频特性反映了驾驶员以不同频率输入转向盘转角时，汽车响应驾驶员操作的变化程度。幅频特性曲线在低频区接近于一水平线，随着频率的增高，幅值比增加，至图中 1.29 Hz 时幅值比达到最大值，此时系统处于共振状态。频率再增

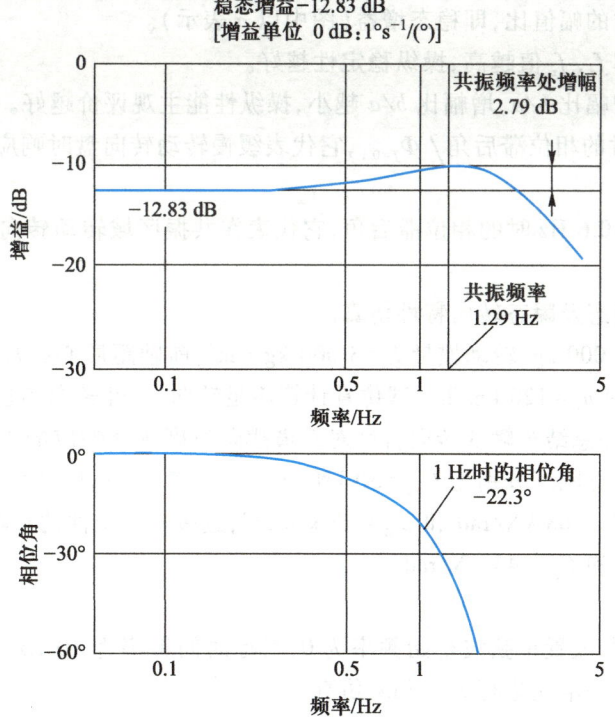

图 6-13　某轿车的横摆角速度频响特性

高,幅值比逐渐减小。相频特性反映了汽车横摆角速度滞后于转向盘转角的变化程度。从操纵稳定性出发,希望幅频特性曲线能平些,共振频率高一点,通频带宽些,以保证不同工况下都有较好的操纵性能;同时希望相频特性的相位差小些,以保证汽车有快速灵活的反应。

利用汽车横摆角速度频率特性的五个参数评价汽车操纵稳定性,如图 6-14 所示。

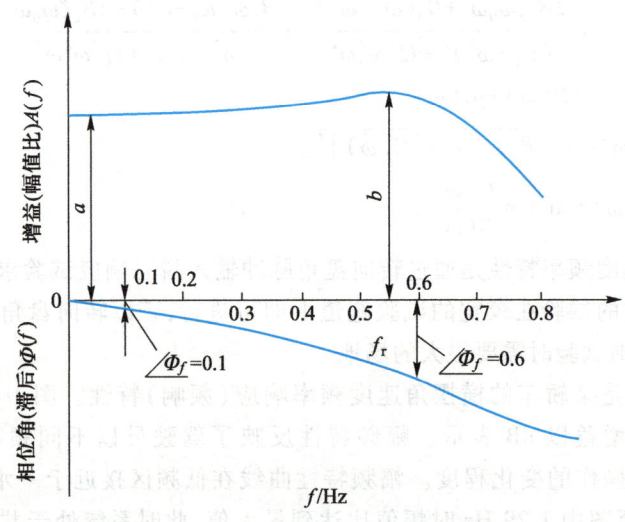

图 6-14　评价横摆角速度频率特性的五个参数

（1）频率为零时的幅值比,即稳态增益(图中以 a 表示)。
（2）共振峰频率 f_r,f_r 值越高,操纵稳定性越好。
（3）共振时的增幅比 b/a,增幅比 b/a 越小,操纵性能主观评价越好。
（4）$f = 0.1$ Hz 时的相位滞后角 $\angle \Phi_{f=0.1}$,它代表缓慢转动转向盘时响应的快慢,这个数值应接近于零。
（5）$\angle \Phi_{f=0.6}$,$f = 0.6$ Hz 时的相位滞后角,它代表在共振区域转动转向盘时响应的快慢,其数值应当小些。

例 6-3　汽车稳态及瞬态转向特性仿真。

已知:质量 $m = 2\,000$ kg,转动惯量 $I_z = 3\,000$ kg·m^2,前轴距质心距离 $a = 1.2$ m,后轴距质心距离 $b = 1.5$ m,车速 $u_a = 120$ km/h。试仿真计算不足转向、中性转向和过多转向时,车辆横摆角速度的频率响应,并总结车辆的转向特性对其横摆角速度频率响应的影响。其中,不足转向特性的车辆的轮胎侧偏刚度分别为 $C_{\alpha 1} = 50$ kN/rad,$C_{\alpha 2} = 55$ kN/rad;中性转向特性的车辆的轮胎侧偏刚度分别为 $C_{\alpha 1} = 68$ kN/rad 和 $C_{\alpha 2} = 47$ kN/rad;过多转向特性的车辆的轮胎侧偏刚度分别为 $C_{\alpha 1} = 73$ kN/rad 和 $C_{\alpha 2} = 43$ kN/rad。

解：

以不足转向为例,设置正弦波初始频率为 0,目标时间频率为 10 Hz。如图 6-15 所示,对车辆横摆角速度的频率响应进行 Simulink 仿真。

6.2 线性二自由度汽车操稳性模型

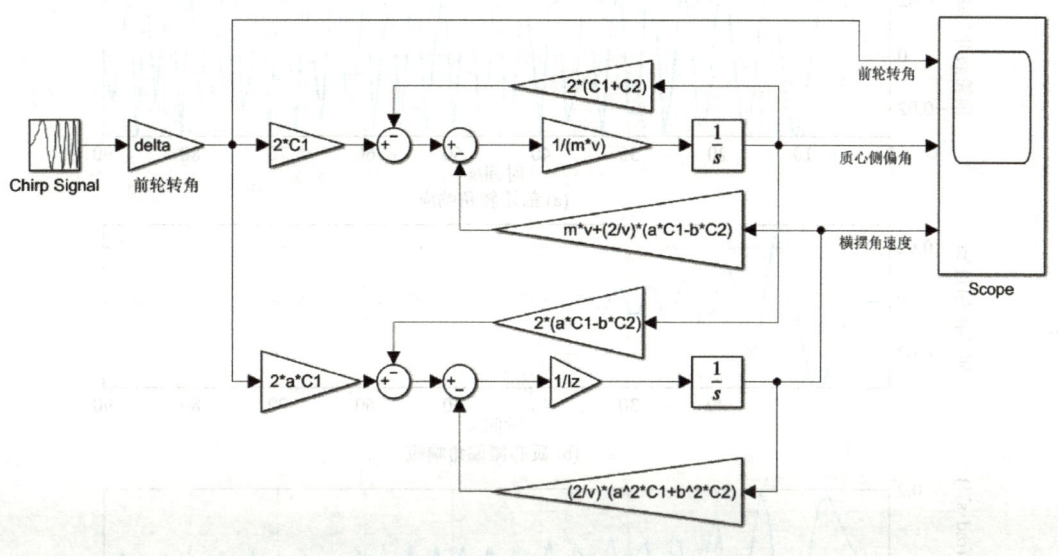

图 6-15 Simulink 仿真程序框图

设置具体车辆参数如下：

```
m = 2000;%车身质量
Iz = 3000;%转动惯量
a = 1.2;%质心到前轮距离
b = 1.5;%质心到后轮距离
L = a+b;%轴距
C1 = 50000;%前轮侧偏刚度
C2 = 55000;%后轮侧偏刚度
dt = 0.001;%仿真步长
tf = 20.0;%仿真时间
v = 120/3.6;%车速
delta = 0.03;%前轮转角
```

不足转向情况下的车辆响应仿真结果如图 6-16 所示。

对正弦输入的频率响应进行仿真，经过傅里叶变换，横摆角速度对正弦输入的频率响应被转化为时间历程，所用仿真程序代码如下：

```
delta = out.ScopeData.signals(1,1).values(:,1);%前轮转角
belta = out.ScopeData.signals(1,2).values(:,1);%质心侧偏角
omega = out.ScopeData.signals(1,3).values(:,1);%横摆角速度
%傅里叶变换后的频率响应
```

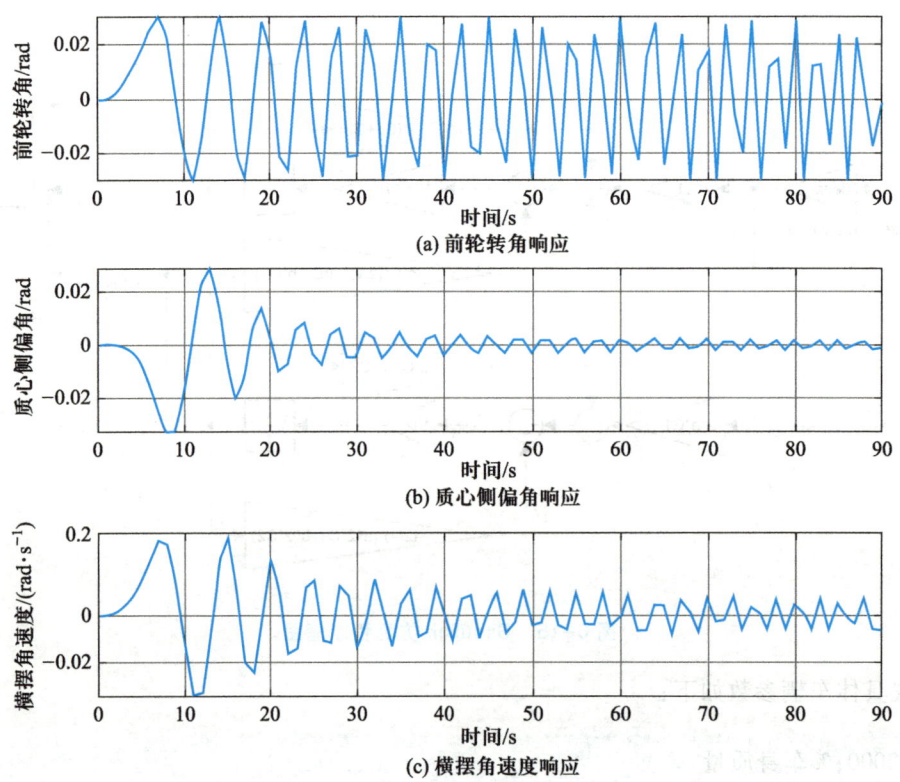

图 6-16 不足转向情况下的车辆响应仿真结果

```
gr = etfe( [ omega,delta],[ ],2^15,0.001);
%计算了频率响应的幅值和相位角
[ amp,phase,w] = bode( gr);
amp = squeeze( amp);%响应幅值
phase = squeeze( phase);%相位角

%伯德图绘制
figure;
%绘制幅值-频率关系曲线
a1 = subplot(2,1,1);
graph1 = semilogx( w/(2 * pi),20 * log10( amp));
set( get( a1,'XLabel') ,'String','Frequency(Hz)');
set( get( a1,'YLabel') ,'String','Gain(dB)');
axis( [0.01 3 6 18]);
grid on;
%绘制相位角-频率关系曲线
```

```
a2 = subplot(2,1,2);
graph2 = semilogx(w/(2 * pi),phase);
set(get(a2,'XLabel'),'String','Frequency(Hz)');
set(get(a2,'YLabel'),'String','Phase angle(deg)');
axis([0.01 3 -80 40]);
grid on;
```

不足转向下的车辆频率响应仿真结果如图 6-17 所示。

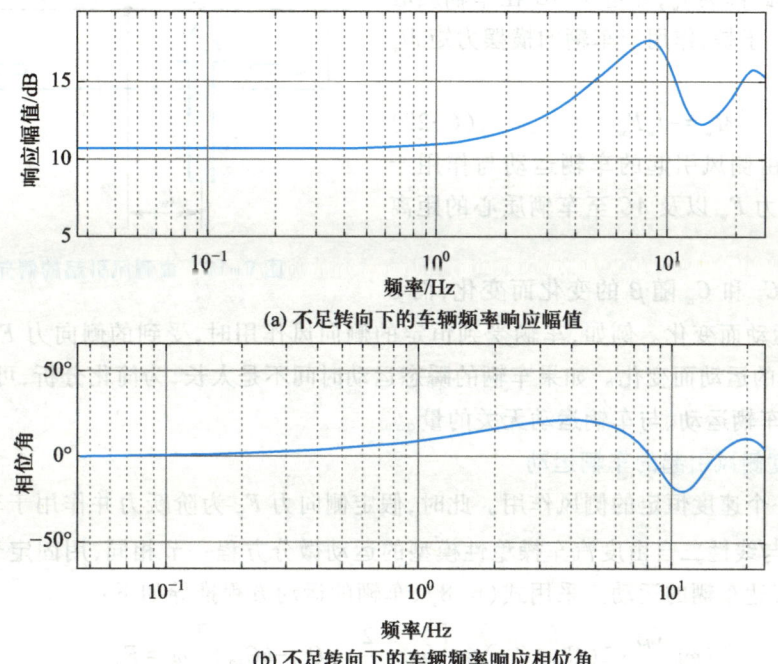

图 6-17 不足转向下的车辆频率响应仿真结果

6.2.5 侧风引起的车辆运动

由于车辆能够在平面内自由运动,就不可避免地会受侧向风等外部干扰而产生不希望的运动。这里,以侧风为例,将对车辆在外部侧向力作用下的运动进行研究,以进一步分析车辆运动的特点。在此,假定车辆的前轮转角为零,且无任何可引起车辆运动响应的操纵控制。

1. 侧风干扰力

设以速度 u 直线行驶的车辆,受到速度为 V 的侧向风的作用,则作用于车辆的侧向力 F_w 和横摆力矩 M_w 的表达式为

$$F_w = C_y \frac{\rho}{2} S(V^2 + u^2) \tag{6-26}$$

$$M_w = C_n \frac{\rho}{2} LS(V^2 + u^2) \tag{6-27}$$

式中，C_y 为侧向力系数；C_n 为横摆力矩系数。两者均为气流相对侧偏角 β 的函数，并定义 C_n 逆时针方向为正。ρ 为空气密度；S 为车辆的迎风面积；L 表示车辆尺寸，通常取为轴距。

乘用车的侧向力系数 C_y 和横摆力矩系数 C_n 与气流相对侧偏角 β 有关，C_y 和 C_n 均随 β 的增加而增加，并受车辆形状的影响较为明显。

由侧风引起的侧向力如图 6-18 所示，侧向力 F_w 的作用点称为空气力学中心（AC）。设 AC 与车辆质心（C）的距离为 l_w，并定义 AC 在车辆质心之后时 l_w 为正。于是，作用于车辆的横摆力矩 M_w 可写为

$$M_w = -l_w F_w \tag{6-28}$$

也就是说，由侧风引起的车辆运动与作用于车辆 AC 的侧向力 F_w 以及 AC 至车辆质心的距离 l_w 有关。

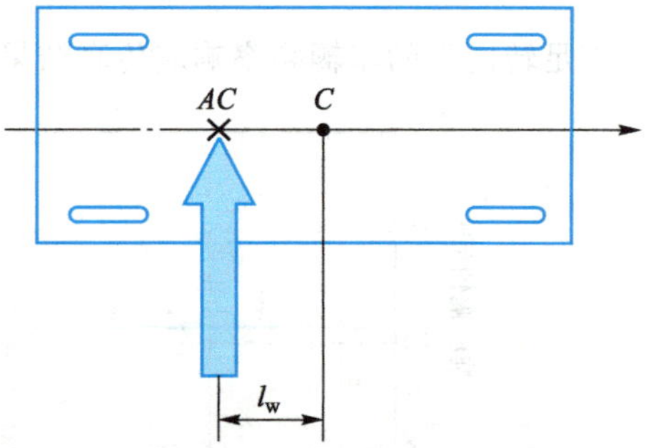

图 6-18 由侧风引起的侧向力

严格地说，C_y 和 C_n 随 β 的变化而变化，而 β 又随着车辆的运动而变化。例如，车辆受到恒定的侧向风作用时，受到的侧向力 F_w 和横摆力矩 M_w 会随车辆的运动而变化。如果车辆的瞬态运动时间不是太长，为简化分析，可以将 F_w 和 M_w 视作独立于车辆运动、与车辆运动无关的量。

2. 恒定速度侧风引起的车辆运动

车辆受到一个速度恒定的侧风作用。此时，假定侧向力 F_w 为阶跃力并作用于车辆的空气力学中心 AC。与线性二自由度汽车操稳性模型的运动微分方程一节相同，用固定于车辆的坐标系来方便地表达车辆的运动。采用式（6-8），车辆的运动方程推导如下：

$$\begin{cases} mu\dfrac{d\beta}{dt} + 2(C_{\alpha 1}+C_{\alpha 2})\beta + \left[mu + \dfrac{2}{u}(aC_{\alpha 1}-bC_{\alpha 2})\right]\omega_r = F_w \\ 2(aC_{\alpha 1}-bC_{\alpha 2})\beta + I_z \dfrac{d\omega_r}{dt} + \dfrac{2(a^2 C_{\alpha 1}-b^2 C_{\alpha 2})}{u}\omega_r = -l_w F_w \end{cases} \tag{6-29}$$

车辆对 F_w 的响应可以通过对车辆的运动方程进行拉普拉斯变换获得，故有

$$\begin{cases} \beta(s) = \dfrac{F_{w0}}{mu} \cdot \dfrac{s+b_\beta}{s(s^2+2\zeta\omega_n s+\omega_n^2)} \\ \omega_r(s) = \dfrac{-l_w F_{w0}}{I_z} \cdot \dfrac{s+b_{\omega_r}}{s(s^2+2\zeta\omega_n s+\omega_n^2)} \end{cases} \tag{6-30}$$

式中，

$$b_\beta = \frac{2(a^2 C_{\alpha 1}-b^2 C_{\alpha 2})+2l_w(aC_{\alpha 11}-bC_{\alpha 2})}{I_z u} + \frac{ml_w u}{I_z}$$

$$= \frac{2}{I_z u}\left[a^2 C_{\alpha 1}-b^2 C_{\alpha 2}-l_w l_N(C_{\alpha 1}+C_{\alpha 2})\right] + \frac{ml_w u}{I_z},$$

$$b_{\omega_r} = \frac{2(C_{\alpha 1}+C_{\alpha 2})}{mu} + \frac{2(aC_{\alpha 1}-bC_{\alpha 2})}{ml_w u} = \frac{2(l_w - l_N)}{ml_w u}(C_{\alpha 1}+C_{\alpha 2})。$$

式中,F_{w0}为阶跃侧向力的幅值。根据上述方程,β 和 ω_r 的稳态值如下:

$$\beta = \frac{(a^2 C_{\alpha 1}+b^2 C_{\alpha 2}) - l_w l_N (C_{\alpha 1}+C_{\alpha 2}) + \dfrac{ml_w}{2}u^2}{2L^2 C_{\alpha 1} C_{\alpha 2}\left[1 - \dfrac{m(aC_{\alpha 1}-bC_{\alpha 2})}{2L^2 C_{\alpha 1} C_{\alpha 2}}u^2\right]} \tag{6-31}$$

$$\omega_r = \frac{(l_N - l_w)(C_{\alpha 1}+C_{\alpha 2})u}{2L^2 C_{\alpha 1} C_{\alpha 2}\left[1 - \dfrac{m(aC_{\alpha 1}-bC_{\alpha 2})}{2L^2 C_{\alpha 1} C_{\alpha 2}}u^2\right]} F_{w0} \tag{6-32}$$

式中,l_N 为中性转向点 NSP 至车辆质心的距离,其表达式为:$l_N = -\dfrac{aC_{\alpha 1}-bC_{\alpha 2}}{C_{\alpha 1}+C_{\alpha 2}}$

由式(6-32)可知:当 $l_N > l_w$ 时,$\omega_r > 0$;当 $l_N = l_w$ 时,$\omega_r = 0$;当 $l_N < l_w$ 时,$\omega_r < 0$。这里,当 NSP 和 AC 位于车辆质心后方时,定义 l_N 和 l_w 为正;且当 $aC_{\alpha 1}-bC_{\alpha 2} > 0$ 时,假定 $u < u_c$,u_c 为临界车速。

下面需要对式(6-31)和式(6-32)的物理意义做进一步讨论。当侧向干扰力 F_w 作用于车辆空气力学中心 AC 时,将使车辆产生运动,并产生一个正的侧偏角 β。由于 β 的存在,前、后轮胎将分别受到大小为 $2C_{\alpha 1}\beta$ 和 $2C_{\alpha 2}\beta$ 的作用力,其合力的作用点即为中性转向点 NSP。轮胎合力的大小为 $2(C_{\alpha 1}+C_{\alpha 2})\beta$,作用方向与 F_w 的方向相反。直线行驶中的车辆持续受到恒定速度的侧风作用时,如果 AC 位于 NSP 的前方,将会产生一个逆时针方向的横摆力矩,车辆最终沿逆时针方向作圆周运动。

同样地,若 AC 与 NSP 恰巧重合,该合力不会产生横摆力矩,车辆不会做圆周运动(瞬态期间除外);若 AC 位于 NSP 后方,会产生一个顺时针方向的横摆力矩,使车辆沿顺时针方向做圆周运动。而车辆质心与 AC 和 NSP 的相对位置则对车辆运动无直接影响。如图 6-19 所示为某辆轿车在恒定速度侧风作用下的运动仿真结果。

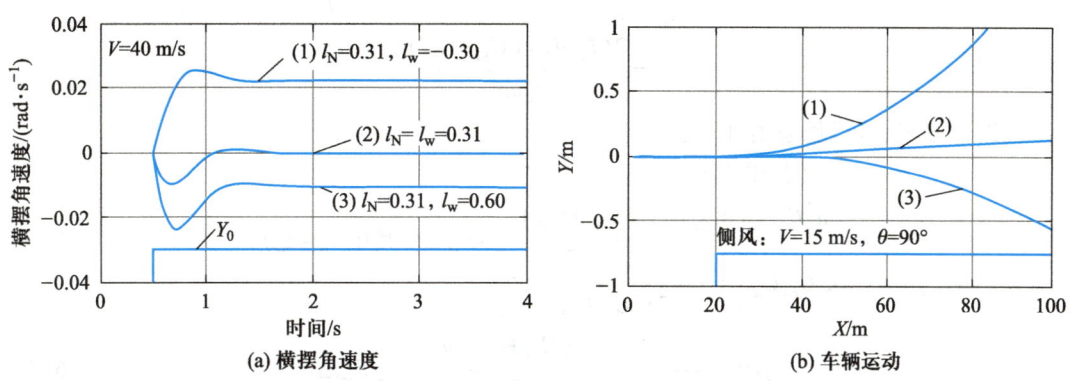

图 6-19 某辆轿车在恒定速度侧风作用下的运动仿真结果

根据式(6-32),单位侧向风力引起的稳态侧向加速度值可表述如下:

$$a_w = \frac{\omega_r}{F_{w0}} = \frac{(l_N - l_w)(C_{\alpha 1} + C_{\alpha 2})u^2}{2L^2 C_{\alpha 1} C_{\alpha 2}\left[1 - \frac{m(aC_{\alpha 1} - bC_{\alpha 2})}{2L^2 C_{\alpha 1} C_{\alpha 2}}u^2\right]} \tag{6-33}$$

3. 侧向阵风引起的车辆运动

前面研究了理想阶跃侧向风力作用于车辆时的车辆运动。但对实际的车辆而言,很少有持续长时间的侧向风力作用于车辆的情况。车辆受到短促的侧向阵风影响反而是一种更为实际的情况。

考虑车辆在受到短促的侧向阵风作用下的情况,其中车辆转向角固定为零,侧向风力 F_w 作用于车辆的空气动力学中心 AC。与上节相同,使用固定于地面的绝对坐标系来描述车辆的运动,车辆的运动方程可以描述如下:

$$\begin{cases} m\dfrac{d^2 y}{dt^2} + \dfrac{2(C_{\alpha 1} + C_{\alpha 2})}{u} \cdot \dfrac{dy}{dt} + \dfrac{2(aC_{\alpha 1} - bC_{\alpha 2})}{u} \cdot \dfrac{d\beta}{dt} - 2(C_{\alpha 1} + C_{\alpha 2})\beta = F_w \\ \dfrac{2(aC_{\alpha 1} - bC_{\alpha 2})}{u} \cdot \dfrac{dy}{dt} + I_z \dfrac{d^2 \beta}{dt^2} + \dfrac{2(a^2 C_{\alpha 1} + b^2 C_{\alpha 2})}{u} \cdot \dfrac{d\beta}{dt} - 2(aC_{\alpha 1} - bC_{\alpha 2})\beta = -l_w F_w \end{cases} \tag{6-34}$$

如果 Δt 足够小,则仍如上节,对式(6-34)进行拉普拉斯变换,得到车辆对侧向阵风的响应分别如下:

$$\begin{cases} y(s) = \dfrac{F_{w0} \Delta t}{m} \cdot \dfrac{s + b_{y1} s + b_{y2}}{s^2(s^2 + 2\zeta \omega_n s + \omega_n^2)} \\ \beta(s) = \dfrac{-l_w F_{w0} \Delta t}{I_z} \cdot \dfrac{s + b_\beta}{s(s^2 + 2\zeta \omega_n s + \omega_n^2)} \end{cases} \tag{6-35}$$

式中,

$$b_{y1} = \frac{2(a^2 C_{\alpha 1} + b^2 C_{\alpha 2}) - 2l_w(aC_{\alpha 1} - bC_{\alpha 2})}{I_z u} = \frac{2(a^2 C_{\alpha 1} + b^2 C_{\alpha 2}) + 2l_w l_N(C_{\alpha 1} + C_{\alpha 2})}{I_z u}$$

$$b_{y2} = -\frac{2(aC_{\alpha 1} - bC_{\alpha 2}) + 2l_w(C_{\alpha 1} + C_{\alpha 2})}{I_z} = \frac{2(l_N - l_w)(C_{\alpha 1} + C_{\alpha 2})}{I_z}$$

$$b_\beta = \frac{2(l_w - l_N)(C_{\alpha 1} + C_{\alpha 2})}{l_w m u}$$

由以上方程,可得稳态值如下:

$$y = \pm \infty \ (\text{其中} \ l_N \neq l_w)$$

$$= \frac{a^2 C_{\alpha 1} + b^2 C_{\alpha 2} + l_w l_N (C_{\alpha 1} + C_{\alpha 2})}{2L^2 C_{\alpha 1} C_{\alpha 2}\left[1 - \dfrac{m(aC_{\alpha 1} - bC_{\alpha 2})}{2L^2 C_{\alpha 1} C_{\alpha 2}}u^2\right]} u F_{w0} \Delta t \ (\text{其中} \ l_N = l_w) \tag{6-36}$$

$$\beta = \frac{(l_N - l_w)(C_{\alpha 1} + C_{\alpha 2})u}{2L^2 C_{\alpha 1} C_{\alpha 2}\left[1 - \dfrac{m(aC_{\alpha 1} - bC_{\alpha 2})}{2L^2 C_{\alpha 1} C_{\alpha 2}}u^2\right]} F_{w0} \Delta t \tag{6-37}$$

假定当 $aC_{\alpha 1} - bC_{\alpha 2} > 0$ 时,$u < u_c$,则车辆的稳态运动方程可概括为

当 $l_N - l_w > 0$ 时，$y = +\infty$，β 为正的恒定值；

当 $l_N - l_w = 0$ 时，y 为正的恒定值，$\beta = 0$；

当 $l_N - l_w < 0$ 时，$y = -\infty$，β 为负的恒定值。

在 $0 < t < \Delta t$ 时间段内，车辆对侧向力的瞬态响应与阶跃侧向力作用下的瞬态响应相同。在 $t = \Delta t$ 时刻，侧向力变为 0，车辆质心处的侧偏角立刻减小，由横摆运动引起的轮胎侧向力变得更具主导作用，以抑制车辆的横摆运动，并使车辆维持一个相对原有行驶方向恒定的横摆角。这个横摆角对 AC 位于 NSP 前方的车辆为正；而对 AC 位于 NSP 后方的车辆为负。因此，对车辆在绝对坐标系中的侧向位移而言，车辆直线行驶并受到侧向阵风作用时，如果其 AC 在 NSP 之前，将转向背风面并顺风行驶；若 AC 与 NSP 碰巧重合，车辆将短时间逆风行驶，然后又回到其原有方向行驶；如果 AC 在 NSP 之后，车辆将短时间内漂移到逆风状态，然后转向迎风面并逆风行驶。如图 6-20 所示为某辆轿车在侧向阵风作用下的运动仿真结果。

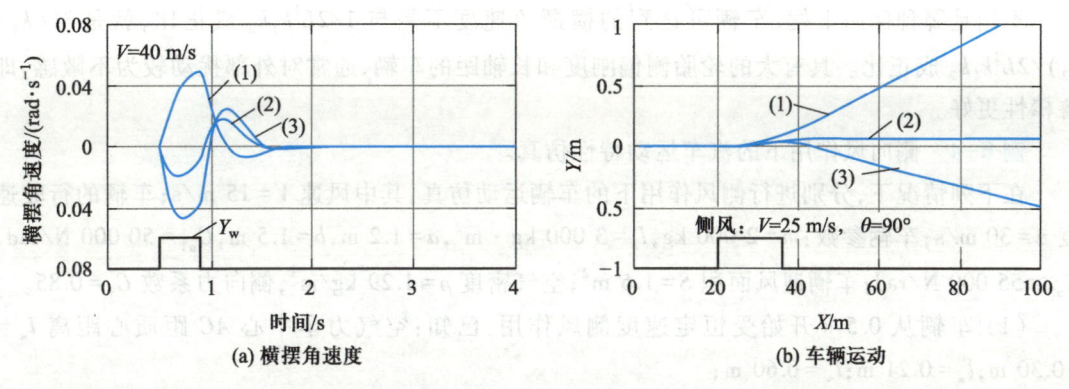

图 6-20 某辆轿车在侧向阵风作用下的运动仿真结果

4. 结论

在侧向风作用下，车辆的运动主要取决于中性转向点 NSP 和空气动力学中心 AC 的位置。特别地，当外部侧向力作用于车辆质心时，车辆在外部侧向力作用下的运动响应取决于车辆质心和中性转向点 NSP 的位置。受侧向干扰情况下车辆的运动如表 6-2 所示。

表 6-2 受侧向干扰情况下车辆的运动

	车辆运动
定风速侧风	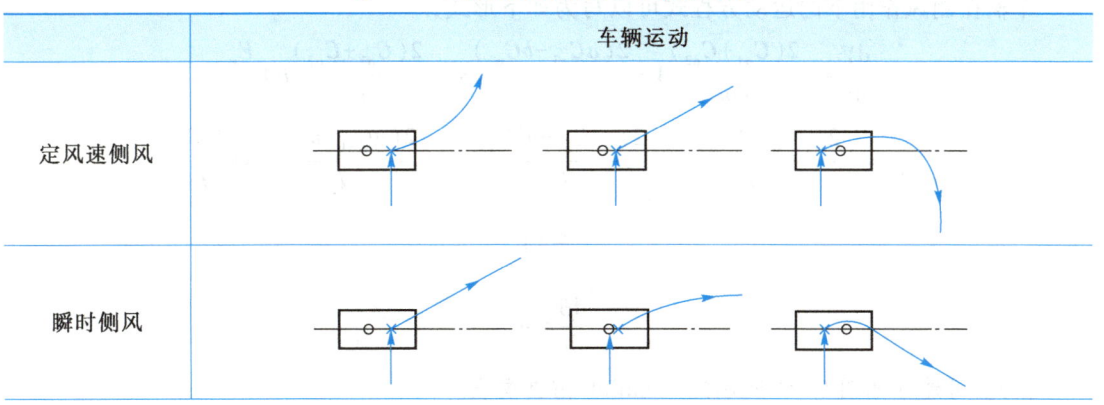
瞬时侧风	

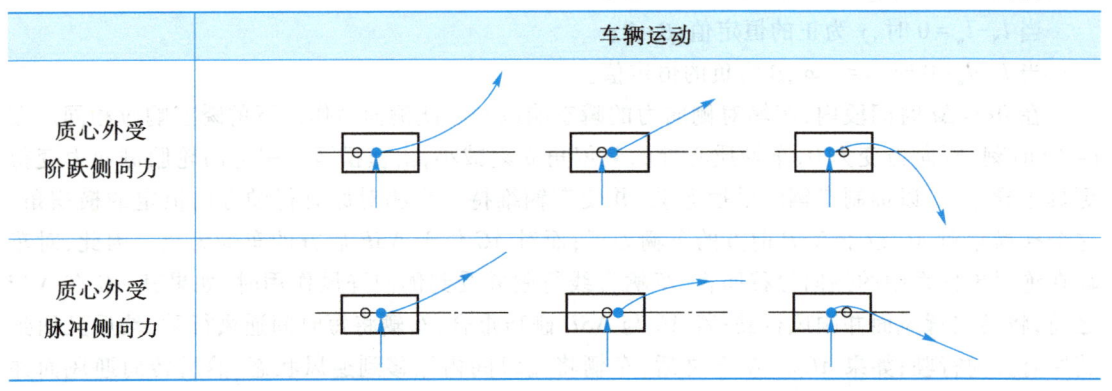

续表

注：●—CG；○—NSP；×—AC。

不论是哪种侧向干扰，车辆可达到的横摆角速度不是与 $1/2L^2k_1k_2$ 成正比，就是与 $(k_1+k_2)/2L^2k_1k_2$ 成正比。具有大的轮胎侧偏刚度和长轴距的车辆，通常对外部扰动较为不敏感，即鲁棒性更好。

例 6-4 侧向风作用下的汽车运动特性仿真。

在下列情况下，分别进行侧风作用下的车辆运动仿真，其中风速 $V=15$ m/s；车辆的行驶速度 $u=30$ m/s；车辆参数：$m=2\,000$ kg，$I_z=3\,000$ kg·m^2，$a=1.2$ m，$b=1.5$ m，$C_{\alpha 1}=50\,000$ N/rad，$C_{\alpha 2}=55\,000$ N/rad；车辆迎风面积 $S=1.6$ m^2；空气密度 $\rho=1.29$ kg/m^3；侧向力系数 $C_y=0.85$。

（1）车辆从 0.5 s 开始受恒定速度侧风作用，已知：空气力学中心 AC 距质心距离 $l_w=-0.30$ m；$l_w=0.21$ m；$l_w=0.60$ m；

（2）车辆从 0.5 s 开始受持续 0.5 s 的侧向阵风作用，已知：$l_w=-0.30$ m；$l_w=0.21$ m；$l_w=0.60$ m。

解：

由题意得，风力 F_w 为

$$F_w = C_y \frac{\rho}{2} S(V^2+u^2)$$

车辆在侧风作用下的运动方程式可以写为如下形式：

$$\frac{dV}{dt} = -\frac{2(C_{\alpha 1}+C_{\alpha 2})}{mu}V - \frac{2(aC_{\alpha 1}-bC_{\alpha 2})}{mu}\omega_r + \frac{2(C_{\alpha 1}+C_{\alpha 2})}{m}\beta + \frac{F_w}{m}$$

$$\frac{d\omega_r}{dt} = -\frac{2(aC_{\alpha 1}-bC_{\alpha 2})}{I_z u}V - \frac{2(a^2 C_{\alpha 1}-b^2 C_{\alpha 2})}{I_z u}\omega_r + \frac{2(aC_{\alpha 1}-bC_{\alpha 2})}{I_z}\beta + \frac{l_w F_w}{I_z}$$

$$\frac{dy}{dt} = V$$

$$\frac{d\beta}{dt} = \omega_r$$

据此，可建立如图 6-21 所示的 Simulink 仿真模型。

在 MATLAB 软件中进行参数设置如下：

6.2 线性二自由度汽车操稳性模型 | 247

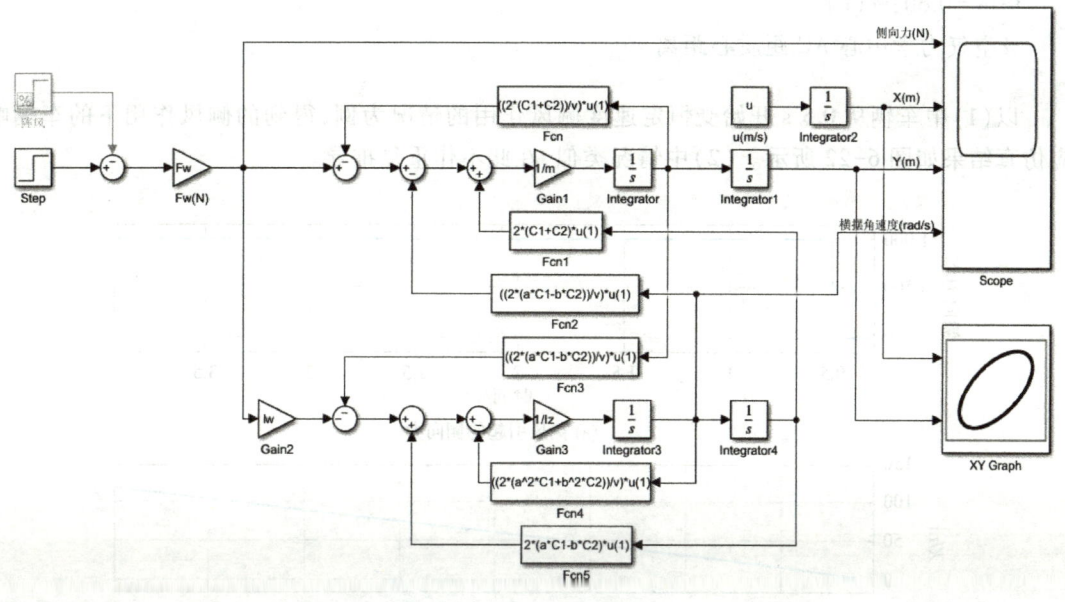

图6-21 Simulink仿真模型

```
m = 2000;%质量
Iz = 3000;%转动惯量
a = 1.2;%前轮距质心距离
b = 1.5;%后轮距质心距离
L = a+b;%轴距
C1 = 50000;%前轮侧偏刚度
C2 = 55000;%后轮侧偏刚度

dt = 0.001;%仿真频率
tf = 4.0;%仿真时长
v = 30;%车速
V = 15;%风速
Cy = 0.85;%侧向力系数
p = 1.29;%空气密度
S = 1.6;%迎风面积
Fw = Cy * 0.5 * p * S * ( V^2+u^2);%侧向力


lw = -0.30;%(a)
%lw = 0.21;%(b)
```

%lw = 0.60;%(c)
%空气力学中心 AC 距质心距离

以(1)中车辆从 0.5 s 开始受恒定速度侧风作用的情况为例,得到的侧风作用下的车辆响应仿真结果如图 6-22 所示。(2)中情况类似,在此不作重复推导。

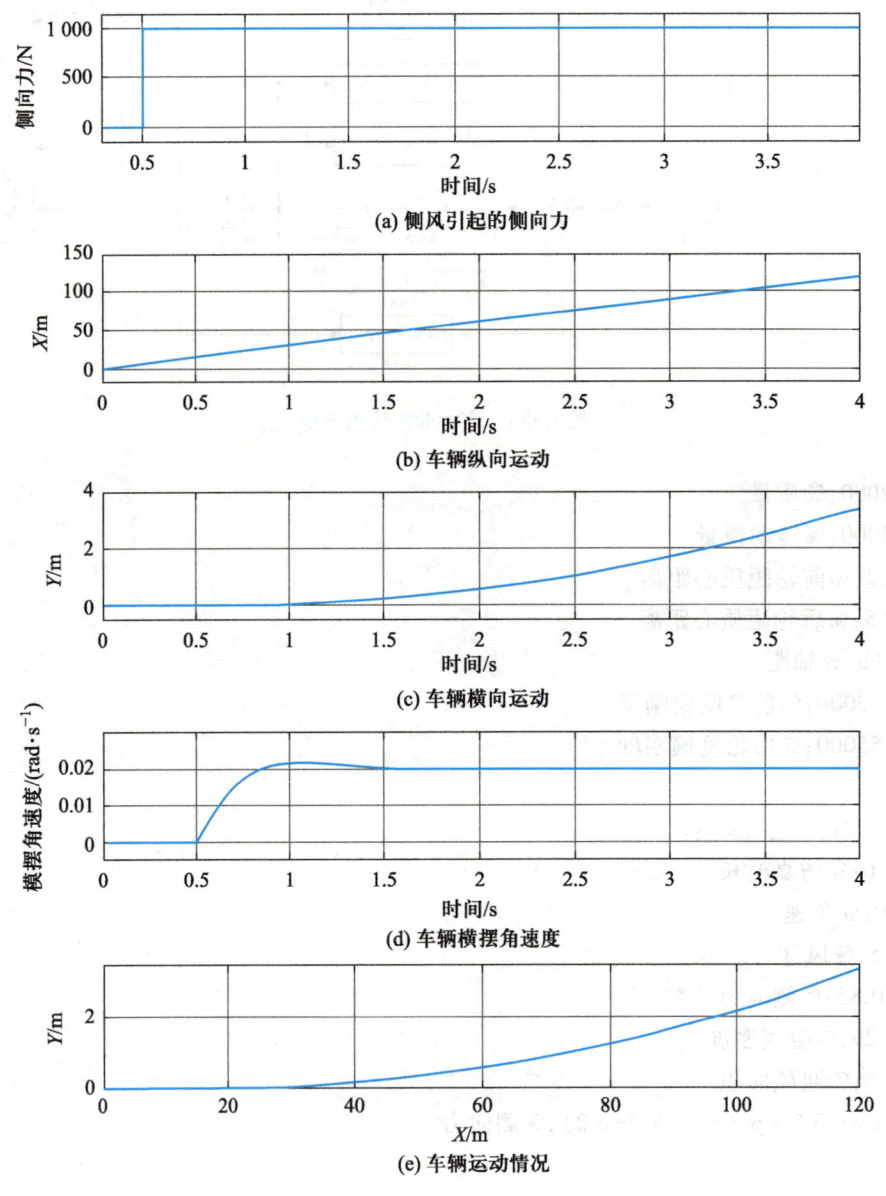

图 6-22 侧风作用下的车辆响应仿真结果

6.2.6 电动汽车的操纵稳定性

车辆动力学性能取决于车辆的参数,如轴距与轮距、质量分布、横摆惯量、重心高度等。就操纵稳定性而言,长轴距通常对应着较好的横摆稳定性,同时意味着车辆的响应灵敏度降低,即操纵性变差。长轴距也意味着更好的侧翻稳定性。平坦路面的侧翻稳定性通常以双轮离地为判断标准。因为车身的柔性,长轴距车辆更不容易出现双轮离地的现象。

在同样重心高度下,转弯时宽轮距车辆的侧向载荷转移更小,内外侧轮胎都能更好地产生侧向力,轴转弯能力损失更小,因此前轮转弯能力更强,后轮更为稳定。宽轮距车辆弹簧和减振器的杠杆比更高,在同样垂向刚度和阻尼比的情况下,车身的侧倾角和侧倾角速度更小,增加了侧倾稳定性。由于转弯时侧向载荷转移更小,双轮离地的可能性降低,提高了抗侧翻性能。

降低整车重量,使得轮胎尽可能工作在侧偏刚度-垂向力曲线的线性部分,同时横向载荷转移时轴转向能力损失较小,这些都有助于获得更为线性而敏捷的转向响应和更为稳定的抓地能力。前轮胎承载与车辆总重量的百分比定义为前轴荷占比。稳态转弯希望前后轴荷比接近 50∶50,这样两个轮胎都能发挥最佳潜力。如果前轴太重,则车辆易于"推头";后轴太重,车辆容易"甩尾"。

重心高度对车辆操纵稳定性的重要性毋庸置疑。在抗侧倾和侧翻方面,降低重心高度和增加轮距有相似效果,相同弹簧刚度和稳定杆直径对应的侧倾梯度降低,或者维持相同的侧倾梯度可以使用更小直径的稳定杆,降低重量。降低重心高度可以降低横向载荷转移,减少轴转弯能力的损失,提高稳态定圆行驶的最高车速。在极限情况下,降低重心高度可以增加抗侧翻能力。

整车横摆转动惯量 I_z 和操纵稳定性能强相关。横摆转动惯量越大,产生车身横摆需要的时间越长,因为在横摆方向加速车辆的难度越大。另外,因为惯量大,横摆运动容易超调,收敛时间更长。可以用横摆动态指数(YDI)来描述横摆惯量、整车质量以及重心位置的关系。当重心位于车辆中心时(即 $a=b$),同样的转动惯量和质量下,横摆动态指数越小,转向输入下横摆和侧向响应越快,车辆的响应灵敏度增加,稳定性提高。其中,横摆动态指数(YDI)定义为

$$YDI = \frac{I_z}{ab(M_f + M_r)} \tag{6-38}$$

电动汽车的动力电池组、驱动电机和电机控制器取代了传统燃油车的发动机、变速器、油箱和排气系统,结构上更为简单。布置上最大的不同是动力系统横向布置空间需求大为降低,不再需要在前后轴之间用刚性联轴器传递动力,不再需要为排气系统留出布置空间。布置于车身下的动力蓄电池系统使得地板可以尽可能做平,整车重心得以降低,有助于提升操纵性能。柔性线束传递动力,使得驱动方式的选择更加灵活。在现阶段电池能量密度下,为增加续航里程,需要尽可能地增加电池包布置空间。在总车长给定的情况下,尽可能增加电池包长度,必然导致电动车辆前后悬架尺寸的减小从而增加轴占比(轴距占车总长的比例),这可以降低横摆惯量,有助于操纵性能的提升。在长度方向电池尺寸的增加使得纵向布置更紧凑的悬架更为适用。在宽度方面,电池包尺寸的增加可能导致某些悬架形式布置上的挑战,如四连杆独立悬架纵臂可能和电池的布置有冲突。

6.3 悬架 K&C 特性及其对操稳性的影响

线性二自由度汽车操稳性模型忽略了悬架与转向系统及纵向力的作用,由分析可知稳定性因数 K 与稳态时前、后轮侧偏角的绝对值有关,轮胎弹性侧偏角绝对值的大小只考虑了整车质心位置及车轮无外倾角、载荷无变化且无纵向力条件下的侧偏刚度。实际上汽车沿曲线行驶时,前、后轴左、右两侧车轮的垂直载荷会发生变化;车轮常有外倾角,且由于悬架导向杆系的运动及弹性元件的变形,外倾角将发生变化;此外车轮上还受到纵向作用力的影响。这些因素改变了轮胎的侧偏刚度和外倾侧向力,从而影响轮胎侧偏角的大小。同时,位于悬架上的车身在曲线行驶时将发生侧倾,即使转向盘转角固定不动,由于车身侧倾时前悬架导向杆系和转向杆系的运动及变形,前车轮轮辋平面也可能发生绕主销的小角度转动。车身侧倾时后悬架导向杆系的运动及变形,也会令后轮轮辋发生绕垂直于地面轴线的小角度转动。这种车轮轮辋平面的转动称为侧倾转向与变形转向,它们与轮胎的侧偏角叠加在一起,决定了汽车的转向运动。因此,汽车前、后轮总侧偏角应当考虑垂直载荷与外倾角变动等因素的影响,以及侧倾转向和变形转向的影响。这些因素不仅与汽车质心位置和轮胎特性有关,而且与悬架、转向和传动系的结构形式及其结构参数有很大关系。为了更准确地分析汽车的操纵稳定性响应,必须考虑悬架、转向和传动系统对前、后轮侧偏角的影响。

6.3.1 悬架 K&C 特性及其参数

K 是 Kinematics 的缩写,指不考虑质量或力的悬架运动特性;C 是 Compliance 的缩写,指对悬架受力后产生变形的柔度(即刚度的倒数),反映了悬架在受力时的变形情况。K&C 用于描述悬架和转向系统几何结构的运动特性,以及由于弹簧、横向稳定杆弹性衬套和部件变形引起的变形特性。悬架的 K&C 特性是指车身运动(运动特性)、轮胎接地面纵向力或侧向力的变化(变形特性)或方向盘旋转(转向特性)导致的悬架参数变化的特性,可以简称为悬架的运动与变形特性。

轮跳运动参数包括:轮距、轴距、车轮外倾角、车轮前束角、主销内倾角、主销后倾角以及相应参数梯度,如车轮外倾角梯度、车轮前束角梯度等。各参数运动特性描述的是车轮在给定的悬架行程下跳动时,相应参数的变化及其变化率。如车轮外倾角运动特性就是描述悬架跳动行程引起的车轮外倾角变化;车轮外倾角梯度描述的是悬架跳动行程导致的车轮外倾角变化率。

侧倾运动参数包括悬架侧倾中心、悬架侧倾中心高度、侧倾(车轮)外倾及其梯度、侧倾(主销)内倾及其梯度、侧倾(主销)后倾及其梯度、侧倾(车轮)转向及其梯度。各参数运动特性描述的是给定车身侧倾角时导致的相应参数的变化及其变化率,如悬架侧倾外倾是指在给定车身侧倾角度时车轮外倾角变化;悬架侧倾外倾梯度是指在给定的车身侧倾角下,车轮外倾角相对于车身侧倾角的变化率。

转向运动参数包括转向(车轮)外倾及其梯度、转向(主销)后倾及其梯度。各参数运动特性是指该参数在给定转向角位移时的参数变化及其变化率,如转向外倾特性是指在给定转向角下,车轮外倾角的变化;转向外倾梯度特性是指在给定转向角下,车轮外倾角相对于转向角的变化率。

变形特性参数包括变形(车轮)外倾角及其系数、变形(车轮)转向及其系数、车轮中心的侧向变形、车轮接地中心的侧向变形、车轮中心的纵向变形、车轮转动变形、车轴转动变形。各参数的变形特性是指由于轮胎受力或力矩作用使悬架部件、转向部件或车辆结构变形而导致的悬架参数的变化,如变形外倾角是指由于轮胎受力或力矩作用使悬架部件、转向部件或车辆结构变形而产生的车轮外倾角变化;变形外倾系数是指该车轮外倾角的变化相对于轮胎力或力矩作用的变化率。

6.3.2 车轮跳动时悬架运动特性

1. 车轮外倾角

车轮外倾角是车轮中心平面与道路平面垂直线之间的夹角。如果车轮上部向外倾斜,车轮外倾角 γ 为正值,如图 6-23 所示。

独立悬架的缺点之一是在转弯时车轮随着车身而倾斜,即外侧车轮的外倾角将趋于正值,而内侧车轮外倾角将趋于负值,从而降低了外侧轮胎的侧偏性能。为消除这一影响,汽车悬架常设计成车轮上跳时外倾角朝负的方向变化,而下落时朝正的方向变化。车身位置与车轮外倾角的变化如图 6-24 所示。

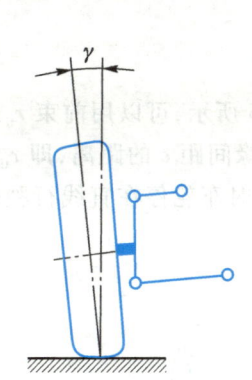

图 6-23 车轮的外倾角

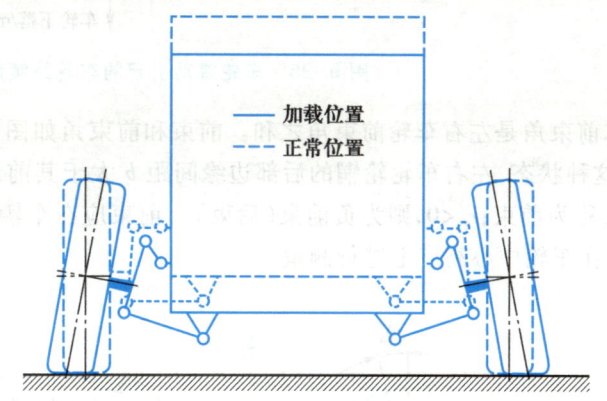

图 6-24 车身位置与车轮外倾角的变化

不同的独立悬架型式车轮跳动引起的车轮外倾角变化不同,如图 6-25 所示。Honda 前悬架采用的是双横臂式独立悬架,BMW3 系列采用的是麦弗逊式独立悬架,Mercedes 采用的是滑柱式独立悬架。结果说明,Honda 的双横臂式独立悬架在车轮上跳时快速朝负外倾角方向变化,可获得较好的轮胎侧偏特性,体现了双横臂式独立悬架的优点。麦弗逊式独立悬架和滑柱式独立悬架的车轮外倾角随着车轮的上跳其变化方向相反,这是不利的。车轮下落时,外倾角向正值方向变化,使内侧车轮承受侧向力的能力提高。

2. 车轮前束和前束角

前束角 δ_s 是指汽车在空载静止状态下,其纵向中心平面与车轮中心平面和地面的交线之间的夹角。如果车轮的前部靠近汽车纵向中心平面,则前束角为正值;反之则为负值(后束

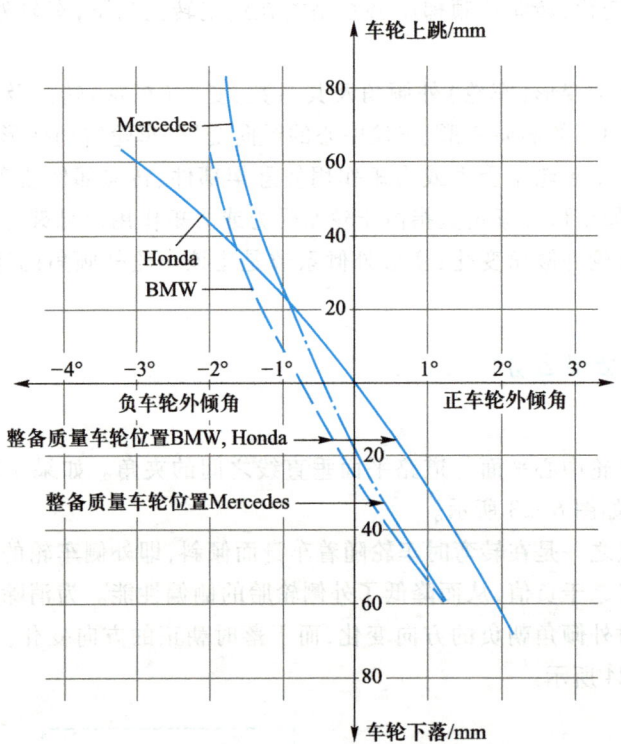

图 6-25　车轮跳动引起的车轮外倾角变化

角)。总前束角是左右车轮前束角之和。前束和前束角如图 6-26 所示,可以用前束 r_{ti} 来定义车轮的这种状态,左右车轮轮辋的后部边缘间距 b 大于其前部边缘间距 c 的距离,即 $r_{ti}=b-c$。若 $r_{ti}>0$,称为前束;$r_{ti}<0$,则为负前束(后束)。前束应在车辆空载时车轮停在直线行驶位置的状态下,在车轮中心高度上进行测量。

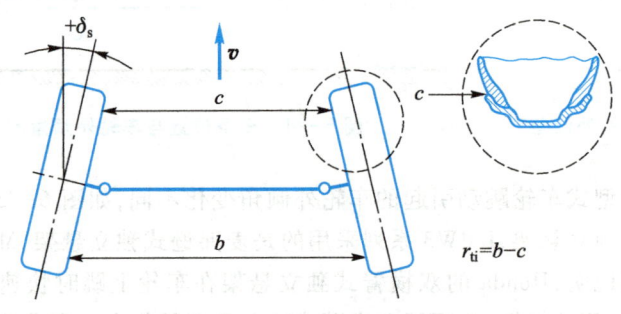

图 6-26　前束和前束角

汽车行驶中车轮会上下跳动,前束也会随之变化,如图 6-27 所示。曲线 1 所示的车轮在下落和上跳时都不出现前束值的变化,是一种理想状态,实际中难以实现。通过悬架设计,可以将前束的变化设计为有利于汽车不足转向的行驶特性。悬架转向拉杆的位置对前束的影响较大。对于常见的双横臂式独立悬架,若转向梯形后置,横拉杆太短就会导致车轮跳动时前束减小甚至变为后束,如图中曲线 2 所示;横拉杆太长会导致前束进一步变大,如图中曲线 3 所示。如果转向拉杆的长度合适,但若内侧的转向节球铰较高(或外侧球铰较低),在车轮下落时其后侧被向内拉住,出现后束,而当车轮上跳时出现前束,如图中曲线 4 所示。若内侧球铰较低,则情况正好相反,如曲线 5 所示。前置梯形时出现的情况与后置梯形的情况相反。

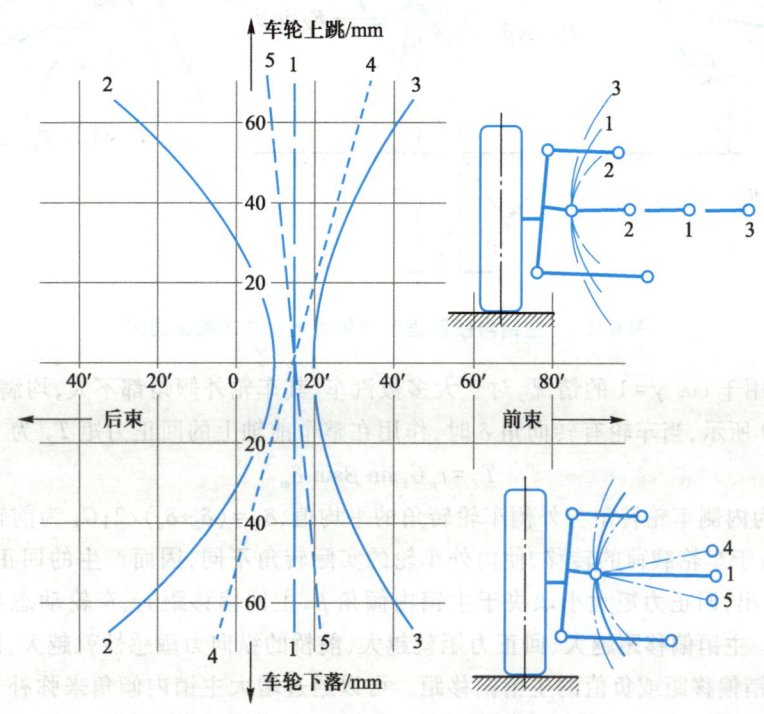

图 6-27 汽车行驶中前束的变化

3. 主销内倾角和主销偏移距

主销内倾角是指转向节轴线 EG 与垂直于路面的纵向平面间夹角在横向垂直平面内的投影 β,主销偏移距是指转向节轴线与路面的交点至车轮中心平面与路面的交线之间的距离 r_s,如图 6-28 所示。

(1) 垂直力臂 r_n

路面对车轮的法向作用力 F_Z,将其沿作用方向移动到车轮中心,并沿平行于转向节轴线和垂直于转向节轴线的方向分解为 $F_z \cos\beta$ 和 $F_z \sin\beta$,如图 6-29 所示。

如果主销有后倾角,则应沿后倾角方向继续分解。力分解点到转向节轴线的距离为垂直力臂 r_n 为

$$r_n = (r_s + r_{dyn} \tan\beta) \cos\beta \quad (6-39)$$

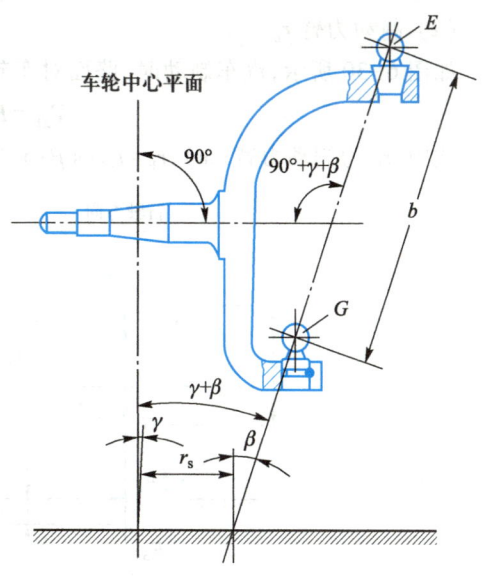

图 6-28 主销内倾角和主销偏移距

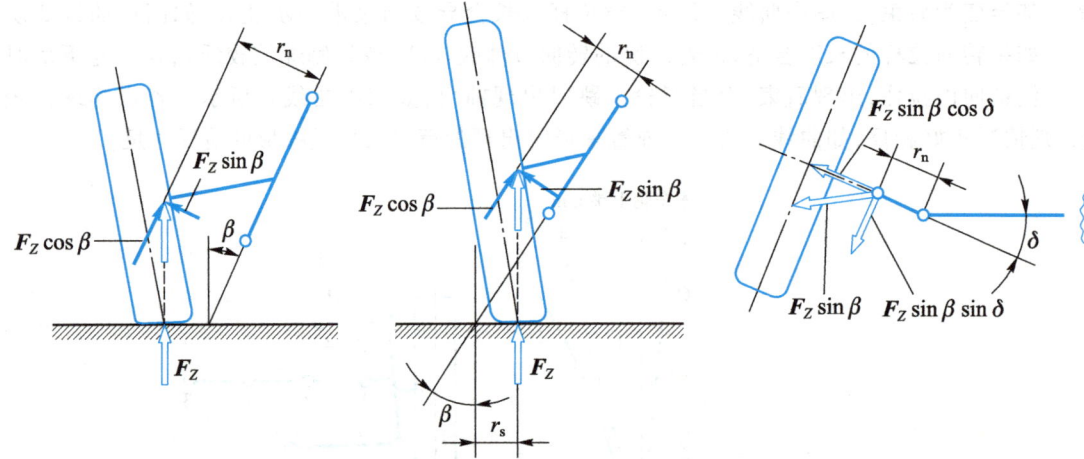

图 6-29 主销内倾使垂直作用力产生车轮回正力矩

该公式适用于 $\cos \gamma = 1$ 的情况,对于大多数汽车,其车轮外倾角都不大,均满足该要求。

如图 6-29 所示,当车轮有转向角 δ 时,作用在整个前轴上的回正力矩 T_Z 为

$$T_Z = r_n G_F \sin \beta \sin \delta_m \tag{6-40}$$

式中,δ_m 为内侧车轮转角与外侧车轮转角的平均值,$\delta_m = (\delta_i + \delta_o)/2$;$G_F$ 为前轴载荷。

转向时,由于车轮载荷的转移,使内外车轮的实际转角不同,因而产生的回正力矩也不同。从式(6-40)看出,回正力矩大小取决于主销内倾角 β、主销偏移距 r_s、车轮动态半径 r_{dyn}、轴荷 G_F 和转向角 δ。主销偏移距越大,回正力矩就越大,前桥的纵向力敏感性就越大,因此一般建议采用较小的主销偏移距或负值的主销偏移距。可以通过增大主销内倾角来弥补车轮回正力矩的下降,但这又带来了转向时外侧车轮外倾角向正值方向增大的缺点。同时,也必须提供更大空间给悬架杆系。

(2) 制动力臂 r_b

如图 6-30 所示,汽车制动时,路面对车轮的制动力 F_B 绕转向节轴线 EG 产生力矩 T_{Zb}。

$$T_{Zb} = F_B \cos \lambda \cdot r_b \tag{6-41}$$

式中,r_b 为制动力臂(m),$r_b = r_s \cos \beta$;λ 为主销后倾角。

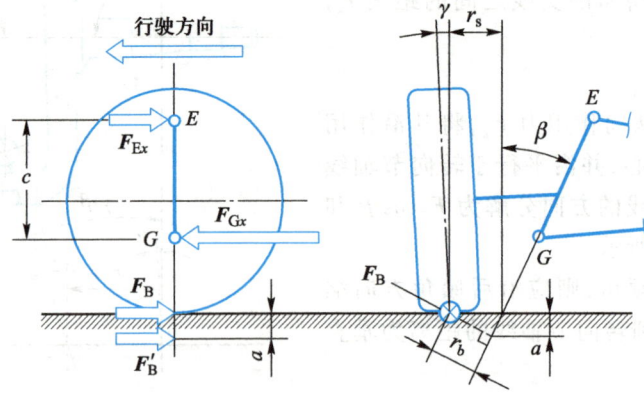

图 6-30 制动力绕主销产生的力矩

可见主销偏移距 r_s 越大,力矩 T_{Zb} 就越大,前轮左右制动力不平衡对转向产生的影响就越大,这也是 r_s 尽可能小或为负值的原因所在。麦弗逊式悬架的主销内倾角和偏移距力矩如图 6-31 所示。在汽车制动时,若前轴两侧车轮的制动力不同,将产生横摆力矩,采用正的主销偏移距将加大车身横摆的趋势,采用负的主销偏移距,将抑制车身的横摆,有利于汽车行驶的稳定性。这种现象也称为负主销偏移距的反转向效应。

在制动力 F_B 的作用下,转向节铰接点 E 和 G 要产生反作用力 F_{Ex} 和 F_{Gx}。为确定其大小,将 F_B 沿着制动力臂移动到转向节轴线的延长线上,如图 6-30 所示。当主销偏移距 r_s 为正值时,F_B 移动到路面以下 a 处成为 F_B'。

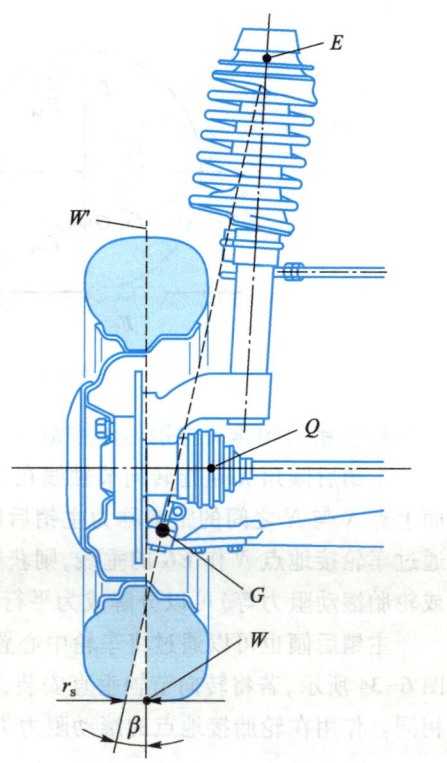

$$a = r_b \sin\beta = r_s \cos\beta \sin\beta \quad (6-42)$$

当主销偏移距 r_s 为负值时,F_B' 移动到路面以上。根据受力平衡可知,转向节下铰接点 G 的受力最大,$F_{Gx} = F_B + F_{Ex}$。

若制动力来源于传动系,则制动力矩通过传动轴向驱动装置传递,并在发动机支撑上产生附加反力。此时,作用在车轮接地点的制动力 F_B 可以移到车轮中心(如路面滚动阻力)。车轮上的制动力矩由传动

图 6-31 麦弗逊式悬架的主销内倾角和偏移距力矩

轴承受,而轴承座只将纵向力传递给悬架杆系。作用在车轮中心的制动力 F_B' 相对于转向轴线形成力矩 T_{Zb},这个力矩在主销偏移距 $r_s = 0$ 时也存在,当 r_s 为负值时,$F_{Gx} = F_{Ex} - F_B$。

$$T_{Zb} = F_B \cos\lambda \cdot r_a \quad (6-43)$$

式中,r_a 为纵向力臂(m),$r_a = r_s \cos\beta + r_{dyn} \sin(\beta+\lambda)$。

由于 $r_a > r_b$,因此当制动器位于传动系中,制动力 F_B 产生的力矩 T_{Zb} 更大,对转向的影响更明显,但在转向节下球铰的支反力 F_{Gx} 明显变小。受力分析时,F_B 的作用点将平移到车轮中心并下移 a 的位置,成为 F_B'。其中 $a = r_a \sin\beta$。对于 F_{Gx} 的计算,可以参照图 6-30 所示的原理进行,可以得出:$F_{Gx} = F_B - F_{Ex}$。

(3) 纵向力臂 r_a

纵向力臂和主销位置的关系如图 6-32 所示,行驶中始终存在滚动阻力 F_f,相对于转向轴线也产生力矩 T_{Zf},$T_{Zf} = F_f \cos\lambda \cdot r_a$。该力矩使车轮产生后束趋势,并由转向横拉杆承受,左右相互抵消。当左右两侧力矩相同时,汽车直线行驶;当它们不同时,汽车单侧受拉而影响转向。轮胎的滚动周长不同或左右的角度 $\beta+\gamma$ 存在偏差,就可能产生这种现象。

前轮驱动的汽车在其前轮接地点同样会产生驱动力 F_t,其方向与制动力方向相反,但也必须移到车轮中心研究其对转向的影响,纵向力臂的影响明显。

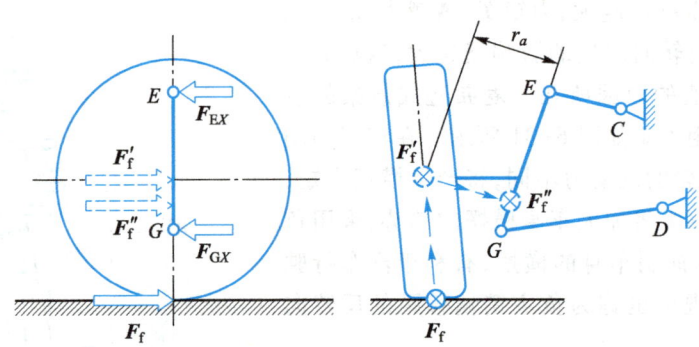

图 6-32 纵向力臂和主销位置的关系

4. 主销后倾角和主销后倾拖距

主销后倾角 λ 是指转向节轴线在 xz 平面上的投影与过车轮中心的垂直线之间的夹角,地面上点 K 与 N 之间的距离称为主销后倾拖距 r_k,主销后倾角和主销后倾拖距如图 6-33 所示。通过车轮接地点 N 作 EG 的垂线,则获得侧向力臂 r_{ks}。作用在轮胎接地点的纵向力(如制动力或轮胎滚动阻力等)可以分解成为平行于转向轴线投影的分量和垂直于投影线的分量。

主销后倾也可以通过将车轮中心置于转向节轴之后来实现,车轮后拖距和主销后拖距如图 6-34 所示,若将转向节轴垂直安装,则车轮后拖距 r_w、主销后倾拖距 r_k 和侧向力臂 r_{ks} 三者相同。作用在轮胎接地点的滚动阻力 F_f 可移动到车轮中心进行计算。

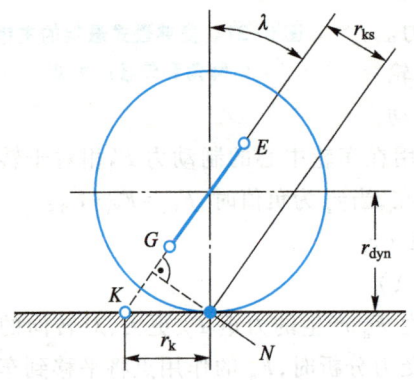

图 6-33 主销后倾角和主销后倾拖距

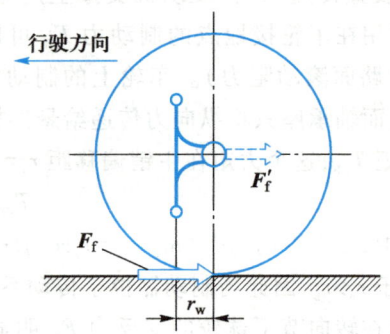

图 6-34 车轮后拖距和主销后倾拖距

前驱汽车的驱动力使轮胎回正力矩增大,可采用主销前倾,如图 6-35 所示。将转向节反向倾斜一个角度 $-\lambda$,形成主销前倾,即有负的主销后倾角 $-\lambda$ 和负的主销后倾拖距 $-r_k$,其缺点是转向时车轮外倾角向正值方向增大。当角度 $-\lambda$ 较小时,轮胎拖距 r_w 可抵消前倾拖距 $-r_k$。后独立悬架的车轮支架不是转向轴,可以采用主销前倾,以便获得侧向力的不足转向特性。

前驱汽车的驱动力使轮胎的回正力矩增大,轮胎侧偏引起接地面变形,如图 6-36 所示,也可以通过将转向轴 EG 移到车轮中心之后,并有正的主销后倾角,此时车轮后拖距为负值 $-r_w$,负车轮后拖距和主销后倾角如图 6-37 所示。通过采用负的车轮后拖距可以改善悬架的性能,主销后倾拖距相应减小 r_w,转向时车轮外倾角的变化也更加合理。

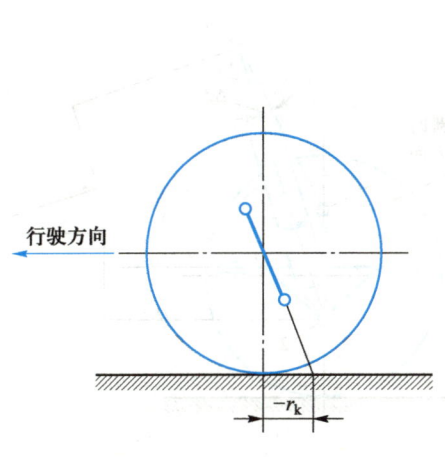
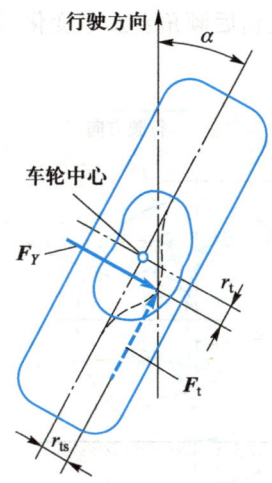

图 6-35　主销前倾　　　　图 6-36　轮胎侧偏引起接地面变形

设计时往往将正的主销后倾角 λ 和负的车轮后拖距 $-r_w$ 组合使用的原因如下：

(1) 主销后倾拖距 r_k 更小，减小了路面不平度对转向的影响；

(2) 增大了转向时车轮外倾角 γ 的变化。

轿车前排乘坐 2 人，车身几乎平行下沉，主销后倾角变化很少。如果后排乘坐 2 或 3 人以及在车尾行李箱中加载，则后轴下落量大于前轴，车轮跳动引起主销后倾角的变化如图 6-38 所示。主销后倾角也增大了一个同样大小的角度 $\Delta\lambda$，这是汽车满载时转向盘变重的主要原因。

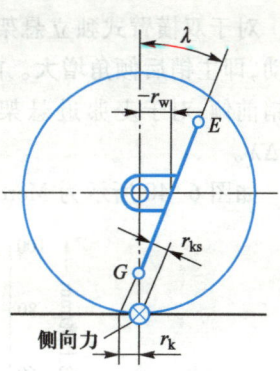

图 6-37　负车轮后拖距和主销后倾角

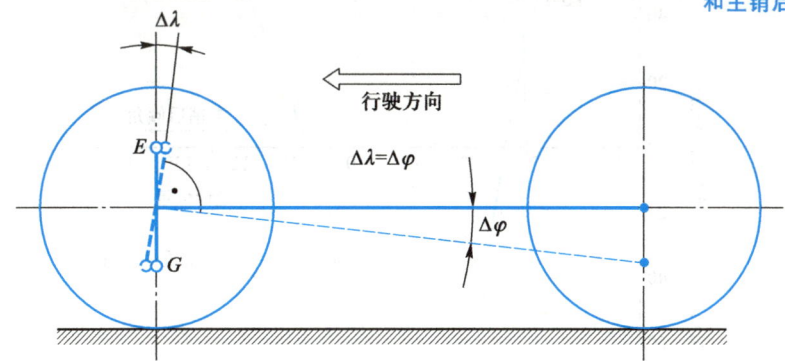

图 6-38　车轮跳动引起主销后倾角的变化

在双横臂式独立悬架中，两根横臂的转动轴线通常是相互平行的，这时车轮跳动过程中主销后倾角不发生变化。如果麦弗逊式独立悬架的减振器轴线与下摆臂转动轴线相互垂直，则主销后倾角不发生变化。相反，当横臂转动轴线之间或减振器轴线与下横臂之间的关系与上述情况不同时,主销后倾角会发生变化,如图6-39所示。

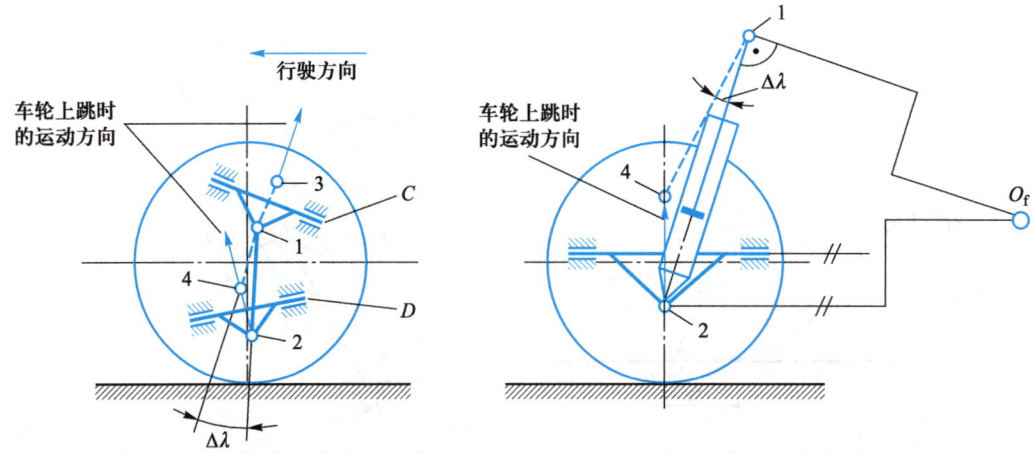

图6-39 车轮跳动时主销后倾角的变化

对于双横臂式独立悬架,当前轮上跳时,转向节的上球铰点1向后移动,而下铰点2向前移动,即主销后倾角增大。前轮下落时会引起相反的运动,主销后倾角减小,甚至变为负值,即主销前倾;对于麦弗逊悬架,球铰点2移动到点4,固定于点1的减振器被压缩,产生转动角$\Delta\lambda$。

如图6-40所示为Mercedes 190E、VW Polo和Fiat Uno三种乘用车实测的车轮行程的变化

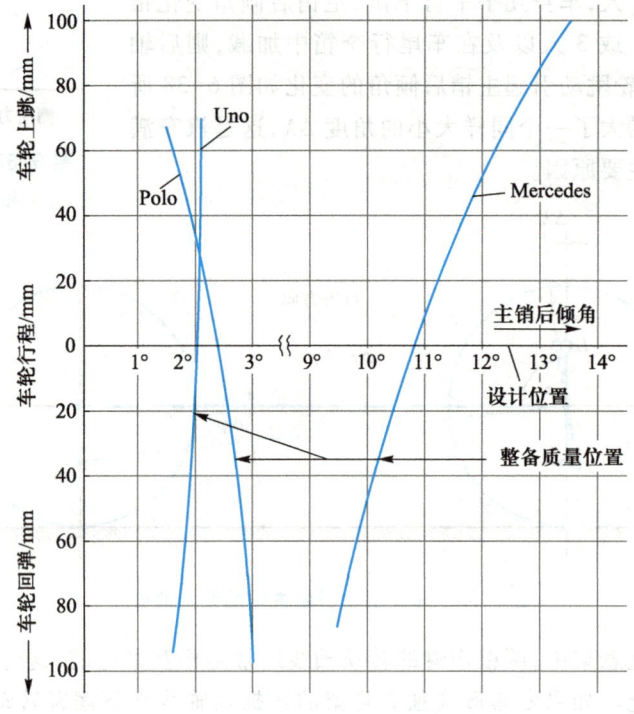

图6-40 三种乘用车实测的车轮行程的变化引起的主销后倾角的变化

引起的麦弗逊式独立悬架主销后倾角的变化曲线。Mercedes 车的麦弗逊悬架具有较大的主销后倾角,在车轮上跳时主销后倾角增大(与如图 6-39 所示结构类似),具有递增的抗制动纵倾特性。在 Fiat 车的悬架中不存在抗制动纵倾性,其转向节轴线几乎垂直布置。Polo 车的悬架会助长制动下沉,制动越剧烈,下沉量越大。其原因是弹簧柱垂直布置且前置的横向稳定杆杆身的安装位置较高,导致纵倾中心位于车桥前方,因此具有助长制动纵倾的不利特点。对于 Mercedes 车,车身外侧车轮上跳时,主销后倾角增大,侧向力臂增大,因此前桥存在与车速有关的侧向力不足转向特性。

6.3.3 车身侧倾时的悬架运动特性

1. 悬架的侧倾中心及侧倾轴线

对于常见的汽车来说,整车可以分成以悬架系统为结合元件的弹簧阻尼系统,其车身质量和悬架系统中与车身铰接的部分杆件质量称为簧上质量,也称为簧载质量。悬架系统中剩余的质量和轮胎质量统称为簧下质量,也称为非簧载质量。汽车悬架侧倾中心是在通过汽车车轮中心的横向垂直平面内,汽车簧上质量受侧向力作用但不发生侧倾运动的点。汽车簧上质量围绕该点作侧倾运动,车桥与车身之间的作用力也通过该点。汽车前悬架与后悬架侧倾中心的连线称为侧倾轴线。

前后悬架侧倾中心的位置及侧倾轴线对于汽车的操纵稳定性有重要影响。侧倾中心的高度影响两侧车轮的负荷转移及由此产生的轮胎侧偏特性,进而影响汽车的操纵稳定性,同时也影响汽车的侧倾刚度。悬架的侧倾中心与悬架杆系的瞬时运动位置相关,当左右悬架具有相同的压缩和复原运动时,侧倾中心位置保持在汽车中心平面内变化;而实际左右悬架的运动很难一致,特别是汽车转向时,侧倾中心的位置在水平和垂直方向都将偏离汽车中心平面,导致悬架杆系支撑力的变化。适当降低侧倾中心的位置可以在一定程度上弥补这一负面影响。

对于独立悬架,后悬架的侧倾中心高度略高于前悬架。后轴采用非独立悬架的汽车侧倾时,由于弹簧支撑距与轮距相比有较大的缩短量,使车身的抗侧倾能力进一步下降,为此后轴非独立悬架的侧倾中心就要设计高一些,以提高抗侧倾能力。

(1) 双横臂式独立悬架的侧倾中心

如图 6-41 所示,将上、下横臂内外转动点的连线延长,得到极点 P 和 P 点的高度 h_P,将 P 点与车轮接地点 N 连接,即可在汽车轴线上获得侧倾中心 W。当横臂相互平行时,P 点位于无穷远处。作出与其平行的通过 N 点的平行线,同样可获得侧倾中心 W。当上下横臂轴不平行时,首先找到上下横臂轴与过球铰点车轮中心垂线平行线的交点,然后按照上述方法找到 P 点,将 P 点与车轮接地点 N 连接,即可在汽车轴线上获得侧倾中心 W,如图 6-42 所示。

双横臂式独立悬架的侧倾中心高度 h_W 为

$$h_W = \frac{B}{2} \cdot \frac{h_P}{k\cos\theta + d\tan\beta + a} \tag{6-44}$$

式中,$k = c\dfrac{\sin(90°+\beta-a)}{\sin(a+\theta)}$;$h_P = k\sin\theta + d$。

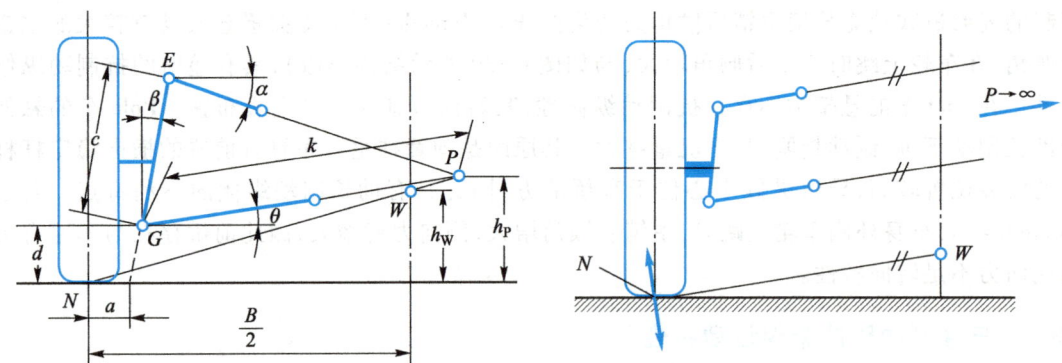

图 6-41　双横臂式独立悬架侧倾中心的确定

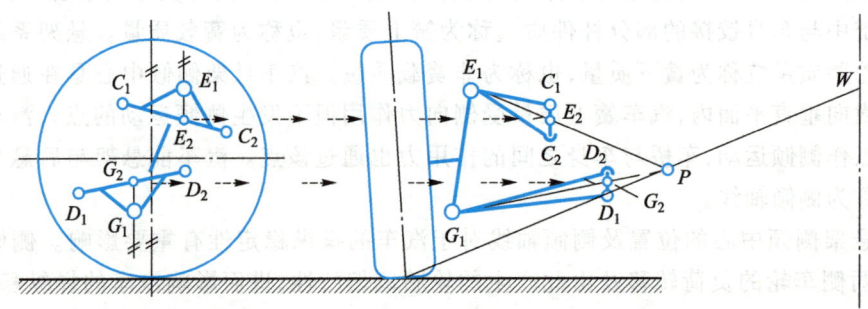

图 6-42　上下横臂轴不平行时侧倾中心的确定

（2）麦弗逊式独立悬架的侧倾中心

如图 6-43 所示,从悬架与车身的固定连接点 E 作活塞杆运动方向的垂直线并将下横臂线延长,两条线的交点即为极点 P。将 P 点与车轮接地点 N 的连线与汽车轴线相交,交点 W 即为侧倾中心。

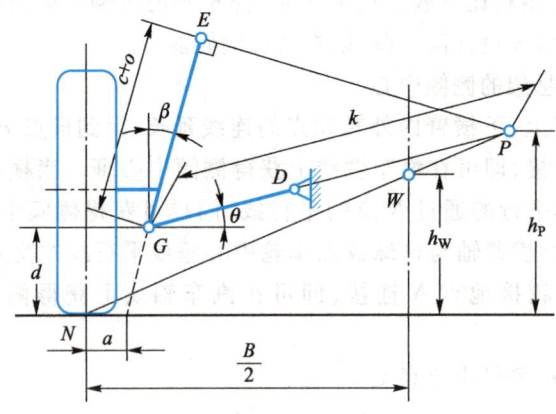

图 6-43　麦弗逊式独立悬架侧倾中心的确定

麦弗逊式独立悬架的弹簧减振器轴线 EG 布置得越接近垂直,下横臂 GD 布置得越接近水平,则侧倾中心 W 就越接近地面,从而使得在车轮上跳时车轮外倾角的变化不理想。

麦弗逊式独立悬架侧倾中心的高度 h_W 为

$$h_W = \frac{B}{2} \cdot \frac{h_P}{k\cos\theta + d\tan\beta + a} \tag{6-45}$$

式中，$k = \dfrac{c+o}{\sin(\theta+\beta)}$；$h_P = k\sin\theta + d$。

（3）单斜臂式独立悬架的侧倾中心

如图 6-44 所示，在悬架的俯视图上，固定连接点 E 和 G 连线并延长，与车轮轴线相交于 P_1 点。在悬架的前视图上，仍然连接 E 和 G 并延长，与 P_1 点拉下来的垂线相交于 P_2 点，即单斜臂式独立悬架的瞬时运动中心，该点与车轮接地点的连线与汽车中心线的交点即为单斜臂式独立悬架的侧倾中心 W。

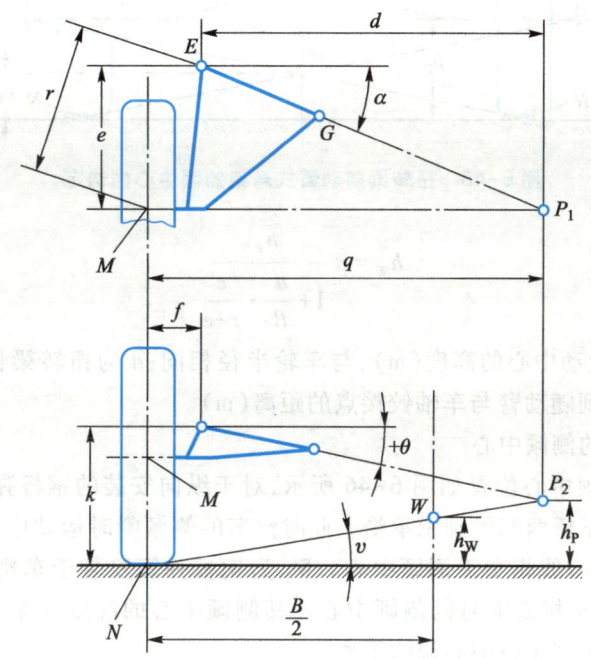

图 6-44　单斜臂式独立悬架侧倾中心的确定

单斜臂式独立悬架侧倾中心的高度 h_W 为

$$h_W = \frac{B}{2} \cdot \frac{h_P}{f+d} \tag{6-46}$$

式中，$h_P = k - d\tan\theta$；$d = e\cot\alpha$。

（4）扭转梁随动臂式悬架的侧倾中心

如图 6-45 所示，在悬架的俯视图上，首先找到悬架扭转梁的中心点 SM，通过扭转臂 O_1 或 O_2 与 SM 连线，并延长与车轮轴线相交于 P 点。在悬架的后视图上，通过 P 点和另一车轮接地点 N 连线，与汽车中心线相交于 W，即单斜臂式独立悬架的侧倾中心。扭转梁随动臂式悬架侧倾中心的高度 h_W 为

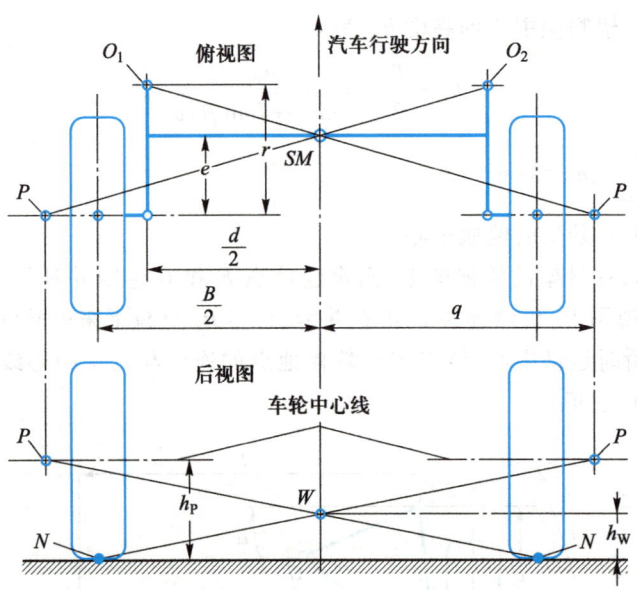

图 6-45 扭转梁随动臂式悬架侧倾中心的确定

$$h_W = B \frac{h_P}{1 + \frac{d}{B} \cdot \frac{e}{r-e}} \tag{6-47}$$

式中，h_P 为瞬时运动中心的高度（m），与车轮半径相同；d 为扭转梁长度（m）；r 为随动臂长度（m）；e 为扭转梁到随动臂与车轴铰接点的距离（m）。

（5）非独立悬架的侧倾中心

非独立悬架的侧倾中心位置如图 6-46 所示，对于纵向安装的钢板弹簧非独立悬架，汽车所受的侧向力完全由车桥两端的轴承承受。此时汽车的侧倾瞬时运动中心位于钢板弹簧中心线上，该线与汽车的中心线相交于侧倾中心。W_1 为钢板弹簧安装于车桥之上时的侧倾中心，W_2 为钢板弹簧安装在车桥之下时的侧倾中心。其侧倾中心的高度为车桥中心线的高度加上或减去钢板弹簧中心线到车桥中心线的距离。

钢板弹簧非独立悬架汽车为提高抗侧倾能力常安装横拉杆，此时的侧倾中心位置如图 6-47 所示。在汽车后视图上，横拉杆与车桥及车身的铰接点之间的连线与汽车中心线的交点为侧倾中心。

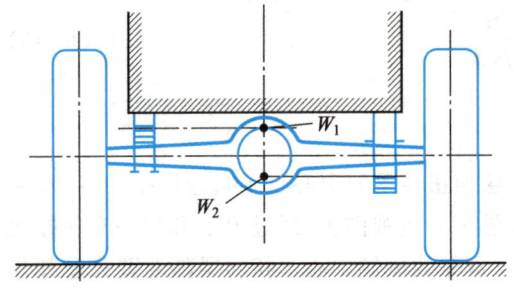

图 6-46 非独立悬架的侧倾中心位置

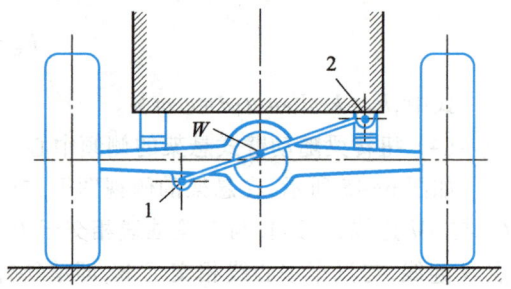

图 6-47 带横拉杆的非独立悬架的侧倾中心位置

2. 车身的侧倾角

当汽车受到侧向力时,车身绕侧倾轴线转动,此转动角度称之为车身侧倾角。车身侧倾角 Φ_r 的大小会影响汽车的横摆角速度稳态响应和瞬态响应。当侧向加速度一定时,过大的侧倾角使驾驶员感到不稳定、不安全,且会让乘客感到不舒适。侧倾角过小,悬架的侧倾角刚度大,汽车一侧车轮遇到凸起或凹坑时,车身内会感受到冲击,平顺性较差。

汽车作稳态圆周行驶时,车身侧倾角 Φ_r 大小取决于车身总侧倾力矩 $M_{\Phi r}$ 与悬架总角刚度 $\sum K_{\Phi r}$ 的大小,即 $\Phi_r = \dfrac{M_{\Phi r}}{\sum K_{\Phi r}}$。总侧倾力矩主要由下列三部分组成。

(1) 簧上质量离心力引起的侧倾力矩 $M_{\Phi r1}$

侧倾力矩的计算如图 6-48 所示。

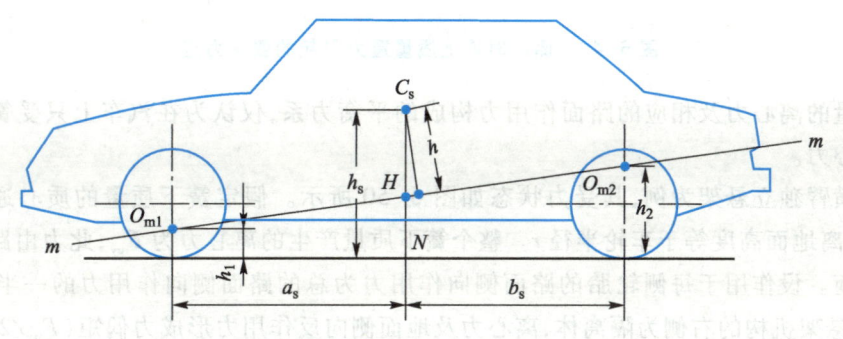

图 6-48 侧倾力矩的计算

汽车作匀速圆周行驶时,簧上质量 m_s 的离心力为

$$F_{sy} = m_s \frac{u^2}{R} = a_y G_s \tag{6-48}$$

式中,F_{sy} 为簧上质量 m_s 的离心力(N);a_y 为侧向加速度;G_s 为簧上质量重力(N)。

参看图 6-48,可得 F_{sy} 引起的侧倾力矩为

$$M_{\Phi r1} = F_{sy} h \tag{6-49}$$

式中,$M_{\Phi r1}$ 为 F_{sy} 引起的侧倾力矩(N·m);h 为簧上质量质心至侧倾轴线的距离(m)。

若车身(簧上质量)前、后侧倾中心至地面的距离分别为 h_1、h_2,其质心至前、后轴的距离分别为 a_s、b_s,则 $h \approx h_s - \overline{HN} = h_s - \dfrac{h_1 b_s + h_2 a_s}{L}$。

(2) 发生侧倾时簧上质量重力引起的侧倾力矩 $M_{\Phi r2}$

当车身发生侧倾时,车身绕侧倾中心旋转,一般情况下,侧倾中心与汽车簧上质量的质心不同心,因此质心会与中线偏出距离 e,侧倾时簧上质量重力引起的侧倾力矩如图 6-49 所示。其重力引起的侧倾力矩为

$$M_{\Phi r2} = G_s e \approx G_s h \Phi_r \tag{6-50}$$

式中,$M_{\Phi r2}$ 为簧上质量重力引起的侧倾力矩(N·m)。

(3) 独立悬架中簧下质量的离心力引起的侧倾力矩 $M_{\Phi r3}$

为了简化受力状态的分析,不予考虑汽车的重力及相应的路面作用力构成的平衡力系,以

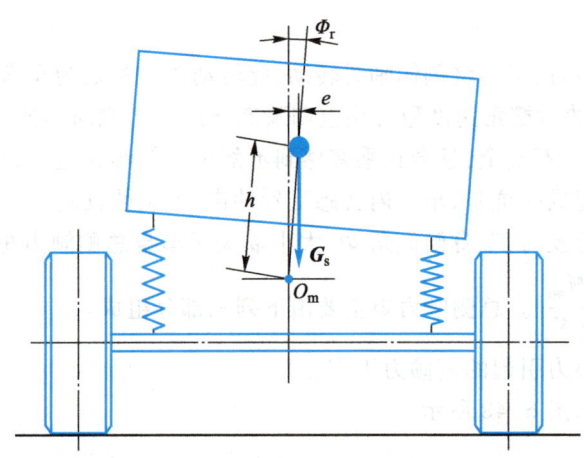

图 6-49 侧倾时簧上质量重力引起的侧倾力矩

及簧上质量的离心力及相应的路面作用力构成的平衡力系,仅认为在汽车上只受簧下质量所引起的离心力。

以单横臂独立悬架为例,其受力状态如图 6-50 所示。假定簧下质量的质心通过车轴轴线,即质心离地面高度等于车轮半径 r。整个簧下质量产生的离心力为 F_{uy},此力由路面侧向作用力来平衡。设作用于每侧轮胎的路面侧向作用力为总的路面侧向作用力的一半,即 $\Delta F_y = F_{uy}/2$。取悬架机构的右侧为隔离体,离心力及地面侧向反作用力形成力偶矩 $(F_{uy}/2)r$,力图使簧下质量翻转。由于铰链 F 与路面的约束产生作用力 F_r 及 ΔF_z,从力矩平衡可知

$$F_r = \frac{F_{uy}}{2} r \frac{1}{NG} \tag{6-51}$$

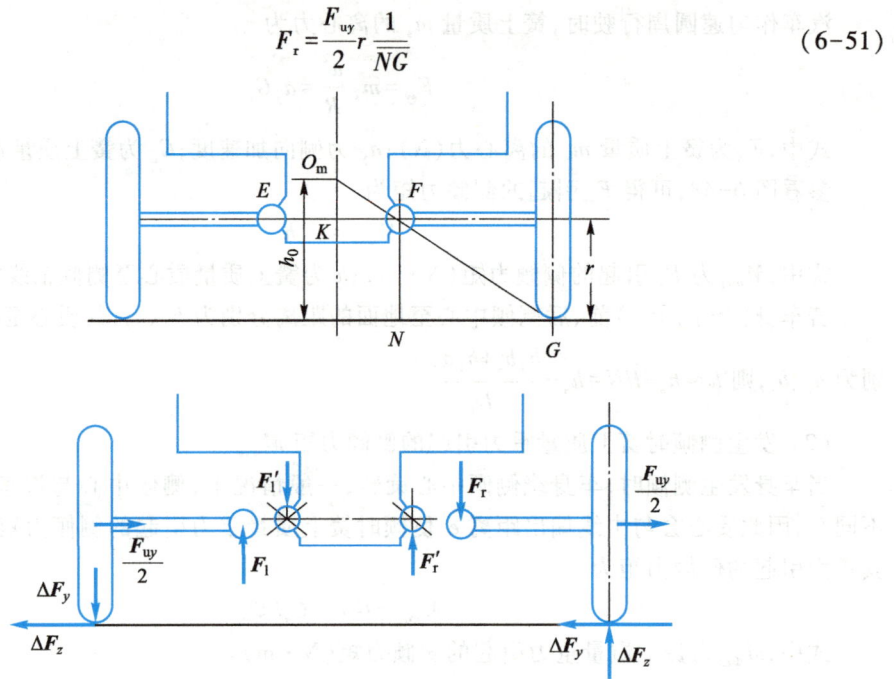

图 6-50 单横臂独立悬架受力状态

式中，F_r 为铰链 F 与路面约束产生的作用力(N)。

在车身上将作用一个大小相等、方向相反的 F'_r。同理，在另一侧铰链上亦作用有力 F'_1，两力所形成的力偶矩，就是使车身绕侧倾中心 O_m 转动的 $M_{\Phi r3}$，但其方向与簧上质量离心力所引起的侧倾力矩相反。非独立悬架的线刚度如图 6-51 所示，可得 $M_{\Phi r3} = -F'_r \overline{EF} = -F_{uy} r \dfrac{\overline{KF}}{\overline{NG}}, \dfrac{\overline{KF}}{\overline{NG}} = \dfrac{h_0 - r}{r}$。

整理可得

$$M_{\Phi r3} = -F_{uy}(h_0 - r) \quad (6\text{-}52)$$

式中，$M_{\Phi r3}$ 为簧下质量的离心力引起的侧倾力矩(N·m)。

可以用类似的方法求得其他各种独立悬架的簧下质量离心力构成的侧倾力矩。

因此，当汽车作稳态圆周运动时，其侧倾力矩为：$M_{\Phi r} = M_{\Phi r1} + M_{\Phi r2} + M_{\Phi r3}$。

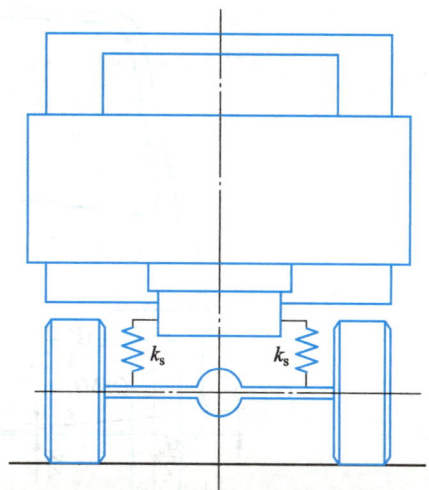

图 6-51 非独立悬架的线刚度

根据大量试验数据，轿车车身倾角与侧向加速度成正比例关系。

3. 悬架的侧倾角刚度

悬架的侧倾角刚度是指当车轮均与地面接触，而车身发生侧倾时，单位车身转角下，悬架系统给车身总的弹性恢复力偶矩。若令 T 为悬架系统作用于车身的总弹性恢复力偶矩，Φ_r 为车身侧倾角，则悬架的侧倾角刚度为 $K_{\Phi r} = \dfrac{dT}{d\Phi_r}$。

悬架的侧倾角刚度可以通过悬架的垂直刚度来估算。悬架的垂直刚度指的是车轮保持在路面上、车身作垂直运动时，单位车身位移下，悬架系统给车身的总弹性恢复力。

(1) 悬架的线刚度

对于非独立悬架的汽车车身作垂直位移时所受到的弹性恢复力，就是弹簧直接作用于车身的弹性力。所以悬架的线刚度就等于两个弹簧线刚度之和。参看图 6-51，若一个弹簧的线刚度为 k_s，则悬架的线刚度为 $K_1 = 2k_s$。

具有独立悬架的汽车车身作垂直位移时，在垂直方向上车身受到的随位移而变的力包括两部分：一个是弹簧直接作用于车身的弹性力在垂直方向的分量；另一个是导向杆系约束反力在垂直方向的分量。

若把一侧悬架(包括车轮在内)作为隔离体，可以看到，车身作用于悬架的随位移而变化的力(包括弹簧力与导向杆系铰接点受到的力)在垂直方向的分量的大小，等于路面对轮胎的随车身位移而变化的垂直作用力与汽车侧的簧下质量重力 $G_u/2$ 之差 $F'_z - G_u/2$ 的大小。换言之，作用于车身的弹性力就等于 $F'_z - G_u/2$。所以，若能求出车身作微元垂直位移 Δs_t 时地面作用于轮胎的微元反作用力 $\Delta F'_z$，就可以求出悬架的线刚度。一般常设车身不动，在轮胎上施加微元垂直反力 $\Delta F'_z$，求出轮胎接地面的微元垂直位移 Δs_t，进而求得一侧悬架的线刚度 $\Delta F'_z / \Delta s_t$。

下面以单横臂独立悬架为例(见图 6-52 的左半侧)求它的线刚度。

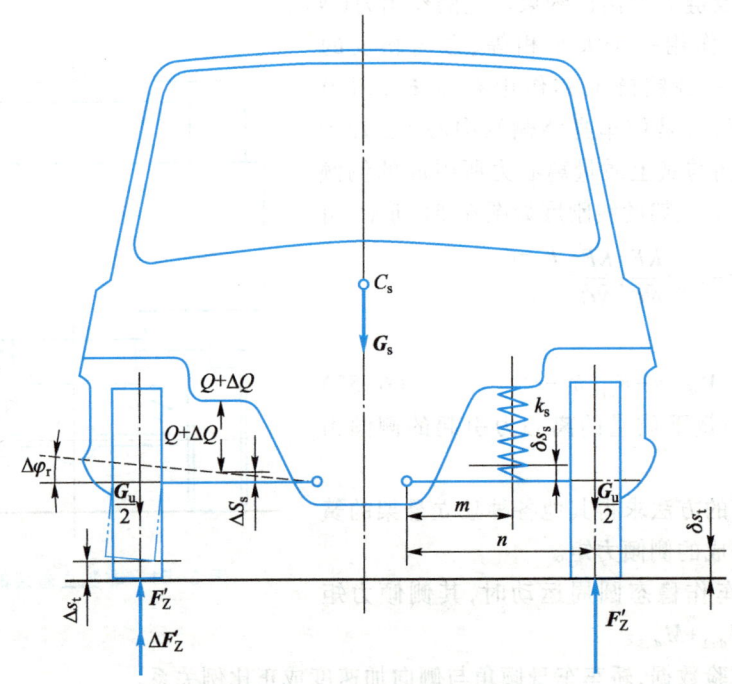

图 6-52 单横臂独立悬架线刚度的确定

车身上一侧受到的弹性恢复力,相当于一个上端固定于车身,下端固定于轮胎接地点且垂直地面,具有悬架线刚度的螺旋弹簧施加于车身的弹性力。这个相当的弹簧称为等效弹簧。后面要利用等效弹簧的概念来确定悬架的侧倾角刚度,如图 6-53 所示。

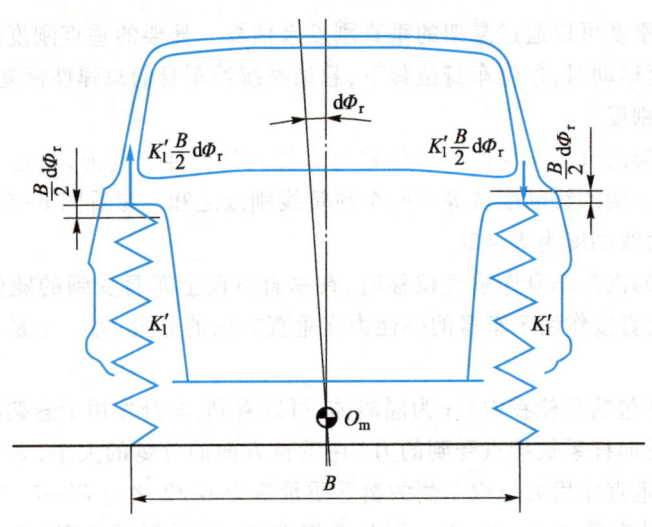

图 6-53 利用等效弹簧概念确定悬架侧倾角刚度

设车身不动,汽车处于静止受力状态,即一个轮胎上的路面法向作用力为 F'_z,其大小为 $0.5(G_s+G_u)$,G_s 为簧上质量重力,G_u 为簧下质量重力;再在轮胎上加一向上的微元力 $\Delta F'_z$,由此引起车轮在垂直方向的微元位移 Δs_t 和弹簧沿其中心线方向的微元位移 Δs_s。弹簧力也相应增加了 $\Delta Q = k_s \Delta s_s$，$k_s$ 为弹簧刚度，由图可知

$$\frac{\Delta s_s}{m} = \frac{\Delta s_t}{n} \tag{6-53}$$

另外，根据力矩平衡有

$$\Delta F'_Z n = \Delta Q m = k_s \Delta s_s m$$

故 $\Delta F'_Z = k_s \dfrac{m}{n} \Delta s_s = k_s \left(\dfrac{m}{n}\right)^2 \Delta s_t$。

即一侧悬架刚度为 $\dfrac{\Delta F'_Z}{\Delta s_t} = k_s \left(\dfrac{m}{n}\right)^2$。

整个悬架的线刚度为 $K_1 = 2k_s \left(\dfrac{m}{n}\right)^2$。$i_s = m/n$ 称为悬架杠杆比，即弹簧中心线到悬架与车身铰接点的距离与车轮接地中心到铰接点距离的比值。

单侧悬架的线刚度是整个悬架线刚度的一半，简称为悬架刚度，与单侧的弹簧刚度对应，即悬架刚度 $k'_1 = k_s (i_s)^2$。对于常见悬架布置形式，由于杠杆比 $i_s < 1$，悬架刚度小于弹簧刚度。

(2) 悬架的侧倾角刚度

车身垂直位移时受到的弹性恢复力，就是具有悬架线刚度的等效弹簧所产生的弹性力。因此车身侧倾时受到悬架的弹性恢复力偶矩，也可以用等效弹簧的概念来进行分析。

参看图 6-53，当车身发生小侧倾角 $\mathrm{d}\Phi_r$ 时，等效弹簧的变形量为 $\pm\dfrac{B}{2}\mathrm{d}\Phi_r$，车身受到的弹性恢复力偶矩为

$$\mathrm{d}T = \frac{1}{2} k'_1 B^2 \mathrm{d}\Phi_r \tag{6-54}$$

式中，k'_1 为一侧悬架线刚度（N/m）；B 为轮距（m）。

悬架侧倾角刚度为 $K_{\Phi r} = \dfrac{1}{2} k'_1 B^2$。若已知悬架的线刚度，即可算出该悬架的侧倾角刚度。

例如单横臂独立悬架的侧倾角刚度为 $K_{\Phi r} = \dfrac{1}{2} k_s \left(\dfrac{Bm}{n}\right)^2$。

一般轿车及客车常装有横向稳定杆，它是影响悬架侧倾刚度的一个重要零件。若已知杆端的线刚度，可用类似方法求出其侧倾角刚度。悬架总的侧倾角刚度 $\sum K_{\Phi r}$ 等于前、后悬架及横向稳定杆的侧倾角刚度之和。已知 $M_{\Phi r}$ 及 $\sum K_{\Phi r}$，即可求得车身侧倾角。分析中没有考虑导向杆系中铰接点处弹性衬套的影响，且车身侧倾角度较小的情况下推导的。

4. 侧倾时垂直载荷在左、右侧车轮上的重新分配及其对稳态响应的影响

在正常工作状态下，汽车左、右车轮的垂直载荷大体上是相等的。但曲线行驶时，由于侧倾力矩的作用，垂直载荷在左、右车轮上是不相等的。这将影响轮胎的侧偏特性，导致汽车稳态响应发生变化。有的汽车甚至会从不足转向变为过多转向。由于作用于车轮的垂直载荷的大小等于路面对车轮的垂直反作用力的大小，所以下面分析作用于汽车前、后轴左、右侧车轮的路面垂直作用力，来确定左、右侧车轮垂直载荷的重新分配。

在左、右侧车轮垂直载荷重新分配后,分析左、右侧车轮地面垂直反作用力时,可把汽车简化为如图 6-54 所示的四个车轮行驶模型。假定车身(簧上质量)为刚性体,M_s 为车身质量。车身由前、后铰链连接于侧倾轴线 $m_{01}m_{02}$ 上,忽略了车身侧倾时上下的位移,车身简化为工字型并经由弹性元件支承于刚性的前、后轴上。把静止状态下汽车的重力及相应的四个车轮的地面垂直反作用力作为一个平衡力系分离出,单独讨论侧倾力矩作用下左、右侧车轮的地面垂直反作用力。

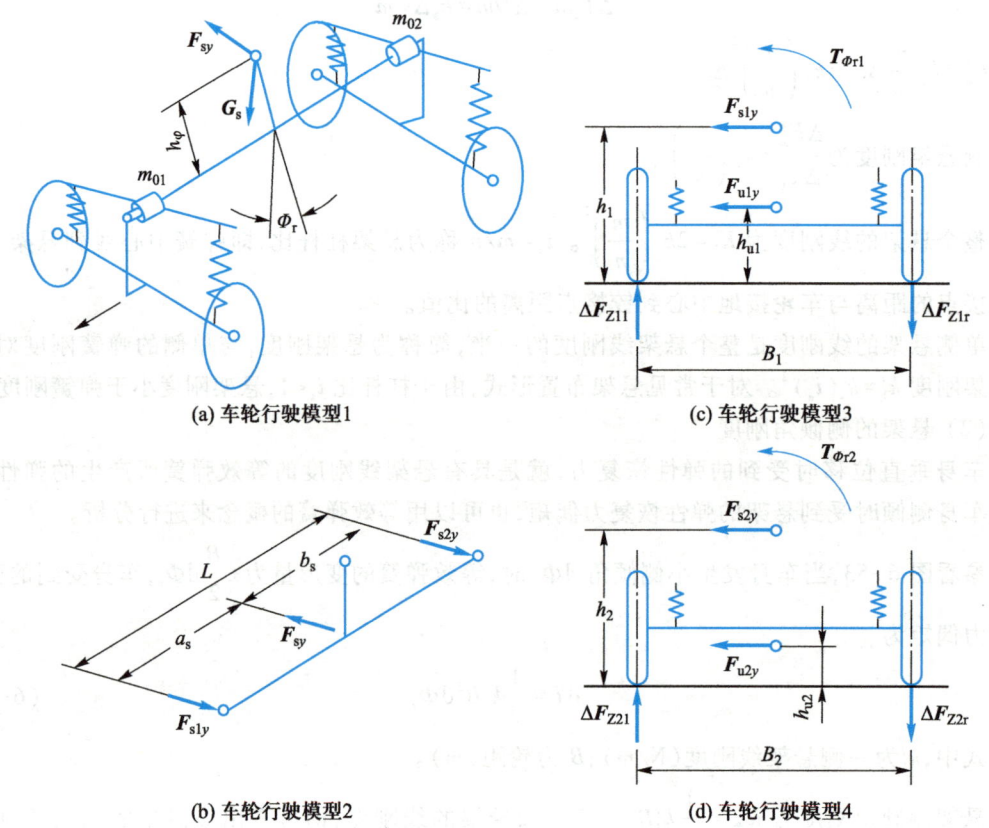

图 6-54 左右车轮垂直载荷重新分配时等效汽车简化模型

车身上作用的离心力 F_{sy},按其质心所在位置分配到前悬架的侧倾中心 m_{01} 及 m_{02} 上,并由前、后铰链处的侧向反作用力 F_{s1y}、F_{s2y} 所平衡[如图 6-54(b)所示],即

$$F_{sy} = F_{s1y} + F_{s2y}$$

$$F_{s1y} = F_{sy}\frac{b_s}{L}$$

$$F_{s2y} = F_{sy}\frac{a_s}{L}$$

前、后悬架作用于车身的恢复力矩为:$T_{\Phi r1} = K_{\Phi r1}\Phi_r$,$T_{\Phi r2} = K_{\Phi r2}\Phi_r$。

把等效模型前、后轴作为隔离体,可列出下式,并求出左、右车轮垂直反力的变动量为

$$\Delta F_{Z1l}B_1 = F_{sy}\frac{b_s}{L}h_1 + T_{\Phi r1} + F_{u1y}h_{u1} \tag{6-55}$$

$$\Delta F_{Z1r} = -\Delta F_{Z1l} \tag{6-56}$$

$$\Delta F_{Z2l} B_2 = F_{sy}\frac{a_s}{L}h_2 + T_{\Phi r2} + F_{u2y}h_{u2} \tag{6-57}$$

$$\Delta F_{Z2r} = -\Delta F_{Z2l} \tag{6-58}$$

以上四式中，ΔF_{Z1l}、ΔF_{Z1r}、ΔF_{Z2l}、ΔF_{Z2r} 分别为前、后轴左、右车轮垂直反力的变动量(N)；F_{u1y}、F_{u2y} 分别为前、后轴簧下质量 m_{u1}、m_{u2} 产生的离心力(N)，在匀速圆周行驶时分别等于 $m_{u1}u^2/R$、$m_{u2}u^2/R$；h_{u1}、h_{u2} 分别为前、后簧下质量质心离路面的高度(m)，一般可取为车轮半径；h_1、h_2 分别为前、后侧倾中心高度(m)。

作用在前、后轴左、右车轮上的垂直反力，是静止状态下的垂直反力及由侧倾引起的垂直反力变动量之和。这个变动量在外侧车轮是增加垂直反力的，而在内侧车轮则是减少垂直反力的。

$$F'_{Z1l} = F_{Z1l} + \Delta F_{Z1l} \quad F'_{Z1r} = F_{Z1r} + \Delta F_{Z1r}$$
$$F'_{Z2l} = F_{Z2l} + \Delta F_{Z2l} \quad F'_{Z2r} = F_{Z2r} + \Delta F_{Z2r} \tag{6-59}$$

以上四式中，F'_{Z1l}、F'_{Z1r}、F'_{Z2l}、F'_{Z2r} 分别为侧倾后，前、后轴左、右车轮的地面垂直反作用力(N)；F_{Z1l}、F_{Z1r}、F_{Z2l}、F_{Z2r} 分别为静止状态下，前、后轴左、右车轮的地面垂直反作用力(N)。

显然，求得的路面反作用力大小的变化就是车轮垂直载荷大小的变化，即为垂直载荷在两侧车轮上的重新分配。

由第 2 章轮胎侧偏特性的知识可知，轮胎的侧偏刚度与它的垂直载荷有关，轮胎的侧偏刚度在某一载荷下达到最大，大于或小于这个载荷，侧偏刚度下降。一般情况下侧偏刚度最大时垂直载荷约为额定载荷的 150%。

就一根车轴而言，在无侧向力作用于汽车时，车轴左右车轮的载荷均为 W_0，每个车轮的侧偏刚度均为 k_0。在有侧向力作用于汽车和路面有相应的侧向力 F_Y 作用于两轮胎时，若设左右车轮垂直载荷没有变化，则相应的侧偏角为 $\alpha_0 = \dfrac{F_Y}{2k_0}$。实际上，在侧向力作用下，左、右车轮垂直载荷均发生变化。内侧车轮减少 ΔW，外侧车轮增加 ΔW，两个车轮侧偏刚度随之变为 k_l、k_r。由于左、右车轮的侧偏角相等，故有 $F_Y = k_l\alpha + k_r\alpha$，或 $\alpha = \dfrac{F_Y}{k_l + k_r}$。

若令 $k'_0 = \dfrac{k_l + k_r}{2}$，$k'_0$ 为垂直载荷重新分配后每个车轮的平均侧偏刚度，则两个车轮的侧偏角为 $\alpha = \dfrac{F_Y}{2k'_0}$。

左、右车轮垂直载荷再分配时轮胎的侧偏刚度如图 6-55 所示。平均侧偏刚度 k'_0 即为梯形 abcd 中线 ef 的高度。显然 $k_0 > k'_0$，即 $\alpha > \alpha_0$。进一步分析可知，左、右车轮垂直载荷差

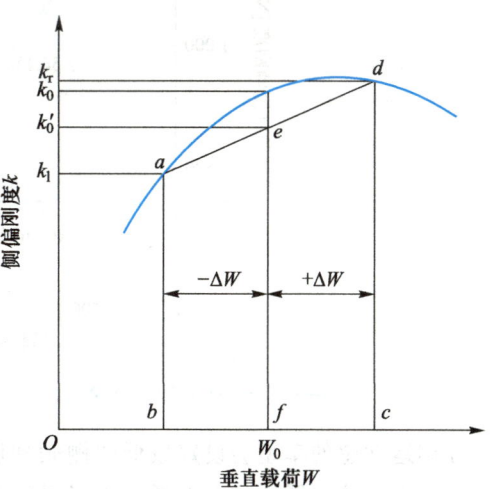

图 6-55 左、右车轮垂直载荷再分配时轮胎的侧偏刚度

别越大,平均侧偏刚度越小。

通过分析可知,在侧向力作用下,若汽车前轴左、右车轮垂直载荷变动量较大,汽车趋于增加不足转向量;若后轴左、右车轮垂直载荷变动量较大,汽车趋于减少不足转向量。汽车前轴及后轴左、右车轮载荷变动量决定于前、后悬架的侧倾角刚度、簧上质量、簧下质量、质心位置以及前、后悬架侧倾中心位置等一系列参数的数值。

转弯工况下,内侧轮胎载荷转移到外侧轮胎,载荷转移随着横向加速度的增加而增加,从而引起轴侧向力的损失,影响操纵稳定性。为了达到转弯所需要的侧向力,该轴轮胎必须依赖更大的侧偏角,因此前轴的侧向力损失表现为不足转向,而后轴表现为过多转向。因此,从整车性能要求出发,可以提出横向载荷转移比要求,进而直接确定前后轴侧倾角刚度比。前后轴侧倾角刚度的比例影响非线性不足转向特性,增加前轴上的侧倾角刚度比例将增加车辆非线性不足转向度,而增加后轴上的侧倾角刚度比例将增加车辆非线性过多转向度。前轴侧倾角刚度和后轴侧倾角刚度的设定依据两个整车性能要求:一是侧倾梯度,二是前轴横向载荷转移比(tire lateral load transfer distribution,TLLTD),定义为

$$TLLTD = \frac{\Delta F_{zf}}{\Delta F_{zf} + \Delta F_{zr}} \times 100\% \tag{6-60}$$

前后轴侧倾角刚度与侧倾梯度、前轴横向载荷转移比的关系如图6-56所示。维持给定的侧倾梯度需要总侧倾角刚度不变,欲达到前轴横向载荷转移比要求,则需要维持前后轴侧倾角刚度的比例不变,进而根据这些要求即可确定前后轴侧倾角刚度。

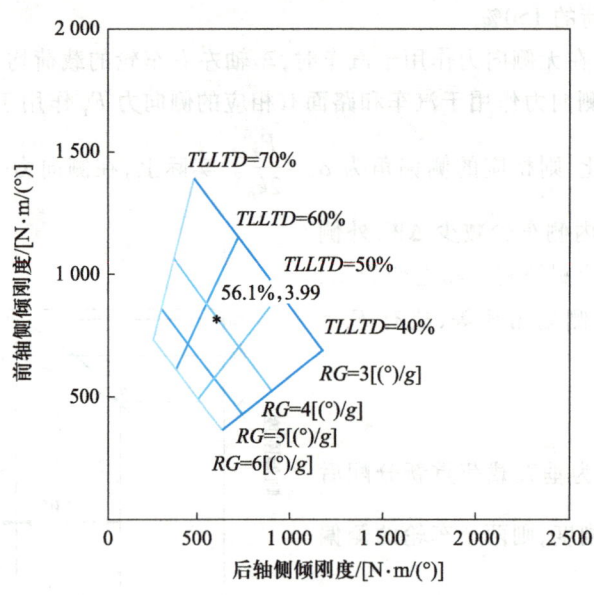

图6-56 前后轴侧倾角刚度与侧倾梯度、前轴横向载荷转移比的关系

强调运动感的车型会设定较低的侧倾梯度目标,这就需要增加横向稳定杆刚度或增加弹簧刚度。而定位偏舒适的车型通常可以设定相对较宽松的侧倾梯度目标,这样就不必使用高刚度的横向稳定杆,悬架可以因此更好地衰减路面输入。前轴横向载荷转移比的目标设定与整车的质量分布以及驱动形式有关,指导原则是保证前后轴在大侧向加速度时侧向能力的损

失大致匹配,既要避免出现非线性过多转向,又要避免不足转向度过大。一般来说,前驱车辆因为固有的增加非线性不足转向的趋势,前轴横向载荷转移比的目标设定可以与前轴荷占比相近,而后驱车辆因为固有的增加非线性过多转向的趋势,前轴横向载荷转移比相对于前轴荷占比应该略有增加,从而有效保证车辆有合乎预期的非线性稳定性。

5. 侧倾外倾——侧倾时车轮外倾角的变化

车身侧倾时,因悬架形式不同,车轮外倾角的变化有三种情况:保持不变,沿路面侧向力作用方向倾斜,沿路面侧向力作用方向的相反方向倾斜。车轮外倾角的变化会引起外倾侧向力或者说引起轮胎侧偏角的改变。

悬架的车轮外倾角变化规律将影响汽车的稳态与瞬态响应。随着外倾角的增加,轮胎的侧向附着性能降低。外倾角的变化还同时影响汽车极限侧向加速度。若要保持高的极限性能,急速转弯行驶时承受大部分垂直载荷的外侧车轮应尽量垂直于路面,使轮胎胎面花纹与路面保持良好的接触。在悬架设计中应恰当控制、设置这种车身侧倾引起的外倾角。

汽车在不平整地面上直线行驶时,由于侧倾外倾角的缘故,车轮的上下跳动使车轮外倾角不断变化,会产生相应的外倾侧向力的变化而影响汽车直线行驶稳定性。因此,侧倾外倾角的设置要兼顾横摆角速度响应与直线行驶稳定性两个方面。

车身侧倾引起的车轮外倾角的变化可由下式计算:

$$\gamma = \frac{\partial \gamma}{\partial \Phi_r} \Phi_r \tag{6-61}$$

式中,$\frac{\partial \gamma}{\partial \Phi_r}$ 为车身侧倾引起的外倾角变化率,也被称为侧倾外倾系数。

6. 侧倾转向

在侧向力作用下车身发生侧倾,由车身侧倾所引起的前转向轮绕主销的转动、后轮绕垂直于路面轴线的转动,即车轮前束角的变动,称为侧倾转向。对于后轴,即非转向轴而言,它是指车身侧倾时由于悬架导向杆系的运动学关系所产生的车轮前束角;对于前轴,即转向轴而言,侧倾转向还包括悬架导向杆系与转向杆系相互作用的运动学关系所产生的车轮转向角的变动量。后者可以看作悬架导向杆系与转向杆系在运动学上不协调而发生干涉的结果,所以它也称为"侧倾干涉转向"。

发生侧倾转向时,非独立悬架的车轴亦发生绕垂直轴线的转动,所以侧倾转向也称为轴转向。从运动学的观点来看,车轴及车轮绕垂直于地面的轴线转动的效果与轮胎发生侧偏角后的效果是一样的,所以侧倾转向又称为运动学侧偏。

独立悬架的侧倾转向效果,可以用车轮相对车身跳动时的前束变化曲线来说明。如图 6-57 所示为一双横臂独立悬架的前轮定位参数变化曲线。转弯行驶时,车身侧倾,外侧车轮与车身距离缩小,处于压缩行程;内侧车轮与车身间的距离加大,处于复原行程。因此,装有此独立悬架的汽车,外侧车轮的前束减小,车轮向外转动;内侧车轮的前束增加,车轮向汽车纵向中心线方向转动。这辆汽车的侧倾转向增加了不足转向量,这种侧倾转向称为不足侧倾转向。但是具有侧倾转向效应的汽车在直线行驶时,路面不平引起车轮相对于车身的跳动也会使车轮产生一定的转向角,从而影响汽车直线行驶稳定性,所以轿车趋于减少侧倾转向量。

车轮的侧倾转向角与车身侧倾角的关系式可写为

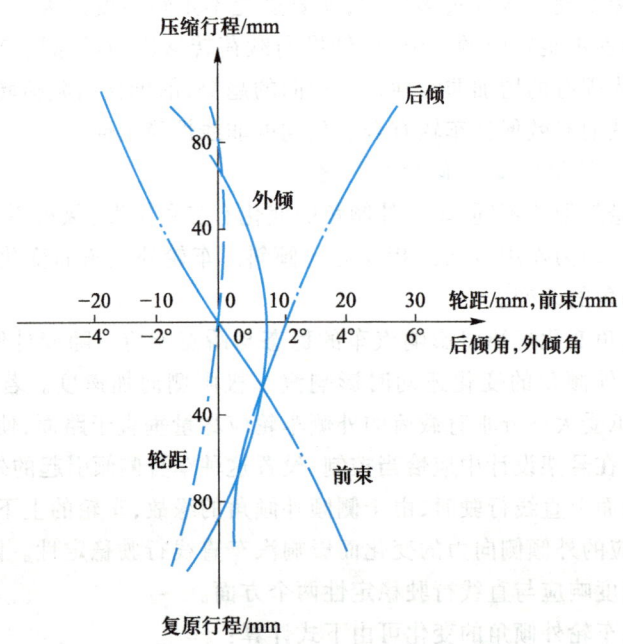

图 6-57 一双横臂独立悬架的前轮定位参数变化曲线

$$\delta = \Phi_r \frac{\partial \delta}{\partial \Phi_r} \tag{6-62}$$

式中,$\frac{\partial \delta}{\partial \Phi_r}$称为侧倾转向系数,由于前转向轮与转向杆相连,因此$\frac{\partial \delta}{\partial \Phi_r}$的数据包含侧倾干涉转向的作用。

6.3.4 悬架变形特性

1. 变形转向——悬架导向装置变形引起的车轮转向角

悬架导向杆系各元件在各种力、力矩作用下发生的变形,引起车轮绕主销或垂直于路面轴线的转动,称为变形转向,其转角叫作变形转向角。变形转向角若有增加不足转向趋势,叫作不足变形转向角;若有增加过多转向趋势,叫作过多变形转向角。每 1 kN 侧向力产生的变形转向角称为侧向力变形转向系数,以符号$\frac{\partial \delta}{\partial F_y}$表示。

同侧倾转向一样,变形转向也是一种使车辆具有适当不足转向量的有效手段。一般希望转弯行驶时承受主要载荷的外侧车轮有合适的不足变形转向角,即前轮有减少前束的变形转向角,后轮有增加前束的变形转向角。

当汽车在弯道行驶并减速制动时,这种悬架的后外轮也产生不足变形转向角,提高了制动时的方向稳定性。

可用下式估算侧向力变形转向角:

$$\delta_c = \frac{F_y}{1\,000} \cdot \frac{\partial \delta}{\partial F_y} \tag{6-63}$$

式中，δ_c 为变形转向角；$\dfrac{\partial \delta}{\partial F_y}$ 为侧向力变形转向系数[(°)/kN]。

前转向轮与转向拉杆相连接，因此 $\dfrac{\partial \delta}{\partial F_y}$ 的数值包含了转向系的变形效应。

如图 6-58 所示为车轮接地面中心处作用的静态侧向力使各后悬架的前束变化。Toyota 车外侧车轮产生前束，内侧产生后束，具有增加不足转向的趋势。相比之下，其他车辆后悬架的反应则相反，外侧产生后束，内侧产生前束，具有增加过多转向的趋势。

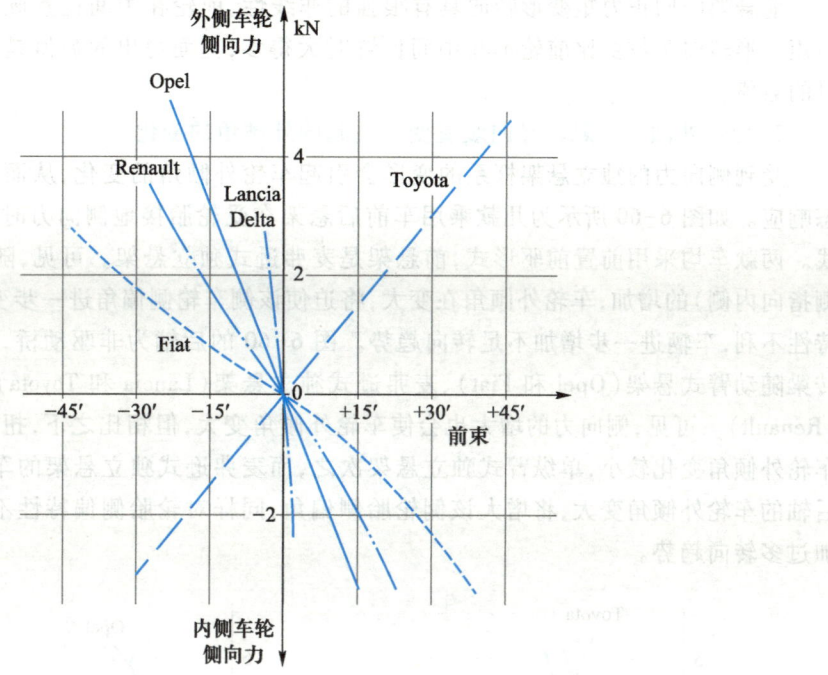

图 6-58　各后悬架受车轮接地面中心处的侧向力作用下的前束变化

由轮胎力学特性可知，各轮胎上都作用有回正力矩。在回正力矩作用下，悬架和车轮产生扭转变形。前、后轴车轮均发生回正力矩变形转向角 δ_a（如图 6-59 所示）。回正力矩作用的结果是前轴趋于增加不足转向，后轴趋于减少不足转向。

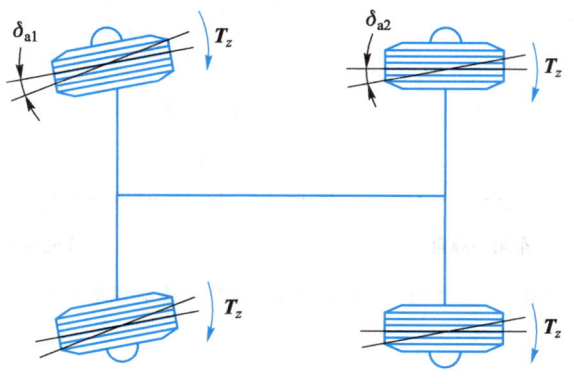

图 6-59　回正力矩引起的变形转向角

一般由于前轴杆件比较多,连接铰链比较多,汽车回正力矩作用的总效果往往趋于不足转向。在估算回正力矩变形转向角 δ_a 时,引入回正力矩系数 N_a 及回正力矩变形转向系数 $\dfrac{\partial \delta}{\partial T}$ 的概念。前者是指轮胎每一度侧偏角引起的回正力矩的大小,后者是指 100 N·m 回正力矩所引起的变形转向角,可由下式得出:

$$\delta_a = \frac{1}{100}\alpha N_a \frac{\partial \delta}{\partial T} \tag{6-64}$$

前悬架的回正力矩变形转向具有很强的非线性,前轮在中间位置施加力矩较小时的回正力矩变形转向系数要比前轮不在中间位置时大得多,上面得出的数值是指前轮不在中间位置时的数值。

2. 变形外倾——悬架导向装置变形引起的外倾角的变化

受到侧向力的独立悬架杆系的变形会引起车轮外倾角的变化,从而影响汽车的稳态与瞬态响应。如图 6-60 所示为几款乘用车前后悬架在受轮胎接地侧向力时的车轮外倾角变化曲线。两款车均采用前置前驱形式,前悬架是麦弗逊式独立悬架。可见,随着侧向力(从车轮外侧指向内侧)的增加,车轮外倾角在变大,将迫使该侧车轮侧偏角进一步变大,对该侧轮胎侧偏特性不利,车辆进一步增加不足转向趋势。图 6-60 的后轴为非驱动桥,后悬架类型分别是扭转梁随动臂式悬架(Opel 和 Fiat)、麦弗逊式独立悬架(Lancia 和 Toyota)、单纵臂式独立悬架(Renault)。可见,侧向力的增大也会使车轮外倾角变大,但相比之下,扭转梁随动臂式悬架的车轮外倾角变化较小,单纵臂式独立悬架次之,而麦弗逊式独立悬架的车轮外倾角变化最大。后轴的车轮外倾角变大,将增大该侧轮胎侧偏角,同样对轮胎侧偏特性不利,同时将使车辆增加过多转向趋势。

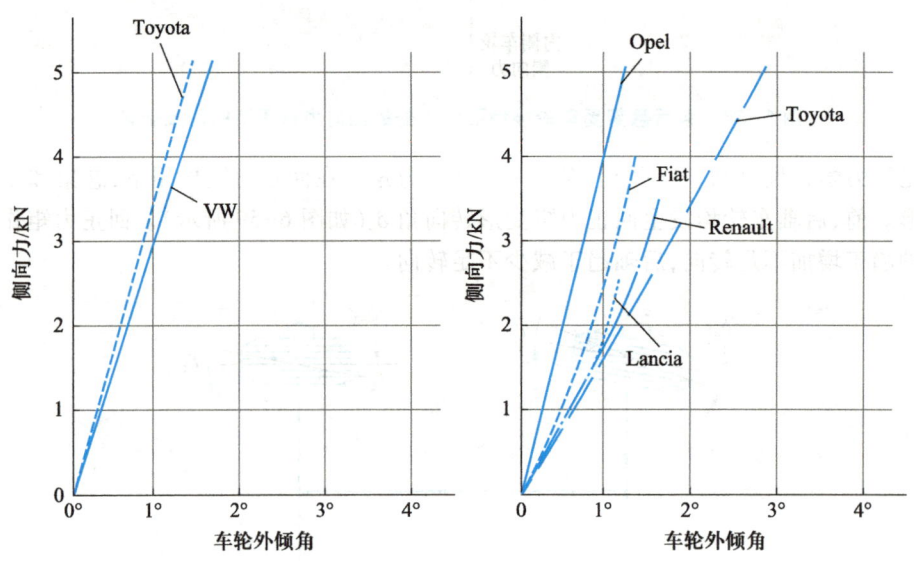

图 6-60　某乘用车前悬架(左图)和后悬架(右图)受车轮接地侧向力时的车轮外倾角变化曲线

侧向力引起的变形外倾角变化率 $\dfrac{\partial \gamma}{\partial F_y}$ 称为侧向力变形外倾系数,其单位为[(°)/kN]。

6.4 转向特性对操稳性的影响

转向系统用来保持或者改变汽车行驶方向,在汽车转向行驶时,保证各车轮之间有协调的转角关系。因此,在汽车底盘中,专门用以控制汽车行驶方向的转向系统是与操纵稳定性关系最为密切的系统。同时,驾驶员通过方向获得路面反馈,也包含着操稳性能的路面反馈。

6.4.1 转向系统运动和受力

1. 前轮转向几何

如图 6-61 所示为前轮转向车辆的阿克曼几何条件。当车辆以离心力可以忽略的低速缓慢转弯行驶时,为了使车轮不发生侧向滑移,各个车轮必须围绕一个共同的中心点进行转弯,即内、外前轮转向角必须满足式(6-65)所示的条件。这个条件称为阿克曼几何条件,亦称阿克曼转角。

$$\cot \delta_o - \cot \delta_i = \frac{B}{L} \tag{6-65}$$

式中,δ_i 为内侧转向轮转角;δ_o 为外侧转向轮转角;B 为轮距;L 为车辆轴距。

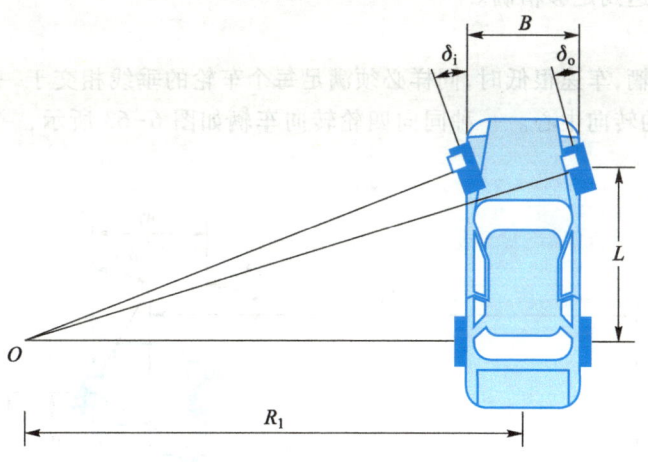

图 6-61 前轮转向车辆的阿克曼几何条件

前轮转向车辆内侧车轮和外侧车轮的转向角度如图 6-62 所示,转向时车辆的质心 C 将以 R 为半径做圆周行驶。

$$R = \sqrt{b^2 + L^2 \cot^2 \delta} \tag{6-66}$$

式中,δ 是质心转向角,也即内侧转向角度和外侧转向角度的余切平均值。

$$\cot \delta = \frac{\cot \delta_o + \cot \delta_i}{2} \tag{6-67}$$

阿克曼几何条件适用于车辆速度特别小、侧偏角为零的情况,因此是零速度下的静态条

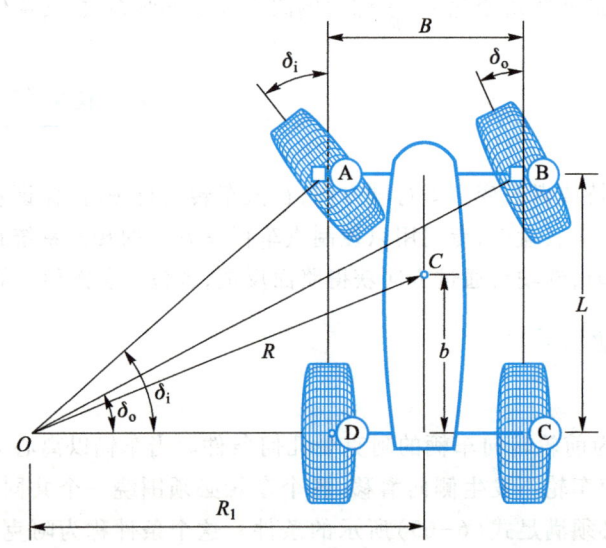

图 6-62 前轮转向车辆内侧车轮和外侧车轮的转向角度

件。能够按照阿克曼几何学条件进行转向的机构称为阿克曼机构。四连杆机构一般无法完全符合阿克曼几何学条件,实际中常用多连杆机构来近似地满足阿克曼几何条件进行转向,并且在一定角度范围内达到足够精确。

2. 四轮转向

对四轮转向车辆,车速很低时,同样必须满足每个车轮的垂线相交于一点这个转向运动学条件,交点是车辆的转向中心。一种同向四轮转向车辆如图 6-63 所示,一种反向四轮转向车辆如图 6-64 所示。

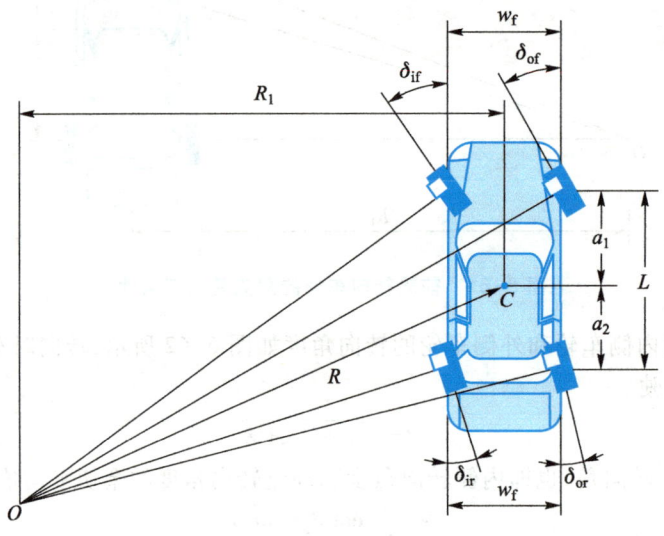

图 6-63 一种同向四轮转向车辆

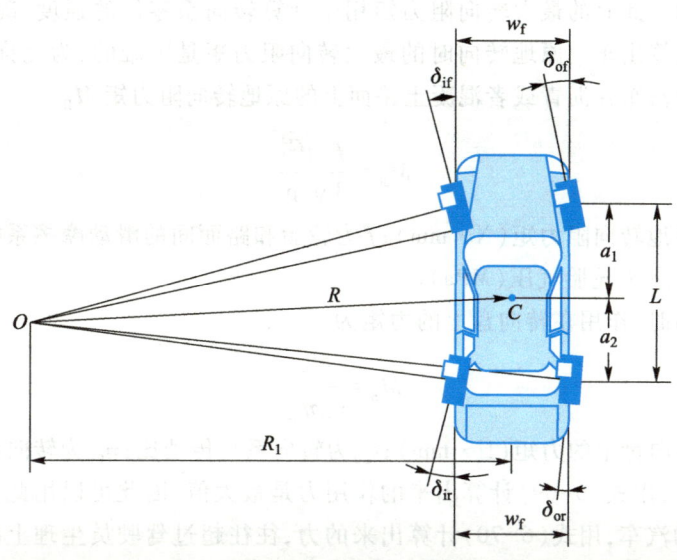

图 6-64　一种反向四轮转向车辆

在同向四轮转向情况下,前轮和后轮向相同方向偏转,在反向四轮转向情况下,前轮和后轮向相反方向偏转。

同向四轮转向车辆的转向角之间的运动学条件为

$$\frac{B_{\mathrm{f}}}{\cot\delta_{\mathrm{of}}-\cot\delta_{\mathrm{if}}}-\frac{B_{\mathrm{r}}}{\cot\delta_{\mathrm{or}}-\cot\delta_{\mathrm{ir}}}=L \tag{6-68}$$

式中,B_{f} 和 B_{r} 分别为前、后轮距;δ_{if} 和 δ_{of} 分别为内侧前轮和外侧前轮的转向角;δ_{ir} 和 δ_{or} 分别是内侧后轮和外侧后轮的转向角;L 是车辆的轴距。

如按照当前轮转向角为正时,在反向四轮转向系统中后轮转向角为负;在同向四轮转向系统中后轮转向角为正,则式(6-68)可以同时表示同向四轮转向系统和反向四轮转向系统的运动学条件。

对于前轮转向车辆,两个前轮的垂线与后轴的延长线相交于一点。而对于四轮转向车辆,交点可能是 xy 平面的任一点。这个点是汽车转向中心,它的位置取决于各个车轮的转向角。四轮转向应用在车辆上可以改善转向响应,提高车辆高速时的操纵稳定性,减小低速时的转向半径。反向四轮转向车辆比前轮转向(FWS)车辆的转向半径 R 小。

3. 方向盘受力

为了保证行驶安全,组成转向系的各零件应有足够的强度以克服转向力和力矩。对机械转向系统,转向系统的力包括转向盘输入力矩和绕转向主销的转向阻力矩,对动力转向系统,还应包括助力或助力矩。影响转向盘力矩输入的因素包括转向系传动比、转向系摩擦、转向系刚度、转向系惯性、前轮定位参数、转向轮载荷、转向轮的胎面与气压、路面摩擦系数、侧倾刚度、由于轮胎力产生的绕转向主销的力矩和转向助力(如有)等。

(1) 最大转向力

转向系统的力在车辆静止状态下转向时通常最大,此时轮胎作为弹性体产生扭转变形,与接地印迹产生滑动。此时的最大转向阻力矩用于计算转向系零件的强度,确定转向系零件的参数。想精确地计算出车辆原地转向时的最大转向阻力矩是困难的,为此推荐用足够精确的半经验公式来计算汽车在沥青或者混凝土路面上的原地转向阻力矩 M_R:

$$M_R = \frac{f}{3}\sqrt{\frac{G_1^3}{p}} \tag{6-69}$$

式中,M_R 为原地转向阻力矩(N·mm);f 为轮胎和路面间的滑动摩擦系数,一般取 0.7;G_1 为转向轴负荷(N);p 为轮胎气压(MPa)。

没有动力转向时,作用在转向盘上的力矩为

$$M_h = \frac{M_R}{i_{\omega 0}\eta_{0+}} \tag{6-70}$$

式中,M_h 为转向盘上的力矩(N·mm);$i_{\omega 0}$ 为转向系角传动比;η_{0+} 为转向系正效率。

对给定的汽车,用式(6-69)计算出来的作用力是最大值,因此可以用此值作为计算载荷。对于前轴负荷大的汽车,用式(6-70)计算出来的力,往往超过驾驶员生理上的极限,在此情况下应取驾驶员作用在转向盘轮缘上的最大瞬时力,此力为 700 N。

(2) 行驶时的转向力

随着车速的增加,由于轮胎的滚动,转向阻力矩大大减小。行驶时的转向阻力取决于转向轮回正力矩,转向轮回正力矩包括侧向力与轮胎拖距产生的轮胎回正力矩、侧向力与主销后倾距产生的侧向力回正力矩、垂直力回正力矩和纵向力回正力矩。

① 轮胎回正力矩

轮胎回正力矩指侧向力和轮胎拖距产生的力矩。车辆转弯行驶时,轮胎回正力矩是使转向轮回复到直线行驶位置的主要回正力矩之一。轮胎的形式和结构参数对回正力矩-侧偏角特性有重要影响。同样侧偏角下,尺寸大的轮胎一般回正力矩较大。子午线轮胎的回正力矩比斜交轮胎大。另外,轮胎的气压越低,接地印迹越长,轮胎拖距越大,回正力矩也就越大。

② 侧向力回正力矩

侧向力回正力矩指侧向力与主销后倾拖距产生的力矩,侧向力回正力矩如图 6-65 所示。

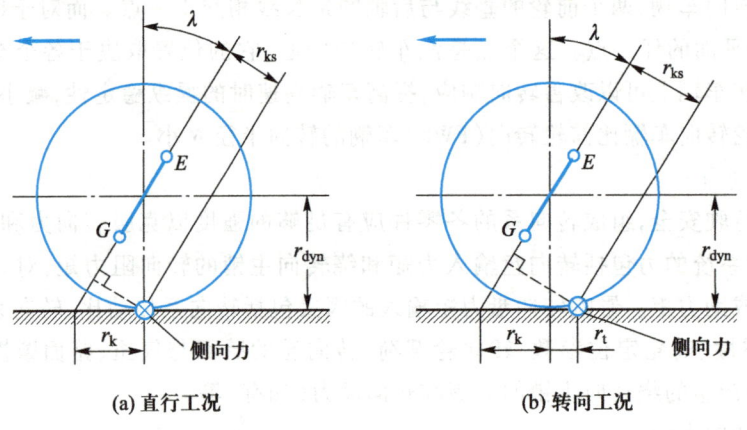

图 6-65 侧向力回正力矩

侧向回正力矩的计算公式如下:

$$T_{zy} = F_y \cdot r_{ks} \tag{6-71}$$

式中,T_{zy}为主销后倾拖距产生的力矩(N·m)。r_{ks}为侧向力臂,是汽车纵向平面内主销后倾拖距r_k在主销轴线上的投影,$r_{ks} = r_k \cdot \cos \lambda$。

汽车直线行驶时,侧向力F_y的作用点在轮胎接地印迹几何中心处,如图6-65(a)所示。此时,侧向力回正力矩T_{zy}为$T_{zy} = F_y \cdot r_{ks} = F_y \cdot r_k \cdot \cos \lambda$。

汽车曲线行驶时,侧向力F_y的作用点在轮胎接地印迹几何中心后方r_t(轮胎拖距)处,如图6-65(b)所示。因此,实际的主销后倾拖距为$r_k + r_t$,侧向力回正力矩T_{zy}变为:$T_{zy} = F_y \cdot (r_k + r_t) \cdot \cos \lambda$。

③ 垂直力回正力矩

垂直力回正力矩指由垂直力和主销偏移距产生的力矩。垂直力所产生的回正力矩$T_{zn} = F_z \cdot \sin \beta \cdot \sin \delta \cdot r_n$,其中,$r_n = (r_s + r_{dyn} \tan \beta) \cos \beta$。该式适用于外倾角为零的情况。在转向桥有主销后倾时,力分量$F_z \cdot \sin \beta$还要按主销后倾角进行分解。此时,垂直力产生的回正力矩T_{zn}变为:$T_{zn} = F_z \cdot \sin \beta \cdot \cos \lambda \cdot \sin \delta \cdot r_n$。

④ 纵向力回正力矩

纵向力回正力矩指由滚动阻力和侧向力臂产生的力矩,如图6-66所示。在汽车具有某一转向角δ时,滚动阻力F_f的分力$F_f \sin \delta$会通过侧向力臂n_s使车轮回转,直至其返回到直线行驶位置。由于在转弯时始终存在轮胎拖距r_n,因此侧向力臂增大为$r_{ks} = (r_t + r_k) \cdot \cos \lambda$。

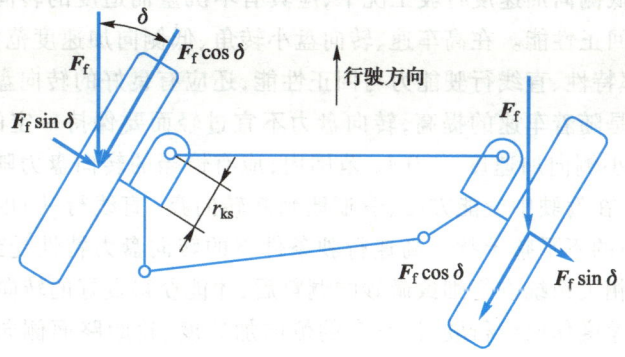

图6-66 纵向力回正力矩

左右车轮滚动阻力分力$F_f \cos \delta$所产生的力矩相互抵消,分力$F_f \sin \delta$所产生的纵向回正力矩T_{zx}为

$$T_{zx} = F_f \sin \delta \cdot r_{ks} = F_f \sin \delta \cdot (r_t + r_k) \cdot \cos \lambda \tag{6-72}$$

式中,T_{zx}为滚动阻力所产生的回正力矩(N·m)。

6.4.2 转向盘力特性

转向系的功能大体可分为两部分。其一是驾驶员通过转向盘控制前轮绕主销的转角来操纵汽车运动的方向。驾驶员操纵转向盘时对转向盘的输入有两种方式,即角输入与力输入。有时以一种输入方式为主,如装有动力转向的汽车以低车速行驶时,操作转向盘的力很轻,却可能有很大的转向盘转角输入,汽车的运动纯粹是由几何关系决定的,这时基本是角输入;而在高速公路上行驶时,可能出现的转向盘转角很小,汽车却仍受一定的侧向惯性力,这时主要是通过力输入来操纵汽车。

转向系将整车及轮胎的运动、受力状况通过转向盘反作用力反馈给驾驶员,这种反馈称为驾驶员感受到的路感。驾驶员通过手握住转向盘、眼睛观察到汽车的运动、身体承受到的惯性力及耳朵听到轮胎在路面滚动时的声音以及来自转向盘反馈给驾驶员的路感来感觉汽车的运动状态。

转向盘力是驾驶员对转向盘的输入用以操纵汽车的力,转向盘反作用力是转向盘输入到人手的力,即路感,在此统称为转向盘力。转向盘力随汽车运动状况而变化的规律称为转向盘力特性。汽车转向系应具有良好的转向盘力特性,才能很好地起到控制汽车与反馈信息的作用。可采用以下三种转向工况下的转向盘力特性来反映汽车的操纵稳定性:

(1) 大侧向加速度下转向盘力特性,通过侧向加速度达 $0.8g$ 的正弦曲线(蛇行)行驶试验获得。

(2) 转向盘中间位置、小转角下转向盘力特性,通过小侧向加速度的正弦曲线行驶试验获得。

(3) 固定转向盘条件下,汽车回转行驶时的转向盘力特性。

转向盘中间位置行驶试验用于评价高速操纵稳定性,从中也可获得转向盘力特性以及角输入与转向功输入方面的特性与评价指标。

汽车在低车速、低侧向加速度行驶工况下,应具有不沉重而适度的转向盘力与转向盘总回转角,还应有良好的回正性能。在高车速、转向盘小转角、低侧向加速度范围内,汽车应具有良好的横摆角速度频率特性、直线行驶能力与回正性能,还应有良好的转向盘力特性。转向盘力的大小要适度,特别是随着车速的提高,转向盘力不宜过轻而要保持一定的数值;为了给驾驶员以良好的路感,在小侧向加速度 $0\sim0.1g$ 范围内,应有恰当的转向盘力随汽车侧向加速度的变化率。此外驾驶员在驾驶中应能方便、清晰地判断转向盘(直线行驶)的中间位置。转向系统还能适度衰减路面的不平整干扰。高速行驶条件下的转向盘力特性受到许多因素影响,在开发工作中,只有对相关系统进行细致微妙的调整后,才能获得良好的转向盘力特性。

以中、高侧向加速度作曲线行驶时,汽车的侧向加速度、轮胎路面侧向力以及轮胎的附着等情况,主要是靠转向盘反作用力传递的。所以一般认为转向盘力最好与侧向加速度成线性关系。在高侧向加速度区域中,若转向盘力增长过快,将使驾驶员感到转向盘力过于沉重;转向盘力特性有所下降,会使驾驶员有转向盘力消失的感觉。

由上述可知,汽车在原地小半径弯道低速行驶时,要防止转向盘过于沉重;在高速行驶时,转向盘力不宜过小,应维持一定数值以帮助驾驶员稳定驾驶。若转向器具有固定或变化很小的传动比,则很难使汽车达到这种要求,有些动力转向系统具有随车速而变化的转向盘力特性,基本上满足这种要求,改善了汽车操纵稳定性。汽车低速行驶时特性曲线很窄,助力作用大;随着车速提高,特性曲线越来越宽,助力作用越小,避免了高速时转向盘力太轻的问题。电动助力转向系统通常具有随车速变化而变化的转向盘力特性。

转向盘力特性的影响因素除转向器传动比及其变化规律外,还与转向器效率、动力转向器的转向盘操作力特性、转向杆系传动比、转向杆系效率、由悬架导向杆系决定的主销位置参数(主销内倾角、主销后倾角、主销后倾拖距、主销偏移距、车轮中心主销偏移距、车轮中心主销后倾拖距)、轮胎上的载荷、轮胎气压、轮胎力学特性、路面附着条件、转向盘转动惯量、转向柱摩擦阻力以及汽车整体动力学特性等有关,要准确建模分析其特性,上述因素都应予以适当考虑。

6.4.3 转向运动与汽车操稳性的关系

(1) 侧倾时转向系统与悬架的运动干涉

车身侧倾时,若非独立悬架汽车的转向系与悬架在运动学上关系不协调,将引起转向车轮干涉转向。这种干涉转向在汽车直线行驶中车身与车桥发生相对运动时,会引起前轮转动而影响甚至损害汽车的操纵性。干涉转向量应尽量小一点。

(2) 独立悬架转向梯形断开点选择

对于独立悬架,同样也存在悬架与转向的运动干涉,当车身侧倾时,由于左右车轮前束角发生不同方向的变化,使车辆具有侧倾不足(或过多)转向趋势。为减少这种运动干涉,独立悬架的转向系统设计时必须对其转向横拉杆的断开点进行优化设计。

(3) 转向系刚度的影响

由转向盘至转向车轮之间,包括转向机、转向杆系与转向机固定处在内的刚度,称为转向系角刚度。前转向车轮的理论转向角应等于输入的转向盘转角除以转向系角传动比。但由于路面作用于转向车轮的回正力矩使转向系发生了弹性变形,转向轮有了变形转向角。变形转向角等于回正力矩除以转向系刚度。若忽略转向系与前悬架有关部位存在的摩擦力,则前转向轮的实际转向角等于理论转向角与变形转向角之差。显然,在一定转向盘转角下,转向系刚度低,前转向轮的变形转向角大,增加了汽车的不足转向趋势;反之,若刚度大,则不足转向趋势小。

实际上,转向系的变形转向要比悬架的变形转向大许多,转向系的刚度不够高时,会产生过大的不足转向量。还应指出,不能只从稳态响应的角度来考虑转向系刚度。为了全面满足操纵稳定性的要求,特别是为了获得轿车在高速行驶时的"良好路感",转向系的刚度应高些,尤其是转向盘中间位置小转角范围内应有尽可能高的刚度。

6.5 纵向特性对操稳性的影响

6.5.1 悬架抗纵倾性的影响

汽车驱动或制动时会产生前后轴荷转移,如果前后悬架的抗纵倾性能不好,该轴荷转移量将由悬架弹簧来承受,必然导致悬架变形量的增加,车身将产生较大的俯仰运动。这种由于驱动或制动而导致的悬架运动参数的变化,使加速或制动时的操稳问题变得更加严重。为此,常设计具有一定的抗纵倾性能的悬架,抑制车身的俯仰运动,也抑制操稳性能的变化。

1. 悬架的纵倾中心

在过车轮中心的汽车纵向投影平面内,通过上下球铰点与相应上下横臂与车身铰接轴线的平行线的交点就是前悬架纵倾中心 O_f,如图 6-67 所示。如图 6-68 所示为双横臂前悬架纵倾中心的画法。后轴纵臂与车身的铰接轴线与过车轮中心的纵向平面的交点就是后轴悬架的纵倾中心 O_r。将同一车桥左右两侧悬架的纵倾中心相连,就形成该车桥悬架的纵倾中心轴线。

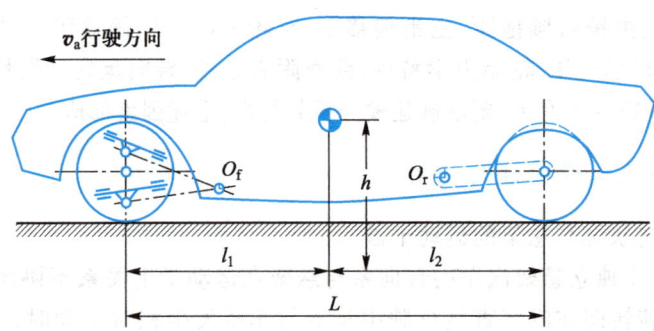

图 6-67 汽车的前悬架纵倾中心

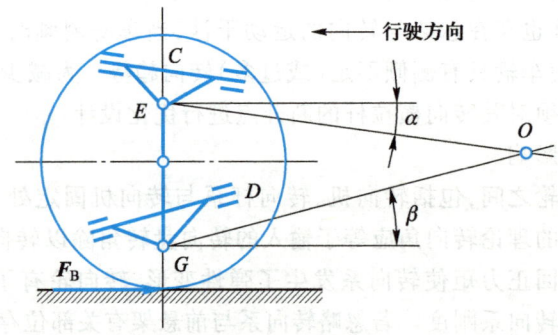

图 6-68 双横臂前悬架的纵倾中心

为减小制动下沉，要求纵倾轴线靠近车轮并尽量高，但都会导致主销后倾角的较大变化，即车轮有一个附加的转动，会给 ABS、ASR、TCS 等系统的精确控制带来负面影响，因此必须在二者的矛盾之中寻求折衷方案，使纵倾中心靠近车轮，但附加的车轮转动又不超过 ABS 或 ASR 系统允许的边界值。

后轮的纵倾中心位于后轴前方，其位置由摆臂长度和 ABS 系统的允许边界值来确定。后悬架摆臂绕纵倾中心的运动如图 6-69 所示，摆臂长度太短，在同样行程下的摆动角就会过大，引起车轮在纵向的位移 Δl，即轴距发生变化，但其不应对汽车的行驶性能产生影响。

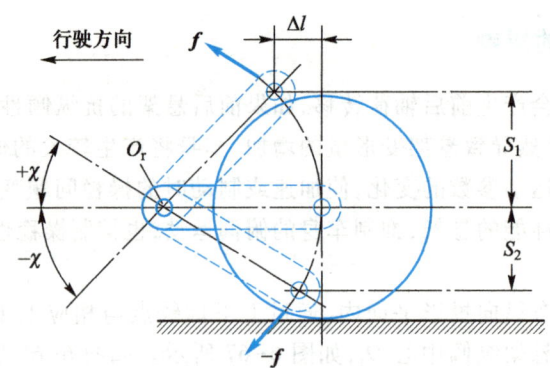

图 6-69 后悬架摆臂绕纵倾中心的运动

找斜置臂式悬架的纵倾中心时,先作出俯视图,如图 6-70 所示,根据角度 α 确定距离 d,即纵倾中心到车轮中心的距离,然后在后视图上定出 O 点的高度,侧视图上即可画出正确的纵倾中心的位置。

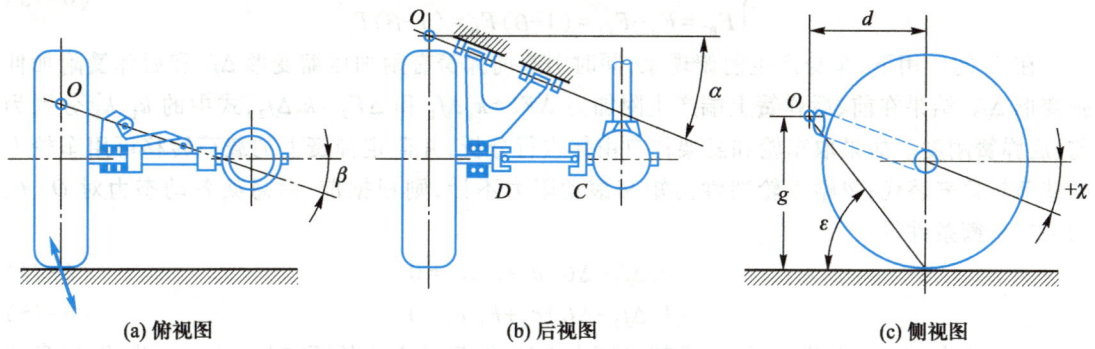

(a) 俯视图　　　　　　(b) 后视图　　　　　　(c) 侧视图

图 6-70　斜置臂式悬架纵倾中心的画法

后悬架采用钢板弹簧非独立悬架结构,纵倾中心近似位于钢板弹簧前卷耳中心处。

2. 悬架的抗纵倾性

（1）前悬架抗纵倾性

抗制动纵倾性（抗前俯性）使汽车制动时车头的下沉量和车尾的抬高量减小,但仅当纵倾中心 O_f 和 O_r 位于两车桥之间或车桥轴线上,如图 6-71 所示,且制动器位于车轮上时,这一性能才能实现。将同一车桥左右两侧悬架的纵倾中心相连,就形成该车桥悬架的纵倾中心轴线。

抗起动纵倾性可减小后驱汽车车尾下沉量或前驱汽车车头抬高量,它仅对驱动桥有作用。对于独立悬架,使纵倾中心位置高于驱动桥车轮中心是非常重要的;对于非独立悬架,使差速器位于车桥壳体中也很重要。此外,抗制动纵倾角 ε 和抗起动纵倾角 χ 常用于评价汽车悬架的抗纵倾能力。一般它们的值越大,则汽车的纵倾平衡能力越强。

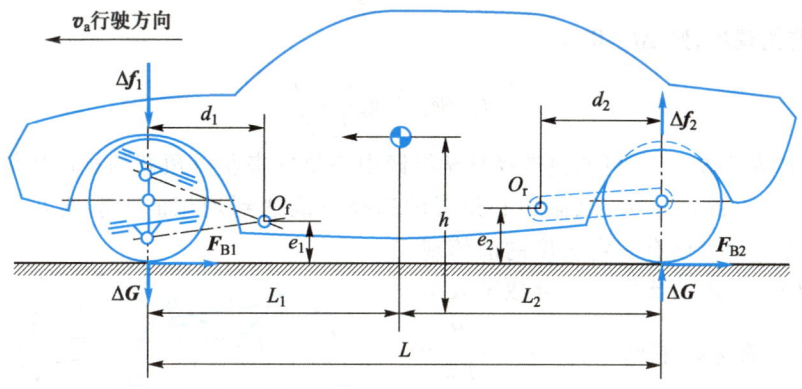

图 6-71　汽车的纵倾中心

图 6-71 画出制动时汽车承受的各种动态作用力,没有考虑汽车静止时所受重力的作用,故在图上没有画出汽车质心上重力及前、后轮上的静止反力。当汽车以减速度 j 制动时,汽车质心上作用有惯性力 $F_j = m_a j$,它使前、后轮上的负荷发生转移。前、后轮负荷的增减量为 ΔG,

其大小是 $\Delta G = F_j h/L$,h 为汽车质心高度,L 为轴距。前、后轮上的制动力为 F_{B1}、F_{B2},总制动力为 $F_B = F_j$,则前、后轮的制动力(无 ABS 配置时)为

$$\begin{cases} F_{B1} = \beta F_B = \beta F_j \\ F_{B2} = F_B - F_{B1} = (1-\beta) F_B = (1-\beta) F_j \end{cases} \tag{6-73}$$

在 F_j 的作用下,车身产生前俯现象,同时引起前弹簧有附加压缩变形 Δf_1 和后弹簧附加伸张变形 Δf_2,结果在前、后弹簧上端产生附加力 $\Delta F_1 = k_1 \Delta f_1$ 和 $\Delta F_2 = k_2 \Delta f_2$,式中的 k_1、k_2 分别为前、后弹簧刚度。如果取车轮和悬架作自由体进行分析,并假定弹簧上的载荷转移可用车轮上的载荷转移来替代;忽略车轮惯性力矩和滚动阻力不计,则根据前、后悬架各动态力对 O_f、O_r 的力矩平衡条件得

$$(k_1 \Delta f_1 - \Delta G) d_1 + F_{B1} e_1 = 0 \tag{6-74}$$

$$(k_2 \Delta f_2 - \Delta G) d_2 + F_{B2} e_2 = 0 \tag{6-75}$$

上两式中,d_1、d_2 分别为前、后悬架纵倾中心到前、后轴中心的距离(m);e_1、e_2 为前、后悬架纵倾中心到地面的高度(m)。

经整理式(6-73)、式(6-74)和式(6-75),得

$$\begin{cases} \Delta f_1 = \dfrac{F_j}{k_1 d_1}\left(\dfrac{h}{L}d_1 - \beta e_1\right) \\ \Delta f_2 = \dfrac{F_j}{k_2 d_2}\left(\dfrac{h}{L}d_2 - (1-\beta) e_2\right) \end{cases} \tag{6-76}$$

分析式(6-76)可知,反映制动时车身前俯程度的 Δf_1 和 Δf_2 除与总布置参数、制动力大小及其分配以及悬架刚度有关外,主要取决于纵倾中心位置 O_f 和 O_r。对前轮而言,O_f 点位置可用 e_1、d_1 值确定。满足无前俯现象的纵倾中心位置,对车身前部而言应满足 $\Delta f_1 = 0$。因此,由式(6-76)可得

$$\frac{h}{L}d_1 - \beta e_1 = 0 \text{ 或 } \frac{h}{L}d_1 = \beta e_1 \tag{6-77}$$

如发生前俯现象,则 $\Delta f_1 > 0$,即

$$\frac{h}{L}d_1 - \beta e_1 > 0 \text{ 或 } \frac{e_1}{d_1} < \frac{h}{\beta L} \tag{6-78}$$

当 h、L、β 等参数已定,可通过选择悬架纵倾中心位置来获得预期的抗前俯效果。为了减少车轮传到车身上的冲击力,纵倾中心位置的选择不能达到理想的无前俯效果。一般是使 $e_1/d_1 < h/\beta L$,即制动时仍有一定程度的前俯现象,并用 e_1/d 和 $h/\beta L$ 的比值的百分数来表示抗前俯的效率,简称抗前俯率,即 $\eta_d = \dfrac{e_1 \beta L}{d_1 h} \times 100\%$,对乘用车,取 $\eta_d = (50 \sim 70)\%$。

对于双横臂式独立悬架来说,其纵倾中心可用作图法得出,如图 6-72 所示。过铰接点 E 和 G 分别作两横臂转动轴 C 和 D 的平行线,两线的交点 O 即为纵倾中心。

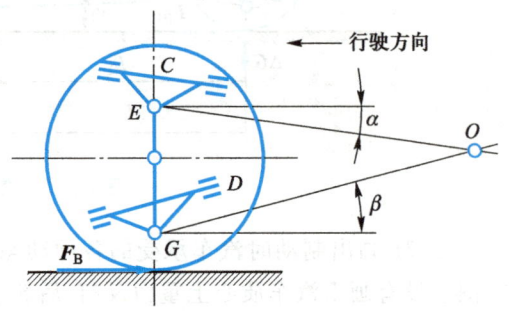

图 6-72 双横臂式独立悬架的纵倾中心

当上横臂轴线与下横臂轴线平行时,纵倾中心位于无穷远处,此时纵向力 F_B 可直接作用于车轮中心进行受力分析。对于制动器外置到传动系的情况,双横臂悬架可以通过两根横臂同向斜置来解决制动下沉的问题,如图6-73所示。

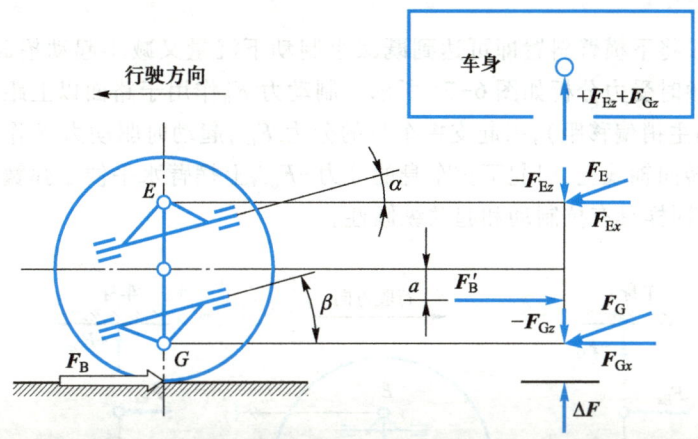

图6-73 制动器外置时双横臂前悬架纵倾时受力分析

当制动力来源于传动系,制动力 F_B 可以从车轮中心平移距离 a 到在转向轴线上,成为 F_B',$a = r_a \sin \beta$。纵向的力平衡为 $F_B' = F_{Ex} + F_{Gx}$。由于双横臂轴线斜置,在铰接点 E 和 G 的反作用力为 F_E 和 F_G,其结果是产生了沿垂直方向的分力 $F_{Ez} = F_{Ex} \tan \alpha$ 和 $F_{Gz} = F_{Gx} \tan \beta$,这两个力之和将在路面垂直方向引起一个附加的反作用力 $\Delta F = F_{Ez} + F_{Gz}$,用以抵消车身由于制动力矩而产生的俯仰,而不再需要通过弹簧压缩来得到 ΔF,因此没有了车头下沉现象。这种同向斜置两根横臂抗纵倾的悬架结构,其优点是主销后倾角不发生变化,缺点是车轮上跳的同时前移,影响通过性。

当制动器安装在车轮内,同样为了获得纵倾轴线和垂直方向的附加反作用力,两根横臂必须交叉布置,如图6-74所示,制动力 F_B 作用点可以平移到路面以下距离为 a 处,成为 F_B',$a =$

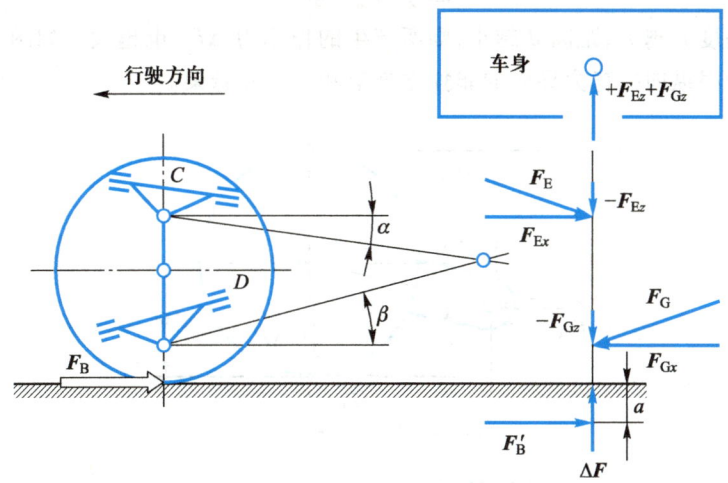

图6-74 制动器内置时双横臂前悬架纵倾时受力分析

$r_b \sin \beta$。纵向的力平衡为 $F_{Gx} = F_{Ex} + F'_B$,可见 G 点由于制动器内置而受力增大。同样由于双横臂的斜置,产生附加路面反力 ΔF,起到抗纵倾效果。

具有负主销偏移距的前悬架制动时具有反转向效应,其前提是必须采用内置于车轮内的制动器。

双横臂悬架仅将下横臂斜置即可达到既减小制动下沉量又减小起动抬高量,双横臂前悬架下横臂斜置纵倾时受力分析如图 6-75 所示。制动力 F'_B 作用于路面以上距离为 a 处的转向轴线上(由于负的主销偏移距),引起支撑车身的分力 F_{Gz},起动时驱动力 F'_t 作用于车轮中心以下距离为 a 处的转向轴线上,引起下拉车身的分力 $-F_{Gz}$,上摆臂水平便于弹簧和减振器的垂直安装,这样的悬架同样具有抗制动和起动纵倾性。

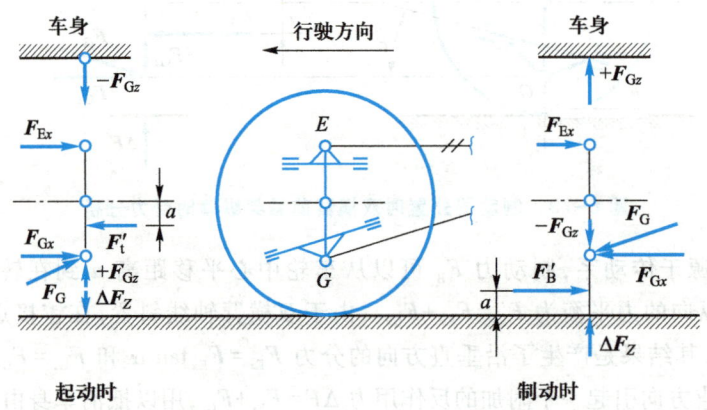

图 6-75 双横臂前悬架下横臂斜置纵倾时受力分析

(2) 后悬架抗纵倾性

在独立后悬架中,纵臂式悬架和扭转梁随动臂式悬架均具有合理的纵倾中心位置。它位于摆臂转动轴中心,制动时会在摆臂上产生将车尾下拉的力 $-\Delta F_Z$,如图 6-76 所示。

$$\Delta F_Z = F_B \cdot g/d \tag{6-79}$$

上式表明高度 g 越大,距离 d 越小,则所产生的作用力 ΔF_Z 也越大。如图 6-76 所示的受力也适用于以两根纵向摆臂为导向的非独立悬架和多连杆悬架。

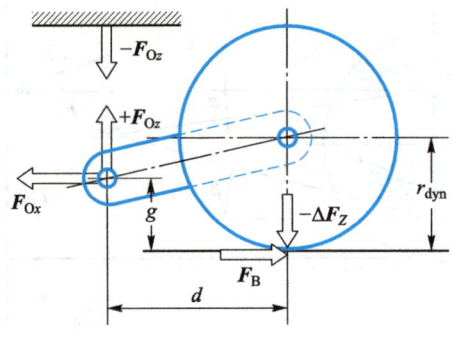

图 6-76 制动时后悬架摆臂的受力

6.5.2 地面切向反作用力与操稳性的关系

由于轮胎的侧偏特性受到路面切向力的影响,汽车操纵稳定性与传动系有密切的关系。因此,切向力可以用作改善极限工况下的操纵稳定性。

下面以前驱动汽车为例,从几个主要方面说明驱动力对操稳性的影响。

(1) 当汽车在弯道上以大驱动力加速行驶时,前轴垂直载荷明显减轻,后轴垂直载荷相应增加。一般载荷范围内,轮胎侧偏刚度是随载荷的增减而增减的,因此加速时前轴侧偏角增加,后轴侧偏角减小,汽车有增加不足转向的趋势。

(2) 车轮驱动时,随着驱动力的增加,侧偏角相同的情况下轮胎侧偏力减小。因此节气门开大,汽车在弯道上加速行驶时,为了提供要求的侧偏力,前轮侧偏角必然增大。这是前驱动汽车有不足转向趋势的另一个原因。路面附着条件差时,如冰雪路面,这种现象更为突出。

(3) 前轮受半轴驱动转矩的影响会产生不足变形转向,增加了前驱动汽车不足转向的趋势。

图 6-77 中画出了处于直线行驶位置的前轮及其受到的路面切向力 F_X 与驱动力矩 T_h。

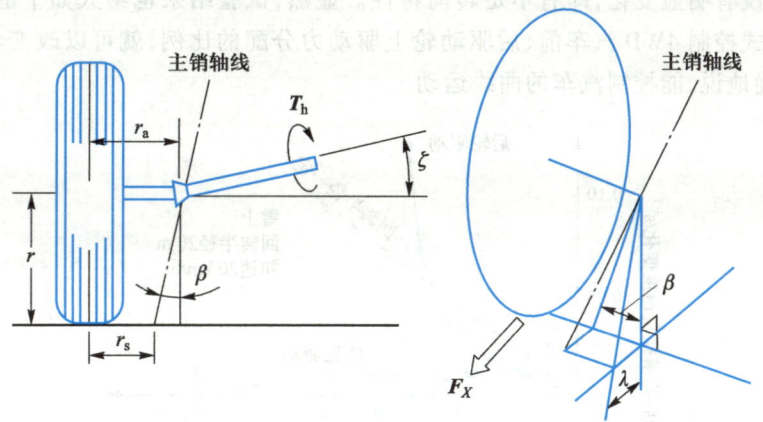

图 6-77 处于直线行驶位置的前轮及其路面切向作用力与驱动力矩

不考虑滚动阻力并忽略法向作用力产生的力矩,作用于前轮绕主销的力矩为

$$T_k = F_X r_s \cos \lambda \cos \beta + T_h \sin(\beta+\zeta) = F_X [r_s \cos \lambda \cos \beta + r\sin(\beta+\zeta)] \tag{6-80}$$

式中,r_s 为接地面上的主销偏置距(m);β 为主销内倾角;λ 为主销后倾角;ζ 为半轴与水平线的夹角;r 为车轮半径(m)。

因主销后倾角、内倾角均较小,可取 $\cos \lambda = \cos \beta = 1$,即上式写成:$T_k = F_X[r_s + r\sin(\beta+\zeta)]$。

若半轴处于水平位置,$\zeta=0$,则力矩臂为 $(r_s + r\sin \beta)$,即图中的 r_a,它就是车轮中心主销偏置距。

汽车弯道行驶时,车身侧倾,外侧车轮的 ζ 减小,内侧车轮的 ζ 增加。因此作用于外侧车轮的 T_k 减小,作用于内倾车轮的 T_k 增大。这两个力矩之差使前轮受到使转向角变小的力矩。由于转向杆系等处的弹性,前轮产生了相应的不足变形转向角,增加了汽车的不足转向趋势。

（4）随着驱动力的增加，轮胎回正力矩一般也会有所增大，这也增加了不足转向趋势。

综上所述，前轮驱动力的作用是增加前驱动汽车的不足转向趋势。

显然，当用发动机进行制动时，上述（1）（3）（4）项的影响将使汽车有增加过多转向的趋势。正因此缘故，大功率的前驱动汽车在大油门加速中若突然松开油门踏板，汽车的转向特性会发生明显的变化，甚至成为过多转向，汽车会发生出乎意料的突然驶向弯道内侧的"卷入"现象。可以通过采用自动变速器、有限差速作用差速器（LSD）和使驱动轮在制动时能产生不足变形转向的悬架来减少、消除卷入现象。

后轮驱动汽车在进行发动机制动时，由于制动力的作用增大了后轴侧偏角，产生了过多转向的趋势，加上其他因素的综合影响，后驱动汽车也常有"卷入"现象。

6.5.3 路面切向作用力控制转向特性的基本概念

在低附着路面上行驶时，驱动力对汽车弯道行驶的影响比较明显。图6-78是三种不同驱动型式汽车在冰雪路面上以一定初速度按圆周行驶，固定转向盘转角，然后以不同纵向加速强度加速行驶1 s后，汽车横摆角速度的变化曲线。这个试验结果显示，前轮驱动汽车有较强的不足转向特性，而后轮驱动汽车有过多转向特性，前、后轮动力等分的4轮驱动（4WD）汽车的横摆角速度则没有明显变化，即有不足转向特性。显然，试验结果也给人如下的提示：如采用电子控制的方式控制4WD汽车前、后驱动轮上驱动力分配的比例，就可以改变汽车的转向特性；或者更明确地说，能控制汽车的曲线运动。

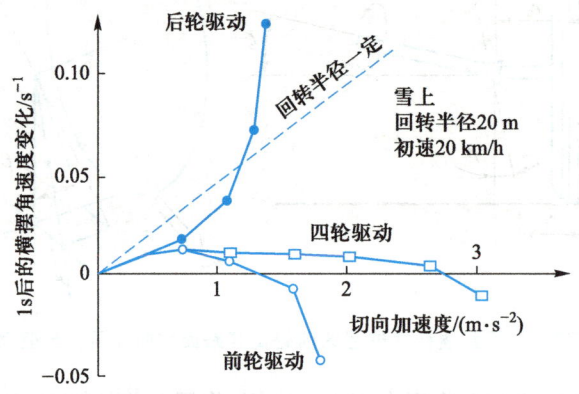

图6-78 不同驱动型式汽车以不同纵向力横摆角速度变化

制动力对轮胎侧偏特性的影响与驱动力十分相仿，改变制动力在前、后轴上的分配比例，同样可以起到控制汽车曲线运动的作用。下面将不局限于讨论驱动力，而是讨论路面切向（包含驱动力与制动力）控制汽车曲线运动的基本概念。

切向力控制可分为三种类型。

（1）路面切向力控制

ABS是总制动力控制，用以抑制过大的制动力，保证车轮较佳的滑移率，提高制动时的方向稳定性。车轮驱动时会出现滑转，滑转率过大时，有些汽车会采用限制总驱动力的驱动防滑控制系统（ASR或TSC），以提高驱动时汽车方向稳定性。

ESP(电子稳定程序)是针对制动系与传动系的一种闭环控制系统,它可增加车辆的行驶稳定性,在发生急转向的工况下可对车辆的不足-过多转向特性进行控制,从而实现车辆按照驾驶员意图行驶。

一般车辆都有轻微的不足转向特性,当车速较高且发生突然急转向的情况下,车辆并不是按照驾驶员转过的转向角度行驶,而沿着质心侧偏角方向运动。这种情况下,ESP系统将对汽车的内侧后轮进行制动,此时汽车在纵向力不等的作用下,产生了绕质心的向内侧的横摆力矩,改变了汽车的运行状态,实现了较好的路径跟踪。

当汽车处于过多转向条件下,且发生突然急转向时,汽车会发生后轴侧滑现象,发生急转。此时ESP系统对汽车的外侧前轮进行制动,产生绕质心向外侧的横摆力矩,从而改变汽车行驶状态,实现较好的路径跟踪。

理论上讲,为了保持汽车的稳定性,当汽车表现为不足转向,前轴发生侧滑而驶离正常车道时,应对汽车施加适当大小的内侧的横摆力矩;当汽车表现为过多转向,后轴发生侧滑而出现激转时,应该对汽车施加向外侧的横摆力矩,可更好地实现汽车的路径跟踪。

对于由制动力产生的横摆力矩的大小,取决于制动器制动力、路面附着条件、制动车轮的垂直载荷、轮胎的纵向力与侧向力以及车轮相对汽车质心的位置等,因此,对于汽车各个车轮施加制动力,所产生的横摆力矩变化也是不同的。汽车各车轮制动时产生横摆力矩关系图如图6-79所示,以汽车向左转向为例,对车轮外前轮2和内后轮4的制动对于汽车横摆力矩是分别单调递增的,这两个车轮制动所产生的效果对改变车辆行驶姿态是最易于控制的,且效率最高。

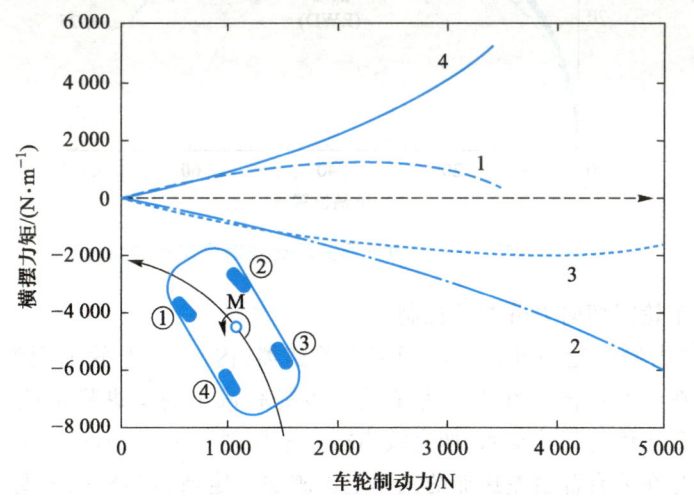

图6-79 汽车各车轮制动时产生横摆力矩关系图

虽然对外后轮3和内前轮1制动也能产生相应的横摆力矩,但所得的横摆力矩值相对比较小,且不是单调递增,所以只能作为辅助制动车轮。

以汽车左转为例,根据传感器得到的实际横摆角速度γ与转向模型计算出的理想横摆角速度γ_d的偏差e_γ及转向盘转角的大小和符号即可判断对哪个车轮进行制动。当$e_\gamma = \gamma - \gamma_d > 0$

时,表明汽车有过多转向的趋势,假定汽车横摆力矩以逆时针方向为正,此时应选择外前轮 2 进行制动,以产生负的横摆力矩;当 $e_y<0$ 时,表明汽车有不足转向趋势,此时应选择对内后轮 4 进行制动,以产生正的横摆力矩。

需要注意的是 ESP 不仅仅对车轮制动力进行控制,还需要配合发动机的工作。ESP 在实施控制时,可以在驾驶员踩踏加速踏板或者不采取制动的情况下进行单轮制动。ESP 系统对整车的运行数据采集较多,影响 ESP 工作的条件也相对较多,其中轮胎的力学特性影响最大。

(2) 前、后轮间切向力分配比例的控制

改变前、后轮切向力分配比例能够改变汽车转向特性。图 6-80 为仿真计算求得的前、后驱动力不同分配比例时,4WD 在转向盘转角为 90°以 $0.2g$ 纵向加速度加速行驶时汽车的路径。可以看出,该车为前驱动时有较强的不足转向特性;为后驱动时,由于增加了较大的过多转向趋势,汽车有较弱的不足转向特性。

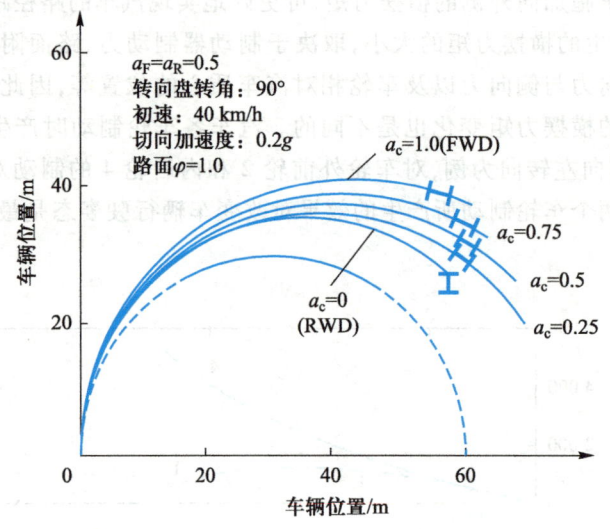

图 6-80　前、后驱动力不同分配比例时汽车行驶路径

(3) 内、外侧车轮间切向力分配的控制

普通汽车上的内侧车轮与外侧车轮间装有差速器,内、外侧车轮分配到的驱动力是相等的,驱动力的合力在汽车纵向轴线上。为了进一步提高汽车的操纵稳定性,开发出可以改变内、外侧驱动力分配比例的新传动系,如直接横摆力矩控制系统(DYCS)。由于改变内、外侧驱动力分配的比例,与在装有普通差速器的汽车上再施加一定数值的横摆力偶矩是一样的,所以这种驱动力的控制方式常称为横摆力偶矩控制。

改变前、后轮间驱动力分配比例的控制方式的本质也是横摆力矩的控制,这种控制方式常称为间接横摆力矩控制,而改变内、外侧车轮驱动力分配比例的控制方式则称为直接横摆力矩控制(direct yaw moment control,DYC)。

把汽车看作二自由度模型时,可以得到两个平衡方程式,力的平衡方程式和力矩平衡方程式。转向盘固定不动、加速转弯行驶时

$$F_{Y1}+F_{Y2}=ma_y$$
$$F_{Y1}a-F_{Y2}b=I_z\dot{\omega}_r \tag{6-81}$$

由上式可看出，F_{Y1} 和 F_{Y2} 之和等于 ma_y，但二者数值大小的分配则取决于 $I_z\dot{\omega}_r$，惯性阻力偶矩大一点，F_{Y1} 就大，F_{Y2} 就小。

汽车处于稳态圆周行驶工况下，稳态转向行驶时汽车的力平衡图如图 6-81 所示，有 $F_{Y1}a-F_{Y2}b=0$，即 $\dfrac{F_{Y1}}{F_{Y2}}=\dfrac{b}{a}$。若在后外轮作用 $+F_{X2}$，后内轮作用 $-F_{X2}$，即在汽车上作用一横摆力偶矩 $F_{X2}B$，力矩平衡方程为：$F_{Y1}a+F_{X2}B-F_{Y2}b=0$。显然 F_{Y1} 减小，F_{Y2} 加大；相应的前侧偏角 α_1 减小，后侧偏角 α_2 加大，汽车的不足转向量减小。若作用一反向的横摆力偶矩，将产生相反的效果。由此可见，作用于汽车的横摆力偶矩可以改变前、后轮地面侧向反作用力的数值、稳态转向特性以及相应的汽车稳态行驶路径。

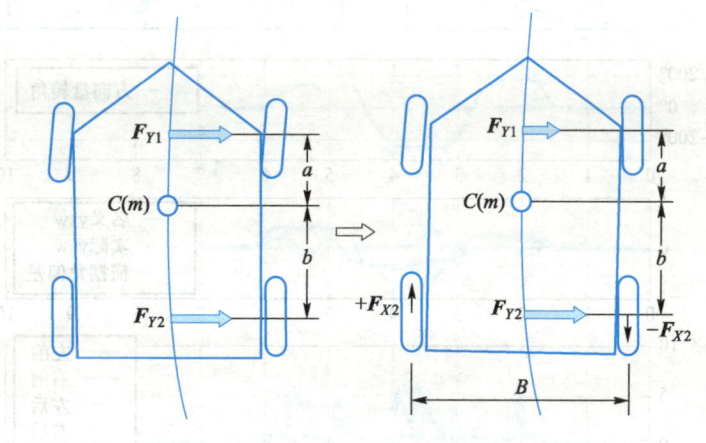

图 6-81 稳态转向行驶时汽车的力平衡图

6.6 电子稳定性控制系统案例

汽车电子稳定程序(electronic stability program, ESP)是在 ABS、TCS 的基础上通过对合适车轮进行主动制动，来增强车辆稳定性和方向控制的主动安全装置，可以有效降低车辆事故率。

6.6.1 电子稳定控制系统的工作原理

ESP 主要针对过多转向("失稳")和不足转向("失准")的车辆分别对合适车轮进行制动，提升车辆稳定性和操纵性：当车辆过多转向超过一定门限，ESP 在合适时刻通过对外侧车轮进行制动来减小车辆过多转向度，提高车辆稳定性；当车辆不足转向超过一定门限，ESP 在合适时刻通过对内侧车轮进行制动来减小车辆不足转向度，提高车辆操纵性，传统 EPS 车辆侧向加速度响应曲线如图 6-82 所示。

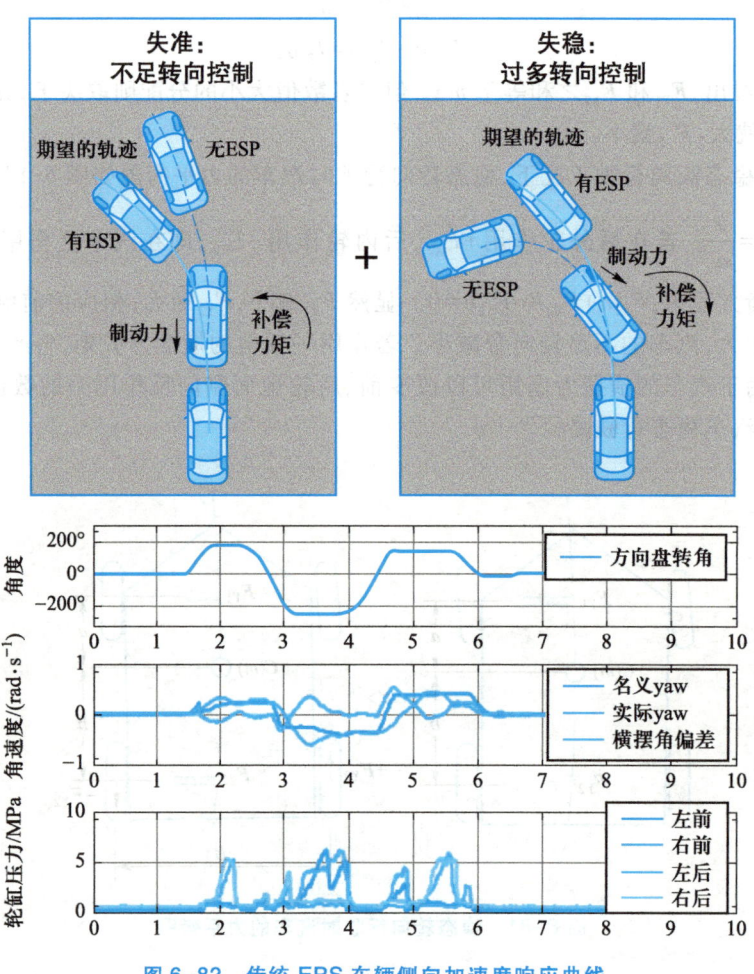

图 6-82 传统 EPS 车辆侧向加速度响应曲线

6.6.2 电子稳定控制系统的典型结构

随着汽车智能化电动化发展,电子稳定控制系统结构按照不同的助力形式和不同的 ESP 液压控制单元集成度划分,如图 6-83 所示。传统燃油车采用"发动机提供动力的真空助力器和主缸"+"ESP"系统结构;电动车采用"电动助力器"+"ESP"的"TwoBox"方案;近年来,进一步发展为"助力器和 ESP 合为一体"+"踏板模拟器"的"OneBox"方案。"OneBox"方案具有制动踏板感与液压全解耦、高集成度、高建压能力等优点,被越来越多的中高端乘用车广泛采用。取消了液压制动单元、直接采用电机制动的"EMB"线控制动方案现阶段也在开发过程中,代表线控制动的发展方向。

真空助力或 TwoBox 系统的 ESP 系统典型结构如图 6-84 所示。其中,电子稳定程序所需的方向盘转角传感器与电动助力转向 EPS 共用;IMU(横摆角速度\纵向\侧向加速度)传感器与安全气囊共用,不同电控系统与整车 VCU 之间通过 CAN 通信连接,实现传感信息的共享和交互。

6.6 电子稳定性控制系统案例

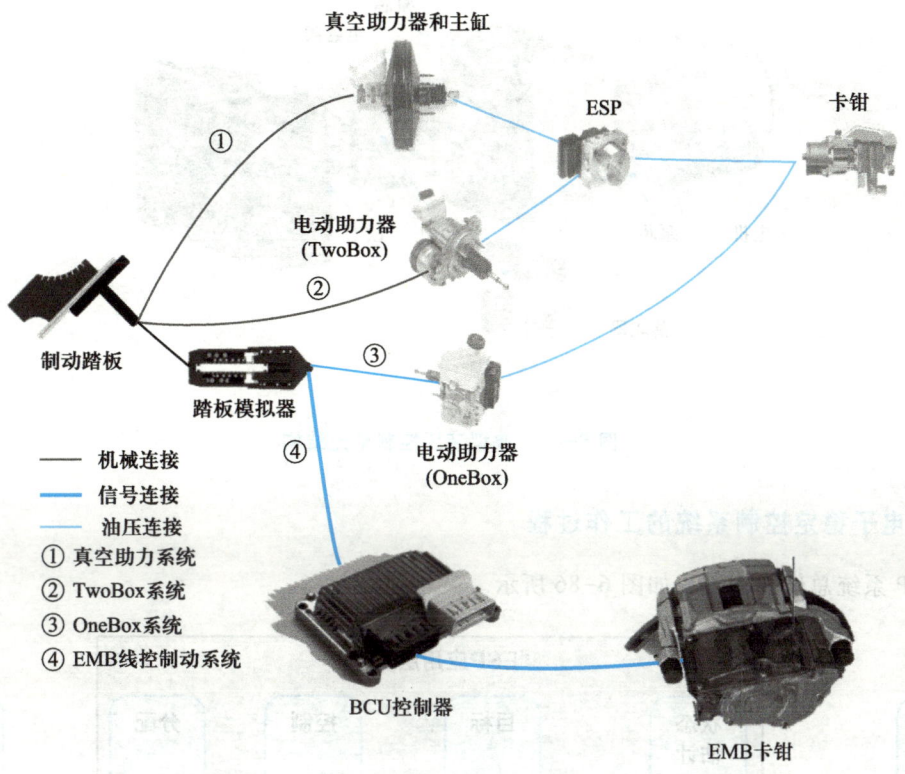

图 6-83 电子稳定控制系统结构

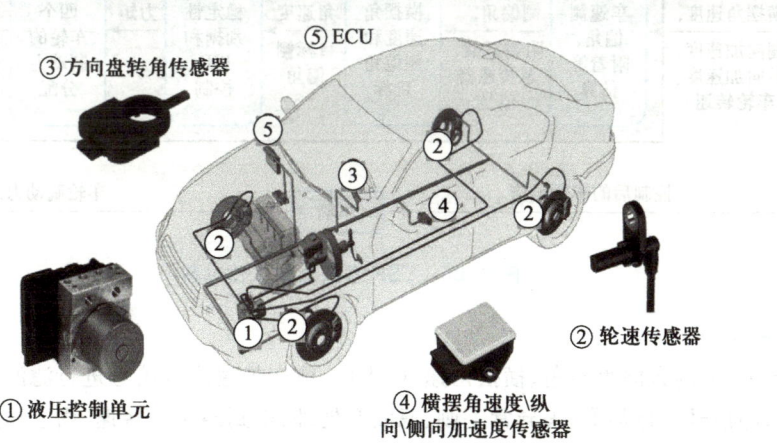

图 6-84 ESP 系统典型结构组成

液压控制单元是 ESP 的核心零部件,其制造精度和可靠性是稳定性控制系统的关键。典型液压控制单元结构如图 6-85 所示,包括:ECU、电机、电磁阀、蓄能器等。

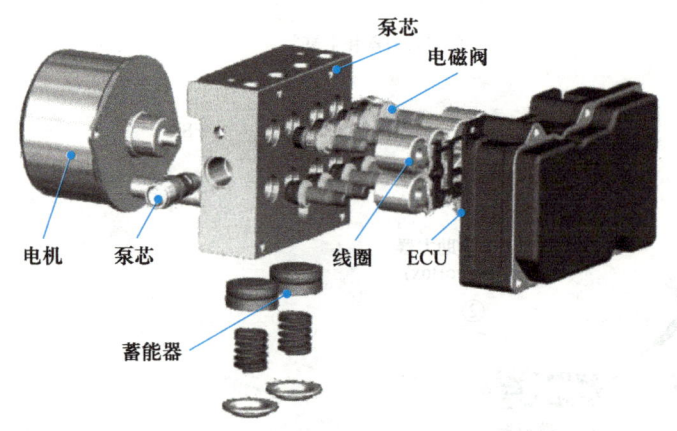

图 6-85 典型液压控制单元结构

6.6.3 电子稳定控制系统的工作过程

ESP 系统总体工作过程如图 6-86 所示。

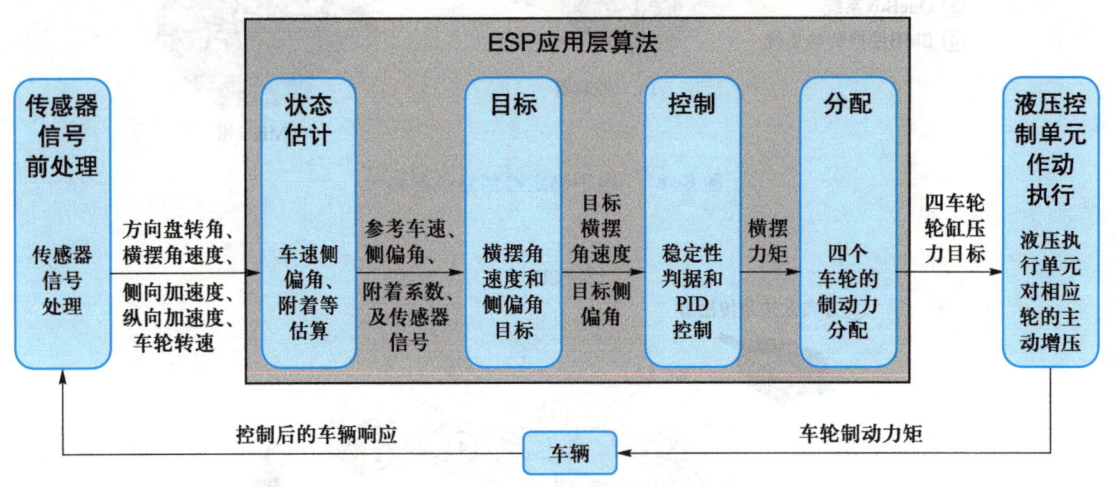

图 6-86 ESP 系统总体工作过程

1. 传感器信号前处理

对来自 CAN 的方向盘转角、横摆角速度、纵向、侧向加速度等信号进行滤波等前处理，对传过来的轮速脉冲信号进行整形、去异常毛刺、滤波等处理，得到四车轮转速，用于车速估算等环节。

2. 状态估计算法

状态估计算法是应用层算法开发的重点、难点，主要包括车速、轮胎力、侧偏角、附着等车辆和路面状态的估计。估计结果的精度是一方面，还需重点考虑估计算法对特殊工况场景的覆盖度和鲁棒性，如：高环道路、横坡纵坡道路、冰雪路面、不同颠簸路面等。其中，参考车速估计算法最为复杂。车速估计难点在于强制动/驱动工况，车轮发生大滑移，此时仅靠轮速传感器的轮速法估算的结果会有较大偏差，因此，需要对纵向加速度的积分法与轮速法结果进行动态加权。参考车速估算的算法原理可用下式来表示：

$$v_\mathrm{f}(n) = \frac{\sum_{i=1}^{4} k_i \omega_i(n) r_\mathrm{w} + k_a [a_x(n) - a_{\mathrm{Cor}}(n)] T_\mathrm{s} + v_\mathrm{f}(n-1)}{k_a + \sum_{i=1}^{4} k_i} \tag{6-82}$$

式中，v_f 为估计出的车速；k 为轮速权重系数；ω 为车轮轮速；r_w 为车轮滚动半径；k_a 为加速度权重系数；T_s 为采样时间；a_x 为车辆的纵向加速度；a_{Cor} 为车辆纵向加速度修正值。

3. 目标算法

目标算法主要包括横摆角速度目标和后轴侧偏角目标两部分。该环节的作用是为控制环节提供必要的理想目标输入，得到实际（或估算）与目标的偏差量，一方面通过与稳定性判据的激活门限比较，得到 ESP 的合适介入时机；另一方面，为 ESP 的 PID 控制环节提供输入，得到 ESP 合适的横摆力矩控制量。

横摆角速度目标一般采用车辆二自由度模型得到理想横摆角速度目标 ω_{2DOF}：根据车速 v、前轮转角 δ、车辆特征车速 v_{ch}，按照车辆二自由度模型得到理想横摆角速度。

$$\dot{\psi}_{\mathrm{2DOF}} = \tan(\delta) \times \frac{v}{L} \cdot \frac{1}{[1 + (v/v_{\mathrm{ch}})^2]} \tag{6-83}$$

该目标反映的是在当前车速和方向盘转角下，驾驶员期望获得的横摆角速度响应，代表的是一种偏操纵性的理想预期。在高车速和大方向盘转角输入下，计算得到的 ω_{2DOF} 很可能过大，突破路面最大附着 $\mu_{\max}$ 的限值。因此，最终横摆角速度目标还应考虑路面附着情况加以限制，如下式所示：

$$\dot{\psi}_M = \min\left(|\dot{\psi}_{\mathrm{2DOF}}|, \left|0.85 \frac{\mu_{\max} \times g}{v}\right| \right) \times \mathrm{sgn}(\delta) \tag{6-84}$$

后轴侧偏角比质心侧偏角对失稳甩尾的表征更明显直接，因此，工程上一般采用后轴侧偏角而非质心侧偏角用于稳定性控制。后轴侧偏角目标的确定，首先要得到最大许用后轴侧偏角 $\beta_{\max}$ 作为后轴侧偏角介入门限。该值根据工程经验给出，要随路面附着系数的减小而减小。高附路面最大许用后轴侧偏角可取 5°左右，冰雪路面最大许用后轴侧偏角取 2.5°左右。后轴侧偏角超出上述范围，人会有失稳的主观感觉。其次，结合最大许用后轴侧偏角 $\beta_{\max}$ 和后轴侧偏角估算结果 β，按照以下公式得到后轴侧偏角目标：

$$\beta_M = \begin{cases} \beta & \text{if} \quad -\beta_{\max} < \beta < \beta_{\max} \\ \beta_{\max} & \text{else if} \quad \beta \geq \beta_{\max} \\ -\beta_{\max} & \text{else} \quad \beta \leq -\beta_{\max} \end{cases} \tag{6-85}$$

上式的动力学原理是，当后轴侧偏角小于许用值，车辆稳定，后轴侧偏角目标等于估算值，估算值与目标值的偏差等于 0，不会触发后轴侧偏角的稳定性控制。当估算的后轴侧偏角超出最大许用值，车辆失稳，后轴侧偏角目标等于最大许用后轴侧偏角，估算值与目标值存在误差，触发侧偏角稳定性控制。

4. 控制算法

控制算法主要包括横摆角速度控制和后轴侧偏角控制两部分。横摆角速度控制首先根据以下稳定性判据，判断是否超出过多转向或不足转向的门限，如不超出，则 ESP 不介入；如超出,则 ESP 控制介入。

$$过多转向稳定性判据:\begin{cases}(\dot{\psi}-\dot{\psi}_M)\times\dot{\psi}_M>0\\ \dot{\psi}\times\delta\geqslant 0\\ |\dot{\psi}_M|<|\dot{\psi}|\\ |\dot{\psi}-\dot{\psi}_M|>\Gamma_{OS}\end{cases} \quad (6-86)$$

$$不足转向稳定性判据:\begin{cases}(\dot{\psi}-\dot{\psi}_M)\times\dot{\psi}_M<0\\ \dot{\psi}\times\delta\geqslant 0\\ |\dot{\psi}_M|>|\dot{\psi}|\\ |\dot{\psi}_M-\dot{\psi}|>\Gamma_{US}\end{cases} \quad (6-87)$$

式中,Γ_{OS} 为转向过多综合门限;Γ_{US} 为转向不足综合门限,均为实车标定结果。门限越小,表明 ESP 越容易介入;门限越大,表明 ESP 介入延后。

在以上稳定性判据的基础上,经过 PID 环节,得到横摆角速度控制的输出量:不满足稳定性判据的激活条件,即实际与目标横摆角速有偏差,ESP 横摆角速度控制的输出量 $M_z=0$;满足稳定性判据的激活条件后,根据实际与目标横摆角速度之差,经 PID 控制输出横摆力矩控制量为 M_z,如图 6-87 所示。

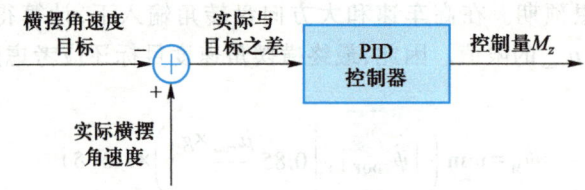

图 6-87 横摆角速度控制的 PID 输出

后轴侧偏角控制直接用估算后轴侧偏角 β 与目标后轴侧偏角 β_M 的偏差经过 PID 控制即得到后轴侧偏角的横摆力矩控制量,如图 6-88 所示。

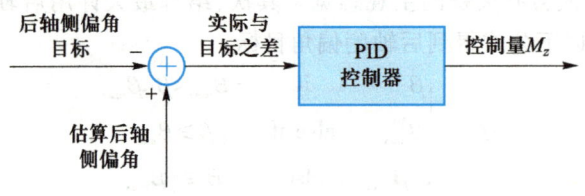

图 6-88 后轴侧偏角控制的 PID 输出

由后轴侧偏角目标的定义可知:当后轴侧偏角 β 小于许用值 β_{max} 时,车辆稳定,后轴侧偏角目标 β_M 等于估算值 β,估算与目标值的偏差等于 0,后轴侧偏角控制输出为 0;当估算后轴侧偏角 β 大于许用后轴侧偏角 β_{max},车辆失稳,后轴侧偏角目标等于最大许用后轴侧偏角 β_{max},估算值与目标值的误差等于 $\beta-\beta_{max}$,侧偏角控制介入。

横摆角速度控制和后轴侧偏角控制是并行叠加关系:两者分别以上述方式各自进行目标

计算,介入门限判定,最后,实际(或估算)与目标偏差经各自 PID 得到的控制量进行叠加得到总的横摆力矩控制量 M_{yaw}。工程实践发现:绝大多数失稳工况,以横摆角速度稳定性控制为主;个别极端失稳工况(特别是低附大侧滑工况),后轴侧偏角控制才会介入。这是因为大多数失稳工况,横摆角速度控制会先介入并将车辆控制到稳定范围,此时,后轴侧偏角一般不超出最大许用侧偏角介入门限,进而侧偏角稳定性控制不会介入。后轴侧偏角稳定性控制只在某些极端失稳工况才起作用,如低附车辆前后同时有较大侧滑,此时横摆角速度不大,但后轴侧偏角很大,此时侧偏角稳定性控制会发挥主要作用,而横摆稳定性控制为辅;又如后驱车在低附发生剧烈甩尾,仅靠横摆角速度控制达不到理想控制效果,此时后轴侧偏角也远远超出许用门限,此时横摆角速度和后轴侧偏角控制会同时起作用,总的横摆控制力矩为两者的叠加值。

5. 分配算法

控制环节得到的横摆力矩 M_{yaw} 合理分配到不同的轮进行制动,需从不同车轮制动对横摆力矩的变化效果和各个车轮滑移率状态两方面进行综合考虑。

如图 6-89 所示,进行不同车轮制动对横摆力矩影响的分析要注意:不仅要考虑制动力对质心取矩的横摆力矩 $M_z^{F_x}$,由于地面摩擦椭圆的存在(失稳工况一般都接近摩擦圆外边界),制动纵向力的增加会导致侧向力的损失,制动纵向力越大,侧向力越小,因此,还应考虑制动力引起的侧向力变化对侧向力横摆力矩 $M_z^{F_y}$ 的影响。纵向力和侧向力横摆力矩相加才得到总的横摆力矩 M_z^{ges}。然后,与制动发生前只有侧向力的横摆力矩基准相比较,得到制动前后横摆力矩变化量 dM_z。横摆力矩变化再结合车辆转向方向,可判断该横摆力矩变化量是有利于改善过多转向还是不足转向,改善的趋势在所有制动强度是否一致。

前外轮制动的横摆力矩变化效果:制动和侧向力都会导致正的横摆力矩(与横摆角速度方向一致)减小,对过多转向的改善效果最有效,不同制动强度和滑移率均对过多转向有改善。

前内轮制动的横摆力矩变化效果:不同制动强度和滑移率改善效果有差异:小滑移率(如 0.2 以下)对不足转向有改善,大滑移率对过多转向有改善。如果要采用前内轮制动来改善不足转向的话,要求车速估算精度较高,且滑移率精确控制到小滑移范围内。

后外轮制动的横摆力矩变化效果:不同制动强度和滑移率改善效果有差异:小滑移率(如 0.2 以下)对过多转向有改善,大滑移率对不足转向有改善。此时如果要采用后外轮制动来改善过多转向的话,要求车速估算精度较高,且滑移率精确控制到小滑移范围内。

后内轮制动的横摆力矩变化效果:制动和侧向力都会导致负的横摆力矩绝对值减小,对不足转向的改善效果最有效,不同制动强度和滑移率均对不足转向有改善。

总之,过多转向改善以前外轮制动为主,可以辅以后外轮制动(要精确控制在小滑移率范围内);不足转向改善以后内轮制动为主,可以辅以前内轮制动(要精确控制在小滑移率范围内)。

分配时除考虑不同车轮制动的稳定性改善效果之外,还要考虑车轮当前滑移率状态和达成横摆力矩目标可能造成的滑移率变化情况。基于车轮当前滑移率,如要达成横摆力矩目标后的滑移率会超过最大许用滑移率 λ_{max},则横摆力矩完全由该轮单独制动实现并不合理,应辅以其他轮的制动力调节来合理实现横摆力矩目标。

6. 液压控制单元作动执行

ESP 激活主动增压的液压原理如图 6-90 所示,由分配环节给出对某轮的制动压力指令,

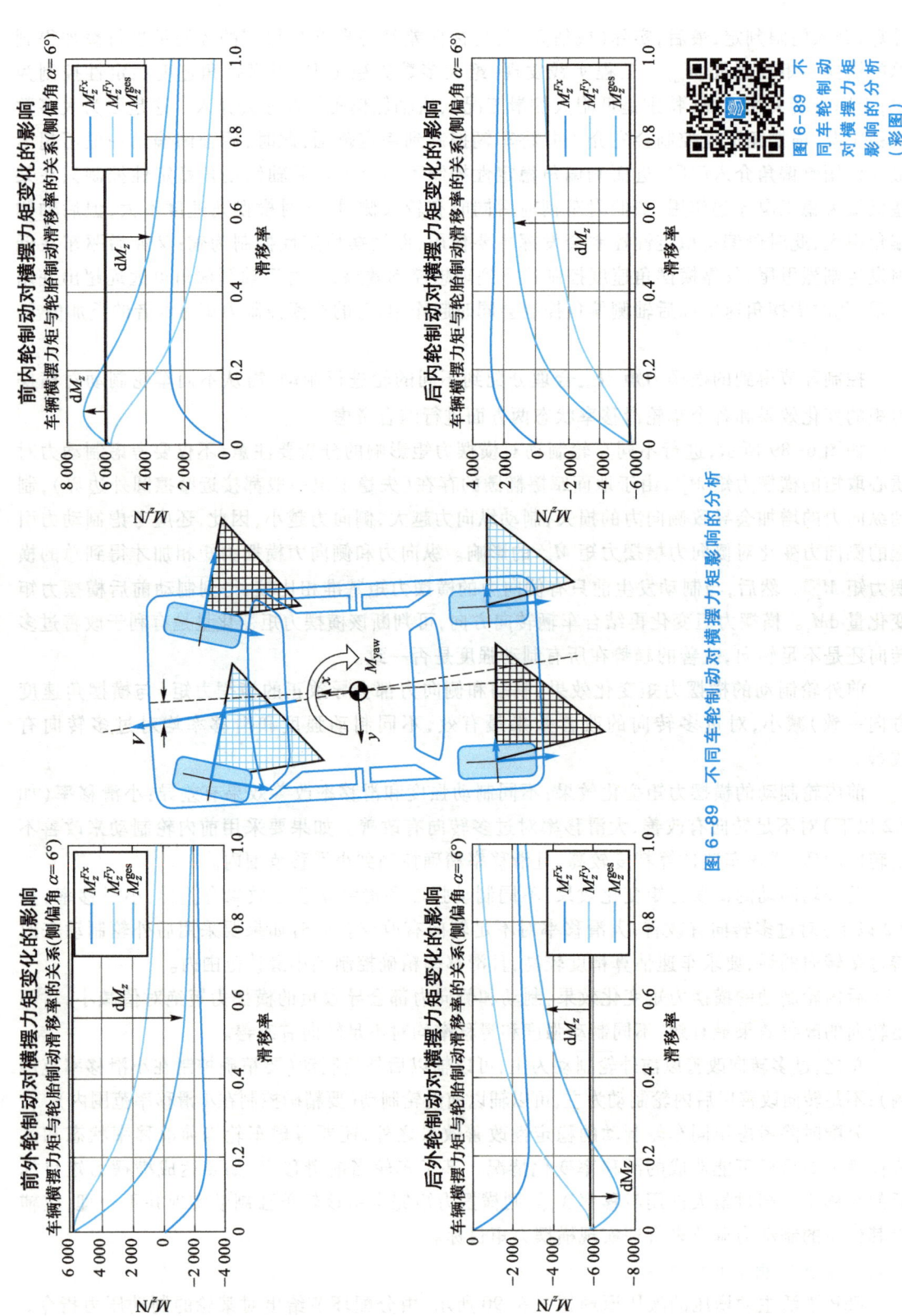

图 6-89 不同车轮制动对横摆力矩影响的分析

6.6 电子稳定性控制系统案例 | 299

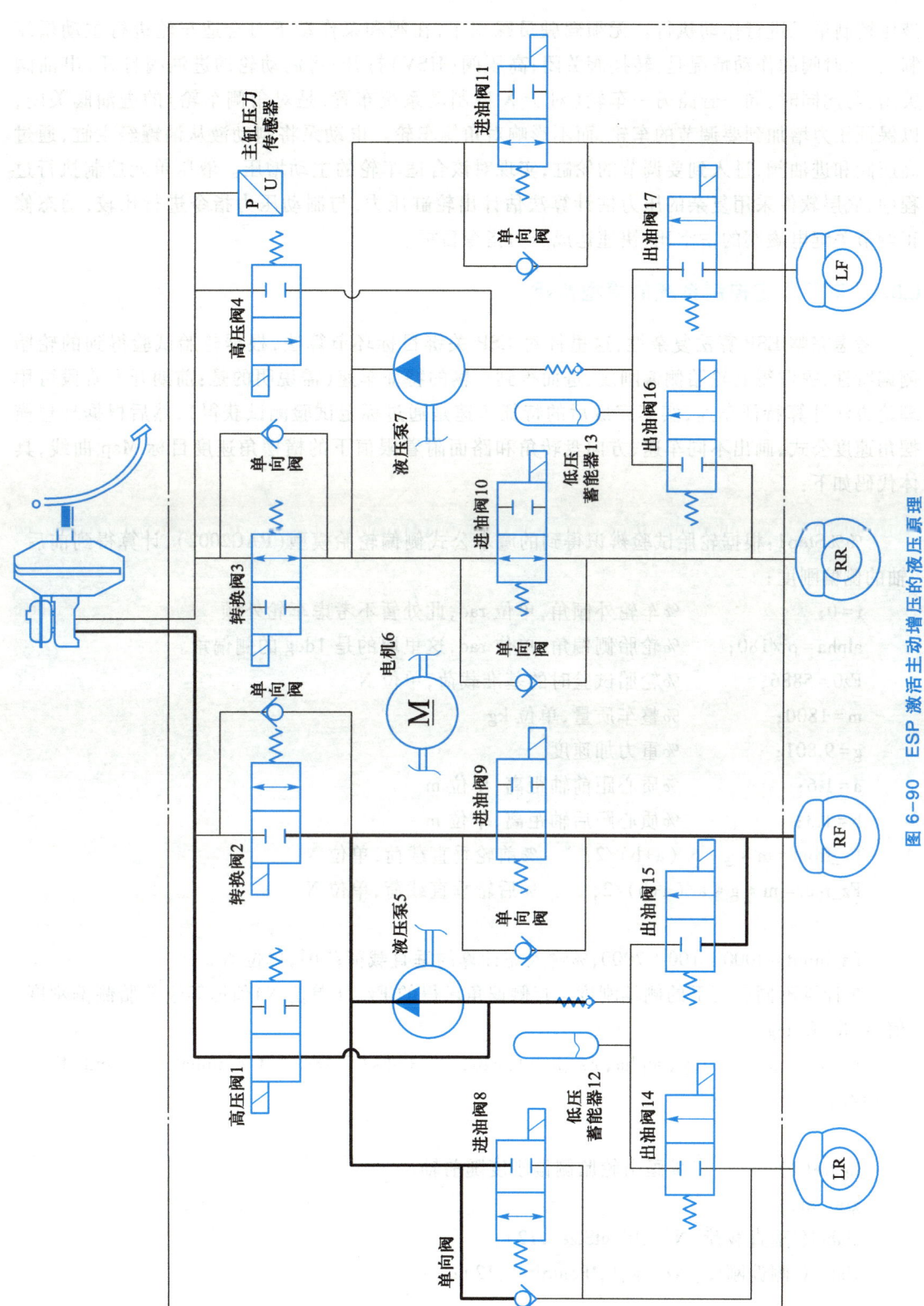

图 6-90 ESP 激活主动增压的液压原理

液压控制单元进行作动执行。无须驾驶员踩刹车,在阀和泵作动下对合适车轮进行主动增压制动,此时阀的作动情况是:转换阀关闭;高压阀(HSV)打开;将制动轮的进油阀打开,出油阀关闭;与此同时,同一管路另一车轮(对于 X 型制动系统布置,是对角侧车轮)的进油阀关闭,以保证压力增加到要调节的车轮,而不影响对角侧车轮。电动泵将制动液从油罐经主缸,通过高压阀和进油阀,进入到要调节的轮缸,实现对该合适车轮的主动增压。液压单元控制执行过程中,底层软件采用复杂的压力估计算法估计出轮缸压力,与制动压力指令进行比较,动态修正调节关键电磁阀的占空比,快速达成压力指令目标。

6.6.4 电子稳定控制系统的模型搭建

考虑完整 ESP 算法复杂性,这里针对 ESP 关键目标环节算法,根据轮胎试验得到的轮胎侧偏特性,提取得到轮胎侧偏刚度,进而得到车辆的特征车速(需说明的是:前期开发阶段可用理论方法计算特征车速,实车完成后的特征车速是通过标定试验测试获得);然后根据理想横摆角速度公式,画出不同车速、方向盘转角和路面附着限值下的横摆角速度目标 Map 曲线,具体代码如下:

```
%%Step1:根据轮胎试验辨识得到的魔术公式侧偏轮胎模型(PAC2002),计算得到前后
轴的侧偏刚度;
    r = 0;              %车轮外倾角,单位 rad,此处暂不考虑车轮外倾
    alpha = pi/180;     %轮胎侧偏角,单位 rad,这里取的是 1deg 的侧偏角。
    Fz0 = 5886;         %轮胎试验时的基准载荷,单位 N
    m = 1800;           %整车质量,单位 kg
    g = 9.801;          %重力加速度
    a = 1.6;            %质心距前轴距离,单位 m
    b = 1.3;            %质心距后轴距离,单位 m
    Fz_front = m * g * b/(a+b)/2;    %前轮垂直载荷,单位 N
    Fz_rear = m * g * a/(a+b)/2;     %后轮垂直载荷,单位 N

    Fz_input = 4000:100:7000;%输入需计算的垂直载荷范围,单位 N
    %计算不同载荷下的侧偏刚度:1°侧偏角求得的 Fy_1(单位 N)值即等于轮胎侧偏刚度
值,单位 N/deg
    Fy_1 = (abs(CalFy(alpha,Fz_input,Fz0,r)) + abs(CalFy(-1 * alpha,Fz_input,Fz0,
r)))/2;

    figure(1)           %画出轮胎侧偏刚度随前轴
    grid on;
    xlabel('垂直载荷[N]','FontSize',12);
    ylabel('侧偏刚度[N/deg]','FontSize',12);
```

```
title('随载荷变化的轮胎侧偏刚度曲线','FontSize',12);
plot(Fz_input,Fy_1,'r','LineWidth',1.5)
```

%计算前轴等效侧偏刚度 C_FA,单位 N/rad,忽略悬架影响,前轴等效侧偏刚度等于两个前轮胎侧偏刚度
```
C_FA=(abs(CalFy(alpha,Fz_front,Fz0,r))+abs(CalFy(-1*alpha,Fz_front,Fz0,r)))/2*2*180/pi;
```

%计算后轴等效侧偏刚度,单位 N/rad,忽略悬架影响,后轴等效侧偏刚度等于两个后轮胎侧偏刚度
```
C_RA=(abs(CalFy(alpha,Fz_rear,Fz0,r))+abs(CalFy(-1*alpha,Fz_rear,Fz0,r)))/2*2*180/pi;
```

%%Step2:根据前后轴的侧偏刚度等效计算出特征车速的平方
```
K=m*(a/C_RA-b/C_FA)/(a+b)^2;
vch2=1/K;
vx_test=2:1:40;
%Miu=0.1:0.1:1;
%fwa_test=deg2rad(1:1:10);
```

%%Step3:根据特征车速、路面附着情况,计算得到不同车速、不同方向盘输入下的理想横摆角速度
```
for Miu=0.1:0.1:1
    for fwa_test=deg2rad(1:1:10)
        r_lixiang=Cal_YawRate_lixiang(vch2,vx_test,(a+b),fwa_test,Miu);
        figure(2)
        grid on;
        xlabel('车速[m/s]','FontSize',12);
        ylabel('理想横摆角速度[rad/s]','FontSize',12);
        title('不同方向盘转角和路面附着下横摆角速度随车速变化曲线','Font-Size',12);
        plot(vx_test,r_lixiang)
        hold on
    end
end
```

%%纯侧偏的魔术公式轮胎模型的侧向力计算函数

```matlab
function Fy = CalFy( alpha, Fz, Fz0, r)
    %纯侧偏工况的魔术公式
    Pcy1 = 1.4931;          %Shape factor Cfy for lateral forces
    Pdy1 = 1.00786;         %Lateral friction Muy
    Pdy2 = -0.25403;        %Variation of friction Muy with load
    Pdy3 = 5.83912;         %Variation of friction Muy with squared camber
    Pey1 = -0.92066;        %Lateral curvature Efy at Fznom
    Pey2 = -1.0157;         %Variation of curvature Efy with load
    Pey3 = -0.1901;         %Zero order camber dependency of curvature Efy
    Pey4 = 10.782;          %Variation of curvature Efy with camber
    Pky1 = -15.7511;        %Maximum value of stiffness Kfy/Fznom
    Pky2 = 1.39097;         %Load at which Kfy reaches maximum value
    Pky3 = 0.4485058;       %Variation of Kfy/Fznom with camber
    Phy1 = -0.00228;        %Horizontal shift Shy at Fznom
    Phy2 = -0.000865;       %Variation of shift Shy with load
    Phy3 = -0.039658;       %Variation of shift Shy with camber
    Pvy1 = -0.000572;       %Vertical shift in Svy/Fz at Fznom
    Pvy2 = -0.005103;       %Variation of shift Svy/Fz with load
    Pvy3 = 0.61532;         %Variation of shift Svy/Fz with camber
    Pvy4 = -0.03050;        %Variation of shift Svy/Fz with camber and load
    dfz = ( Fz-Fz0)/Fz0;
    Shy = ( Phy1+Phy2 * dfz) +Phy3 * r;
    Svy = Fz. * ( ( Pvy1+Pvy2 * dfz) +( Pvy3+Pvy4 * dfz). * r);
    alpha_y = alpha+Shy;
    Cy = Pcy1;
    uy = ( Pdy1+Pdy2 * dfz). * ( 1-Pdy3 * r.^2);
    Dy = uy. * Fz;
    Ey = ( Pey1+Pey2 * dfz). * ( 1-( Pey3+Pey4 * r). * sign( alpha_y));
    %%%%%%%%%%%%%%%%%%%%%%%%%%%%%%%%%%%%%%%%%%
    %%%%%%%利用逻辑数组法求 Ey 的值
    L = Ey>1;
    N = Ey. * L;
    M = Ey+L;
    Ey = M-N;
    %%%%%%%%%%%%%%%%%%%%%%%%%%%%%%%%%%%%%%%%%%
    %%%
```

```
    CFyo = Pky1 * Fz0. * sin(2 * atan(Fz./(Pky2 * Fz0)));
    CFy = CFyo. * (1-Pky3 * abs(r));
    By = CFy./(Cy. * Dy);
    Fy0 =
(Dy. * sin(Cy. * atan(By. * alpha_y-Ey. * (By. * alpha_y-atan(By. * alpha_y)))))+Svy;
    Fy = Fy0;
end
%%考虑路面附着限值的理想横摆角速度计算函数
function r_lixiang = Cal_YawRate_lixiang(vch2,vx_test,L,fwa_test,Miu)
    %vch2 为特征车速的平方,单位(m/s)^2;
    %vx_test 为车速,单位 m/s;
    %L 为轴距,单位 m;
    %fwa_test 为前车轮转角,单位 rad;
    %Miu 为路面附着

    r_lixiang = min(abs(vx_test./(L. * (1+vx_test.^2./vch2)). * fwa_test),abs(Miu. * 9.801./vx_test)). * sign(fwa_test);
end
```

运行该程序,可以得到随载荷变化的轮胎侧偏刚度曲线如图 6-91 所示,不同方向盘转角和路面附着下的横摆角速度随车速变化曲线如图 6-92 所示。

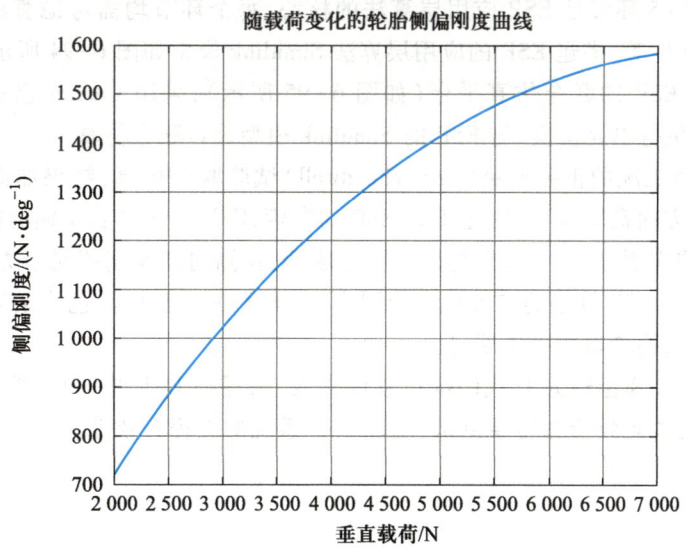

图 6-91 随载荷变化的轮胎侧偏刚度曲线

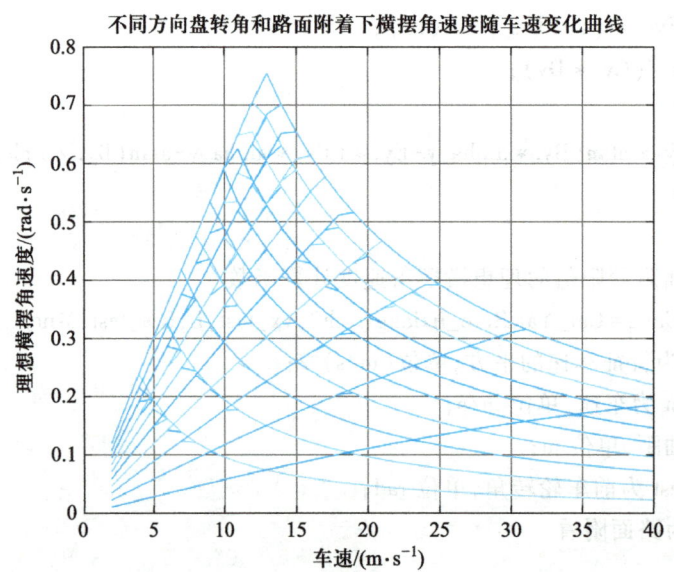

图 6-92 不同方向盘转角和路面附着下横摆角速度随车速变化曲线

6.6.5 案例分析

工程落地的 ESP 车辆稳定性算法开发工作复杂。在算法前期开发时,需要采用不同软件的联合仿真平台进行虚拟验证(MIL 模型在环),算法开发后期需要开展大量的实车标定验证工作。ESP 算法架构如图 6-93 所示。

架构图中的 2~5 环节是 ESP 应用层算法的核心,每个环节均需考虑算法鲁棒性、工况覆盖度和工程可落地性等,搭建 ESP 的应用层算法 Simulink 模型如图 6-94 所示。

进而,可搭建 ESP 的联合仿真平台(如图 6-95 所示),采用 Carsim 建立车辆模型,利用 Amesim 建立液压执行单元模型,与 ESP 的 Simulink 模型进行联合仿真。

进行 ESP 典型工况的正弦迟滞(sine with dwell)试验联合仿真,结果如图 6-96 所示。可知:在相同车速和方向盘输入下,相比于无 ESP 的车辆,ESP 控制之后车辆的横摆角速度、侧向加速度和侧偏角响应明显减小,车辆稳定性明显改善,且侧向加速度相对于方向盘输入的响应滞后明显改善,证明 ESP 算法的有效性。彩图中,无 ESP 的车辆用红色线条表示,有 ESP 的车辆用蓝色线条表示,两者对比更为明显。

ESP 的 Simulink 模型转为 C 代码进行软件集成,刷写到 ECU 中,进行实车 ESP 的验证和标定。通过实车的主观评价和客观测试,验证 ESP 系统的工程有效性。

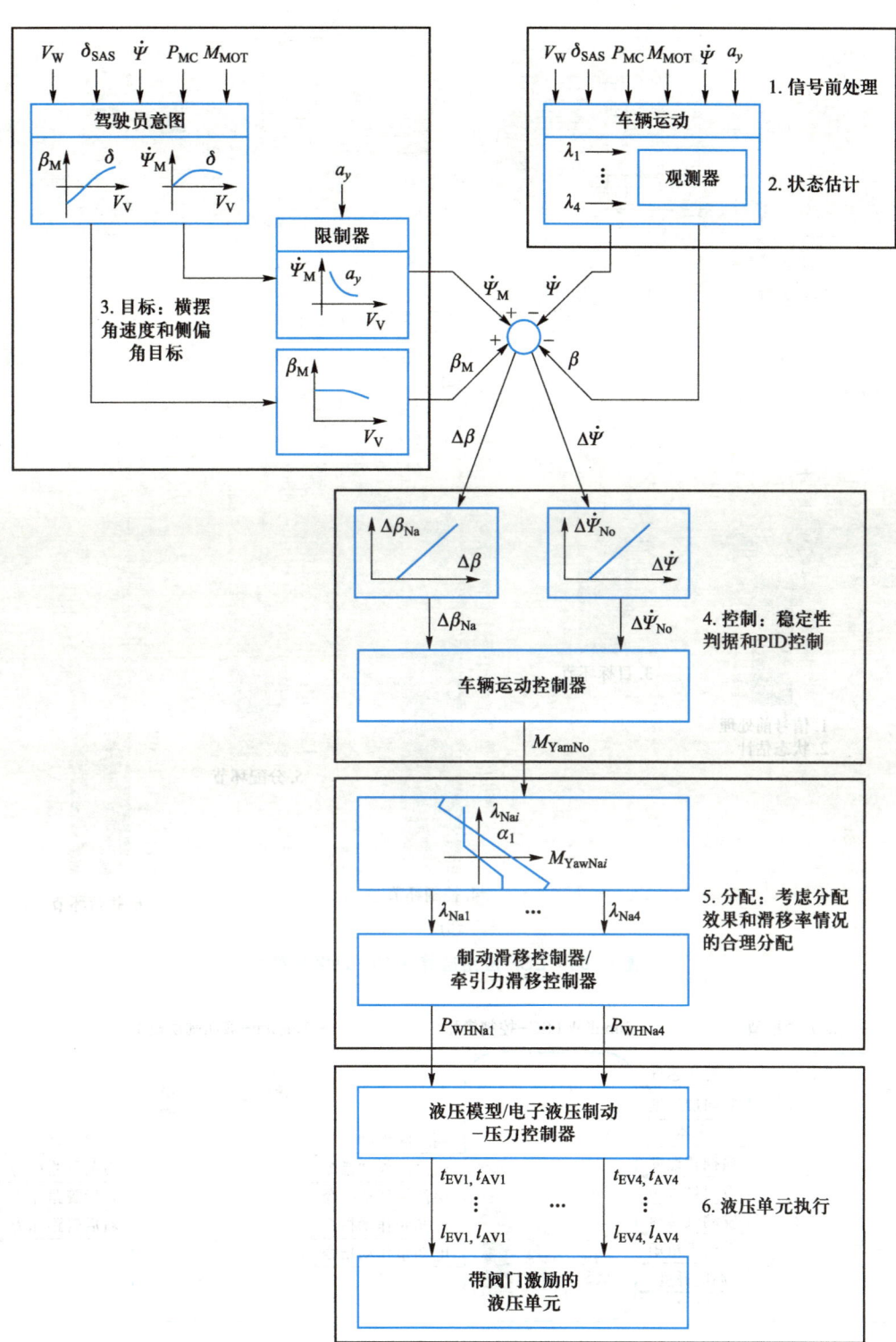

图 6-93 ESP 算法架构

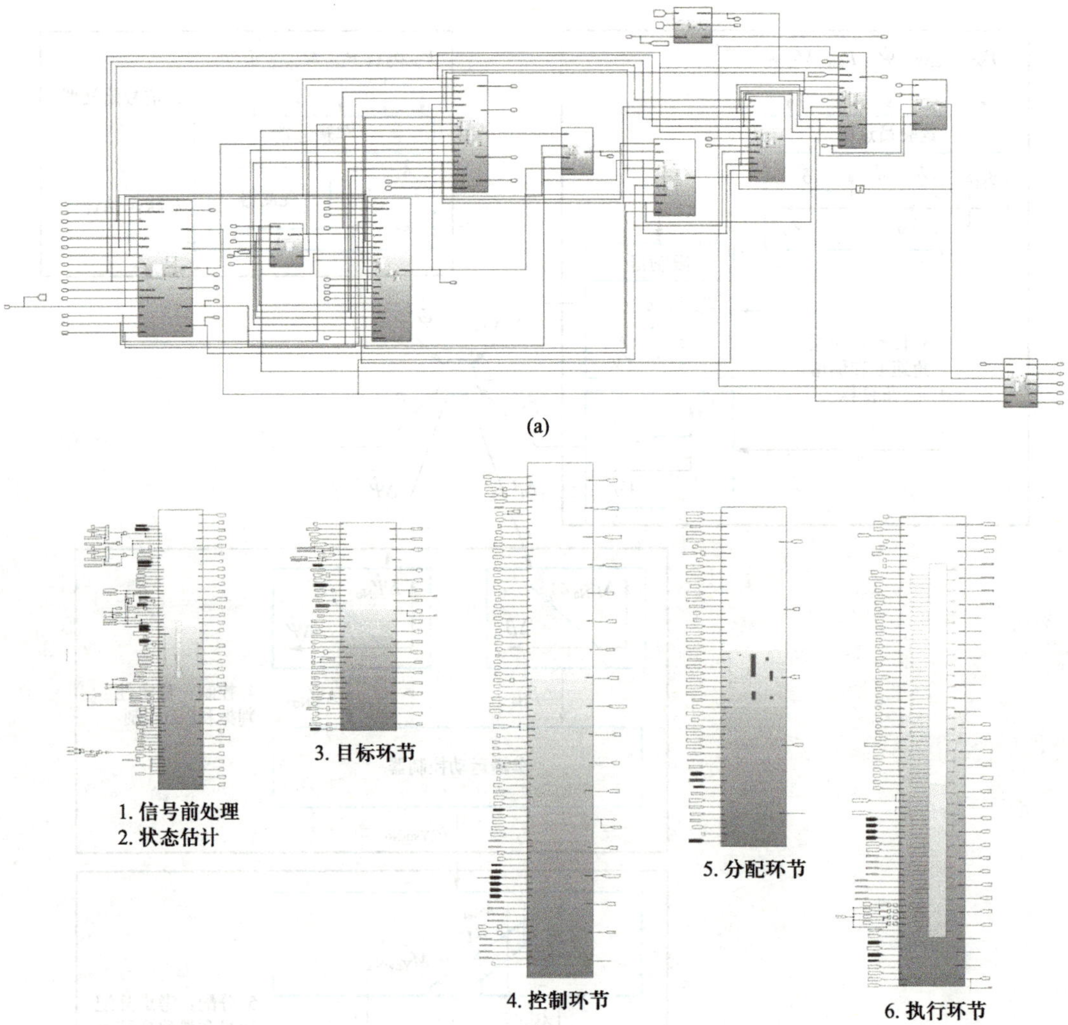

图 6-94 ESP 应用层算法 Simulink 模型

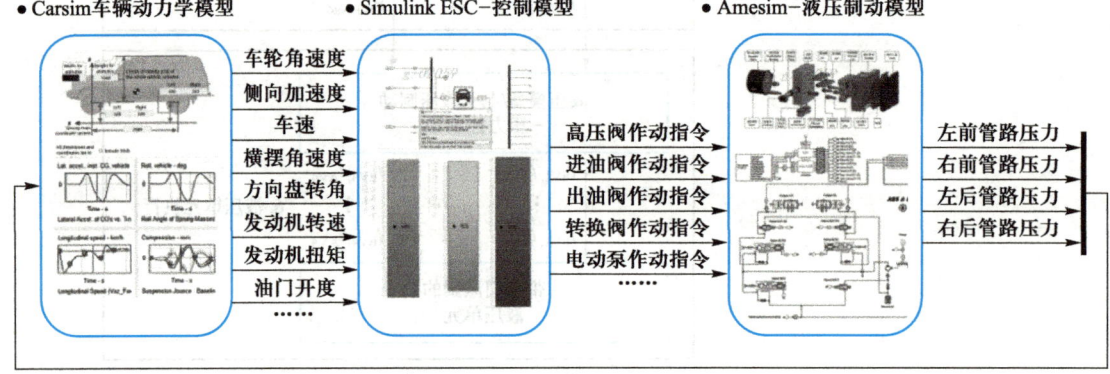

图 6-95 ESP 联合仿真平台

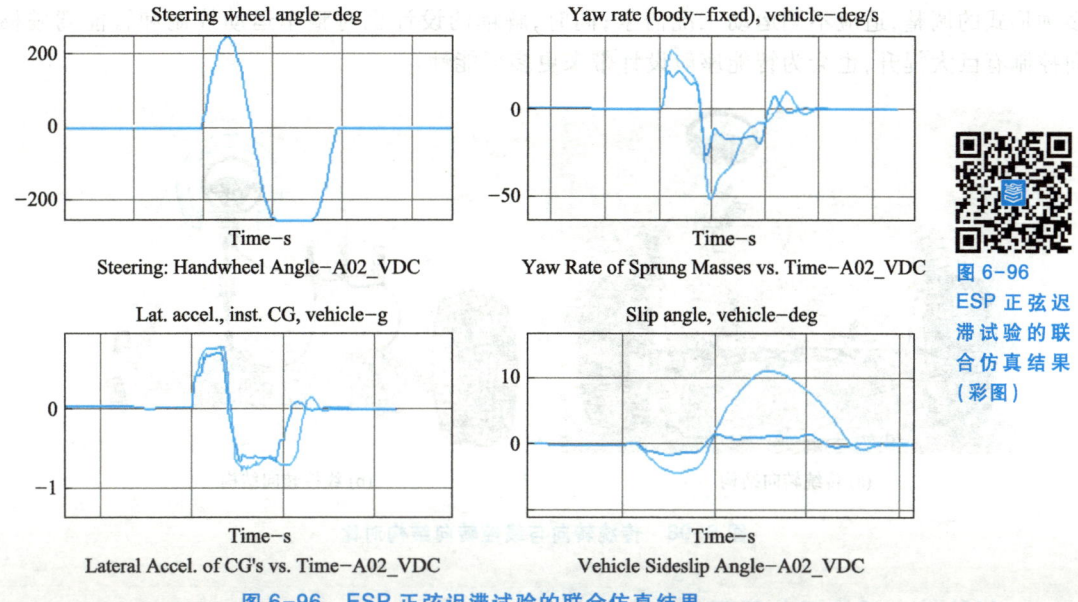

图 6-96　ESP 正弦迟滞试验的联合仿真结果

图 6-96
ESP 正弦迟滞试验的联合仿真结果（彩图）

6.7　线控转向系统案例

常规车辆的转向系统主要由方向盘、转向管柱、转向中间轴和转向器组成。由于各部分通过机械结构连接，其转向传动比（方向盘转角/轮胎转角）一般在各机械结构确定后便不会改变。这种情况下，为了兼顾驾驶轻便性与稳定性需求，方向盘行程一般设定在左右各 1.5 圈。车辆的实际使用过程中，在一些低速掉头、泊车等工况，驾驶员需要变换手握方向盘的位置，才能得到想要的车辆轨迹，这对驾驶员车辆操作熟练度有很高要求。而在高速行驶时，方向盘轻微修正则会对车辆运动造成显著影响，不利于驾驶安全。

传统 EPS 为了解决低速行驶便利性与高速行驶稳定性，采用变传动比转向齿条结构设计，例如变节距齿条结构。转向中心区域使用小节距实现高速行驶稳定，两侧区域采用大节距，减小转向极限位置方向盘转角，减小方向盘行程，实现低速转向便利性。图 6-97 为转向变传动比控制效果图。

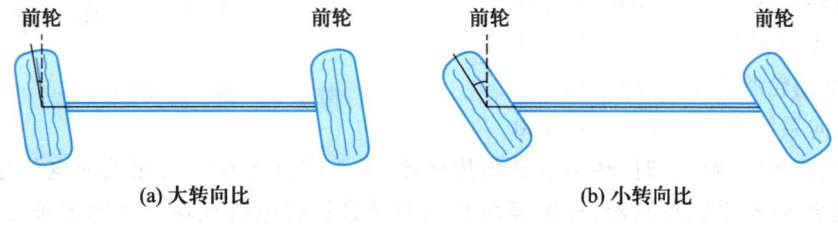

(a) 大转向比　　　　　　　　(b) 小转向比

图 6-97　转向变传动比控制效果

如图 6-98 所示为传统转向结构和线控转向结构的对比。线控转向系统（SBW）得益于方向盘与轮胎的解耦，转向传动比设计完全可以由软件实现，机械系统无需做出改变，并且支持多种形式的调整,适应不同运动工况需求;同时,解耦的设计也对整车运动控制和智能驾驶横向控制有巨大提升,也会为智能座舱设计带来更多可能性。

(a) 传统转向结构

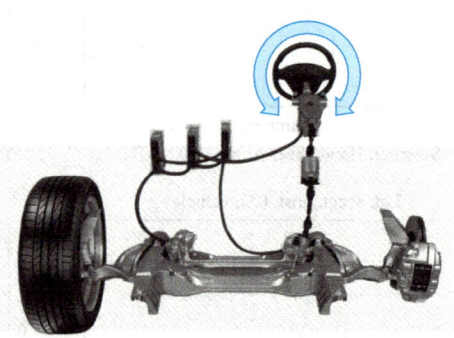
(b) 线控转向结构

图 6-98 传统转向与线控转向结构对比

6.7.1 线控转向系统工作原理及典型结构

汽车线控转向系统取消了转向传动轴,将转向系统的硬件结构分为了转向盘模块(HWA)和转向执行模块(RWA)两个部分,两者之间采用通信总线进行连接,替代了原有的机械结构连接,线控转向系统组成一般如图 6-99 所示。

线控转向系统具有变传动比功能,其主要工作原理是驾驶员通过转动方向盘产生指令转角,该转角信号首先由转向盘模块(HWA)进行变传动比处理,依据当前车辆速度和指令转角等信息,按照一定的转换逻辑将驾驶员指令转角转换为转向执行模块(RWA)的目标转角,RWA 通过转角控制算法计算所需力矩,推动轮胎转动至目标位置。

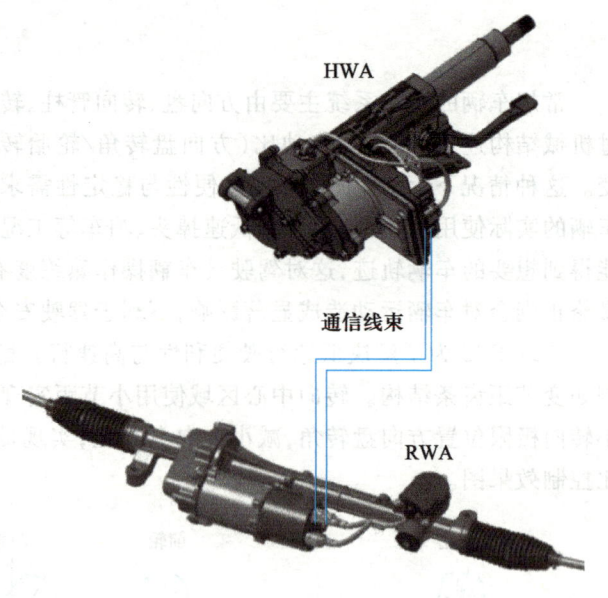

图 6-99 线控转向系统组成

线控转向系统工作原理如图 6-100 所示,当驾驶员操纵转向盘时,转向盘转角传感器、力矩传感器检测到相关的电信号并通过通信总线传递给 SBW 系统控制器,SBW 系统控制器结合执行电机模块反馈的齿条力信息、角度传感器信息及整车其他信息,通过力感模拟电机为驾驶员提供合适的模拟路感,同时将转向轮的转角请求通过电信号传递给转向执行模块,转向电机根据指令执行相应的转向动作。

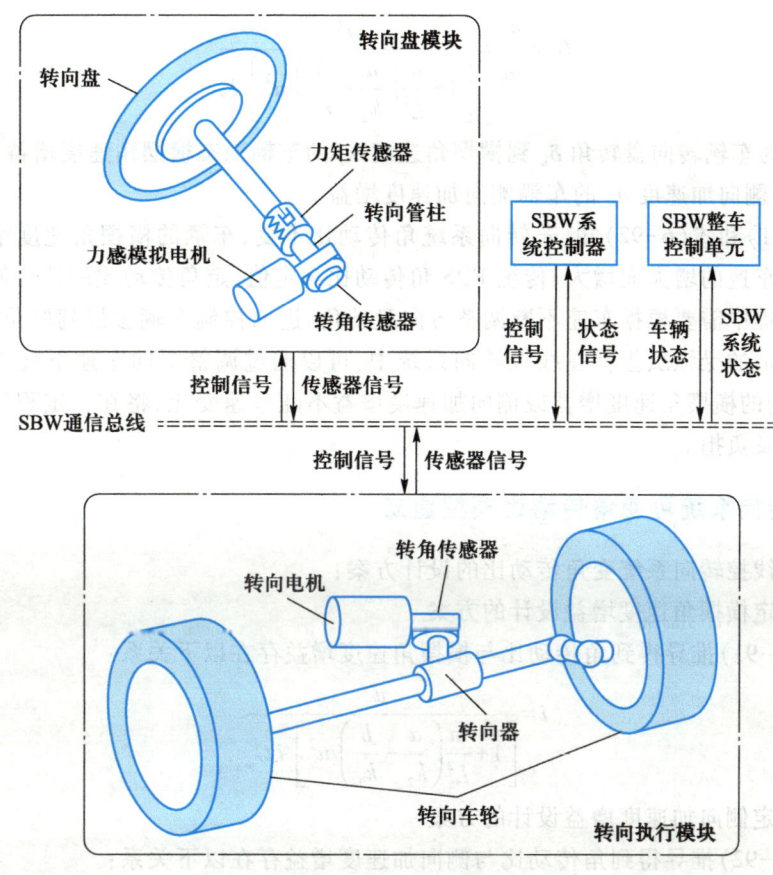

图 6-100 线控转向系统工作原理

6.7.2 线控转向系统可变角传动比工作过程

根据式(6-8)的二自由度车辆模型运动微分方程式,对前轮施加转角 δ,车辆达到稳态时车辆的横摆角速度 ω_r 为定值,此时 $\dot{v}$ 和 $\dot{\omega}_r$ 等于 0,二自由度车辆运动微分方程可表示为

$$(k_1+k_2)\frac{v}{u}+\frac{1}{u}(ak_1-bk_2)\omega_r-k_1\delta=mu\omega_r \quad (6\text{-}88)$$

$$(ak_1-bk_2)\frac{v}{u}+\frac{1}{u}(a^2k_1+b^2k_2)\omega_r-ak_1\delta=0 \quad (6\text{-}89)$$

设 i 为线控转向系统的角传动比,δ_h 为转向盘转角,则前轮转角 δ 可以表示为

$$\delta=\frac{\delta_h}{i} \quad (6\text{-}90)$$

通过式(6-88)~式(6-90)计算求得,车辆的稳态横摆角速度增益和侧向加速度增益分别为

$$G_\omega=\frac{\omega_r}{\delta_h}=\frac{u}{\left[1+\frac{m}{L^2}\left(\frac{a}{k_2}-\frac{b}{k_1}\right)u^2\right]Li} \quad (6\text{-}91)$$

$$G_a = \frac{a_y}{\delta_h} = \frac{u^2}{\left[1 + \frac{m}{L^2}\left(\frac{a}{k_2} - \frac{b}{k_1}\right)u^2\right]Li} \tag{6-92}$$

式中,G_ω 为车辆转向盘转角 δ_h 到横摆角速度 ω_r 的车辆稳态横摆角速度增益;G_a 为车辆转向盘转角 δ_h 到侧向加速度 a_y 的车辆侧向加速度增益。

由式(6-91)和式(6-92)知,若转向系统角传动比不变,车辆的横摆角速度增益和侧向加速度增益随着车速的增大而增大,传统 EPS 角传动比为定值,定角传动比的特性使得驾驶员在操纵车辆的过程中需要根据车速不断调整方向盘转角,进而控制车辆按照驾驶员的意愿行驶,容易增加驾驶员的操纵负担。在线控转向系统中,可以通过调整不同车速下转向系统的角传动比,使得车辆的横摆角速度增益或侧向加速度增益不随车速变化,将在一定程度上降低车辆驾驶的难度以及负担。

6.7.3 线控转向系统可变角传动比模型建立

考虑两种线控转向系统变角传动比的设计方案:
(1) 基于定横摆角速度增益设计的方案
通过式(6-91)推导得到角传动比与横摆角速度增益存在以下关系:

$$i = \frac{u}{\left[1 + \frac{m}{L^2}\left(\frac{a}{k_2} - \frac{b}{k_1}\right)u^2\right]LG_\omega} \tag{6-93}$$

(2) 基于定侧向加速度增益设计的方案
通过式(6-92)推导得到角传动比与侧向加速度增益存在以下关系:

$$i = \frac{u^2}{\left[1 + \frac{m}{L^2}\left(\frac{a}{k_2} - \frac{b}{k_1}\right)u^2\right]LG_a} \tag{6-94}$$

可据此对两种方案的控制效果进行仿真分析,对比传统 EPS 车辆与线控转向 SBW 车辆在定横摆角速度以及定侧向加速度角下的响应。其 MATLAB 代码如下:

```
close all
clear
clc
%%定横摆角速度角传统比随车速变化曲线
a=1.1597;%质心到前轴的距离,m
b=1.5703;%质心到后轴的距离,m
L=a+b;%轴距,m
m=1596;%整车质量,kg
k1=-25000;%前轮侧偏刚度,Nm/rad
k2=-25000;%后轮侧偏刚度,Nm/rad
Iz=3885;%车辆绕 z 轴转动惯量,kg.m^2
```

```
u = (0:5:150)';%车速,km/h
u1 = u * 1000./3600;%车速,m/s
Gw = [0.2;0.25;0.3;0.35];%横摆角速度增益
iw = zeros(length(u),length(Gw));
for j = 1 : length(Gw)
    for k = 1 : length(u1)
        iw(k,j) = u1(k)./(((1+m/L.^2 * (a/k2-b/k1) * u1(k).^2) * L * Gw(j));%定横摆角增益角传动比
    end
end
figure(1)
plot(u,iw(:,j))
hold on
end
xlabel('车速 km/h')
ylabel('转向角传动比')
legend('Gw = 0.2','Gw = 0.25','Gw = 0.3','Gw = 0.35')
title('不同横摆角速度增益下线控转向系统角传动比随车速的变化曲线')
%%%定侧向加速度角传动比随车速变化曲线
Ga = [4.1 4.2 4.3 4.4];%横摆角速度增益
ia = zeros(length(u),length(Ga));
for j = 1 : length(Gw)
    for k = 1 : length(u1)
        ia(k,j) = u1(k).^2/(((1+m/L.^2 * (a/k2-b/k1) * u1(k).^2) * L * Ga(j));%定侧向加速度增益角传动比
    end
end
figure(2)
plot(u,ia(:,j))
hold on
end
xlabel('车速 km/h')
ylabel('转向角传动比')
legend('Ga = 4.1','Ga = 4.2','Ga = 4.3','Ga = 4.4')
title('不同侧向加速度增益下线控转向系统角传动比随车速的变化曲线')
%%%定横摆角速度增益为0.2时EPS与SBW横摆角速度响应
%%%车辆二自由度模型
u = [40,60,80,100];%特定车速,km/h
u1 = u * 1000./3600;%特定车速,m/s
```

```
iw1=[iw(9,1),iw(13,1),iw(17,1),iw(21,1)];%特定车速下SBW角传动比(Gw=0.2)
ia1=[ia(9,1),ia(13,1),ia(17,1),ia(21,1)];%特定车速下SBW角传动比(Ga=4.2)
iEPS=16;%传统EPS角传动比,m/s
t=(0:0.1:10)';%时间序列
omega=zeros(length(t),4);
belta=zeros(length(t),4);
ay=zeros(length(t),4);
for j=1:length(u)
%车辆状态空间方程
A=[(a^2*k1+b^2*k2)/(Iz*u1(j))(a*k1-b*k2)/Iz;(a*k1-b*k2)/(m*u1(j)^2)-1(k1+k2)/(m*u1(j))];%A矩阵
B=[-a*k1/Iz;-k1/m/u1(j)];%B矩阵
C=[1 0;0 1];%C矩阵
D=[0;0];%D矩阵
SS_2DOF=ss(A,B,C,D);%二自由度车辆模型状态方程
delta_h=1*ones(size(t));%方向盘转角,rad
delta=delta_h./iEPS;%前轮转角
x0=[0;0];%初始状态
[y,t1,x]=lsim(SS_2DOF,delta,t,x0);
omega(:,j)=y(:,1);%横摆角速度
belta(:,j)=y(:,2);%质心侧偏角
figure(3)
plot(t,omega(:,j))
hold on
end
xlabel('时间 s')
ylabel('横摆角速度 rad/s')
legend('40 km/h','60 km/h','80 km/h','100 km/h')
title('传统EPS车辆横摆角速度响应曲线')
for j=1:length(u)
%车辆状态空间方程
A=[(a^2*k1+b^2*k2)/(Iz*u1(j))(a*k1-b*k2)/Iz;(a*k1-b*k2)/(m*u1(j)^2)-1(k1+k2)/(m*u1(j))];%A矩阵
B=[-a*k1/Iz;-k1/m/u1(j)];%B矩阵
C=[1 0;0 1];%C矩阵
D=[0;0];%D矩阵
SS_2DOF=ss(A,B,C,D);%二自由度车辆模型状态方程
```

```
delta_h = 1 * ones(size(t));%方向盘转角,rad
delta = delta_h./iw1(j);%前轮转角
x0 = [0;0];%初始状态
[y,t1,x] = lsim(SS_2DOF,delta,t,x0);
omega(:,j) = y(:,1);%横摆角速度
belta(:,j) = y(:,2);%质心侧偏角
figure(4)
plot(t,omega(:,j))
hold on
end
xlabel('时间 s')
ylabel('横摆角速度 rad/s')
legend('40 km/h','60 km/h','80 km/h','100 km/h')
title('线控转向系统车辆横摆角速度响应曲线')
%%%定侧向加速度增益为 4.2 时 EPS 与 SBW 侧向加速度响应
for j = 1:length(u)
%车辆状态空间方程
A = [(a^2*k1+b^2*k2)/(Iz*u1(j))(a*k1-b*k2)/Iz;(a*k1-b*k2)/(m*u1(j)^2)-1(k1+k2)/(m*u1(j))];%A 矩阵
B = [-a*k1/Iz;-k1/m/u1(j)];%B 矩阵
C = [1 0;0 1];%C 矩阵
D = [0;0];%D 矩阵
SS_2DOF = ss(A,B,C,D);%二自由度车辆模型状态方程
delta_h = 1 * ones(size(t));%方向盘转角,rad
delta = delta_h./iEPS;%前轮转角,rad
x0 = [0;0];%初始状态
[y,t1,x] = lsim(SS_2DOF,delta,t,x0);
omega(:,j) = y(:,1);%横摆角速度
belta(:,j) = y(:,2);%质心侧偏角
ay(:,j) = omega(:,j)*u1(j);%侧向加速度
figure(5)
plot(t,ay(:,j))
hold on
end
xlabel('时间 s')
ylabel('侧向加速度 rad/s.^2')
legend('40 km/h','60 km/h','80 km/h','100 km/h')
```

```
title('传统 EPS 车辆侧向加速度响应曲线')
for j=1：length(u)
%车辆状态空间方程
A=[(a^2*k1+b^2*k2)/(Iz*u1(j))(a*k1-b*k2)/Iz;(a*k1-b*k2)/(m*u1(j)^
2)-1(k1+k2)/(m*u1(j))];%A 矩阵
B=[-a*k1/Iz;-k1/m/u1(j)];%B 矩阵
C=[1 0;0 1];%C 矩阵
D=[0;0];%D 矩阵
SS_2DOF=ss(A,B,C,D);%二自由度车辆模型状态方程
delta_h=1*ones(size(t));%方向盘转角,rad
delta=delta_h./ia1(j);%前轮转角,rad
x0=[0;0];%初始状态
[y,t1,x]=lsim(SS_2DOF,delta,t,x0);
omega(:,j)=y(:,1);%横摆角速度
belta(:,j)=y(:,2);%质心侧偏角
ay(:,j)=omega(:,j)*u1(j);%侧向加速度
figure(6)
plot(t,ay(:,j))
hold on
end
xlabel('时间 s')
ylabel('横摆角速度 rad/s.^2')
legend('40 km/h','60 km/h','80 km/h','100 km/h')
title('SBW 车辆侧向加速度响应曲线')
```

对于车辆参数为 $L=2.73$ m,$a=1.159\ 7$ m,$b=1.570\ 3$ m,$m=1\ 596$ kg,$k_1=-25\ 000$ Nm/rad,$k_2=-25\ 000$ Nm/rad,不同横摆角速度增益下线控转向系统角传动比随车速变化的仿真结果如图 6-101 所示。不同侧向加速度增益下线控转向系统角传动比随车速变化的仿真结果如图 6-102 所示。

从图 6-101 可以看出,为了保证横摆角速度增益不随车速变化而变化,线控转向系统角传动比随着车速的增大,需从 0 开始逐渐增大,增大到最大值后再逐步下降。在同一车速下,横摆角速度增益不同,角传动比也不同。当 $G_\omega=0.2$ 时,曲线的最大角传动比约为 15,与传统 EPS 角传动比的设计值接近,选用 $G_\omega=0.2$ 时的理想传动比曲线导入车辆二自由度模型进行仿真,对车辆施加转向盘转角为 1 rad 的阶跃输入,获得不同车速工况下车辆的横摆角速度响应曲线;图 6-103 为线控转向系统车辆横摆角速度响应的仿真结果,图 6-104 为角传动比为 16 的传统 EPS 车辆横摆角速度响应的仿真结果。由此可知,应用变角传动比设计的车辆的稳态横摆角速度不随车速变化,而传统 EPS 车辆的稳态横摆角速度随车速先增大后减小。相比传统 EPS,线控转向系统的变传动比设计使得车辆的转向特性更加线性,更

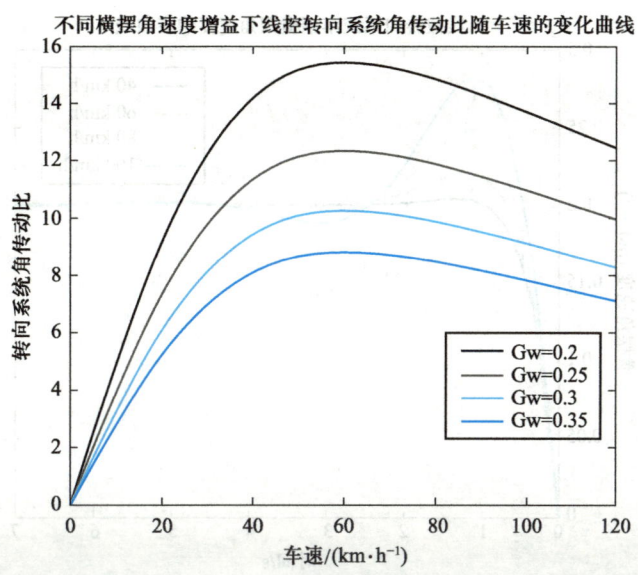

图 6-101 不同横摆角速度增益下线控转向系统角传动比随车速变化的仿真结果

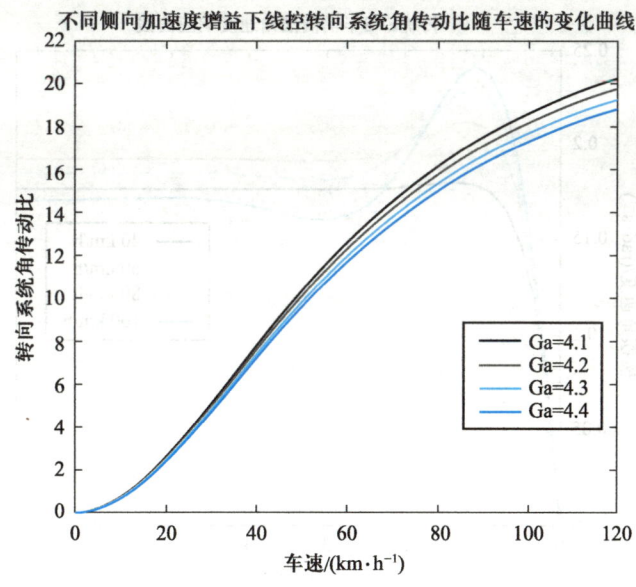

图 6-102 不同侧向加速度增益下线控转向系统角传动比随车速变化的仿真结果

便于驾驶员操纵车辆。

从图 6-102 可以看出,为了保证侧向加速度增益不随车速变化,转向系统角传动比需从 0 开始逐渐增大。在同一车速下,侧向加速度增益不同,角传动比也不同。当 $G_a = 4.2$ 时,在 80 km/h 车速下转向系统的角传动比为 16,与传统 EPS 角传动比的设计值接近,选用 $G_a = 4.2$ 时的理想角传动比曲线导入车辆二自由度模型进行仿真,对车辆施加转向盘转角为 1 rad 的阶跃输

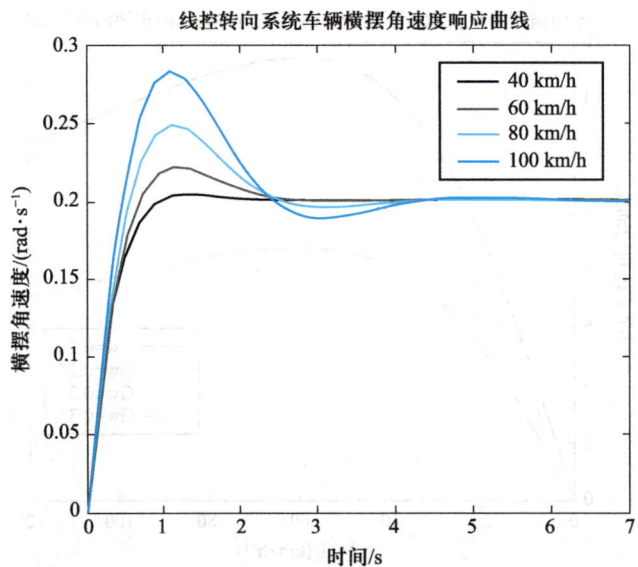

图 6-103 线控转向系统车辆横摆角速度响应的仿真结果

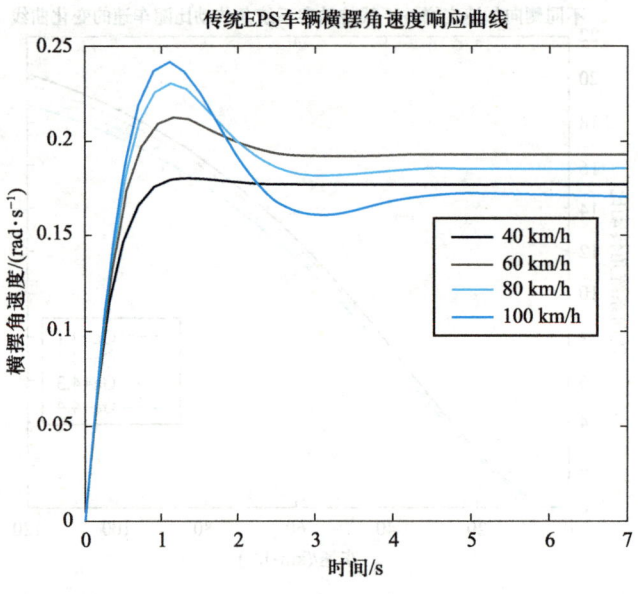

图 6-104 传统 EPS 车辆横摆角速度响应的仿真结果

入,获得不同车速下车辆的侧向加速度响应曲线。图 6-105 为线控转向系统车辆侧向加速度响应的仿真结果,图 6-106 为角传动比为 16 的传统 EPS 车辆侧向加速度响应的仿真结果。

通过仿真结果分析,相比传统 EPS 车辆,经过变角传动比设计的车辆在中低速时能提高车辆的侧向加速度响应,改善中低速时车辆的转向灵敏性,在高速时能够降低车辆的侧向加速度响应,提高高速时车辆的稳定性。

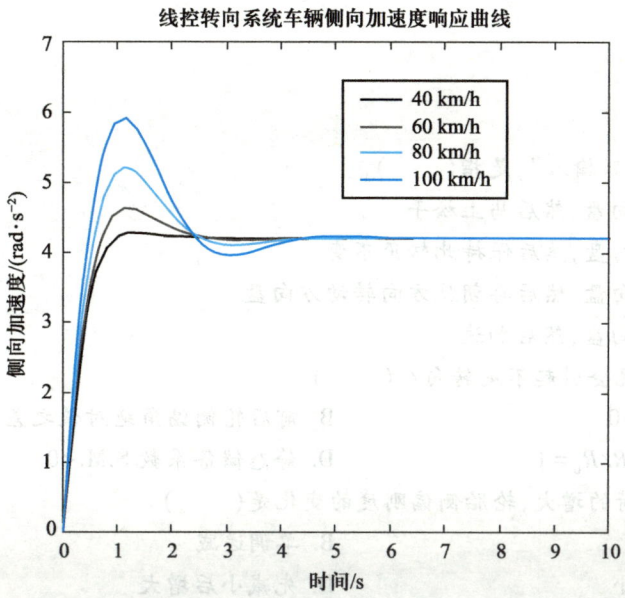

图 6-105 线控转向系统车辆侧向加速度响应的仿真结果

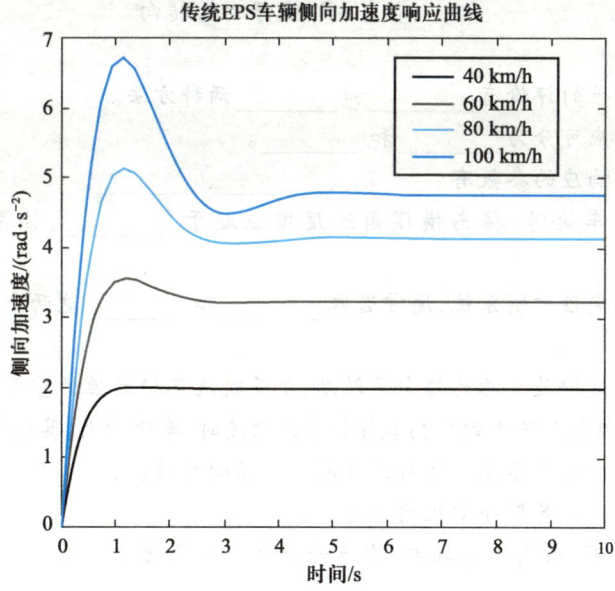

图 6-106 角传动比为 16 的传统 EPS 车辆侧向加速度响应的仿真结果

思考与练习

一、选择题

1. "方向盘角阶跃输入",是指(　　)。
   A. 迅速转动方向盘,然后马上松手
   B. 迅速转动方向盘,然后保持此转角不变
   C. 迅速转动方向盘,然后再朝反方向转动方向盘
   D. 迅速转动方向盘,然后加速

2. 下面哪种情况会引起不足转向?(　　)
   A. 稳定因素 $K>0$
   B. 前后轮侧偏角绝对值之差 $|\alpha_1|-|\alpha_2|<0$
   C. 转向半径比 $R/R_0=1$
   D. 静态储备系数 S.M.<0

3. 随着垂直载荷的增大,轮胎侧偏刚度的变化是(　　)。
   A. 单调递增
   B. 单调递减
   C. 先增大后减小
   D. 先减小后增大

4. 汽车的 ESP 系统是指(　　)。
   A. 电子稳定程序
   B. 电子安全性能
   C. 电子悬挂系统
   D. 电子助力转向

二、填空题

1. 汽车操纵稳定性的评价有_____和_____两种方法。
2. 汽车的时域响应可分为_____和_____。
3. 表征汽车稳态响应的参数有_____、_____、_____。
4. 当车速为临界车速时,稳态横摆角速度增益趋于_____,临界车速越低,过多转向量_____。
5. 目前的车辆稳定性控制系统,通常选取_____和_____这两个参数作为控制对象。

三、判断题

1. 稳态横摆角速度增益又称为转向灵敏度,是反映汽车稳定性的重要参数。(　　)
2. 具有不足转向特性的汽车的转向盘保持固定角度时,车速增大,其转向半径减小。(　　)
3. 操纵稳定性良好的汽车应当具有适度的过多转向特性。(　　)
4. 侧倾中心的位置由悬架导向机构决定。(　　)
5. 在侧向力作用下,若汽车前轴左、右车轮垂直载荷变动量较大,汽车趋于减少不足转向量。(　　)

四、简答题

1. 汽车操纵稳定性的定义是什么?
2. 如何将四轮汽车简化为线性二自由度模型?
3. 汽车稳态转向特性有哪几种类型?分别描述具有不同转向特性的汽车行驶特点。
4. 汽车的瞬态响应在时域内具有哪些特点?
5. 什么是汽车的侧倾中心?

五、综合应用题

二自由度线性模型常用于分析汽车稳态转向特性。已知某车的参数如下：质量 $m = 1\,300$ kg，质心距前轴距离 $l_1 = 1.2$ m，质心距后轴距离 $l_2 = 1.3$ m。前轴侧偏刚度 $k_1 = 55\,000$ N/rad，后轴侧偏刚度 $k_2 = 60\,000$ N/rad。

（1）计算稳定性因数 K，临界或特征车速；

（2）当车辆以速度 $u = 22$ m/s、半径 $r = 100$ m 做圆周运动时，计算所需的轮胎侧偏角、质心侧偏角和转向角，并对其转向特性进行评价。

参考文献

第 6 章参考文献

汽车垂向动力学   第 7 章

　　汽车的乘坐舒适性对用户的体验感具有重要影响,特别对于智能网联和新能源汽车而言,驾乘体验感成为了重要的研发内容。乘坐舒适性包括乘员的触觉、视觉和听觉等输入条件下的客观和主观感受,涉及面很广,这里重点讨论的乘坐舒适性主要与行驶平顺性相关。与乘坐舒适性密切相关的汽车垂向动力学主要研究车辆在垂直方向上的运动和力的作用,这包括汽车在行驶过程中,由于路面不平、车辆加速或制动等引起的车辆垂直方向上的振动和位移。垂向动力学的研究对于提高车辆的舒适性、稳定性和安全性至关重要。本章将从振动与响应、车辆振动模型、汽车行驶平顺性三个层级系统地介绍垂向动力学相关内容。

> 本章结束时,学生应该具备如下能力:
> 1. 了解机械振动与随机过程在汽车垂向动力学分析中的作用,并思考其区别。
> 2. 掌握汽车振动模型的简化条件与模型推导方法。
> 3. 掌握平顺性的定义与评价方法,并推导路面不平度的空间功率谱表达式,求解多轮车辆路面功率谱。
> 4. 理解阻尼比与固有频率等参数对车辆平顺性的影响,并在悬架系统设计中灵活应用。
> 5. 了解垂向动力学在半主动悬架与空气悬架工程问题中的应用。

7.1 振动与响应

7.1.1 机械振动元件

　　机械振动是动能 K 与势能 V 之间不断转化的结果。储存动能的机械元件称为质量块,储存势能的机械元件称为弹性元件(弹簧)。如果机械能的总值 $E=K+V$ 在振动过程中减小,则存在一个耗能机械元件,称为耗能元件(阻尼器)。质量块、弹簧和阻尼器元件示意图如图 7-1 所示,质量块 m 中储存的动能 K 与其速度 v 的平方成正比,速度是位置和时间的函数。

$$K = \frac{1}{2}mv^2 \tag{7-1}$$

　　移动质量 m 所需的力 F_m 与它的加速度成正比:

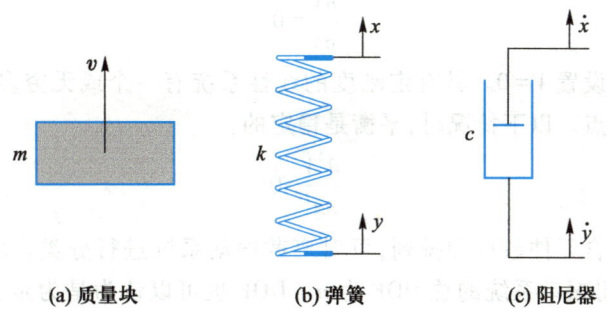

(a) 质量块　　(b) 弹簧　　(c) 阻尼器

图 7-1　质量块、弹簧和阻尼器元件示意图

$$F_m = ma \tag{7-2}$$

弹簧以其刚度 k 为特征，刚度 k 可以是位置和时间的函数。产生弹簧变形的力 F_k 与弹簧两端的相对位移成正比：

$$F_k = -kz = -k(x-y) \tag{7-3}$$

如果 k 保持不变，那么弹簧中储存的势能等于弹簧变形过程中弹力 F_k 所做的功：

$$V = -\int F_k \, dz = -\int -kz \, dz \tag{7-4}$$

因此，弹簧势能是位移的函数。如果弹簧的刚度 k 不是位移的函数，则称为线性弹簧，其势能为

$$V = \frac{1}{2}kz^2 \tag{7-5}$$

阻尼器的阻尼以一个周期内的机械能损失值来衡量。等效地，阻尼器可以用在阻尼器中产生运动所需的力 F_c 来定义。如果 F_c 与阻尼器两端的相对速度成正比，则阻尼器为线性阻尼器，阻尼系数为常数 c，这种阻尼也称为黏性阻尼，公式如下：

$$F_c = -c\dot{z} = -c(\dot{x}-\dot{y}) \tag{7-6}$$

振动运动 x 以周期 T 为特征，周期 T 是一个完整振动周期所需的时间，频率 f 是一个 T 内的周期数。在理论分析中，通常使用圆频率 ω（rad/s），而在工程应用中，通常使用周期频率 f（Hz）。

$$\omega = 2\pi f \tag{7-7}$$

当振动系统没有外力或激励时，系统的任何可能运动都称为自由振动。如果运动状态 x、$\dot{x}$ 或 $\ddot{x}$ 中的任何一个不为零，自由振动系统就会发生振荡。如果施加任何外力或激励，系统可能发生的运动称为强迫振动。外加激励有四种类型：谐波激励、周期激励、瞬态激励和随机激励。

7.1.2　振动系统运动方程

每个振动系统都可以建模为质量块 m_i、阻尼器 c_i 和弹簧 k_i 的组合，这样的模型称为系统的离散模型，一个单自由度（DOF）振动系统的运动方程如下：

$$ma = -cv - kx + f(x,v,t) \tag{7-8}$$

振动系统的平衡位置是系统势能 V 的极值，即

$$\frac{\partial V}{\partial x} = 0 \tag{7-9}$$

通常在平衡位置设置 $V=0$。具有定刚度的线性系统有一个或无穷多个平衡点,而非线性系统可能有多个平衡点。以下情况时,平衡是稳定的:

$$\frac{\partial^2 V}{\partial x^2} > 0 \tag{7-10}$$

根据振动系统所含元件数量和排列,可对离散振动系统进行分类。质量块的数量乘以每个质量块的 DOF,使得振动系统的总 DOF 为 n。DOF 也可以认为是为定义系统所需的最小独立坐标数。如图 7-2(a)~图 7-2(c) 所示为用于分析车辆垂向振动的单个、两个和三个 DOF 模型。图 7-2(a) 称为单自由度汽车模型,其中不含汽车车轮;图 7-2(b) 中的系统称为 1/4 汽车模型,其中 m_s 代表车身的四分之一质量,m_u 代表车轮。参数 k_u 和 c_u 是轮胎刚度和阻尼,k_s 和 c_s 是汽车悬架刚度和阻尼;图 7-2(c) 是一个包含座椅系统的扩展 1/4 汽车模型,驾驶员质量为 m_d,驾驶员座椅的模型参数为 k_d 和 c_d。

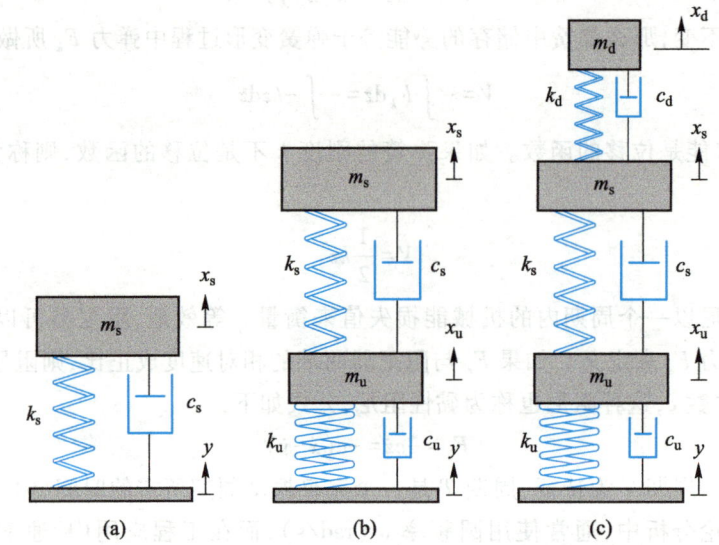

图 7-2 不同 DOF 下的车辆垂向振动模型

例 7-1 单自由度汽车模型。

应用牛顿法,运动方程为

$$m_s \ddot{x} = -k_s(x_s - y) - c_s(\dot{x}_s - \dot{y}) \tag{7-11}$$

将输入 y 和输出 x 变量分开,可以简化为下式:

$$m_s \ddot{x} + c_s \dot{x}_s + k_s x_s = k_s y + c_s \dot{y} \tag{7-12}$$

此方程的解由自由振动齐次方程的通解与非齐次方程的特解之和组成。

7.1.3 振动系统的频率响应

系统对正弦输入信号的稳态输出响应称为频率响应。线性时不变系统在正弦输入信号的激励下到达稳态后,其输出信号仍为正弦信号,且频率与输入信号相同,但幅值和相位可能发生变化。因此,任意连续的输入输出信号可以看作各频率正弦信号的加权叠加,对任意系统来说都可以通过频率响应分析系统特性。

对于输入信号:
$$u(t) = A\sin(\omega t) \tag{7-13}$$

经过线性时不变系统,得到输出响应为
$$y(t) = AM\sin(\omega t + \phi) \tag{7-14}$$

其中,幅值变化 M 与相位变化 ϕ 均为输入信号频率的函数,幅频响应 $M(\omega)$ 为
$$M(\omega) = |G(\mathrm{j}\omega)| \tag{7-15}$$

相频响应 $\phi(\omega)$ 为
$$\phi(\omega) = \angle G(\mathrm{j}\omega) \tag{7-16}$$

其中,$G(s)$ 为系统的传递函数。考虑正弦输入信号 $u(t) = A\sin(\omega t)$ 的拉普拉斯变换为
$$U(s) = \frac{A\omega}{s^2 + \omega^2} \tag{7-17}$$

系统 $G(s)$ 的输出响应为
$$Y(s) = G(s)U(s) = \frac{K_1}{s+\mathrm{j}\omega} + \frac{K_2}{s-\mathrm{j}\omega} + \frac{C_1}{s-p_1} + \cdots + \frac{C_n}{s-p_n} \tag{7-18}$$

对于稳定收敛的系统 $G(s)$,输出响应中的自由响应会随时间收敛为零,则其稳态响应为
$$y_s(t) = \lim_{t \to \infty} y(t) = \mathscr{L}^{-1}\left\{\frac{K_1}{s+\mathrm{j}\omega} + \frac{K_2}{s-\mathrm{j}\omega}\right\} \tag{7-19}$$

输出响应复域表达式中稳态响应分量为
$$Y_s(s) = \frac{K_1}{s+\mathrm{j}\omega} + \frac{K_2}{s-\mathrm{j}\omega} = \frac{(K_1+K_2)s + (K_2-K_1)\mathrm{j}\omega}{s^2+\omega^2} \tag{7-20}$$

求解系数 K_1 与 K_2 需要对上式两边同时乘 $s+\mathrm{j}\omega$,得
$$(s+\mathrm{j}\omega)Y(s) = K_1 + \frac{K_2(s+\mathrm{j}\omega)}{s-\mathrm{j}\omega} + \frac{C_1(s+\mathrm{j}\omega)}{s-p_1} + \cdots + \frac{C_n(s+\mathrm{j}\omega)}{s-p_n} \tag{7-21}$$

可以求出
$$K_1 = \frac{\mathrm{j}A}{2}G(-\mathrm{j}\omega), \quad K_2 = -\frac{\mathrm{j}A}{2}G(\mathrm{j}\omega) \tag{7-22}$$

其中,$G(\mathrm{j}\omega)$ 与 $G(-\mathrm{j}\omega)$ 为一对共轭复数,设 $G(\mathrm{j}\omega) = a + \mathrm{j}b$,则 $G(-\mathrm{j}\omega) = a - \mathrm{j}b$,将 K_1 和 K_2 代入 $Y_s(s)$,有
$$Y_{ss}(s) = \frac{(K_1+K_2)s + (K_2-K_1)\mathrm{j}\omega}{s^2+\omega^2} = \frac{Abs + Aa\omega}{s^2+\omega^2} \tag{7-23}$$

进行拉普拉斯逆变换,得
$$y_s(t) = A\sqrt{a^2+b^2}\left[\frac{a}{\sqrt{a^2+b^2}}\sin(\omega t) + \frac{b}{\sqrt{a^2+b^2}}\cos(\omega t)\right]$$
$$= A|G(\mathrm{j}\omega)|\sin(\omega t + \angle G(\mathrm{j}\omega)) \tag{7-24}$$

例 7-2 理想滑块运动。

质量为 m 的滑块在光滑的导轨上受外力 F 的作用下运动，滑块的速度 v 为系统的输出。根据牛顿第二定律，可计算滑块的运动方程为

$$F = m\dot{v} \tag{7-25}$$

其传递函数为

$$G(s) = \frac{1}{s} \tag{7-26}$$

其频率响应为

$$M(\omega) = |G(j\omega)| = \frac{1}{\omega}$$

$$\phi(\omega) = \angle G(j\omega) = -90° \tag{7-27}$$

从幅频响应 $M(\omega)$ 可看出，输入频率越高，则幅值衰减越大，系统对高频输入不敏感。相频响应 $\phi(\omega)$ 表示系统输出永远滞后系统输入 90°。

7.1.4 模态分析与振型

模态和振型是两个不易理解的概念，涉及的理论较多。简单来说，振型本质上是坐标变换，代表了多自由度系统向单自由度系统过渡的形式。多自由度系统同单自由度系统一样，在自由振动时以某一固有频率振动，不同点在于单自由度系统只有一个固有频率，而多自由系统存在多个固有频率。在这个前提下，将自由振动分解为若干个简谐振动的叠加。其动力学方程为

$$M\ddot{x}(t) + Kx(t) = O \tag{7-28}$$

式中，M、K 为矩阵，其余为向量，$x(t)$ 与 $\ddot{x}(t)$ 分别代表各个自由度的位移和加速度。模态分析的目的是要找到一种运动，使系统的各个坐标以同一种规律运动，但幅值可以不同，即各个坐标上的点同时达到运动行程的最大点，也同时过零点。每个自由度的时域响应是由不同振动频率的简谐运动叠加而成，即

$$\begin{aligned} x_1(t) &= A\sin(\omega_1 t + \theta_1) + B\sin(\omega_2 t + \theta_2) + \cdots \\ x_2(t) &= C\sin(\omega_1 t + \theta_1) + D\sin(\omega_2 t + \theta_2) + \cdots \\ &\cdots \\ x_n(t) &= E\sin(\omega_1 t + \theta_1) + F\sin(\omega_2 t + \theta_2) + \cdots \end{aligned} \tag{7-29}$$

一个多自由度系统在自由振动时，系统在每个坐标上的位移是由不同频率的简谐运动线性叠加而成，在某一固有频率 ω_i 下，系统在各个坐标上都将做同一规律的运动，体现在结构整体上便是这个多自由度系统仅有一种振动形态，体现在数值上便是振型 $\{\phi_i\}$。写作如下公式：

$$\begin{aligned} X(t) = \begin{pmatrix} x_1(t) \\ x_2(t) \\ \vdots \\ x_n(t) \end{pmatrix} &= \begin{pmatrix} \phi_1^1 \sin(\omega_1 t + \theta_1) + \phi_1^2 \sin(\omega_2 t + \theta_2) + \cdots + \phi_1^i \sin(\omega_i t + \theta_i) \\ \phi_2^1 \sin(\omega_1 t + \theta_1) + \phi_2^2 \sin(\omega_2 t + \theta_2) + \cdots + \phi_2^i \sin(\omega_i t + \theta_i) \\ \vdots \\ \phi_n^1 \sin(\omega_1 t + \theta_1) + \phi_n^2 \sin(\omega_2 t + \theta_2) + \cdots + \phi_n^i \sin(\omega_i t + \theta_i) \end{pmatrix} \\ &= \begin{pmatrix} \phi_1^1 & \cdots & \phi_1^i \\ \vdots & & \vdots \\ \phi_n^1 & \cdots & \phi_n^i \end{pmatrix} \times \begin{pmatrix} \sin(\omega_1 t + \theta_1) \\ \vdots \\ \sin(\omega_i t + \theta_i) \end{pmatrix} = \boldsymbol{\Phi P} \end{aligned} \tag{7-30}$$

式中,n代表的是系统的自由度或者坐标数;$x_n(t)$代表多自由度系统在第n个坐标上的位移;i表示在第i阶模态下的各个变量。从式中可以看出,如果单独从这个多自由度系统的一个坐标观察,可以发现系统在这个坐标上的运动是由多个频率不同的简谐运动线性组合而成。此外,对整体观察,如果把每一个自由度下同频率的分量挑出来并视为整体,那么这个多自由度系统整体可视作由i个频率不同的运动叠加而成,这些不同频率的运动各自的形态就是振型ϕ_i。

例 7-3 三自由度质量系统振动响应。

已知一个三自由度弹簧质量系统(如图 7-3 所示),$\boldsymbol{x}_0 = (2\ \ 2\ \ 0)^T$,$\dot{\boldsymbol{x}}_0 = (0\ \ 0\ \ 0)^T$,求系统在初始条件下的响应。

其动力学方程可以写为

$$\begin{pmatrix} m & 0 & 0 \\ 0 & m & 0 \\ 0 & 0 & m \end{pmatrix} \begin{pmatrix} \ddot{x}_1 \\ \ddot{x}_2 \\ \ddot{x}_3 \end{pmatrix} + \begin{pmatrix} 3k & -k & 0 \\ -k & 2k & -k \\ 0 & -k & 3k \end{pmatrix} \begin{pmatrix} x_1 \\ x_2 \\ x_3 \end{pmatrix} = \begin{pmatrix} 0 \\ 0 \\ 0 \end{pmatrix} \quad (7-31)$$

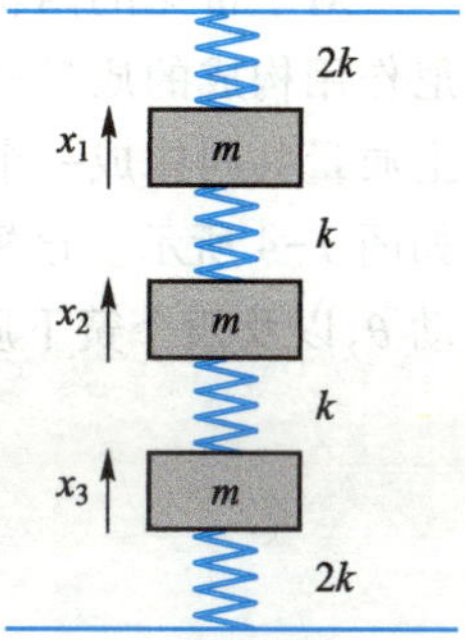

解出固有频率$\omega_1 = \sqrt{\dfrac{k}{m}}$,$\omega_2 = \sqrt{\dfrac{3k}{m}}$,$\omega_3 = 2\sqrt{\dfrac{k}{m}}$,进一步地,可以解

出振型矩阵$\boldsymbol{\Phi} = \begin{pmatrix} 1 & 1 & 1 \\ 2 & 0 & -1 \\ 1 & -1 & 1 \end{pmatrix}$,$\boldsymbol{\Phi}^{-1} = \begin{pmatrix} \dfrac{1}{6} & \dfrac{1}{3} & \dfrac{1}{6} \\ \dfrac{1}{2} & 0 & \dfrac{1}{2} \\ \dfrac{1}{3} & \dfrac{1}{3} & \dfrac{1}{3} \end{pmatrix}$,则有模态空间下的

图 7-3 三自由度弹簧质量系统

初始向量$\boldsymbol{p}_0 = \boldsymbol{\Phi}^{-1} \boldsymbol{x}_0 = \begin{pmatrix} 1 \\ 1 \\ 0 \end{pmatrix}$,$\dot{\boldsymbol{p}}_0 = \boldsymbol{\Phi}^{-1} \dot{\boldsymbol{x}}_0 = \begin{pmatrix} 0 \\ 0 \\ 0 \end{pmatrix}$。代入单自由度的时域响应公式得

$$\boldsymbol{P}(t) = \dfrac{\dot{\boldsymbol{p}}_0}{\omega_i} \sin(\omega_i t) + \boldsymbol{p}_0 \cos(\omega_i t) \quad (7-32)$$

最后,变换到物理空间,可得

$$\boldsymbol{X}(t) = \boldsymbol{\Phi} \boldsymbol{P}(t) = \begin{pmatrix} 1 & 1 & 1 \\ 2 & 0 & -1 \\ 1 & -1 & 1 \end{pmatrix} \begin{pmatrix} \cos(\omega_1 t) \\ \cos(\omega_2 t) \\ 0 \end{pmatrix} = \begin{pmatrix} \cos(\omega_1 t) + \cos(\omega_2 t) \\ 2\cos(\omega_1 t) \\ 0 \end{pmatrix} \quad (7-33)$$

即可求得系统在初始条件下的响应。在下文的车辆振动模型中,不同自由度下的模态与振型是频域分析的一个重点问题。

7.2 汽车垂向振动模型

车辆垂向振动模型是研究车辆在行驶过程中,由于路面不平或车辆自身动态响应引起的垂直方向上的振动现象。该模型通常考虑车辆的质量、刚度、阻尼等参数,以及路面的不平度和车辆的行驶速度。通过建立数学模型,可以分析车辆的振动特性,预测振动对乘员舒适性和车辆结构的影响,进而优化车辆设计,提高行驶平稳性和安全性。

7.2.1 汽车振动系统的简化

  汽车结构各异,对于不同的汽车常用不同的模型进行垂向动力学计算和分析。另外由于研究的重点不同,分析模型也不尽相同。考虑到轮胎的弹性作用,常在轮胎与路面之间还建立一个弹簧阻尼模型。对于较长的汽车,车身的结构振动(特别是扭振)对处于车身不同位置的人员或货物的影响较大,因此常常考虑车身的弹性变形作用,如前后轴之间车身的扭转弹性变形。

  对于常见的四轮汽车,其轮胎与路面之间的关系可以用四个簧下质量和轮胎的弹性与阻尼作用构成的质量-弹簧-阻尼系统来模拟,四个簧下质量又通过悬架的弹性与阻尼作用,与簧上质量共同构成一个新的质量-弹簧-阻尼系统,这样就形成了一个四轮汽车的振动计算模型,如图 7-4 所示。该模型包括七个自由度,分别是簧上质量的垂直运动 z_2、俯仰运动 φ 和侧倾运动 θ,以及四个簧下质量的垂直运动 z_{1fr}、z_{1fl}、z_{1rr}、z_{1rl}。

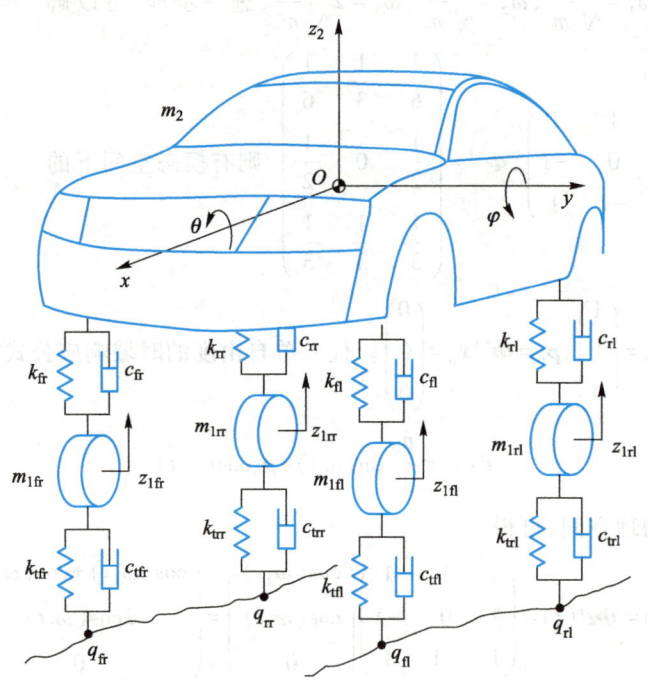

图 7-4 四轮汽车的振动计算模型

  如果左右车辙对应的路面激励输入相近,可以忽略簧上质量的侧倾运动。此时,簧上质量只有垂直和俯仰运动。这样七自由度模型可以简化为如图 7-5 所示的双轴汽车模型。

  它的四个自由度分别是簧上质量的垂直运动 z 和俯仰运动 φ,以及前后簧下质量的垂直运动 z_{1f}、z_{1r}。模型中按照动力学等效的原理,簧上质量 m_2 分解为前轴上集中质量 m_{2f}、后轴上集中质量 m_{2r} 和质心上集中质量 m_{2c} 三部分,通过无质量的刚性杆连接,其大小需要满足以下条件:

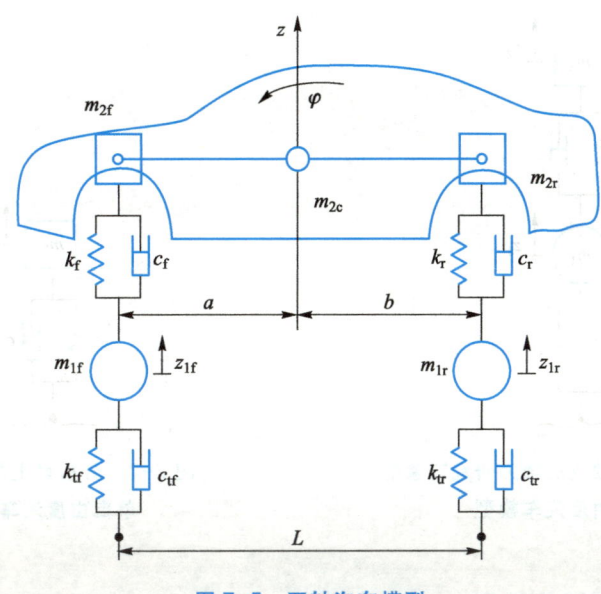

图 7-5 双轴汽车模型

(1) 总质量保持不变：
$$m_{2f} + m_{2r} + m_{2c} = m_2 \tag{7-34}$$

(2) 质心位置保持不变：
$$m_{2f}a - m_{2r}b = 0 \tag{7-35}$$

(3) 转动惯量 I_y 保持不变：
$$I_y = m_2 \rho_y^2 = m_{2f}a^2 + m_{2r}b^2 \tag{7-36}$$

式中，ρ_y 为绕横轴的回转半径(m)；a、b 为簧上质量部分的质心至前、后轴的距离(m)。由此可以得到三个集中质量的大小，即

$$m_{2f} = m_2 \frac{\rho_y^2}{aL},\ m_{2r} = m_2 \frac{\rho_y^2}{bL},\ m_{2c} = m_2 \left(1 - \frac{\rho_y^2}{ab}\right) \tag{7-37}$$

式中，L 为轴距(m)。

令 $\varepsilon = \dfrac{\rho_y^2}{ab}$，称为簧上质量分配系数。当 $\varepsilon = 1$ 时，质心上集中质量 $m_{2c} = 0$。此时簧上质量可以简化为前轴簧上质量和后轴簧上质量两部分，其运动相互独立。这样双轴汽车模型就可以简化为以前轴或后轴为研究对象的二自由度汽车模型，如图 7-6 所示。

若研究的重点集中在簧上质量振动的频率范围，乘用车一般在 2 Hz 以下，一般货车固有频率是 1.5~2 Hz，旅行客车为 1.2~1.8 Hz，高级轿车为 1~1.3 Hz，由于簧下质量的振动频率较高，一般在 10~15 Hz 范围内，可以忽略其影响，这样就得到分析簧上质量振动的单自由度汽车模型，如图 7-7 所示。

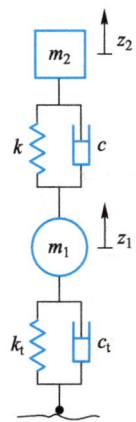
图 7-6 以前轴或后轴为研究对象的
二自由度汽车模型

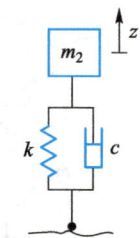
图 7-7 分析簧上质量振动的
单自由度汽车模型

7.2.2 单自由度汽车振动模型

汽车单质量振动系统的物理模型如图 7-7 所示,由簧上质量 m_2、悬架刚度 k 和悬架阻尼 c 组成,输入的激励函数为 $q(t)$,输出是簧上质量的垂直位移为 $z(t)$,系统的运动微分方程为

$$m_2\ddot{z}+c(\dot{z}-\dot{q})+k(z-q)=0 \tag{7-38}$$

该方程是一个非齐次方程,其解由齐次方程的通解和非齐次方程的特解之和组成。齐次方程描述的就是单质量系统的自由振动,而非齐次方程描述的是单质量系统的强迫振动。

1. 单质量系统的自由振动

单质量系统的自由振动方程为

$$m_2\ddot{z}+c\dot{z}+kz=0 \tag{7-39}$$

方程两边同除以 m_2,并引入 $\omega_0^2=\dfrac{k}{m_2}$,$\zeta=\dfrac{c}{2m_2\omega_0}$,得到

$$\ddot{z}+2\zeta\omega_0\dot{z}+\omega_0^2 z=0 \tag{7-40}$$

式中,ω_0 为系统的固有圆频率(rad/s);ζ 为系统的阻尼比。

与 ω_0 相应的 f_0 称为系统的固有频率,表达式为

$$\omega_0=\sqrt{\dfrac{k}{m_2}},\ f_0=\dfrac{\omega_0}{2\pi}=\dfrac{1}{2\pi}\sqrt{\dfrac{k}{m_2}},\ \zeta=\dfrac{c}{2m_2\omega_0}=\dfrac{c}{2\sqrt{m_2 k}} \tag{7-41}$$

汽车悬架系统的阻尼比通常在 0.25 左右,属于小阻尼,此时微分方程的解为

$$z(t)=A\mathrm{e}^{-\zeta\omega_0 t}\sin(\omega_d t+\phi) \tag{7-42}$$

式中,ω_d 为系统有阻尼固有圆频率(rad/s),$\omega_d=\omega_0\sqrt{1-\zeta^2}$;$A$ 和 ϕ 分别由系统振动的初始位移 z_0 和初始速度 $\dot{z}_0$ 决定,即

$$A=\sqrt{z_0^2+\dfrac{(\dot{z}_0+\zeta\omega_0 z_0)^2}{\omega_0^2(1-\zeta^2)}} \tag{7-43}$$

$$\phi = \tan^{-1} \frac{z_0 \omega_0 \sqrt{1-\zeta^2}}{\dot{z}_0 + \zeta \omega_0 z_0} \tag{7-44}$$

由 ω_d 的表达式可知,阻尼比的大小影响系统有阻尼振动的频率。ζ 增大,ω_d 下降。当 $\zeta=1$ 时 $\omega_d=0$,此时运动失去振荡特征。汽车悬架系统阻尼比大约为 0.25 时,ω_d 比 ω_0 只下降了 3% 左右,在工程上可以近似认为 $\omega_d = \omega_0$。

汽车单质量系统的有阻尼振动振幅呈指数函数曲线 $\pm A e^{-\zeta \omega_0 t}$ 衰减,当 $t \to \infty$ 时,$z \to 0$,振动停止,衰减振动曲线如图 7-8 所示。可以根据这一特点,利用相邻振幅的变化测算系统阻尼比。衰减振动曲线的两个相邻振幅 A_1 与 A_2 之比称为减幅系数 d,其表达式为

$$d = \frac{A_1}{A_2} = \frac{A e^{-\zeta \omega_0 t_1}}{A e^{-\zeta \omega_0 (t_1 + T_d)}} = e^{\zeta \omega_0 T_d} \tag{7-45}$$

式中,T_d 为衰减振动周期(s),$T_d = \frac{2\pi}{\omega_d} = \frac{2\pi}{\omega_0 \sqrt{1-\zeta^2}}$。由 $\begin{cases} d = e^{\frac{2\pi\zeta}{\sqrt{1-\zeta^2}}} \\ \ln d = \frac{2\pi\zeta}{\sqrt{1-\zeta^2}} \end{cases}$,可得衰减振动的阻尼比为 $\zeta = \frac{1}{\sqrt{1 + \frac{4\pi^2}{\ln^2 d}}}$。

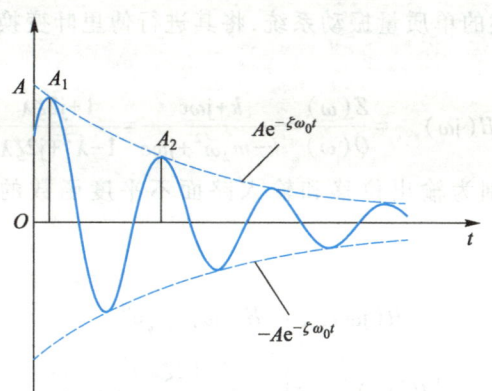

图 7-8 衰减振动曲线

2. 单质量系统的强迫振动

对于单质量系统的强迫振动,分析其响应的方法与激励的类型有很大关系,一般激励可以分为周期性和非周期激励。对于周期性激励,通过求解微分方程的通解和特解,可以获得系统响应的解析解。对于非周期激励,分析系统响应常用的方法有时域法、频域法和拉普拉斯变换法。

采用时域法分析非齐次微分方程式所描述的单质量系统振动的响应,其自由振动的通解已经获得,其特解用脉冲响应函数的叠加(即杜哈梅 Duhamel 积分)表示。因此,该系统的特解为

$$z_T(t) = \frac{1}{\omega_d} \int_0^t [kq(\tau) + c\dot{q}(\tau)] e^{-\zeta \omega_0 (t-\tau)} \sin[\omega_d (t-\tau)] d\tau$$

$$= \frac{1}{\sqrt{1-\zeta^2}} \int_0^t [\omega_0 q(\tau) + 2\zeta \dot{q}(\tau)] e^{-\zeta\omega_0(t-\tau)} \sin[\omega_d(t-\tau)] d\tau \quad (7\text{-}46)$$

该系统总的响应为

$$z(t) = A e^{-\zeta\omega_0 t} \sin(\omega_d t + \phi) + z_T(t)$$

$$= A e^{-\zeta\omega_0 t} \sin(\omega_d t + \phi)$$

$$+ \frac{1}{\sqrt{1-\zeta^2}} \int_0^t [\omega_0 q(\tau) + 2\zeta \dot{q}(\tau)] e^{-\zeta\omega_0(t-\tau)} \sin[\omega_d(t-\tau)] d\tau \quad (7\text{-}47)$$

实际运用中，式(7-47)常用数值方法求解。

采用频域法进行分析的基本原理框图如图7-9所示。首先将时域内的激励函数进行傅里叶变换，然后推导系统的频率响应函数，则二者相乘的结果就是系统在频域内的响应函数，最后通过傅里叶逆变换即可求得系统在时域内的响应。

图7-9 采用频域法进行分析的基本原理框图

对于式(7-39)所描述的单质量振动系统，将其进行傅里叶变换，可以得到系统的频响函数 $H(j\omega)$ 为

$$H(j\omega)_{z\sim q} = \frac{Z(\omega)}{Q(\omega)} = \frac{k+j\omega c}{k-m_2\omega^2+j\omega c} = \frac{1+j2\zeta\lambda}{1-\lambda^2+j2\zeta\lambda} \quad (7\text{-}48)$$

式中，$Z(\omega)$ 和 $Q(\omega)$ 分别为输出位移和输入路面不平度函数的傅里叶变换；频率比 $\lambda = \omega/\omega_0$。

指数形式为

$$H(j\omega)_{z\sim q} = |H(j\omega)|_{z\sim q} e^{j\varphi(\omega)}$$

$$|H(j\omega)|_{z\sim q} = \left[\frac{1+(2\zeta\lambda)^2}{(1-\lambda^2)^2+(2\zeta\lambda)^2}\right]^{\frac{1}{2}} \quad (7\text{-}49)$$

$|H(j\omega)|_{z\sim q}$ 为频响函数的幅频特性；$\varphi(\omega)$ 为频响函数的相频特性。

上式说明，单质量振动系统的频响函数幅频特性与频率比和阻尼比有关。一般在双对数坐标上做出幅频特性曲线，单质量车身位移输出对系统位移输入的幅频特性曲线如图7-10所示。

当 $\lambda \ll 1$ 时，即激励频率远低于系统固有频率，属于低频段，$|H(j\omega)|_{z\sim q} \to 1$，$\lg|H(j\omega)|_{z\sim q} = 0$，渐近线为一水平线。在低频段($0 \le \lambda \le 0.75$)，$|H(j\omega)|_{z\sim q}$ 略大于1，系统没有明显的动态特性，阻尼比对这一频段的影响不大。

当 $\lambda \gg 1$ 时，即激励频率远高于系统固有频率，属于高频段，分析阻尼比 $\zeta = 0$、$\zeta = 0.5$ 两种情况。

(1) $\zeta = 0$ 时，$|H(j\omega)|_{z\sim q} \to 1/\lambda^2$，$\lg|H(j\omega)|_{z\sim q} = -2\lg\lambda$，渐近线的斜率为-2。

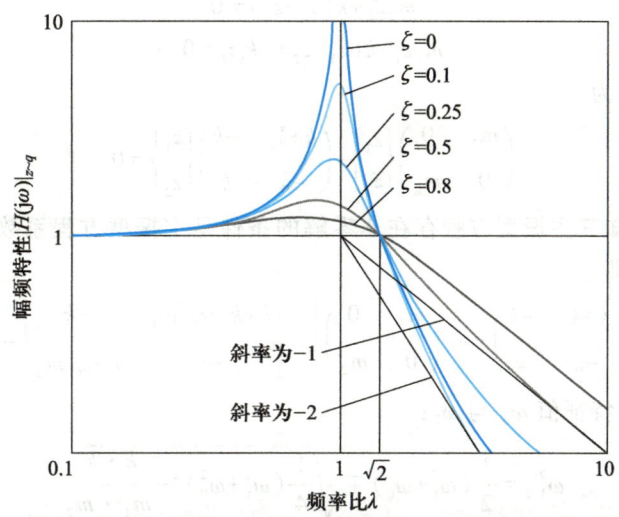

图 7-10 单质量车身位移输出对系统位移输入的幅频特性曲线

(2) $\zeta = 0.5$ 时，$|H(j\omega)|_{z \sim q} \to 1/\lambda$，$\lg |H(j\omega)|_{z \sim q} = -\lg \lambda$，渐近线斜率为 -1。

在高频段 ($\lambda > \sqrt{2}$)，$|H(j\omega)|_{z \sim q} < 1$，系统对输入位移起衰减作用，阻尼比 ζ 减小对减振有利。当 $\lambda = \sqrt{2}$ 时，$|H(j\omega)|_{z \sim q} = 1$，响应与 ζ 无关。

当 $0.75 \leq \lambda \leq \sqrt{2}$ 时，系统幅频特性处于共振段，$|H(j\omega)|_{z \sim q}$ 出现峰值，系统将输入位移放大，加大阻尼比 ζ 可使共振峰明显下降。

7.2.3 双质量汽车振动模型

1. 运动与振型分析

汽车双质量振动系统的物理模型如图 7-6 所示，由簧上质量 m_2、悬架刚度 k、悬架阻尼 c、簧下质量 m_1、轮胎刚度 k_t 和轮胎阻尼 c_t 组成，输入的激励函数为 $q(t)$，簧上质量的垂直位移为 $z_2(t)$，簧下质量的垂直位移为 $z_1(t)$，则系统的运动微分方程为

$$m_2 \ddot{z}_2 + c(\dot{z}_2 - \dot{z}_1) + k(z_2 - z_1) = 0$$
$$m_1 \ddot{z}_1 + c(\dot{z}_1 - \dot{z}_2) + k(z_1 - z_2) + c_t(\dot{z}_1 - \dot{q}) + k_t(z_1 - q) = 0 \tag{7-50}$$

若 m_1 不动 ($z_1 = 0$) 则得：$m_2 \ddot{z}_2 + c\dot{z}_2 + kz_2 = 0$。这相当于只有车身质量 m_2 的单自由度振动。其固有圆频率 $\omega_0 = \sqrt{k/m_2}$，阻尼比 $\zeta = \dfrac{c}{2m_2\omega_0} = \dfrac{c}{2\sqrt{m_2 k}}$。同样地，若 m_2 不动 ($z_2 = 0$)，相当于车轮质量 m_1 作单自由度振动，于是得：$m_1 \ddot{z}_1 + (c + c_t)\dot{z}_1 + (k + k_t)z_1 = 0$。

车轮部分固有圆频率 $\omega_t = \sqrt{(k + k_t)/m_1}$，阻尼比 $\zeta_t = \dfrac{c + c_t}{2m_1 \omega_t} = \dfrac{c + c_t}{2\sqrt{m_1(k + k_t)}}$。$\omega_0$ 与 ω_t 是双质量系统只有单独一个质量振动时的部分频率，又称为偏频，表示车身和车轮独立振动时的振动频率。

由运动微分方程式 (7-50) 可以看出，m_2 与 m_1 是相互耦合的。无阻尼自由振动时，运动方程变为

$$m_2\ddot{z}_2 + k(z_2 - z_1) = 0$$
$$m_1\ddot{z}_1 + k(z_1 - z_2) + k_t z_1 = 0 \tag{7-51}$$

表示成矩阵形式为

$$\begin{pmatrix} m_1 & 0 \\ 0 & m_2 \end{pmatrix} \begin{Bmatrix} \ddot{z}_1 \\ \ddot{z}_2 \end{Bmatrix} + \begin{pmatrix} k+k_t & -k \\ -k & k \end{pmatrix} \begin{Bmatrix} z_1 \\ z_2 \end{Bmatrix} = 0 \tag{7-52}$$

根据振动理论,知其主振型方程存在非零解的条件是主振型方程系数矩阵(特征矩阵)的行列式必须等于零,即

$$\left| \begin{pmatrix} k+k_t & -k \\ -k & k \end{pmatrix} - \omega^2 \begin{pmatrix} m_1 & 0 \\ 0 & m_2 \end{pmatrix} \right| = \begin{vmatrix} k+k_t - \omega^2 m_1 & -k \\ -k & k - \omega^2 m_2 \end{vmatrix} = 0 \tag{7-53}$$

求解得到方程的特征值 ω_1 与 ω_2:

$$\omega_{1,2}^2 = \frac{1}{2}(\omega_t^2 + \omega_0^2) \mp \sqrt{\frac{1}{4}(\omega_t^2 + \omega_0^2)^2 - \frac{k \cdot k_t}{m_1 \cdot m_2}} \tag{7-54}$$

ω_1 与 ω_2 是二自由度系统振动的固有频率,且 $\omega_1 < \omega_2$,分别对应的振型是一阶主振型和二阶主振型。在强迫振动情况下,激振频率 ω 接近 ω_1 时产生低频共振,按一阶主振型振动,此时主要是车身质量 m_2 在振动,称为车身型振动。当激振频率 ω 接近 ω_2 时,产生高频共振,按二阶主振型振动,此时车轮质量 m_1 的振幅比车身质量 m_2 的振幅大,称为车轮型振动。

2. 双质量系统的幅频特性

先求双质量系统的频率响应函数,将式(7-50)两边进行傅里叶变换,得

$$Z_2(\omega)(-\omega^2 m_2 + \mathrm{j}\omega c + k) = Z_1(\omega)(\mathrm{j}\omega c + k)$$
$$Z_1(\omega)(-\omega^2 m_1 + \mathrm{j}\omega c + k + k_t) = Z_2(\omega)(\mathrm{j}\omega c + k) + Q(\omega)(\mathrm{j}\omega c_t + k_t) \tag{7-55}$$

令 $A_1 = \mathrm{j}\omega c + k, A_2 = -\omega^2 m_2 + \mathrm{j}\omega c + k, A_3 = -\omega^2 m_1 + \mathrm{j}\omega c + k + k_t$,由式(7-55)得 $z_2 \sim z_1$ 的频率响应函数如下:

$$H(\mathrm{j}\omega)_{z_2 \sim z_1} = \frac{\mathrm{j}\omega c + k}{-\omega^2 m_2 + \mathrm{j}\omega c + k} = \frac{A_1}{A_2} \tag{7-56}$$

因此,幅频特性 $|H(\mathrm{j}\omega)_{z_2 \sim z_1}|$ 与单质量系统的幅频特性完全一样。将式(7-56)代入式(7-55)得 $z_1 \sim q$ 的频率响应函数如下:

$$H(\mathrm{j}\omega)_{z_1 \sim q} = \frac{A_2(\mathrm{j}\omega c_t + k_t)}{A_3 A_2 - A_1^2} \tag{7-57}$$

由于实际轮胎的阻尼系数 c_t 较小,常忽略其影响。对上式分子、分母分别进行复数运算,然后求模,得幅频特性如下:

$$|H(\mathrm{j}\omega)_{z_1 \sim q}| = \gamma \left[\frac{(1-\lambda^2)^2 + 4\xi^2\lambda^2}{\Delta} \right]^{\frac{1}{2}} \tag{7-58}$$

式中,$\Delta = \left[(1-\lambda^2)\left(1 + \gamma - \frac{1}{\mu}\lambda^2\right) - 1 \right]^2 + 4\xi^2\lambda^2\left[\gamma - \left(\frac{1}{\mu} + 1\right)\lambda^2\right]^2$,其中,$\gamma = k_t/k$ 为刚度比,$\mu = m_2/m_1$ 为质量比,$\lambda = \omega/\omega_0$ 为频率比;其他物理量意义同上。

车身位移 z_2 对路面位移 q 的频率响应函数,可由两个环节的频率响应函数相乘得到如下

公式：

$$H(j\omega)_{z_2 \sim q} = H(j\omega)_{z_2 \sim z_1} \cdot H(j\omega)_{z_1 \sim q} = \frac{A_1}{A_2} \cdot \frac{A_2(j\omega c_t + k_t)}{A_3 A_2 - A_1^2} = \frac{A_1(j\omega c_t + k_t)}{A_3 A_2 - A_1^2} \quad (7-59)$$

忽略轮胎阻尼系数 c_t 的影响，其幅频特性为

$$|H(j\omega)_{z_2 \sim q}| = |H(j\omega)_{z_2 \sim z_1}| |H(j\omega)_{z_1 \sim q}|$$

$$= \gamma \left[\frac{1 + 4\xi^2 \lambda^2}{(1-\lambda^2)^2 + 4\xi^2 \lambda^2} \right]^{\frac{1}{2}} \times \left[\frac{(1-\lambda^2)^2 + 4\xi^2 \lambda^2}{\Delta} \right]^{\frac{1}{2}} = \gamma \left(\frac{1 + 4\xi^2 \lambda^2}{\Delta} \right)^{\frac{1}{2}} \quad (7-60)$$

假设双质量系统参数为：$\gamma = 9, \mu = 10, \zeta = 0.25$。双质量系统的传递特性如图 7-11 所示，其中图 7-11(a) 为幅频特性 $|H(j\omega)_{z_2 \sim q}|$，它是由图 7-11(b) 幅频特性 $|H(j\omega)_{z_2 \sim z_1}|$ 与图 7-11(c) 幅频特性 $|H(j\omega)_{z_1 \sim q}|$ 相乘得到。在双对数坐标上，变为两个幅频特性曲线叠加，故叠加后幅频特性的渐近线斜率为两个相乘幅频特性渐近线斜率之和。

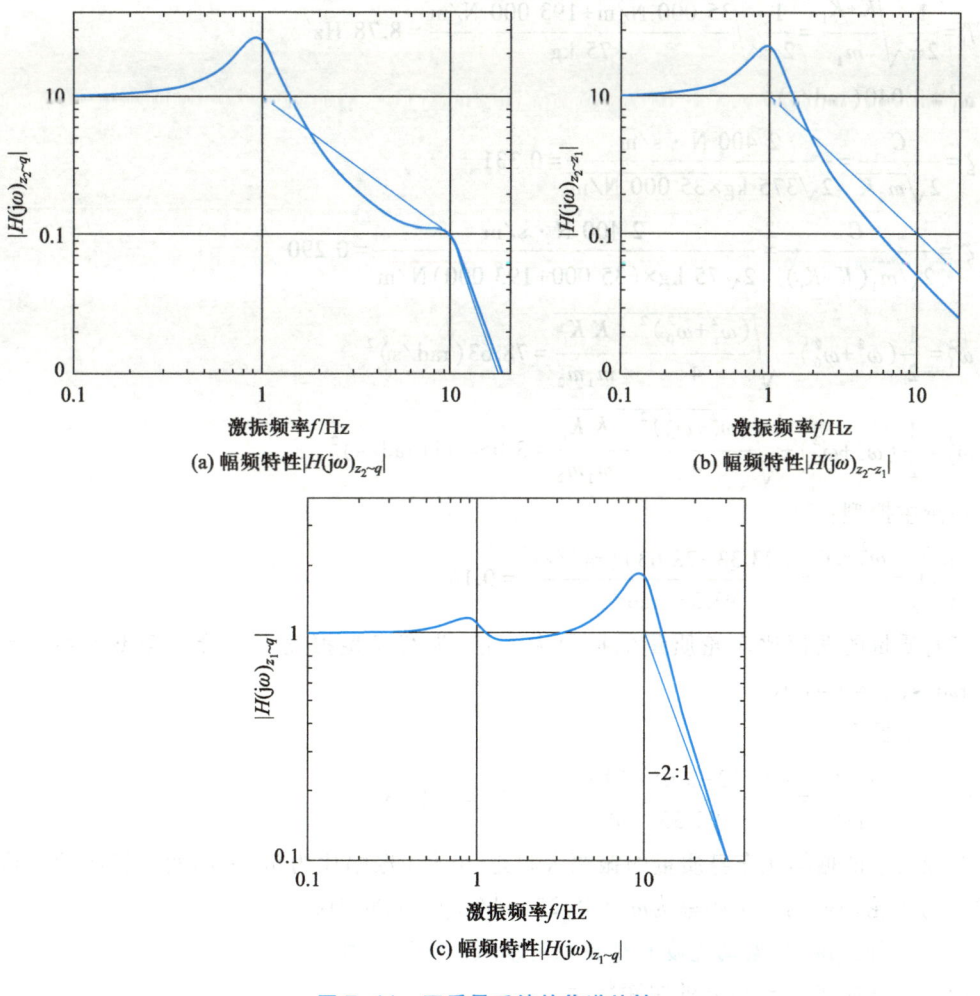

图 7-11 双质量系统的传递特性

幅频特性 $|H(j\omega)|_{z_2-q}$ 在 $f=f_0$ 和 $f=f_t=\omega_t/2\pi$ 处有低、高两个共振峰,路面输入 $q(t)$ 在 $f \geq \sqrt{2}f_0$ 时由悬架衰减,在 $f \geq f_t$ 时又进一步被轮胎衰减。

例 7-4 汽车双质量振动振型。

已知某车基本参数:车身质量 $m_2=375$ kg,车轮质量 $m_1=75$ kg,悬架刚度 $K=3.5\times10^4$ N/m,阻尼系数 $C=2\,400$ N·s/m,轮胎刚度 $K_t=1.93\times10^5$ N/m。

试求:车身部分固有频率 f_0;车轮部分固有频率 f_t;车身部分阻尼比 ζ;车轮部分阻尼比 ζ_t 和车身、车轮两个主振型的主频率、振幅比。

解:

$$f_0 = \frac{1}{2\pi}\sqrt{\frac{K}{m_2}} = \frac{1}{2\pi}\sqrt{\frac{35\,000 \text{ N/m}}{375 \text{ kg}}} = 1.53 \text{ Hz}$$

$$\omega_0^2 = 93.33 \text{ (rad/s)}^2$$

$$f_t = \frac{1}{2\pi}\sqrt{\frac{K+K_t}{m_1}} = \frac{1}{2\pi}\sqrt{\frac{35\,000 \text{ N/m}+193\,000 \text{ N/m}}{75 \text{ kg}}} = 8.78 \text{ Hz}$$

$$\omega_t^2 = 3\,040 \text{ (rad/s)}^2$$

$$\zeta = \frac{C}{2\sqrt{m_2 K}} = \frac{2\,400 \text{ N·s/m}}{2\sqrt{375 \text{ kg} \times 35\,000 \text{ N/m}}} = 0.331$$

$$\zeta_t = \frac{C}{2\sqrt{m_1(K+K_t)}} = \frac{2\,400 \text{ N·s/m}}{2\sqrt{75 \text{ kg} \times (35\,000+193\,000) \text{ N/m}}} = 0.290$$

$$\omega_1^2 = \frac{1}{2}(\omega_t^2+\omega_0^2) - \sqrt{\frac{(\omega_t^2+\omega_0^2)^2}{4} - \frac{KK_t}{m_1 m_2}} = 78.63 \text{ (rad/s)}^2$$

$$\omega_2^2 = \frac{1}{2}(\omega_t^2+\omega_0^2) + \sqrt{\frac{(\omega_t^2+\omega_0^2)^2}{4} - \frac{KK_t}{m_1 m_2}} = 3\,054.71 \text{ (rad/s)}^2$$

一阶主振型:

$$\left(\frac{z_{10}}{z_{20}}\right)_1 = \frac{\omega_0^2-\omega_1^2}{\omega_0^2} = \frac{(93.33-78.63) \text{ (rad/s)}^2}{93.33 \text{ (rad/s)}^2} = 0.16$$

车身质量的振幅比车轮质量的振幅大 6 倍,为车身型振动。一阶主振型的主频率 $\omega_1=8.87$ rad/s,$f_1=1.41$ Hz。

二阶主振型:

$$\left(\frac{z_{10}}{z_{20}}\right)_2 = \frac{\omega_0^2-\omega_2^2}{\omega_0^2} = \frac{(93.33-3\,054.71) \text{ (rad/s)}^2}{93.33 \text{ (rad/s)}^2} = -31.73$$

车轮质量的振幅比车身质量的振幅大将近 30 倍(振幅比为负,表明两个振幅的相位是相反的),为车轮型振动。主频率为 $\omega_2=55.27$ rad/s,$f_2=8.80$ Hz。

3. 车身加速度、悬架动挠度和车轮相对动载的幅频特性

(1)车身加速度 $\ddot{z}_2$ 对 $\dot{q}$ 的幅频特性

由式 $|H(j\omega)|_{\ddot{z}_2-\dot{q}} = \omega |H(j\omega)|_{z_2-q}$,可得车身加速度 $\ddot{z}_2$ 对 $\dot{q}$ 的幅频特性:

$$|H(j\omega)_{\ddot{z}_2\sim\dot{q}}| = \omega\gamma\left(\frac{1+4\xi^2\lambda^2}{\Delta}\right)^{\frac{1}{2}} \quad (7-61)$$

如图 7-12 所示为双质量系统 $\ddot{z}_2\sim\dot{q}$ 的幅频特性。该图上实线所示为双质量系统在 $f_0=1\,\text{Hz}$,质量比 $\mu=10$,刚度比 $\gamma=9$,$\zeta=0.25$、0.5 两种情况下 $\ddot{z}_2\sim\dot{q}$ 的幅频特性曲线。

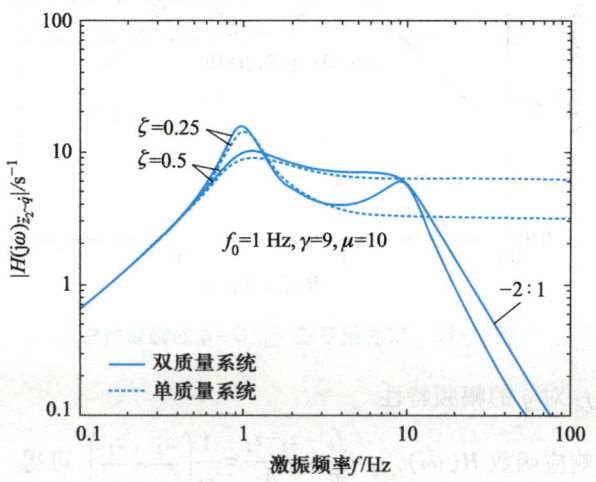

图 7-12 双质量系统 $\ddot{z}_2\sim\dot{q}$ 的幅频特性

由 f_0、ζ、μ、γ 共 4 个参数可按下式确定车轮部分的固有频率 f_t 和阻尼比 ζ_t:

$$f_t = \frac{1}{2\pi}\sqrt{(k+k_t)/m_1} = \sqrt{\mu(1+\gamma)}f_0$$

$$\zeta_t = \frac{c}{2}\sqrt{(k+k_t)/m_1} = \sqrt{\mu\zeta/(1+\gamma)} \quad (7-62)$$

(2) 相对动载 F_d/G 对 $\dot{q}$ 的幅频特性

车轮动载 $F_d = k_t(z_1-q) + c_t(\dot{z}_1-\dot{q})$,静载 $G = (m_2+m_1)g = m_1(1+\mu)g$。由 F_d/G 对 q 的频率响应函数 $H(j\omega)_{F_d/G\sim q} = \frac{F_d}{Gq} = \frac{(k_t+j\omega c_t)}{m_1(1+\mu)g}\cdot\frac{(z_1-q)}{q}$,得

$$|H(j\omega)_{F_d/G\sim q}| = \left(\frac{A_2 k_t}{N}-1\right)\frac{(k_t+j\omega c_t)}{m_1(1+\mu)g}$$

$$|H(j\omega)_{F_d/G\sim\dot{q}}| = \frac{\gamma\omega\left[\left(\frac{\lambda^2}{1+\mu}-1\right)^2+4\xi^2\lambda^2\right]^{\frac{1}{2}}}{\Delta} \quad (7-63)$$

图 7-13 为双质量系统 $F_d/G\sim\dot{q}$ 的幅频特性图,该图采用与如图 7-12 所示双质量系统同样的参数。$F_d/G\sim\dot{q}$ 幅频特性曲线在 $f=f_0$ 低频共振区,与 $\ddot{z}_2\sim\dot{q}$ 幅频特性曲线趋势相同;在 $f=f_t$ 高频共振区,阻尼比 $F_d/G\sim\dot{q}$ 幅频特性曲线的峰值影响很大;在 $f>f_t$ 之后,$\zeta_t=0.5$ 时,$F_d/G\sim\dot{q}$ 幅频特性曲线按 $-1:1$ 斜率衰减。

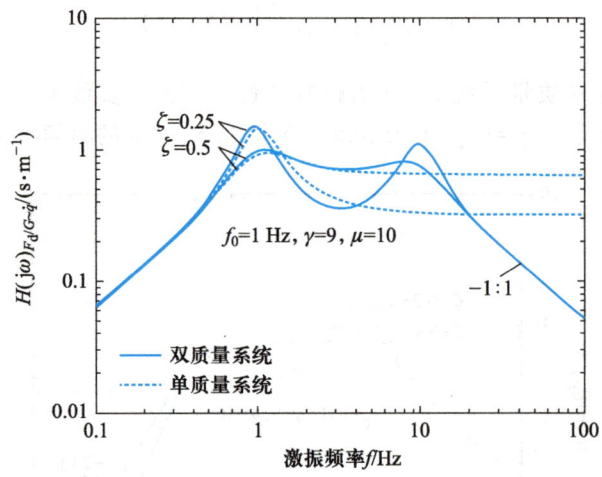

图 7-13 双质量系统 $F_d/G \sim \dot{q}$ 的幅频特性

(3) 悬架动挠变 f_d 对 $\dot{q}$ 的幅频特性

由 f_d 对 $\dot{q}$ 的频率响应函数 $H(\mathrm{j}\omega)_{f_d\sim\dot{q}} = \dfrac{f_d}{\dot{q}} = \dfrac{z_2 - z_1}{\dot{q}} = \dfrac{1}{\omega}\left(\dfrac{z_2}{q} - \dfrac{z_1}{q}\right)$,可得

$$H(\mathrm{j}\omega)_{f_d\sim\dot{q}} = \frac{1}{\omega}\left(\frac{A_1 k_t}{N} - \frac{A_2 k_t}{N}\right) = \frac{\gamma}{\omega}\lambda^2\left(\frac{1}{\Delta}\right)^{\frac{1}{2}} \tag{7-64}$$

如图 7-14 所示为双质量系统 $f_d \sim \dot{q}$ 的幅频特性,仍采用与如图 7-13 所示双质量系统相同的参数。与单质量系统 $f_d \sim \dot{q}$ 幅频特性(在图 7-12 上用虚线表示)比较,在 $f=f_0$ 低频区二者相同;而在 $f=f_t$ 高频区,双质量系统又出现一共振峰;$f>f_t$ 之后,$\zeta_t=0.5$ 时按 $-3:1$ 斜率衰减。

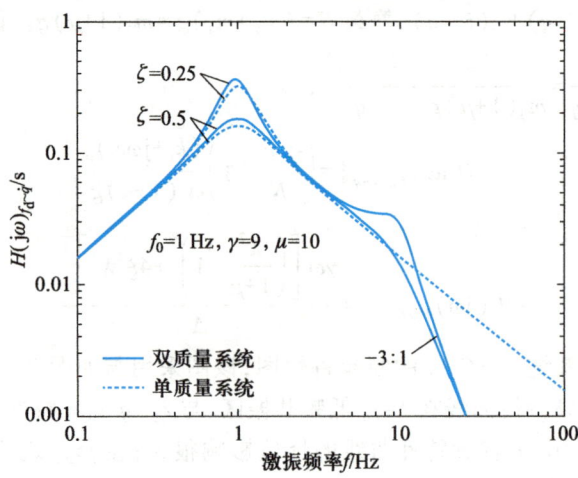

图 7-14 双质量系统 $f_d \sim \dot{q}$ 的幅频特性

例 7-5 悬架振动系统特性。

某轿车的后悬架力-位移图如图 7-15 所示。当空载时,整车质量为 1 173 kg,其中前轴荷占 53%;满载(5 名乘员+行李)时,整车质量 1 600 kg,其中前轴荷占 45%。后轴非簧载总质量为 90 kg。单胎垂向刚度为 $2.0×10^5$ N/m。轮胎型号为 215/55 R16。试用双质量振动模型求:

(1) 空载时,后轴簧载质量和非簧载质量的固有振动频率;

(2) 满载时,当车速为多少时会发生由轮胎不平衡质量所激发的共振?

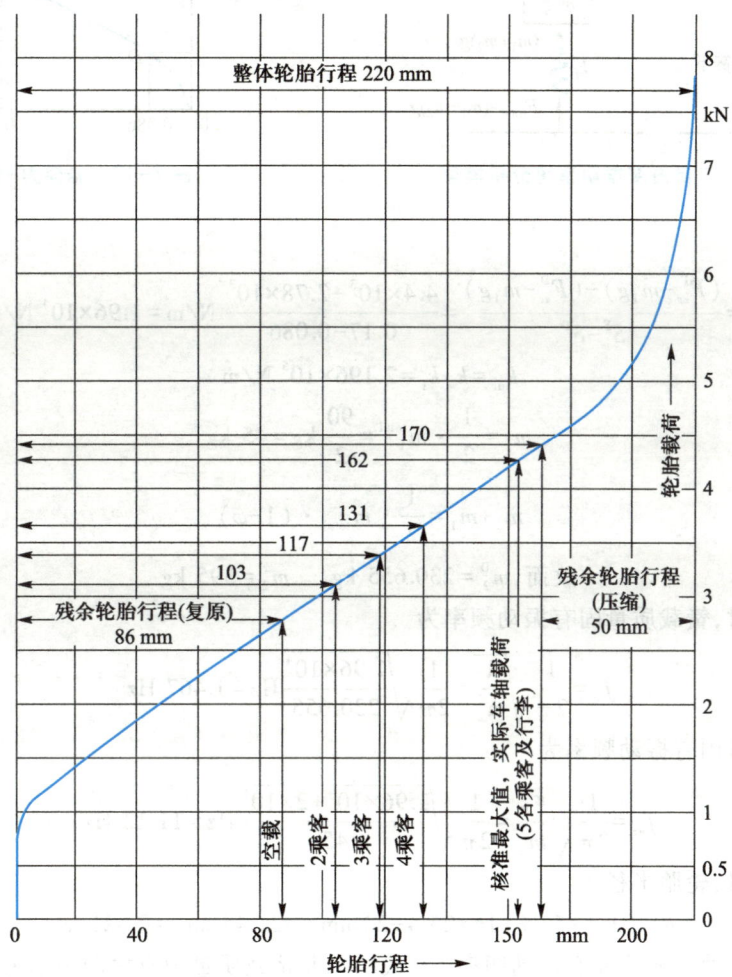

图 7-15 某轿车的后悬架力-位移图("两名乘员"等于"一名驾驶员加一位乘客")

解:

首先,建立如图 7-16 所示的二自由度振动系统分析模型。

簧载质量固有振动频率:$f_{sr} = \dfrac{1}{2\pi}\sqrt{\dfrac{k}{m_2}}$

非簧载质量固有振动频率:$f_{ur} = \dfrac{1}{2\pi}\sqrt{\dfrac{k+k_t}{m_1}}$

后悬架刚度计算过程如下：

根据图 7-15，可画出悬架力-位移简图如图 7-17 所示。

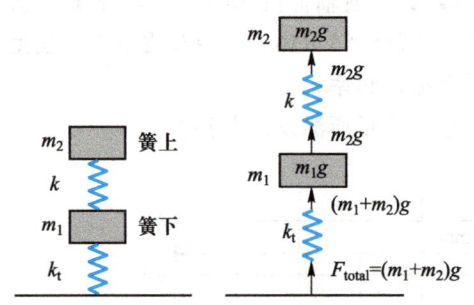

图 7-16 二自由度振动系统分析模型

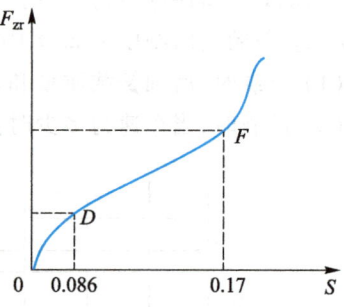

图 7-17 悬架力-位移简图

因此

$$k = \frac{(F_{zr}^F - m_1 g) - (F_{zr}^D - m_1 g)}{S^F - S^D} = \frac{4.4 \times 10^3 - 2.78 \times 10^3}{0.17 - 0.086} \text{ N/m} = 1.96 \times 10^4 \text{ N/m}$$

$$k_{ur} = k + k_t = 2.196 \times 10^5 \text{ N/m}$$

$$m_1 = \frac{1}{2} \cdot m_1^{total} = \frac{90}{2} \text{ kg} = 45 \text{ kg}$$

$$m_2 + m_1 = \frac{1}{2} \cdot m_{total} \cdot (1 - \varphi)$$

故而，$m_2^D = 230.655$ kg，$m_2^F = 395$ kg

（1）空载时，簧载质量固有振动频率为

$$f_{sr} = \frac{1}{2\pi}\sqrt{\frac{k}{m_2}} = \frac{1}{2\pi}\sqrt{\frac{1.96 \times 10^4}{230.655}} \text{ Hz} = 1.467 \text{ Hz}$$

非簧载质量固有振动频率为

$$f_{ur} = \frac{1}{2\pi}\sqrt{\frac{k_{ur}}{m_2}} = \frac{1}{2\pi}\sqrt{\frac{1.96 \times 10^4 + 2 \times 10^5}{45}} \text{ Hz} = 11.12 \text{ Hz}$$

（2）满载时，轮胎半径为

$$R = (215 \times 55\% + 16 \times 25.4 \div 2) \text{ mm} = 321.45 \text{ mm} = 0.321 \text{ m}$$

满载时的非簧载质量固有振动频率=空载时的非簧载质量固有振动频率为

$$f_{ur} = 11.12 \text{ Hz}$$

故而，发生由轮胎不平衡质量所激发共振的车速为

$$u = 2\pi f_{ur} \cdot R = 2\pi \times 11.12 \times 0.321 \text{ m/s} = 22.428 \text{ m/s} = 80.74 \text{ km/h}$$

7.2.4 双轴俯仰振动模型

汽车的单质量和双质量模型都是汽车的局部系统模型，用于分析单轮输入下车身的垂直振动。考虑到汽车前后轴的位置对汽车垂直和俯仰两个自由度振动的影响，或研究汽车纵向车身上任一点的垂直振动时，需要采用前、后车轮有两个路面输入的双轴汽车模型。

1. 运动与振型分析

在分析车身振动时,对如图 7-5 所示的双轴汽车模型进一步忽略车轮质量、轮胎刚度和阻尼的影响,双轴汽车模型简化为如图 7-18 所示的车身振动模型。

在图 7-18 中,m_{2f}、m_{2r}、m_{2c} 为动力学等效的三个集中质量,选用质心处的垂直位移 z_{2f}、z_{2r} 两组坐标来描述车身运动(用下标 f 表示前端,下标 r 表示后端)。

坐标系 z_{2f}、z_{2r} 与 z、φ 有以下关系:$z_{2f}=z-a\tan\varphi\approx z-a\varphi$,$z_{2r}=z+b\tan\varphi\approx z+b\varphi$ 及 $\varphi=(z_{2r}-z_{2f})/L$,$z=z_{2f}+a\varphi=z_{2f}+a(z_{2r}-z_{2f})/L=(z_{2r}a+z_{2f}b)/L$。

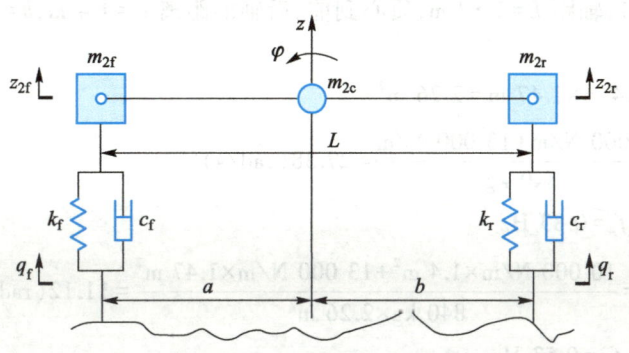

图 7-18 双轴汽车车身振动模型

可以看出,φ 的大小与 z_{2r}、z_{2f} 的幅值以及 z_{2r} 与 z_{2f} 之间的相位差有关,相位差 180°时,φ 最大,φ 角还与轴距 L 成反比;当 z_{2r}、z_{2f} 同相位时 z 最大。当悬挂质量分配系数 $\varepsilon=1$ 时,$m_{2c}=0$,系统可简化为两个独立单自由系统的振动,其主频与前、后独立单自由度振动频率相等,此时的主振型与前、后分系统振型相同。汽车大部分 ε 取值范围为 0.8~1.2,比较接近 1,此时主频率和部分系统固有频率的数值相差不多。

采用 z、φ 为坐标系,建立无阻尼自由振动运动方程。由垂直方向力的平衡和绕质心的力矩平衡,得

$$m_2\ddot{z}_c+(k_f+k_r)z_c+(k_rb-k_fa)\varphi=0 \\ m_2\rho_y^2\ddot{\varphi}+(k_fa^2+k_rb^2)\varphi+(k_rb-k_fa)z_c=0 \tag{7-65}$$

垂直和角振动两个部分系统固有圆频率为

$$\omega_z^2=\frac{k_f+k_r}{m_2},\omega_\varphi^2=\frac{k_fa^2+k_rb^2}{m_2\rho_y^2} \tag{7-66}$$

相应两个振型如图 7-19 所示。

由式(7-65)运动方程,同样可以得到两个主频率为

$$\Omega_{1,2}^2=\frac{1}{2}\left[\omega_z^2+\omega_\varphi^2\mp\sqrt{(\omega_z^2-\omega_\varphi^2)^2+4\eta_1\eta_2}\right] \tag{7-67}$$

式中,$\eta_1=\dfrac{k_rb-k_fa}{m_2}$,$\eta_2=\eta_1/\rho_y^2$。可以看出,$k_rb-k_fa=0$ 时,$\eta_2=\eta_1=0$,主频率与部分系统固有圆频率相等,

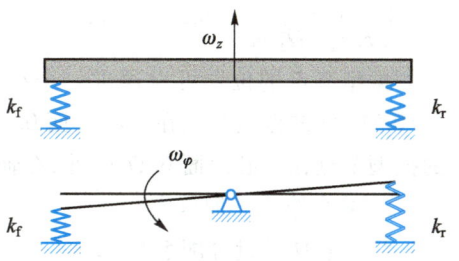

图 7-19 垂直和角振动部分系统的振型

即 $\Omega_z = \omega_z, \Omega_\varphi = \omega_\varphi$。此时 z_c 与 φ 不耦合，主振型与垂直和角振动两个部分系统振型相同。

在 $k_r b - k_f a \neq 0$ 时，Ω_φ 与 ω_φ 接近，Ω_z 与 ω_z 接近。若振动系统参数适当匹配，使 $\omega_\varphi < \omega_z$，则可以保证 $\Omega_\varphi < \Omega_z$，这就使车身产生俯仰角共振的角加速度分量比较小。在 3 Hz 以下，人对水平方向的振动比垂直方向更为敏感。由于俯仰角振动会引起纵向水平振动，因此为了改善平顺性，应尽量减小俯仰角加速度。

例 7-6 双轴俯仰振动系统。

已知：某车车身质量 $m_2 = 840$ kg，前悬架刚度 $K_f = 10^4$ N/m，后悬架刚度 $K_r = 1.3 \times 10^4$ N/m，质量分配系数 $\varepsilon = 1.1$，轴距 $L = 2.87$ m，质心到前、后轴的距离 $a = 1.4$ m，$b = 1.47$ m。

解：

$$\rho_y^2 = \varepsilon ab = 1.1 \times 1.4 \text{ m} \times 1.47 \text{ m} = 2.26 \text{ m}^2$$

$$\omega_z^2 = \frac{K_f + K_r}{m_2} = \frac{10\ 000 \text{ N/m} + 13\ 000 \text{ N/m}}{840 \text{ kg}} = 27.38 \text{ (rad/s)}^2$$

$\omega_z = 5.23$ rad/s, $f_z = 0.83$ Hz

$$\omega_\varphi^2 = \frac{K_f a^2 + K_r b^2}{m_2 \rho_y^2} = \frac{10\ 000 \text{ N/m} \times 1.4 \text{ m}^2 + 13\ 000 \text{ N/m} \times 1.47 \text{ m}^2}{840 \text{ kg} \times 2.26 \text{ m}^2} = 11.12 \text{ (rad/s)}^2$$

$\omega_\varphi = 3.33$ rad/s, $f_\varphi = 0.53$ Hz

$$\eta_1 = \frac{K_r b - K_f a}{m_2} = \frac{13\ 000 \text{ N/m} \times 1.47 \text{ m} - 10\ 000 \text{ N/m} \times 1.4 \text{ m}}{840 \text{ kg}} = 6.08 \text{ m(rad/s)}^2$$

$$\eta_2 = \frac{\eta_1}{\rho_y^2} = \frac{6.08 \text{ m(rad/s)}^2}{2.26 \text{ m}^2} = 2.73 \text{ (rad/s)}^2/\text{m}$$

$\eta_1 \eta_2 = 16.6 \text{ (rad/s)}^4$

$$\Omega_1^2 = \frac{1}{2}\left[\omega_z^2 + \omega_\varphi^2 - \sqrt{(\omega_z^2 - \omega_\varphi^2)^2 + 4\eta_1 \eta_2}\right] = 10.16 \text{ (rad/s)}^2$$

$\Omega_1 = 3.19$ rad/s, $f_1 = 0.51$ Hz

$$\Omega_2^2 = \frac{1}{2}\left[\omega_z^2 + \omega_\varphi^2 + \sqrt{(\omega_z^2 - \omega_\varphi^2)^2 + 4\eta_1 \eta_2}\right] = 28.35 \text{ (rad/s)}^2$$

$\Omega_2 = 5.32$ rad/s, $f_2 = 0.84$ Hz

$$\left(\frac{z_{c0}}{\varphi_0}\right)_1 = \frac{\eta_1}{\Omega_1^2 - \omega_z^2} = -0.35 \text{ m/rad}$$

$$\left(\frac{z_{c0}}{\varphi_0}\right)_2 = \frac{\eta_1}{\Omega_2^2 - \omega_z^2} = 6.27 \text{ m/rad}$$

振型节点的位置可以通过一个小角度的正切近似等于这个角度来确定，因此有：主频率 $f_1 = 0.51$ Hz 的振型节点在质心后面 0.35 m 处，在轴距之外，为垂直振动型。主频率 $f_2 = 0.84$ Hz 的振型节点在质心前面 6.27 m 处，在轴距之内，为角振动型。

2. 减小俯仰角加速度

（1）悬挂质量分配系数 $\varepsilon > 1$

$\varepsilon = \rho_y^2/(ab)$，在设计上使车身绕质心的回转半径 ρ_y 加大，或使 ab 减小，都能使 ε 加大。当

$\varepsilon>1$ 时，可以使 $\omega_\varphi<\omega_z$，以减小俯仰角加速度。为了说明简单，设 $a=b$，则得

$$\omega_\varphi=\sqrt{\frac{ab(k_\mathrm{f}+k_\mathrm{r})}{\rho_y^2 m_2}}=\sqrt{\frac{k_\mathrm{f}+k_\mathrm{r}}{m_2\varepsilon}} \tag{7-68}$$

由于 $\omega_z=\sqrt{\frac{k_\mathrm{f}+k_\mathrm{r}}{m_2}}$，代入上式得：$\omega_z^2\omega_\varphi^2=\varepsilon$。因此，当 $\varepsilon>1$ 时，$\omega_\varphi<\omega_z$。

实际上，多数汽车 $\varepsilon<1$，尤其是轻型小轿车的车身布置，要达到 $\varepsilon>1$ 是相当困难的，因为这种汽车要求十分紧凑，所以回转半径 ρ_y 比较小，只能通过减小轴距 L 来达到该要求。但车身布置要求有足够大的乘坐空间，而且轴距对俯仰角振动具有明显的影响，轴距减小会使俯仰角振动加剧，因此轴距不宜减小。

（2）俯仰动态指数

理论上讲，同样的垂向输入下，增加俯仰转动惯量可以降低俯仰方向的响应，但横摆转动惯量也会相应增加，不利于侧向和横摆动态性能。而俯仰动态指数 PDI 为解决俯仰角加速度问题提供了新的视角。俯仰动态指数 PDI 的定义为

$$PDI=\frac{I_y}{ab(M_\mathrm{f}+M_\mathrm{r})} \tag{7-69}$$

式中，$I_y=m_2\rho_y^2$，$M_\mathrm{f}=m_2\dfrac{b}{a+b}$，$M_\mathrm{r}=m_2\dfrac{a}{a+b}$。

当 PDI 等于 1 时，前后轴的响应相互独立，即前轴的路面垂向输入不会引起后轴车身的响应。从 0 s 开始的前轴输入不产生任何后悬架动行程，后悬架的行程变化开始于后轴的路面输入。当俯仰动态指数为 0.8 时，前轴输入产生后悬架拉伸运动（负位移），而当俯仰动态指数为 1.2 时，前轴输入产生后悬架压缩运动（正位移）。

此外，当俯仰动态指数为 1.0 时，车身质心俯仰角位移响应收敛最快。莫里斯·欧伊莱利（Maurice Oiley）用 K^2 试验台试验证实当俯仰动态指数为 1.0 时，能够改善行驶平顺性能。

抑制俯仰运动的另一个有效手段是增加后悬架相对于前悬架的阻尼。在保持车速和其他参数不变的情况下，增加后悬架阻尼可以有效提高俯仰运动的收敛性能。虽然现代汽车有更高的阻尼比，俯仰响应能更快地衰减，但在选择前后悬架偏频时仍遵循前悬架必须比后悬架"软"一定比例的"平稳行驶"概念。选择较高后悬架偏频的另一个主要原因是车辆后部通常可能装载较大载荷，后弹簧刚度必须提高以维持后车身姿态和足够悬架动行程。大量测试数据也证实，车辆后悬架偏频高于前悬架偏频。现代汽车的俯仰动态指数可能达不到 1.0，但前后悬架阻尼比相较早期汽车更高，因此可不通过调整前后轴质量来实现较小的俯仰运动响应。

（3）前、后悬架的"交联"

使 $\omega_\varphi<\omega_z$ 的另一方法是采用前、后悬架的"交联"，"交联"悬架示意图如图 7-20 所示。图中弹簧 k_f''、k_r'' 由一与车身铰接的无质量杠杆连接起来，它们只有在车身垂直振动时才受力，并与弹簧 k_f'、k_r' 并联，总的弹簧刚度仍然是：$k_\mathrm{f}=k_\mathrm{f}'+k_\mathrm{f}''$，$k_\mathrm{r}=k_\mathrm{r}'+k_\mathrm{r}''$。

在俯仰角振动时，k_f''、k_r'' 不起作用，俯仰角振动的固有圆频率减小为 $\omega_\varphi^2=\dfrac{k_\mathrm{f}'a^2+k_\mathrm{r}'b^2}{m_2\rho_y^2}$。适当选择弹簧刚度的比值 $k_\mathrm{f}'/k_\mathrm{f}''$、$k_\mathrm{r}'/k_\mathrm{r}''$，就可以使 $\omega_\varphi<\omega_z$。

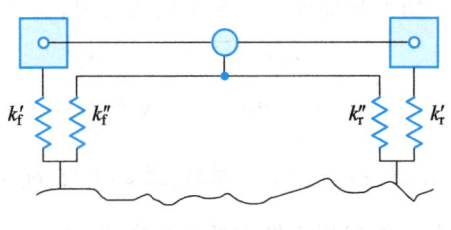

图 7-20 "交联"悬架示意图

7.2.5 整车七自由度振动模型

汽车系统是一个复杂的振动系统,采用前述的几种简化模型对其进行平顺性研究有一定的限制,七自由度模型更加接近实际汽车的结构,因此被越来越多地运用到平顺性分析中。

如图 7-4 所示的七自由度汽车模型(也称四轮模型),其运动的七个自由度分别为:车身垂直运动 z_2、车身俯仰角 φ、车身侧倾角 θ 以及四个车轮的垂直运动 z_{1fr}、z_{1fl}、z_{1rr}、z_{1rl}。假设与四个车轮相对应的路面输入激励分别为 q_{fr}、q_{fl}、q_{rr}、q_{rl},根据车轮和车身的受力,可得到如下动力学方程:

车身的垂直运动方程为

$$m_2\ddot{z}_2 + c_{fl}\left(\dot{z}_2 - a\dot{\varphi} + \frac{l_f\dot{\theta}}{2} - \dot{z}_{1fl}\right) + k_{fl}\left(z_2 - a\varphi + \frac{l_f\theta}{2} - z_{1fl}\right)$$
$$+ c_{fr}\left(\dot{z}_2 - a\dot{\varphi} - \frac{l_f\dot{\theta}}{2} - \dot{z}_{1fr}\right) + k_{fr}\left(z_2 - a\varphi - \frac{l_f\theta}{2} - z_{1fr}\right)$$
$$+ c_{rl}\left(\dot{z}_2 + b\dot{\varphi} + \frac{l_r\dot{\theta}}{2} - \dot{z}_{1rl}\right) + k_{rl}\left(z_2 + b\varphi + \frac{l_r\theta}{2} - z_{1rl}\right)$$
$$+ c_{rr}\left(\dot{z}_2 + b\dot{\varphi} - \frac{l_r\dot{\theta}}{2} - \dot{z}_{1rr}\right) + k_{rr}\left(z_2 + b\varphi - \frac{l_r\theta}{2} - z_{1rr}\right) = 0 \quad (7-70)$$

车身的俯仰运动方程为

$$I_y\ddot{\varphi} - c_{fl}\left(\dot{z}_2 - a\dot{\varphi} + \frac{l_f\dot{\theta}}{2} - \dot{z}_{1fl}\right)a - k_{fl}\left(z_2 - a\varphi + \frac{l_f\theta}{2} - z_{1fl}\right)a$$
$$- c_{fr}\left(\dot{z}_2 - a\dot{\varphi} - \frac{l_f\dot{\theta}}{2} - \dot{z}_{1fr}\right)a - k_{fr}\left(z_2 - a\varphi - \frac{l_f\theta}{2} - z_{1fr}\right)a$$
$$+ c_{rl}\left(\dot{z}_2 + b\dot{\varphi} + \frac{l_r\dot{\theta}}{2} - \dot{z}_{1rl}\right)b + k_{rl}\left(z_2 + b\varphi + \frac{l_r\theta}{2} - z_{1rl}\right)b$$
$$+ c_{rr}\left(\dot{z}_2 + b\dot{\varphi} - \frac{l_r\dot{\theta}}{2} - \dot{z}_{1rr}\right)b + k_{rr}\left(z_2 + b\varphi - \frac{l_r\theta}{2} - z_{1rr}\right)b = 0 \quad (7-71)$$

车身的侧倾运动方程为

$$I_x\ddot{\theta} + \frac{c_{fl}\left(\dot{z}_2 - a\dot{\varphi} + \frac{l_f\dot{\theta}}{2} - \dot{z}_{1fl}\right)l_f}{2} + \frac{k_{fl}\left(z_2 - a\varphi + \frac{l_f\theta}{2} - z_{1fl}\right)l_f}{2}$$

$$-\frac{c_{\text{fr}}\left(\dot{z}_2-a\dot{\varphi}-\dfrac{l_f\dot{\theta}}{2}-\dot{z}_{1\text{fr}}\right)l_f}{2}-\frac{k_{\text{fr}}\left(z_2-a\varphi-\dfrac{l_f\theta}{2}-z_{1\text{fr}}\right)l_f}{2}$$

$$+\frac{c_{\text{rl}}\left(\dot{z}_2+b\dot{\varphi}+\dfrac{l_r\dot{\theta}}{2}-\dot{z}_{1\text{rl}}\right)l_r}{2}+\frac{k_{\text{rl}}\left(z_2+b\varphi+\dfrac{l_r\theta}{2}-z_{1\text{rl}}\right)l_r}{2}$$

$$-\frac{c_{\text{rr}}\left(\overline{z}_2+b\overline{\varphi}-\dfrac{l_r\overline{\theta}}{2}-\overline{z}_{1\text{rr}}\right)l_r}{2}-\frac{k_{\text{rr}}\left(z_2+b\varphi-\dfrac{l_r\theta}{2}-z_{1\text{rr}}\right)l_r}{2}=0 \tag{7-72}$$

四个车轮的运动方程为

$$m_{1\text{fl}}\ddot{z}_{1\text{fl}}+c_{\text{fl}}\left(\dot{z}_{1\text{fl}}-\dot{z}_2+a\dot{\varphi}-\frac{l_f\dot{\theta}}{2}\right)+k_{\text{fl}}\left(z_{1\text{fl}}-z_2+a\varphi-\frac{l_f\theta}{2}\right)$$
$$+c_{\text{tfl}}(\dot{z}_{1\text{fl}}-\dot{q}_{\text{fl}})+k_{\text{tfl}}(z_{1\text{fl}}-q_{\text{fl}})=0 \tag{7-73}$$

$$m_{1\text{fr}}\ddot{z}_{1\text{fr}}+c_{\text{fr}}\left(\dot{z}_{1\text{fr}}-\dot{z}_2+a\dot{\varphi}+\frac{l_f\dot{\theta}}{2}\right)+k_{\text{fr}}\left(z_{1\text{fr}}-z_2+a\varphi+\frac{l_f\theta}{2}\right)$$
$$+c_{\text{tfr}}(\dot{z}_{1\text{fr}}-\dot{q}_{\text{fr}})+k_{\text{tfr}}(z_{1\text{fr}}-q_{\text{fr}})=0 \tag{7-74}$$

$$m_{1\text{rl}}\ddot{z}_{1\text{rl}}+c_{\text{rl}}\left(\dot{z}_{1\text{rl}}-\dot{z}_2-b\dot{\varphi}-\frac{l_r\dot{\theta}}{2}\right)+k_{\text{rl}}\left(z_{1\text{rl}}-z_2-b\varphi-\frac{l_r\theta}{2}\right)$$
$$+c_{\text{trl}}(\dot{z}_{1\text{rl}}-\dot{q}_{\text{rl}})+k_{\text{trl}}(z_{1\text{rl}}-q_{\text{rl}})=0 \tag{7-75}$$

$$m_{1\text{rr}}\ddot{z}_{1\text{rr}}+c_{\text{rr}}\left(\dot{z}_{1\text{rr}}-\dot{z}_2-b\dot{\varphi}+\frac{l_r\dot{\theta}}{2}\right)+k_{\text{rr}}\left(z_{1\text{rr}}-z_2-b\varphi+\frac{l_r\theta}{2}\right)$$
$$+c_{\text{trr}}(\dot{z}_{1\text{rr}}-\dot{q}_{\text{rr}})+k_{\text{trr}}(z_{1\text{rr}}-q_{\text{rr}})=0 \tag{7-76}$$

以上七式中，$m_{1\text{fl}}$、$m_{1\text{fr}}$、$m_{1\text{rl}}$、$m_{1\text{rr}}$分别为汽车左前、右前、左后、右后非悬挂质量(kg)；I_x、I_y分别为汽车侧倾和俯仰转动惯量(kg·m²)；k_{fl}、k_{fr}、k_{rl}、k_{rr}分别为汽车左前、右前、左后、右后悬架弹簧刚度(N/m)；c_{fl}、c_{fr}、c_{rl}、c_{rr}分别为汽车左前、右前、左后、右后悬架阻尼系数(Ns/m)；k_{tfl}、k_{tfr}、k_{trl}、k_{trr}分别为汽车左前、右前、左后、右后轮胎弹簧刚度(N/m)；c_{tfl}、c_{tfr}、c_{trl}、c_{trr}分别为汽车左前、右前、左后、右后轮胎阻尼系数(Ns/m)；a为质心到前轴距离(m)；b为质心到后轴距离(m)；l_f为前轮距(m)；l_r为后轮距(m)。

写成矩阵形式为

$$\boldsymbol{m}\ddot{\boldsymbol{z}}+\boldsymbol{c}\dot{\boldsymbol{z}}+\boldsymbol{k}\boldsymbol{z}=\boldsymbol{k}_t\boldsymbol{q}+\boldsymbol{c}_t\dot{\boldsymbol{q}} \tag{7-77}$$

式中，$\boldsymbol{z}=(z,\varphi,\theta,z_{1\text{fl}},z_{1\text{fr}},z_{1\text{rl}},z_{1\text{rr}})^\text{T}$，$\boldsymbol{q}=(q_{\text{fl}},q_{\text{fr}},q_{\text{rl}},q_{\text{rr}})^\text{T}$，

$$\boldsymbol{m}=\begin{pmatrix} m_2 & 0 & 0 & 0 & 0 & 0 & 0 \\ 0 & I_y & 0 & 0 & 0 & 0 & 0 \\ 0 & 0 & I_x & 0 & 0 & 0 & 0 \\ 0 & 0 & 0 & m_{1\text{fl}} & 0 & 0 & 0 \\ 0 & 0 & 0 & 0 & m_{1\text{fr}} & 0 & 0 \\ 0 & 0 & 0 & 0 & 0 & m_{1\text{rl}} & 0 \\ 0 & 0 & 0 & 0 & 0 & 0 & m_{1\text{rr}} \end{pmatrix}$$

$$c = \begin{pmatrix} c_{fl}+c_{fr}+c_{rl}+c_{rr} & -ac_{fl}-ac_{fr}+bc_{rl}+bc_{rr} & \dfrac{l_f c_{fl}}{2}-\dfrac{l_f c_{fr}}{2}+\dfrac{l_r c_{rl}}{2}-\dfrac{l_r c_{rr}}{2} & -c_{fl} & -c_{fr} & -c_{rl} & -c_{rr} \\ -ac_{fl}-ac_{fr}+bc_{rl}+bc_{rr} & a^2 c_{fl}+a^2 c_{fr}+b^2 c_{rl}+b^2 c_{rr} & -\dfrac{al_f c_{fl}}{2}+\dfrac{al_f c_{fr}}{2}+\dfrac{bl_r c_{rl}}{2}-\dfrac{bl_r c_{rr}}{2} & ac_{fl} & ac_{fr} & -bc_{rl} & -bc_{rr} \\ \dfrac{l_f c_{fl}}{2}-\dfrac{l_f c_{fr}}{2}+\dfrac{l_r c_{rl}}{2}-\dfrac{l_r c_{rr}}{2} & -\dfrac{al_f c_{fl}}{2}+\dfrac{al_f c_{fr}}{2}+\dfrac{bl_r c_{rl}}{2}-\dfrac{bl_r c_{rr}}{2} & \dfrac{l_f^2 c_{fl}}{4}+\dfrac{l_f^2 c_{fr}}{4}+\dfrac{l_r^2 c_{rl}}{4}+\dfrac{l_r^2 c_{rr}}{4} & -\dfrac{l_f c_{fl}}{2} & \dfrac{l_f c_{fr}}{2} & -\dfrac{l_r c_{rl}}{2} & \dfrac{l_r c_{rr}}{2} \\ -c_{fl} & ac_{fl} & -\dfrac{l_f c_{fl}}{2} & c_{fl}+c_{tfl} & 0 & 0 & 0 \\ -c_{fr} & ac_{fr} & \dfrac{l_f c_{fr}}{2} & 0 & c_{fr}+c_{tfr} & 0 & 0 \\ -c_{rl} & -bc_{rl} & -\dfrac{l_r c_{rl}}{2} & 0 & 0 & c_{rl}+c_{trl} & 0 \\ -c_{rr} & -bc_{rr} & \dfrac{l_r c_{rr}}{2} & 0 & 0 & 0 & c_{rr}+c_{trr} \end{pmatrix}$$

$$k = \begin{pmatrix} k_{fl}+k_{fr}+k_{rl}+k_{rr} & -ak_{fl}-ak_{fr}+bk_{rl}+bk_{rr} & \dfrac{l_f k_{fl}}{2}-\dfrac{l_f k_{fr}}{2}+\dfrac{l_r k_{rl}}{2}-\dfrac{l_r k_{rr}}{2} & -k_{fl} & -k_{fr} & -k_{rl} & -k_{rr} \\ -ak_{fl}-ak_{fr}+bk_{rl}+bk_{rr} & a^2 k_{fl}+a^2 k_{fr}+b^2 k_{rl}+b^2 k_{rr} & -\dfrac{al_f k_{fl}}{2}+\dfrac{al_f k_{fr}}{2}+\dfrac{bl_r k_{rl}}{2}-\dfrac{bl_r k_{rr}}{2} & ak_{fl} & ak_{fr} & -bk_{rl} & -bk_{rr} \\ \dfrac{l_f k_{fl}}{2}-\dfrac{l_f k_{fr}}{2}+\dfrac{l_r k_{rl}}{2}-\dfrac{l_r k_{rr}}{2} & -\dfrac{al_f k_{fl}}{2}+\dfrac{al_f k_{fr}}{2}+\dfrac{bl_r k_{rl}}{2}-\dfrac{bl_r k_{rr}}{2} & \dfrac{l_f^2 k_{fl}}{4}+\dfrac{l_f^2 k_{fr}}{4}+\dfrac{l_r^2 k_{rl}}{4}+\dfrac{l_r^2 k_{rr}}{4} & -\dfrac{l_f k_{fl}}{2} & \dfrac{l_f k_{fr}}{2} & -\dfrac{l_r k_{rl}}{2} & \dfrac{l_r k_{rr}}{2} \\ -k_{fl} & ak_{fl} & -\dfrac{l_f k_{fl}}{2} & k_{fl}+k_{tfl} & 0 & 0 & 0 \\ -k_{fr} & ak_{fr} & \dfrac{l_f k_{fr}}{2} & 0 & k_{fr}+k_{tfr} & 0 & 0 \\ -k_{rl} & -bk_{rl} & -\dfrac{l_r k_{rl}}{2} & 0 & 0 & k_{rl}+k_{trl} & 0 \\ -k_{rr} & -bk_{rr} & \dfrac{l_r k_{rr}}{2} & 0 & 0 & 0 & k_{rr}+k_{trr} \end{pmatrix}$$

$$c_t = \begin{pmatrix} 0 & 0 & 0 & 0 \\ 0 & 0 & 0 & 0 \\ 0 & 0 & 0 & 0 \\ c_{tfl} & 0 & 0 & 0 \\ 0 & c_{tfr} & 0 & 0 \\ 0 & 0 & c_{trl} & 0 \\ 0 & 0 & 0 & c_{trr} \end{pmatrix}, \quad k_t = \begin{pmatrix} 0 & 0 & 0 & 0 \\ 0 & 0 & 0 & 0 \\ 0 & 0 & 0 & 0 \\ k_{tfl} & 0 & 0 & 0 \\ 0 & k_{tfr} & 0 & 0 \\ 0 & 0 & k_{trl} & 0 \\ 0 & 0 & 0 & k_{trr} \end{pmatrix}$$

采用频域法求解时需进行傅里叶变换,得到频率响应函数矩阵为

$$H(\omega) = \frac{Z(\omega)}{Q(\omega)} = (k - m\omega^2 + \mathrm{j}\omega c)^{-1}(k_t + \mathrm{j}\omega c_t) \tag{7-78}$$

7.3 行驶平顺性

汽车行驶时,路面不平以及驱动电机/发动机、传动系和车轮等旋转部件会激发汽车的振动。通常,路面不平是汽车振动的基本输入,这里讨论的平顺性(ride)主要指路面不平引起的汽车振动,频率范围为 0.5~25 Hz。

汽车的平顺性主要是保持汽车在行驶过程中产生的振动和冲击环境对乘员舒适性的影响在一定界限之内。平顺性主要根据乘员主观感觉的舒适性来评价,对于货车,还包括保持货物完好的性能,它是现代高速汽车的主要性能之一。

汽车的平顺性可由如图 7-21 所示的"路面-汽车-人"系统框图来分析。路面不平度和车身形成了汽车振动系统的"输入",此"输入"经过由轮胎、悬架、坐垫等弹性、阻尼元件和簧载质量、非簧载质量构成的振动系统的传递,得到振动系统的"输出",经簧载质量或进一步经座椅传至人体的加速度,此加速度通过人体对振动的反应——舒适性来评价汽车的平顺性。当振动系统的"输出"作为优化的目标时,还要综合考虑车轮与路面间的动载荷和悬架弹簧的动挠度,它们分别影响"行驶安全性"和撞击悬架限位的概率。

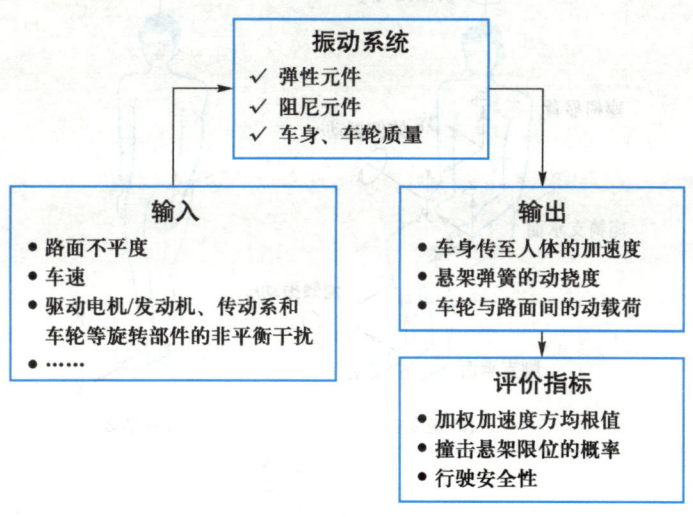

图 7-21 "路面-汽车-人"系统框图

研究平顺性的主要目的就是控制汽车振动系统的动态特性,使振动系统的输出在给定工况的"输入"下不超过一定界限,以保持乘员的舒适性。

7.3.1 平顺性的评价方法

行驶平顺性评价常从主观、客观评价两个方面结合起来进行评价。主观评价主要反映了人的因素,需要通过大量的重复试验,对不同的乘员进行统计学分析,从而对车辆做出最后的评价。客观评价是指运用客观的物理量做出定量的评价,一般通过试验测量的方法,得到所需的测量点的能反映其振动情况的物理量。物理量的表达方式相对比较简单,易于测量,有较好的可比性。但是对这些物理量需要按与人的感觉有关的标准、方法进行平顺性指标的运算。

因此客观的物理量评价仍然是建立在主观的感觉评价之上的。

1974 年,国际标准化组织(International Standard Organization,ISO)在综合大量有关人体全身振动研究成果的基础上,制定了国际标准 ISO 2631:《人体承受全身振动评价指南》。之后经过长时间的发展与多次较大的修改之后,现在已经较为成熟,是关于汽车平顺性评价的现行最重要标准。1997 年发表的 ISO 2631-1:1997《机械振动与冲击 人体暴露于全身振动的评价 第 1 部分:一般要求》增加了人体坐姿受振模型。此标准对于评价长时间作用的随机振动和多输入点多轴向振动环境对人体的影响时,能与主观感觉更好地符合。许多国家都参照它进行汽车平顺性的评价,我国对相应标准进行了修订,公布了《汽车平顺性试验方法》(GB/T 4970—2009)。

ISO 2631-1:1997 相对于之前的标准作出了很多改变,对周期、随机和瞬态的全身振动的测量方法都做了规定。考虑的频率范围为:对健康、舒适与感知为 0.5~80 Hz;对运动病为 0.1~0.5 Hz。ISO 2631-1:1997(E)标准给出了人体坐、立、卧三姿的受振模型,其中人体基本坐标系及坐姿受振模型如图 7-22 所示。针对人体坐姿受振模型,在进行舒适性评价时,它除了考虑座椅支承面处输入点三个方向的线振动,还考虑该点三个方向的角振动,以及座椅靠背和脚支承面两个输入点各三个方向的线振动,共三个输入点、12 个轴向的振动。

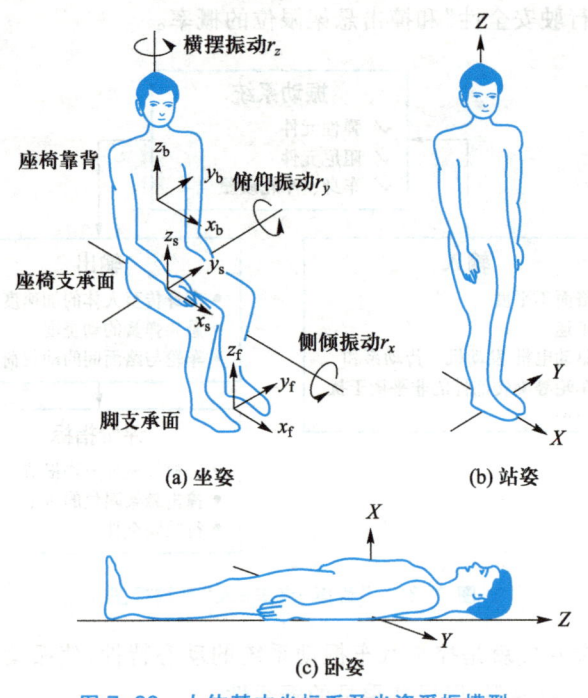

图 7-22 人体基本坐标系及坐姿受振模型

ISO 2631-1:1997/Amd 1:2010 在之前标准的基础上进一步改进了测量技术的数据处理方法,包括对加速度传感器的布置,数据的采集和分析得更详细的指导,提高了测量的准确性和可靠性。ISO 2631-5:2018 更新了暴露限值,提供了关于评估人体暴露于振动的特定应用指南,有助于更有效地预防振动引起的健康问题。

人体对共 12 个轴向不同频率信号的敏感程度并不相同。疲劳-降低工效界限图如图 7-23 所示,图中纵坐标是加速度方均根值,其代表的是加速度信号的平均功率的开方。图中不同的折线是等疲劳-降低工效曲线,在每条曲线上的所有工况点(某频率、某加速度方均根值)人体对应的承受时间相同。

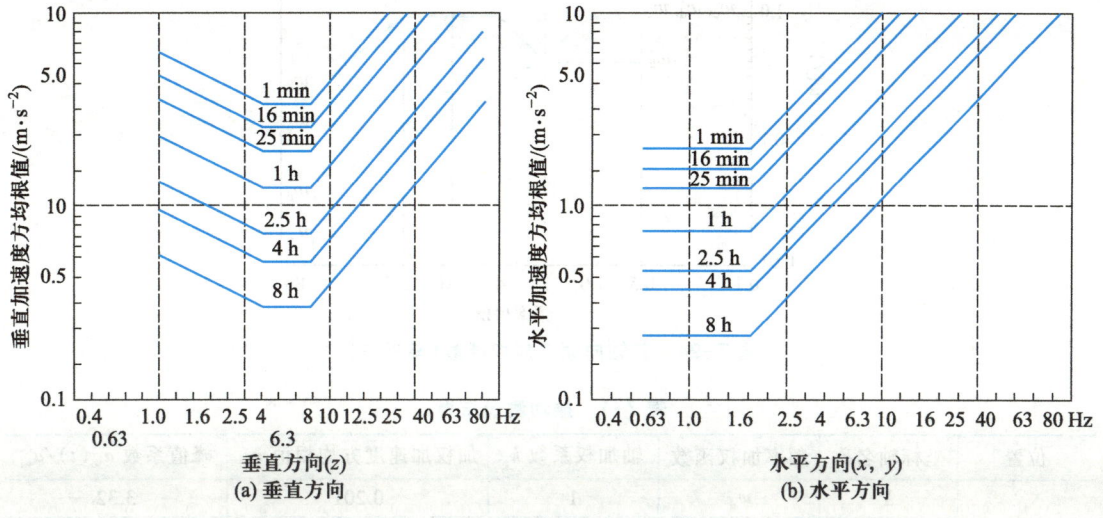

图 7-23 疲劳-降低工效界限图

为了消除振动方向、频率的差异,换言之,把 12 个方向不同频率的振动信号等效为统一的信号,ISO 2631 考虑到不同频率、不同输入点与轴向振动频率对人体影响的差异,给出了各轴向频率加权函数,见式(7-79),各轴向频率加权函数(渐近线)如图 7-24 所示。

频率加权函数 $w(f)$(渐进线)可表示为

$$w_k(f) = \begin{cases} 0.5 & (0.5<f\leqslant 2) \\ f/4 & (2<f\leqslant 4) \\ 1 & (4<f\leqslant 12.5) \\ 12.5/f & (12.5<f<80) \end{cases}$$

$$w_d(f) = \begin{cases} 1 & (0.5<f\leqslant 2) \\ 2/f & (2<f<80) \end{cases} \tag{7-79}$$

$$w_c(f) = \begin{cases} 1 & (0.5<f\leqslant 8) \\ 8/f & (8<f<80) \end{cases}$$

$$w_e(f) = \begin{cases} 1 & (0.5<f\leqslant 1) \\ 1/f & (1<f<80) \end{cases}$$

式中,f 为频率(Hz)。

分析图 7-24 可知,座椅支承面垂直轴向 z_s 的频率加权函数最敏感频率范围,标准规定为 4~12.5 Hz,在 4~8 Hz 这个频率范围,人的内脏器官产生共振,而 8~12.5 Hz 频率范围的振动对人的脊椎系统影响很大。座椅支承面水平轴向 x_s、y_s 的频率加权函数 w_d 最敏感频率范围为 0.5~2 Hz,大约在 3 Hz 以下,水平振动比垂直振动更敏感,且汽车车身部分系统在此频率范围产生共振,故应对水平振动给予充分重视。表 7-1 给出一辆中大型新能源电动 SUV 在汽车试验场平顺性测试道路上行驶时的振动测量结果。

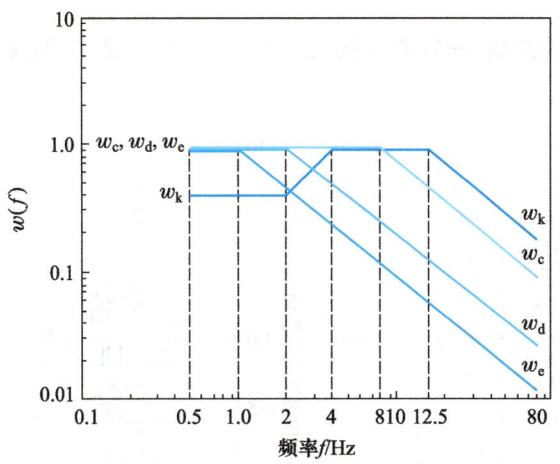

图 7-24 各轴向频率加权函数（渐近线）

表 7-1 振动测量结果

位置	坐标轴名称	频率加权函数	轴加权系数 k_i	加权加速度方均根值 a_{wi}	峰值系数 $a_{wi}(t)/a_{wi}$
座椅支撑面	X	w_d	1	0.201	3.32
	Y	w_d	1	0.152	4.68
	Z	w_k	1	0.456	4.70
座椅靠背	X	w_c	0.8	0.445	3.94
	Y	w_d	0.5	0.199	4.53
	Z	w_d	0.4	0.347	3.35
脚支承面	X	w_k	0.25	0.182	4.56
	Y	w_k	0.25	0.179	7.79
	Z	w_k	0.4	0.617	4.72

ISO 2631-1:1997 标准中规定,当振动波形峰值系数<9(峰值系数是加权加速度时间历程 $a_w(t)$ 的峰值与加权加速度方均根值 a_w 比值的绝对值)时,用基本的评价方法——加权加速度方均根值来评价振动对人体舒适和健康的影响。获取上表中某一轴向消除频率影响差异后的加权加速度方均根值(振动功率) a_{wi} 通常有滤波网络法和频谱分析法两种数学计算方法,计算结果是等价的。

1. 基本评价方法 A——滤波网络法

对该新能源 SUV 前座椅三个方向传感器记录的加速度时间历程 $a(t)$ 通过相应的频率加权函数 $w(f):(w_d(f),w_c(f),w_k(f),w_e(f))$ 的滤波网络得到加权加速度时间历程 $a_{wi}(t)$,按下式计算加权加速度方均根值：

$$a_{wi}=\left[\frac{1}{T}\int_0^T a_{wi}^2(t)\,dt\right]^{\frac{1}{2}} \tag{7-80}$$

图 7-25 展示了该车前座椅振动信号 $a(t)$ 与滤波得到的 $a_w(t)$ 信号的对比结果。对比图 7-25(a)前座垫 Z 向滤波前后信号,以及图 7-25(b)、(c)前座垫 Y 向与 X 向滤波前后信号的结果。可以看出,Z 方向的高频信号保留得最多,且滤波后信号的幅值最大,说明人体对座椅支撑面 Z 向的振动更加敏感。

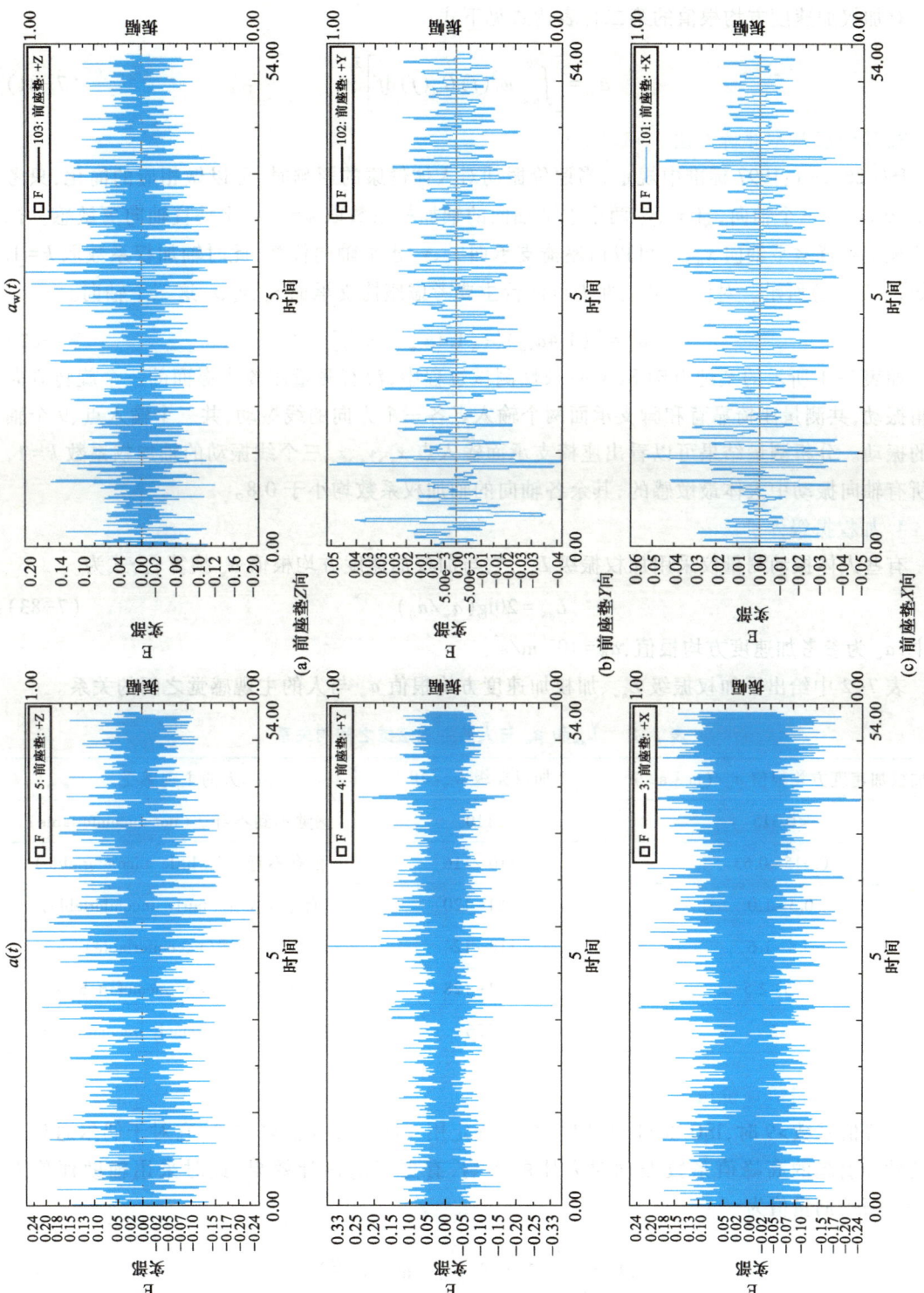

图 7-25 该车前座椅滤波前后加权加速度方均根值对比

2. 基本评价方法 B——频谱分析法

对加权加速度方均根值的第二种表达式见下式：

$$a_{wi} = \left[\int_{0.5}^{80} w_i^2(f) G_{ai}(f) \, df \right]^{\frac{1}{2}} \tag{7-81}$$

3. 简明版基本评价方法

ISO 2631-1:1997 标准中规定,当评价振动对人体健康的影响时,可以做相应的简化,只考虑 x_s、y_s、z_s 这三个轴向,且 x_s、y_s 两个水平轴向的轴加权系数取 $k=1.4$,比垂直轴向更敏感。标准还规定靠背水平轴向 x_b、y_b 可以由座椅支承面 x_s、y_s 水平轴向代替,此时轴加权系数取 $k=1.4$,如式(7-82)所示。对汽车平顺性进行评价主要考虑座椅支承面 x_s、y_s、z_s 这三个轴向。

$$a_w = \left[(1.4 a_{xw})^2 + (1.4 a_{yw})^2 + a_{zw}^2 \right]^{\frac{1}{2}} \tag{7-82}$$

如表 7-1 所示的某纯电动 SUV 平顺性测试过程中,没有测量座椅支撑面的三个旋转方向的角振动,共测量座椅靠背和脚支承面两个输入点各三个方向的线振动,共三个输入点、9 个轴向的振动。分析测量结果可以看出座椅支承面输入点 x_s、y_s、z_s 三个线振动的轴加权系数 $k=1$,是所有轴向振动中人体最敏感的,其余各轴向的轴加权系数均小于 0.8。

4. 加权振级评价法

有些人体振动测量仪采用加权振级 L_{aw},它与加权加速度方均根值 a_w 换算,公式为

$$L_{aw} = 20 \lg(a_w / a_0) \tag{7-83}$$

式中,a_w 为参考加速度方均根值,$a_0 = 10^{-6} \text{ m/s}^2$。

表 7-2 中给出了加权振级 L_{aw}、加权加速度方均根值 a_w 与人的主观感觉之间的关系。

表 7-2 L_{aw} 和 a_w 与人的主观感觉之间的关系

加权加速度方均根值 a_w/(m·s^{-2})	加权振级 L_{aw}/dB	人的主观感受
<0.315	110	感觉不到不舒适(not uncomfortable)
0.315~0.63	110~116	稍有不舒适(a little uncomfortable)
0.5~1.0	114~120	有些不舒适(fairly uncomfortable)
0.8~1.6	118~124	不舒适(uncomfortable)
1.25~2.5	112~128	很不舒适(very uncomfortable)
>2	126	极其不舒适(extremely uncomfortable)

5. 振动剂量值评价法

当峰值系数>9 时,ISO 2631-1:1997 标准规定用 4 次方和根值来评价,它对于偶尔遇到过大的脉冲引起的高峰值系数振动对人体的影响,有更好的估计效果,此时采用辅助评价方法——振动剂量值为

$$VDV = \left[\int_0^T a_w^4(t) \, dt \right]^{\frac{1}{4}} / (\text{m} \cdot \text{s}^{-1.75})$$

式中,T 为振动持续时间。

7.3.2 随机信号简化与信号功率谱

在分析汽车平顺性时,往往需要给定一个路面输入作为测试条件。获得工程中常用的信号的方法如图 7-26 所示,常用的随机信号基于多个采样样本,难以使用。因此需要做一些基本的假设,首先假设信号的统计特性与时间原点的选取无关,得到严格平稳随机信号。但是这种信号在工程中难以获得,因而需要进一步进行假设,假设信号任意时刻的均值和自相关函数均相同,得到弱平稳随机信号,即均值为

$$\mu_x(t) = E\{X(t)\} = \mu_x = 常数 \tag{7-84}$$

自相关函数为

$$R_{xx}(t_1, t_2) = E\{X(t_1)X(t_2)\} = R_x(\tau) \tag{7-85}$$

式中,$\tau = t_2 - t_1$。

弱平稳随机信号工程上使用需要进行大量的采样,应用仍然不便,故再做各态遍历假设,得到平稳且各态遍历随机信号。即假设:对于一个随机信号 $X(t)$,所有样本函数在任意时刻的统计特性和单一样本函数在长时间内的统计特性一致。由此,只需要研究单一样本即可以得到信号的统计特性从而进行平顺性分析,在工程上应用较为方便。国际标准化组织文件 ISO 8608:2016 和相应国家标准《机械振动 道路路面谱 测量数据报告》(GB/T 7031—2005)中应用的路面输入信号均假设为平稳且各态遍历随机信号。

视频 7-1
平顺性试验设备

视频 7-2
三角脉冲输入试验

视频 7-3
比利时路面输入试验

视频 7-4
长波路面输入试验

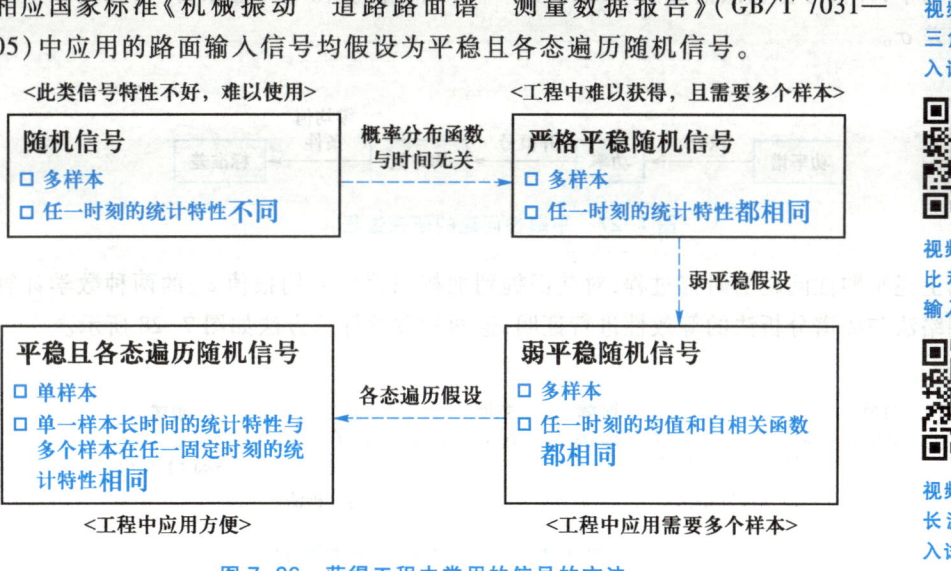

图 7-26 获得工程中常用的信号的方法

对于平稳且各态遍历随机信号的各种统计特性,进行如下定义:

均值:

$$\mu_x = E\{X(t)\} = \lim_{T \to \infty} \frac{1}{2T} \int_{-T}^{T} x(t) \, dt \tag{7-86}$$

均方值:

$$D_x^2 = E\{X^2(t)\} = \lim_{T \to \infty} \frac{1}{2T} \int_{-T}^{T} x^2(t) \, dt \tag{7-87}$$

方差：
$$\sigma_x^2 = E\{[X(t)-\mu_x]^2\} = \lim_{T\to\infty}\frac{1}{2T}\int_{-T}^{T}[x(t)-\mu_x]^2 dt \tag{7-88}$$

自相关函数：
$$R_x(\tau) = E\{X(t)X(t+\tau)\} = \lim_{T\to\infty}\frac{1}{2T}\int_{-T}^{T}x(t)x(t+\tau)dt \tag{7-89}$$

式中，$X(t)$ 为所有样本的集合，$x(t)$ 为集合中任意单一样本。

分析平顺性时，往往分析的是振动信号在不同频率下（频域内）对人体的影响，所以有必要对信号在频域的分布进行研究。信号的功率谱定义如下：信号的功率在频率域的分布。其中，"谱"表示某个物理量在频域内的分布。

由帕斯瓦尔定理，随机信号在时域中的功率等于随机信号在频域中的功率，故可以写为

$$E = \lim_{T\to\infty}\frac{1}{2T}\int_{-T}^{T}x(t)^2 dt = \frac{1}{2\pi}\int_{-\infty}^{\infty}G(\omega)d\omega = \frac{1}{2\pi}\int_{-\infty}^{\infty}\lim_{T\to\infty}\frac{1}{2T}|X(e^{j\omega})|^2 d\omega \tag{7-90}$$

式中，$G(\omega) = \lim_{T\to\infty}\frac{1}{2T}|X(e^{j\omega})|^2$ 为信号的功率谱，为信号傅里叶变换式的模之平方再除以 $2T$。

平顺性研究遵循如图 7-27 所示的研究过程，已知某平稳且各态遍历随机信号的功率谱，积分得到功率，开根号得到该信号的统计特性——方均根值。在零均值条件下，方均根值等于方差标准差 σ。

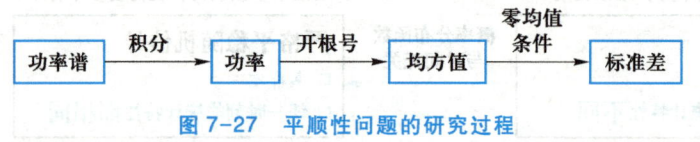

图 7-27 平顺性问题的研究过程

依据上述平顺性问题的研究过程，对前面提到加权加速度方均根值 a_{wi} 的两种数学计算方法滤波网络法与频谱分析法的等效性进行证明，这两种数学计算方法如图 7-28 所示。

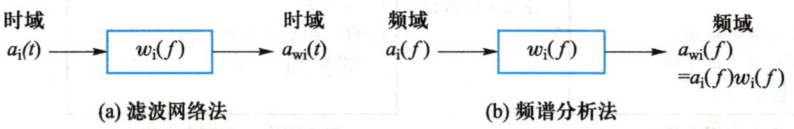

(a) 滤波网络法　　(b) 频谱分析法

图 7-28 加权加速度方均根的两种数学计算方法

如图 7-28(a) 所示，滤波网络法时域内的振动加速度信号 $a_i(t)$，通过频率加权函数 $w_i(f)$ 的滤波网络，得到加权加速度时间历程 $a_{wi}(t)$。在时域内求功率，即

$$E = \frac{1}{T}\int_0^T a_{wi}^2(t)dt \tag{7-91}$$

对功率开根号得到方均根值，从而得到统计特性加权加速度方均根值，即滤波网络法得到的结果为 $a_{wi} = \sqrt{E} = \left[\frac{1}{T}\int_0^T a_{wi}^2(t)dt\right]^{1/2}$。

如图 7-28(b)所示,滤波网络法对 $a_i(t)$ 进行傅里叶变换得到 $a_i(f)$,并在频域内乘以频率加权函数,得到 $a_{wi}(f) = a_i(f)w_i(f)$。计算信号功率,即

$$E = \lim_{T \to \infty} \frac{1}{2T} \int_{-\infty}^{\infty} |a_{wi}(f)|^2 df$$

$$= \lim_{T \to \infty} \frac{1}{2T} \int_{-\infty}^{\infty} |a_i(f)w_i(f)|^2 df \quad (7-92)$$

式中,$\lim_{T \to \infty} \frac{1}{2T}|a_i(f)|^2$ 表示振动加速度信号 a_i 的功率谱,记为 $G_{ai}(f)$。因此,信号的功率可以写为

$$E = \int_{0.5}^{80} G_{ai}(f) w_i^2(f) df \quad (7-93)$$

对功率开根号得到方均根值,从而得到统计特性加权加速度方均根值,即频谱分析法得到的结果为 $a_{wi} = \left[\int_{0.5}^{80} W^2(f) G_{ai}(f) df \right]^{\frac{1}{2}}$。

由上述的分析,利用滤波网络法与频域分析法,分别从时域和频域内所求振动加速度信号的方均根值,本质上是等价的。同时,可以看出频域分析法遵循的是图 7-27 中"功率谱频域内积分再开根号"的平顺性研究过程。

7.3.3 路面不平度的统计特性

研究平顺性时,需要得到平稳且各态遍历随机信号及其功率谱。在国际标准中有路面不平度及其功率谱的定义。当把汽车近似作为线性系统处理时,根据路面不平度功率谱以及车辆系统的频响函数,就可以求出各响应物理量的功率谱,用来分析振动系统参数对各响应物理量的影响,并进行平顺性评价。

1. 路面不平度功率谱

通常,用路面凸凹不平的程度(路面不平度)来表征路面平整性的质量,路面不平度按波长的分类如图 7-29 所示。沿车辆行驶方向,也就是路面纵剖面的路面不平度,根据波长可分为长波、短波和粗糙纹理三种类型。其中,长波引起车辆的低频振动,短波引起车辆的高频振动,而粗糙纹理则引起轮胎的行驶噪声。在道路的横断面上,不平度则表现为车辙和横断面的不平,引起车辆的侧倾。

通常把路面相对基准平面的高度 q 沿道路走向长度 l 的变化 $q(l)$,称为路面纵断面曲线或不平度函数,如图 7-30 所示。

在测量不平度时,可以用水准仪或专门的路面计来得到路面纵断面上的不平度值。测量得到的大量路面不平度随机数据,通常在计算机上进行处理。实测表明,路面不平度可以模型化为平稳且各态遍历的零均值正态分布随机信号。因此,可以根据试验得到路面不平度的功率谱,并对路面不平度进行方均根值、标准差等统计特征计算。

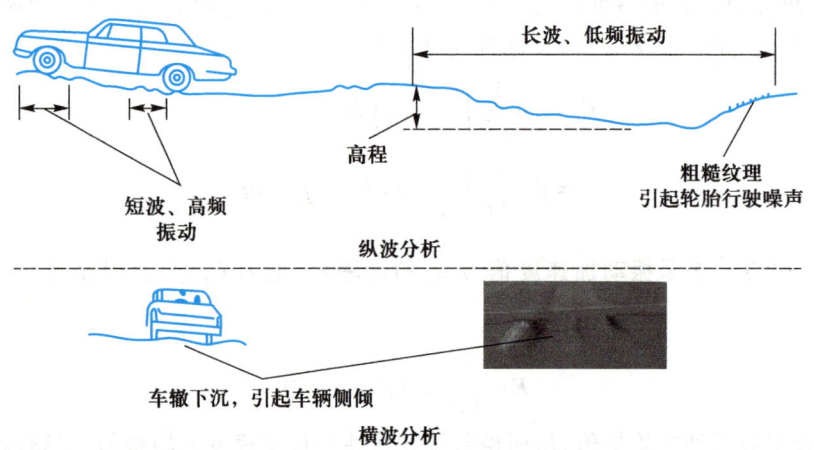

图 7-29　路面不平度按波长的分类

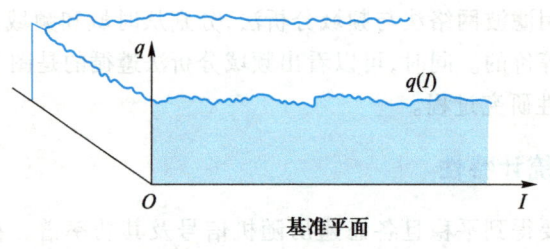

图 7-30　路面纵断面曲线

国际标准中已采用空间频率,将路面不平度功率谱作为标准函数。1995 年国际标准化组织文件 ISO 8608:2016 和相应国家标准《机械振动　道路路面谱　测量数据报告》(GB/T 7031—2005)中,两个文件均建议路面功率谱密度 $G_q(n)$ 用式(7-94)作为拟合表达式:

$$G_q(n) = G_q(n_0)\left(\frac{n}{n_0}\right)^{-W} \tag{7-94}$$

式中,n 为空间频率(m^{-1}),它是波长 λ 的倒数,表示每米长度中包括几个波长;n_0 为参考空间频率,规定 $n_0 = 0.1\ \mathrm{m}^{-1}$;$G_q(n_0)$ 为参考空间频率 n_0 下的路面功率谱密度值,称为路面不平度系数,单位为:$\mathrm{m}^2/\mathrm{m}^{-1} = \mathrm{m}^3$;$W$ 为频率指数,是双对数坐标上斜线的斜率,它决定路面功率谱密度的频率结构,一般取值为 2,随着路面不平度的增加,频率指数减小,例如对于鹅卵石路面,其频率指数接近于 1。

式(7-94)在双对数坐标上为一条斜线,对实测路面功率谱密度拟合时,为了减少误差,在不同空间频率范围可以选用不同的拟合系数进行分段拟合,但不应超过四段。

上述两个标准中按路面功率谱密度,把路面的不平程度分为 8 级。表 7-3 中规定了各级路面不平度系数 $G_q(n_0)$ 的几何平均值,其中分级路面谱的频率指数 $W = 2$。表 7-3 中还同时列出了 $0.011\ \mathrm{m}^{-1} < n < 2.83\ \mathrm{m}^{-1}$ 范围路面不平度相应的方均根值 σ_q 的几何平均值。

表 7-3 路面不平度 8 级分类标准

路面等级	$G_q(n_0)/(10^{-6}\ m^3)$ ($n_0=0.1\ m^{-1}$) 几何平均值	$\sigma_q/(10^{-3}m)$ ($0.011\ m^{-1}<n<2.83\ m^{-1}$) 几何平均值	路面等级	$G_q(n_0)/(10^{-6}\ m^3)$ ($n_0=0.1\ m^{-1}$) 几何平均值	$\sigma_q/(10^{-3}m)$ ($0.011\ m^{-1}<n<2.83\ m^{-1}$) 几何平均值
A	16	3.81	E	4 096	60.90
B	64	7.61	F	16 384	121.80
C	256	15.23	G	65 536	243.61
D	1 024	30.45	H	262 144	487.22

路面不平度分级图如图 7-31 所示,由图 7-31 可以看出,路面功率谱密度 $G_q(n)$ 随空间频率 n 的提高或波长 λ 的减小而变小。当 $W=2$ 时,$G_q(n)$ 与 λ^2 成正比,$G_q(n)$ 是不平度幅值的均方值谱密度,故 $G_q(n)$ 又与不平度幅值的平方成正比,所以不平度幅值 q_0 大致与波长 λ 成正比。据统计,我国高等级公路路面谱主要集中在 A 级,部分延伸到 B、C 级之内。

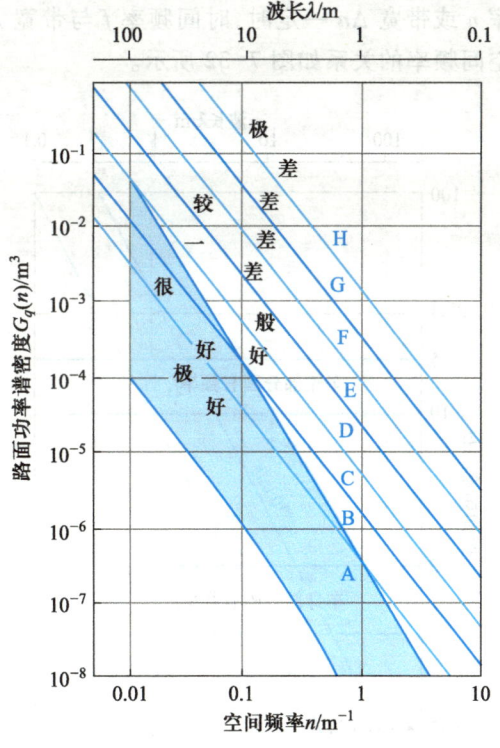

图 7-31 路面不平度分级图

上述路面功率谱密度 $G_q(n)$ 指的是垂直位移功率谱密度,还可以采用不平度函数 $q(l)$ 对纵向长度 l 的一阶导数,即速度功率谱密度 $G_{\dot{q}}(n)$ 的导数,也就是加速度功率谱密度 $G_{\ddot{q}}(n)$ 来补充描述路面不平度的统计特性。$G_{\dot{q}}(n)$(单位为 $1/m^{-1}=m$)和 $G_{\ddot{q}}(n)$(单位为 $1/m^{-1}=m$)与 $G_q(n)$ 的关系如下：

$$G_{\dot{q}}(n) = (2\pi n)^2 G_q(n) \tag{7-95}$$

$$G_{\ddot{q}}(n) = (2\pi n)^4 G_q(n) \tag{7-96}$$

当频率指数 $W=2$ 时，将式(7-94)表达的 $G_q(n)$ 代入式(7-95)，可得

$$G_{\dot{q}}(n) = (2\pi n_0)^2 G_q(n_0) \tag{7-97}$$

可以看出，此时路面速度功率谱密度幅值在整个频率范围为一个常数，即为一种"白噪声"，幅值大小只与不平度系数 $G_q(n_0)$ 有关。

2. 空间频率功率谱密度 $G_q(n)$ 化为时间频率功率谱密度 $G_q(f)$

对汽车振动系统的输入除了路面不平度，还要考虑车速的影响。根据车速 u，将空间频率功率谱密度 $G_q(n)$ 换算为时间频率功率谱密度 $G_q(f)$。

当汽车以一定车速 u(m/s)驶过空间频率 n(m^{-1})的路面不平度时，输入的时间频率 f(Hz)是 n 与 u 的乘积，即

$$f = un \tag{7-98}$$

时间频率带宽 Δf 与相应空间频率带宽 Δn 的关系为

$$\Delta f = u \Delta n \tag{7-99}$$

可以看出，当空间频率 n 或带宽 Δn 一定时，时间频率 f 与带宽 Δf 随车速 u 成正比变化。不同车速下，时间频率与空间频率的关系如图 7-32 所示。

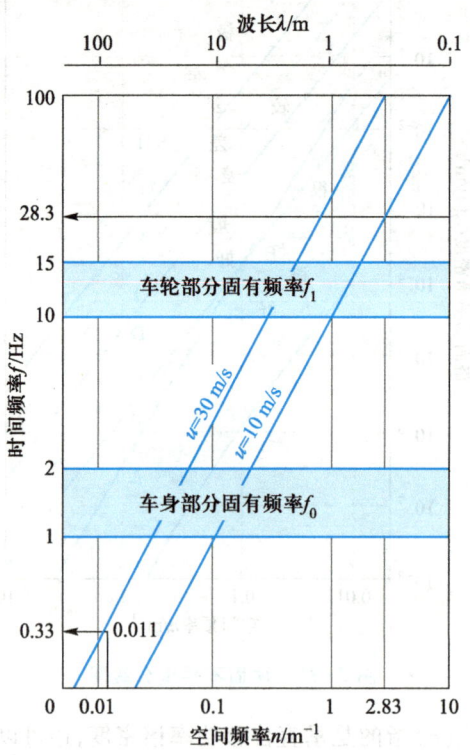

图 7-32 不同车速下，时间频率与空间频率的关系

由图 7-32 还可看出，路面统计分析的空间频率在 $0.11 \text{ m}^{-1} < n < 2.83 \text{ m}^{-1}$ 范围内，在常用车速 $u = 10 \sim 30 \text{ m/s}$（相当 $u_a = 36 \sim 108 \text{ km/h}$）下，可以保证时间频率范围 $f = 0.33 \sim 28.3 \text{ Hz}$。这个频率范围能把悬挂（车身）质量部分的固有频率 $1 \sim 2$ Hz 和非悬挂（车轮）质量部分的固有频率 $10 \sim 15$ Hz 有效地覆盖在内。

功率谱密度的定义是单位频带内的"功率"（均方值），故空间频率功率谱密度可以表示为

$$G_q(n) = \lim_{\Delta n \to 0} \frac{\sigma_{q-\Delta n}^2}{\Delta n} \tag{7-100}$$

式中，$\sigma_{q-\Delta n}^2$ 为路面功率谱密度在空间频率带宽 Δn 内包含的"功率"。

在某一速度 u 下，与空间频率带宽 Δn 相应的时间频率带宽 Δf 内所包含的不平度垂直位移 q 的谐量成分相同，其"功率"仍为 $\sigma_{q-\Delta n}^2$，因此换算的时间频率功率谱密度可表示为

$$G_q(f) = \lim_{\Delta f \to 0} \frac{\sigma_{q-\Delta n}^2}{\Delta f} \tag{7-101}$$

得到 $G_q(n)$ 与 $G_q(f)$ 的换算式为

$$G_q(f) = \frac{1}{u} G_q(n) \tag{7-102}$$

将式（7-94）、式（7-98）代入式（7-102），得到时间频率路面功率谱密度 $G_q(f)$（单位为 $\text{m}^2/\text{s}^{-1} = \text{m}^2 \cdot \text{s}$）的表达式，当 $W = 2$ 时，得

$$G_q(f) = \frac{1}{u} G_q(n_0) \left(\frac{n}{n_0}\right)^{-2} = G_q(n_0) n_0^2 \frac{u}{f^2} \tag{7-103}$$

时间频率的不平度垂直速度 $\dot{q}(t) = \text{d}q(t)/\text{d}t$ 和加速度 $\ddot{q}(t) = \text{d}^2 q(t)/\text{d}t^2$ 的功率谱密度[分别为 $G_{\dot{q}}(f)$（单位为 m^2/s）和 $G_{\ddot{q}}(f)$（单位为 m^2/s^3）]与位移功率谱密度 $G_q(f)$ 的关系式为

$$G_{\dot{q}}(f) = (2\pi f)^2 G_q(f) = 4\pi^2 G_q(n_0) n_0^2 u \tag{7-104}$$

$$G_{\ddot{q}}(f) = (2\pi f)^4 G_q(f) = 16\pi^2 G_q(n_0) n_0^2 u f^2 \tag{7-105}$$

取 $W = 2$ 时，计算的路面不平度垂直位移、速度和加速度的时间频率功率谱密度用双对数坐标表示在图 7-33 中。它们分别是斜率为 $-2:1$、$0:1$、$+2:1$ 的直线。图 7-33 中蓝色不规则线条是典型路面上实测的垂直位移、速度和加速度的时间频率功率谱密度。

可以看出，在速度功率谱密度的图中，由于速度平方的影响，使得曲线相较图（a）、图（c）而言向上移动。还可以看出，加速度频谱在低频处具有相对不变的幅值，但在 1 Hz 以上迅速增大，在 10 Hz 处提高一个数量级。将加速度作为输入时，在高频范围内，路面不平度对车轮的输入最大，因此需要通过车辆的动态特性进行衰减，否则将激发高频振动。车辆对高频输入的衰减主要是通过悬架系统实现的。

$G_q(f)$、$G_{\dot{q}}(f)$、$G_{\ddot{q}}(f)$ 都与不平度系数 $G_q(n_0)$ 以及车速 u 成正比。$G_q(n_0)$ 与 u 提高，都可使图 7-33 中的三个谱密度曲线向上平移。

7.3.4 单自由度模型平顺性分析

对一个线性系统来说，一旦建立了其频率响应函数，就可以根据给出的振幅谱密度输入求出系统输出变量的谱密度。各种性能参数的计算主要依据随机过程理论中的两条法则：

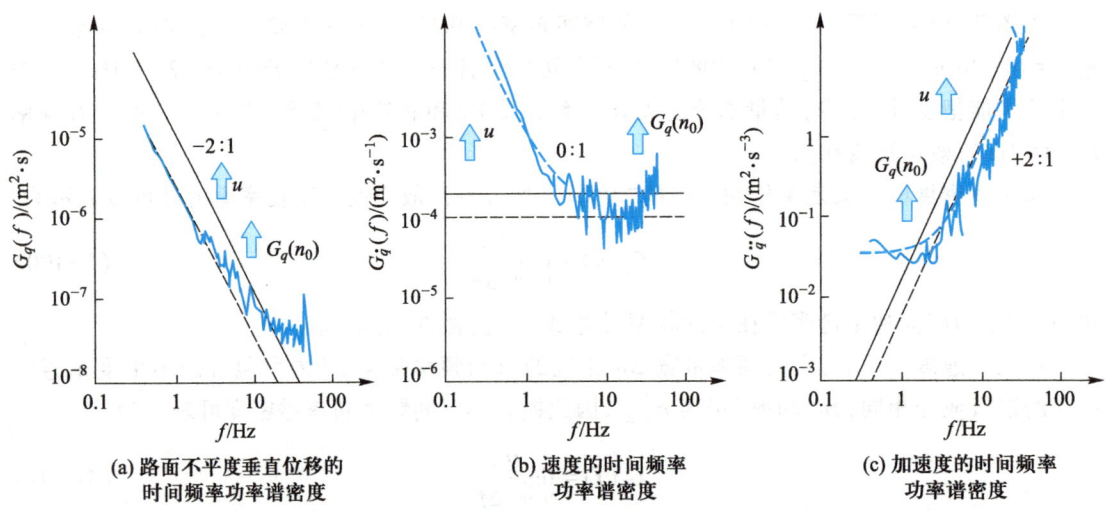

(a) 路面不平度垂直位移的时间频率功率谱密度　(b) 速度的时间频率功率谱密度　(c) 加速度的时间频率功率谱密度

图 7-33　路面不平度垂直位移、速度、加速度的时间频率功率谱密度

① 输出的功率谱等于输入谱乘以系统频响函数的平方；② 输出变量的方均根值等于其谱密度函数在整个频率范围内积分值的开方。线性系统的系统输入与输出的关系可由图 7-34 说明。

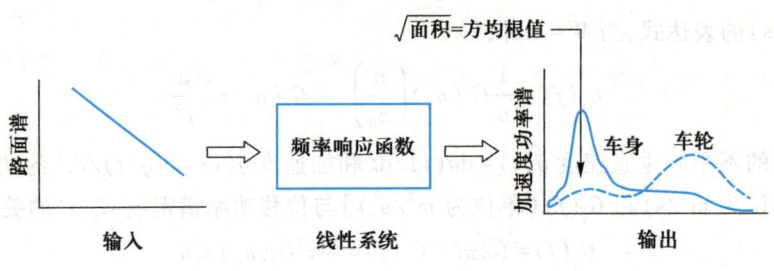

图 7-34　线性系统的系统输入和输出关系

车身加速度 $\ddot{z}$ 是评价汽车平顺性的主要指标，悬架弹簧的动挠度 f_d 与其限位行程 $[f_d]$ 的配合也很重要。它们配合不好会增加撞击限位的概率使平顺性变坏。车轮与路面间的动载 F_d 影响车轮与路面的附着效果，与行驶安全性有关。基于图 7-6 的平顺性分析过程，从路面不平度（平稳且各态遍历的零均值正态分布随机信号）入手，通过幅频特性计算传递函数，从而得到车身加速度 $\ddot{z}$、悬架弹簧的动挠度 f_d、车轮与路面间的动载 F_d 等统计量的方均根值（零均值条件下等价于标准差），从而评价平顺性。

将 $f = \dfrac{\omega}{2\pi}$ 代入式（7-94），得到

$$G_q(\omega) = G_q(n_0) n_0^2 u \left(\frac{2\pi}{\omega}\right)^2 \tag{7-106}$$

汽车的单质量振动模型为线性系统，可由随机过程理论得到如下关系：

$$G_z(\omega) = |H(j\omega)|_{z-q}^2 G_q(\omega) \tag{7-107}$$

汽车在路面的随机振动可以近似为平稳随机过程，而且其响应的均值可近似为零。根据平稳随机过程特性关系式，可以得到汽车振动位移响应的方差就等于其均方值，即

$$\sigma_z^2 = \int_0^\infty G_z(\omega)\,d\omega = \int_0^\infty |H(\omega)|^2_{z\sim q} G_q(\omega)\,d\omega \tag{7-108}$$

路面输入除采用位移功率谱密度 $G_q(\omega)$ 外,还可以采用速度功率谱密度 $G_{\dot q}(\omega)$ 或加速度功率谱密度 $G_{\ddot q}(\omega)$。利用相应的幅频特性,可以得到汽车振动速度响应的功率谱密度 $G_{\dot z}(\omega)$ 和加速度响应的功率谱密度 $G_{\ddot z}(\omega)$:$G_{\dot z}(\omega) = |H(j\omega)|^2_{\dot z\sim \dot q} G_{\dot q}(\omega)$,$G_{\ddot z}(\omega) = |H(j\omega)|^2_{\ddot z\sim \ddot q} G_{\ddot q}(\omega)$。

路面速度功率谱密度 $G_{\dot q}(\omega)$ 只与路面不平度系数和车速有关,而与频率无关,是一个常数。响应的功率谱密度函数可用响应量对速度 $\dot q$ 的幅频特性的平方乘以路面速度功率谱密度函数(常数)来表示,使得计算分析更加方便。

故下面分别介绍汽车平顺性评价指标车身加速度 $\ddot z$、悬架动行程 f_d 及车轮与路面间相对动载 F_d/G 对路面输入速度 $\dot q$ 的幅频特性。

根据式(7-108)的原理,利用路面输入速度计算车身加速度方均根值的表示式为

$$\sigma_{\ddot z} = \int_0^\infty \sqrt{G_{\ddot z}(\omega)}\,d\omega = \int_0^\infty |H(\omega)|_{\ddot z\sim \dot q} \sqrt{G_{\dot q}(\omega)}\,d\omega \tag{7-109}$$

由于路面速度输入的功率谱密度 $G_{\dot q}(\omega)$ 为一常数,上式的主要问题是求解车身加速度对路面速度输入的幅频特性 $|H(\omega)|_{\ddot z\sim \dot q}$。由傅里叶变换性质可知:$\ddot Z(\omega) = -\omega^2 Z(\omega)$,$\dot Q(\omega) = j\omega Q(\omega)$,得其幅频特性为

$$|H(\omega)|_{\ddot z\sim \dot q} = \left|\frac{\ddot Z(\omega)}{\dot Q(\omega)}\right| = \omega\left|\frac{Z(\omega)}{Q(\omega)}\right| = \omega |H(\omega)|_{z\sim q}$$

$$= \omega\sqrt{\frac{1+(2\zeta\lambda)^2}{(1+\lambda^2)^2+(2\zeta\lambda)^2}} \tag{7-110}$$

式中,各物理量意义同上。

同样用双对数坐标做出单质量系统车身加速度对路面速度输入的幅频特性图如图7-35所示。图上画出激励频率 f 为1 Hz、2 Hz(即固有圆频率分别为 $\omega_0 = 2\pi$ rad/s、4π rad/s),阻尼比 $\zeta = 0.25$、0.5 四种情况下的幅频特性曲线。

由图7-35可以看出,随固有圆频率 ω_0 提高,$|H(\omega)|_{\ddot z\sim \dot q}$ 在共振和高频段都成比例提高,在共振时,得:$|H(\omega)|_{\ddot z\sim \dot q} = \omega_0\sqrt{1+\dfrac{1}{4\zeta^2}}$,即在共振点,车身加速度的方均根值谱正比于 $|H(\omega)|_{\ddot z\sim \dot q}$,它与固有圆频率 ω_0 成正比。共振时 ζ 增大而 $|H(\omega)|_{\ddot z\sim \dot q}$ 减小,高频段 ζ 增大 $|H(\omega)|_{\ddot z\sim \dot q}$ 也增大,故 ζ 对共振与高频段的效果相反。综合考虑,ζ 取 0.2~0.4 比较合适。

对于单质量系统,车轮与路面间的动载 F_d 由车身 m_2 的惯性力确定,即 $F_d = m_2\ddot z$。F_d 与车轮作用于路面的静载 G(重力 $G = m_2 g$)之比值称为相对动载,即 $\dfrac{F_d}{G} = \dfrac{\ddot z}{g}$。可见,对单质量系统,$\dfrac{F_d}{G}$ 与 $\ddot z$ 只相差系数 $1/g$,其对路面速度输入的幅频特性与上面讨论的车身加速度对路面速度输入的幅频特性相似,变化趋势完全一样,影响因素也相同,不再赘述。

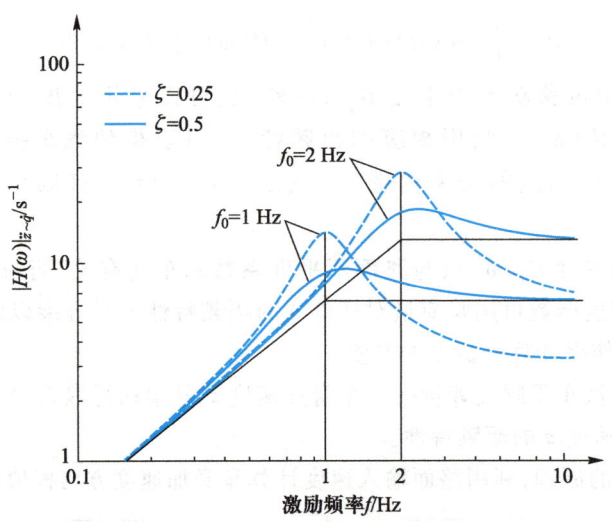

图 7-35 单质量系统车身加速度对路面速度输入的幅频特性

从车身平衡位置起,悬架允许的最大压缩行程就是其限位行程$[f_d]$。弹簧动挠度f_d与限位行程$[f_d]$应适当配合,否则会增加行驶中撞击限位器的概率,使平顺性变坏。

悬架弹簧动挠度$f_d = z - q$,因此f_d对q的频率响应函数和幅频特性为

$$H(j\omega)_{f_d \sim q} = \frac{Z(\omega) - Q(\omega)}{Q(\omega)} = \frac{Z(\omega)}{Q(\omega)} - 1 = \frac{\lambda^2}{1 - \lambda^2 + j2\zeta\lambda}$$

$$|H(j\omega)|_{f_d \sim q} = \left[\frac{\lambda^4}{(1-\lambda^2)^2 + (2\zeta\lambda)^2}\right]^{\frac{1}{2}} \tag{7-111}$$

如图 7-36 所示为单质量系统悬架弹簧动挠度对路面位移输入的幅频特性。在低频段,当$\lambda \ll 1$时,$|H(j\omega)|_{f_d \sim q} \to \lambda^2$,动挠度大致按斜率 2:1 关系随频率变化。在高频段,当$\lambda \gg 1$时,$|H(j\omega)|_{f_d \sim q} \to 1$,此时车身位移$z \to 0$,弹簧变形与路面输入趋于相等。当$\lambda \to 1$时,产生共振,$(|H(j\omega)|_{f_d \sim q})_{\omega = \omega_0} = \frac{1}{2\zeta}$。当阻尼比不同时,即

$$(|H(j\omega)|_{f_d \sim q})_{\omega = \omega_0} = \begin{cases} \to \infty & (\zeta = 0) \\ \to 1 & (\zeta = 0.5) \end{cases} \tag{7-112}$$

可以看出,悬架系统对于车身位移z来说,是将高频输入衰减的低通滤波器;对于动挠度f_d来说,是将低频输入衰减的高通滤波器。阻尼比ζ对$|H(j\omega)|_{f_d \sim q}$只在共振区起作用,而且当$\zeta = 0.5$时已不呈现峰值。

由于$\dot{Q}(\omega) = j\omega Q(\omega)$,所以$f_d$对$\dot{q}$的频率响应函数为

$$H(j\omega)_{f_d \sim \dot{q}} = \frac{Z(\omega) - Q(\omega)}{j\omega \cdot Q(\omega)} = \frac{1}{j\omega} H(j\omega)_{f_d \sim q} \tag{7-113}$$

f_d对$\dot{q}$的幅频特性$|H(j\omega)|_{f_d \sim \dot{q}}$是$|H(j\omega)|_{f_d \sim q}$乘以$1/\omega$,即$|H(j\omega)|_{f_d \sim \dot{q}} = \frac{1}{\omega}|H(j\omega)|_{f_d \sim q}$。

在图 7-37 上画出激励频率为 1 Hz、2 Hz(即固有圆频率分别为$\omega_0 = 2\pi$ rad/s、4π rad/s),

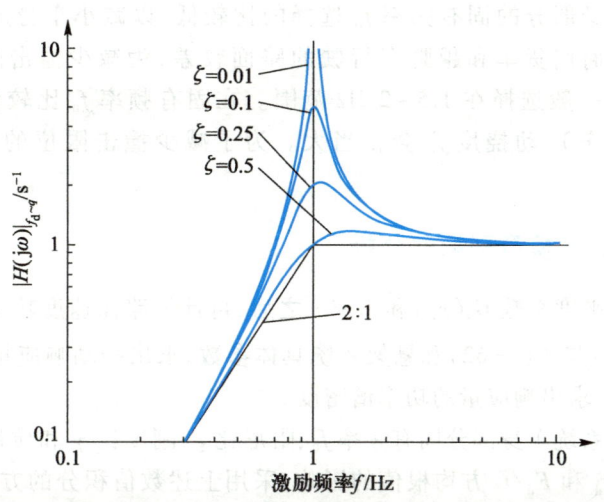

图 7-36 单质量系统悬架弹簧动挠度对路面位移输入的幅频特性

阻尼比 $\zeta = 0.25$、0.5 四种情况下的 $|H(j\omega)|_{f_d \sim q}$ 曲线。可以看出,随固有圆频率 ω_0 下降,$|H(j\omega)|_{f_d \sim q}$ 在共振与低频段均与 ω_0 成反比而提高。在共振时,$(|H(j\omega)|_{f_d \sim q})_{\omega = \omega_0} = \dfrac{1}{2\zeta\omega_0}$,可以看出在共振点动挠度的方均根值谱 $\sqrt{G_{f_d}(\omega_0)}$ [$\sqrt{G_{f_d}(\omega_0)}$ 与 $(|H(j\omega)|_{f_d \sim \dot{q}})_{\omega = \omega_0}$ 成正比,与固有圆频率 ω_0 以及阻尼比 ζ 两者成反比]。

以上分析说明,降低固有频率 f_0 可以明显减小车身加速度,这是改善平顺性的一个基本措施。但随着 f_0 降低,动挠度 f_d 增大,$[f_d]$ 也就必须与固有频率 f_0 成反比地增大,而限位行程 $[f_d]$ 受结构布置限制不能太大,所以降低 f_0 是有限度的。

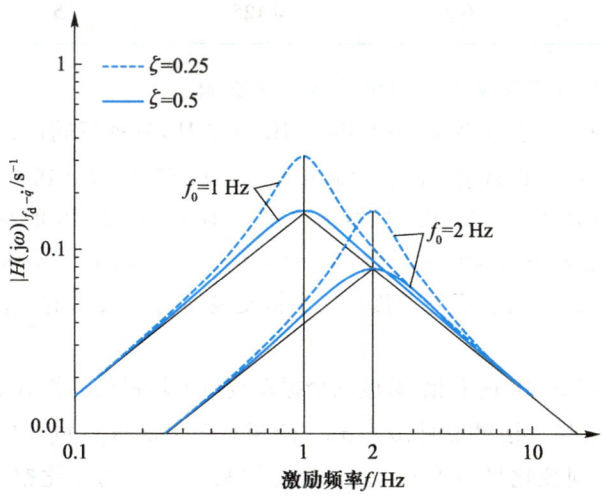

图 7-37 单质量系统悬架弹簧动挠度对路面速度输入的幅频特性

乘用车舒适性要求高,行驶路面相对货车和越野车较好,悬架动挠度 f_d 引起的撞击限位的概率小,故其车身部分的固有频率 f_0 选择的比较低,以减小车身加速度,一般是在 1~1.5 Hz 范围。反之,商用货车和越野车行驶的路面较差,为减少撞击限位行程的概率,车身固有频率 f_0 较高,一般选择在 1.5~2 Hz 范围。在固有频率 f_0 比较低、行驶路面又比较差的情况(例如越野车),动挠度 f_d 会相当大。为了减少撞击限位的概率,此时阻尼比 ζ 应取偏大值。

7.3.5 双质量二自由度模型平顺性分析

当确定了路面不平度系数 $G_q(n_0)$ 和车速 v 之后,可计算路面速度功率谱密度 $G_{\dot{q}}(f)$,并按 7.3.2 小节中式(7-61)与式(7-62)和悬架系统具体参数,求出振动响应量 $\ddot{z}_2$、F_d/G、f_d 对 $\dot{q}$ 的幅频特性,然后就可以求出响应量的功率谱密度。

为了分析双质量系统车身部分固有频率 f_0、阻尼比 ζ、刚度比 γ 和质量比 μ 这 4 个参数的变化对振动响应 $\ddot{z}_2$、f_d 和 F_d/G 方均根值的影响,采用上述数值积分的方法计算 B 级路面上,车速 $v=20$ m/s 的情况下,三个响应量的方均根值,计算时带宽取 $\Delta f=0.2$ Hz,$N=180$,即计算上限频率为 36 Hz。

在分析 4 个系统参数中某个参数的影响时,将其基准数值增大 100%(+6 dB)或减小 50%(−6 dB),其余 3 个参数保持不变。分析时,系统参数的取值如表 7-4 所示。

表 7-4 系统参数取值

系统参数	f_0/Hz	ζ	μ	γ
基准值	1	0.25	10	9
增大 100%(+6 dB)	2	0.5	20	18
减小 50%(−6 dB)	0.5	0.125	5	4.5

1. 双质量系统车身固有频率对悬架统计特性的影响

图 7-38(a)、(b)和(c)分别为 $f_0=0.5$ Hz、1 Hz 和 2 Hz 三种不同值,而其他参数保持基准值不变时,$\ddot{z}_2$、F_d/G、f_d 对 $\dot{q}$ 的幅频特性。此时车轮部分固有频率 $f_t=10 f_0$,相应为 5 Hz、10 Hz、20 Hz,而 $\zeta=0.25$ 为一常数。图 7-38(d)展示出了 f_0 对 $\ddot{z}_2$、f_d、F_d/G 的影响。可以看出,随 f_0 值增大,$\ddot{z}_2$、F_d/G 对 $\dot{q}$ 的幅频特性沿同一斜率(+1:1)方向向右上方平移,而 f_d 对 $\dot{q}$ 的幅频特性沿同一斜率(−1:1)方向向右下方平移。三个振动响应方均根值的相对变化量随 f_0 变化表示在图 7-38(d)上。

f_0 以 1 Hz 为基准在 ±6 dB 内变化,对应三个振动响应方均根值的相对变化量为 $\sigma_{\ddot{z}_2} = {}^{+8.97}_{-9.18}$ dB、$\sigma_{F_d/G} = {}^{+8.54}_{-8.89}$ dB 和 $\sigma_{f_d} = {}^{-3.00}_{+2.77}$ dB。结果说明,$\sigma_{\ddot{z}_2}$、$\sigma_{F_d/G}$ 的相对变化量与 f_0 成正比变化,变化幅度大于 f_0 的变化幅度,σ_{f_d} 的相对变化量与 f_0 成反比,变化的幅度比 f_0 的变化幅度小。三个振动响应量对 f_0 的变化都很敏感。

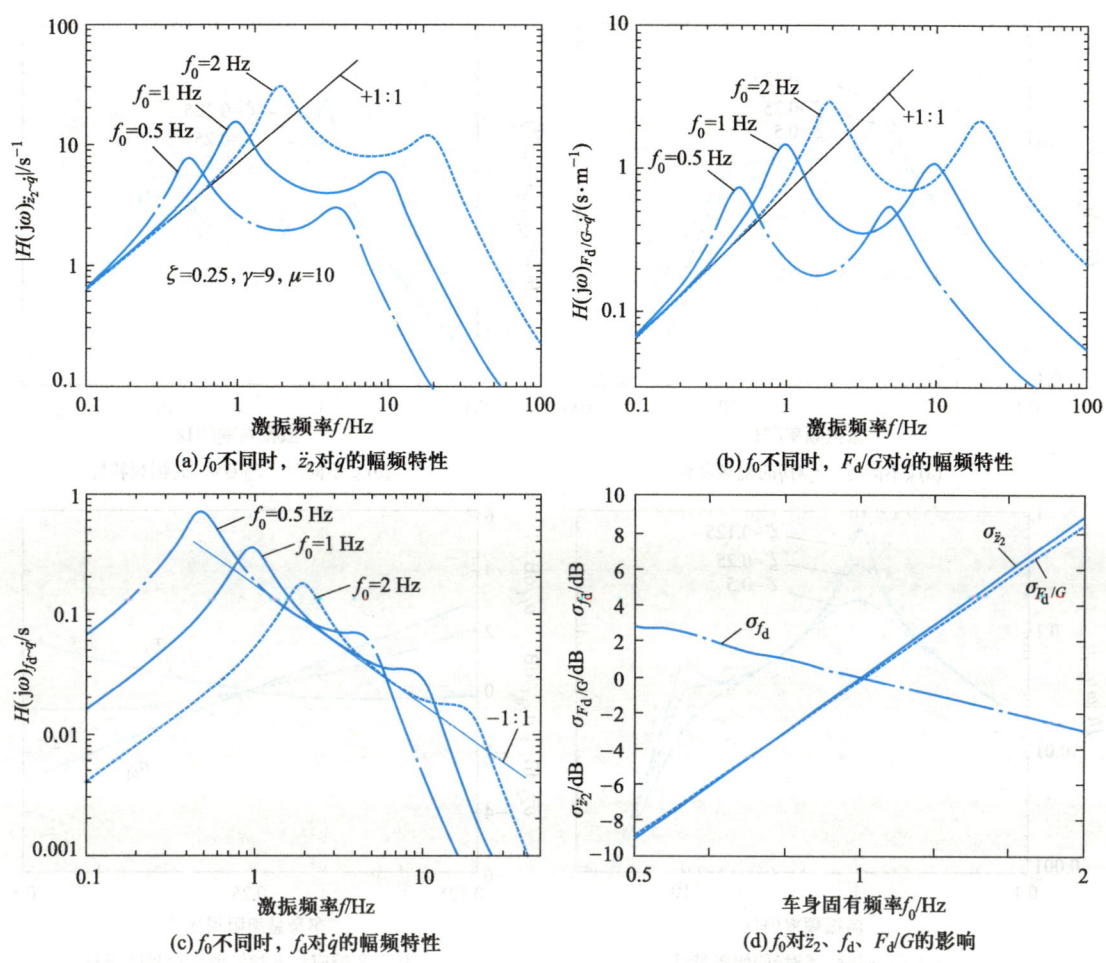

图 7-38 f_0 对 $\ddot{z}_2$、F_d/G、f_d 的影响

2. 双质量系统车身悬架阻尼比对悬架统计特性的影响

图 7-39 展示了 ζ 对 $\ddot{z}_2$、F_d/G、f_d 的影响。图 7-38(a)、(b) 和 (c) 分别为 $\zeta = 0.125$、0.25 和 0.5 三种不同值,其他参数 $f_0 = 1$ Hz、$\mu = 10$、$\gamma = 9$ 均保持不变时,$\ddot{z}_2$、F_d/G、f_d 对 $\dot{q}$ 的幅频特性。此时,$f_t = 10$ Hz。由图可见,随阻尼比 ζ 的增大,在低频共振区,$\ddot{z}_2$、F_d/G 对 $\dot{q}$ 幅频特性的峰值均下降;而在低频、高频两个共振区之间幅值都增大;在高频共振区,$\ddot{z}_2$ 对 $\dot{q}$ 幅值变化很小,而 F_d/G 对 $\dot{q}$ 幅值有明显下降;当 ζ 增大时,动挠度的幅频特性 f_d 对 $\dot{q}$ 在高、低两个共振区幅值均显著下降,在两个共振区之间变化很小。

图 7-39(d) 是三个响应量方均根值变化量随车身悬架阻尼比 ζ 变化的关系曲线。$\sigma_{\ddot{z}_2}$ 在 $\zeta = 0.15 \sim 0.2$ 之间有一最小值,平顺性要求 ζ 取较小值。$\sigma_{F_d/G}$ 在 $\zeta = 0.4$ 附近有最小值,行驶安全性要求 ζ 取较大值。阻尼比 ζ 增大主要使动挠度的方均根值 σ_{f_d} 有明显下降。

ζ 值以 0.25 为基准在 ± 6 dB 范围内变化,三个响应量方均根值的相对变化量为 $\sigma_{\ddot{z}_2}{}^{+1.77}_{-0.04}$ dB、$\sigma_{F_d/G}{}^{-0.49}_{+2.16}$ dB、$\sigma_{f_d} \mp 3$ dB。ζ 的变化对三个振动响应量都有较大影响。

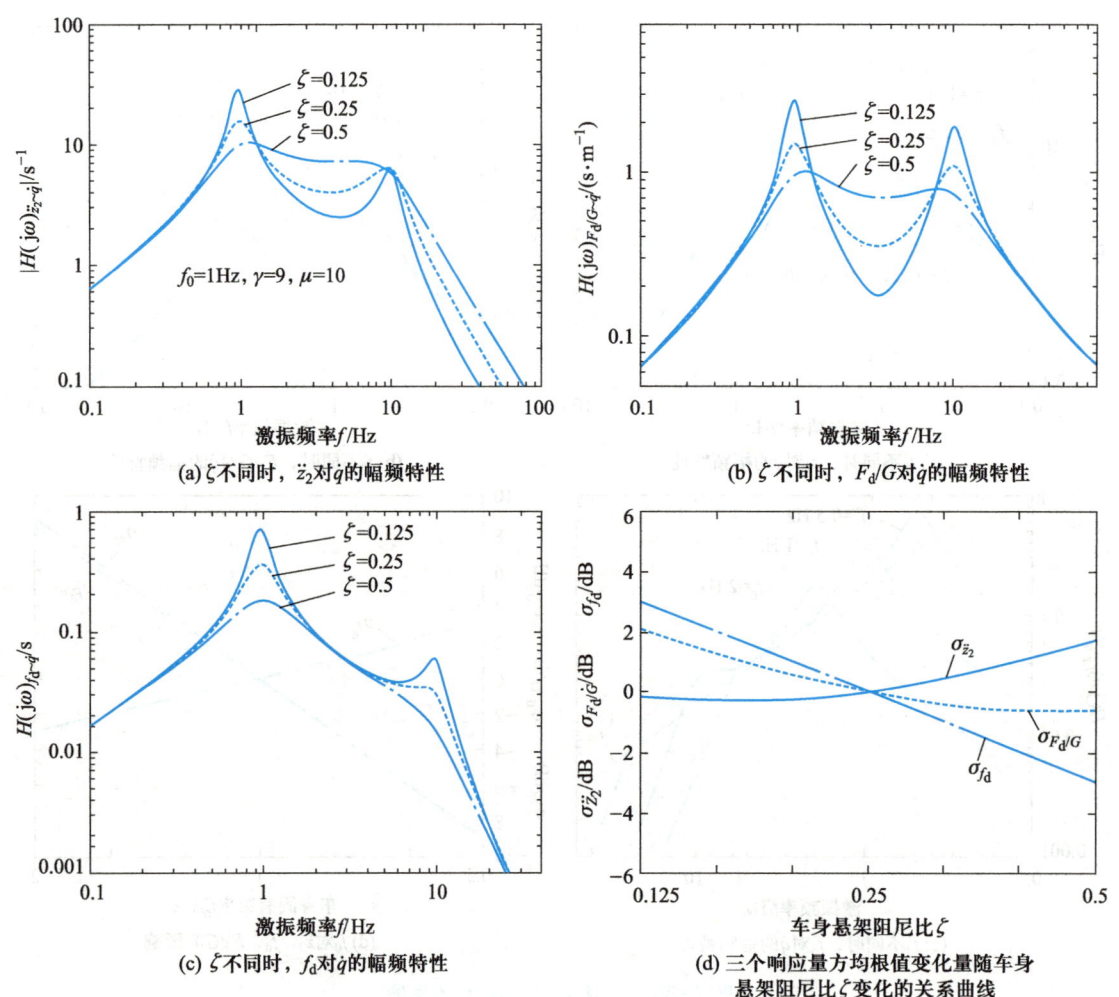

图 7-39 ζ 对 $\ddot{z}_2$、F_d/G、f_d 的影响

7.3.6 双轴俯仰模型平顺性分析

汽车双轴模型是一个多输入系统,在分析前、后双轴输入系统在路面输入下的随机振动响应时,引入单轴输入折算幅频特性,就可用单轴输入系统随机振动功率谱密度传递的公式进行计算,使分析工作简单、清晰,便于讨论有关参数对振动响应的影响。

在引入单轮输入折算幅频特性时,采用如图 7-39 所示质量分配系数 $\varepsilon = 1$ 特殊情况下的双轴汽车等效系统。它是用长度等于 L 的无质量杠杆将两个"车身-车轮"双质量系统连接而成,此模型考虑了车轮的影响。

图 7-40 中,车身上任一点 P 离开前轴的距离为 l(P 点位于前轴后面时,l 取负值),在前轮处 $l/L = 0$,后轮处 $l/L = -1$,在轴距中心处 $l/L = -0.5$。P 点的垂直位移 z_P 与 z_{2f}、z_{2r} 的关系为

$$z_P = z_{2f} + l(z_{2f} - z_{2r})/L \tag{7-114}$$

式中,各物理量意义如图 7-39 所示。

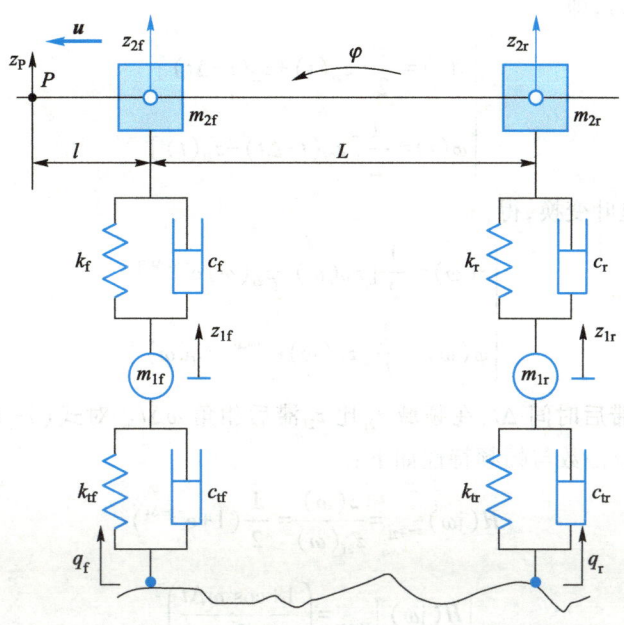

图 7-40　$\varepsilon=1$ 情况下双轴汽车等效振动系统

由于前、后车轮走在同一辙上,前、后车轮路面输入 q_f、q_r 只相差一时间滞后量 Δt,它取决于轴距 L 和车速 u,即 $\Delta t = L/u$。

此时,前、后轮路面输入的关系为

$$q_r(t) = q_f(t - \Delta t) \tag{7-115}$$

利用上式的关系,可将前、后轮双输入等效为前轮处 q_f 的单输入。在求车身上任一点 P 的垂直加速度 $\ddot{z}_p$ 和车身俯仰角加速度 $\ddot{\varphi}$ 的功率谱密度时,只要求出它们对前轮单输入 $\dot{q}_f$ 的折算幅频特性 $|H(j\omega)|_{\ddot{z}_p \sim \dot{q}_f}$ 和 $|H(j\omega)|_{\ddot{\varphi} \sim \dot{q}_f}$,再按单输入传递的关系式计算即可。折算幅频特性进一步可以写成以下形式:

$$\begin{aligned} |H(j\omega)|_{\ddot{z}_p \sim \dot{q}_f} &= |H(j\omega)|_{z_p \sim z_{2f}} |H(j\omega)|_{\ddot{z}_{2f} \sim \dot{q}_f} \\ |H(j\omega)|_{\ddot{\varphi} \sim \dot{q}_f} &= |H(j\omega)|_{\varphi \sim z_{2f}} |H(j\omega)|_{\ddot{z}_{2f} \sim \dot{q}_f} \end{aligned} \tag{7-116}$$

上式中,$|H(j\omega)|_{\ddot{z}_{2f} \sim \dot{q}_f}$ 是"车身-车轮"双质量系统的车身加速度 $\ddot{z}_2$ 对路面速度输入 $\dot{q}$ 的幅频特性,前面已经计算过。这样求折算幅频特性又进一步归结为求车身任一点 P 的位移 z_p 和俯仰角位移 φ 对前轴上方车身位移 z_{2f} 的幅频特性。

下面分析车体各处的平顺性统计特性。

先给出轴距中心处的振动响应特性。在轴距中心处 $a=b$,即

$$z(t) = \frac{1}{2}[z_{2f}(t) + z_{2r}(t)] \tag{7-117}$$

$$\varphi(t) = \frac{1}{L}[z_{2r}(t) - z_{2f}(t)] \tag{7-118}$$

设前、后两个"车身-车轮"双质量系统频率响应函数相等,即 $H(j\omega)_{\ddot{z}_{2f} \sim \dot{q}_f} = H(j\omega)_{\ddot{z}_{2r} \sim \dot{q}_r}$,根据前、后轮两个路面输入之间 $q_r(t) = q_f(t - \Delta t)$ 的关系,可以导出前、后轴上方车身位移 z_{2f} 与 z_{2r} 的

关系: $z_{2r}(t) = z_{2f}(t-\Delta t)$, 即

$$\begin{cases} z(t) = \dfrac{1}{2}[z_{2f}(t) + z_{2f}(t-\Delta t)] \\ \varphi(t) = \dfrac{1}{L}[z_{2f}(t-\Delta t) - z_{2f}(t)] \end{cases} \quad (7-119)$$

对上式进行傅里叶变换, 得

$$\begin{cases} z(\omega) = \dfrac{1}{2}[z_{2f}(\omega) + z_{2f}(\omega)\mathrm{e}^{-\mathrm{j}\omega\Delta t}] \\ \varphi(\omega) = \dfrac{1}{L}[z_{2f}(\omega)\mathrm{e}^{-\mathrm{j}\omega\Delta t} - z_{2f}(\omega)] \end{cases} \quad (7-120)$$

在时域 z_{2r} 比 z_{2f} 滞后时间 Δt, 在频域 z_{2r} 比 z_{2f} 滞后相角 $\omega\Delta t$。对式(7-120)加以整理得到 z 和 φ 对 z_{2f} 的频率响应函数与幅频特性如下:

$$H(\mathrm{j}\omega)_{z\sim z_{2f}} = \dfrac{z(\omega)}{z_{2f}(\omega)} = \dfrac{1}{2}(1+\mathrm{e}^{-\mathrm{j}\omega\Delta t})$$

$$|H(\mathrm{j}\omega)|_{z\sim z_{2f}} = \left(\dfrac{1+\cos\omega\Delta t}{2}\right)^{\frac{1}{2}} \quad (7-121)$$

$$H(\mathrm{j}\omega)_{\varphi\sim z_{2f}} = \dfrac{\varphi(\omega)}{z_{2f}(\omega)} = \dfrac{1}{L}(\mathrm{e}^{-\mathrm{j}\omega\Delta t} - 1)$$

$$|H(\mathrm{j}\omega)|_{\varphi\sim z_{2f}} = \dfrac{2}{L}\left(\dfrac{1-\cos\omega\Delta t}{2}\right)^{\frac{1}{2}} \quad (7-122)$$

若前、后轴上方车身位移 z_{2f}、z_{2r} 与其相应的前、后轮路面输入 q_f、q_r 的幅频特性相等, 即 $|H(\mathrm{j}\omega)|_{z_{2f}\sim q_f} = |H(\mathrm{j}\omega)|_{z_{2r}\sim q_r}$, 则前、后轴上方车身位移响应对于某一频率下的谐量具有相同的相位差。路面输入用空间频率 n 或波长 λ 表示时, 相位差为 $2\pi nL = 2\pi L/\lambda$。当 $L/\lambda = 0, 1, 2, 3, \cdots$ 时相位差 $\omega\Delta t = 0, 2\pi, 4\pi, 6\pi, \cdots$ 此时 q_f、q_r 以及 z_{2f}、z_{2r} 均为同相位, 在此频率下 $|H(\mathrm{j}\omega)|_{z\sim z_{2f}} = 1$, $|H(\mathrm{j}\omega)|_{\varphi\sim z_{2f}} = 0$。此时轴距中心的垂直位移 z 与前、后轴上方车身位移 z_{2f}、z_{2r} 相等, 而俯仰角 φ 等于零, 属于纯垂直振动情况。由于 $\omega\Delta t = \omega L/v$, 即 $2\pi fL/v = 0, 2\pi, 4\pi, 6\pi, \cdots$, 所以纯垂直振动频率 $f = 0, v/L, 2v/L, 3v/L, \cdots$。

当 q_f、q_r 和 z_{2f}、z_{2r} 相位相反时, $L/\lambda = 1/2, 3/2, 5/2, \cdots$, 相位差 $\omega\Delta t = \pi, 3\pi, 5\pi, \cdots$, 此时 $|H(\mathrm{j}\omega)|_{z\sim z_{2f}} = 0$, $|H(\mathrm{j}\omega)|_{\varphi\sim z_{2f}} = 2/L$, 属于纯角振动情况。由于 $2\pi fL/v = \pi, 3\pi, 5\pi, \cdots$, 纯角振动频率 $f = v/2L, 3v/2L, 5v/2L, \cdots$。

在其他相位差下, $|H(\mathrm{j}\omega)|_{z\sim z_{2f}} < 1$。在随机路面输入下, 不同频率成分同时存在, 轴距中心处垂直位移 z 的随机振动响应由于经过轴距滤波的衰减, 该处响应的方均根值 $\sigma_{\ddot{z}}$ 要比前轴上方车身位移响应 $\sigma_{\ddot{z}_f}$ 小。双轴汽车的上述特性称为双轴汽车轴距的滤波特性。

另外, 从式(7-122)俯仰角振动的幅频特性可以看出, $|\varphi/z_{2f}|$ 与轴距 L 成反比, 因此当 σ_{z_f} 一定时, 加长轴距可以使 σ_φ 减小, 有利于减小俯仰角振动。

现给出车体上任意一点的振动响应统计特性。在车身上任一点俯仰角振动都相同, 但垂直振动的大小不同。如车身上任一点 P, 其垂直位移 z_P 与前、后轴上方车身的垂直位移 z_{2f}、z_{2r}

的关系为

$$z_P(t) = z_{2f}(t) + \frac{1}{L}[z_{2f}(t) - z_{2r}(t)] \tag{7-123}$$

式中，l 为车身上任一点 P 到前轴的距离；其他物理量意义同上。

将 $z_{2r}(t) = z_{2f}(t-\Delta t)$ 代入式（7-123），经傅里叶变换得

$$H(j\omega)\big|_{z_P \sim z_{2f}} = 1 + \frac{1}{L} - \frac{1}{L}e^{-j\omega\Delta t} \tag{7-124}$$

幅频特性为

$$|H(j\omega)|_{z_P \sim z_{2f}} = \left\{1 + 2\left[\frac{l}{L} + \left(\frac{l}{L}\right)^2\right](1-\cos\omega\Delta t)\right\}^{\frac{1}{2}} \tag{7-125}$$

在前、后轴上方，即在 $l/L = 0$、$l/L = -1$ 处的车身位移，可得 $|H(j\omega)|_{z_P \sim z_{2f}} = 1$，即 $z_P = z_{2f}$。

在轴距中心，即 $l/L = -0.5$ 处，$|H(j\omega)|_{z_P \sim z_{2f}} = \left(\frac{1+\cos\omega\Delta t}{2}\right)^{\frac{1}{2}}$，说明式（7-125）可用于描述轴距中心点的幅频特性，可利用式（7-125）分析任意点的位置对于幅频特性的影响。

在纯垂直振动时，在车身上任一点，即不论 l/L 等于多大，$|H(j\omega)|_{z_P \sim z_{2f}} = 1$，车身上各点垂直位移相同。

在纯角振动时，$|H(j\omega)|_{z_P \sim z_{2f}} = 1 + 2l/L$，在轴距中心 $l/L = -0.5$，$|H(j\omega)|_{z_P \sim z_{2f}} = 0$，没有垂直位移。在轴距中心与前、后轴之间 $l/L = -0.25$、-0.75 处，$|H(j\omega)|_{z_P \sim z_{2f}} = 0.5$；在前、后轴上方，即 $l/L = 0$、-1 处，$|H(j\omega)|_{z_P \sim z_{2f}} = 1$；在轴距外，前、后悬 1/4 轴距 $l/L = 0.25$、-1.25 处，$|H(j\omega)|_{z_P \sim z_{2f}} = 1.5$。可以看出，在纯角振动时垂直振动的大小与到轴距中心的距离成正比。

在路面随机输入下，车身各点垂直位移的方均根值 σ_{z_P} 与幅频特性 $|H(j\omega)|_{z_P \sim z_{2f}}$ 的幅值大小有关。轴距中心处幅值最低，因而垂直位移方均根值最小。距离轴距中心越远，幅值越大，垂直位移的方均根值也越大。

按单输入的传递公式，$\ddot{z}_P$ 与 $\ddot{\varphi}$ 的功率谱密度为

$$G_{\ddot{z}_P}(f) = |H(j\omega)|^2_{z_P \sim z_{2f}} |H(j\omega)|^2_{\ddot{z}_{2f} \sim \dot{q}_f} G_{\dot{q}_f}(f) \tag{7-126}$$

$$G_{\ddot{\varphi}}(f) = |H(j\omega)|^2_{\varphi \sim z_{2f}} |H(j\omega)|^2_{\ddot{z}_{2f} \sim \dot{q}_f} G_{\dot{q}_f}(f) \tag{7-127}$$

车身垂直加速度 $\ddot{z}_P$ 和俯仰角加速度 $\ddot{\varphi}$ 的均方值为

$$\sigma^2_{\ddot{z}_P} = 4\pi^2 G_q(n_0) n_0^2 u \int_0^\infty |H(j\omega)|^2_{z_P \sim z_{2f}} |H(j\omega)|^2_{\ddot{z}_{2f} \sim \dot{q}_f} df \tag{7-128}$$

$$\sigma^2_{\ddot{\varphi}} = 4\pi^2 G_q(n_0) n_0^2 u \int_0^\infty |H(j\omega)|^2_{\varphi \sim z_{2f}} |H(j\omega)|^2_{\ddot{z}_{2f} \sim \dot{q}_f} df \tag{7-129}$$

由于人体对俯仰振动引起的纵向振动比垂直振动更为敏感，故通常希望在常用车速下达到纯角振动的频率要避开俯仰最敏感的频率范围 0.5~2 Hz 和车身部分固有频率 f_0。若一辆乘用车，其车身部分固有频率 $f_0 = 1$ Hz，此时若纯角振动的频率 $f = 10/3$ Hz，则满足该要求。总之，双轴汽车要考虑轴距滤波特性，结合前、后轴处车身部分的幅频特性，考虑人体振动响应频率加权函数，综合起来以达到改善平顺性的效果。

7.3.7 整车七自由度模型平顺性分析

采用频域法求解时，对式（7-77）进行傅里叶变换，得到频率响应函数矩阵为

$$H(\omega)=\frac{Z(\omega)}{Q(\omega)}=(k-m\omega^2+\mathrm{j}\omega c)^{-1}(k_t+\mathrm{j}\omega c_t) \tag{7-130}$$

响应的功率谱密度函数矩阵为

$$G_z(\omega)_{7\times7}=H(\omega)^*_{7\times4}G_q(\omega)_{4\times4}H(\omega)^{\mathrm{T}}_{4\times7} \tag{7-131}$$

根据位移向量的组成,可以将频率响应函数矩阵写成频率响应向量组合,即

$$H(\omega)_{7\times4}=\begin{pmatrix}H_1(\omega)\\H_2(\omega)\\H_3(\omega)\\H_4(\omega)\\H_5(\omega)\\H_6(\omega)\\H_7(\omega)\end{pmatrix}=\begin{pmatrix}H_z(\omega)\\H_\varphi(\omega)\\H_\theta(\omega)\\H_{tfl}(\omega)\\H_{tfr}(\omega)\\H_{trl}(\omega)\\H_{trr}(\omega)\end{pmatrix} \tag{7-132}$$

式中,$H_z(\omega)=\begin{pmatrix}H_{z1}(\omega)&H_{z2}(\omega)&H_{z3}(\omega)&H_{z4}(\omega)\end{pmatrix}$,其他 6 个向量的组成类似。

车身垂直位移的自功率谱密度函数为

$$G_z(\omega)=H_z(\omega)^*G_q(\omega)H_z(\omega)^{\mathrm{T}}=\sum_{k=1}^{4}\sum_{j=1}^{4}H_{zk}^*(\omega)G_{kj}(\omega)H_{zj}(\omega) \tag{7-133}$$

车身垂直加速度响应的功率谱为

$$G_{\ddot{z}}(\omega)=\omega^4 H_z(\omega)^*G_q(\omega)H_z(\omega)^{\mathrm{T}} \tag{7-134}$$

车身垂直振动加速度的方均根值为

$$\sigma_{\ddot{z}}=\sqrt{\int_0^\infty \omega^4 H_z(\omega)^*G_q(\omega)H_z(\omega)^{\mathrm{T}}\mathrm{d}f} \tag{7-135}$$

对于式(7-135)的计算,还需要得到路面的输入功率谱密度函数矩阵。对于汽车的七自由度模型,路面不平度对每个车轮都有随机输入,其自功率谱密度函数均为 $G_q(n)$,即

$$G_{q_{fl}q_{fl}}(n)=G_{q_{fr}q_{fr}}(n)=G_{q_{rl}q_{rl}}(n)=G_{q_{rr}q_{rr}}(n)=G_q(n) \tag{7-136}$$

假定汽车同一侧的前后轮同走一个轮迹,后轮比前轮滞后一段距离(轴距),其互功率谱密度函数为

$$G_{q_{fl}q_{rl}}(n)=G_{q_{fr}q_{rr}}(n)=G_q(n)\mathrm{e}^{-\mathrm{j}2\pi nL} \tag{7-137}$$

左右两轮之间不平度的统计特性,用相干函数 $\gamma(n)$ 来描述。左右车轮的路面输入互功率谱密度函数为

$$G_{q_{fl}q_{fr}}(n)=G_{q_{rl}q_{rr}}(n)=\gamma(n)G_q(n) \tag{7-138}$$

前后交叉车轮的路面输入功率谱密度函数为

$$G_{q_{fl}q_{rr}}(n)=G_{q_{fr}q_{rl}}(n)=\gamma(n)G_q(n)\mathrm{e}^{-\mathrm{j}2\pi nL} \tag{7-139}$$

路面对四轮汽车输入功率谱密度函数矩阵为

$$G_q(\omega)=\begin{pmatrix}G_{q_{fl}q_{fl}}(\omega)&G_{q_{fl}q_{fr}}(\omega)&G_{q_{fl}q_{rl}}(\omega)&G_{q_{fl}q_{rr}}(\omega)\\G_{q_{fr}q_{fl}}(\omega)&G_{q_{fr}q_{fr}}(\omega)&G_{q_{fr}q_{rl}}(\omega)&G_{q_{fr}q_{rr}}(\omega)\\G_{q_{rl}q_{fl}}(\omega)&G_{q_{rl}q_{fr}}(\omega)&G_{q_{rl}q_{rl}}(\omega)&G_{q_{rl}q_{rr}}(\omega)\\G_{q_{rr}q_{fl}}(\omega)&G_{q_{rr}q_{fr}}(\omega)&G_{q_{rr}q_{rl}}(\omega)&G_{q_{rr}q_{rr}}(\omega)\end{pmatrix} \tag{7-140}$$

考虑到 $\omega = 2\pi f$，得

$$\boldsymbol{G}_q(\omega) = G_q(\omega) \begin{pmatrix} 1 & \gamma\left(\dfrac{\omega}{2\pi}\right) & \mathrm{e}^{-\mathrm{j}\omega\frac{l}{v}} & \gamma\left(\dfrac{\omega}{2\pi}\right)\mathrm{e}^{-\mathrm{j}\omega\frac{l}{v}} \\ \gamma\left(\dfrac{\omega}{2\pi}\right) & 1 & \gamma\left(\dfrac{\omega}{2\pi}\right)\mathrm{e}^{-\mathrm{j}\omega\frac{l}{v}} & \mathrm{e}^{-\mathrm{j}\omega\frac{l}{v}} \\ \mathrm{e}^{\mathrm{j}\omega\frac{l}{v}} & \gamma\left(\dfrac{\omega}{2\pi}\right)\mathrm{e}^{\mathrm{j}\omega\frac{l}{v}} & 1 & \gamma\left(\dfrac{\omega}{2\pi}\right) \\ \gamma\left(\dfrac{\omega}{2\pi}\right)\mathrm{e}^{\mathrm{j}\omega\frac{l}{v}} & \mathrm{e}^{\mathrm{j}\omega\frac{l}{v}} & \gamma\left(\dfrac{\omega}{2\pi}\right) & 1 \end{pmatrix} \qquad (7\text{-}141)$$

将式(7-141)代入式(7-135)中，即可计算得到车身垂直加速度方均根值。

对于悬架动行程和相对动载荷，可根据四个悬架和轮胎的位置关系进行计算。左前悬架的相对动行程及轮胎接地相对动载为

$$f_{\mathrm{dfl}} = z - a\varphi + l_{\mathrm{f}}\theta/2 - z_{\mathrm{1fl}}$$

$$(F_{\mathrm{d}}/G)_{\mathrm{fl}} = \frac{c_{\mathrm{tfl}}(\dot{z}_{\mathrm{1fl}} - \dot{q}_{\mathrm{fl}}) + k_{\mathrm{tfl}}(z_{\mathrm{1fl}} - q_{\mathrm{fl}})}{\dfrac{m_2 g b}{2L} + m_{\mathrm{1fl}}} \qquad (7\text{-}142)$$

右前悬架的相对动行程及轮胎接地相对动载为

$$f_{\mathrm{dfr}} = z - a\varphi - l_{\mathrm{f}}\theta/2 - z_{\mathrm{1fr}}$$

$$(F_{\mathrm{d}}/G)_{\mathrm{fr}} = \frac{c_{\mathrm{tfr}}(\dot{z}_{\mathrm{1fr}} - \dot{q}_{\mathrm{fr}}) + k_{\mathrm{tfr}}(z_{\mathrm{1fr}} - q_{\mathrm{fr}})}{\dfrac{m_2 g b}{2L} + m_{\mathrm{1fr}}} \qquad (7\text{-}143)$$

左后悬架的相对动行程及轮胎接地相对动载为

$$f_{\mathrm{drl}} = z + b\varphi + l_{\mathrm{r}}\theta/2 - z_{\mathrm{1rl}}$$

$$(F_{\mathrm{d}}/G)_{\mathrm{rl}} = \frac{c_{\mathrm{trl}}(\dot{z}_{\mathrm{1rl}} - \dot{q}_{\mathrm{rl}}) + k_{\mathrm{trl}}(z_{\mathrm{1rl}} - q_{\mathrm{rl}})}{\dfrac{m_2 g a}{2L} + m_{\mathrm{1rl}}} \qquad (7\text{-}144)$$

右后悬架的相对动行程及轮胎接地相对动载为

$$f_{\mathrm{drr}} = z + b\varphi - l_{\mathrm{r}}\theta/2 - z_{\mathrm{1rr}}$$

$$(F_{\mathrm{d}}/G)_{\mathrm{rr}} = \frac{c_{\mathrm{trr}}(\dot{z}_{\mathrm{1rr}} - \dot{q}_{\mathrm{rr}}) + k_{\mathrm{trr}}(z_{\mathrm{1rr}} - q_{\mathrm{rr}})}{\dfrac{m_2 g a}{2L} + m_{\mathrm{1rr}}} \qquad (7\text{-}145)$$

将相对动行程写成向量和矩阵的表达式，即

$$\boldsymbol{f}_{\mathrm{d}} = \boldsymbol{A}\boldsymbol{z} \qquad (7\text{-}146)$$

式中,$\boldsymbol{A} = \begin{pmatrix} 1 & -a & \dfrac{l_f}{2} & -1 & 0 & 0 & 0 \\ 1 & -a & -\dfrac{l_f}{2} & 0 & -1 & 0 & 0 \\ 1 & b & \dfrac{l_r}{2} & 0 & 0 & -1 & 0 \\ 1 & b & -\dfrac{l_r}{2} & 0 & 0 & 0 & -1 \end{pmatrix}$;其他物理量意义同上。

将上式两边进行傅里叶变换,得到相对动行程与路面输入的频率响应函数矩阵为

$$\boldsymbol{H}_{f_d}(\omega)_{4\times 4} = \boldsymbol{A}_{4\times 7}\boldsymbol{H}(\omega)_{7\times 4} \tag{7-147}$$

相对动行程响应的功率谱密度函数矩阵为

$$\begin{aligned}\boldsymbol{G}_{f_d}(\omega)_{4\times 4} &= \boldsymbol{H}_{f_d}(\omega)^*_{4\times 4}\boldsymbol{G}_q(\omega)_{4\times 4}\boldsymbol{H}_{f_d}(\omega)^T_{4\times 4} \\ &= \boldsymbol{A}_{4\times 7}\boldsymbol{G}_z(\omega)_{7\times 7}\boldsymbol{A}^T_{7\times 4}\end{aligned} \tag{7-148}$$

相对动行程的方均根值矩阵为

$$\boldsymbol{\sigma}_{f_d} = \int_0^\infty \boldsymbol{G}_{f_d}(\omega)\,\mathrm{d}f \tag{7-149}$$

矩阵中主对角线上的 4 个元素即为汽车 4 个悬架位置的相对动行程方均根值。

同样,将轮胎接地相对动载荷用向量和矩阵来表示为

$$\boldsymbol{F}_d/G = \boldsymbol{A}_c\dot{\boldsymbol{z}} + \boldsymbol{A}_k\boldsymbol{z} - \boldsymbol{B}_c\dot{\boldsymbol{q}} - \boldsymbol{B}_k\boldsymbol{q} \tag{7-150}$$

式中,

$$\boldsymbol{A}_c = \begin{pmatrix} 0 & 0 & 0 & \dfrac{c_{tfl}}{\left(\dfrac{m_2 b}{2L}+m_{1fl}\right)g} & 0 & 0 & 0 \\ 0 & 0 & 0 & 0 & \dfrac{c_{tfr}}{\left(\dfrac{m_2 b}{2L}+m_{1fr}\right)g} & 0 & 0 \\ 0 & 0 & 0 & 0 & 0 & \dfrac{c_{trl}}{\left(\dfrac{m_2 b}{2L}+m_{1rl}\right)g} & 0 \\ 0 & 0 & 0 & 0 & 0 & 0 & \dfrac{c_{trr}}{\left(\dfrac{m_2 b}{2L}+m_{1rr}\right)g} \end{pmatrix};$$

$$\boldsymbol{A}_k = \begin{pmatrix} 0 & 0 & 0 & \dfrac{k_{tfl}}{\left(\dfrac{m_2 b}{2L}+m_{1fl}\right)g} & 0 & 0 & 0 \\ 0 & 0 & 0 & 0 & \dfrac{k_{tfr}}{\left(\dfrac{m_2 b}{2L}+m_{1fr}\right)g} & 0 & 0 \\ 0 & 0 & 0 & 0 & 0 & \dfrac{k_{trl}}{\left(\dfrac{m_2 b}{2L}+m_{1rl}\right)g} & 0 \\ 0 & 0 & 0 & 0 & 0 & 0 & \dfrac{k_{trr}}{\left(\dfrac{m_2 b}{2L}+m_{1rr}\right)g} \end{pmatrix};$$

$$\boldsymbol{B}_c = \begin{pmatrix} \dfrac{c_{tfl}}{\left(\dfrac{m_2 b}{2L}+m_{1fl}\right)g} & 0 & 0 & 0 \\ 0 & \dfrac{c_{tfr}}{\left(\dfrac{m_2 b}{2L}+m_{1fr}\right)g} & 0 & 0 \\ 0 & 0 & \dfrac{c_{trl}}{\left(\dfrac{m_2 b}{2L}+m_{1rl}\right)g} & 0 \\ 0 & 0 & 0 & \dfrac{c_{trr}}{\left(\dfrac{m_2 b}{2L}+m_{1rr}\right)g} \end{pmatrix};$$

$$\boldsymbol{B}_k = \begin{pmatrix} \dfrac{k_{tfl}}{\left(\dfrac{m_2 b}{2L}+m_{1fl}\right)g} & 0 & 0 & 0 \\ 0 & \dfrac{k_{tfr}}{\left(\dfrac{m_2 b}{2L}+m_{1fr}\right)g} & 0 & 0 \\ 0 & 0 & \dfrac{k_{trl}}{\left(\dfrac{m_2 b}{2L}+m_{1rl}\right)g} & 0 \\ 0 & 0 & 0 & \dfrac{k_{trr}}{\left(\dfrac{m_2 b}{2L}+m_{1rr}\right)g} \end{pmatrix}。$$

将上式两边进行傅里叶变换,得到相对动载荷与路面输入的频率响应函数矩阵为

$$\boldsymbol{H}_{F_d/G}(\omega)_{4\times4} = (j\omega\boldsymbol{A}_{c4\times7}+\boldsymbol{A}_{k4\times7})\boldsymbol{H}(\omega)_{7\times4}-j\omega\boldsymbol{B}_{c4\times4}-\boldsymbol{B}_{k4\times4} \qquad (7-151)$$

相对动载荷响应的功率谱密度函数矩阵为

$$\boldsymbol{G}_{F_d/G}(\omega)_{4\times4} = \boldsymbol{H}_{F_d/G}(\omega)^*_{4\times4}\boldsymbol{G}_q(\omega)_{4\times4}\boldsymbol{H}_{F_d/G}(\omega)^T_{4\times4} \qquad (7-152)$$

相对动载荷的方均根值矩阵为

$$\boldsymbol{\sigma}_{F_d/G} = \int_0^\infty \boldsymbol{G}_{F_d/G}(\omega)\,\mathrm{d}f \qquad (7-153)$$

矩阵中主对角线上的 4 个元素即为汽车 4 个轮胎接地动载荷的方均根值。

7.4 半主动悬架系统开发案例

被动悬架的阻尼系数和刚度系数是不可调节的,通常只能选取一组折中的参数,无法有效改善悬架性能。与被动悬架相对应的是电控悬架,可大体分为半主动悬架和主动悬架两类。半主动悬架是指阻尼或刚度可调的一类无源系统,主动悬架则指有额外力输入的有源系统。半主动悬架在性能与成本之间较为均衡,是电控悬架系统之中配置率最高的一类系统。

阻尼可调式半主动悬架采用阻尼可调减振器,其阻尼可以根据不同的工况进行变化,被动式减振器和阻尼可调减振器的速度特性如图 7-41 所示。根据阻尼调节范围,可分为有级调节减振器与无级调节减振器。有级调节减振器的阻尼可在几个离散值之间选取,以双模态减振器 DRD(dual ride damper)为代表,无级调节减振器的阻尼可在最大值和最小值之间任意取值,以阻尼力连续控制减振器 CDC(continuous damping control)与磁流变减振器 MRD(magneto-rheological damper)为代表的典型阻尼可调减振器,如图 7-42 所示。

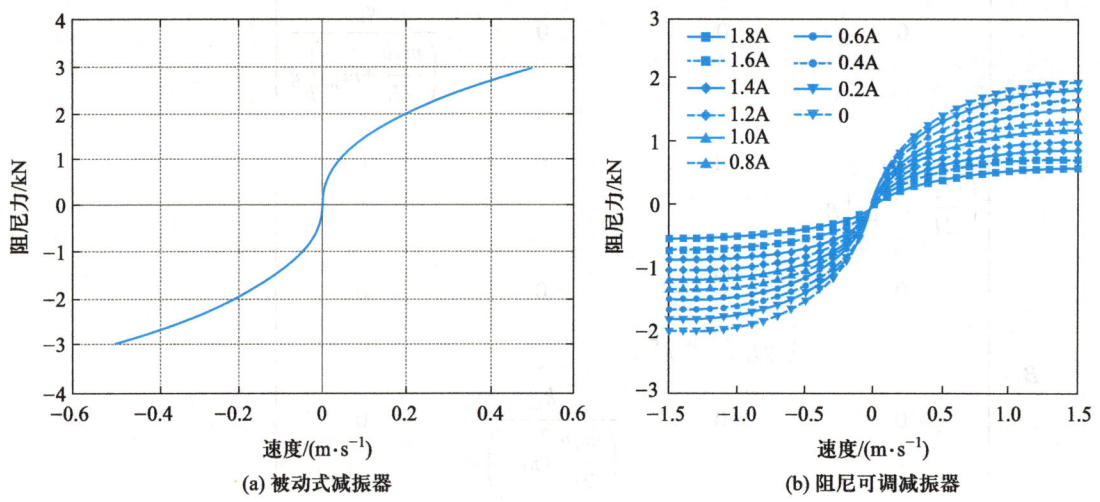

图 7-41 减振器的速度特性图

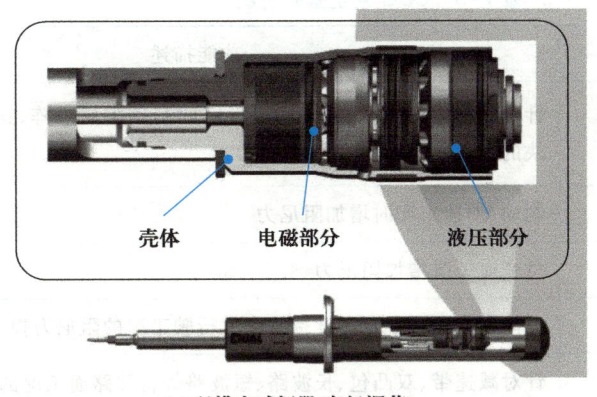

(a) 双模态减振器(有级调节)

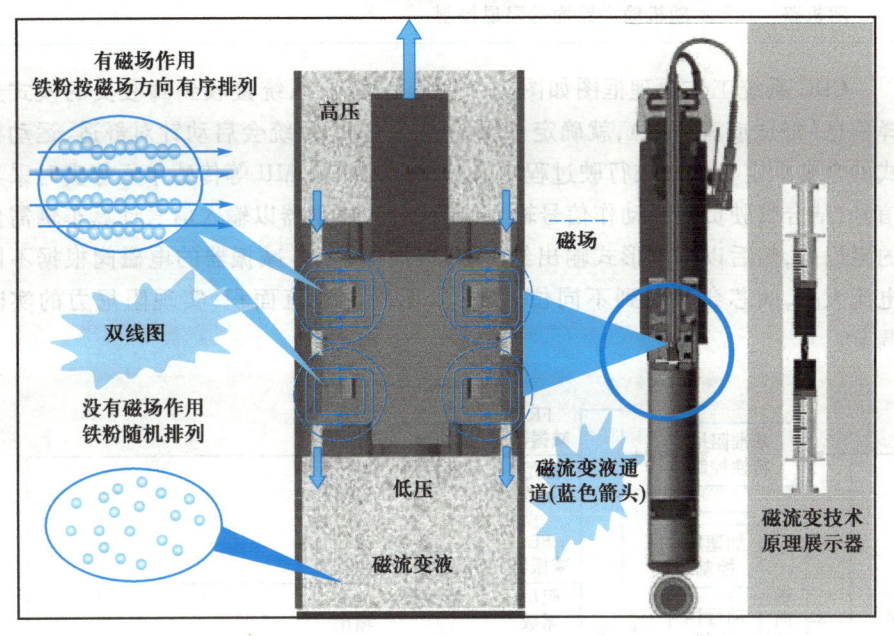

(b) 磁流变减振器

图 7-42 典型阻尼可调减振器

视频 7-5 京西 Magne-Ride 第四代主动磁流变悬架工作原理

下面以搭载无级调节 CDC 减振器的半主动悬架系统为例,对半主动悬架系统进行介绍。

7.4.1 工作原理

CDC 系统包含 CDC 减振器、传感器、控制器、线束等附件。传感器实时获取车辆运行参数,结合驾驶员操作动作信号,控制器会实时判断车辆状态,需要进行阻尼力调节时,控制器向 CDC 减振器发送电流信号。控制器计算出的目标电流会发送到 CDC 减振器的电磁阀,电磁阀的线圈接收到不同电流,就会产生不同的电磁力使得阀芯在线圈中来回移动,移动的过程引起油路开口的变化,油路的节流面积发生改变,从而获得不同的阻尼力。CDC 系统的基础功能有:基础阻尼控制、操稳控制以及平顺控制三大类,如表 7-5 所示。

表 7-5　CDC 系统基础功能

功能		功能描述
基础阻尼控制		针对不同路面等级、不同车速设定的基础阻尼矩阵，这是所有控制模块的基础
操稳控制	俯仰控制	制动、加速工况时增加阻尼力
	瞬态侧倾控制	急变道工况增加阻尼力
	稳态侧倾控制	方向盘稳定在一定角度持续弯道行驶工况的阻尼力控制
平顺控制	特殊路面	针对减速带、双凸包、长波路、短波路等特殊路面工况的控制
	随机路	随机输入路面的阻尼控制

视频 7-6
自适应阻尼
减振系统
(ADS)

CDC 系统工作原理框图如图 7-43 所示，CDC 系统接收到驾驶员的模式选择信息(舒适或者运动)，就确定了驾驶风格，CDC 系统会启动针对舒适、运动模式的全套标定参数。在行驶过程中，加速度传感器、IMU 等传感单元等实时采集信号，结合驾驶员操纵动作信号输入给控制器，控制器以输入信号计算车辆需要的阻尼力，然后以电流形式输出给 CDC 减振器，CDC 减振器的电磁阀根据不同电流大小，阀芯会移动到不同位置，产生不同的节流面积，实现阻尼力的实时调节。

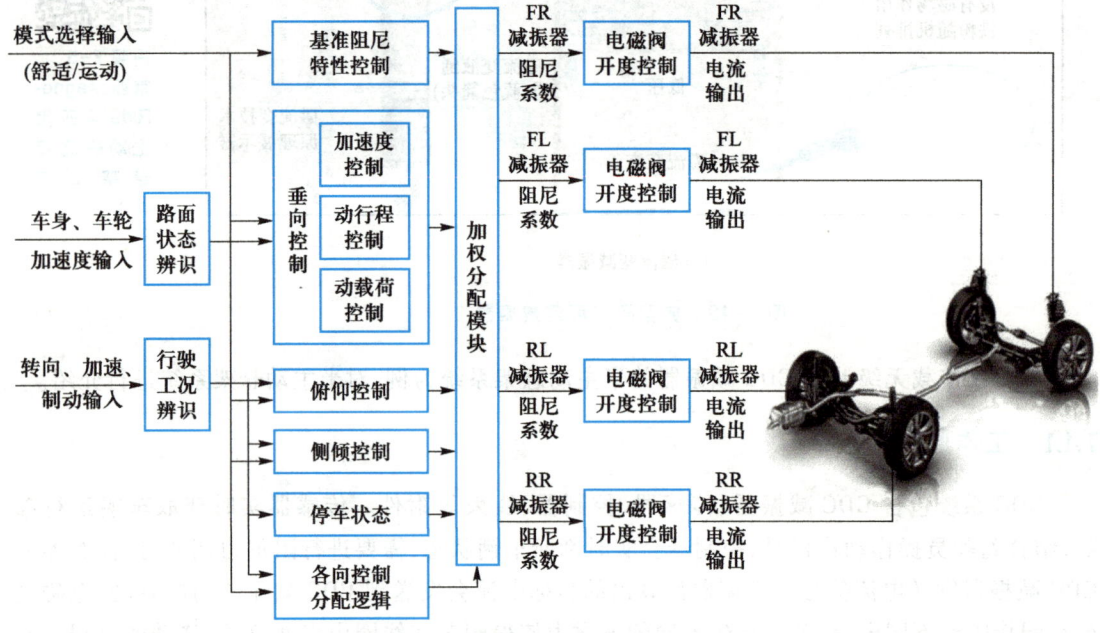

图 7-43　CDC 系统工作原理框图

7.4.2 典型结构

CDC 系统中实现阻尼力变化的核心部件是 CDC 减振器,阻尼连续可调减振器主要功能是通过对减振器阻尼力进行连续调节,改善车辆在不同工况时对振动和冲击的衰减性能。目前实现阻尼连续可调的主要技术路线如表 7-6 所示。

表 7-6 实现阻尼连续可调的主要技术路线

技术路线	工作原理	响应时间	可调阻尼	应用场景
电磁阀式	通过改变电流来控制电磁阀流通截面开度,进而改变减振器油液流道截面积,实现阻尼力的调节	≤50 ms	可单独调节复原或压缩阻尼,亦可联合调节复原和压缩阻尼	大批量应用于乘用车、商用车市场
磁流变式	通过改变线圈电流改变磁场强度,从而改变磁流变液剪切强度,进而改变阻尼力。其阻尼力主要由磁流变液剪切强度和黏性阻尼力产生	≤15 ms	复原和压缩阻尼联合调节	小批量应用于乘用车、特种车、桥梁等市场
伺服电动机式	通过控制伺服电动机转动实现阀杆位置调整,从而调整减振器油液流道截面积,进而改变阻尼力	≥200 ms	复原、压缩需不同装置分开调节	售后和改装市场
电流变式	通过高压改变电场强度,从而改变电流变液剪切强度,进而改变阻尼力。其阻尼力主要由电流变液剪切强度和黏性阻尼力产生	≤15 ms	复原和压缩阻尼联合调节	尚未量产应用

电磁阀式减振器是目前汽车主机厂使用最广泛的 CDC 减振器,其结构如图 7-44 所示。电磁阀减振器的组成主要包括:活塞杆、油封、中间缸、活塞阀、压缩阀、防尘罩、导向器、贮油缸、工作缸、止动圈、电磁阀和限位支架等,较传统减振器主要增加了中间缸和电磁阀两个零部件。电磁阀阻尼可调减振器结构如图 7-45 所示,其工作原理是通过电流信号控制调节电磁阀的开度大小,改变减振器油液的流量实现对减振器阻尼力的控制。目前行业已经批量应用的连续阻尼可调减振器主要分为内置式电磁阀减振器和外置式电磁阀减振器,其优缺点对比如表 7-7 所示。内置式电磁阀减振器由于具有响应更快、尺寸更小、重量更轻、复原阻尼可调区间更大等优势,是高端车型的优先选择。外置式电磁阀减振器也是智能电控悬架的重要发展方向。目前使用的阀系主要是基于弹簧式和阀片式的阀系,压缩复原频率均实现可调节,目前应用较多的是压缩频率可调。

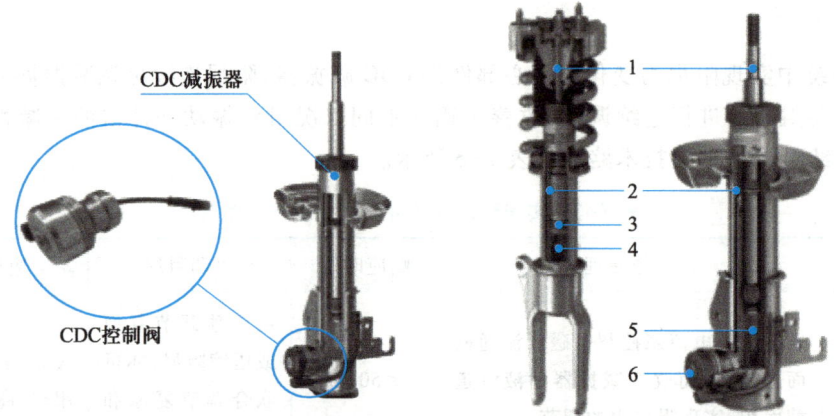

图 7-44　电磁阀阻尼可调减振器结构[内置式(左),外置式(右)]
1—活塞杆;2—储油缸;3—CDC 控制阀;4—工作缸;5—工作缸;6—CDC 控制阀

图 7-45　电磁阀结构

表 7-7　内置式和外置式电磁阀减振器优缺点对比表

类别	优点	不足
外置式电磁阀减振器	并联流道,可以实现减振器阀系与电磁阀解耦,阻尼力可调性好; 减振器行程长,适用于不同类型悬架结构; 成本较内置式低	结构较内置式复杂,重量更大; 响应时间较内置式慢
内置式电磁阀减振器	串联流道,阻尼响应较外置快; 减振器结构简单、外径尺寸小、重量轻; 复原阻尼可调区间大	减振器行程短,适用于不受侧向力、小杠杆比悬架; 成本较外置式高

然而,单阀 CDC 的缺点在于压缩行程的阻尼可调范围小,此外,外置式电磁阀只允许油液单向流通,反向截止,复原行程和压缩行程会互相影响。为了解决这些问题,在外置式电磁阀减振器的基础上进一步改进,采用双电磁阀结构。一个电磁阀接入工作缸上腔,另一个接入下

腔,实现复原和压缩行程的独立调节。这样的结构能增强电磁阀的控制效果,当仅作为电控减振器使用时,对阻尼的控制更有逻辑性。此外,单独增大减振器复原阻尼力能增强减振器对能量的耗散,单独减小减振器压缩阻尼力会减小地面对车身的反馈,更好地提高整车的平顺性和操稳性能。

7.4.3 典型控制算法

这里基于双质量二自由度模型,介绍半主动悬架的典型控制算法。被动悬架、半主动悬架(阻尼可调式)二自由度模型的一般形式如图 7-46 所示。

在半主动悬架中,将减振器的阻尼系数通过两部分表述,一部分是零场阻尼 c_0,另一部分是可调阻尼 c_f。并定义最小和最大阻尼系数 c_{f-min} 和 c_{f-max},开关型减振器中 $c_f \in \{c_{f-min}, c_{f-max}\}$,连续型减振器中 $c_f \in [c_{f-min}, c_{f-max}]$。

悬架系统的动力学模型可以统一表述为

$$\begin{cases} m_s \ddot{x}_s = -k_s(x_s - x_t) - c_s(\dot{x}_s - \dot{x}_t) - F \\ m_t \ddot{x}_t = k_s(x_s - x_t) + c_s(\dot{x}_s - \dot{x}_t) + k_t(x_r - x_t) + F \end{cases} \quad (7-154)$$

式中,m_s 为车身质量;m_t 为车轮质量;k_s 为悬架系统的等效刚度;k_t 为车轮的等效刚度;c_s 为悬架系统的阻尼系数;x_s 为车身的绝对位移;x_t 为车轮的绝对位移;x_r 为路面高程或路面激励;F 为控制力,由执行器性质以及控制算法共同给定。对于被动悬架,取控制力 $F=0$。对于半主动悬架,将零场阻尼等效为被动减振器阻尼,即 $c_s = c_0$,将可调阻尼产生的力表述为控制力,即 $F = c_f(\dot{x}_s - \dot{x}_t)$。

下面介绍以平顺性为控制目标的半主动悬架控制算法:天棚控制(skyhook,SH)。双质量二自由度模型的天棚控制原理是在车身与假想的"天棚"之间,通过一个虚拟的阻尼器,将之"连接"起来,以减少车身的垂向振动,如图 7-47 所示。

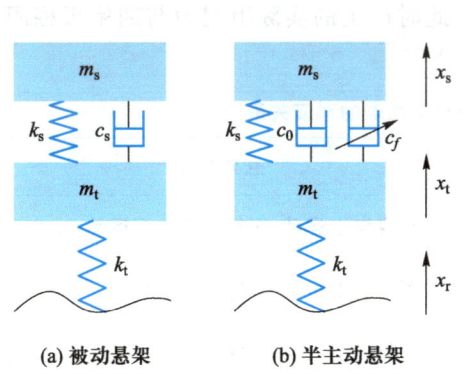

(a) 被动悬架　(b) 半主动悬架

图 7-46　被动悬架、半主动悬架
　　　　二自由度模型的一般形式

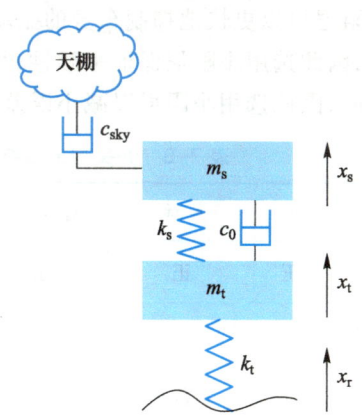

图 7-47　双质量二自由度模型的天棚控制原理

其动力学模型表述为

$$\begin{cases} m_s \ddot{x}_s = -k_s(x_s - x_t) - c_0(\dot{x}_s - \dot{x}_t) - c_{sky}\dot{x}_s \\ m_u \ddot{x}_u = k_s(x_s - x_t) + c_0(\dot{x}_s - \dot{x}_t) + k_t(x_r - x_t) \end{cases} \quad (7-155)$$

式中，c_{sky}为天棚控制的阻尼系数。

根据减振器类型的不同，天棚控制算法可以分为连续型天棚控制与开关型天棚控制。

对于连续型半主动悬架，可调阻尼c_f的取值方式为

$$c_f = \begin{cases} c_{f\text{-max}} & \dfrac{c_{sky}\dot{x}_s}{\dot{x}_s - \dot{x}_t} \geqslant c_{f\text{-max}} \\ c_{f\text{-min}} & \dfrac{c_{sky}\dot{x}_s}{\dot{x}_s - \dot{x}_t} \leqslant c_{f\text{-min}} \\ \dfrac{c_{sky}\dot{x}_s}{\dot{x}_s - \dot{x}_t} & \text{else} \end{cases} \tag{7-156}$$

由于阻尼的非负性，半主动悬架只能产生和$\dot{x}_s - \dot{x}_t$同方向的作用力，而期望的控制力$F = c_{sky}\dot{x}_s$则与车身速度$\dot{x}_s$同向。因此，当$\dot{x}_s - \dot{x}_t$与$\dot{x}_s$反向，即$\dot{x}_s(\dot{x}_s - \dot{x}_t) \leqslant 0$时，无法产生期望的控制力。

对于切换式半主动悬架系统，讨论仅有$c_{f\text{-min}}$和$c_{f\text{-max}}$两个阻尼系数可调的减振器。一方面考虑到在式(7-156)的控制形式下，$\dot{x}_s(\dot{x}_s - \dot{x}_t) \leqslant 0$时即取最小阻尼$c_{f\text{-min}}$，另一方面考虑到计算乘法相比除法更容易，因此衍生出了开关型天棚控制，表述为

$$c_f = \begin{cases} c_{f\text{-max}} & \dot{x}_s(\dot{x}_s - \dot{x}_t) \geqslant 0 \\ c_{f\text{-min}} & \dot{x}_s(\dot{x}_s - \dot{x}_t) < 0 \end{cases} \tag{7-157}$$

该控制策略由$\dot{x}_s - \dot{x}_t$与$\dot{x}_s$的符号决定阻尼的取值，因此也称为状态判定的天棚控制算法。开关型天棚控制中阻尼选取与悬架状态的对应关系共有6种情况，如表7-8所示。阻尼选取为$c_{f\text{-max}}$的四种情况中，②和③中车身与车轮运动方向相反，①和④中二者虽然同向运动，但是车身的运动相较车轮更激烈。以车轮为参照，这四种情况均反映出车身的运动程度较激烈，因此选用大阻尼可以更快地抑制车身的振动。阻尼选取为$c_{f\text{-min}}$的情况⑤和⑥中，一方面，车身的运动较小，因此选用小阻尼保证平顺性；另一方面，由于此时产生的实际阻尼力与期望天棚阻尼力恒反向，因此选用小阻尼以减小误差。

表7-8 开关型天棚控制中阻尼选取与悬架状态的对应关系

序号	$\dot{x}_s$	$\dot{x}_t$	$\dot{x}_s - \dot{x}_t$	$\dot{x}_s(\dot{x}_s - \dot{x}_t)$	阻尼选取	悬架状态
①	正	正	正	正	$c_{f\text{-max}}$	车身向上运动，车轮慢速向上运动
②	正	负	正	正	$c_{f\text{-max}}$	车身向上运动，车轮向下运动
③	负	正	负	正	$c_{f\text{-max}}$	车身向下运动，车轮向上运动
④	负	负	负	正	$c_{f\text{-max}}$	车身向下运动，车轮慢速向下运动
⑤	正	正	负	负	$c_{f\text{-min}}$	车身向上运动，车轮快速向上运动
⑥	负	负	正	负	$c_{f\text{-min}}$	车身向下运动，车轮快速向下运动

7.4.4 模型建立

下面给出半主动悬架连续型、切换型天棚控制的 MATLAB 仿真模型。首先,建立三种路面激励模型:C 级随机路面,减速带路面,用于频域分析的正弦路面。在三种路面激励下,将半主动悬架连续型、切换型天棚控制效果与被动悬架进行对比。在实现方面,在 Simulink 中以状态空间方程形式构建三种路面激励模型和四个悬架系统模型,在 MATLAB 中以 .m 文件中定义的悬架参数和仿真工况参数,调用 MATLAB/Simulink 进行数据处理并绘图。

对于随机路面,这里给出白滤波噪声法的路面激励模型如下:

$$\dot{x}_r(t) = -2\pi f_{min} x_r(t) + 2\pi n_0 \sqrt{G_{xr}(n_0)v} W(t) \tag{7-158}$$

式中,t 为时间(s);x_r 为路面高程(m);v 为车速(m/s);n 为路面不平度的空间频率(m^{-1}),一般取 $[0.011, 2.83]$ m^{-1};n_{min} 为最小空间频率,取 $n_{min} = 0.011$ m^{-1};n_0 为参考空间频率,取 $n_0 = 0.1$ m^{-1};f 为时间频率(s^{-1}),$f = nv$;f_{min} 为下截止频率,$f_{min} = n_{min}v$;$W(t)$ 为高斯白噪声;$G_{xr}(n_0)$ 为路面不平度系数(10^{-6} m^3),取决于路面等级,A、B、C、D 级路面分别取 16、64、256、1 024。

利用式(7-158)可以构造出当 $v = 20$ m/s 时,C 级随机路面的高程如图 7-48 所示。

对于减速带路面,根据标准 JTG/T 3671,可构建其截面的简化形式,其数学模型如下:

$$x_r(t) = \begin{cases} \dfrac{A}{2}\left[1 - \cos\left(\dfrac{2\pi v}{L}t\right)\right] & 0 < t < \dfrac{L}{v} \\ 0 & \text{其他} \end{cases} \tag{7-159}$$

式中,A 为减速带高度,一般取 0.05 m;L 为减速带宽度,一般取 0.3 m。

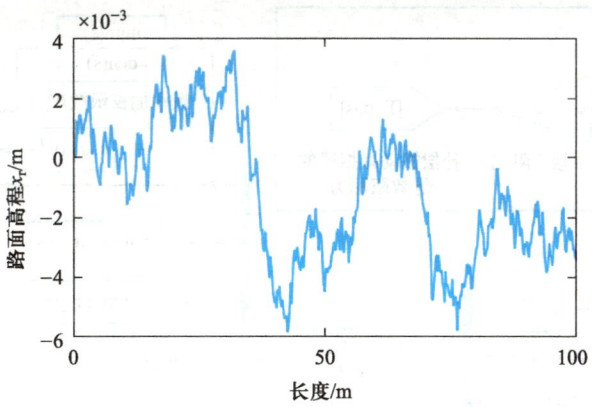

图 7-48 C 级随机路面的高程($v = 20$ m/s)

路面激励模型的仿真模型如图 7-49 所示。采用 Ramp 模块记录仿真时间,并应用于减速带路面的搭建,采用 To workspace 模块将仿真数据输出到工作空间。关于时域仿真和频域仿真的切换,采用 .m 文件中定义的标识 tag_xr 的正负实现,时域中两种路面需要在 Simulink 中进行手动切换。

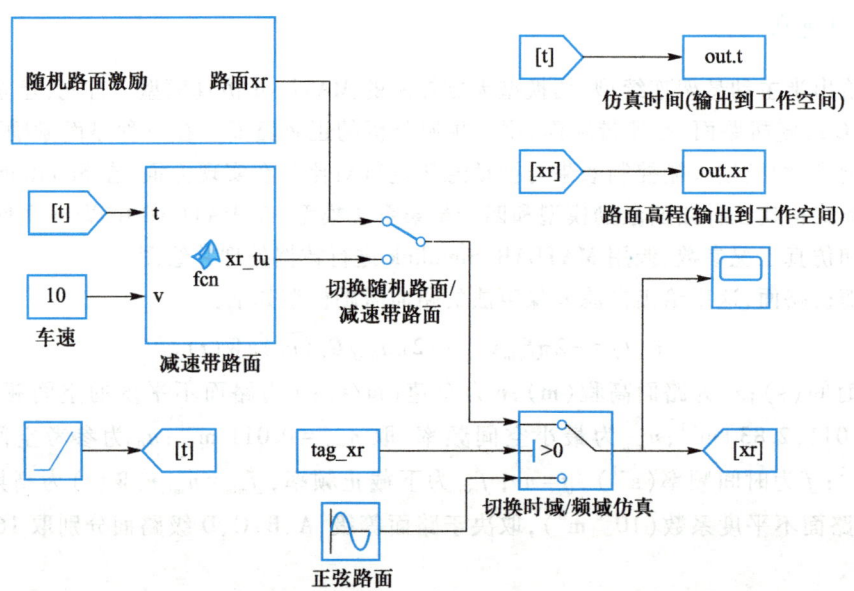

图 7-49 路面激励模型的仿真模型

在 .m 文件中,状态空间方程所表述的减振器阻尼为半主动悬架中的零场阻尼,该阻尼远小于被动减振器的阻尼。被动悬架仿真模型如图 7-50 所示。由于对四种悬架的仿真模型采用同一组状态空间方程参数,故对被动悬架和主动悬架需要额外补充等效的减振器阻尼力,并通过控制力输入等效实现,如图 7-50 左上角框内所示。

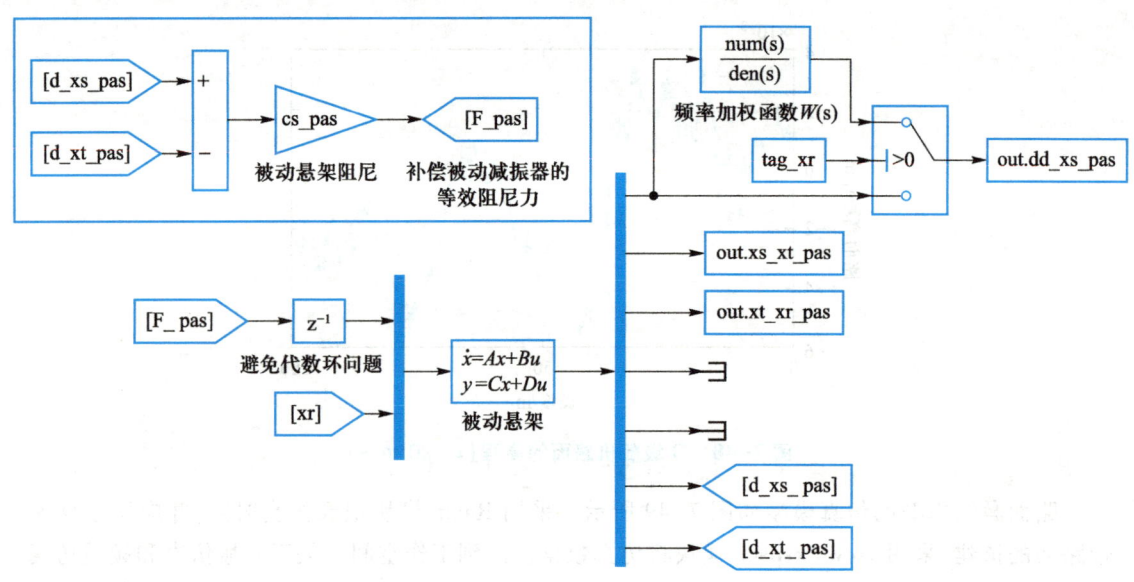

图 7-50 被动悬架仿真模型

除变量定义外,整体模型保持不变,将图 7-50 左上角框内的等效控制力进行更改,即可实现其他三种悬架类型的模型搭建。

切换型半主动悬架的等效控制力模型如图 7-51 所示,其通过 Switch 模块实现对悬架状态的判别,并选用最大或最小阻尼。

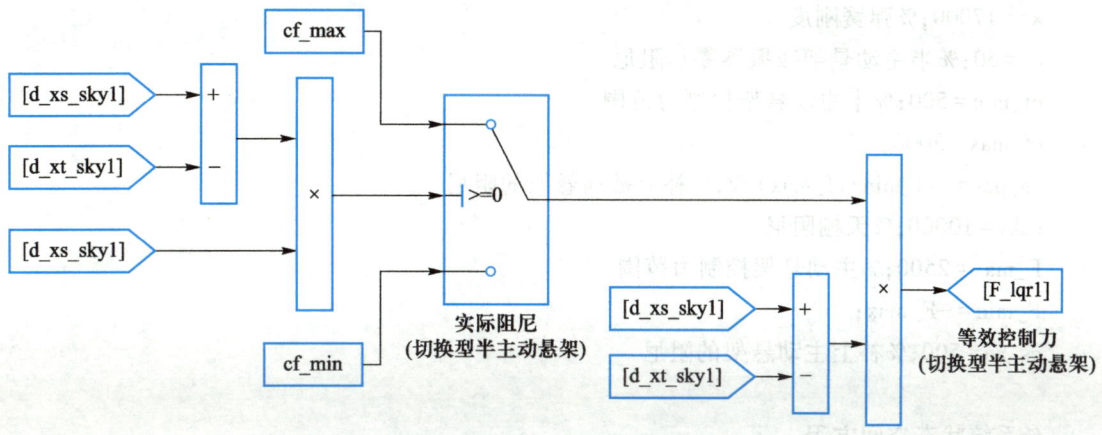

图 7-51 切换型半主动悬架的等效控制力模型

连续型半主动悬架的等效控制力模型如图 7-52 所示。由于在计算期望阻尼的过程中需要除以相对速度 $\dot{x}_s - \dot{x}_t$,该值在仿真过程中可能为 0,使计算结果为 NaN,导致仿真失败,因此当该值为 0 时用一个小数近似表示。得到期望阻尼后,采用 Saturation 模块对阻尼大小进行限制,得到实际阻尼。

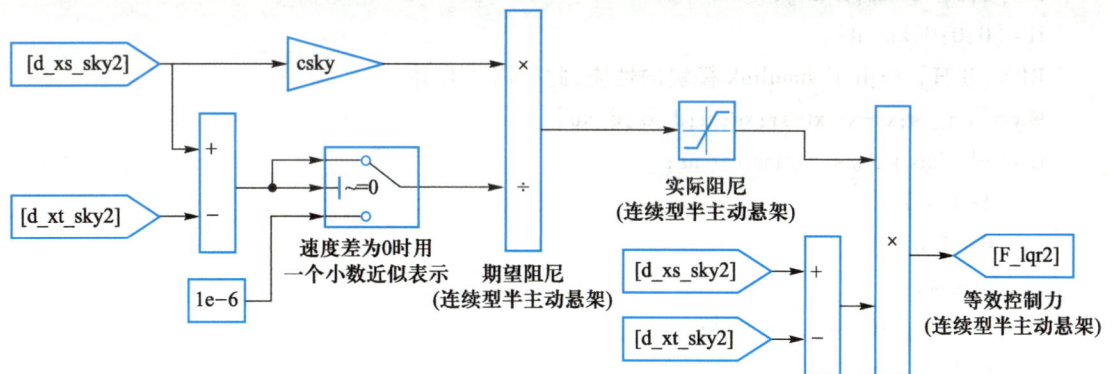

图 7-52 连续型半主动悬架的等效控制力模型

所用的.m 文件代码如下:

```
clc;
clear;
close all;
```

```
%半主动悬架参数
ms = 345;%簧上质量
mt = 40.5;%簧下质量
kt = 192000;%轮胎刚度
ks = 17000;%弹簧刚度
cs = 50;%半主动悬架减振器零场阻尼
cf_min = 500;%半主动悬架控制力范围
cf_max = 3000;
cs_pas = (cf_min+cf_max)/2;%补上被动悬架的阻尼
csky = 10000;%天棚阻尼
F_max = 2500;%主动悬架控制力范围
F_min = -F_max;
cs_ac = 500;%补上主动悬架的阻尼

%系统状态空间方程
%x = [xs;xt;d_xs;d_xu]
A = [0 0 1 0;
     0 0 0 1;
     -ks/ms ks/ms -cs/ms cs/ms;
     ks/mt -(ks+kt)/mt cs/mt -cs/mt];
B = [0;0;-1/ms;1/mt];
H = [0;0;0;kt/mt];
BB = [B H];%由于simulink模块的性质,此处需要合并
%y = [dd_xs;xs-xt;xt-xr;xs;xt;d_xs;d_xu]
C = [-ks/ms ks/ms -cs/ms cs/ms;
     1 -1 0 0;
     0 1 0 0;
     eye(4)];
D = [-1/ms;0;0;zeros(4,1)];
G = [0;0;-1;zeros(4,1)];
DD = [D G];%同理,需要合并

%仿真类型选取
tag_xr = 1;%>0 为时域仿真,否则为频域仿真

if tag_xr>0
    %时域仿真
```

```matlab
freq = 0;%
simOut = sim('suspension_sim.slx');%调用 simulink
%绘图
figure;
subplot(311);
hold on;
plot(simOut.t,simOut.dd_xs_pas,'LineWidth',3);
plot(simOut.t,simOut.dd_xs_sky1,'LineWidth',3);
plot(simOut.t,simOut.dd_xs_sky2,'LineWidth',3);
plot(simOut.t,simOut.dd_xs_sky3,'LineWidth',3);
hold off;
ylabel('簧载质量加速度/m・s^{-2}','FontSize',25);
set(gca,'FontSize',25);
set(gca,'xtick',[],'Xticklabel',[]);
legend('被动悬架','半主动悬架(切换型)','半主动悬架(连续型)','主动悬架','FontSize',30);

subplot(312);
hold on;
plot(simOut.t,1000*simOut.xs_xt_pas,'LineWidth',3);
plot(simOut.t,1000*simOut.xs_xt_sky1,'LineWidth',3);
plot(simOut.t,1000*simOut.xs_xt_sky2,'LineWidth',3);
plot(simOut.t,1000*simOut.xs_xt_sky3,'LineWidth',3);
hold off;
ylabel('悬架动挠度/mm','FontSize',25);
set(gca,'FontSize',25);
set(gca,'xtick',[],'Xticklabel',[]);

subplot(313);
hold on;
plot(simOut.t,1000*simOut.xt_xr_pas,'LineWidth',3);
plot(simOut.t,1000*simOut.xt_xr_sky1,'LineWidth',3);
plot(simOut.t,1000*simOut.xt_xr_sky2,'LineWidth',3);
plot(simOut.t,1000*simOut.xt_xr_sky3,'LineWidth',3);
hold off;
ylabel('轮胎动变形/mm');
set(gca,'FontSize',25);
```

```
xlabel('t/s','FontSize',25);
set(gca,'FontSize',25);

%统计方均根值
dd_xs_rms=[rms(simOut.dd_xs_pas)rms(simOut.dd_xs_sky1)...
           rms(simOut.dd_xs_sky2)rms(simOut.dd_xs_sky3)];
xs_xt_rms=[rms(simOut.xs_xt_pas)rms(simOut.xs_xt_sky1)...
           rms(simOut.xs_xt_sky2)rms(simOut.xs_xt_sky3)];
xt_xr_rms=[rms(simOut.xt_xr_pas)rms(simOut.xt_xr_sky1)...
           rms(simOut.xt_xr_sky2)rms(simOut.xt_xr_sky3)];

else
    %频域仿真
    n=0.011:0.03:2.83;
    v=20;
    f=n*v;
    w=2*pi*f;%参考频率范围
    m_f=length(f);

    %预定义
    fre_dd_xs=zeros(4,m_f);
    fre_xs_xt=zeros(4,m_f);
    fre_xt_xr=zeros(4,m_f);
    for i=1:m_f
        %每一个正弦下均调用一次 simulink
        freq=w(i);
        simOut=sim('suspension_sim.slx');
        rms_xr=rms(simOut.xr);
        %簧载质量加速度
        fre_dd_xs(1,i)=rms(simOut.dd_xs_pas)/rms_xr;
        fre_dd_xs(2,i)=rms(simOut.dd_xs_sky1)/rms_xr;
        fre_dd_xs(3,i)=rms(simOut.dd_xs_sky2)/rms_xr;
        fre_dd_xs(4,i)=rms(simOut.dd_xs_sky3)/rms_xr;
        %悬架动挠度
        fre_xs_xt(1,i)=rms(simOut.xs_xt_pas)/rms_xr;
        fre_xs_xt(2,i)=rms(simOut.xs_xt_sky1)/rms_xr;
        fre_xs_xt(3,i)=rms(simOut.xs_xt_sky2)/rms_xr;
```

```
        fre_xs_xt(4,i) = rms(simOut.xs_xt_sky3)/rms_xr;
        %轮胎动变形
        fre_xt_xr(1,i) = rms(simOut.xt_xr_pas)/rms_xr;
        fre_xt_xr(2,i) = rms(simOut.xt_xr_sky1)/rms_xr;
        fre_xt_xr(3,i) = rms(simOut.xt_xr_sky2)/rms_xr;
        fre_xt_xr(4,i) = rms(simOut.xt_xr_sky3)/rms_xr;
end

figure;
subplot(221);
semilogx(f,20*log10(fre_dd_xs(1,:)),'LineWidth',3);
hold on;
semilogx(f,20*log10(fre_dd_xs(2,:)),'LineWidth',3);
semilogx(f,20*log10(fre_dd_xs(3,:)),'LineWidth',3);
semilogx(f,20*log10(fre_dd_xs(4,:)),'LineWidth',3);
hold off;
ylabel('簧载质量加速度的功率谱/dB','FontSize',25);
set(gca,'FontSize',25);
xlabel('激振频率/Hz','FontSize',25);
set(gca,'FontSize',25);
legend('被动悬架','半主动悬架(切换型)','半主动悬架(连续型)','主动悬架','FontSize',25);

subplot(222);
semilogx(f,20*log10(fre_xs_xt(1,:)),'LineWidth',3);
hold on;
semilogx(f,20*log10(fre_xt_xr(2,:)),'LineWidth',3);
semilogx(f,20*log10(fre_xt_xr(3,:)),'LineWidth',3);
semilogx(f,20*log10(fre_xt_xr(4,:)),'LineWidth',3);
hold off;
ylabel('悬架动挠度的功率谱/dB','FontSize',25);
set(gca,'FontSize',25);
xlabel('激振频率/Hz','FontSize',25);
set(gca,'FontSize',25);

subplot(223);
semilogx(f,20*log10(fre_xt_xr(1,:)),'LineWidth',3);
```

```
    hold on;
    semilogx(f,20*log10(fre_xt_xr(2,:)),'LineWidth',3);
    semilogx(f,20*log10(fre_xt_xr(3,:)),'LineWidth',3);
    semilogx(f,20*log10(fre_xt_xr(4,:)),'LineWidth',3);
    hold off;
    ylabel('轮胎动变形的功率谱/dB','FontSize',25);
    set(gca,'FontSize',25);
    xlabel('激振频率/Hz','FontSize',25);
    set(gca,'FontSize',25);
end
```

7.4.5 案例分析

首先设定.m 文件中的 tag_xr 为 1,进行时域分析:

图 7-53 C 级随机路面时域仿真结果(彩图)

车速 $v = 20$ m/s 条件下,C 级随机路面时域仿真结果如图 7-53 所示,随机路面仿真结果(方均根值)如表 7-9 所示。可以看出,在平顺性方面,切换型半天棚控制、连续型天棚控制相较被动悬架的簧载质量加速度进一步减小,平顺性改善进一步提高。然而,在悬架动挠度和轮胎动变形方面却呈现出反向的恶化。这是因为由于操纵稳定性和平顺性本质上是相互冲突的目标,天棚控制作为面向平顺性改善的控制方法需要进行二者的平衡。

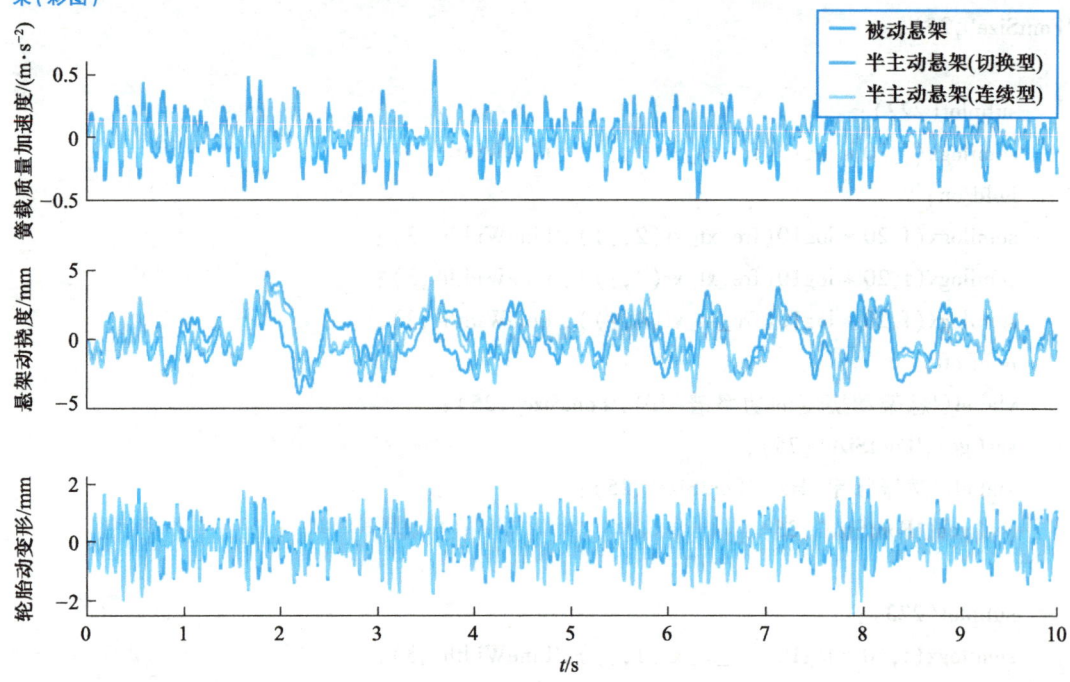

图 7-53 C 级随机路面时域仿真结果

表 7-9 随机路面仿真结果（方均根值）

悬架类型	簧载质量加速度/(m·s^{-2})	悬架动挠度/mm	轮胎动变形/mm
被动悬架	0.154 8	1.365	0.532 4
半主动悬架（切换型）	0.144 4	1.579	0.670 0
半主动悬架（连续型）	0.113 8	1.535	0.709 3
主动悬架	0.085 1	1.882	0.821 8

车速 $v=10$ m/s，减速带路面时域仿真结果如图 7-54 所示。可以看出，相较于被动悬架，两种天棚控制的簧载质量加速度都有明显改善，但在悬架动挠度和轮胎动变形方面会出现一定恶化。

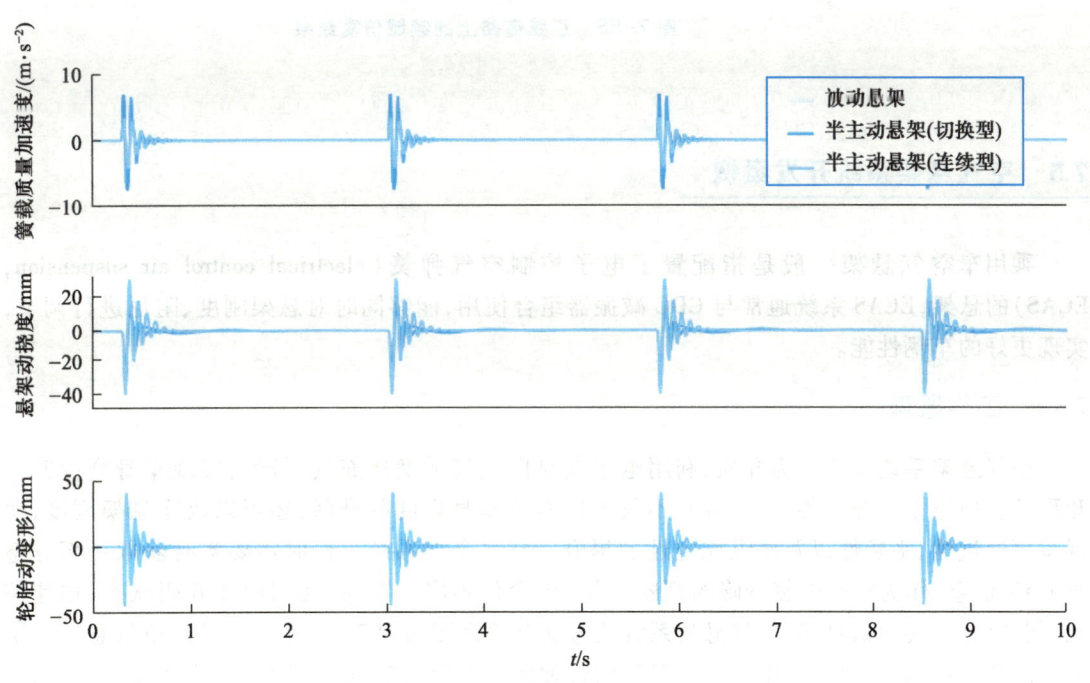

图 7-54 减速带路面时域仿真结果

之后设定.m 文件中的 tag_xr 为 -1，进行正弦路面的频域分析：

$v=20$ m/s 时，正弦道路上的频域仿真结果如图 7-55 所示。频域图直观反映了各频率范围下的控制效果。在人体敏感的 4~8 Hz 频率范围内，连续型半主动悬架天棚能较为显著改善平顺性，说明了这类悬架的优势。此外，针对时域中出现的悬架动挠度和轮胎动变形恶化现象，由于悬架本身是一个低通滤波器，这两个指标处于传递环节，且高频处恶化程度相较中低频过大，因此也能一定程度地做出解释。

图 7-54 减速带路面时域仿真结果（彩图）

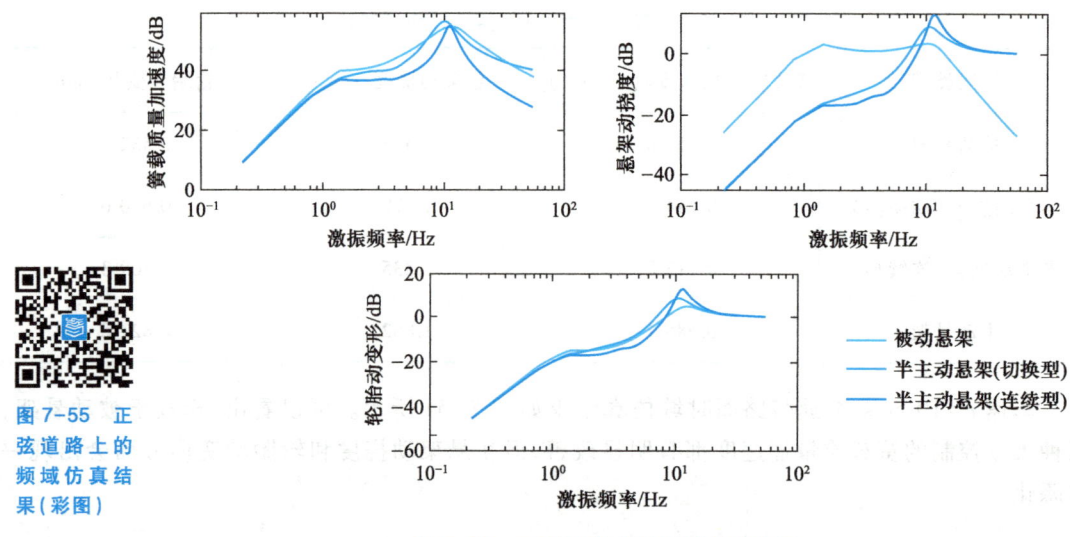

图 7-55 正弦道路上的频域仿真结果（彩图）

图 7-55 正弦道路上的频域仿真结果

7.5 空气悬架系统开发案例

乘用车空气悬架一般是指配置了电子控制空气弹簧（electrical control air suspension，ECAS）的悬架，ECAS 系统通常与 CDC 减振器组合使用，能够同时对悬架刚度、阻尼进行调节，实现更好的车辆性能。

7.5.1 工作原理

空气悬架系统以空气为介质，利用电子气泵向空气弹簧里充气、排气，实现车身高度升高和降低。根据空气弹簧类型的不同，不仅可以实现车身高度的升降，还可以改变悬架刚度，实现车辆通过性、平顺性以及操纵稳定性的提升。空气悬架系统工作时需要实时获取一部分整车 CAN 信息，作为空气弹簧升降的判断依据，包含但不限于车速、四门两盖开闭状态、加速信息、制动信息、转向信息等，空气悬架系统信号交互原理图如图 7-56 所示。结合空气悬架系统配置的高度传感器信号，控制器实时对车辆行驶状态进行判断，达到降低、升高车身条件时，空气悬架系统调节空气弹簧充、放气，实现车身高度的调节。

空气悬架系统的主要功能如表 7-10 所示。以调节车身高度的功能为例，根据调节的方式与应用场景不同，大致可以细分为：高度手动调节、高度自动调节、用户场景调节功能三大类。而使用了多腔空调弹簧的系统，还可以实现刚度的有级切换。目前，空气悬架系统的车身举升速率一般为 10 mm/s，属于慢主动。因此，高度调节功能在车辆静态、或稳态直行时才能够被系统允许实施，在制动、加速、转弯等工况时，举升速率无法匹配车辆状态的快速变化，高度调节功能一般被设置为禁止调节状态。刚度调节功能因为只需要通过开、闭空气弹簧内部的电磁阀实现，电磁阀响应<100 ms，可以应对瞬态如制动、加速、转向变道的需求。因此，刚度调节功能主要针对这些瞬态操稳工况实施控制。

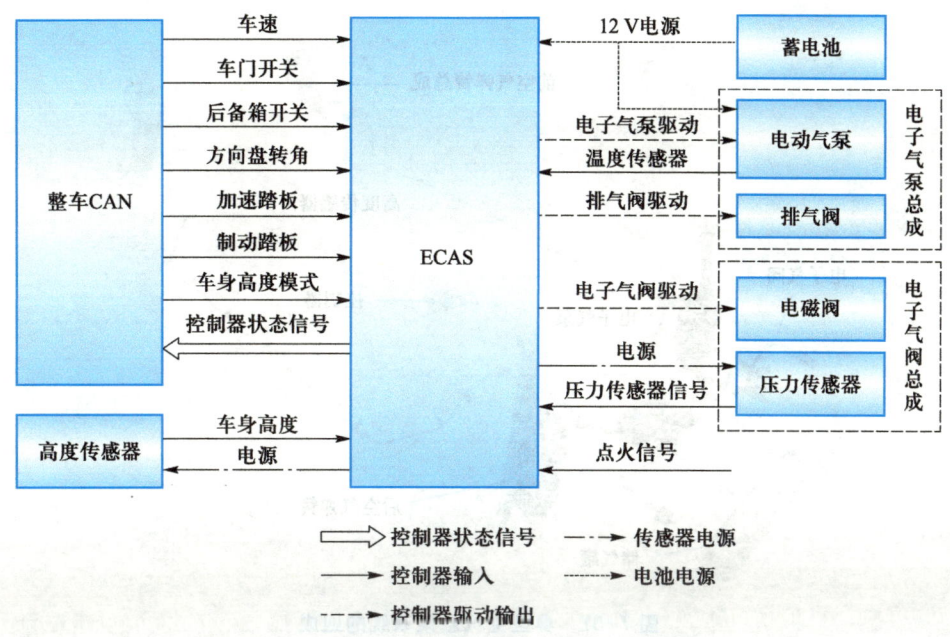

图 7-56 空气悬架系统信号交互原理图

表 7-10 空气悬架系统的主要功能

功能		功能描述
高度调节	手动调节	自定义驾驶模式下,用户可根据自己喜好,手动调节悬架高度（低-中-高）
	自动调节	悬架高度随着车速自动进行调整,提高整车经济性与安全性
刚度调节		针对双腔、三腔空气弹簧,通过改变气囊内部电磁阀开闭,实现刚度瞬时的有级切换,达到改变悬架刚度的目的
场景功能	辅助通过	行驶过程中遇到一些障碍物时,手动选择调节悬架高度可达到最大高度位置,提高通过便利性
	便利上下车	根据车型将悬架高度降至合适高度,方便用户上下车
	拖车模式	车辆处于拖车状态时,选择合适悬架高度后,禁止悬架高度调节
	取物模式	将后悬架高度降至最低,方便用户取放物
	露营调平	在悬架可调节行程范围内,将车身调节至水平,方便野外露营
	展厅模式	样车展厅中,选择合适的悬架高度后禁止调节,避免发生危险
	迎宾模式	功能激活后（可自动识别或者用户操作激活该功能）,悬架降低至最低位,方便乘员上、下车

视频 7-7 京西 Aero-Ride 主动空气悬架工作原理

视频 7-8 京西 R-SARC 可扭转式电控稳定系统工作原理

7.5.2 典型结构

空气悬架系统主要由空气弹簧、电子气阀、电子气泵、储气罐、控制器、高度传感器以及气管、线束等附件组成。关键零部件是空气弹簧与供气单元（电子气阀与电子气泵的统称）,两个零件根据不同的结构形式可以实现不同功能。典型空气悬架系统的组成如图 7-57 所示。

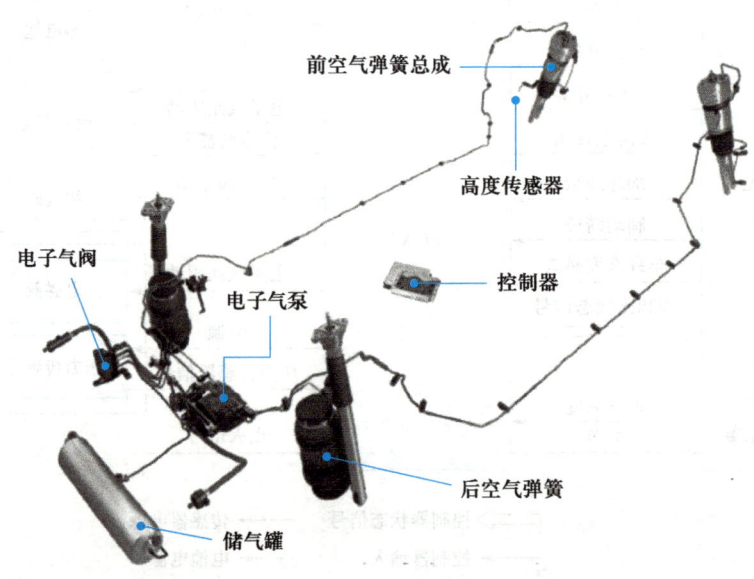

图 7-57 典型空气悬架系统的组成

空气弹簧的布置形式如图 7-58 所示,有同轴布置和单独布置两类形式,同轴布置的形式中不包含减振器。

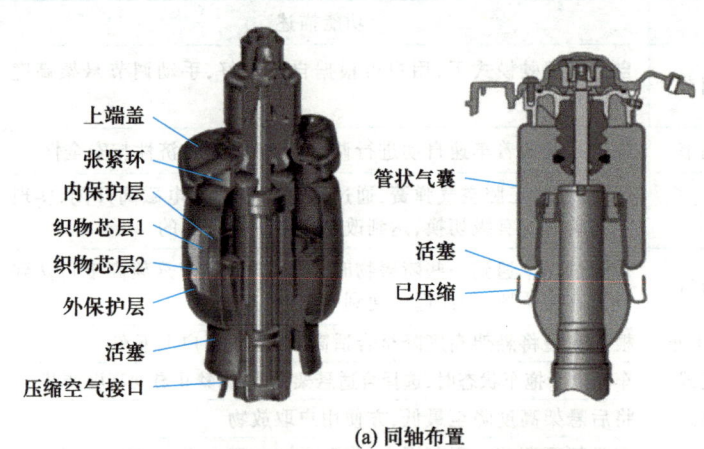

(a) 同轴布置

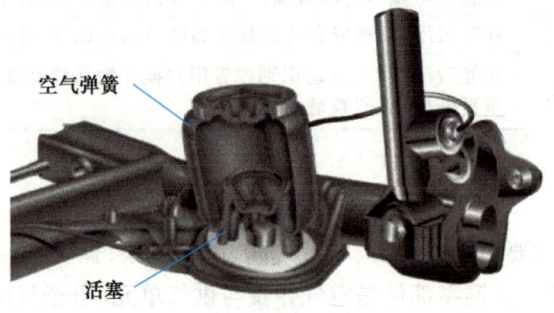

(b) 单独布置

图 7-58 空气弹簧的布置形式

不同类型空气弹簧结构示意图如图 7-59 所示,空气弹簧根据内部气腔的数量不同,可以分为单腔、双腔与三腔。单腔空气弹簧能够实现车身高度调节功能,双腔、三腔空气弹簧既可以实现车身高度调节,还可以实现悬架刚度瞬时有级切换,不同类型空气弹簧可调刚度如表 7-11 所示。

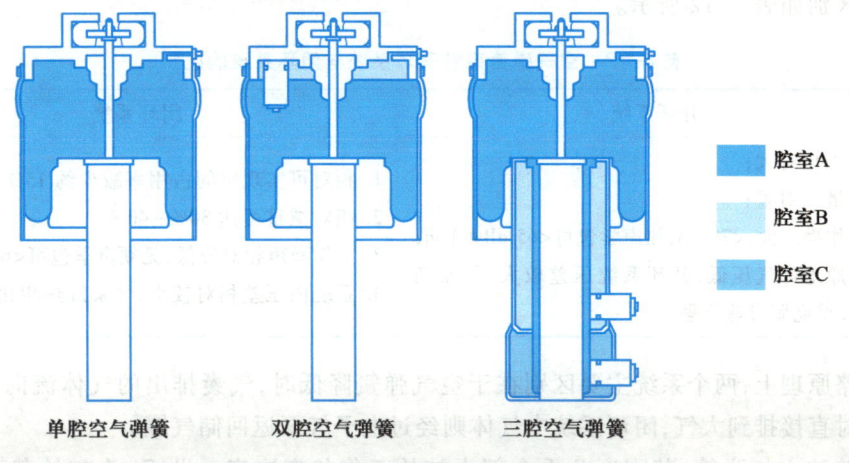

图 7-59 不同类型空气弹簧结构示意图

表 7-11 不同类型空气弹簧可调刚度

弹簧类型	可调刚度 1(基础刚度)	可调刚度 2	可调刚度 3	可调刚度 4
单腔空气弹簧	对应腔室 A	无	无	无
双腔空气弹簧	对应腔室 A	对应腔室(A+B)	无	无
三腔空气弹簧	对应腔室 A	对应腔室(A+B)	对应腔室(A+C)	对应腔室(A+B+C)

空气弹簧的刚度特性在悬架产生大位移时可以提供高刚度,在正常位移区间呈现线性刚度特性。整体而言,固定一个高度位置时,空气弹簧可以具有非线性刚度特征,相比螺旋弹簧,具有更好的舒适性潜力,两者刚度曲线对比如图 7-60 所示。同时,针对新能源汽车,空气弹簧可以提供更大的承载能力。

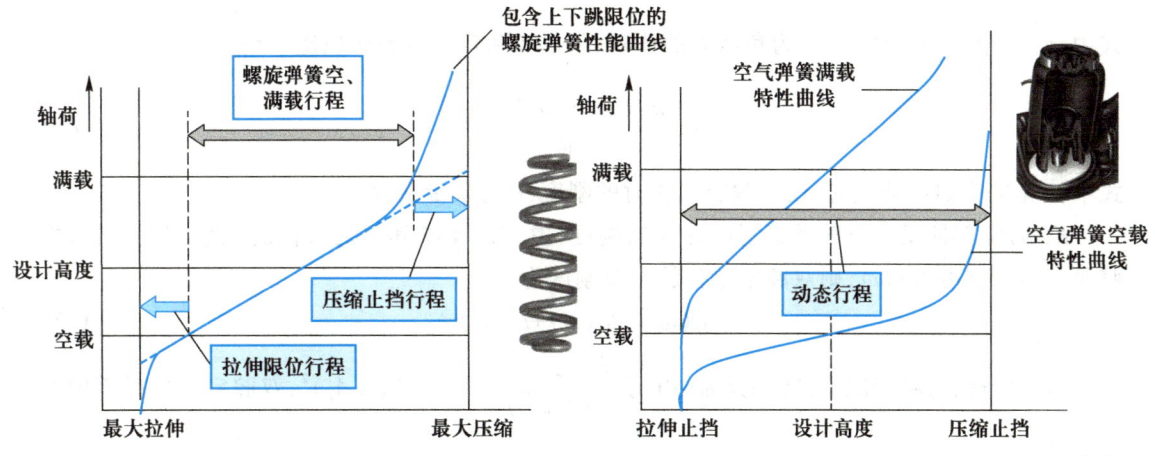

图 7-60 螺旋弹簧与空气弹簧刚度曲线对比

7.5.3 工作过程

空气悬架系统根据充、排气路工作原理的不同,可以分为开环系统与闭环系统两大类。两类系统的区别如表 7-12 所示。

表 7-12 空气弹簧系统开环系统与闭环系统的区别

	开环系统	闭环系统
区别	1. 体积相对大; 2. 重量相对重; 3. 工作噪声大,<70 dB,加声学包可<65 dB@1 m; 4. 高原地区气压低,开环系统压差较大,气泵负荷大,需克服过热问题	1. 相对可实现空间占用率减少约 15%~20%; 2. 相对减重可达 30%~40%; 3. 工作噪声相对较低,无须声学包可<65 dB@1 m; 4. 系统内压差相对较小,气泵过热相比开式较好

在气路原理上,两个系统主要区别在于空气弹簧降低时,气囊排出的气体流向不同,开环系统排气时直接排到大气,闭环系统中气体则经过电子气泵返回储气罐。

对于单腔空气弹簧,其刚度几乎全部由初始工作状态决定。设 F_0 为初始载荷,即 $F_0 = p_0 A$,有以下结论:

(1) 空气弹簧的刚度与初始负载有直接的联系,并且由于余量 $\kappa \dfrac{A^2 p_a}{V_0}$ 的存在,这种联系并不是比例关系。

(2) 相同负载下,有效承压面积越大,刚度越高。

(3) 相同负载下,腔室体积越大,刚度越低。

对于双腔空气弹簧,其复刚度满足下式:

$$K_d(\omega) = k \frac{\left(\dfrac{V_c}{RT_0}\omega\right)^2 + (1+n)(C_r A_c)^2}{\left(\dfrac{V_c}{RT_0 \kappa}\omega\right)^2 + (1+n)^2 (C_r A_c)^2} + jk \frac{n \dfrac{C_r A V_0}{RT_0 K}\omega}{\left(\dfrac{V_c}{RT_0 \kappa}\omega\right)^2 + (1+n)^2 (C_r A_c)^2} \tag{7-160}$$

式中,V_c 为阻尼腔的体积,V_1 为负载腔的体积,阻尼腔和负载腔的体积比 $n = \dfrac{V_c}{V_1}$。

$$k = \frac{\kappa [F(\omega) + p_a A_c] A_c}{V_1} \tag{7-161}$$

式中,k 是完全封闭节流孔、仅负载腔工作时的刚度,κ 为余量系数。

$K(\omega)$ 实部即反映空气弹簧刚度的存储刚度,虚部即反映其阻尼特性的耗散刚度,引入橡胶薄膜的复刚度 $K_s(\omega)$,则双腔室空弹簧的总刚度为

$$K(\omega) = K_s(\omega) + K_d(\omega) \tag{7-162}$$

可以发现,低频情况下,特别是 $\omega \to 0$ 时,$\left(\dfrac{V_c}{RT_0 \kappa}\omega\right)^2 \ll (1+n)(C_r A_c)^2$,双腔室空气弹簧的刚度满足

$$K_d(\omega) = \frac{\kappa [F(\omega) + p_a A] A}{(1+n) V_1} \quad (7-163)$$

空气弹簧的复刚度模型中没有虚部,根据对单腔室空气弹簧的分析,低频扰动下的双腔室空气弹簧相当于负载腔和阻尼腔完全相通的单腔室空气弹簧。可见,在负载振动频率十分低的情况下,由于负载腔的压力变化十分缓慢,在负载腔和阻尼腔之间流动的气流速度很低,节流孔引发的耗散不高,阻尼很小。

高频情况下,特别是 $\omega \to \infty$, $\left\{\dfrac{V_c}{RT_0\kappa}\omega\right\}^2 \ll (1+n)^2 (C_r A_c)^2$,腔室空气弹簧的刚度满足

$$K_d(\omega) = \frac{\kappa [F(\omega) + p_a A] A}{V_1} \quad (7-164)$$

与低频状况类似,高频扰动下的双腔室空气弹簧复刚度模型也没有阻尼项,但是其存储刚度的大小相当于气体体积与上腔室相等的单腔室空气弹簧,可见,在高频状态下,节流孔和负载腔均没有发挥作用。一般认为,当负载的振动频率很高时,由于压力变化很快而气流速度有限,气体来不及流经节流孔压力便再次发生变化,因此,此时的节流阀相当于完全关闭,双腔室空气弹簧仅有负载腔在提供隔振作用,阻尼也很小。低频和高频状态下耗散刚度均很低,而中间频段却拥有阻尼,由连续函数的性质,一定存在一个频率点或者多个频率点,阻尼处于峰值状态。根据隔振原理,倘若调节双腔室空气弹簧的参数使该峰值点与共振点重合,即可以实现有效隔振频段小阻尼、无效隔振频段大阻尼的理想隔振效果。

7.5.4 模型建立与案例分析

上一小节的工作过程中,低频扰动下的双腔室空气弹簧相当于负载腔和阻尼腔完全相通的单腔室空气弹簧,刚度较小。在高频扰动下,双腔室空气弹簧复刚度模型没有阻尼项,但是其存储刚度的大小相当于气体体积与上腔室相等的单腔室空气弹簧。在中频段双腔其实同时工作,刚度最高。本小节给出双腔空簧与单腔空簧的刚度在频域内分布特性的 MATLAB 仿真代码如下:

```
w=0:0.1:3000;%定义频率范围
Ac=3.2E-3;%活塞板有效承载面积
Vl=5.9E-5;%负载腔初始体积
Vc=3.5E-4;%阻尼腔体积
n=7.2;%阻尼腔与负载腔体积比
T0=295;%初始温度
R=286.9;%气体常数
Cr=3E-5;%节流孔流量系数
kai=1.4;%绝热指数
Pa=1.01E+5;%标准大气压
F=100;%假定力的变化频率恒定
```

```
k = kai * (F+Pa * Ac) * Ac./Vl;%计算双腔刚度频率响应
c1 = (Vc * w/R/T0).^2;
c2 = (1+n) * (Cr * Ac)^2;
K_dual = …
    k. * (c1+c2)./((c1 * kai^2)+(1+n) * c2)+k * n * Cr * Ac * Vc. * w/(R * T0 * kai)./
(c1+(1+n) * c2);
K_single = k. * c1./(c1 * kai^2);%计算单腔刚度频率响应

plot(w,K_dual,w,K_single)%绘制图形
text(500,22800,'双腔空簧')
text(900,16000,'单腔空簧')
xlabel('频率/Hz')
ylabel('动刚度/(N/m)')
```

运行上述代码,得到单双腔空簧刚度频率特性如图 7-61 所示。

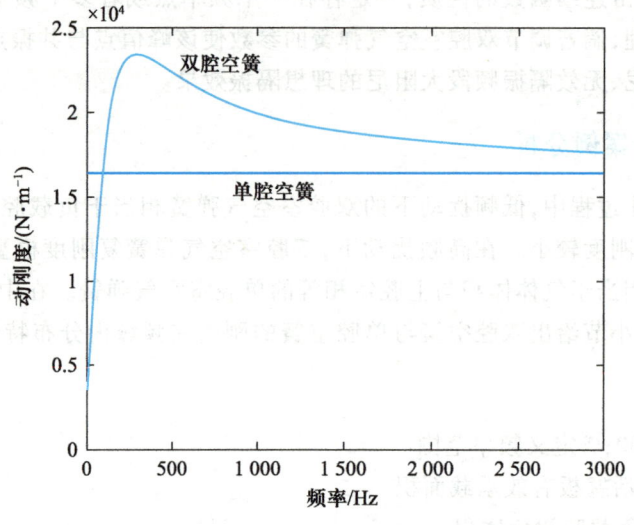

图 7-61　单双腔空簧动刚度频率特性

综合双腔空簧的工作过程与模型仿真分析,得出以下结论:

(1) 空气弹簧缓冲吸振的功能主要来自刚性壳体内充满的空气的可压缩性。

(2) 双腔室空气弹簧活塞板上的受控对象在有振动时,橡胶薄膜的变形会导致负载腔内的压力变化,从而形成与阻尼腔的压力差。在这个压力差的作用下,气体会在两个腔室之间来回流动,在流经节流孔的时候引发节流效应,产生阻尼力,加快了振动的衰减。

(3) 阻尼腔可以使低频段的刚度变低,并且阻尼腔体积越大,这种效果越明显。

(4) 高频段阻尼腔失去作用,隔振器相当于仅有负载腔工作的单腔室空气弹簧。

下面探究节流孔对双腔空簧动刚度的影响,双腔空簧动刚度特性如图 7-62 所示。

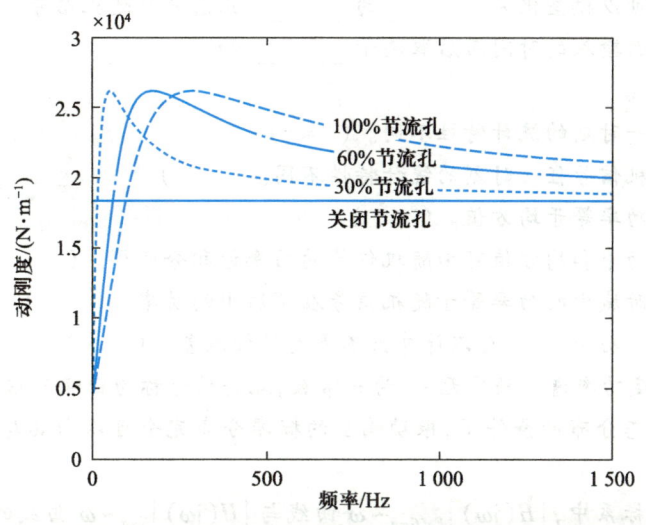

图 7-62　双腔空簧动刚度特性

分析图示结果得到如下结论：

（1）无论节流孔的开口面积为多少，刚度低频趋于一个很低的常值，高频趋于一个很高的常值。

（2）调节开口面积可以改变刚度从小值变化至大值的变化区间。

思考与练习

一、选择题

1. 串联弹簧等效刚度的倒数是各个弹簧刚度的（　　）。
   A. 积　　　　　B. 和　　　　　C. 倒数之积　　　　D. 倒数之和

2. 某一车辆振动模型的簧上质量被简化为前轴簧上质量和后轴簧上质量两部分，其运动相互独立，则其最可能适用（　　）自由度模型分析。
   A. 1　　　　　B. 2　　　　　C. 4　　　　　　　D. 7

3. 获取某一轴向消除频率影响差异后的振动功率的数学计算方法通常有（　　）。
   A. 滤波网络法　　B. 状态空间法　　C. 根轨迹法　　　D. 频谱分析法

4. 空间功率谱与时间功率谱相比，可以消除（　　）物理量对频谱分析的影响。
   A. 车速　　　　B. 质量　　　　C. 阻尼　　　　　D. 稳定性系数

5. 零均值条件下，方均根值在数值上等价于下列哪个量？（　　）
   A. 方差　　　　B. 中位数　　　C. 标准差　　　　D. 自相关系数

二、填空题

1. 垂向动力学的研究对象由_____、_____及_____构成的振动系统。

2. 平顺性的三大核心评价指标是：_____、_____及_____。

3. 人体坐姿振动模型收到_____个输入点，共_____个方向的振动作用。

4. 路面不平度可以模型化为_____的_____正态分布随机信号。

5. 前后车轮路面输入的时间滞后取决于_____和_____。

三、判断题

1. 随机信号任一时刻的统计特性不同。（   ）

2. 严格平稳随机信号任一时刻的统计特性不同。（   ）

3. 随机信号的功率等于均方值。（   ）

4. 随机信号的功率和均方值可由随机信号的功率谱积分所得。（   ）

5. 随机信号在时域中的功率等于随机信号在频域中的功率。（   ）

6. 只要知道位移功率谱，就可以计算出不平度的标准差。（   ）

7. $W=2$ 时，速度功率谱与频率无关，为一常数，此种信号称为白噪声信号。（   ）

8. 在零均值正态分布的条件下，振动响应的概率分布完全可以由其与标准差的倍数关系来确定。（   ）

9. 在双对数坐标系中，$|H(j\omega)|_{F_d/G \sim \dot{q}} \sim \omega$ 曲线与 $|H(j\omega)|_{\ddot{z} \sim \dot{q}} \sim \omega$ 曲线的形状完全一致，只是存在上下平移关系。（   ）

10. 动载荷指在静力平衡基础上，车轮接地点受到的车轮对它垂直向上的力（方向向上为正）。（   ）

四、简答题

1. 假设在不同方向分别作用振动激励，此时如何计算人体所能承受的振动时间？

2. 请给出谱以及功率谱的定义，并写出车身加速度功率谱与其标准差的关系。

3. 请简述如何得到工程上容易使用的随机信号。

4. 参考下表，求车身加速度 $\ddot{z}$ 超过 $1g$ 的概率 $P=1\%$，求车身加速度的标准差 $\sigma_{\ddot{z}}$。

正态分布，超过标准差 σ_x 的 $\pm\lambda$ 倍以外的概率 P

λ	1	2	2.58	3	3.29
P	31.7%	4.6%	1%	0.3%	0.1%
$1-P$	68.3%	95.4%	99%	99.7%	99.9%

5. 请简述汽车振动模型"7-4-2-1"的简化过程。

五、综合应用题

1. 2023 年 4 月 10 日，比亚迪汽车发布了"云辇"技术，共包含云辇-C、云辇-A、云辇-P 以及云辇-X 四套不同取向的车身控制系统。云辇-C 类似于市场上常见的 CDC 可变阻尼减振器，在比亚迪汉和唐的高配车型上将搭载这套系统。该系统利用电磁阀来调节减振器的阻尼特性，实现阻尼的无级自适应调节，在路况不好时，中央控制系统都会以微秒级的处理时间来调节阻尼强度，对来自路面的颠簸能起到有效的缓冲作用，快速抑制车辆行驶时产生的上下振动。在行驶中急刹、高速过弯等情况时，系统将提供硬性支撑力，加强车辆的操控性。

(1) 综合运用所学知识，分析云辇-C 的工作原理。如需进一步提升该系统的性能，有可能在哪些方面开展工作？

(2) 综合运用所学知识，分析云辇-P 及云辇-X（车辆跳舞、原地起跳等炫技）的技术途径；

（3）分析比亚迪"云辇"技术与Clear Motion等公司主动悬架技术的特点，尝试提出主动悬架系统的新可能方案。

2. 晕动症（motion sickness，MS）是指包括晕车、晕机、晕船现象在内的一种生理性症状，导致恶心、呕吐、出冷汗、心律不齐等症状。人们在乘坐电动汽车时往往会比乘坐燃油汽车更容易出现晕动症症状。人体耳石（otolith）接收的是加速度信息，半规管（semicircular canals）接收的是旋转的角速度信息。二者接收的信息与内部模型（或预测的结果）产生了冲突，误差的积累导致了晕动症的发生。

（1）查阅与晕动症相关的论文，总结目前晕动症建模的主要模型有哪些？

（2）综合运用所学知识，分析如何将晕动症有关指标纳入平顺性的评价体系中。

参考文献

第7章参考文献

第8章 智能网联汽车运动控制

智能网联汽车是车联网与智能汽车的有机结合,依托搭载的先进车载传感器、控制器、执行器,融合网络通信技术,可以显著改善交通安全、缓解交通拥堵、提升通行效率。为实现上述优势,需要依托精准、高效、协调的智能网联汽车运动控制。本章首先从智能网联汽车基本概念出发,介绍其主要技术路线和系统架构;面向运动控制主要执行机构,介绍车辆线控技术在智能网联汽车中的应用;从人-车-路闭环系统出发,介绍驾驶员模型与智能网联汽车纵向和横向运动跟踪控制方法;从多车、车路协同角度出发,介绍智能网联汽车车-车间(V2V)和车-路间(V2I)协同驾驶控制技术。

本章结束时,学生应该具备如下能力:
1. 理解智能网联汽车的基本概念及线控底盘构成。
2. 理解不同等级自动驾驶的划分标准。
3. 掌握基本的汽车纵向、横向运动控制方法。
4. 了解智能网联汽车车-路协同的基本概念。
5. 能够应用常见的控制方法设计跟踪控制策略。

8.1 智能网联汽车概述

8.1.1 智能网联汽车基本概念

智能网联汽车(intelligent and connected vehicles,ICVs)是指搭载先进的车载传感器、控制器、执行器等装置,并融合现代通信与网络技术,实现车与X(车、路、人、云等)智能信息交换、共享,具备复杂环境感知、智能决策、协同控制等功能,可实现"安全、高效、舒适、节能"行驶,并最终可实现替代人来操作的新一代汽车。与智能网联汽车相关的概念包括智能汽车、无人驾驶汽车、车联网、智能交通系统等,下面详细介绍各概念并梳理它们之间的关系。

1. 智能汽车

智能汽车是指能够自主获取车辆有关状态与周边环境信息、处理信息并做出决策、实时反馈信息并执行相关动作的车辆。它集中运用了计算机、现代传感、信息融合、通信、人工智能及自动控制等技术,通过先进的车载传感器(雷达、摄像头等)、控制器、执行器等装置,使车辆具备智能环境感知能力,能够自动分析车辆行驶的安全及危险状态,并使车辆按照人的意愿到达目的地,最终实现替代人来操作驾驶。

智能汽车是智能交通系统的重要组成部分,其发展目标是不断提升驾驶智能化程度,从初级辅助驾驶逐步发展为完全自动驾驶,最终实现无人驾驶。具备车与车之间通信、车与路网设施之间通信能力,使汽车与网络相连的智能汽车可以称为智能网联汽车。

2. 无人驾驶汽车

国际汽车工程师协会(Society of Automotive Engineers,SAE)将驾驶自动化技术分为L0~L5六个等级,如表8-1所示。满足最高等级L5级完全自动驾驶水平的汽车可以称为完全无人驾驶汽车。

表 8-1 SAE 对驾驶自动化技术的等级划分

分级	名称	定义	车辆运动控制	感知与决策	应急处理	设计运行范围
L0	无自动化(no driving automation,NA)	即使配备了主动安全系统,驾驶任务也完全由驾驶人执行	驾驶人	驾驶人	驾驶人	无
L1	辅助驾驶(driver assistance,DA)	在特定场景下驾驶自动化系统可控制车辆横向或纵向运动(不可同时),其他驾驶任务由驾驶人完成	驾驶人和系统	驾驶人	驾驶人	有限
L2	部分自动驾驶(partial driving automation,PA)	在特定场景下驾驶自动化系统同时控制车辆横向和纵向运动,驾驶人需要对周边感知并做出对应决策,同时监控自动驾驶系统	系统	驾驶人	驾驶人	有限
L3	有条件自动驾驶(conditional driving automation,CA)	在特定场景下驾驶自动化系统执行所有动态驾驶任务,当驾驶自动化系统提出接管请求或出现问题时,接管人员需快速接管车辆	系统	系统	驾驶人	有限
L4	高度自动驾驶(high driving automation,HA)	在特定场景下驾驶自动化系统执行所有动态驾驶任务和应急处理,不需要任何人为干涉	系统	系统	系统	有限
L5	完全自动驾驶(full driving automation,FA)	在任何场景下驾驶自动化系统执行所有动态驾驶任务和应急处理,不需要任何人为干涉	系统	系统	系统	无限

无人驾驶汽车是能够完全自主通过车载设备感知环境、自主规划和识别行车路线并控制车辆到达目的地的智能汽车。与一般智能汽车相比,无人驾驶汽车需要具备更为先进的环境感知系统、中央决策系统与底层控制系统。驾乘人员只需要提供目的地或输入导航信息,在行驶全程无需对车辆进行任何操控,即可到达目的地。

具备高度自动驾驶、完全自动驾驶能力的无人驾驶汽车是智能汽车发展的最终形态,应用车联网技术与智能交通系统高效协调，有助于实现完全自动驾驶。

3. 车联网

车联网概念来源于物联网，是物联网技术在智能交通系统中的应用。如图 8-1 所示，车辆通过新一代信息通信技术，依托约定的体系架构或通信协议，将车内网、车际网、移动互联网进行融合，实现 V2X（V 代表汽车，X 代表车、路网设施、人、云端平台等）。其中，车与车（vehicle-to-vehicle，V2V）之间的通信是指车辆与车辆之间的信息交流与共享，包含车辆位置、行驶速度、方向等车辆状态；车与路网设施（vehicle-to-infrastructure，V2I）之间的通信是指车辆与路面道路固定设施（摄像头、红绿灯、路边单元等）的通信，可以实现车辆与道路间的信息交互，获取道路路面状况，引导车辆选择最佳行驶路径；车与人（vehicle-to-pedestrian，V2P）之间的通信是指用户可以通过 RFID、Blue Tooth 等无线通信手段与车辆进行信息交互，使用户能通过手持设备监测并控制车辆；车与云平台（vehicle-to-network，V2N）是指车辆通过卫星无线通信或移动蜂窝等无线通信技术实现与车联网服务平台的无线信息交换，接受平台下达的控制指令，实时共享车辆数据。

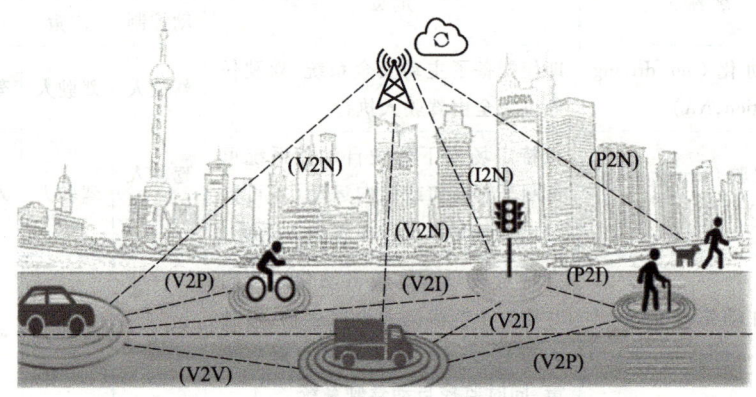

图 8-1 车联网通信网络

4. 智能交通系统

智能交通系统（intelligent traffic system，ITS）概念最早在 20 世纪 90 年代被提出，是将先进的信息技术、计算机处理技术、数据通信技术、传感器技术、运筹学、人工智能等有效地集成应用于整个地面交通管理系统而建立的一种在大范围、全方位发挥作用的综合交通运输管理系统。

2020 年 3 月，美国交通部发布新版《智能交通系统（ITS）战略规划 2020—2025》，如图 8-2 所示，为智能交通系统发展指明了新方向。新版 ITS 战略提出六大规划领域，包括新兴和智能技术、网络安全、自动驾驶、ITS 部署、完整出行（ITS4US 项目）、数据访问和交换，以推动 ITS 技术的全生命周期发展。

可以看出，智能交通系统的实现与自动驾驶技

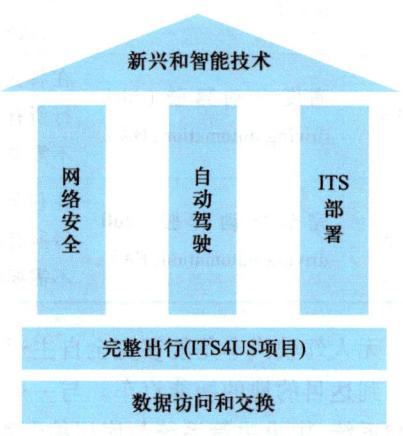

图 8-2 美国《智能交通系统（ITS）战略规划 2020—2025》

术、车联网技术发展密切相关,车联网的目标之一就是实现交通系统智能化,具备自动驾驶能力的智能网联汽车是智能交通的最优车辆载体。

综上可知,智能网联汽车与智能汽车、无人驾驶汽车、车联网、智能交通系统之间关系密切、相互包含,没有明显分界线,智能网联汽车相关概念关系如图 8-3 所示。

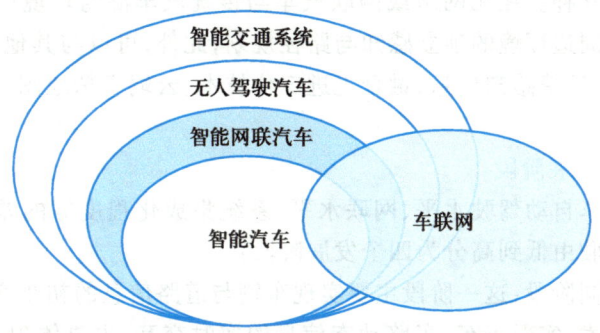

图 8-3 智能网联汽车相关概念关系

8.1.2 智能网联汽车技术路径

1. 智能网联汽车技术路径

根据实现高级辅助驾驶和无人驾驶的技术路线差异,智能网联汽车可以分为基于传感器的车载式技术路线、基于车辆互联的网联式技术路线,以及车载式与网联式融合的技术路线,如图 8-4 所示。

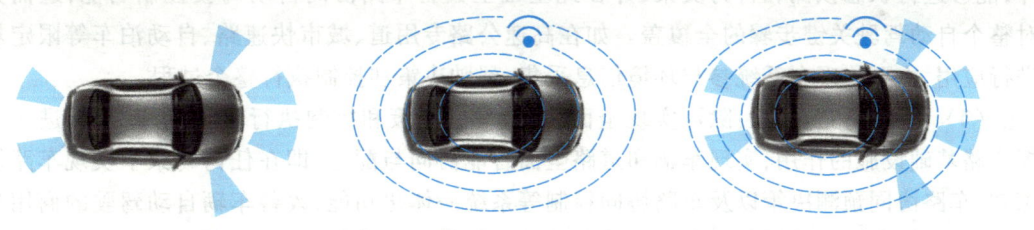

(a) 基于传感器的车载式技术路线　(b) 基于车辆互联的网联式技术路线　(c) 车载式与网联式融合的技术路线

图 8-4 智能汽车技术路线

基于传感器的车载式技术路线依靠在车辆上集成安装雷达、摄像头等多种传感器,自主感知车辆周边环境,同时依托已有的地图数据进行路径规划,实现辅助驾驶或不同程度的自动驾驶功能。车载式技术路线是目前发展较为成熟的路线,其优势是仅需在本车布置传感器即可,无需考虑与其他车辆以及路网设施之间的通信问题,但由于其难以实现 V2V、V2I 层面的通信,因此无法实现大范围内的环境感知与协同驾驶功能。

基于车辆互联的网联式技术路线主要由以谷歌、苹果、百度为代表的互联网企业推动,是对汽车传统驾驶模式的根本变革。这类路线使用短距离无线通信技术实现 V2V、V2I 层面的通信,可以充分发挥短距离无线通信低延迟、高可靠特点,同时通过 4G、5G 等远程移动互联网通信技术实现与云端的通信。其优势是可以实现大范围内的 V2X 互联通信,实现更高级的协同驾驶、车队控制等功能,但由于网络带宽、响应延迟、难以与传统车辆通信等问题,目前多在具备良好道路基础设施、良好通信网络的园区环境小范围使用,制约了其应用范围。

车载式与网联式融合的技术路线,是现阶段智能网联汽车技术路线的主要发展方向,其特点是在车辆上布置独立、完整的传感器模块,同时使车辆具备 V2X 网络通信能力,实现对上述两种技术路线的优势互补。在无网络或网联汽车与传统汽车混驾环境中,可以依托自身传感器实现小范围内车辆周边环境的独立感知与路径规划;此外,可以与其他网联车辆以及路网设施信息互联,共享本车环境感知信息,融合先进定位技术、云端高精地图,实现大范围环境感知与协同路径规划。

2. 智能网联汽车发展阶段

综合智能网联汽车自动驾驶水平、网联水平、系统集成化程度等的差异,可以将智能网联汽车车路协同自动驾驶由低到高分为四个发展阶段:

(1)信息交互协同阶段:这一阶段主要实现车辆与道路信息的初步交互共享,采用先进的无线通信和互联网技术,实现车车、车路动态信息的实时交互,主要体现在系统参与者对环境信息的融合采集。

(2)感知预测决策协同阶段:除借助通信技术进行实时信息交互和共享外,随着车辆技术进步空间的饱和与交通环境复杂度的增加,自动驾驶感知和决策的实现不仅仅依赖于雷达、摄像头等先进的车载设备,也越来越依靠于智能道路设施进行全时空动态交通环境信息的感知,以及后续的数据融合、状态预测和行为决策等,主要体现在系统参与环境信息的全面采集以及驾驶决策。

(3)控制协同阶段:除可采集全时空动态环境信息和实施车车、车路等动态实时信息交互外,能够进行状态预测和行为决策,并在此基础上具备车路协同自动驾驶控制功能,进而完成对整个自动驾驶关键步骤的全覆盖。如在高速公路专用道、城市快速路、自动泊车等限定场景进行应用,主要体现在系统参与环境信息采集、驾驶决策和控制执行整个过程。

(4)车路一体化阶段:除可实现全面采集、驾驶决策和控制执行等功能外,能够进一步发挥道路基础设施的作用,实现车辆和道路全面智能协同与配合,即在任何场景下实现车路协同感知、车路协同预测决策以及车路协同控制等系统一体化功能,改善车辆自动驾驶的商用化途径,形成车辆和道路共同促进自动驾驶落地的一体化发展路径。

8.1.3 智能网联汽车系统架构

智能网联汽车作为具备网联能力的智能汽车,其基本驾驶系统架构与普通智能汽车类似,可分为环境感知系统、决策与控制系统、执行系统三大主要部分,如图 8-5 所示。两者之间的主要差异在于在环境感知系统中加入网联通信模块,可以与其他交通参与者共享路面交通信息;在决策与控制系统中加入了云控系统模块,可以接受云端统一调度,实现多车协同驾驶等功能。

1. 环境感知系统

环境感知系统的主要功能是收集车辆自身、驾驶人员、周边车辆、道路基础设施以及其他交通参与者的动、静态信息,为决策与控制系统提供参考,其组成包括由雷达、摄像头等在内的传感器模块;由 GPS 卫星定位系统、INS 惯性导航系统等组成的导航定位模块;由专用短程通信系统和蜂窝网络通信系统组成的网联通信模块;具备语音识别、手势识别、驾驶意图解析等功能的人机交互模块。

2. 决策与控制系统

决策与控制系统的主要功能是接受环境感知系统收集的各层面信息并进行计算融合,对道路、车辆、行人、交通标志、交通信号进行识别,分析驾驶意图和导航目的地,与云端控制系统指令进行匹配,最终决策分析车辆的驾驶模式并将要执行的操作(图8-5以轨迹跟踪为例)下达到执行系统。其主要硬件组成包括以 GPU、FPGA 为核心的 AI 计算单元;由高性能多核 CPU 等组成的中央计算单元;由多 ECU 组成的执行器控制单元;由高速总线(如 CAN 总线)等构成的车内通信网络等。

3. 执行系统

执行系统的主要功能是接受决策与控制系统的控制指令,将由计算平台计算所得的指令反映到车辆驱动、转向、制动、悬架等系统的动作上,实现对车辆纵、横、垂多维度的运动跟踪控制。其主要执行机构是各底盘线控子系统,包括线控转向、线控驱动、线控制动等。

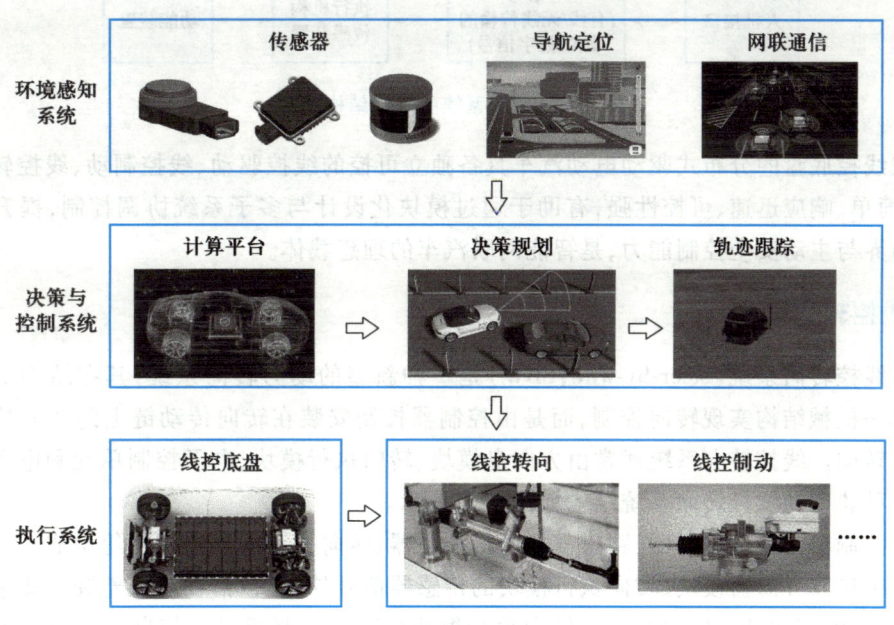

图 8-5 智能网联汽车基本驾驶系统架构

8.2 汽车线控技术

汽车智能化与电动化呈现相互促进、共同发展的趋势。汽车线控技术使得原本仅由机械控制的汽车执行元件具备了机电一体化协同工作能力,可接受来自电子控制系统的各种控制指令并实时反馈作动结果。各底盘线控子系统作为智能网联汽车的"手"和"脚",其性能直接关系到智能网联汽车运动控制的效果。

8.2.1 汽车线控底盘

线控技术(X-by-wire),区别于传统的纯机械系统,采用线缆或电信号实现运动指令的传递,而不是由机械连接操纵系统。这一技术最早始于20世纪70年代民航飞机的线控飞行技术,用以解决飞机机械元件控制自由度多、布置位置复杂的问题。近年来,采用这一概念的类似系统,诸如线控制动、线控驱动、线控换挡和线控转向等,在汽车工程领域开始得到应用。

线控系统的基本结构原理如图8-6所示。通过人机接口将驾驶员操纵指令或智能网联汽车决策与控制系统生成的驾驶指令转换为模拟/数字类型的电信号,有线/无线传输至执行机构传感装置,由执行机构将信号转换为对应的动作驱动功能装置实现对应功能。此外,功能装置执行效果也可以反向传输,最终经人机接口反馈给驾驶员或车辆中央决策与控制计算单元。

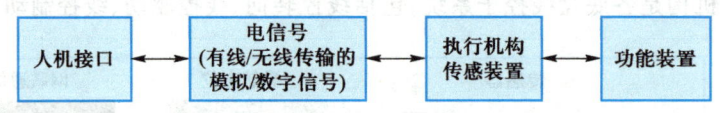

图8-6 线控系统的基本结构原理

搭载线控底盘的分布式驱动电动汽车具备独立可控的线控驱动、线控制动、线控转向等单元,结构简单、响应迅速、可控性强,有助于通过模块化设计与多子系统协调控制,提升车辆运动性能边界与主动安全控制能力,是智能网联汽车的理想载体。

8.2.2 线控转向

汽车线控转向系统(steer-by-wire,SBW)是一种新型的动力转向系统,其在结构上不再由传统的单一机械结构实现转向控制,而是由控制器控制安装在转向传动链上的转向执行电机实现车轮转向。线控转向系统通常由方向盘模块、转向执行模块、电子控制单元和电源等部件组成。一种典型的线控转向系统结构如图8-7所示。

电子控制单元由主控制器、路感模拟电机控制器、转向执行电机控制器等组成。主控制器的作用除了接收方向盘模块、转向执行模块的传感器信号外,还包括在有人驾驶模式下协同各模块的动作,实现驾驶员转向意图向转向执行模块的下发和路感反馈信息向方向盘模块的传递。在高级辅助驾驶或无人驾驶模式下,还可以将来自整车决策与控制系统的转向需求转化为控制指令,无须驾驶员操作,直接控制转向执行电机实现车轮转向。

方向盘模块由方向盘、转向管柱、方向盘转角/转矩传感器、电机减速器、路感模拟电机、机械备份离合器等组成,其主要作用为接收驾驶员的指令,并将转向角和扭矩转换为电子信号,通过连接电缆传输至电子控制单元(ECU),用以确定转向执行电机的控制命令;同时接收来自ECU的路感反馈信号,以控制路感模拟电机进行路感模拟反馈。

转向执行器模块由转向执行电机、传感器、转向齿条总成、转向机械备份小齿轮、转向拉杆、转向节臂等组成,其主要作用是接收来自ECU的电机控制信号,并驱动转向执行电机实现预期的车轮转角。此外,还负责将来自传感器的速度、加速度、车轮转角等信号传输到ECU,以

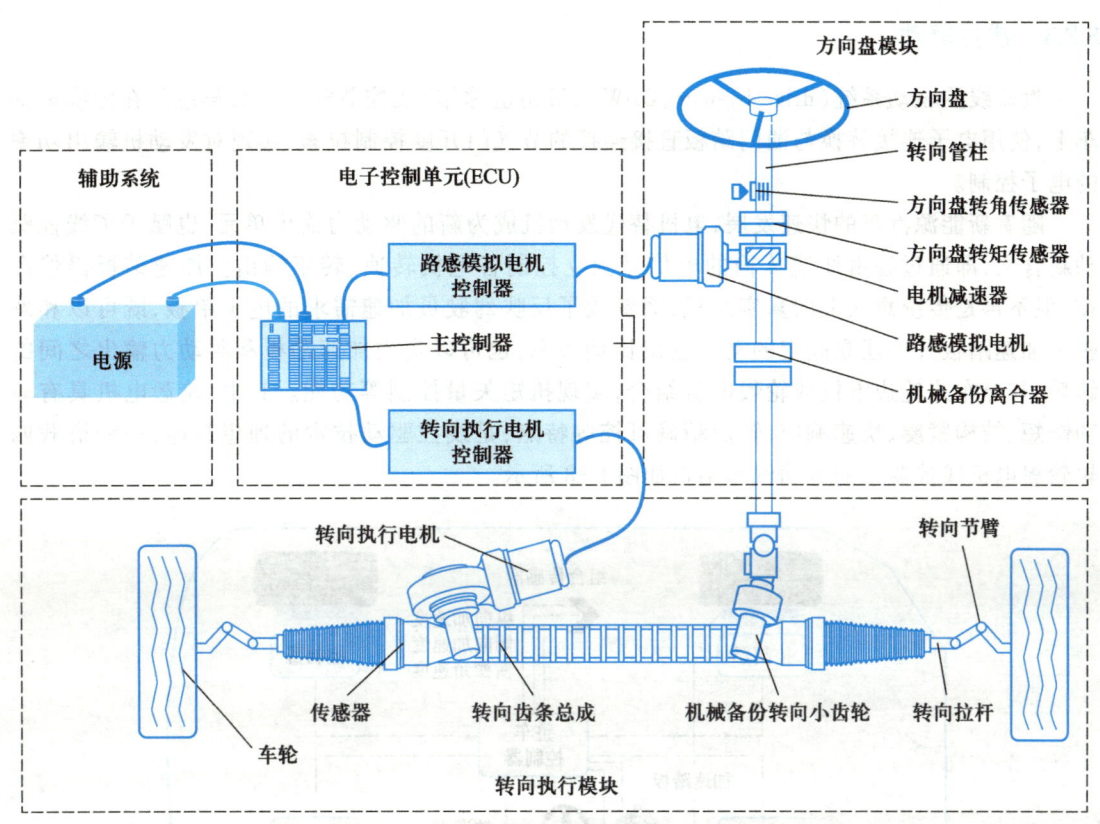

图 8-7 一种典型的线控转向系统结构

生成路感模拟电机的参考控制信号。

线控转向系统完全取消或部分取消转向传动机械连接,结合可自由设计的转向电子控制系统,可以带来以下几方面的优势:

(1) 断开转向管柱机械连接,可以减轻转向系统重量,转向管柱和转向盘在无人驾驶模式下可以收缩或折叠收起,在提供更大乘员舱空间的同时,减少碰撞发生时转向系统对驾驶舱的侵入,提升车辆被动安全性能。

(2) 模块化的结构便于组装,减少左舵与右舵车辆之间的转换改装操作。转向传动比、转向力矩都可以通过软件调整,仅需修改部分参数即可应用到其他车型,从而缩短新车设计开发周期。

(3) 可以提供更多的转向功能,如自动驾驶、可变路感和动态稳定系统等。还可以与车辆主动安全系统相结合,与驱动防滑、车身电子稳定系统、碰撞预警系统共享传感器数据,实现底盘的协同响应,提升整车操纵稳定性和主动安全性。

(4) 实现更简单的车轴几何形状,对于前驱车辆,能节省更多空间用于发动机或电池、电机等部件的布置,在重量、空间、成本降低的同时,提供更佳的设计灵活性。

(5) 结合可变传动比的主动转向柔性控制,具有更高的转向处理能力,还可以过滤掉部分易使驾驶员疲劳紧张的路面振动,提供更舒适的驾驶体验。

8.2.3 线控驱动

汽车线控驱动系统(drive-by-wire,DBW),最初也称作"线控节气门",最早应用在传统燃油车上,使用电子连接替换与油门踏板直接连接的节气门开度控制拉索,实现对发动机输出功率的电子控制。

随着新能源汽车的快速发展,电机替代发动机成为新的驱动力输出单元,也赋予了线控驱动新含义,即通过经由线缆传输的电信号独立控制各电机转速、转矩输出。加速踏板仍然存在,但不再是传统意义上的真实踏板,而变成了反映驾驶员加速需求的电子踏板,既可以和驾驶员加速踏板开度建立固定的动力输出比例关系,也可以实现加速踏板和驱动力输出之间的解耦,与分布式轮边电机或轮毂电机结合,实现扭矩矢量控制等功能。其中,轮毂电机具有驱动链短、结构紧凑、快速响应、转矩精确可控等特点,是线控驱动技术的理想载体,一种搭载四轮轮毂电机线控驱动的电动汽车结构如图8-8所示。

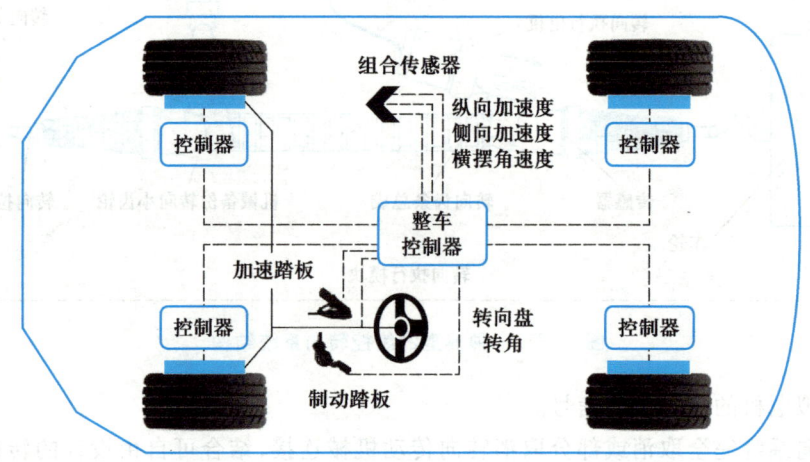

图8-8 一种搭载四轮轮毂电机线控驱动的电动汽车结构

8.2.4 线控制动

汽车线控制动系统(brake-by-wire,BBW),是一种用电子控制元件代替了传统制动系统中的部分机械和液压元件,使用电缆和电线传输能量和制动信号的新型制动系统。由于车辆对于安全性和能源利用效率的要求越来越高,BBW具备制动力电子控制功能,易于与主动安全控制集成以提高电动汽车的再生制动效率,在车辆制动领域显示出良好的应用前景。当前主流的线控制动系统分为电子液压制动系统(electric-hydraulic brake,EHB)、电子机械制动系统(electro-mechanic brake,EMB)、电磁制动系统、混合制动系统等。其中,EHB是从传统的液压制动系统发展而来,是目前发展较为成熟且成功实现商业化应用的构型,其他线控制动类型仍处于不同程度的开发阶段。

一种基于EHB的线控制动系统结构如图8-9所示。系统主要由高压源、轮缸压力调节模块与踏板输入模块组成。其中高压源模块用于为液压系统提供高压环境,最常用的有"电机+减速器式高压源"和"电机泵+高压蓄能器式高压源"两种。"电机+减速器式高压源"包括驱动电机和减速器两部分,减速器的作用是降低电机的转速,同时提高液压泵的输出压力,实现低速高压的目标。"电机泵+高压蓄能器式高压源"由电机、液压泵和高压蓄能器组成,电机驱动液压泵将液压油压入高压蓄能器,蓄能器在此过程中储存液压能量,当需要进行制动时,蓄能器释放出储存的液压油,并通过控制阀将其输送到制动系统。两类高压源模块均由 ECU 控制,因此可以实现与制动踏板的解耦控制。普通工况下,踏板输入模块通过采集踏板的位置、速度等信息,传给 ECU 进行制动意图的识别。同时利用液压机构为踏板生成模拟踏板力来优化驾驶感受。此外,该部分可以在紧急情况下与制动系统直接连接,实现容错控制。精确调压模块的原理与传统汽车的 ESP 相同,利用 ECU 指挥线性阀组分别调控各轮缸压力,实现精确的动力学控制。

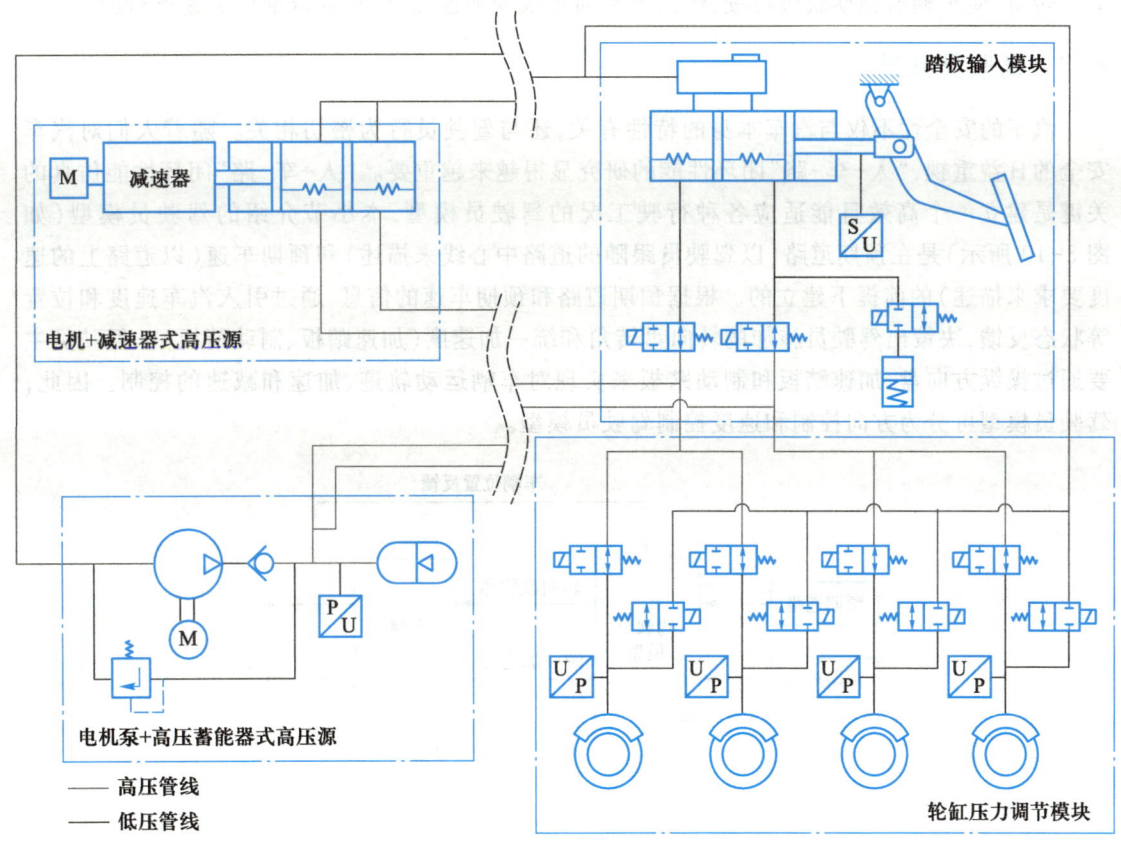

图 8-9 一种基于 EHB 的线控制动系统结构

线控制动系统与传统制动系统相比,具备如下优势:

(1)当与采用线控驱动电机的电动汽车一起使用时,电机制动力与液压制动力可解耦控制,采用电液复合制动可以减少摩擦制动发热,在提高能量回收率的同时,缓解连续高强度制动工况下的制动系统热衰退,提高制动系统性能和使用寿命。

(2)电机制动响应速度快于液压制动,紧急制动时二者协调控制能有效缩短制动距离,提高制动安全性。

(3) 车辆出现侧向失稳趋势时,合理分配四轮制动力与驱动力,可改善车轮失稳状态,提高车辆行驶稳定性与安全性。

(4) 与智能网联汽车结合使用,可以实现自动速度控制等辅助驾驶或自动驾驶功能,进一步解放驾驶员的双脚。

8.3 智能网联汽车运动跟踪控制

运动跟踪控制是保障智能网联汽车安全性的核心,主要包括状态参数估计、横向和纵向控制等。车辆状态估计结果为运动跟踪控制提供精准的控制参数;横向控制主要通过调整车辆前轮转角,使车辆沿预期轨迹行驶;纵向控制通过改变加速度,使车辆以期望的速度行驶。

8.3.1 驾驶员模型

汽车的安全性不仅与汽车本身的特性有关,还与驾驶员行为密切相关。随着人们对汽车安全的日益重视,"人-车-路"闭环性能的研究显得越来越重要。"人-车-路"闭环性能仿真的关键是建立一个高效且能适应各种行驶工况的驾驶员模型,本小节介绍的驾驶员模型(如图 8-10 所示)是在预期道路(以驾驶员跟随的道路中心线来描述)和预期车速(以道路上的速度要求来描述)的前提下建立的。根据预期道路和预期车速的信息,通过引入汽车速度和位置等状态反馈,决策出驾驶员施加的转向盘转角和统一加速度(加速踏板、制动踏板)。驾驶员主要通过操纵方向盘、加速踏板和制动踏板来实现对车辆运动轨迹、加速和减速的控制。因此,驾驶员模型可分为方向控制和速度控制驾驶员模型。

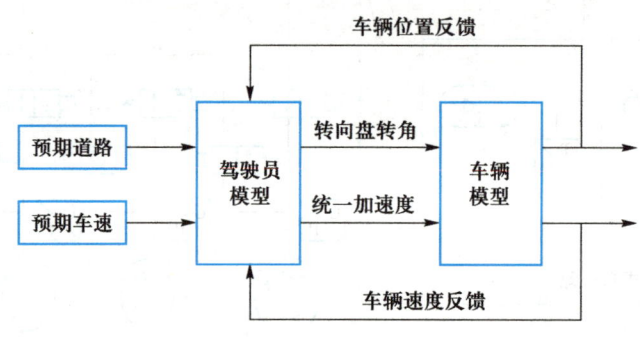

图 8-10 驾驶员模型

1. 方向控制驾驶员模型

方向控制驾驶员模型采用的控制方法主要有补偿控制、模糊控制、神经网络和预瞄最优曲率等。郭孔辉院士建立了一种"预瞄最优曲率"方向控制驾驶员模型,将行车过程中驾驶员的决策分为预瞄过程和跟随过程。在已知期望路径的前提下,建立的预瞄跟随方向控制驾驶员模型如图 8-11 所示。

设车辆在 t 时刻的侧向位移为 $y(t)$,侧向速度为 v_y,预瞄时间为 T 的预瞄点和车辆的侧向偏差为

$$\Delta y_{err} = y_d(t) - y(t) \tag{8-1}$$

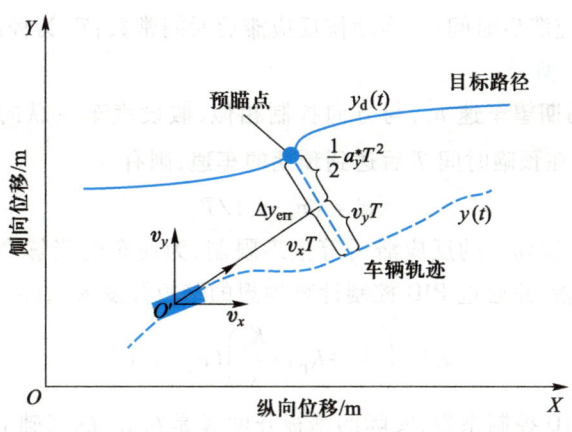

图 8-11 预瞄跟随方向控制驾驶员模型

式中,$y_d(t)$ 为目标轨迹侧向位置;$y(t)$ 为实际车辆轨迹侧向位置。

假设车辆在当前时刻以 a_y^* 做侧向匀加速运动,可以在 T 时刻后到达目标轨迹,则

$$\Delta y_{\text{err}} = y(t+T) - y(t) = v_y T + \frac{1}{2} a_y^* T^2 \tag{8-2}$$

则

$$a_y^* = \frac{2}{T^2} [y(t+T) - y(t) - v_y T] \tag{8-3}$$

设车辆的侧向加速度 a_y 对方向盘转角 δ 的稳态增益为 G_{ay},达到理想侧向加速度 a_y^* 所需的转向盘转角为

$$\delta^* = \frac{a_y^*}{G_{ay}} \tag{8-4}$$

根据二自由度线性车辆模型,汽车的侧向加速度与方向盘转角的增益和车速的关系为

$$G_{ay} = \frac{v_x^2}{lI(1+Kv_x^2)} \tag{8-5}$$

式中,$K = \dfrac{m(l_r k_r - l_f k_f)}{l^2 k_f k_r}$;$k_f$、$k_r$ 分别是汽车的前后轴车轮侧偏刚度;l 为汽车的轴距;I 为转向传动比。

考虑驾驶员的生理限制,在 MATLAB 中建立基于侧向加速度反馈的方向控制驾驶员模型,如图 8-12 所示。

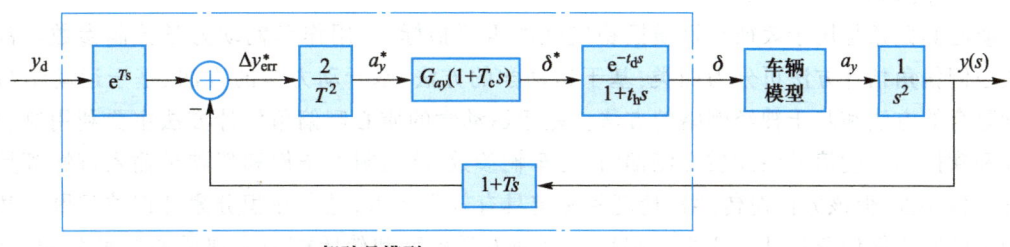

图 8-12 基于侧向加速度反馈的方向控制驾驶员模型

图中，t_d 为神经反应滞后时间；t_h 为动作反应滞后时间常数；T_c 为控制校正时间常数。

2. 速度跟随控制模型

假设在预瞄点处的期望车速 u_p，与方向控制相似，假设汽车在纵向以一个理想的加速度 a_x^* 作匀加速运动，可以在预瞄时间 T 后达到预期的车速，则有

$$a_x^* = (u_p - v_x)/T \tag{8-6}$$

考虑驾驶员在速度跟随上的反应滞后等生理限制，为使车辆能够产生期望的纵向加速度 a_x^*，引入纵向加速度反馈，并通过 PID 控制计算理想的踏板开度 K^*，即

$$K^* = \left(K_P + K_D s + \frac{K_I}{s} \right)(a_x^* - a_x) \tag{8-7}$$

式中，K_P、K_I 和 K_D 为 PID 控制系数，实际的踏板开度 K 是在 K^* 的基础上通过考虑驾驶员滞后生成的。

8.3.2 车辆关键状态/参数估计

车辆关键状态/参数估计是车辆运动跟踪控制的基础，其结果可为运动跟踪控制提供控制参数。本小节将介绍车辆状态与道路参数等关键信息的动态估计方法，分别从车辆关键状态参数估计、道路参数估计两个方面进行阐述。

1. 车辆关键状态参数估计

关键的车辆状态信息有横摆角速度、质心侧偏角、纵向速度及侧向速度等。由于成本和技术的限制，量产车型一般未配备车速、质心侧偏角等传感器，导致相应的车辆运动状态无法直接测量，因此需要利用在线估计的方法进行实时估计。

车辆纵向速度是轮胎滑动率计算与质心侧偏角估计的前提，相关估计方法大致可分为三类：基于运动学的方法、基于动力学的方法和基于多传感器融合的方法。基于运动学的纵向速度估计方法主要利用轮速、纵向和侧向加速度以及横摆角速度测量值并结合状态观测器实现纵向速度估计，算法运算效率高、实时性好，但对传感器偏置和噪声较敏感，现有研究主要集中在传感器偏置校准方面。基于动力学的纵向速度估计方法则采用车辆动力学模型与高精度轮胎模型，通过状态观测器设计实现车辆纵向速度的精准估计，但该方法需精确获取轮胎模型和道路参数，在复杂时变运行条件下的鲁棒性较差。为克服上述基于运动学和动力学估计方法的缺点，多传感器融合技术受到越来越多的关注。多传感器融合技术可以充分利用运动学和动力学模型、轮速信息、IMU 和 GPS 信号实现准确可靠的车速估计，基于多传感器融合的纵向速度估计方法如图 8-13 所示。

质心侧偏角是用于表征车辆横摆稳定性的重要指标，常用作车辆动力学控制参数。常见的质心侧偏角估计方法可分为四类：基于运动学的方法、基于动力学的方法、基于运动学与动力学融合的方法和基于神经网络的方法。基于运动学的质心侧偏角估计方法主要利用侧向加速度和横摆角速度信号估计质心侧偏角，对车辆参数、路面附着条件和驾驶员输入特性等具有良好的鲁棒性，但该方法对传感器精度和标定具有较高要求，且存在积分累计误差问题。基于动力学的质心侧偏角估计方法主要利用车辆动力学模型和轮胎模型实现质心侧偏角的估计，但该方法对模型参数变化敏感，复杂工况下车辆参数变化易造成设计的估计器发散。为了克

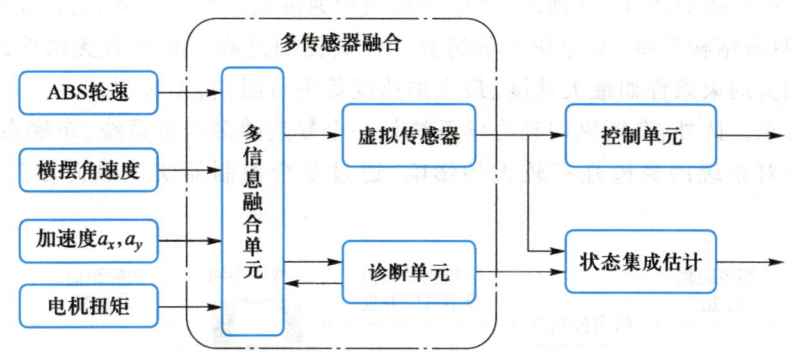

图 8-13　基于多传感器融合的纵向速度估计方法

服单一估计方法的局限性,有学者提出了基于运动学和动力学融合的质心侧偏角估计方法,以提高估计算法的精度和工况适用性。此外,随着人工智能技术发展和车载控制器算力提升,基于神经网络的质心侧偏角估计方法也逐步受到关注,但该方法依赖于大量精确测试数据且可解释性差。

2. 道路参数估计

道路参数主要包括路面附着系数及道路坡度这两个对车辆控制有重要影响的参数。

路面附着系数是车辆主动安全控制参考状态生成与广义控制力/力矩分配的关键参数。路面附着系数的估计方法主要分为两类:基于试验的方法和基于模型的方法。基于试验的方法主要通过直接监测路面不平度、轮胎形变等相关参数推算路面附着系数,采用的传感器主要包括光学传感器、声学传感器和胎面传感器等,但该方法受工作环境影响较大,且成本较高。基于模型的方法是一种间接估计法,通常利用轮速传感器和组合传感器等低成本传感器,通过对由路面附着条件变化引起的车轮或车身动态响应进行测量或估计计算路面附着系数。常见方法包括基于 Slip-Slope 关系的估计方法、基于轮胎力学模型的估计方法、非线性公式拟合法、路面状态特征因子法等,但此类方法需在轮胎激励足够大的情况下才能保证较高的精确估计精度,限制了该方法的使用范围。

道路坡度是另一个对于车辆控制有重要影响的参数,它是坡道竖直方向高度与水平方向长度的比值,或表示为坡道与水平面夹角的正切值。道路坡度的估计方法可分为基于运动学的估计方法和基于动力学的估计方法。采用运动学方法对道路坡度进行估计需额外安装加速度传感器,增加了整车成本;相比之下利用动力学的估计方法对传感器依赖性更小,普适性更强。其基本原理是利用常规车载加速度传感器和轮速传感器获得的车辆加速度差值,基于车辆纵向动力学模型,采用卡尔曼滤波等算法计算道路坡度值。

8.3.3　智能网联汽车纵向控制

纵向控制是智能网联汽车运动控制的重要组成部分,具体是指通过控制车辆驱动系统(发动机节气门开度、电机调制脉宽、变速器挡位等)和制动系统(制动主缸压力、电机制动力矩等),使车辆加/减速以实现期望速度跟踪或纵向车距保持。目前,智能汽车的纵向控制按照实现方式主要分为两种:直接式控制和分层式控制。

直接式控制结构如图 8-14 所示,该结构以期望速度或距离为输入,直接得到油门/制动控制量输出,具有结构简单、响应快速等特点。但其控制过程不直观且无法实现向后预测,同时难以对相关约束条件如最大速度、最大加速度等进行限制,无法很好地满足智能汽车纵向控制性能要求。此外,车辆纵向动力学系统是一个复杂的多变量系统,车辆参数及外界环境信息的改变对系统的鲁棒性有较大的影响,通过单个控制器实现纵向多目标控制难度较大。

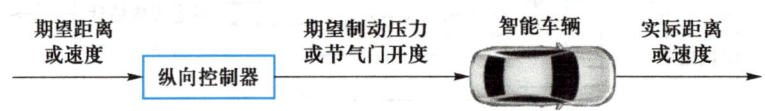

图 8-14 直接式控制结构

为了降低纵向控制系统的开发难度,分层式控制结构得到广泛应用。如图 8-15 所示,分层式控制通过设计上、下位控制器实现车辆纵向控制,具有如下优点:

(1) 控制过程直观,可以得到控制系统各层的输出量;

(2) 控制目标可在独立的子模块中分别解决,能够降低控制系统复杂度,提高系统鲁棒性;

(3) 上、下位控制器具有独立性,便于控制器参数的调节。

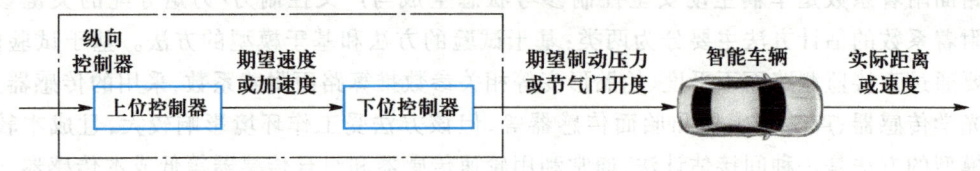

图 8-15 分层式控制结构

智能网联汽车纵向控制是车辆队列控制、自适应巡航控制(adaptive cruise control,ACC)、前向碰撞预警系统等自动驾驶系统的基础。

8.3.4 智能网联汽车横向控制

智能网联汽车横向控制的核心问题是轨迹跟踪控制。轨迹跟踪控制是在输入目标行驶轨迹的情况下,基于车辆模型通过控制车辆的转向系统、驱动系统和制动系统,使车辆按照目标轨迹行驶的方法。目前已有一些较为成熟的技术方案。本节首先介绍经典的车辆运动学模型,其次结合纯跟踪控制、线性二次型调节器两种控制算法对智能网联汽车轨迹跟踪方法进行介绍。

1. 车辆运动学模型

车辆转向运动模型如图 8-16 所示。描述车辆的运动通常涉及两个坐标系:惯性坐标系 XOY 和车体坐标系 xoy,其中,惯性坐标系为惯性导航系统使用的坐标系,而车体坐标系主要用于描述车辆的相对运动。定义惯性坐标系的 X 轴指向东向,Y 轴指向北向;定义车体坐标系 x 轴为车辆前方,y 轴指向车辆左侧。此时,车辆的横摆角 φ 定义为车体坐标系 x 轴与惯性坐标系 X 轴之间的夹角,逆时针为正。假设车辆在任意时刻做直线运动或者绕某个点做圆周运动,并忽略悬架的作用,则可以得到车辆的转向运动模型。(X_r,Y_r)和(X_f,Y_f)分别为车辆后轴和前轴中心的坐标,δ_f为前轮转角,v_r为车辆后轴中心速度,v_f为车辆前轴中心速度,l为轴距,R为后轴中心的瞬时转向半径。

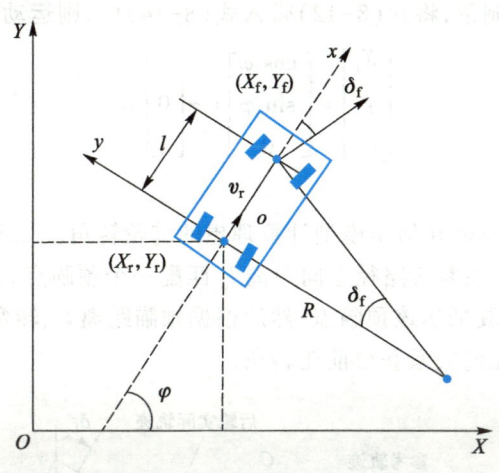

图 8-16 车辆转向运动模型

后轴行驶轴心(X_r,Y_r)处的速度为

$$v_r = \dot{X}_r \cos\varphi + \dot{Y}_r \sin\varphi \tag{8-8}$$

前、后轴的运动学约束为

$$\begin{cases} \dot{X}_f \sin(\varphi+\delta_f) - \dot{Y}_f \cos(\varphi+\delta_f) = 0 \\ \dot{X}_r \sin\varphi - \dot{Y}_r \cos\varphi = 0 \end{cases} \tag{8-9}$$

由式(8-8)和式(8-9)联合可得

$$\begin{cases} \dot{X}_r = v_r \cos\varphi \\ \dot{Y}_r = v_r \sin\varphi \end{cases} \tag{8-10}$$

根据前后轮的几何关系可得

$$\begin{cases} X_f = X_r + l\cos\varphi \\ Y_f = Y_r + l\sin\varphi \end{cases} \tag{8-11}$$

将式(8-10)和式(8-11)代入式(8-9),可求得横摆角速度为

$$\omega_r = \frac{v_r}{l} \tan\delta_f \tag{8-12}$$

式中,ω_r为车辆横摆角速度,由ω_r和车速v_r可得到转向半径R和前轮转角δ_f为

$$\begin{cases} R = v_r/\omega \\ \delta_f = \arctan(l/R) \end{cases} \tag{8-13}$$

由式(8-10)和式(8-12)可得到车辆运动学模型为

$$\begin{bmatrix} \dot{X}_r \\ \dot{Y}_r \\ \dot{\varphi} \end{bmatrix} = \begin{bmatrix} \cos\varphi \\ \sin\varphi \\ \tan\delta_f/l \end{bmatrix} v_r \tag{8-14}$$

该模型可被进一步表示为更为一般的形式，即
$$\dot{\xi}_{kin} = f_{kin}(\xi_{kin}, u_{kin}) \tag{8-15}$$
式中，状态量 $\xi_{kin} = [X_r, Y_r, \varphi]^T$，控制量 $u_{kin} = [v_r, \delta_f]^T$。在无人驾驶车辆的路径跟踪控制过程中，往往以 $[v_r, \omega_r]$ 作为控制量，将式(8-12)带入式(8-14)中，则运动学模型可以被转换为

$$\begin{bmatrix} \dot{X}_r \\ \dot{Y}_r \\ \dot{\varphi} \end{bmatrix} = \begin{bmatrix} \cos\varphi \\ \sin\varphi \\ 0 \end{bmatrix} v_r + \begin{bmatrix} 0 \\ 0 \\ 1 \end{bmatrix} \omega_r \tag{8-16}$$

2. 纯跟踪算法

纯跟踪算法主要基于车辆几何学模型计算理想的前轮转角。如图 8-17 所示，其原理是基于当前车辆后轮中心位置，在参考路径上向距离 l_d 匹配一个预瞄点，假设车辆后轮中心点可以按照一定的转弯半径 R 行驶抵达该预瞄点；然后根据预瞄距离 l_d、转弯半径 R、车辆坐标系下预瞄点的朝向角 2α 之间的几何关系获得前轮转角。

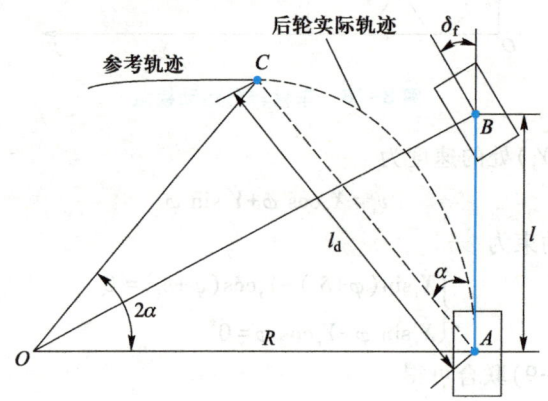

图 8-17　纯跟踪算法原理

在 $\triangle OAC$ 中，根据 $AB \perp AO$，则 $\angle AOC$ 为
$$\angle AOC = \pi - 2\angle CAO = \pi - 2\left(\frac{\pi}{2} - \alpha\right) = 2\alpha \tag{8-17}$$

为使车辆后轮跟踪圆弧虚线轨迹到达 C 点，在 $\triangle OAC$ 中需要满足的正弦定理关系为
$$\frac{l_d}{\sin 2\alpha} = \frac{R}{\sin\left(\frac{\pi}{2} - \alpha\right)} \tag{8-18}$$

化简上式得
$$R = \frac{l_d}{2\sin\alpha} \tag{8-19}$$

在阿克曼转向关系 $\triangle OAC$ 中，有
$$\tan\delta_f = \frac{l}{R} \tag{8-20}$$

联立上式得

$$\delta_f = \arctan\left(\frac{2l\sin\alpha}{l_d}\right) \tag{8-21}$$

此外,定义 e_y 为车辆当前状态和预瞄点的横向误差

$$e_y = l_d \sin\alpha \tag{8-22}$$

联立式(8-20)和(8-21),考虑小角度假设则有

$$e_y \approx \frac{l_d^2}{2l}\delta_f \tag{8-23}$$

可以看出,纯跟踪本质上是一个前轮转角 P 控制器,跟踪效果受参数 l_d 影响较大,通常 l_d 定义为关于速度的一次多项式。纯跟踪算法是建立在汽车几何运动模型的一种控制,在中低速场景下具有较好的跟踪效果。

3. LQR 控制算法

LQR(线性二次调节器)控制是现代控制理论中最成熟的一种状态空间设计方法。LQR 控制算法可得到状态线性最优控制律,使控制系统达到最优。

求解线性二次型问题,是针对线性系统确定一个最优反馈控制率 $u(t) = -Kx(t)$,使得下式性能指标最小,即

$$J = \frac{1}{2}\int_0^\infty \left[\boldsymbol{x}^\mathrm{T}(t)\boldsymbol{Q}\boldsymbol{x}(t) + \boldsymbol{u}^\mathrm{T}(t)\boldsymbol{R}\boldsymbol{u}(t)\right]\mathrm{d}t \tag{8-24}$$

式中,$\boldsymbol{Q}$ 为状态权重矩阵,为半正定矩阵;$\boldsymbol{R}$ 为控制量权重系数,为正定矩阵。在使用中需要调节 $\boldsymbol{Q}$ 矩阵和 $\boldsymbol{R}$ 矩阵达到控制效果最优。

为求出 K,假设存在常量矩阵 $\boldsymbol{P}$,在系统稳定条件下有

$$\boldsymbol{K} = \boldsymbol{R}^{-1}\boldsymbol{B}^\mathrm{T}\boldsymbol{P} \tag{8-25}$$

矩阵 $\boldsymbol{P}$ 应同时满足黎卡提方程

$$\boldsymbol{A}^\mathrm{T}\boldsymbol{P} + \boldsymbol{P}\boldsymbol{A} - \boldsymbol{P}\boldsymbol{B}\boldsymbol{R}^{-1}\boldsymbol{B}^\mathrm{T}\boldsymbol{P} + \boldsymbol{Q} = 0 \tag{8-26}$$

求解黎卡提方程得到矩阵 $\boldsymbol{P}$,经过一系列的迭代求出符合要求的最优解 K。

在车辆横向控制中,LQR 的控制变量一般为四个横向控制量,分别是横向误差、横向误差率、航向误差、航向误差率,四个状态量可表示为:$\boldsymbol{x} = [e_d \quad \dot{e}_d \quad e_\varphi \quad \dot{e}_\varphi]^\mathrm{T}$,最终得到 $\boldsymbol{u}(t) = -\boldsymbol{K}\boldsymbol{x}$。智能汽车在运动过程中横向误差和航向偏差不能同时为 0,为了消除稳态误差,需要再加上一个前馈转角 δ_q,即形成"前馈+反馈"控制 $\boldsymbol{u} = -\boldsymbol{K}\boldsymbol{x} + \delta_q$,可以使系统趋于稳定的同时,横向误差为零。

在二自由度动力学模型中,LQR 算法一般需要调节的参数更多,不仅要获得车辆自身的模型参数,还需要调节目标函数的 $\boldsymbol{Q}$ 和 $\boldsymbol{R}$ 矩阵。在不同车速下,$\boldsymbol{Q}$ 和 $\boldsymbol{R}$ 的不同会对算法的控制效果有重要影响,因此为了获得较好的跟踪性能,$\boldsymbol{Q}$ 和 $\boldsymbol{R}$ 的选取十分重要。LQR 控制的优点也比较突出,通过加上前馈转角,可有效解决曲线行驶时的稳态跟踪误差,尤其在中等速度行驶时跟踪效果更好。

8.4 智能网联汽车车路协同

通信技术、人工智能、物联网、云计算、大数据等技术的深入发展和应用,不断推动智能网

联汽车和智能交通走向融合,"车-路-云-网-图"一体化的车路协同系统正在加快形成,该系统可以实现汽车与汽车、汽车与道路、汽车与云、汽车与行人之间的有效交互与协同。

8.4.1 车路协同系统

车路协同(vehicle infrastructure cooperation,VIC)主要是通过多学科交叉与融合,采用无线通信、传感探测等先进技术手段,实现对人、车、路信息的全面感知和车辆与基础设施之间、车辆与车辆之间的智能协同,从而达到优化利用系统资源、提高道路交通安全和效率、缓解道路交通拥堵的目标。车路协同系统(vehicle infrastructure cooperative systems,VICS)则是由服务于车路协同应用的相关交通参与者、硬件设施和软件系统所组成的复杂信息物理系统。

简言之,车路协同系统是借助现有的所有无线通信模式,将包括交通参与者(人)、运载工具(车)及交通基础设施(路)在内的所有交通主体链接起来,提供全时空实时交通信息的采集、融合和共享;在此基础上,借助智能决策与控制、大数据、人工智能和云计算等技术,实现全景交通信息环境下的交通安全和管理上的协同,包括交通环境协同感知、车辆行驶协同安全及道路交通协同管控等。基于V2X的智能车路协同系统如图8-18所示。

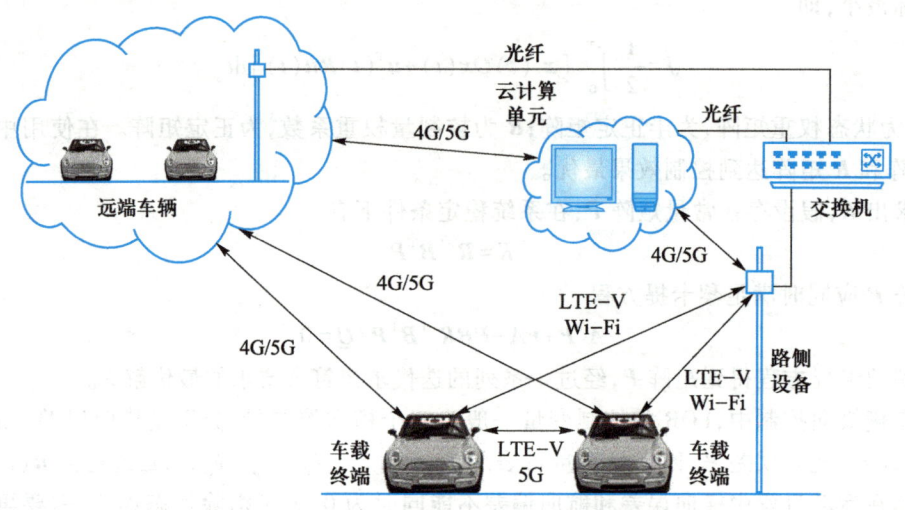

图8-18 基于V2X的智能车路协同系统

系统总体架构:基于GB/T 30124.1定义的合作式智能运输系统,服务于车路协同自动驾驶的车路协同系统总体架构如图8-19所示,主要包括四个部分:

(1)出行者子系统:由出行者所携带的各类信息终端或其他信息处理设备构成。

(2)车载子系统:包括OBU,也可以包括车载计算控制模块、车载网关、路由器等。

(3)路侧子系统:包括路侧通信设施、路侧感知设施、路侧计算设施等,也包括用于交通安全、交通管理、通信与定位的各类设施。

(4)中心子系统:包括云控平台和相关第三方应用服务平台,提供中心解密、中心交换、服务组件节点、服务路由器和中心接入节点等服务,具备网络管理、业务支撑和服务等能力。

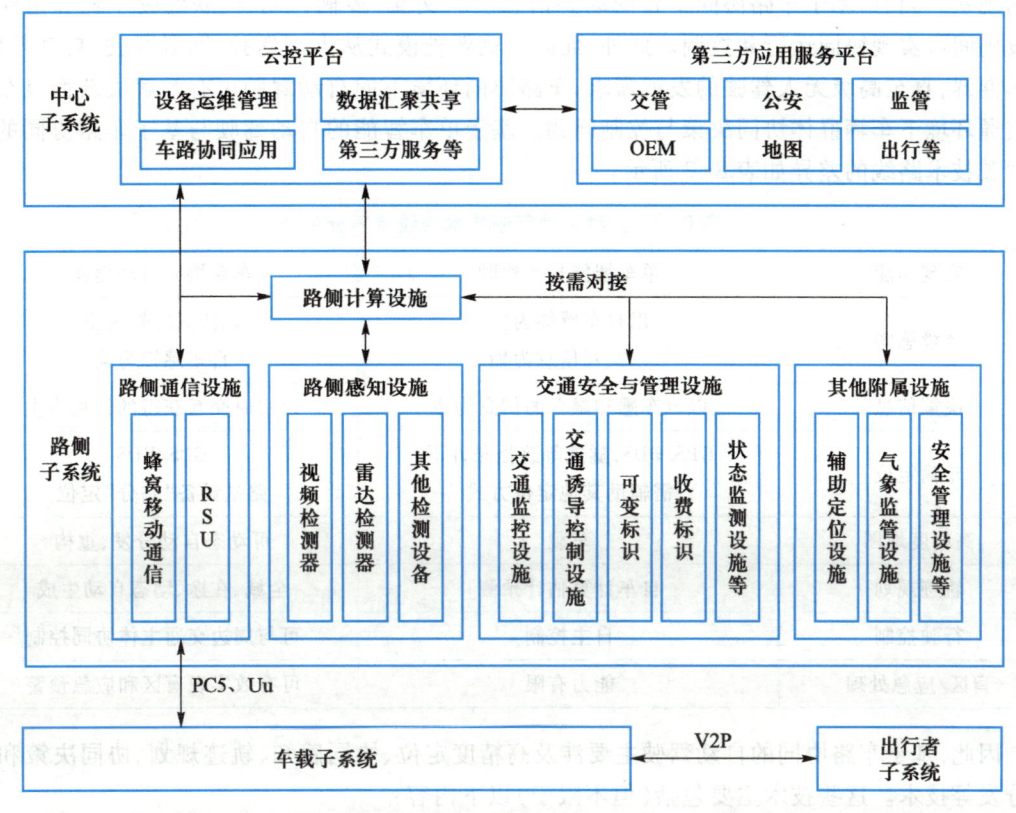

图 8-19 车路协同系统总体架构

8.4.2 车路协同应用场景

车路协同系统有两个主要核心应用领域：一是基于 C-V2X 的车路协同自动驾驶，包括车路协同辅助驾驶和车路协同自动驾驶两个方面；二是基于蜂窝移动通信的车联网应用服务，提升出行者的驾乘体验。

其中，车路协同辅助驾驶是通过车路协同系统为驾驶员或驾驶辅助系统提供驾驶辅助服务，保证驾驶安全，提高交通效率。车路协同自动驾驶是在单车智能自动驾驶的基础上，通过车辆自动化、网络互联化和系统集成化，最终构建一个自动驾驶车辆协同系统，本小节将深入讨论车路协同自动驾驶相关应用场景。

1. 基于车路协同的自动驾驶技术

车路协同系统为自动驾驶提供了一种全新的解决方案。有别于单车智能的自动驾驶，基于车路协同的自动驾驶综合集成智能车、智能路和智能网，可以充分发挥集成技术的优势。相对于单车智能的环境感知，智能车路协同系统提供了更为可靠、准确、宽泛和更具深度的交通信息，使车路协同的协同效应可以与自动驾驶相结合。其中，最根本的区别是车路协同环境下实现自动驾驶的信息，主要来自车路协同平台共享的交通环境信息，包括周边车辆的运动、决策和控制信息，以及实时交通状态信息，由此改变了自动驾驶车辆依赖自车传感器感知交通环境的现状。同时,基于车路协同平台的动态信息实时交互,多辆自动/网联驾驶车辆和道路基础设施间可实现协同运行和控制。此外,面向车辆驾驶模式从人工驾驶、网联驾驶、自动驾驶、人车混驾,直至高级无人驾驶的发展需求,车路协同环境下的自动驾驶可有效解决新型复杂混合交通环境下车辆群体协同决策与控制问题。基于单车智能的自动驾驶与基于车路协同的自动驾驶技术路线的差异如表 8-2 所示。

表 8-2 两种自动驾驶技术路线差异分析

实现功能	单车智能自动驾驶	车路协同自动驾驶
环境感知	以自车感知为主 以交互信息为辅	以协同感知为主 自车感知为辅
决策信息	以自车感知融合的信息为主	以实时交互获得的信息为主
车辆定位	GPS/BDS,隧道等遮挡条件下 需辅助其他定位方式	GPS/BDS 路基设备"差分"定位
高精度地图	车载	可动态自动分发、重构
轨迹规划	自车计算估计预测	全域、在途、动态自动生成
行驶控制	自主控制	可与周边交通主体协同控制
盲区/应急处理	能力有限	可有效实现盲区和应急预警

因此,基于车路协同的自动驾驶主要涉及高精度定位、协同感知、轨迹规划、协同决策和地图分发等技术。这些技术主要包括(但不限于)以下内容:

(1) 基于路侧设备的高精度定位技术。以路侧设备为差分基站,以车载低成本定位单元为移动站,以车路通信为基站与移动站间信息的交互支撑,实现低成本、高精度的自动驾驶定位。

(2) 交通环境协同感知与融合技术。针对未来交通环境的网联化、跨系统、异粒度、泛随机等特征,基于交通环境协同感知机理与方法、感知信息融合理论,实现交通环境协同感知。

(3) 自动驾驶轨迹动态优化与自动生成技术。基于车辆行驶运动态势与安全风险分析,实现车路协同环境下全路段自动驾驶轨迹的动态优化与自动生成。

(4) 交通群体协同决策与智能控制技术。基于交通环境感知与重构、动态交通状态分析与预判和车辆智能群体决策与协同控制理论,实现复杂环境下车辆群体协同决策与优化控制。

(5) 高精度地图与动态环境信息自动分发管理技术。融合区域高精度地图信息与车路协同平台感知的实时交通环境信息,实现区域高精度地图自动分发管理与静态、动态交通信息的集成分发。

2. 基于车路协同的自动驾驶应用场景

根据 SAE 30161 和 GB/T 40429—2021 标准,自动驾驶等级分为 L0 到 L5 共 6 个级别,其中 L3 及以上等级规定:"当使用自动驾驶功能,无须驾驶汽车"。基于国内已经发布的车路协同自动驾驶应用场景国内标准如 T/CSAE 53—2020、T/CSAE 156—2020、T/CSAE 157—2020、T/CSAE 158—2020,国外标准如 SAE J2735、3GPP TS22.186、TR22.886,本节将以全量高精度协同感知场景中的交通参与者协同感知、交通事件协同感知以及信号灯协同感知场景为例进行介绍。

(1) 交通参与者协同感知

单车智能自动驾驶车辆(autonomous vehicle,AV)受限于传感器的感知距离、感知角度、感知时长等因素,较难对动静态盲区/遮挡、超视距等场景的交通参与者进行准确识别、定位和预测。通过路侧多传感器部署和路侧融合感知定位,可实现多方位、长距离连续检测识别,并利用 V2X 技术将路侧感知结果共享发送到网联自动驾驶车辆(connected autonomous vehicle,CAV),与主车感知进行融合,辅助自动驾驶车辆对盲区和超视距范围内车辆或行人进行准确感知识别,CAV 车辆可提前做出预判和决策控制,避免急刹或出现交通事故。

AV 车辆经常会被建筑物、树木、绿化带、静止车辆等遮挡,造成静态盲区,容易出现急刹或者交通事故。以路边行人闯入场景为例(静态盲区协同感知如图 8-20 所示),CAV 车辆通过车路协同感知,可以提前获取盲区内车辆、非机动车或行人的运动情况,避免了车辆急刹或事故的风险。

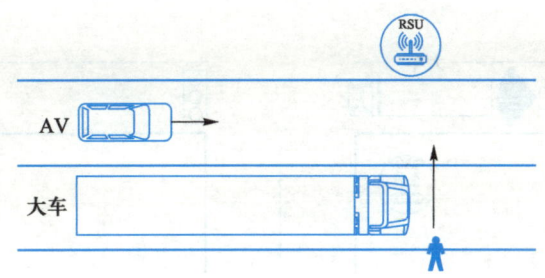

图 8-20 静态盲区协同感知

(2) 交通事件协同感知

AV 在通过"死车"和"排队"等典型场景时往往难度较大,通过车路协同感知可以辅助自动驾驶车辆顺利应对这些场景。

AV 主车前方有大车"死车"并停占两个车道时,后方 AV 主车无法判断前方交通运行状况而停滞不前。通过车路协同感知,可以长时间对道路车辆进行跟踪和预测,及时将"死车"事件播发给 CAV 主车,CAV 主车可以及时做出变道等决策,"死车"等交通事件场景如图 8-21 所示。

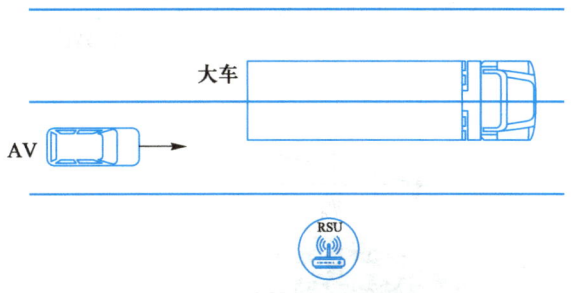

图 8-21 "死车"等交通事件场景

(3) 信号灯协同感知

车路协同自动驾驶信号灯协同感知主要是利用物联网信号灯数据接入、路侧多视觉融合感知等技术获取信号灯灯色和倒计时信息,经数据融合处理后,利用车路协同技术发给自动驾驶车辆。车路协同自动驾驶信号灯协同感知的优势如下:

① 获取方式不受灯的外观、环境影响;
② 获取到的数据内容丰富(包括灯色、倒计时);
③ 车辆可在很远的距离提前获取信息,提前进行决策控制。

以路口前方大车遮挡信号灯场景为例,可通过车路协同自动驾驶信号灯协同感知实时获取准确的路口信号灯灯色和倒计时数据,并通过 V2X 将信号灯数据发送给路口所有车辆,以便车辆提前做出预判和决策控制,避免出现闯红灯或者急刹,路侧信号灯融合感知如图 8-22 所示。

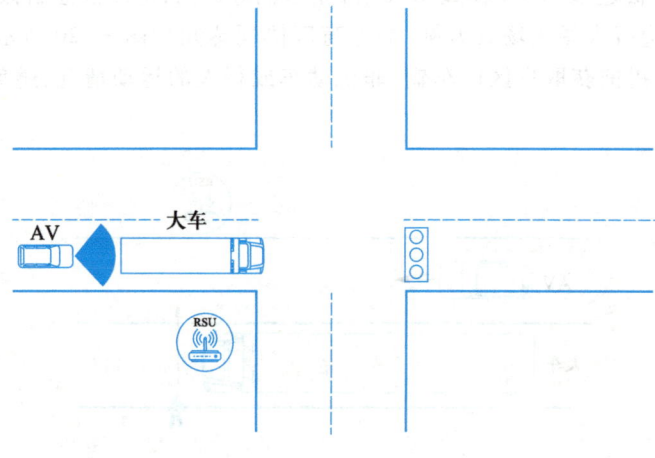

图 8-22 路侧信号灯融合感知

8.5 车辆轨迹跟踪控制系统案例

自动驾驶汽车运动控制-轨迹跟踪控制的目的是让自动驾驶车辆跟踪由轨迹规划算法输出的轨迹,如图 8-23 所示。轨迹跟踪的主要任务是在满足车辆运动学与动力学约束的条件下,输出执行器控制量,如方向盘转角,车轮转矩等,使参考轨迹与实际轨迹之间的误差为零。

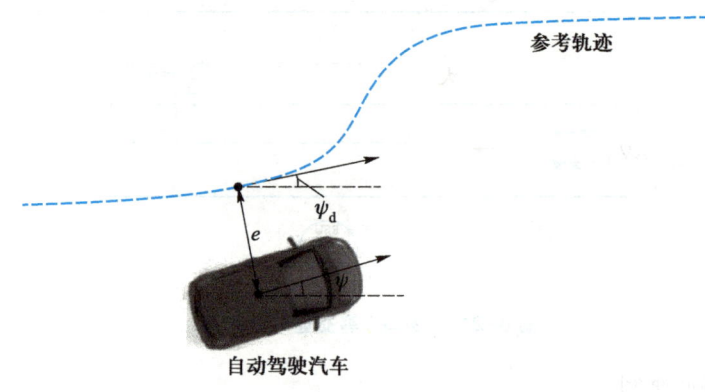

图 8-23 自动驾驶汽车运动控制-轨迹跟踪

8.5.1 车辆运动控制系统工作原理

轨迹跟踪控制系统一般遵循闭环控制系统的工作原理,如图 8-24 所示。

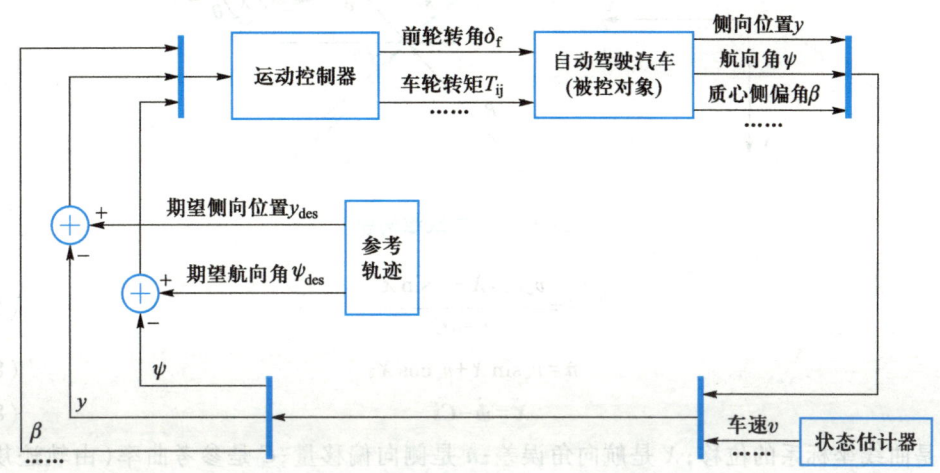

图 8-24 轨迹跟踪闭环控制系统工作原理

运动控制器接收实际轨迹与参考轨迹的误差信息与车辆的状态信息,例如质心侧偏角、车速等,经过控制算法计算,得到自动驾驶汽车控制量,例如前轮转角、各个车轮的制动转矩等。常用的控制算法有无模型控制,例如 PID 算法、纯跟踪算法等,以及基于模型的控制算法,例如线性二次型调节器算法、模型预测算法等。

自动驾驶汽车是运动控制算法的被控对象,建模时需要考虑车辆地面动力学,建立微分方程组,并用多个状态变量描述其运动。根据状态空间数量分类,被控对象模型有 2DOFs 模型、7DOFs 模型、15 DOFs 模型、27DOFs 模型等。其中 2DOFs 模型是前文中提到的二自由度自行车模型。被控对象在控制量的作用下,不断更新状态,更新的状态量有车辆全局坐标位置、车辆位姿信息、车辆运动学信息等。

状态估计器主要输出车速、轮胎力、侧偏角、路面附着等车辆和路面状态信息。除估计结果的精度外,还需重点考虑估计算法对特殊工况场景的覆盖度和鲁棒性,如横坡/纵坡道路、冰雪路面、不同颠簸路面等。

闭环控制系统的核心是计算参考值与实际值之间的误差。在轨迹跟踪问题中,需计算全局侧向位置与期望侧向位置的误差、实际航向角与期望航向角的误差,以及其他状态量,再次输入运动控制器,最终形成闭环。

8.5.2 车辆运动控制系统模型建立

针对如图 8-25 所示的轨迹跟踪问题,首先构建轨迹跟踪问题的坐标系,并将笛卡儿坐标系转化为曲线坐标系:

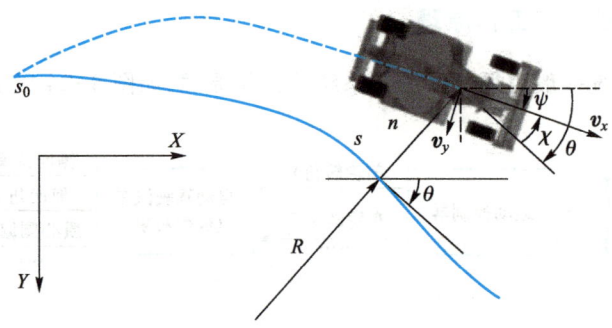

图 8-25 轨迹跟踪问题

$$\dot{s} = \frac{v_x \cos \chi - v_y \sin \chi}{1 - nC} \tag{8-27}$$

$$\dot{n} = v_x \sin \chi + v_y \cos \chi \tag{8-28}$$

$$\dot{\chi} = \dot{\psi} - C\dot{s} \tag{8-29}$$

式中,$\dot{s}$ 是曲线坐标系的位移;χ 是航向角误差;$\dot{n}$ 是侧向偏移量;C 是参考曲率(由轨迹规划算法得到的轨迹得到)。

然后,建立被控对象模型。这里采用 7DOFs 动力学模型作为被控对象,7DOFs 车辆动力学模型如图 8-26 所示。

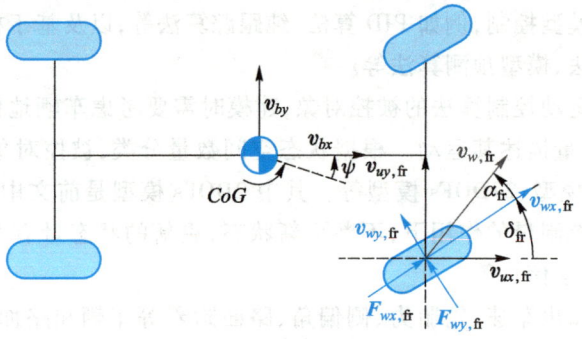

图 8-26 7DOFs 车辆动力学模型

车辆的动力学方程为

$$\dot{v}_x = \frac{\sum(F_{x,i} \cos \delta_i - F_{y,i} \sin \delta_i) - F_{\mathrm{drag}}}{m_t} + \dot{\psi} v_y \tag{8-30}$$

$$\dot{v}_y = \frac{\sum(F_{x,i} \sin \delta_i + F_{y,i} \cos \delta_i)}{m_t} - \dot{\psi} v_x \tag{8-31}$$

$$\ddot{\psi} = \frac{\sum[(F_{x,i} \sin \delta_i + F_{y,i} \cos \delta_i) x_{w,i} - (F_{x,i} \cos \delta_i - F_{y,i} \sin \delta_i) y_{w,i}]}{I_z} \tag{8-32}$$

$$\dot{\omega}_i = \frac{T_i - F_{x,i} R_i}{J_i} \tag{8-33}$$

轨迹跟踪问题的 MATLAB 代码如下：

```
pusr.ddXb = Fx/pusr.mt;
pusr.ddYb = Fy/pusr.mt;
ddXb = Fx/pusr.mt+dYaw. * dYb;
ddYb = Fy/pusr.mt-dYaw. * dXb;
ddYaw = Tyaw/pusr.Jzz;
ddomega = (Tw-Ftx. * repmat(pusr.Rt,size(dXb)))./repmat(pusr.Jwy,size(dYb));
dgXb = dXb. * cos(Yaw)-dYb. * sin(Yaw);
dgYb = dXb. * sin(Yaw)+dYb. * cos(Yaw);
Xout = [ddXb ddYb ddYaw ddomega   ds dn dchi dgXb dgYb dYaw];
auxdata = [kappa,alpha,Fz,Ftx,Fty,pusr.Td,pusr.Nd,steer,Fx,Fy,Tyaw];
end
```

轮胎模型采用魔术公式轮胎模型，各个车轮的纵、横向力为

$$F_{x,i} = \{\mu_x F_{z,i} \sin[C_x \arctan(B_x \kappa_i - E_x B_x \kappa_i - \arctan B_x \kappa_i)] + Sv_x\} G_{x\alpha_i} \quad (8-34)$$

$$F_{y,i} = \{\mu_y F_{z,i} \sin[C_y \arctan(B_y \alpha_i - E_y B_y \alpha_i - \arctan B_y \alpha_i)] + Sv_y\} G_{x\kappa_i} + S_{V_y\kappa_i} \quad (8-35)$$

本部分对应代码如下：

```
%-------------------------------%
%    Tire slip    %
%-------------------------------%
Vbx = repmat(dXb,size(pusr.y))-repmat(pusr.y,size(dXb)). * dYaw;
Vby = repmat(dYb,size(pusr.x))+repmat(pusr.x,size(dYb)). * dYaw;
Vwx    = Vbx. * cos(steer)+Vby. * sin(steer);
Vwy    = -Vbx. * sin(steer)+Vby. * cos(steer);
kappa = (omega. * repmat(pusr.Rt,size(dXb))-Vwx)./Vwx;
alpha = -steer+atan(Vby./Vbx);
kappa(kappa>1) = 1;
kappa(kappa<-1) = -1;
alpha(alpha>1.57) = 1.57;
alpha(alpha<-1.57) = -1.57;
%-------------------------------%
%    Tire model    %
%-------------------------------%
B = 10;
C = 1.9;
```

```
D = 1;
E = 0.97;
Ftx = (Fz.*D.*sin(C.*atan(B.*kappa-E.*(B.*kappa-atan(B.*kappa)))));
Fty = (-Fz.*D.*sin(C.*atan(B.*alpha-E.*(B.*alpha-atan(B.*alpha)))));
Fx = sum(Ftx.*cos(steer)-Fty.*sin(steer),2)-Fw;
Fy = sum(Ftx.*sin(steer)+Fty.*cos(steer),2);
Tyaw = sum((Ftx.*sin(steer)+Fty.*cos(steer)).*repmat(pusr.x,size(dYb)))...
    -sum((Ftx.*cos(steer)-Fty.*sin(steer)).*repmat(pusr.y,size(dYb)));
```

在运动控制算法方面,可选用 PID 控制算法。PID 控制架构如图 8-27 所示,为追踪理想的侧向位移,可将控制目标确定为侧向误差,将期望的侧向误差设定为 0。

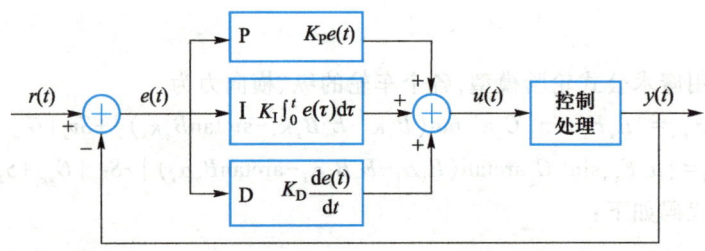

图 8-27 基于侧向误差 e_y 的 PID 控制架构

进一步跟踪期望车速,设定纵向车速的目标值为 20 km/h。本部分代码如下:

```
%------------------------------------------%
%    Control variables    %
%------------------------------------------%
Nm = 30 * 7.97 * 0.5 * (Xin(:,6)+Xin(:,7))/pi;
Nm(Nm>18842) = 18842;
Tmax = 7.97 * interp1(pusr.Nm,pusr.Tm,Nm,'linear','extrap');
kpd = 1e4;
Tt = kpd * (20-dXb);
Tt(Tt>Tmax) = Tmax;
Tt(Tt<-2500) = -2500;
Tw = [0 * Tt-2 0 * Tt-2 0.5 * Tt 0.5 * Tt] * (Tt>=0)+[0.25 * Tt 0.25 * Tt 0.25 * Tt 0.25 * Tt] * (Tt<0);
YawRef = interp1(pusr.slength,pusr.theta,s+ds * 1)
ref = YawRef-Yaw;%
stemp1 = -3e-2 * n;
```

```
    stemp2 = -5e-3 * dn;
    stemp3 = 5e-1 * ref;
    usteer = stemp1+stemp2+stemp3;
    usteer = min(usteer,0.9) * (usteer>0)+max(usteer,-0.9) * (usteer<0);
    u = [Tw usteer usteer 0 0];
    pusr.Td = [Tt 0 0 0];
    pusr.Nd = [Nm 0 0 0];
    nlog = [stemp1 stemp2 stemp3]
end
```

8.5.3 案例分析

运行上述代码后,轨迹跟踪的仿真结果如图 8-28 所示。可以看出车辆较好地跟踪上了参考轨迹,但在曲率较大的急弯处,侧向误差和航向角误差较大。

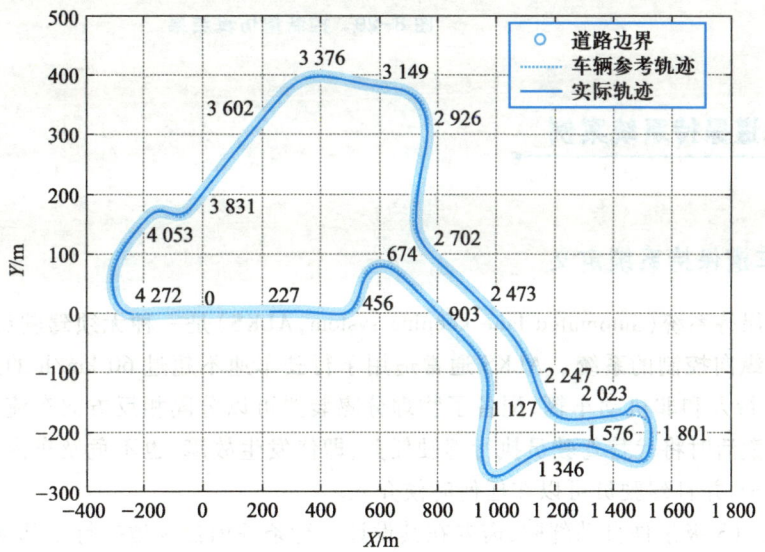

图 8-28 轨迹跟踪的仿真结果

控制量仿真结果如图 8-29 所示,车辆由四轮毂电机驱动,四轮采用平均分配策略。可以看到在 PID 控制作用下,转向角随着参考路径的曲率变化而随之变化。

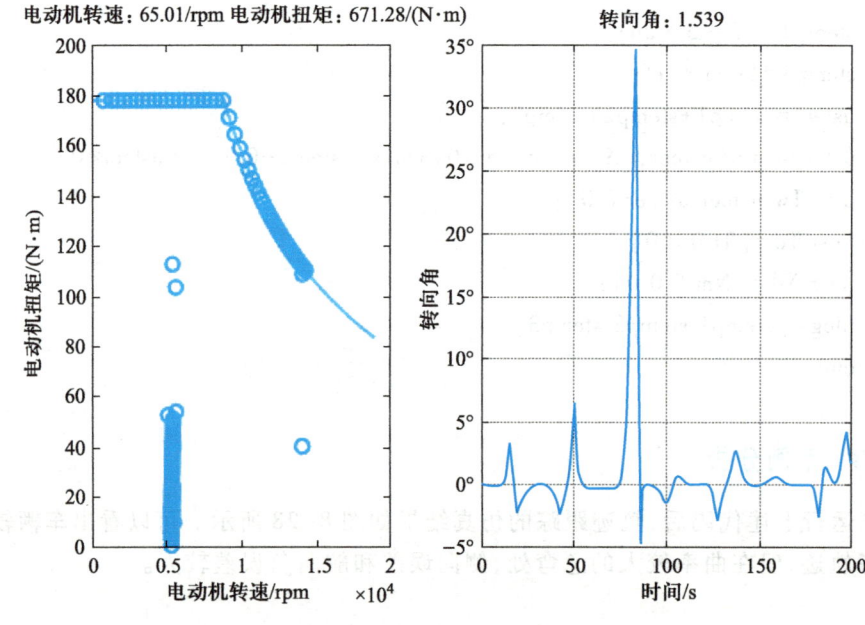

图 8-29 控制量仿真结果

视频 8-1
主动漂移控制试验

8.6 自动车道保持系统案例

8.6.1 自动车道保持系统定义

自动车道保持系统（automated lane keeping system, ALKS）是一种无须驾驶员操作，可对车辆进行横向和纵向控制的系统。ALKS 通常适用于行驶车速不超过 60 km/h 的乘用车（M_1 车辆），并在没有行人和非机动车辆、配备了物理分隔装置可以分隔相反方向车流的道路条件下开启。该系统激活时将代替驾驶员执行驾驶任务，即使发生故障，也不危及车内人员或其他道路使用者的安全，并且驾驶员可以在任何时候介入。

ALKS 属于 L3 级条件自动驾驶，需要在其设计运行条件内持续地执行全部动态驾驶任务，即在特定的环境中实现自动减速和转向。驾驶员可以不监控车辆行驶环境，但必须准备好随时重新获取驾驶控制权，以应对自动驾驶无法处理的路况。

8.6.2 自动车道保持系统组成

自动车道保持系统主要由识别系统、分析决策系统和控制执行系统组成。其工作原理流程如图 8-30 所示。汽车在正常行驶时，识别系统会时刻采集道路图像，通过处理图像获得汽车在当前车道中的位置参数，同时采集车辆状态信息，并将这些参数发送给分析决策系统，当分析决策系统判断汽车不受人为控制偏

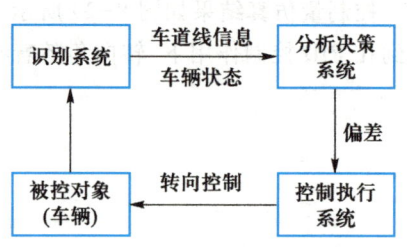

图 8-30 自动车道保持系统工作原理流程图

离车道时,会向控制执行系统发送控制命令,控制执行系统自动控制车辆转向,纠正车辆行驶轨迹,使车辆保持在车道内行驶。下面介绍各个系统的组成:

(1) 识别系统

识别系统由摄像头等传感器组成,支持自动车道保持系统的车辆大多设有一个捕捉道路画面的高清摄像头。通过对摄像头画面处理,得出当前车辆相对车道线的位置、偏离方向和速度,当车辆靠近识别出的车道边界线且要驶离该车道时,系统会通过声音和图像进行提醒。

其他传感器负责采集车辆状态信息,并将这些信息传送给分析决策系统。典型的传感器有轮速传感器、惯性测量组件等;驾驶操作信息感测模块可输出方向盘转向的力矩和方向盘角度、转向灯信号、制动踏板信号等。

(2) 分析决策系统

分析决策系统根据识别系统记录的车道线位置、车辆动态、驾驶者行为等信息作为向控制执行系统发送控制命令。当车辆在行驶过程中不受人为控制偏离车道时,分析决策系统会向控制系统发送控制命令,控制执行系统会主动介入纠正车辆行驶轨迹,使其保持在车道内行驶。

(3) 控制执行系统

当收到分析决策系统的控制命令时,控制执行系统就会主动介入,控制车辆转向。目前控制执行系统主要包括 ESP 和 EPS 系统。

8.6.3 自动车道保持系统具体工作原理

(1) 识别系统

识别系统的核心是摄像头,其精度、可用性和可靠性影响系统的质量。在汽车行驶时摄像头实时采集前方道路图像,为方便分析决策系统进行判断和决策,摄像头采集的图像需要进行一系列的简化处理,包括过滤图像中的无关因素,突出显示车道线等。图像处理流程如图 8-31 所示。

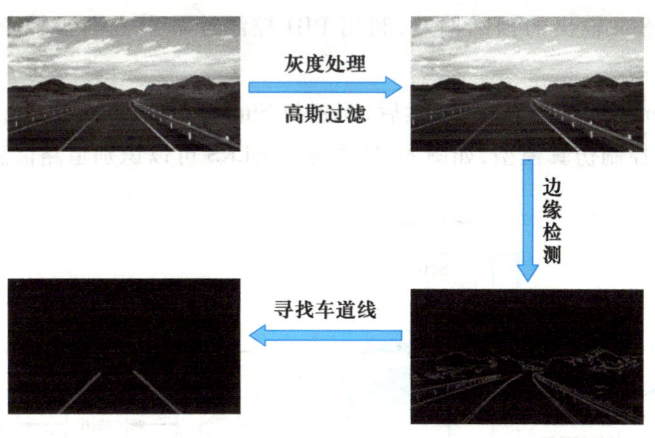

图 8-31 图像处理流程

(2) 分析决策系统

分析决策系统负责接收识别系统发来的信息,并对此进行分析处理,判断车辆是否不受人为控制而偏离车道,分析决策系统工作原理图如图 8-32 所示。

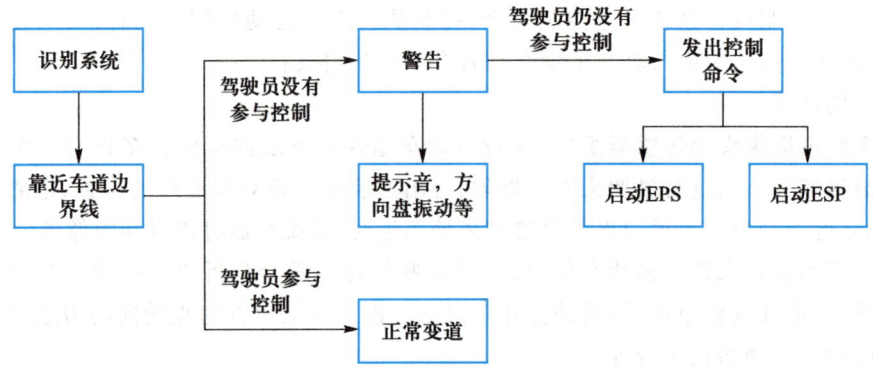

图 8-32 分析决策系统工作原理图

(3) 控制执行系统

控制执行系统接收到分析决策系统发来的控制命令时,启动 ESP 或 EPS 系统。其中,ESP 系统主要通过制动控制产生横摆力矩来修正车辆行驶方向,而 EPS 则是通过控制转向来修正车辆的行驶方向。

当车辆偏离车道时,ESP 可分别控制各轮的纵向制动力,间接影响侧向力,从而提高车辆的操控性能。而当车轮纵向力达到极值(比如车轮抱死)导致车辆发生侧滑时,ESP 还能向特定的车轮施加制动力,从而帮助车辆按照驾驶者期望的方向前进。当车辆偏离车道时,EPS 能控制转向系统的电机来修正车辆的行驶方向。

8.6.4 自动车道保持系统转向控制仿真

本节采用 CarSim 与 Simulink 进行联合仿真,展示自动车道保持系统的工作原理。CarSim 模型作为 ALKS 的识别系统和执行系统,完成车道线识别与转向控制功能。Simulink 模型作为决策系统,接收 CarSim 输出的预瞄偏差,利用 PID 控制计算出方向盘转角信号,并将其输入 CarSim 完成闭环控制。

首先,在 CarSim 中创建车辆模型,然后,配置与 Simulink 联合仿真参数。

建立 PID 转向控制仿真模型,如图 8-33 所示。ALKS 可以识别道路信息,自动调节方向盘

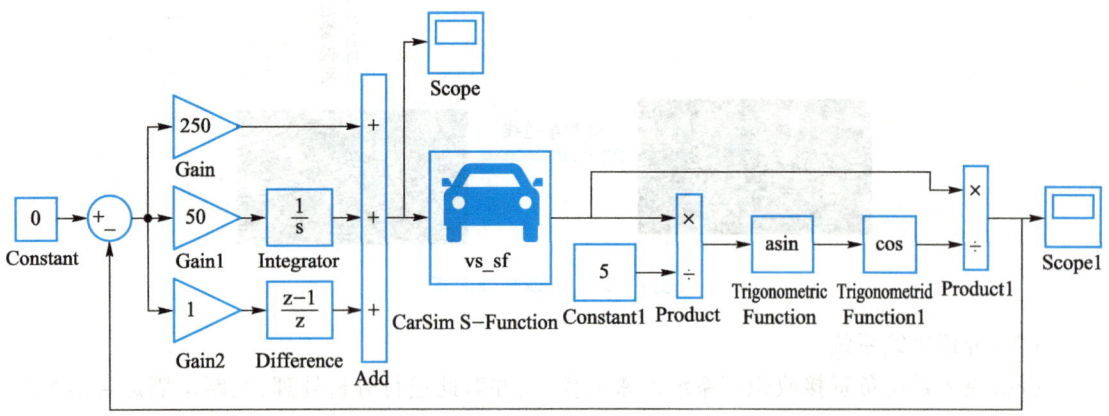

图 8-33 PID 转向控制仿真模型

转角,使得车辆跟踪期望轨迹,方向盘转角仿真结果如图 8-34 所示。部分道路轨迹跟踪仿真结果如图 8-35 所示,由仿真结果可以看出车辆可以很好地在道路中心行驶,轨迹跟踪精度较高。

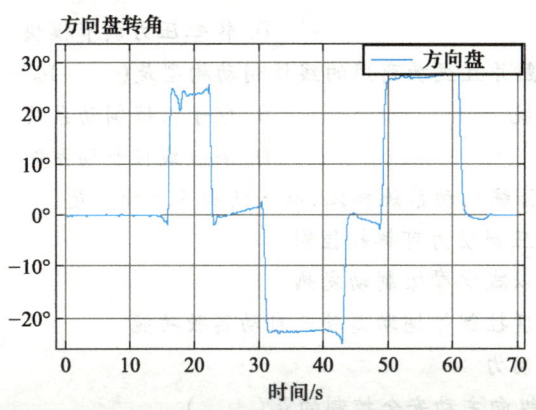

图 8-34　方向盘转角仿真结果

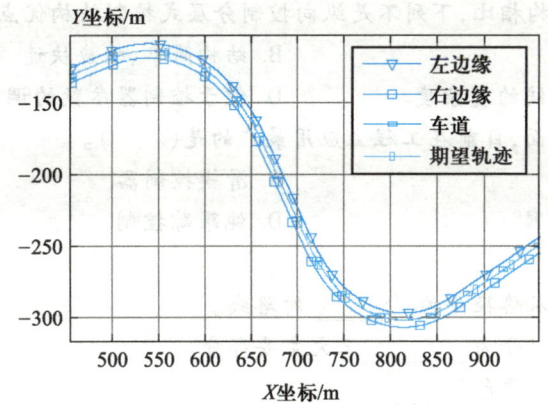

图 8-35　部分道路轨迹跟踪仿真结果

思考与练习

一、选择题

1. 下列不属于车联网通信网络范畴的是（　　）。
   A. V2I　　　　　　B. V2N　　　　　　C. P2N　　　　　　D. V2M

2. 网联等级的分类不包括（　　）。
   A. 信息辅助阶段　　　　　　　　　B. 有限的互联传感阶段
   C. 感知预测决策协同阶段　　　　　D. 全网优化性互联阶段

3. 不属于智能网联汽车系统架构三大主要部分的是（　　）。

A. 环境感知系统　　　　　　　　　　B. 决策与控制系统

C. 智能座舱系统　　　　　　　　　　D. 执行系统

4. 下列不是线控转向系统组成的是（　　）。

A. 方向盘模块　　　　　　　　　　　B. 电源

C. 电子控制单元　　　　　　　　　　D. 轮缸压力调节模块

5. 目前发展较为成熟并且成功商用的线控制动机构型是（　　）。

A. 电子液压制动系统　　　　　　　　B. 电子机械制动系统

C. 电磁制动系统　　　　　　　　　　D. 混合线控制动系统

6. 线控制动系统与传统制动系统相比，以下说法不正确的是（　　）。

A. 电机制动力与液压制动力可解耦控制

B. 电液复合制动可以减少摩擦制动发热

C. 可以实现自动速度控制等辅助驾驶或自动驾驶功能

D. 均匀分配四轮制动力

7. 下列不属于车辆纵向主动安全控制的是（　　）。

A. 制动防抱死系统　　　　　　　　　B. 车道保持辅助系统

C. 自动紧急制动系统　　　　　　　　D. 自适应巡航系统

8. 与直接式控制结构相比，下列不是纵向控制分层式控制结构优点的是（　　）。

A. 控制过程直观　　　　　　　　　　B. 结构简单、响应快速

C. 能够降低控制系统的复杂度　　　　D. 便于控制器参数的调节和控制系统的调试

9. ACC控制算法方面，目前在工程上应用最广的是（　　）。

A. PID控制器　　　　　　　　　　　B. 滑模控制器

C. 线性二次型调节器　　　　　　　　D. 纯跟踪控制

二、填空题

1. 智能网联汽车技术路径分为_____的路线。

2. 智能网联汽车可以分为_____三大主要部分。

3. 线控底盘子系统主要包括_____。

4. 线控转向系统具备_____的优势。

5. 轮毂电机具有_____等特点。

6. PID算法利用车辆当前的横向跟踪偏差作为输入量，通过对跟踪偏差进行_____控制从而得到前轮转角。

7. ACC系统的结构由_____四个部分组成。

8. 车路协同系统的发展总体上可以分为三大发展阶段：_____。

9. 车路协同系统总体架构四个主要部分为：_____。

10. 车路协同系统有两个主要核心应用领域：_____。

三、判断题

1. 国际汽车工程师协会将自动驾驶技术分为L0~L5六个等级，满足最高等级L5级完全自动驾驶水平的汽车可以称为完全无人驾驶汽车。（　　）

2. 有条件自动驾驶应急处理可以交给自动驾驶系统。（　　）

3. 高度自动驾驶可以实现全场景下自动行驶。（   ）
4. 智能汽车等同于无人驾驶汽车。（   ）
5. 轮边驱动不是分布式驱动。（   ）
6. 四轮轮毂电机驱动电动汽车需要配备差速器。（   ）
7. EMB 是从传统的液压制动系统发展而来，目前仍处于开发阶段。（   ）
8. 电机制动响应速度慢于液压制动。（   ）
9. 驾驶员模型只能实现方向控制。（   ）
10. 车路协同自动驾驶环境感知以自车感知为主，协同感知为辅。（   ）

四、简答题

1. 智能网联汽车的优势是什么？对智能交通的发展会有什么贡献？
2. 智能网联汽车技术路径有哪几种？各有什么优缺点？
3. 智能网联汽车运动控制主要包括哪些技术？未来发展趋势如何？
4. 环境感知目前主流的方式有哪些？调研传感器的种类有哪些，总结各传感器优缺点。
5. 车路协同系统的工作原理是什么？梳理车路协同系统的工作流程。
6. 概括单车智能的自动驾驶和基于车路协同的自动驾驶技术路线的差异。

五、综合应用题

1. 自动驾驶包括几个等级？每级各有什么特点？调研当前量产车型搭载的辅助驾驶系统，与小组成员开展讨论，就某款车型辅助驾驶系统，分析其基本组成、能实现的功能及各项功能的基本原理等，判断该产品处于自动驾驶哪个等级，形成一份不少于 1 000 字的调研报告，要求图文并茂。
2. 调研电子机械制动系统基本架构，分析电子机械制动系统主要包含哪几种部件。
3. 调研当前企业发布的线控转向系统产品，分析线控转向系统量产化面临哪些问题？
4. 调研车辆状态估计常用的估计方法，针对车辆质心侧偏角估计，利用 MATLAB/Simulink 软件，设计基于卡尔曼滤波的质心侧偏角估计器。
5. 尝试设计基于 PID 算法的纵向车速控制器。
6. 调研车辆运动控制中常用的滑模控制与模型预测控制基本原理，尝试设计基于滑模算法的路径跟踪控制器。

参考文献

第 8 章参考文献

第 9 章 汽车新安全性

汽车安全性随着车辆自动化和网联化水平的不断提升面临前所未有的挑战。传统的汽车安全性能主要包括主动安全和被动安全,主动安全相关内容在前面的章节已多有涉及,被动安全更多是与车身结构耐撞性和乘员约束系统等内容相关,不属于本书讨论范畴。在智能网联汽车时代,汽车传统的主动与被动安全措施已无法应对所有新出现的风险和威胁。自动驾驶技术的发展引入了复杂的电子控制系统和大量的车载软件,增加了系统失效和功能异常的可能性;同时,车辆的互联属性也使其成为网络攻击的潜在目标。因此,车辆安全技术必须从多个维度进行全面保障,确保车辆在各种环境下都能安全运行。本章将从车辆新安全性能的三个关键方面(功能安全、预期功能安全和信息安全)进行介绍。功能安全侧重于车辆发生故障时,仍能维持的最低限度的安全水平;预期功能安全则关注在正常行驶条件下,系统设计和功能实现的安全性,防止由于设计缺陷或环境变化引起的意外;车辆信息安全旨在保护车辆及其通信系统免受网络攻击和数据泄露的威胁。

本章结束时,学生应该具备如下能力:
1. 理解汽车功能安全的必要性和概念。
2. 掌握功能安全完整性等级的计算与评估方法。
3. 掌握预期功能安全的基本定义和面临的挑战。
4. 了解汽车信息安全体系与信息安全保障技术。
5. 能够应用车辆安全技术对车辆安全性进行分析和评估。

9.1 功能安全

视频 9-1
汽车功能安全

随着汽车智能化功能的逐渐增多,以及智能驾驶辅助系统、自动驾驶技术和电动汽车的普及,汽车电子电气架构也越来越复杂。各类电子部件都存在系统性失效和随机硬件失效的风险,任何系统故障都可能带来严重的安全隐患,因此确保这些系统能够可靠地执行其预期功能变得至关重要,相应的汽车功能安全越来越被重视。

9.1.1 功能安全基本概念

1. 功能安全的定义

在汽车电子行业功能安全标准 ISO 26262—2018 中将功能安全定义为:"Absence of unreasonable risk due to hazards caused by malfunctioning behavior of E/E systems",即避免电子/电气系统故障导致的不合理风险。

首先需要明确何为不合理风险,例如车辆安全气囊的作用是在车辆发生碰撞等情况时保护驾驶员及乘客,若车辆没有发生碰撞,安全气囊的自动弹开则是不合理风险。其次,需要明确为何需要针对电子/电气系统的功能安全进行单独设计,因为传统的汽车结构相对简单,驾驶员的操作多采用机械方式来实现,一旦发生机械故障,其危险程度很大且多数情况下无法避免。现代汽车更加智能化,驾驶员的操作命令先转换为相应电信号,再传送给 ECU 解析,然后控制相应的器件,最终完成操作,因此其整车的安全性很大程度就取决于电子控制器的安全性。由于电子控制器失效的可预见性非常低,例如芯片/电路受外界干扰等,无法保证电子器件 100% 不出问题,为了保证即使部分电子器件出现故障,汽车系统也能在短期(故障容错时间内)内安全运行,需要进行功能安全设计。

总体来说,功能安全关注的是电子/电气系统发生故障之后的行为,而不是系统原有的功能或性能。因此,功能安全的目的是当系统发生故障后,使系统进入安全的可控模式,避免对人身、财产造成伤害。

2. 本质安全与功能安全

为更好地了解功能安全,首先需要了解本质安全和功能安全的基本概念,如图 9-1 所示,以铁道的路口为例,比较基于两种安全概念的避免路口事故的方法。这里避免路口事故就是安全目标,为了实现这个目标,可进行如下操作:

(1) 基于本质安全:把铁道路口撤销,改造成立交桥的形式,让火车和汽车走各自的路,这样就不会发生人或者车辆横穿铁道口的事故。这种根据系统的特性把危险源直接除掉的方法属于本质安全。

(2) 基于功能安全:在铁道路口设置信号灯和道口自动栏杆,在火车来临时闪红灯,同时将栏杆放下,避免行人或者车辆通过。通过栏杆的拦截功能及预警灯来抑制事故风险的方法属于功能安全。

(a) 本质安全

(b) 功能安全

图 9-1 本质安全与功能安全示例

理想的情况是任何场合都采用本质安全,但事实上,在很多场合,由于系统自身的原因,不可能把危险源除掉,特别是像车载电控系统这样非常复杂的电子化系统,本质安全很难被实现和应用。因此只能采用功能安全,其目的就是在本质安全无法实现时,尽可能地通过增加安全机制去提高安全等级,实现安全目标。

3. ASIL 等级的确定

对电子控制器 ECU 来说,失效的原因主要是软件和硬件。软件失效包括没有考虑分母为 0 的情况、变量公式定义错误、精度丢失等;硬件失效包括传感器失效、ECU 硬件失效、执行器失效等。

依据 ISO 26262—2018 标准进行功能安全设计时,首先识别系统的功能,并分析其所有可能的功能故障(malfunction)或失效,常采用的分析方法有危险与可操作性分析(hazard and operability analysis,HAZOP)、失效模式与效应分析(failure mode and effect analysis,FMEA)、头脑风暴法、事故树分析法等。

进行功能故障分析后,需要进行情景分析。功能故障在特定的驾驶场景下才会造成伤亡事件,即相同故障在不同情景下造成不同事件,如图 9-2 所示,对于近光灯系统,其中一个功能故障为近光灯非预期熄灭。在夜晚的山路工况下,由于近光灯非预期熄灭,驾驶员可能无法识别道路状况,驶出道路边界,造成交通事故;若此功能故障发生在白天,则不会对驾驶产生任何影响。情景分析需要识别、分析与故障相关的驾驶情景,例如高速公路超车、车库停车等。情景分析的对象可以从多个方面考虑,例如公路类型、路面情况、车辆状态、环境条件、人员情况等。

(a) 白天　　　　　　　　　　　　(b) 夜晚

图 9-2　相同故障在不同情景下造成不同事件

功能故障和驾驶场景的组合叫做危害事件(hazard event)。危害事件确定后,根据三个因子——严重度(severity)、暴露率(exposure)和可控性(controllability)评估危害事件的风险级别,也就是汽车安全完整性等级(automotive safety integration level,ASIL)。

ASIL 等级可以对失效后带来的风险进行评估和量化以达到安全目标,其概念来源于 IEC61508,通过失效概率的方式定义了安全完整性等级(safety integration level,SIL)。但是只有车辆硬件随机失效可以通过统计数字评估失效概率,软件失效却难以量化,因此 IOS 26262 根据汽车的特点定义了 ASIL,在产品概念设计阶段对系统进行危害分析和风险评估,识别出系统的危害。系统安全风险越大,对应的安全要求级别就越高,其具有的 ASIL 等级也越高。针对故障的严重程度不同,功能安全可划分为五个不同的等级:QM、A、B、C、D。其中,QM 为质量管理,D 对应的安全等级最高。等级的划分主要是依据下面 3 个指标:

(1) 危险发生时,导致伤害的严重度

该伤害主要是指对人的伤害,包括车上的司机与乘客、路边行人、旁边车辆上的司机与乘客、非机动车上的行人,以及其他车辆上的司机与乘客。根据伤害的严重性,可以划分为:S0、S1、S2、S3 四个等级,如表 9-1 所示。

表 9-1 严重度级别及描述

级别	S0	S1	S2	S3
描述	无伤害	轻微或有限的伤害	严重或危及生命的伤害(可以幸存)	危及生命的伤害(可能无法幸存)或致命伤害

(2) 在操作条件下,暴露于危险中的可能性

如表 9-2 所示,E0 仅是在风险评估中的一些建议项,当暴露风险为 E0 时,无须考虑 ASIL 等级。E1 和 E2 的区分,主要是看车辆在目标市场合理、正常的使用情况。

表 9-2 可能性级别及描述

等级	E0	E1	E2	E3	E4
描述	不可能	非常低的概率	低概率	中等概率	高概率

(3) 危险的可控性

主要是指当危险发生时,该危险可被司机、其他交通人员进行控制并减小或避免危害发生的可能性。假设司机正常的条件下(非疲劳驾驶、酒驾、无证驾驶等),危险的可控性可以分为 C0、C1、C2、C3 四个等级,如表 9-3 所示。

表 9-3 可控性级别及描述

等级	C0	C1	C2	C3
描述	可控	简单可控	一般可控	难以控制或不可控

每一个危害事件的 ASIL 等级应根据使用严重度、暴露概率和可控性这三个参数来确定,如表 9-4 所示。

表 9-4 ASIL 等级

严重度等级	暴露概率等级	可控性等级		
		C1	C2	C3
S1	E1	QM	QM	QM
	E2	QM	QM	QM
	E3	QM	QM	A
	E4	QM	A	B

续表

严重度等级	暴露概率等级	可控性等级		
		C1	C2	C3
S2	E1	QM	QM	QM
	E2	QM	QM	A
	E3	QM	A	B
	E4	A	B	C
S3	E1	QM	QM	A
	E2	QM	A	B
	E3	A	B	C
	E4	B	C	D

9.1.2 功能安全设计开发

ISO 26262—2018 分别针对功能安全管理、概念阶段、系统阶段研发、软硬件阶段研发、生产、服务和报废等各方面对产品整个生命周期进行了规范和要求,并在这些生命周期阶段中提供必要的支持。该标准涵盖功能性安全方面的整体开发过程,从而使得产品在各个生命周期都比较完善地考虑了其安全功能。

1. 功能安全概念

对于传统开发流程,引入 ISO 26262—2018 需要增加功能安全相关的需求。功能安全设计开发的目的是从安全目标中得出功能安全需求,并将其分配给相关项的初步架构要素或外部措施。为满足安全目标,功能安全概念包括安全措施(安全机制),这些安全措施将在相关项的架构要素中实现,并在功能安全需求中规定。

2. 系统安全概念

相对于传统开发的系统设计,功能安全还提出了系统安全概念的要求。在整个开发生命周期中,技术安全需求是指实现功能安全概念必要的技术需求,其将相关层面的功能安全需求细化为系统层面的技术安全需求。系统安全概念包含两个部分:技术安全概念和系统设计。在制定技术安全概念时,需同时考虑功能概念和初步的架构设想,从而进一步细化功能安全概念,通过分析来验证技术安全需求是否符合功能安全需求。系统设计的目的是满足相关项的功能需求和技术安全需求规范,以及验证系统设计和技术安全概念是否满足技术安全需求规范。

3. 故障树分析和失效模式、影响及其诊断分析

对于传统开发的软硬件设计,功能安全需求引用了安全分析。安全分析的目的在于检查相关项及要素的功能、表现、设计的故障和失效后果。安全分析也应提供关于导致违背安全目标及安全需求的条件和原因的信息。此外,安全分析也有助于识别出在先前危害分析和风险评估过程中未被发现的新功能性危害或非功能性危害。对于故障树分析(fault tree analysis,FTA)和失效模式、影响及其诊断分析,这两种分析方法依赖于对相关的故障类型和故障模型的了解。

4. 安全机制测试

在软硬件测试和集成测试阶段，ISO 26262—2018 增加了对安全机制的测试要求。集成和测试活动需要确保所开发硬件符合硬件安全需求，以及证明软件架构已被嵌入式软件实现，验证针对安全需求的安全机制执行的完整性和正确性。硬件集成测试验证安全机制的方法有功能测试、故障注入测试和电气测试。针对不同的 ASIL 等级，可采用相应方法进行测试。其中，功能测试的目标是验证相关项的具体特性已经达到。将充分表征预期正常操作的数据输入到相关项，把响应与规范里给定的响应做比较。针对与规范不同的异常和规范不完整的迹象，应给予分析。

5. 安全目标验证

在系统验证阶段，ISO 26262—2018 增加了安全确认。其目的是提供符合安全目标和功能安全概念相关项的功能安全的证据，并提供在整车层面安全目标正确、完整且得到完全实现的证据。前述验证活动的目的是提供每项特定活动的结果符合规定需求的证据。对车辆上集成的系统、软件、硬件、其他技术要素和外部措施的确认，可以为预期使用的恰当性提供证据并确认安全措施对一类或一组车辆的充分性。安全确认基于检查和测试，确保安全目标足够且得到实现。

6. 功能安全档案

功能安全档案是一个重要的文件，其目的是提供一个由证据支持的、清晰的、全面的和正当的论据，以证明当运行在预期的环境中时，相关项不存在不合理的风险。对于至少有一个安全目标的相关项，安全档案应根据安全计划建立。在整个安全生命周期内，安全档案逐步收录各步骤的工作成果。整个 V 模型的步骤包括危害分析和风险评估，功能安全概念，技术安全概念，软硬件需求，软硬件测试，系统集成测试，都需要收录进功能安全档案中。安全档案是根据整个开发进程不断修改的，因此初始版本可在技术安全需求验证后生成；中间版本可在系统设计验证后生成；最终版本可在功能安全评估前生成。

9.1.3 功能安全管理

安全管理任务是指计划、协调和追踪与功能安全相关的活动，这些管理任务适用于安全生命周期的所有阶段。功能安全管理包括整体安全管理，在概念阶段及在系统、硬件和软件层面产品开发阶段的项目相关的安全管理，生产、运行、服务和报废的安全管理。功能安全管理在车辆研发与生产阶段发挥着巨大作用。

1. 功能安全管理的主要活动

从 ISO 26262—2018 标准的主体内容可以得出，功能安全管理部分主要包括创建、培养和维护安全文化，建立组织特定的规则及流程（包括工具、模板、检查清单等），确保功能安全异常项应得到有效的传达，经验教训库的建立和传递，对相关人员进行功能安全培训，决定执行安全生命周期的哪个阶段，分配安全活动和相关的职责等。

2. 安全计划

对于分布式开发与非分布式开发项目，与安全相关的项目都需要编写安全计划。安全计划用于计划管理和指导项目安全活动的执行，包括日期、里程碑、任务、可交付物、责任人及所需资源等。实际实施安全管理的过程中，安全计划要从静态和动态两个维度来实施。安全活动包括安全生命周期内容的所有安全相关输出物及其验证与确认过程,如 HARA、开发接口协议计划、验证活动计划、认可评审计划等。

ISO 26262—2018 标准中规定,安全计划需要包含以下内容:规划功能安全的活动和程序,将独立于项目的安全活动纳入项目特定的安全管理,定制安全活动的定义,规划危险分析和风险评估,规划开发活动,规划开发接口协议(DIA),规划支持过程,规划验证和确认活动,规划确认审查,启动功能安全审计的启动和功能安全评估,规划每次发布的安全档案内容,规划相关故障和安全分析,提供相关项在使用中经过验证的论据等多种任务。

3. 认可措施

ISO 26262—2018 标准中提及的认可措施有以下三类:① 认可评审,目的是核查关键工作成果是否提供了充分和令人信服的证据,证明其对实现功能安全的贡献;② 功能安全审核,目的是评价功能安全活动所需要的流程的执行情况;③ 功能安全评估,目的是判断相关项是否实现了功能安全,或判断对功能安全实现的贡献,评估该产品的安全性是否可接受。

(1)认可措施的确认对象及要求

功能安全管理的认可措施如表 9-5 所示。

表 9-5 功能安全管理的认可措施

	认可评审	功能安全审核	功能安全评估
评价对象	工作成果(work product)	实施功能安全需要的流程	相关项(WPs,processes,safety measures)
结果	认可评审报告	功能安全审查报告	功能安全评估报告
执行认可措施人员的职责	评价工作成果与对应需求之间的符合程度	评价所需流程的实施情况	评价所达到的安全程度,给出接受、条件接受或拒绝的建议及结论
执行认可措施的时间	每项安全活动结束后产品释放前	所需流程的实施过程中	在开发过程中逐步执行,生产前释放
执行的范围和深度	满足安全计划的要求	按照安全计划中定义的活动实施相关的流程	按照安全计划中要求的相关项验证在开发过程中的输出物与流程

(2)功能安全审核

根据 ISO 26262—2018 标准规定,审核是指针对过程目标对已实施过程的检查。任何一项认可措施都需要指定对应的人员执行,安全审核同样需要指定特定人员实施审核。根据 ISO 26262 标准规定,ASIL B 及以上的目标才需要实施安全审核;同时,审核工作不是一次性完成,须根据安全计划里定义的活动,按阶段执行一次或多次安全审核。被指定的审核员要对每一次审核都提供对应报告,该报告应评价功能安全要求的流程的实施情况。

(3)认可措施的独立性

ISO 26262—2018 标准中将独立性定义为两个或多个元件之间不存在可能导致违反安全要求的相关故障,或从组织上分隔执行某一活动的各方。该定义的后半句适用于认可措施的独立性,即实施相关认可措施时,实施方与被实施对象的负责人之间在业务上要存在一定的独立性关系。ISO 26262—2018 标准中对于认可措施独立性要求可分为 5 个等级,如表 9-6 所示。

表 9-6　独立性级别及描述

等级	–	I0	I1	I2	I3
描述	对于认可措施无要求和建议	宜执行认可措施：但若执行，应由不同的人员执行	认可措施应由不同的人员执行	认可措施应由来自不同团队的人员执行，即不向同一个直接上级报告	认可措施应由来自不同的部门或组织的人员执行，即在管理、资源和发布权限方面与负责相关工作成果的部门是独立的

4. 验证评审

ISO 26262—2018 标准中规定要完整地证明产品实现了安全目标的要求，除了认可措施外，还需进行验证评审。验证评审定义为确保开发活动结果满足项目要求和/或技术要求的验证。验证评审的方式主要包括：① 评审：根据评审目的，为实现预期的工作成果目标而对工作成果进行的检查；② 走查：为了发现异常，对工作成果进行系统性检查；③ 测试：通过计划、准备、运行或演练相关项或要素，验证其满足所定义的要求，探测其异常，对其行为建立信心；④ 仿真模拟：模拟设计模型用专门的工具实现该仿真模型以验证预期设计模型。例如原理图仿真、热仿真、结构仿真等；⑤ 原型开发：基于开发的原型样机来验证当前设计模型的满足程度；⑥ 分析：通过各种分析手段、方法来验证当前设计是否满足需求。例如 FMEA、控制流分析等。

9.2　预期功能安全

随着智能网联汽车及自动驾驶技术的迅猛发展，汽车电子电气架构愈发复杂，引入了各种传感系统和算法，这些系统和算法协同工作以实现高级辅助驾驶和自动驾驶功能。这些传感系统包括激光雷达、雷达、摄像头和超声波雷达，它们提供不同类型的环境数据，通过复杂的算法处理和融合，构建车辆的环境感知能力。然而，在恶劣天气条件或极端环境下，这些传感系统和算法感知能力可能下降，直接影响车辆的安全性。预期功能安全（safety of the intended functionality，SOTIF）的概念因此愈发受到重视。SOTIF 旨在确保即使在复杂和不可预见的情况下，系统仍能安全运行，通过风险分析、仿真和实际测试，提升智能网联汽车和自动驾驶系统的整体安全水平，保障乘员和行人的生命安全。

9.2.1　预期功能安全的基本概念

1. 预期功能安全定义

SOTIF 在 ISO 21448：2022 中的官方定义为："Absence of unreasonable risk due to hazards resulting from functional insufficiencies of the intended functionality or from reasonably foreseeable misuse by persons"，即避免由功能不足，或者可合理预见的人员误用所导致的危害和风险。SOTIF 关注的领域如下：

（1）系统的运行设计域（operational design domain，ODD），即系统和部件在其预期的操作范围内运行时，可能会遇到的性能限制。例如，自动巡航系统在其 ODD 内（如高速公路和良好的天气条件）运行时，如果遇到低照明条件，前置摄像头的性能可能会下降，进而影响系统的正常运行。类似的情况还包括自动驾驶车辆在湿滑路面上的表现,以及传感器在极端温度条件下的精度和可靠性。

(2)人为因素对系统的影响,特别是与人机交互界面的接口。驾驶员的行为和对系统的理解直接影响系统的安全性。例如,驾驶员未按照系统要求将手放在方向盘上,可能导致在紧急情况下无法及时接管车辆;驾驶员对系统能力和限制的错误理解,可能导致过度依赖自动化功能,从而增加风险。此外,驾驶员的责任意识和应对警告和警报的能力也是关键因素,系统需要设计明确的警示机制和易于理解的操作指示,确保驾驶员能够迅速而准确地作出反应。

SOTIF 的重点还包括合理预见的误用情况,这需要系统在设计和测试阶段就考虑到各种可能的误操作情境。例如,驾驶员可能会在不适合自动驾驶的道路上启用自动驾驶功能,或在传感器被遮挡的情况下继续依赖自动驾驶系统。这些场景需要通过详细的风险评估和测试来验证,并通过系统设计来尽可能地预防或缓解。

总之,SOTIF 通过关注系统在各种操作条件下的表现和人为因素的影响,确保车辆在预期和非预期情况下的安全性。通过严格的标准和测试方法,SOTIF 帮助制造商和开发者识别并消除潜在的安全隐患,提高智能网联汽车和自动驾驶系统的整体安全水平,保障乘员和行人的生命安全。

2. 预期功能安全与功能安全的区别

ISO 26262—2018 功能安全解决的是电子电气系统内部的故障、失效问题,通常是指部件或模块的参数发生了永久性改变。具体来说,ISO 26262—2018 涵盖了硬件故障、软件错误和系统失效的风险管理,通过系统化的方法确保车辆电子电气系统在发生内部故障时仍能保持安全。其核心在于通过冗余设计、故障检测和故障隔离等技术手段,降低因内部故障引发的安全风险。例如,当刹车系统的一个组件失效时,系统仍应具备足够的冗余制动能力和自我诊断能力,以保证车辆可以安全停靠。

而 SOTIF 预期功能安全则关注系统在特定环境条件下功能不足时、人为误操作以及环境干扰所造成的非预期行为。SOTIF 关注的是系统在预期的操作环境之外或面对异常环境时的安全性。例如,当自动驾驶系统在遇到复杂的城市交通场景或极端天气时,传感器可能无法准确感知周围环境,导致系统做出错误判断。此外,人为因素如驾驶员对系统能力的误解或误操作也可能引发安全问题。SOTIF 通过对这些非预期行为的风险评估和测试,确保系统能够在实际操作中尽量避免或能够应对这些风险。

ISO 26262—2018 功能安全与 SOTIF 预期功能安全从两个不同的维度,为自动驾驶的安全性提供了标准支撑。ISO 26262—2018 主要关注的是内部故障和针对失效的处理,对系统内在的可靠性进行保障。而 SOTIF 则补充了在自动驾驶领域中的感知、决策和控制系统在特定操作条件下的安全性要求,特别是在系统功能失效或性能限制时的安全性保障。SOTIF 填补了 ISO 26262—2018 未涉及的部分,特别是当系统超出 ODD 时,如何确保其预期功能的安全运行。

总之,ISO 26262—2018 和 SOTIF 共同构成了一个完整的安全框架。ISO 26262—2018 侧重于预防和应对系统内部故障,通过严格的功能安全设计和测试来保障系统的基础可靠性。而 SOTIF 则扩展了安全的范畴,针对系统在各种复杂和非预期条件下的行为进行分析和验证,确保即使在超出设计预期的情况下,系统也能安全运行。如图 9-3 所示,这两个标准相辅相成,全面提升了自动驾驶系统的整体安全性,为实现更加安全可靠的智能驾驶提供了技术保障。

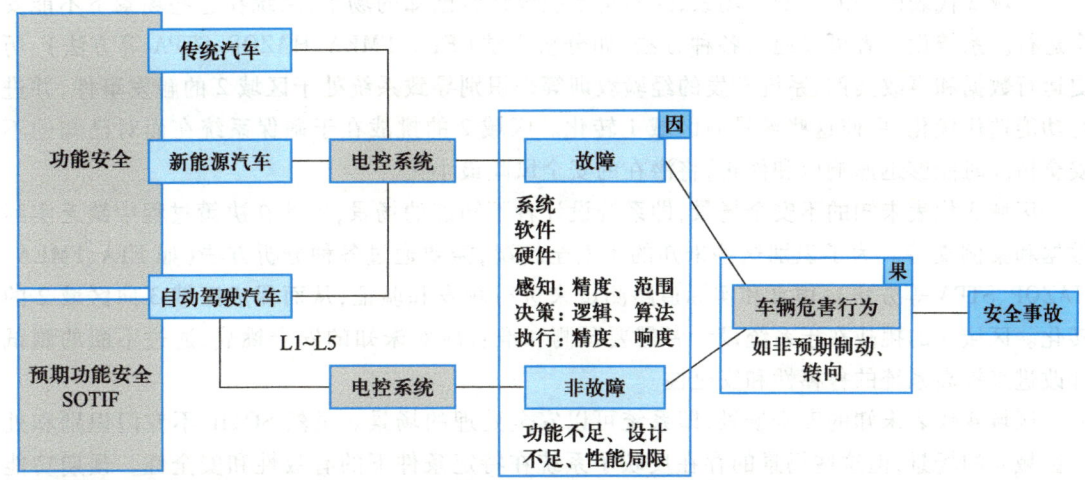

图 9-3 功能安全与预期功能安全的区别

3. 预期功能安全的场景

ISO 21448:2022 对场景(scenarios)的定义为:"Description of the temporal development between several scenes in a sequence of scenes",即一系列片段(scenes)中几个片段(scenes)之间的时序发展描述,如图 9-4 所示,且 SOTIF 均基于假设场景来进行分析。

ISO 21448:2022 将场景划分为如图 9-5 所示的 4 个区间,分别为:① 已知-安全;② 已知-不安全;③ 未知-不安全;④ 未知-安全。其目的是尽可能缩小位于区间 2 和 3 中的场景比例,即确保场景控制在安全的区间。

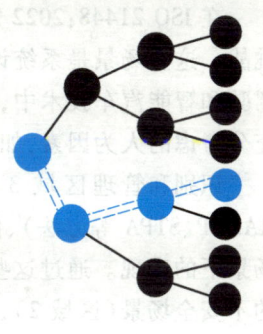

图 9-4 场景的定义

区域 1 代表已知的安全场景,即系统能够安全处理的场景,例如这些场景完全在系统的 ODD 内,或者是现有措施可以应对的场景。这些场景的明确性和可预见性使得系统设计者能够有效地管理和优化系统的安全性能,确保在日常操作中不会出现安全问题。

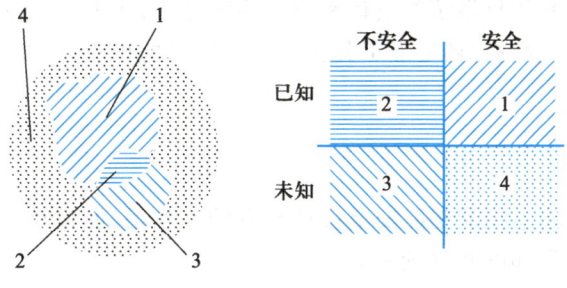

图 9-5 场景划分

区域2代表已知的不安全场景,这些是系统设计者已知的场景,系统在这些场景下不能安全运行。系统设计者可以通过各种方法,如分析方法(FTA、FMEA、HAZOP、STPA等方法)、历史运行数据和事故案例、系统开发的经验教训等来识别导致系统处于区域2的触发事件,并进行功能迭代优化,促使这些场景向区域1转化。区域2的挑战在于确保系统在面对已知的不安全情况时能够迅速响应和修正,将潜在的安全风险最小化。

区域3代表未知的不安全场景,即系统设计者不知道的场景,因此在决策过程中缺乏实际数据和案例支持。为了识别这些未知的不安全情况,需要通过各种分析方法(如FTA、FMEA、HAZOP、STPA等方法)、仿真和实际道路测试来进行触发和验证,从而促成区域3向区域2的转化。区域3的挑战在于系统设计者需要预测和准备应对未知的安全挑战,通过不断的测试和改进来提高系统的鲁棒性和安全性。

区域4代表未知的安全场景,即系统可以安全处理的场景。虽然SOTIF不专门识别和处理区域4的场景,但这些场景的存在反映了系统在特定条件下的有效性和安全性。预期功能安全的目标是通过安全分析为系统的安全设计和测试验证提供输入,以减少已知危险场景(区域2)和未知危险场景(区域3)的数量,从而提高系统的整体安全性和可靠性。

在ISO 21448:2022定义的四象限中,区域3代表未知的不安全场景,是SOTIF面临的主要挑战。这些场景是系统设计者不熟悉或未预料到的,因此缺乏实际数据和案例支持。在自动驾驶和智能汽车技术中,未知的不安全场景可能源于复杂的交通环境、突发的天气条件或未被充分考虑的人为因素,如驾驶员的不规范行为或自动驾驶系统对驾驶员行为的误解。

识别和管理区域3的挑战在于需要系统设计者采用多种分析方法(如FTA、FMEA、HAZOP、STPA等方法)、仿真和实际道路测试来模拟和评估系统在不同场景下的表现。通过这些方法,可以逐步将未知不安全场景转化为已知的不安全场景(区域2),并通过系统优化和改进,最终使其进入已知的安全场景(区域1)。

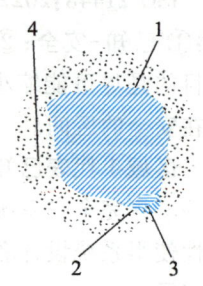

图9-6 预期功能安全的目标

预期功能安全的目标不仅仅是识别和减少区域2和区域3中的安全挑战,更重要的是通过全面的安全分析,为系统的整体安全设计和测试提供有效的指导和支持,如图9-6所示。这包括确保系统在面对已知和未知的安全挑战时能够稳健地运行,最大限度地减少系统的安全风险和潜在的危害。通过不断优化系统的设计和测试验证过程,预期功能安全不仅提高了系统的安全性能,还增强了其在实际应用中的可靠性和可接受性。

9.2.2 预期功能安全设计开发

ISO 21448:2022制定了预期功能安全设计开发的基本活动,以确保系统在各种操作环境下的安全性。其开发流程如图9-7所示。

SOTIF的设计开发活动包括以下主要步骤:① 规范和设计:这一阶段是整个过程的基础,所有后续活动都建立在初始的规范和设计之上。在此阶段,系统的详细功能和性能要求被确定并记录下来,作为系统开发的蓝图。② 在设计规范确定之后,立即开始识别潜在的危险。这一步骤确保所有潜在的风险都被充分考虑,并进行初步评估。③ 潜在功能不足和触发条件识

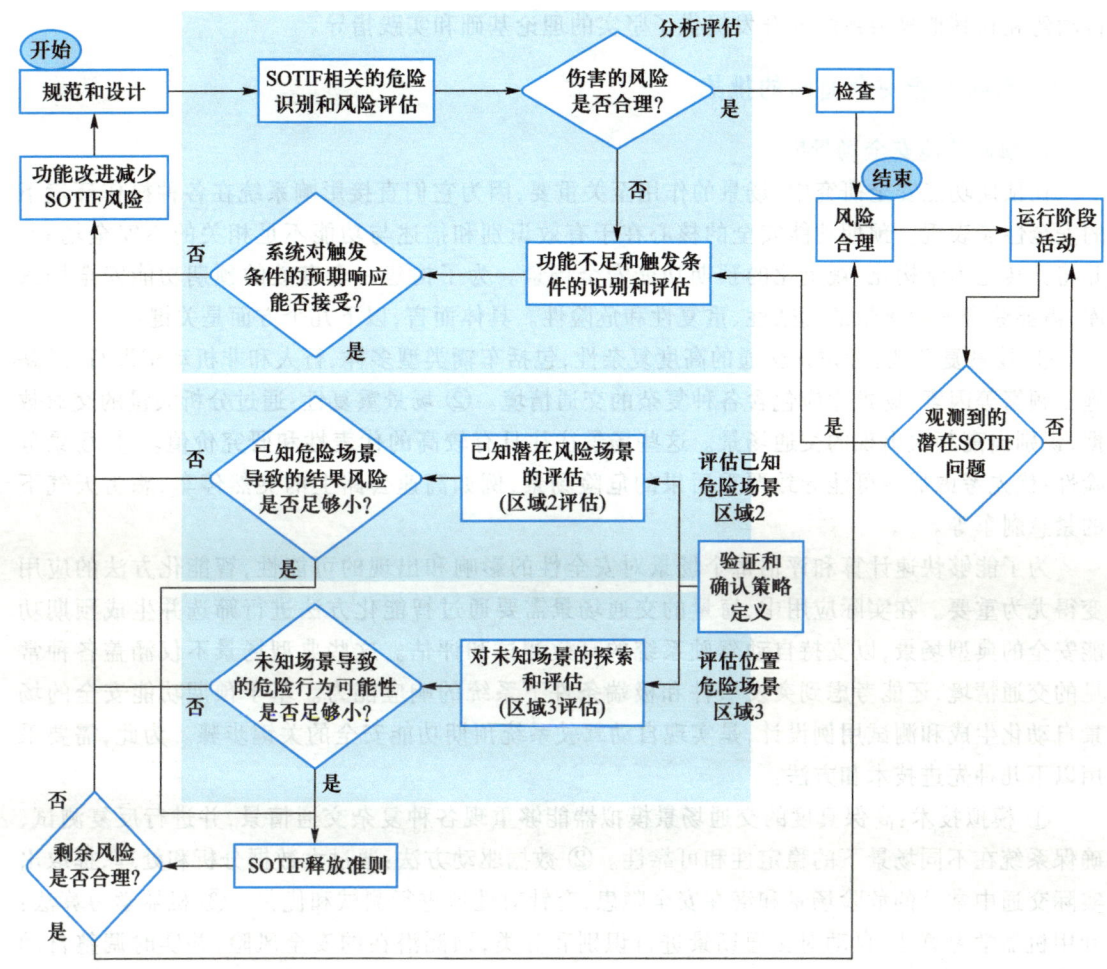

图 9-7 SOTIF 开发设计流程图

别与评估:深入分析功能不足的具体原因和触发条件,其评估结果将直接影响功能改进的方向和策略。④ 功能改进:基于前两个步骤的评估结果,对系统设计进行改进,以消除或降低风险。此阶段可能涉及反复的迭代设计,以确保所有识别出的风险都被充分解决。⑤ 定义验证和确认策略:功能改进后,制定详细的验证和确认策略。这些策略确保改进后的系统能够通过严格的测试,验证其安全性和有效性。⑥ 已知危险场景评估:使用预定义的测试场景对系统进行测试,评估其在已知危险场景下的表现,有助于验证系统在具体危险条件下的响应能力。⑦ 未知危险场景评估:通过模拟和分析,识别可能的未知危险场景,并对系统进行测试和评估,确保系统对突发和未预见的危险具备足够的应对能力。⑧ SOTIF 释放标准:定义并记录系统在发布前必须满足的安全标准和要求,确保系统在投入实际使用前经过充分验证和确认。⑨ 运行阶段活动:系统在实际运行阶段的监控和维护是持续的活动。这包括实时监控系统的运行状态,及时识别和处理新的风险,确保系统持续符合 SOTIF 要求。

通过以上步骤,SOTIF 设计开发活动形成一个闭环,每个步骤相互关联,确保系统在各个阶段都能满足预期功能的安全性,这种系统化的方法不仅提升了系统的安全性和可靠性,也为自动驾驶和其他复杂系统的开发提供了坚实的理论基础和实践指导。

9.2.3 预期功能安全面临的挑战

1. 预期功能安全场景库

在预期功能安全研究中，场景的作用至关重要，因为它们直接影响系统在各种操作环境下的安全性能表现。预期功能安全的核心在于有效识别和描述与功能不足相关的不安全场景，并将其转化为结构化、规范化的预期功能安全场景。为了构建一个有效的预期功能安全场景库，需要综合考虑场景的复杂性、重复性和危险性。具体而言，以下几个方面是关键：

① 场景复杂性：考虑到交通的高度复杂性，包括车辆类型多样、行人和非机动车混行、道路施工频繁等因素，场景库应包含各种复杂的交通情境。② 场景重复性：通过分析大量的交通数据，识别出高频次出现的交通场景。这些场景往往具有较高的代表性和研究价值。③ 场景危险性：优先考虑那些可能导致严重后果的危险场景，例如高速公路上的突然停车、恶劣天气下的紧急刹车等。

为了能够快速计算和评估每个场景对安全性的影响和出现的可能性，智能化方法的应用变得尤为重要。在实际应用中，海量的交通场景需要通过智能化方法进行筛选并生成预期功能安全的典型场景，以支持自动驾驶系统的高效测试和评估。这些典型场景不仅涵盖各种常见的交通情境，还能考虑到突发事件和极端条件下系统的响应能力。基于预期功能安全的场景自动化生成和测试用例设计，是实现自动驾驶系统预期功能安全的关键步骤。为此，需要采用以下几种先进技术和方法：

① 模拟技术：高保真度的交通场景模拟器能够重现各种复杂交通情景，并进行反复测试，确保系统在不同场景下的稳定性和可靠性。② 数据驱动方法：通过大数据分析和处理，提取出实际交通中常见的危险场景和潜在安全隐患，有针对性地进行测试和优化。③ 机器学习算法：利用机器学习算法，自动对交通场景进行识别和分类，预测潜在的安全风险，并实时调整自动驾驶系统的决策和控制策略。

通过以上方法，预期功能安全场景库的建立和优化将显著提升自动驾驶系统在各种实际场景中的安全性和可靠性，确保其在复杂、多变的交通环境中能够有效应对各种安全挑战。这不仅有助于推动自动驾驶技术的成熟和普及，也为构建更加安全、高效的智能交通系统提供了坚实的基础。

2. 预期功能安全测试评价

预期功能安全的测评场景确定是自动驾驶领域面临的重要挑战之一。根据被测对象的不同层级（整车级、部件级、算法级），选择高覆盖度和典型性的测试场景有助于快速暴露潜在的预期功能安全问题。以下是针对不同层级的详细分析和补充：

（1）整车级测试

整车级测试需要全面考虑车辆在各种路况、天气条件和驾驶行为下的表现。这包括但不限于以下场景：

① 多样化路况：测试车辆在高速公路、城市道路、乡村道路、泥泞道路等多种路况下的驾驶表现，确保车辆在不同的物理环境下能够正常运行。② 极端天气条件：在多种不同天气条件下测试车辆，评估其在恶劣天气下的传感器性能和控制策略的有效性。③ 复杂驾驶行为：包括急加速、

急刹车、紧急变道等极端驾驶行为,以及在拥堵、混行、突然出现障碍物等复杂交通状况下的应对能力。

(2) 部件级测试

部件级测试的焦点在于检验各个电子电气部件在不同负载和环境条件下的稳定性和安全性。关键考虑因素包括:

① 温度变化:测试部件在极端高温和低温环境下的性能,确保其在各种温度条件下都能正常工作。② 电气负载:评估部件在不同电气负载(如电压波动、电流变化)下的稳定性,确保其不会因为电气问题而失效。③ 环境影响:考虑湿度、振动、灰尘等环境因素对部件性能的影响,确保其在恶劣环境下的可靠性。

(3) 算法级测试

算法级测试关注评估感知、决策和控制算法在各种复杂场景下的准确性和可靠性。这包括:

① 感知算法:测试感知算法在不同光照条件、遮挡情况、道路标志模糊等场景下的识别准确性,确保其能够正确感知环境。② 决策算法:评估决策算法在多车道变换、交叉路口通行、避让行人等复杂交通情境中的决策正确性。③ 控制算法:测试控制算法在不同速度、转弯半径、紧急制动等工况的稳定性,确保其能够安全地控制车辆。

(4) 人工智能算法的测试评估

人工智能算法的测试评估尤为复杂。由于这些算法通常基于大量的训练数据和概率统计,在面对未曾训练过的关键场景时可能会失效。例如:

① 感知算法的挑战:感知算法可能无法正确识别难以预料的交通情况或道路状况,如罕见的交通标志、极端光照条件下的行人、动态变化的交通流。② 决策算法的不确定性:决策算法在遇到前所未见的交通行为或紧急情况时,可能做出错误决策。③ 控制算法的鲁棒性:控制算法在面对突发的物理干扰(如侧风、路面不平)时,可能无法保持车辆的稳定性和安全性。

(5) 测试工具链的现状与挑战

目前,智能网联汽车测试评价的工具链已经涵盖了虚拟仿真和硬件在环等方面的工具。然而,对测试感知系统所需的高保真工具链的需求尚未得到充分满足。具体挑战包括:

① 传感器的物理建模和仿真:准确模拟不同环境条件下的传感器响应和性能是一个技术难点,高保真的传感器模型需要能够真实反映传感器在各种复杂环境中的表现。② 复杂场景的仿真:有效地创建和模拟各种复杂的驾驶场景是一个技术难点,驾驶场景需要包括动态交通、自然环境变化和突发事件,以测试系统的应对能力。

(6) 解决方案与未来发展

为解决这些挑战需要发展精准高效的工具链和测试方法,提供的方案主要包括以下几方面:

① 先进的传感器模型和仿真平台:开发高精度的传感器模型和仿真平台,能够真实再现传感器在各种环境条件下的响应,为感知系统的测试提供可靠支持。② 自动化测试工具:引入更多针对人工智能算法的自动化测试工具,能够快速生成和评估大量的测试场景,提高测试效率和覆盖范围。③ 数据驱动的测试方法:利用大数据和机器学习技术,从实际交通数据中提取典型场景和极端情况,生成高覆盖度的测试用例。④ 虚实结合的测试环境:结合虚拟仿真和实车

测试,建立虚实结合的测试环境,确保系统在仿真和实际应用中的一致性和可靠性。通过提高测试的真实性和覆盖范围,可以有效地保障自动驾驶系统在各种实际场景中的安全性和可靠性。只有这样,才能推动自动驾驶技术的成熟和普及,构建更加安全、高效的智能交通系统。

9.3 信息安全

依托快速发展的信息网联技术,汽车与外界的连接也愈加紧密,这在带来更加多样化功能的同时也引入了信息安全风险。根据 UN/WP29《信息安全与信息安全管理体系》中的定义,信息安全是指保护道路车辆及其功能的电子电气部件免受网络威胁的状况。近几年发生的汽车信息安全攻击事件表明,汽车信息安全漏洞可能造成个人/企业信息泄露、汽车失窃甚至汽车失控等严重后果。

9.3.1 信息安全概念

智能网联汽车信息安全的概念由传统互联网行业引申而来,其安全技术被细分为以下子领域:① 计算机安全(computer security,又称 IT security 或 cyber security):研究如何保护信息系统的硬件、软件以及系统的数据(不管是传输的还是存储的)不被窃取、损坏,保护系统所提供的服务不被滥用,保护系统不被网络、数据或代码注入、运行维护人员(有意、无意或者被他人所欺骗)进行攻击;② 网络安全(network security):由一系列的控制策略组成,这些策略用于防止或者监控非授权情况下对网络或者网络上数据的访问、滥用或者修改,还包括防止拒绝服务攻击;③ 数据安全(data security):指数据在收集、存储、使用、加工、传输、公开等过程中保护数据不被损坏(不管是人为还是由于自然灾害),不被覆盖、滥用、非授权访问等;④ 信息安全(information security 或 InfoSec):指保护信息不被非授权访问、复改、公布、损坏等,不管信息以什么样的方式存在,比如纸质或电子档案;⑤ 应用安全(application security):包括为了保护应用正常运行而采取的一切保护措施。针对应用的攻击包括很多方面,如会话劫持、中间人攻击、拒绝服务攻击等。

传统互联网行业在安全领域的攻防两端技术均已得到十分充分的发展,其安全相关概念也较为清晰,但汽车领域目前尚未对安全领域相关概念进行细致划分,而是统一称之为"汽车信息安全",也有人称之为"汽车网络安全"。汽车信息安全的概念实际上涵盖了上述计算机安全、网络安全、数据安全、信息安全及应用安全等多个方面,是一个整体性的概念。其中,计算机安全对应嵌入式系统安全;应用安全对应 RTOS ECU 的固件安全或车机及车控的 App 安全;网络安全、数据安全及信息安全的概念与互联网行业一致。

9.3.2 信息安全体系设计

1. 信息安全威胁分析与风险评估

信息安全威胁分析与风险评估是汽车信息安全体系设计的基础,只有在明确威胁来源、完成风险量化评估的基础上,才能制定完善且具有针对性的信息安全防护体系。

威胁分析与风险评估通常简称为 TARA(threat analysis and risk assessment),目的是在车辆产品开发早期识别潜在的威胁和安全漏洞,再综合考虑攻击可行性、影响等级等因素,确定系统可能存在的风险及其风险等级,从而得出相应的信息安全目标,为后续形成信息安全需求,输入给设计开发提供基础。目前国际上主流的 TARA 方法有 EVITA(esafety vehicle intrusion protected applications)、HEAVENSC(healing vulnerabilities to enhance software security and safety)及 OCTAVEC(operationally critical threat, asset, and vulnerability evaluation),这些方法在 SAEJ 3061 和 ISO/SAE 21434:2021 两份国际标准中均有介绍,这里仅结合图 9-8,对 TARA 的 7 个主要步骤进行说明:① 资产识别:对汽车电子系统需要保护的资产进行识别;② 威胁识别:对识别出的资产进行威胁识别,明确资产面临的具体威胁,并对威胁与安全属性进行映射;③ 脆弱性识别:以资产为核心,针对每一项需要保护的资产,识别可能被威胁利用的脆弱点,并对脆弱点的严重程度进行评估;④ 确定威胁等级:对威胁产生负面影响的可能性进行分析与评估,明确威胁的等级;⑤ 确定影响等级:针对威胁产生负面影响的严重程度进行分析和评估,明确威胁的影响等级;⑥ 确定安全等级:综合威胁等级和影响等级的分析结果,确定针对每个"资产-威胁"对的安全等级,以反映风险水平的情况;⑦ 确定风险控制需求:基于风险评估的结果,明确对汽车电子系统有关资产的安全需求,即需要采取的风险控制措施。

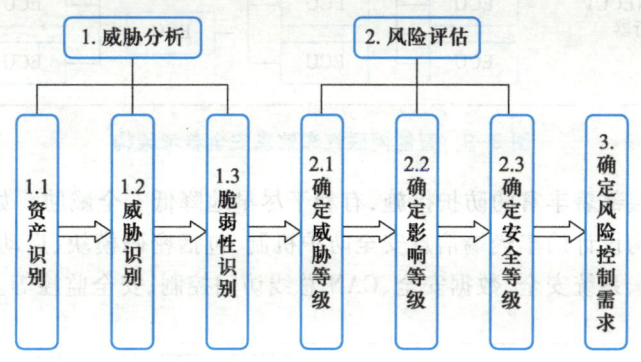

图 9-8 威胁分析与风险评估过程

2. 信息安全纵深防御体系设计

智能网联汽车涉及的电子系统及功能由内至外可以分为不同的层次,各个层次对于安全的定义和需求也不尽相同,因此可以建立如图 9-9 所示的智能网联汽车信息安全参考架构,以定义合理规范的系统架构,将不同的功能区域进行合理的隔离,不同层次之间的信息流转加以严格的控制,并应用不同强度的安全方案,最终构建分层次的智能网联汽车信息安全纵深防御体系。

该参考架构从网络分段的角度,将信息安全防御分为 4 个层次:① Level 1:涵盖车辆外部的所有元素,包括云端服务平台、移动终端、路边单元;② Level 2:连接车辆与其外部环境的各种车载接入设备(包括 IVI、T-BOX、OBD 等),以及有关的外部感知部件;③ Level 3:车载网关,实现车辆内部各个总线网络的连接,以及与接入设备的连接;④ Level 4:包含车辆内部控制网络中所有的 ECU、传感器和执行器。ECU 与传感器之间、ECU 与执行器之间通过相应的内部通信总线连接,而车内通信总线也可以分为多个不同的网段(或域)。

在上述四个分层中,Level 2~Level 4 层级均属于智能网联汽车内部,当前主要在 Level 2 层级部署最为丰富、完整的安全防护措施,这主要是源于纵深防御的思想,即在最为接近外部环

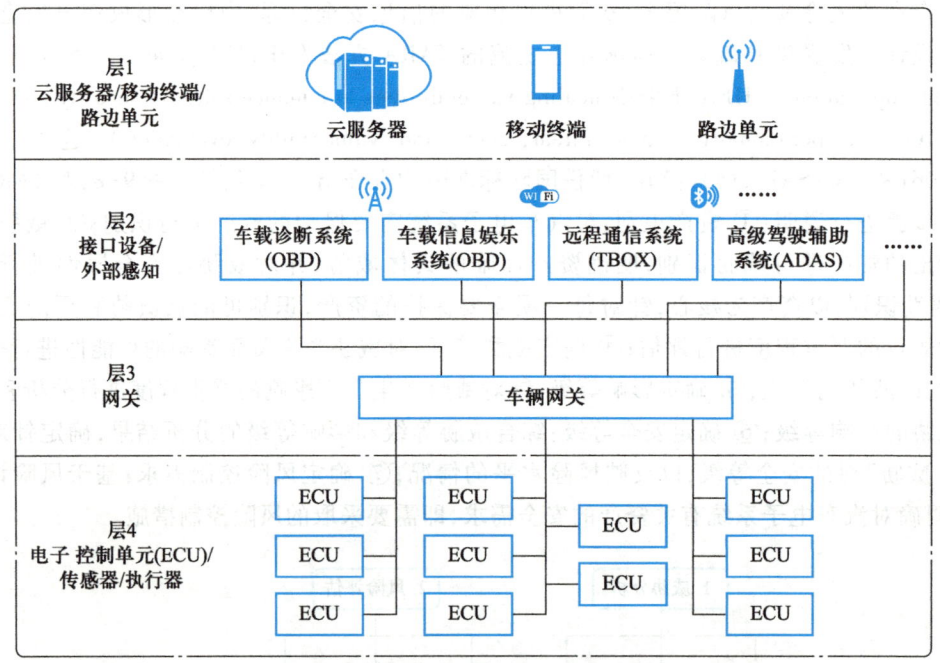

图 9-9 智能网联汽车信息安全参考架构

境的车载接入设备层部署丰富的防护措施,有利于尽早地降低安全威胁。如图 9-10 所示为基于上述纵深防御架构设计的车辆端信息安全防护机制,包括密码模块、启动安全、通信安全、应用安全、访问点安全、系统安全、数据安全、CAN 总线访问控制、安全监控等。

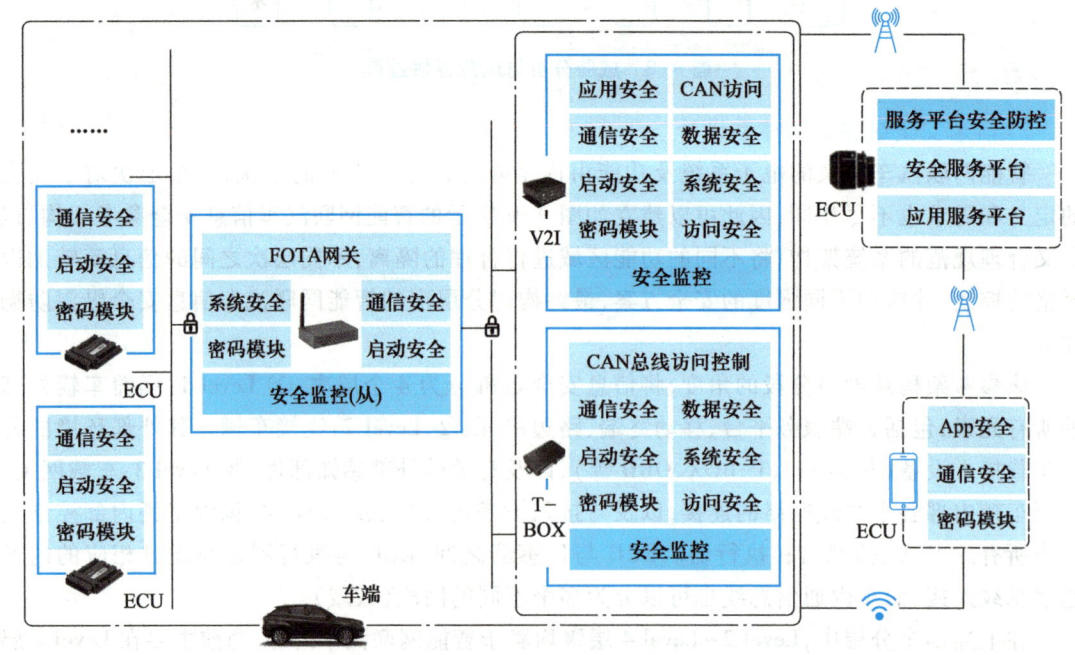

图 9-10 基于纵深防御架构设计的车辆端信息安全防护机制

9.3.3 信息安全保障技术应用

1. 车云网络通信安全 PKI 技术应用

公钥基础设施（public key infrastructure，PKI）是目前网络安全建设的基础与核心。PKI 主要通过对密钥及数字证书的管理，为车载终端与车企 TSP 平台建立安全可信的运行环境，有效保障车载终端到 TSP 间通信连接、数据交互的安全可信，其体系结构如图 9-11 所示。

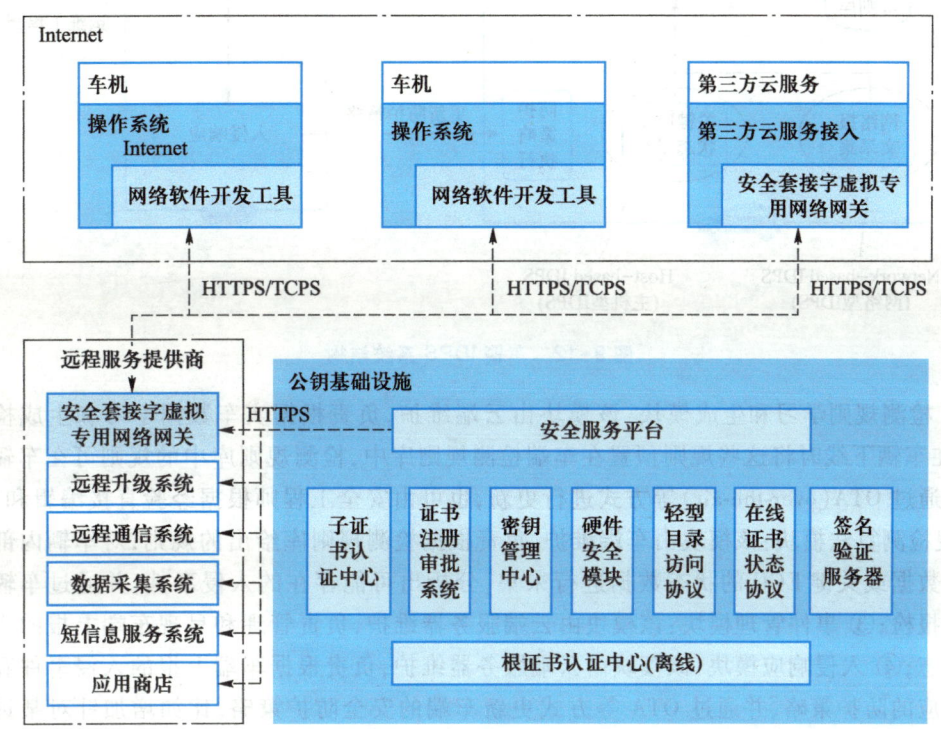

图 9-11 PKI 体系结构

PKI 采用一套软硬件系统和安全策略的集合，利用公钥技术和 X.509 证书为车企建立一整套安全信任机制，其后台服务系统包括 CA 数字证书认证系统、RA 证书注册系统、KM 密钥管理系统、安全管理服务平台、HSM 密码机、SVS 签名验签服务器、SSL 安全认证网关、LDAP 目录服务器以及 OCSP 证书状态在线查询系统。车载终端 T-BOX、IHU 及手机等设备可以通过集成 Cyber SDK 方式与后台建立安全连接，实现包括证书生命周期管理、密钥协商及运算、数字签名与验签、证书状态查询等功能。

2. 入侵检测与主动防御技术应用

车辆入侵检测与防御系统（intrusion detection & prevention system，IDPS）是密码学信息安全防御机制的一种重要辅助，可以很好地弥补密码学防御机制的不足，进行针对性的安全策略更新，实现动态安全防护。完整的车辆 IDPS 是端云结合的动态防御系统，其结构如图 9-12 所示，对其执行流程及各模块的说明如下：

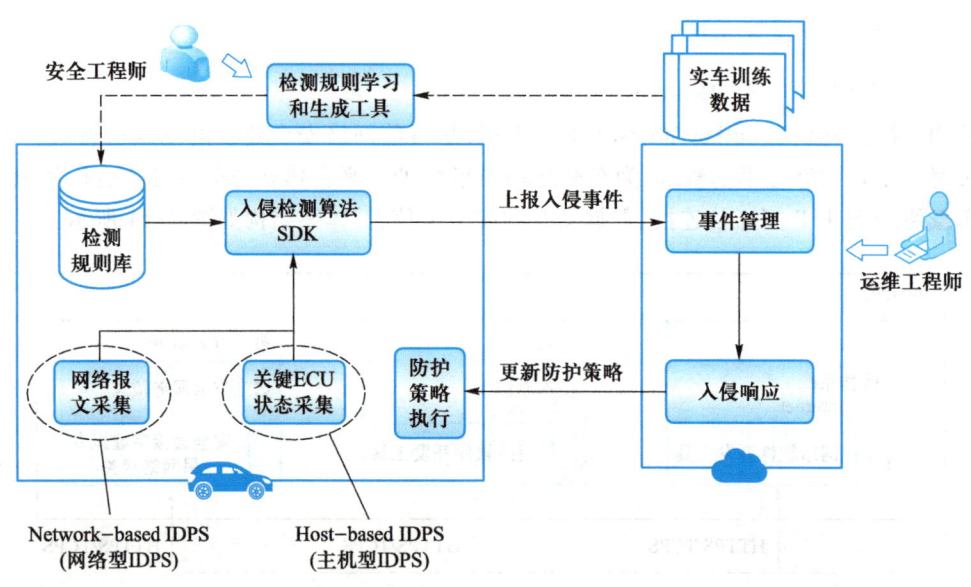

图 9-12 车辆 IDPS 系统结构

① 检测规则学习和生成模块：该模块由云端维护，负责根据实车数据学习和生成检测规则，并在车辆下线时将这些规则预置在车端检测规则库中，检测规则库中的规则可在车辆下线运行后通过 OTA（over-the-air）等方式进行更新，也可由安全工程师根据经验直接编辑和导入；② 入侵检测算法模块：该模块由车端维护，负责根据检测规则库给出的规则，对车辆内部网络的报文数据或关键 ECU 的状态数据进行采集，分析出可能存在的入侵事件，并通过车辆的网联功能报警；③ 事件管理模块：该模块由云端服务器维护，负责管理和呈现车端上报的入侵事件和状态；④ 入侵响应模块：该模块由云端服务器维护，负责根据车端上报的入侵事件和状态给出相应的防护策略，并通过 OTA 等方式更新车端的安全防护策略，比如增加针对某远程端口的控制规则等；⑤ 防护策略执行模块：该模块由车端维护，负责执行云端下发的安全防护策略。

（1）入侵检测系统（IDS）

入侵检测系统是用于检测网络入侵行为的系统，入侵行为包括任何可能损害数据机密性、完整性或者可用性的非授权访问。入侵检测系统是在防火墙之上的第二层保护。

IDS 的两种主要检测手段包括：① 基于签名的入侵检测系统（signature-based intrusion detection system，SIDS）：这种方法基于已知攻击的数据库，通过设定规则监控数据包，识别出符合特征的攻击。此处的"签名"是指已知攻击的特征，例如攻击数据包具有特定的字节长度或者入侵序列等。这种方法的优点是规则特征已知且精确，误报少；缺点是不能应对未知的攻击，需要数据库及时更新。② 基于异常的入侵检测系统（anomaly-based intrustion detection system，AIDS）：这种方法会先建立正常网络情况下的活动基准，如果实际活动情况和正常基准差别较大，则认为是入侵。该方法的优点是可以应对暂时未知的攻击，缺点是容易引起误报。

（2）汽车领域应用 IDS 的约束

由于传统汽车电子电气架构相比计算机网络来说较为简单，IDS 并没有在传统汽车控制器上部署。但近年来随着汽车电动化、智能化、网联化的发展,汽车电子也在进化,汽车网络安全开始发挥越来越重要的作用,IDS 也更加受到关注。但在汽车电子领域,IDS 的应用还存在以下额外约束:

① 分布式架构:整车电子电气架构目前主要采用分布式架构,大部分功能需要在多个 ECU 上实现。目前在整车中应用较多的是使用多个功能域控制器连接各个传感器或子控制器的架构。汽车中央计算机统一处理各个功能域的方案还处于预研阶段,短时间内难以量产;② 软硬件异构多样性:产业链上下游丰富是汽车产业的一个重要特征,一台整车上的全部电子部件可能来自几十家不同的供应商。每个控制器采用的核心处理器、操作系统、软件模块都可能不相同;③ 资源有限:相比计算机,汽车上控制器的资源,比如算力、存储空间等更加有限。例如基于机器学习、人工智能的 IDS 方案都需要车云结合等方法实施。

(3) 车载 IDPS 的分类

根据检测对象的不同,车载入侵检测与防御系统 IDPS 可分为主机型、网络型和混合型。

① 基于主机的入侵检测防御系统(H-IDPS,host-based IDPS):H-IDPS 主要对易受攻击的关键 ECU 进行监视和保护,通过监控 T-BOX、中央网关、IVI 等具有操作系统或对外接口的主机系统,采集和分析其文件完整性、网络连接活动、进程行为、资源使用情况、日志字符串匹配等事件特征,实现系统异常行为的检测。② 基于网络的入侵检测防御系统(N-IDPS,network-based IDPS):N-IDPS 主要检测车辆内部网络的入侵事件,通过采集车载网络总线上的报文数据,进行特定网络段或设备的流量数据监控、数据载荷解析和字段匹配等活动,识别网络中出现的异常流量和潜在攻击行为。③ 混合式入侵检测防御系统(hybrid IDPS):混合式 IDPS 是基于网络的 IDPS 与基于主机的 IDPS 的结合。对于智能网联汽车来说,混合 IDPS 的使用最广泛,且更有利于全面地检测和应对车辆的可疑威胁。

3. 车联业务仿真与接入技术应用

车联业务仿真技术模拟部署于车辆端的、用于连接车辆与其外部环境的各种设备(包括 IVI、T-BOX、OBD 等),以及有关的外部感知部件。这些设备或部件实现了车辆与外界环境(包括后台服务器、移动终端设备、路边单元等)的互联通信。车联业务仿真接入技术负责根据配置将实物设备和网络接入目标网络中,包括异域的实物设备和网络;负责将 PS 等透明设备接入到虚拟网络中,并且不改变设备的透明属性;负责支持多种方式将目标网络接入互联网中进行测试和访问。

智能汽车信息安全仿真平台以车联业务仿真技术为核心,由智能汽车云-管-端环境仿真、典型业务场景仿真、安全测试用例库工具集、仿真平台应用、仿真平台管理等部分组成。智能汽车网络安全仿真可与其他网络安全仿真平台应用、显示和管理系统对接,支持对相关数据的采集、安全分析、评价与呈现,配合其资源管理、试验任务管理等功能的实现。

思考与练习

一、选择题

1. 在功能安全中,冗余设计的主要目的是( )。

A. 提高车辆的燃油效率

B. 增加车辆的行驶速度

C. 确保系统在一个组件故障时仍能正常工作

D. 提升驾驶员的驾驶体验

2. 预期功能安全中,FMEA(失效模式及影响分析)方法主要用于(　　)。

A. 增强车辆的舒适性　　　　　　　　B. 分析潜在的设计缺陷及其影响

C. 提高车辆的燃油效率　　　　　　　D. 改善车辆的外观设计

3. 哪项技术可以帮助提高车辆信息安全?(　　)

A. 车道保持辅助系统　　　　　　　　B. 数据加密和身份验证

C. 碰撞检测系统　　　　　　　　　　D. 自适应巡航控制

4. 功能安全标准 ISO 26262 主要应用于(　　)。

A. 确保车辆的环保性能　　　　　　　B. 增强车辆的信息安全

C. 提高车辆的舒适性　　　　　　　　D. 规范汽车电子电气系统的安全

5. 在预期功能安全中,系统的鲁棒性(robustness)主要指(　　)。

A. 系统在各种环境条件下仍能正常工作的能力

B. 系统的美观程度

C. 系统的燃油效率

D. 系统的制造成本

6. 车辆信息安全中的"防火墙"主要功能是(　　)。

A. 增强车辆的防撞性能　　　　　　　B. 提高车辆信息传输速度

C. 阻止未经授权的访问和数据传输　　D. 检测车辆电子系统故障

7. 在功能安全中,FTA(故障树分析)方法用于(　　)。

A. 在车身设计时降低车辆生产成本　　B. 改善驾驶员驾驶体验

C. 阻止未经授权的访问和数据传输　　D. 分析系统故障的潜在原因

8. 功能安全和预期功能安全的主要区别在于(　　)。

A. 功能安全关注正常行驶,预期功能安全关注故障

B. 功能安全关注故障,预期功能安全关注正常行驶

C. 功能安全关注信息安全,预期功能安全关注物理安全

D. 功能安全和预期功能安全没有区别

9. 以下哪项不属于功能安全的范畴(　　)。

A. 制动系统在故障时仍能部分工作　　B. 防止制动系统设计缺陷带来的风险

C. 发动机在失去动力时进入安全模式　D. 转向系统失灵时提供最小控制

二、填空题

1. 功能安全中的 ASIL(automotive safety integrity level)等级是用于评估系统的_____。

2. 预期功能安全强调在_____阶段就要进行安全分析和设计。

3. 车辆信息安全中,防火墙(firewall)的作用是控制和监视网络流量,以防止_____。

4. 预期功能安全中,压力测试是一种用于评估系统在_____下性能的测试方法。

5. 功能故障和驾驶场景的组合叫作危害事件。危害事件确定后,可以根据_____评估危害事件的风险级别。

6. 针对故障的严重程度不同,功能安全可划分为_____五个等级。
7. 预期功能安全的定义为避免_____导致的危害和风险。
8. 根据检测对象的不同,车载入侵检测与防御系统 IDPS 可分为_____。

三、判断题

1. 车辆安全技术主要针对机械故障和人为操作失误,车辆信息安全不属于车辆安全技术研究范围。(　　)
2. 车辆功能安全关注在正常行驶条件下,系统设计和功能实现的安全性,防止由于设计缺陷或环境变化引起的意外。(　　)
3. 在预期功能安全研究中,场景的作用至关重要,因为它们直接影响系统在各种操作环境下的安全性能表现。(　　)
4. ISO 26262 功能安全与 SOTIF 预期功能安全从相同的维度,为自动驾驶的安全性提供了标准支撑。(　　)
5. 目前,智能网联汽车测试评价的工具链已经涵盖了虚拟仿真和硬件在环等方面的工具,但对于测试感知系统所需的高保真工具链的需求尚未得到充分满足。(　　)
6. 由于人为因素如驾驶员对系统能力的误解或误操作会引发安全问题,因此人为因素也是 SOTIF 预期功能安全的关注内容。(　　)
7. 危险事件的暴露率指当危险发生时,该危险可被司机、其他交通控制人员进行控制并减小或避免危害发生的可能性。(　　)
8. 传统汽车电子电气架构相比计算机网络来说较为简单,因此在汽车电子领域,IDS 的应用不存在额外约束。(　　)
9. 威胁分析与风险评估是汽车信息安全体系设计的基础,只有在明确威胁来源、完成风险量化评估的基础上,才能制定完善且具有针对性的信息安全防护体系。(　　)
10. 关键的安全管理任务是计划、协调和追踪与功能安全相关的活动,这些管理任务适用于安全生命周期的所有阶段。(　　)

四、简答题

1. 说明功能安全与预期功能安全有什么区别与联系。
2. ISO 26262 标准中规定:在功能安全管理中,为证明产品实现了安全要求,需要进行验证评审。请以车辆开发为例,详细说明验证评审的各种方式。
3. 论述预期功能安全在自动驾驶系统中的重要性及其实现策略。
4. 探讨自动驾驶系统在恶劣天气条件下的感知与控制挑战及应对策略。
5. 论述自动驾驶系统算法鲁棒性的重要性及其验证方法。
6. 分析当前智能网联汽车测试评价工具链的现状及其面临的技术挑战。
7. 评述数据驱动的测试方法在自动驾驶系统预期功能安全测评中的应用及优势。
8. 入侵检测系统被称为防火墙之上的第二层保护,请调研并分析 IDS 与防火墙的区别。

五、综合应用题

1. 某汽车制造商在其车辆中引入了一个新型电子制动系统。为了确保功能安全,制造商需要进行失效模式及影响分析(FMEA)。假设该系统有以下三个主要组件:传感器、控制单元和执行机构。已知在正常条件下,传感器的故障概率为 0.002,控制单元的故障概率为

0.001，执行机构的故障概率为 0.003。设各组件的故障是独立的，系统的故障模式为"单一组件故障即系统失效"，请计算整个电子制动系统的故障概率以及该 ESC 系统的可靠性（即 1 000 小时内无故障的概率），并简要说明该结果对功能安全的影响。

2. 某智能网联汽车的通信协议存在安全漏洞，可能会被黑客进行中间人攻击（MITM）。假设每次通信被成功攻击概率为 0.000 2。已知一年内平均有 150 000 次通信，每次通信都独立进行，请计算一年内至少发生一次成功攻击的概率，并提出三个具体的安全改进措施。

参考文献

第 9 章参考文献

郑重声明

高等教育出版社依法对本书享有专有出版权。任何未经许可的复制、销售行为均违反《中华人民共和国著作权法》，其行为人将承担相应的民事责任和行政责任；构成犯罪的，将被依法追究刑事责任。为了维护市场秩序，保护读者的合法权益，避免读者误用盗版书造成不良后果，我社将配合行政执法部门和司法机关对违法犯罪的单位和个人进行严厉打击。社会各界人士如发现上述侵权行为，希望及时举报，我社将奖励举报有功人员。

反盗版举报电话　（010）58581999　58582371
反盗版举报邮箱　dd@hep.com.cn
通信地址　北京市西城区德外大街4号
　　　　　高等教育出版社知识产权与法律事务部
邮政编码　100120

读者意见反馈

为收集对教材的意见建议，进一步完善教材编写并做好服务工作，读者可将对本教材的意见建议通过如下渠道反馈至我社。

咨询电话　400-810-0598
反馈邮箱　gjdzfwb@pub.hep.cn
通信地址　北京市朝阳区惠新东街4号富盛大厦1座
　　　　　高等教育出版社总编辑办公室
邮政编码　100029

防伪查询说明

用户购书后刮开封底防伪涂层，使用手机微信等软件扫描二维码，会跳转至防伪查询网页，获得所购图书详细信息。

防伪客服电话　（010）58582300